2020

소방직 공무원 특채 시험대비

소방학과특채 관계법규 All in One

「이론+기출+적중」

학과 특채의 평가범위에 따른 학습교재의 필요성을 느껴 한권에 모두 수록

현장에서 교수업무를 행하면서 가끔은 소방안전관리학과 특별채용에 대한 출제범위에 대하여 질문을 받게 된다. 질문에 대한 답을 하면서 느낀 부분인데 학과특채 준비생 중에서는 의외로 시험 평가범위를 모르고 시험 준비를 하는 경우가 많다는 것을 알게 됐다. 학과특채의 시험범위는「소방기본법」과「화재예방, 소방시설 설치·유지 및 안전관리에 관한 법률」에서 법(률)과 시행령이 평가의 대상이고 시행규칙은 평가의 대상이 아닌 것을 알립니다.

이에 본인은 현장에서 교수업무를 하면서 학과 특채의 평가범위에 따른 학습교재의 필요성을 느껴 기본서, 기출문제 및 적중예상문제를 한권에 모두 수록한「김진성 소방학과특채 관계법규 All in One」을 집필하게 되었습니다.

본서의 특징으로는

기본서

1. 모든 법조문을 이해하기 쉽도록『플러스해설』
2. 자주 출제된 조문의『핵심정리』
3. 학습내용의 평가에 대한『확인점검문제 수록』
4. 학습효과를 높이기 위해 동일조문 내용의『법·령 편집』

기출문제

1. **중복 출제된 문제를 정리하였다.**

   지금의 평가제도는 15년이 되었는데 매년 시험실시 주관처가 시·도지방직 및 중앙소방학교 인 관계로 중복된 내용들이 많을 수밖에 없었다. 이러한 중복된 문제들을 단원별로「법·령」의 종류에 따라 정리하여 문제를 수록하였다.

2. **최근 3년의 기출문제는 중복된 문제라도 원문대로 수록하였다.**

   최근에 기출된 문제는 현재의 출제방향을 가장 확실하게 제공하고 있기 때문에 중복된 내용일지라도 원문 그대로를 수록하였다.

적중예상문제

1. 기출 문제를 분석하여 최근경향에 맞는 문제 수록

기출 문제를 분석하여 출제의 범위와 경향, 난이도 등을 분석하여 최근 출제경향에 맞게 상, 중 또는 하 3단계의 문제를 수록하였다.

2. 폭넓게 공부하는 것을 지향한 문제 수록

물론 출제 경향을 파악하고 그 경향에 맞추어 학습하는 것이 효과적이겠지만 만점을 득점하기 위해서는 법령의 전반적 사항을 폭넓게 예상문제 풀이를 통하여 공부하는 것이 효과적이다.

끝으로 본서로 공부하는 수험생 여러분의 합격을 진심으로 소망하며, 본서를 출판하게 도와주신 북이그잼 출판사 임・직원에게 고마움을 전합니다.

2019년 12월
소방관계법규 교수 **김진성**

이론편

제1편 소방기본법

제1장 총 칙 ········· 10
제2장 소방장비 및 소방용수시설 등 ········· 18
제3장 화재의 예방과 경계(警戒) ········· 24
제4장 소방활동 ········· 37
제5장 화재의 조사 ········· 55
제6장 구조 및 구급 ········· 58
제7장 의용소방대 ········· 59
제7-2장 소방산업의 육성・진흥 및 지원 등 ········· 60
제8장 한국소방안전원 ········· 62
제9장 보 칙 ········· 66
제10장 벌 칙 ········· 71

- 단원별 기출문제 ········· 85

제2편 화재예방, 소방시설 설치・유지 및 안전관리에 관한 법률

제1장 총 칙 ········· 114
제2장 소방특별조사 등 ········· 120
제3장 소방시설의 설치 및 유지・관리 등 ········· 129
제4장 소방대상물의 안전관리 ········· 156
제5장 소방시설관리사 및 소방시설관리업 ········· 176
제6장 소방용품의 품질관리 ········· 188
제7장 보 칙 ········· 195
제8장 벌 칙 ········· 204

- 단원별 기출문제 ········· 242

문제편

01 소방특채 기출문제분석

제1편 소방기본법 ········· 284
제2편 화재예방, 소방시설 설치 · 유지 및 안전관리에 관한 법률 ········· 337

02 소방특채 적중예상문제

제1편 소방기본법 ········· 400
제2편 화재예방, 소방시설 설치 · 유지 및 안전관리에 관한 법률 ········· 448

消

김진성쌤의

소방학과특채 관계법규

All in One

防

소방학과특채 관련법규 All in One

이론편

제1편
소방기본법

제2편
화재예방, 소방시설 설치 · 유지 및 안전관리에 관한 법률

소방 특채시험을 위한 **최고의 수험서**

김진성쌤의 **소방학과특채 관계법규 All in One**

P/A/R/T

소방기본법

제1장 총 칙
제2장 소방장비 및 소방용수시설 등
제3장 화재의 예방과 경계(警戒)
제4장 소방활동
제5장 화재의 조사
제6장 구조 및 구급
제7장 의용소방대
제7-2장 소방산업의 육성 · 진흥 및 지원 등
제8장 한국소방안전원
제9장 보 칙
제10장 벌 칙

CHAPTER

01 총 칙

제1조 (목 적)

이 법은 화재를 예방·경계하거나 진압하고 화재, 재난·재해 그 밖의 위급한 상황에서의 구조·구급활동 등을 통하여 국민의 생명·신체 및 재산을 보호함으로써 공공의 안녕질서 유지와 복리증진에 이바지함을 목적으로 한다.

시행령 제1조 (목적)

이 영은 「소방기본법」에서 위임된 사항과 그 시행에 관하여 필요한 사항을 규정함을 목적으로 한다.

플러스 **해설**+

- 화재 : 사회 통념상 공공의 위험을 발생하게 하고 소화할 필요가 있는 규모로서
  ① 사람의 의도에 반하는 불(실화)
  ② 고의에 의한 불(방화)
  ③ 소화설비 및 소화약제의 필요성이 있는 불
  ④ 인명 또는 재산상의 피해를 주는 불
- 예방, 경계, 진압
  ① 예방은 화재발생 이전의 능동적 행위로서 추상적이며 일반적인 화재위험에 대한 행위
  ② 경계는 화재발생 이전의 능동적 행위로서 구체적이며 실체적 화재위험에 대한 행위
  ③ 진압은 발생한 화재에 대한 수동적 행위

핵심 정리

- 화재를
  - 능동적 행위 { 예방(추상적), 경계(구체적) }
  - 수동적 행위 : 진압
- 화재·재난·재해 (구조, 구급) 을 통하여
- 국민의 [생 명, 신 체, 재 산] → 보호 : 공공안녕질서 유지, 복리증진

확인 점검 문제

다음 중 소방기본법의 제정 목적으로 맞지 않는 것은?

① 소방교육을 통한 국민의 안전의식을 높이기 위함이다.

② 화재를 예방, 경계하고 진압한다.

③ 공공의 안녕 및 질서유지와 복리증진에 이바지한다.

④ 국민의 생명, 신체 및 재산을 보호한다.

답 ①

제2조 (정 의)

이 법에서 사용하는 용어의 뜻은 다음과 같다.

1. "소방대상물"이란 건축물, 차량, 선박(「선박법」 제1조의2 제1항에 따른 선박으로서 항구에 매어둔 선박만 해당한다), 선박 건조 구조물, 산림, 그 밖의 인공 구조물 또는 물건을 말한다.
2. "관계지역"이란 소방대상물이 있는 장소 및 그 이웃 지역으로서 화재의 예방・경계・진압, 구조・구급 등의 활동에 필요한 지역을 말한다.
3. "관계인"이란 소방대상물의 소유자・관리자 또는 점유자를 말한다.
4. "소방본부장"이란 특별시・광역시・특별자치시・도 또는 특별자치도(이하 "시・도"라 한다)에서 화재의 예방・경계・진압・조사 및 구조・구급 등의 업무를 담당하는 부서의 장을 말한다.
5. "소방대"(消防隊)란 화재를 진압하고 화재, 재난・재해, 그 밖의 위급한 상황에서 구조・구급 활동 등을 하기 위하여 다음 각 목의 사람으로 구성된 조직체를 말한다.
   가. 「소방공무원법」에 따른 소방공무원
   나. 「의무소방대설치법」 제3조에 따라 임용된 의무소방원(義務消防員)
   다. 「의용소방대 설치 및 운영에 관한 법률」에 따른 의용소방대원(義勇消防隊員)
6. "소방대장"(消防隊長)이란 소방본부장 또는 소방서장 등 화재, 재난・재해, 그 밖의 위급한 상황이 발생한 현장에서 소방대를 지휘하는 사람을 말한다.

플러스 해설+

1. 법 집행과정에서 발생할 수 있는 해석상의 혼란을 방지하기 위하여 정의 규정을 둠.
2. 소방대상물 : 소방행정 수행상의 목적물
3. 건축물 : ① 토지에 장착하는 건축물 중 지붕과 기둥 또는 벽이 있는 것
   ② 지하 또는 고가의 공작물에 설치하는 사무소, 공연장, 점포, 차고, 창고 등
4. 인공구조물 : 일반적으로는 인위적으로 지상이나 지중에 만들어진 것을 말한다. 건축물과 공작물을 나누어서 말하는 경우는 굴뚝・광고탑・고가수조・옹벽 엘리베이터 등을 말한다.
5. 선박 : 선박법은 그 적용대상을 특정하기 위하여 선박을 수상(水上) 또는 수중(水中)에서 항행용(航行用)으로 사용될 수 있는 배종류를 말함.
6. 선박건조구조물 : 선박의 건조, 의장, 수리를 하거나 선박에 화물을 적재 또는 하역하기 위한 축조물을 말함.

7. 관계인 : ① 소유자 : 물건의 처분권이 있는 사람
② 점유자 : 물건을 소지하는 권리를 가진 사람
③ 관리자 : 물건의 처분권은 없고 보존행위 등 관리만을 하는 사람

확인 점검 문제

「소방기본법」상 용어에 대한 설명으로 가장 옳은 것은?

① "관계인"이란 소방대상물의 소유자 또는 점유자만을 말한다.
② "관계지역"이란 소방대상물이 있는 장소만을 말한다.
③ "소방대상물"이란 건축물, 차량, 항구에 매어둔 선박, 선박건조구조물, 산림, 그 밖의 인공 구조물 또는 물건을 말한다.
④ "소방대장"이란 소방본부장 또는 소방서장 만을 말한다.

해 설

1. "관계지역"이란 소방대상물이 있는 장소 및 그 이웃 지역으로서 화재의 예방・경계・진압, 구조・구급 등의 활동에 필요한 지역을 말한다.
2. "관계인"이란 소방대상물의 소유자・관리자 또는 점유자를 말한다.
3. "소방대장"(消防隊長)이란 소방본부장 또는 소방서장 등 화재, 재난・재해, 그 밖의 위급한 상황이 발생한 현장에서 소방대를 지휘하는 사람을 말한다.

답 ③

다음 중 괄호 안에 적합한 용어로 맞는 것은?

(　　)이란 건축물, 차량, 선박(「선박법」에 따른 선박으로서 항구에 매어둔 선박만 해당한다), 선박건조 구조물, 산림, 그 밖의 인공 구조물 또는 물건을 말한다.

① 소방대상물　　② 특정소방대상물
③ 방염대상물품　　④ 특별안전관리대상물

답 ①

소방기본법에서 용어의 뜻으로 옳지 않은 것은?

① 관계인이란 소방대상물의 소유자・관리자 또는 점유자를 말한다.
② 소방대는 소방공무원만을 지칭한다.
③ 관계지역이란 소방대상물이 있는 장소 및 그 이웃지역으로서 화재의 예방・경계・진압, 구조・구급 등의 활동에 필요한 지역을 말한다.
④ 소방대장이란 소방본부장 또는 소방서장 등 화재, 재난・재해 그 밖의 위급한 상황이 발생한 현장에서 소방대를 지휘하는 자를 말한다.

답 ②

「소방기본법」상 용어의 정의에 대한 설명으로 옳지 않은 것은?

① "특정소방대상물"이란 건축물, 차량, 항구에 매어둔 선박, 선박 건조 구조물, 산림, 그 밖의 인공 구조물 또는 물건을 말한다.

② "관계인"이란 소방대상물의 소유자·관리자 또는 점유자를 말한다.

③ "소방본부장"이란 특별시·광역시·특별자치시·도 또는 특별자치도에서 화재의 예방·경계·진압·조사 및 구조·구급 등의 업무를 담당하는 부서의 장을 말한다.

④ "소방대장"이란 소방본부장 또는 소방서장 등 화재, 재난·재해, 그 밖의 위급한 상황이 발생한 현장에서 소방대를 지휘하는 사람을 말한다.

답 ①

제3조 (소방기관의 설치 등)

① 시·도의 화재 예방·경계·진압 및 조사, 소방안전교육·홍보와 화재, 재난·재해, 그 밖의 위급한 상황에서의 구조·구급 등의 업무(이하 "소방업무"라 한다)를 수행하는 소방기관의 설치에 필요한 사항은 대통령령으로 정한다. 〈개정 2015.7.24.〉

② 소방업무를 수행하는 소방본부장 또는 소방서장은 그 소재지를 관할하는 특별시장·광역시장·특별자치시장·도지사 또는 특별자치도지사(이하 "시·도지사"라 한다)의 지휘와 감독을 받는다. 〈개정 2014.12.30.〉 [시행일 : 2016.1.25.]

플러스 **해설**+

지방자치법에서 소방에 관한 업무를 시·도 사무로 규정하고 있으며 시·도지사는 관할구역에 대한 소방업무의 책임을 담보하기 위하여 참모기관인 소방본부장과 직속기관인 소방서장을 지휘·감독한다.

확인 점검 **문제**

다음 중 관할구역 안에서 소방업무를 수행하는 소방본부장·소방서장을 지휘 감독하는 권한이 없는 자는?

① 특별시장　　② 광역시장

③ 도지사　　④ 시장·군수 및 구청장

답 ④

제4조 (119종합상황실의 설치와 운영)

① 소방청장, 소방본부장 및 소방서장은 화재, 재난·재해, 그 밖에 구조·구급이 필요한 상황이 발생하였을 때에 신속한 소방활동(소방업무를 위한 모든 활동을 말한다. 이하 같다)을 위한 정보의 수집·분석과 판단·전파, 상황관리, 현장 지휘 및 조정·통제 등의 업무를 수행하기 위하여 119종합상황실을 설치·운영하여야 한다. 〈개정 2014.11.19., 2014.12.30., 2017.7.26.〉

② 제1항에 따른 119종합상황실의 설치·운영에 필요한 사항은 행정안전부령으로 정한다.

플러스 해설+

119종합상황실의 기능 : 소방업무에 대한 필요 상황이 발생한 경우 신속한 소방활동을 위한 정보의 수집 및 전파, 상황관리, 현장 지휘 및 조정·통제 등의 업무를 하기 위하여 설치

1. 소방관서 : 소방장비·인력등을 동원하여 소방업무를 수행하는 소방서·119안전센터·119구조대·119구급대·소방정대 및 지역대를 말한다.

핵심 정리

119종합상황실의 설치와 운영(행정안전부령)

1. 설치운영권자 : 소방청장, 소방본부장, 소방서장
2. 설치 : 소방청, 소방본부, 소방서.
3. 119종합상황실장의 업무
   재난상황신고접수 → 소방서에 인력 장비 등 동원요청(사고수습) → 하급소방기관 출동지령, 유관기관 지원요청 → 전화 및 보고 → 피해현황 파악 → 정보수집 및 보고

제5조 (소방박물관 등의 설립과 운영)

① 소방의 역사와 안전문화를 발전시키고 국민의 안전의식을 높이기 위하여 소방청장은 소방박물관을, 시·도지사는 소방체험관(화재 현장에서의 피난 등을 체험할 수 있는 체험관을 말한다. 이하 이 조에서 같다)을 설립하여 운영할 수 있다. 〈개정 2014.11.19., 2017.7.26.〉

② 제1항에 따른 소방박물관의 설립과 운영에 필요한 사항은 행정안전부령으로 정하고, 소방체험관의 설립과 운영에 필요한 사항은 행정안전부령으로 정하는 기준에 따라 시·도의 조례로 정한다. 〈개정 2013.3.23., 2014.11.19., 2015.7.24., 2017.7.26.〉

플러스 해설+

- 소방박물관 : 소방의 위상정립, 자료의 보존, 세계 소방기관과의 교류 등의 사무는 소방청장에게 박물관의 설립과 운영을 하도록 함.
- 소방체험관 : 지역 주민에 대한 화재, 재난 등 위급상황에서의 대처능력을 향상시키기 위하여 시·도지사에게 체험관의 설립과 운영을 하도록 함.

핵심 정리

소방박물관 등의 설치와 운영

설립운영권자

(1) 소방박물관 : 소방청장(행정안전부령)

(2) 소방체험관 : 시·도지사(시·도 조례)

확인 점검 문제

소방박물관 등의 설립과 운영에 관하여 알맞은 것은?

> 소방의 역사와 안전문화를 발전시키고 국민의 안전의식을 높이기 위하여 [　　　　]은 소방 박물관을, [　　　　]는 소방 체험관을 운영 할 수 있다.

① 소방청장 – 소방박물관, 시・도지사 – 소방체험관

② 시・도지사 – 소방박물관, 소방청장 – 소방체험관

③ 행정안전부장관 – 소방박물관, 시・도지사 – 소방체험관

④ 시・도지사 – 소방박물관, 행정안전부장관 – 소방체험관

답 ①

제6조 (소방업무에 대한 종합계획 수립・시행등)

① 소방청장은 화재, 재난・재해, 그 밖의 위급한 상황으로부터 국민의 생명・신체 및 재산을 보호하기 위하여 소방업무에 관한 종합계획(이하 이 조에서 "종합계획"이라 한다)을 5년마다 수립・시행하여야 하고, 이에 필요한 재원을 확보하도록 노력하여야 한다. 〈개정 2015.7.24., 2017.7.26.〉

② 종합계획에는 다음 각 호의 사항이 포함되어야 한다. 〈신설 2015.7.24.〉

1. 소방서비스의 질 향상을 위한 정책의 기본방향
2. 소방업무에 필요한 체계의 구축, 소방기술의 연구・개발 및 보급
3. 소방업무에 필요한 장비의 구비
4. 소방전문인력 양성
5. 소방업무에 필요한 기반조성
6. 소방업무의 교육 및 홍보(제21조에 따른 소방자동차의 우선 통행 등에 관한 홍보를 포함한다)
7. 그 밖에 소방업무의 효율적 수행을 위하여 필요한 사항으로서 대통령령으로 정하는 사항

③ 소방청장은 제1항에 따라 수립한 종합계획을 관계 중앙행정기관의 장, 시・도지사에게 통보하여야 한다. 〈신설 2015.7.24., 2017.7.26.〉

④ 시・도지사는 관할 지역의 특성을 고려하여 종합계획의 시행에 필요한 세부계획(이하 이 조에서 "세부계획"이라 한다)을 매년 수립하여 소방청장에게 제출하여야 하며, 세부계획에 따른 소방업무를 성실히 수행하여야 한다. 〈개정 2015.7.24., 2017.7.26.〉

⑤ 소방청장은 소방업무의 체계적 수행을 위하여 필요한 경우 제4항에 따라 시・도지사가 제출한 세부계획의 보완 또는 수정을 요청할 수 있다. 〈신설 2015.7.24., 2017.7.26.〉

⑥ 그 밖에 종합계획 및 세부계획의 수립・시행에 필요한 사항은 대통령령으로 정한다. 〈신설 2015.7.24.〉

시행령 제1조의2 (소방업무에 관한 종합계획 및 세부계획의 수립)

① 소방청장은 「소방기본법」(이하 "법"이라 한다) 제6조 제1항에 따른 소방업무에 관한 종합계획을 관계 중앙행정기관의 장과의 협의를 거쳐 계획 시행 전년도 10월 31일까지 수립하여야 한다.

② 법 제6조 제2항 제7호에서 "대통령령으로 정하는 사항"이란 다음 각 호의 사항을 말한다.

1. 재난·재해 환경 변화에 따른 소방업무에 필요한 대응 체계 마련
2. 장애인, 노인, 임산부, 영유아 및 어린이 등 이동이 어려운 사람을 대상으로 한 소방활동에 필요한 조치

③ 특별시장·광역시장·특별자치시장·도지사 또는 특별자치도지사는 법 제6조 제4항에 따른 종합계획의 시행에 필요한 세부계획을 계획 시행 전년도 12월 31일까지 수립하여 소방청장에게 제출하여야 한다.

[본조신설 2016.10.25.]

플러스 **해설**+

1. 소방 기능의 확대와 역할을 감안하여 소방업무에 관한 종합계획에 포함될 내용을 법률에 규정하여 종합계획을 내실화하고 이를 통해 책임행정을 구현
2. 소방업무에 관한 종합계획의 내용을 법률에 구체화하고 시·도지사는 종합계획의 시행에 필요한 세부계획을 수립하도록 함.

핵심 정리

소방업무에 관한 종합계획

1. 수립·시행자 : 소방청장(5년마다)
2. 세부계획 수립·시행자 : 시·도지사(매년)

확인 점검 문제

소방청장은 화재, 재난·재해, 그 밖의 위급한 상황으로부터 국민의 생명·신체 및 재산을 보호하기 위하여 소방업무에 관한 종합업무에 관한 종합계획을 몇 년마다 수립·시행하여야 하는가?

① 1년　② 3년
③ 5년　④ 6년

답 ③

관할 지역의 특성을 고려하여 소방업무에 관한 종합계획의 시행에 필요한 세부계획을 매년 수립하고 이에 따른 소방업무를 성실히 수행하여야 하는 자는?

① 소방서장　② 국가
③ 시·도지사　④ 소방청장

답 ③

제7조 (소방의 날 제정과 운영)

① 국민의 안전의식과 화재에 대한 경각심을 높이고 안전문화를 정착시키기 위하여 매년 11월 9일을 소방의 날로 정하여 기념행사를 한다.

② 소방의 날 행사에 관하여 필요한 사항은 소방청장 또는 시・도지사가 따로 정하여 시행할 수 있다. 〈개정 2014.11.19., 2017.7.26.〉

③ 소방청장은 다음 각 호에 해당하는 사람을 명예직 소방대원으로 위촉할 수 있다. 〈개정 2014.11.19., 2017.7.26.〉

1. 「의사상자 등 예우 및 지원에 관한 법률」 제2조에 따른 의사상자(義死傷者)로서 같은 법 제3조 제3호 또는 제4호에 해당하는 사람
2. 소방행정 발전에 공로가 있다고 인정되는 사람

플러스 **해설**+

국민의 소방안전의식 고취와 화재에 대한 경각심을 높이고 안전문화를 정착시키기 위하여 매년 11월 9일을 소방의 날로 정하고 기념행사를 거행한다.

핵심 정리

소방의 날 제정과 운영

- 소방의 날(11월 9일)
- 기념행사 { 소방청장 / 시・도지사 }

확인 점검 **문제**

다음 ( ) 안에 내용을 순서대로 옳게 나열한 것은?

> 소방의 역사와 안전문화를 발전시키고 국민의 안전의식을 높이기 위하여 ( )은(는) 소방박물관을, ( )은(는) 소방체험관을 설립하여 운영할 수 있다.
> 국민의 안전의식과 화재에 대한 경각심을 높이고 안전문화를 정착시키기 위하여 매년 ( )를(을) 소방의 날로 정하여 기념행사를 한다.

① 소방청장, 시・도지사, 11월 9일
② 시・도지사, 소방청장, 11월 9일
③ 소방청장, 시・도지사, 1월 9일
④ 소방청장, 소방본부장, 1월 9일

답 ①

CHAPTER

02 소방장비 및 소방용수시설 등

제8조 (소방력의 기준 등)

① 소방기관이 소방업무를 수행하는 데에 필요한 인력과 장비 등[이하 "소방력"(消防力)이라 한다]에 관한 기준은 행정안전부령으로 정한다. 〈개정 2013.3.23., 2014.11.19., 2017.7.26.〉

② 시・도지사는 제1항에 따른 소방력의 기준에 따라 관할구역의 소방력을 확충하기 위하여 필요한 계획을 수립하여 시행하여야 한다.

③ 소방자동차 등 소방장비의 분류・표준화와 그 관리 등에 필요한 사항은 따로 법률에서 정한다. 〈개정 2013.3.23., 2014.11.19., 2017.7.26., 2017.12.26.〉

[전문개정 2011.5.30.][시행일 : 2018.12.27.]

플러스 **해설**+

소방력은 그 지역의 인구와 관할하는 면적을 기준으로 행정안전부령(소방력 기준에 관한 규칙)으로 정한다.

핵심 정리

－소방력의 기준등(행정안전부령) : 시・도가 기준이 되면 소방력이 평준화 되지 못하기 때문에 행정안전부령으로 정함.

- 소방력
- 소방력
  - 인력
  - 시설
    - 장비
    - 수리(소방용수
- 현대의 소방력 : 훈련된 기술인력, 정비된 장비, 충분한 수리, 원활한 통신망

제9조 (소방장비 등에 대한 국고보조)

① 국가는 소방장비의 구입 등 시・도의 소방업무에 필요한 경비의 일부를 보조한다.

② 제1항에 따른 보조 대상사업의 범위와 기준보조율은 대통령령으로 정한다.

시행령 제2조 (국고보조 대상사업의 범위와 기준보조율)

① 법 제9조 제2항에 따른 국고보조 대상사업의 범위는 다음 각 호와 같다.

1. 다음 각 목의 소방활동장비와 설비의 구입 및 설치
   가. 소방자동차
   나. 소방헬리콥터 및 소방정

다. 소방전용통신설비 및 전산설비

라. 그 밖에 방화복 등 소방활동에 필요한 소방장비

2. 소방관서용 청사의 건축(「건축법」 제2조 제1항 제8호에 따른 건축을 말한다)

② 제1항 제1호에 따른 소방활동장비 및 설비의 종류와 규격은 행정안전부령으로 정한다.

③ 제1항에 따른 국고보조 대상사업의 기준보조율은 「보조금 관리에 관한 법률 시행령」에서 정하는 바에 따른다.

「보조금 관리에 관한 법률 시행령」

제4조 (보조금 지급 대상 사업의 범위와 기준보조율)

① 법 제9조 제1호에 따른 보조금이 지급되는 지방자치단체의 사업의 범위 및 같은 조 제2호에 따른 기준보조율(이하 "기준보조율"이라 한다)은 별표 1과 같다. 다만, 별표 2에서 정한 지방자치단체의 사업은 보조금 지급 대상에서 제외한다.

② 기준보조율은 해당 회계연도의 국고보조금, 지방비 부담액, 국가의 재정융자금으로 조달된 금액, 수익자가 부담하는 금액과 그 밖에 기획재정부장관이 정하는 금액을 모두 합한 금액에서 국고보조금이 차지하는 비율로 한다.

제5조 (차등보조율의 적용기준 등)

① 법 제10조에 따라 기준보조율에 일정 비율을 더하는 차등보조율(이하 "인상보조율"이라 한다)은 기준보조율에 20퍼센트, 15퍼센트, 10퍼센트를 각각 더하여 적용하고, 기준보조율에서 일정 비율을 빼는 차등보조율은 기준보조율에서 20퍼센트, 15퍼센트, 10퍼센트를 각각 빼고 적용하며, 그 적용기준과 각 적용기준의 구체적인 계산식은 별표 3과 같다.

② 인상보조율은 재정사정이 특히 어려운 지방자치단체에 대해서만 적용한다.

③ 기획재정부장관은 인상보조율의 적용을 요구한 지방자치단체에 대하여 보조금을 교부하는 경우에는 해당 지방자치단체의 재정운용에 대하여 필요한 권고를 할 수 있다.

플러스 **해설+**

소방행정을 효율적으로 추진하고 원활한 소방활동을 위하여 구조, 구급대의 장비를 제외한 소방활동 장비에 대한 구입에 소요되는 경비의 일부를 국고에서 보조하기 위하여 규정

- 국고보조금 : 지방자치단체가 지출하는 특정경비에 대하여 국가가 지급하는 일체의 지출금 (교부금, 부담금, 협의보조금)

확인 점검 문제

국가는 소방장비의 구입 등 시 · 도의 소방업무에 필요한 경비의 일부를 보조하는 바 국고대상사업의 범위로 옳지 않는 것은?

① 소방전용통신설비 및 전산설비
② 소방헬리콥터 및 소방정
③ 소화전방식의 소방용수시설
④ 소방관서용 청사의 건축

 ③

제10조 (소방용수시설의 설치 및 관리 등)

① 시 · 도지사는 소방활동에 필요한 소화전(消火栓) · 급수탑(給水塔) · 저수조(貯水槽)(이하 "소방용수시설"이라 한다)를 설치하고 유지 · 관리하여야 한다. 다만, 「수도법」 제45조에 따라 소화전을 설치하는 일반수도사업자는 관할 소방서장과 사전협의를 거친 후 소화전을 설치하여야 하며, 설치 사실을 관할 소방서장에게 통지하고, 그 소화전을 유지 · 관리하여야 한다.
② 시 · 도지사는 제21조제1항에 따른 소방자동차의 진입이 곤란한 지역 등 화재발생 시에 초기대응이 필요한 지역으로서 대통령령으로 정하는 지역에 소방호스 또는 호스 릴 등을 소방용수시설에 연결하여 화재를 진압하는 시설이나 장치(이하 "비상소화장치"라 한다)를 설치하고 유지 · 관리할 수 있다. 〈개정 2017.12.26.〉
③ 제1항에 따른 소방용수시설과 제2항에 따른 비상소화장치의 설치기준은 행정안전부령으로 정한다. 〈신설 2017.12.26.〉

시행령 제2조의2 (비상소화장치의 설치대상 지역)

법 제10조제2항에서 "대통령령으로 정하는 지역"이란 다음 각 호의 어느 하나에 해당하는 지역을 말한다.
1. 법 제13조제1항에 따라 지정된 화재경계지구
2. 시 · 도지사가 법 제10조제2항에 따른 비상소화장치의 설치가 필요하다고 인정하는 지역
[본조신설 2018. 6. 26.]

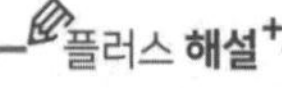

플러스 해설+

소방업무는 시 · 도 사무로 규정되어있고 소방용수시설 업무도 시 · 도 업무로 규정하고 있다. 또한 소방용수시설은 소방력 3대 요소 중 하나로서 소화활동이라는 공익목적을 실현하기 위하여 설치

핵심 정리

소방용수시설의 설치 및 관리 등(행정안전부령)

1. 설치, 유지, 관리 : 시·도지사

2. 종류

(1) 소화전 { 지상식 / 지하식 }

(2) 저수조

(3) 급수탑

확인 점검 **문제**

소방용수시설을 설치하고 유지 및 관리는 누가 하여야 하는가?

① 소방서장 ② 소방본부장

③ 시·도지사 ④ 수도관리단장

답 ③

제11조 (소방업무의 응원)

① 소방본부장이나 소방서장은 소방활동을 할 때에 긴급한 경우에는 이웃한 소방본부장 또는 소방서장에게 소방업무의 응원(應援)을 요청할 수 있다.

② 제1항에 따라 소방업무의 응원 요청을 받은 소방본부장 또는 소방서장은 정당한 사유 없이 그 요청을 거절하여서는 아니 된다.

③ 제1항에 따라 소방업무의 응원을 위하여 파견된 소방대원은 응원을 요청한 소방본부장 또는 소방서장의 지휘에 따라야 한다.

④ 시·도지사는 제1항에 따라 소방업무의 응원을 요청하는 경우를 대비하여 출동 대상지역 및 규모와 필요한 경비의 부담 등에 관하여 필요한 사항을 행정안전부령으로 정하는 바에 따라 이웃하는 시·도지사와 협의하여 미리 규약(規約)으로 정하여야 한다. 〈개정 2013.3.23., 2014.11.19., 2017.7.26.〉

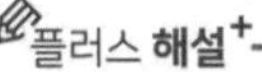

관할구역 안의 소방력만으로 사고수습이 어렵거나 긴급을 요할 때 신속한 사고수습을 위해 이웃 관할행정관청에 응원을 요청하기 위하여 규약으로 규정한 것

핵심 정리

소방업무의 응원 (행정안전부령)

1. 지휘권 : 응원 요청한 소방본부장 또는 소방서장
2. 비용부담 : 응원 요청한 시・도지사

확인 점검 문제

소방업무의 상호응원협정사항으로 옳지 않은 것은?

① 소방업무의 응원을 위하여 파견된 소방대원은 응원을 지원해준 소방본부장 또는 소방서장의 지휘에 따라야 한다.

② 소방본부장 또는 소방서장은 소방활동에 있어서 긴급한 때 이웃한 소방본부장 또는 소방서장에게 소방업무의 응원을 요청할 수 있다.

③ 시・도지사는 미리 규약으로 정하는 범위에 출동의 대상지역 및 규모와 소요경비의 부담을 포함한다.

④ 응원요청을 받은 소방본부장 또는 소방서장은 정당한 사유 없이 이를 거절하여서는 아니된다.

답 ①

제11조의2 (소방력의 동원)

① 소방청장은 해당 시・도의 소방력만으로는 소방활동을 효율적으로 수행하기 어려운 화재, 재난・재해, 그 밖의 구조・구급이 필요한 상황이 발생하거나 특별히 국가적 차원에서 소방활동을 수행할 필요가 인정될 때에는 각 시・도지사에게 행정안전부령으로 정하는 바에 따라 소방력을 동원할 것을 요청할 수 있다. 〈개정 2013.3.23., 2014.11.19., 2017.7.26.〉

② 제1항에 따라 동원 요청을 받은 시・도지사는 정당한 사유 없이 요청을 거절하여서는 아니 된다.

③ 소방청장은 시・도지사에게 제1항에 따라 동원된 소방력을 화재, 재난・재해 등이 발생한 지역에 지원・파견하여 줄 것을 요청하거나 필요한 경우 직접 소방대를 편성하여 화재진압 및 인명구조 등 소방에 필요한 활동을 하게 할 수 있다. 〈개정 2014.11.19., 2017.7.26.〉

④ 제1항에 따라 동원된 소방대원이 다른 시・도에 파견・지원되어 소방활동을 수행할 때에는 특별한 사정이 없으면 화재, 재난・재해 등이 발생한 지역을 관할하는 소방본부장 또는 소방서장의 지휘에 따라야 한다. 다만, 소방청장이 직접 소방대를 편성하여 소방활동을 하게 하는 경우에는 소방청장의 지휘에 따라야 한다. 〈개정 2014.11.19., 2017.7.26.〉

⑤ 제3항 및 제4항에 따른 소방활동을 수행하는 과정에서 발생하는 경비 부담에 관한 사항, 제3항 및 제4항에 따라 소방활동을 수행한 민간 소방 인력이 사망하거나 부상을 입었을 경우의 보상주체・보상기준 등에 관한 사항, 그 밖에 동원된 소방력의 운용과 관련하여 필요한 사항은 대통령령으로 정한다.

시행령 제2조의3 (소방력의 동원)

① 법 제11조의2 제3항 및 제4항에 따라 동원된 소방력의 소방활동 수행 과정에서 발생하는 경비는 화재, 재난・재해 또는 그 밖의 구조・구급이 필요한 상황이 발생한 특별시・광역시・도 또는 특별자치도(이하 "시・도"라 한다)에서 부담하는 것을 원칙으로 하되, 구체적인 내용은 해당 시・도가 서로 협의하여 정한다.

② 법 제11조의2 제3항 및 제4항에 따라 동원된 민간 소방 인력이 소방활동을 수행하다가 사망하거나 부상을 입은 경우 화재, 재난・재해 또는 그 밖의 구조・구급이 필요한 상황이 발생한 시・도가 해당 시・도의 조례로 정하는 바에 따라 보상한다.

③ 제1항 및 제2항에서 규정한 사항 외에 법 제11조의2에 따라 동원된 소방력의 운용과 관련하여 필요한 사항은 소방청장이 정한다.

확인 점검 문제

다음 중 소방력의 동원을 요청할 수 있는 자는?

① 시・도지사
② 소방본부장 또는 소방서장
③ 소방청장
④ 행정안전부장관

답 ③

CHAPTER

03 화재의 예방과 경계(警戒)

제12조 (화재의 예방조치 등)

① 소방본부장이나 소방서장은 화재의 예방상 위험하다고 인정되는 행위를 하는 사람이나 소화(消火) 활동에 지장이 있다고 인정되는 물건의 소유자·관리자 또는 점유자에게 다음 각 호의 명령을 할 수 있다.

1. 불장난, 모닥불, 흡연, 화기(火氣) 취급, 풍등 등 소형 열기구 날리기, 그 밖에 화재예방상 위험하다고 인정되는 행위의 금지 또는 제한
2. 타고 남은 불 또는 화기가 있을 우려가 있는 재의 처리
3. 함부로 버려두거나 그냥 둔 위험물, 그 밖에 불에 탈 수 있는 물건을 옮기거나 치우게 하는 등의 조치

② 소방본부장이나 소방서장은 제1항 제3호에 해당하는 경우로서 그 위험물 또는 물건의 소유자·관리자 또는 점유자의 주소와 성명을 알 수 없어서 필요한 명령을 할 수 없을 때에는 소속 공무원으로 하여금 그 위험물 또는 물건을 옮기거나 치우게 할 수 있다.

③ 소방본부장이나 소방서장은 제2항에 따라 옮기거나 치운 위험물 또는 물건을 보관하여야 한다.

④ 소방본부장이나 소방서장은 제3항에 따라 위험물 또는 물건을 보관하는 경우에는 그 날부터 14일 동안 소방본부 또는 소방서의 게시판에 그 사실을 공고하여야 한다.

⑤ 제3항에 따라 소방본부장이나 소방서장이 보관하는 위험물 또는 물건의 보관기간 및 보관기간 경과 후 처리 등에 대하여는 대통령령으로 정한다.

시행령 제3조 (위험물 또는 물건의 보관기간 및 보관기간 경과후 처리 등)

① 법 제12조 제5항의 규정에 의한 위험물 또는 물건의 보관기간은 법 제12조 제4항의 규정에 의하여 소방본부 또는 소방서의 게시판에 공고하는 기간의 종료일 다음 날부터 7일로 한다.

② 소방본부장 또는 소방서장은 제1항의 규정에 의한 보관기간이 종료되는 때에는 보관하고 있는 위험물 또는 물건을 매각하여야 한다. 다만, 보관하고 있는 위험물 또는 물건이 부패·파손 또는 이와 유사한 사유로 소정의 용도에 계속 사용할 수 없는 경우에는 폐기할 수 있다.

③ 소방본부장 또는 소방서장은 보관하던 위험물 또는 물건을 제2항의 규정에 의하여 매각한 경우에는 지체없이 「국가재정법」에 의하여 세입조치를 하여야 한다.

④ 소방본부장 또는 소방서장은 제2항의 규정에 의하여 매각되거나 폐기된 위험물 또는 물건의 소유자가 보상을 요구하는 경우에는 보상금액에 대하여 소유자와 협의를 거쳐 이를 보상하여야 한다.

플러스 **해설**+

소방행정의 목적을 달성하기 위하여 화재예방 상 위험한 행위 또는 소화활동에 지장을 초래하는 것을 없애기 위하여 소방행정의 객체인 관계인에게 의무를 명하는 것

핵심 정리

화재의 예방조치 등

1. 조치권자 : 소방본부장, 소방서장
2. 조치 내용
   (1) 불장난, 모닥불, 흡연, 화기 취급금지 또는 제한
   (2) 타고남은 불 또는 화기의 우려가 있는 재의 처리
   (3) 함부로 버려두거나 방치해둔 위험물을 치우게 하는 조치
   (4) 위험물의 관계인의 주소, 성명을 모를 경우
   소속공무원 옮김 조치 → 위험물보관, 소방본부, 소방서의 게시판에 공고(14일 동안)
   → 보관(7일) { 폐기 / 매각 → 세입조치 → 관계인과 협의 보상 }
3. 벌칙 : 200만원 이하의 벌금(조치내용 불응한자)

확인 점검 **문제**

다음 중 화재예방조치로 틀린 것은?

① 관계인이 없는 위험물 등을 보관할 때 7일간 소방본부 또는 소방서 게시판에 공고한다.
② 위험물 또는 물건의 보관기관 및 보관기간 경과 후 처리 등은 대통령령으로 정한다.
③ 소방본부장, 소방서장은 매각되거나 폐기된 위험물 또는 물건의 소유자가 보상을 요구하는 경우에는 보상금액에 대하여 소유자와 협의를 거쳐 이를 보상한다.
④ 불장난・모닥불・흡연・화기취급 등을 금지 및 제한한다.

답 ①

화재의 예방조치 등에 대한 설명으로 옳지 않은 것은?

① 소방본부장이나 소방서장은 화재예방상 위험하다고 인정되는 위험물 또는 물건을 보관하는 경우에는 그 날부터 14일 동안 소방본부 또는 소방서의 게시판에 그 사실을 공고하여야 한다.
② 소방본부장 또는 소방서장은 보관기간이 종료되는 때에는 보관하고 있는 위험물 또는 물건을 매각하여야 한다.
③ 소방본부장 또는 소방서장은 보관하던 위험물 또는 물건을 매각한 경우에는 그날부터 7일 이내에 「국가재정법」에 의하여 세입조치를 하여야 한다.
④ 소방본부장 또는 소방서장은 매각되거나 폐기된 위험물 또는 물건의 소유자가 보상을 요구하는 경우에는 보상금액에 대하여 소유자와 협의를 거쳐 이를 보상하여야 한다.

답 ③

제13조 (화재경계지구의 지정 등)

① 시·도지사는 다음 각 호의 어느 하나에 해당하는 지역 중 화재가 발생할 우려가 높거나 화재가 발생하는 경우 그로 인하여 피해가 클 것으로 예상되는 지역을 화재경계지구(火災警戒地區)로 지정할 수 있다. 〈개정 2016.1.27., 2017.7.26.〉

1. 시장지역
2. 공장·창고가 밀집한 지역
3. 목조건물이 밀집한 지역
4. 위험물의 저장 및 처리 시설이 밀집한 지역
5. 석유화학제품을 생산하는 공장이 있는 지역
6. 「산업입지 및 개발에 관한 법률」 제2조제8호에 따른 산업단지
7. 소방시설·소방용수시설 또는 소방출동로가 없는 지역
8. 그 밖에 제1호부터 제7호까지에 준하는 지역으로서 소방청장·소방본부장 또는 소방서장이 화재경계지구로 지정할 필요가 있다고 인정하는 지역

② 제1항에도 불구하고 시·도지사가 화재경계지구로 지정할 필요가 있는 지역을 화재경계지구로 지정하지 아니하는 경우 소방청장은 해당 시·도지사에게 해당 지역의 화재경계지구 지정을 요청할 수 있다. 〈신설 2016.1.27., 2017.7.26.〉

③ 소방본부장이나 소방서장은 대통령령으로 정하는 바에 따라 제1항에 따른 화재경계지구 안의 소방대상물의 위치·구조 및 설비 등에 대하여 「화재예방, 소방시설 설치·유지 및 안전관리에 관한 법률」 제4조에 따른 소방특별조사를 하여야 한다. 〈개정 2011.8.4., 2016.1.27., 2017.12.26.〉

④ 소방본부장이나 소방서장은 제3항에 따른 소방특별조사를 한 결과 화재의 예방과 경계를 위하여 필요하다고 인정할 때에는 관계인에게 소방용수시설, 소화기구, 그 밖에 소방에 필요한 설비의 설치를 명할 수 있다. 〈개정 2011.8.4., 2016.1.27.〉

⑤ 소방본부장이나 소방서장은 화재경계지구 안의 관계인에 대하여 대통령령으로 정하는 바에 따라 소방에 필요한 훈련 및 교육을 실시할 수 있다. 〈개정 2016.1.27.〉

⑥ 시·도지사는 대통령령으로 정하는 바에 따라 제1항에 따른 화재경계지구의 지정 현황, 제3항에 따른 소방특별조사의 결과, 제4항에 따른 소방설비 설치 명령 현황, 제5항에 따른 소방교육의 현황 등이 포함된 화재경계지구에서의 화재예방 및 경계에 필요한 자료를 매년 작성·관리하여야 한다. 〈신설 2016.1.27.〉

플러스 해설+

1. 화재발생 우려가 높거나 화재가 발생하는 경우 그 피해가 클 것으로 우려되는 지역에 화재를 미연에 방지하기 위하여 특별히 관리하는 지역
2. 소방청장이 화재경계지구지정을 요청할 수 있도록 하며, 시·도지사가 화재경계지구에서의 화재예방 및 화재경계에 필요한 자료를 매년 작성·관리하도록 함.

시행령 제4조(화재경계지구의 관리)

① 삭제 〈2018.3.20.〉

② 소방본부장 또는 소방서장은 법 제13조제3항에 따라 화재경계지구 안의 소방대상물의 위치・구조 및 설비 등에 대한 소방특별조사를 연 1회 이상 실시하여야 한다. 〈개정 2012.1.31., 2018.3.20.〉

③ 소방본부장 또는 소방서장은 법 제13조제5항에 따라 화재경계지구 안의 관계인에 대하여 소방상 필요한 훈련 및 교육을 연 1회 이상 실시할 수 있다. 〈개정 2009.5.21., 2018.3.20.〉

④ 소방본부장 또는 소방서장은 제3항의 규정에 의한 소방상 필요한 훈련 및 교육을 실시하고자 하는 때에는 화재경계지구 안의 관계인에게 훈련 또는 교육 10일 전까지 그 사실을 통보하여야 한다.

⑤ 시・도지사는 법 제13조제6항에 따라 다음 각 호의 사항을 행정안전부령으로 정하는 화재경계지구 관리대장에 작성하고 관리하여야 한다. 〈신설 2018.3.20.〉

1. 화재경계지구의 지정 현황
2. 소방특별조사의 결과
3. 소방설비의 설치 명령 현황
4. 소방교육의 실시 현황
5. 소방훈련의 실시 현황
6. 그 밖에 화재예방 및 경계에 필요한 사항

[제목개정 2018.3.20.]

핵심 정리

1. 지정권자 : 시・도지사
2. 지정 요청자 : 소방청장
3. 지정대상
   (1) 목조건물 밀집
   (2) 시장지역
   (3) 공장, 창고 밀집
   (4) 위험물의 저장 및 처리시설 밀집
   (5) 석유화학제품을 생산하는 공장
   (6) 소방시설, 소방용수시설 또는 소방출동로가 없는 지역
   (7) 산업단지
   (8) 소방청장・소방본부장 또는 소방서장이 요청하는 지역
4. 소방특별조사 및 교육훈련 실시(연 1회 이상)
   소방공무원 → 소방대상물(화재경계지구안)
   (소방특별조사(위치, 구조, 설비) 7일 전 통보
   교육, 훈련(소화, 통보, 피난) 10일 전 통보) 연 1회 이상

5. 벌칙
(1) 소방특별조사 거부방해 : 100만원 이하 벌금
(2) 소화기구, 소방용수시설 설치명령 위반 : 200만원 이하 과태료

확인 점검 문제

「소방기본법」에서 시 · 도지사가 화재경계지구로 지정할 필요가 있는 지역을 화재경계지구로 지정하지 아니하는 경우 해당 시 · 도지사에게 해당 지역의 화재경계지구 지정을 요청할 수 있는 사람은 누구인가?

① 행정안전부장관
② 소방본부장
③ 소방서장
④ 소방청장

해 설

화재경계지구를 시 · 도지사가 지정하여야 함에도 불구하고 화재경계지구로 지정할 필요가 있는 지역을 화재경계지구로 지정하지 아니하는 경우 소방청장은 해당 시 · 도지사에게 해당 지역의 화재경계지구 지정을 요청할 수 있다.

답 ④

시 · 도지사는 화재가 발생할 우려가 높거나 화재가 발생하는 경우 그로 인하여 피해가 클 것으로 예상되는 지역을 화재경계지구(火災警戒地區)로 지정할 수 있다. 다음 중 화재경계지구로 지정하지 않아도 되는 곳은?

① 석유화학제품을 생산하는 공장이 있는 지역
② 소방시설 · 소방용수시설 또는 소방출동로가 없는 지역
③ 상가지역
④ 공장 · 창고가 밀집한 지역

답 ③

「소방기본법」에서 정하고 있는 화재경계지구에 대한 사항으로 틀리는 것은?

① 화재경계지구 안의 관계인에 대하여 대통령령으로 정하는 바에 따라 소방에 필요한 훈련 및 교육을 실시할 수 있다.
② 화재경계지구 안의 소방대상물의 위치 · 구조 및 설비 등에 대한 소방특별조사를 연 1회 이상 실시하여야 한다.
③ 시 · 도지사는 소방상 필요한 훈련 및 교육을 실시하고자 하는 때에는 화재경계지구 안의 관계인에게 훈련 또는 교육 10일 전까지 그 사실을 통보하여야 한다.
④ 화재경계지구 안의 관계인에 대하여 소방상 필요한 훈련 및 교육을 연 1회 이상 실시할 수 있다.

답 ③

다음 중 화재경계지구 대상지역이 아닌 것은?

① 공장이 밀집한 지역
② 목조건물이 밀집한 지역
③ 고층건축물이 밀집한 지역
④ 소방출동로가 없는 지역

답 ③

제14조 (화재에 관한 위험경보)

소방본부장이나 소방서장은 「기상법」 제13조 제1항에 따른 이상기상(異常氣象)의 예보 또는 특보가 있을 때에는 화재에 관한 경보를 발령하고 그에 따른 조치를 할 수 있다.

플러스 해설⁺

이상기상으로 인한 화재를 미연에 방지하고 피해를 최소화 하기위하여 위험경보 시 화재발생의 위험한 행위 또는 불의 사용을 제한할 수 있다.

확인 점검 문제

다음 중 이상기상의 예보 또는 특보 시 화재에 관한 경보를 발령하고 그에 따른 조치를 할 수 있는 자는?

① 소방청장
② 기상청장
③ 소방대장
④ 소방본부장 또는 소방서장

답 ④

제15조 (불을 사용하는 설비 등의 관리와 특수가연물의 저장 · 취급)

① 보일러, 난로, 건조설비, 가스 · 전기시설, 그 밖에 화재 발생 우려가 있는 설비 또는 기구 등의 위치 · 구조 및 관리와 화재 예방을 위하여 불을 사용할 때 지켜야 하는 사항은 대통령령으로 정한다.

② 화재가 발생하는 경우 불길이 빠르게 번지는 고무류 · 면화류 · 석탄 및 목탄 등 대통령령으로 정하는 특수가연물(特殊可燃物)의 저장 및 취급 기준은 대통령령으로 정한다.

플러스 해설⁺

화재발생의 위험성이 있는 불을 사용하는 설비에서 발생하는 화재를 미연에 방지하고, 화재발생 시 연소속도가 빠른 특수가연물의 법적근거를 마련함.

시행령 제5조 (불을 사용하는 설비의 관리기준 등)

① 법 제15조 제1항의 규정에 의한 보일러, 난로, 건조설비, 가스·전기시설 그 밖에 화재발생의 우려가 있는 설비 또는 기구 등의 위치·구조 및 관리와 화재예방을 위하여 불의 사용에 있어서 지켜야 하는 사항은 별표 1과 같다.

② 제1항에 규정된 것 외에 불을 사용하는 설비의 세부관리기준은 시·도의 조례로 정한다.

시행령 제6조 (화재의 확대가 빠른 특수가연물)

법 제15조 제2항에서 "대통령령이 정하는 특수가연물(特殊可燃物)"이라 함은 별표 2에 규정된 품명별 수량 이상의 가연물을 말한다.

시행령 제7조 (특수가연물의 저장 및 취급의 기준)

법 제15조 제2항에 따른 특수가연물의 저장 및 취급의 기준은 다음 각 호와 같다.

1. 특수가연물을 저장 또는 취급하는 장소에는 품명·최대수량 및 화기취급의 금지표지를 설치할 것
2. 다음 각 목의 기준에 따라 쌓아 저장할 것. 다만, 석탄·목탄류를 발전(發電)용으로 저장하는 경우에는 그러하지 아니하다.
   가. 품명별로 구분하여 쌓을 것
   나. 쌓는 높이는 10미터 이하가 되도록 하고, 쌓는 부분의 바닥면적은 50제곱미터(석탄·목탄류의 경우에는 200제곱미터) 이하가 되도록 할 것. 다만, 살수설 비를 설치하거나, 방사능력 범위에 해당 특수가연물이 포함되도록 대형수동 식소화기를 설치하는 경우에는 쌓는 높이를 15미터 이하, 쌓는 부분의 바닥면 적을 200제곱미터(석탄·목탄류의 경우에는 300제곱미터) 이하로 할 수 있다.
   다. 쌓는 부분의 바닥면적 사이는 1미터 이상이 되도록 할 것

핵심 정리

불을 사용하는 설비의 관리(대통령령)

1. 보일러
   (1) 경유 등유 등 액체연료 사용
      ① 보일러 본체로부터 1m 이상의 간격
      ② 연료를 차단할 수 있는 개폐밸브를 연료탱크로부터 0.5m 이내에 설치
   (2) 기체연료 사용
      ① 긴급 시 연료를 차단할 수 있는 개폐밸브를 연료용기로부터 0.5m 이내 설치
      ② 보일러와 벽 천장 사이의 거리는 0.6m 이상 되도록
2. 불꽃 사용 용접, 용단
   (1) 소화기 비치 : 유효반경 5미터 이내
   (2) 가연물 금지 : 유효반경 10미터 이내
3. 안전거리 : 0.6미터 이상(단, 건조설비 : 0.5미터 이상)

4. 시간 당 열량 30만 킬로칼로리 이상의 노 설치 시
   - 주요구조부 : 불연재료
   - 창문, 출입구 : (갑종 또는 을종)방화문
   - 공간확보 : 1미터 이상

핵심 정리

특수가연물의 저장, 취급(대통령령)

1. 특수가연물 : 연소속도가 빠른 액체, 고체물질로서 품명별 수량 이상의 것
   (1) 면화류 200kg
   (2) 나무껍질 및 대패밥 400kg
   (3) 볏짚류, 사류, 넝마 및 종이 부스러기(볏사마) 1000kg
   (4) 가연성 고체류, 비발포성 합성수지류 3000kg
   (5) 석탄, 목탄류 10000kg
   (6) 가연성 액체류 $2m^3$
   (7) 목재가공품 및 나무부스러기 $10m^3$
   (8) 합성수지류 { 발포시킨 것 $20m^3$ / 그 밖의 것 3000kg }

   $2m^3$(가연성액체류)×$10m^3$(목재가공품 및 나무부스러기)=$20m^3$(발포성 합성수지류)
2. 특수가연물의 저장, 취급의 기준
   (1) 표지 설치 (품명, 최대수량, 화기취급의 금지)
   (2) 물질별로 구분하여 쌓음
   (3) 쌓는 높이는 10m 이하, 쌓는 부분의 바닥면적은 $50m^2$(석탄, 목탄류는 $200m^2$) 이하, 살수설비를 설치하거나 대형소화기를 설치 시 쌓는 높이를 15m 이하, 쌓는 부분의 바닥면적을 $200m^2$(석탄, 목탄류의 경우에는 $300m^2$) 이하

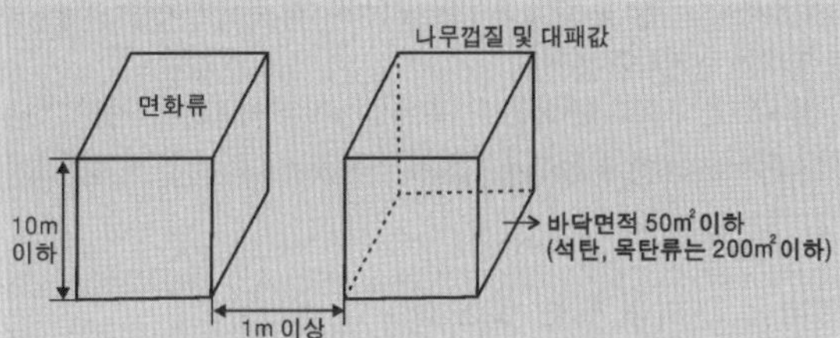

확인 점검 문제

「소방기본법」 시행령에서 특수가연물의 종류로 옳지 않은 것은?

① 200kg의 면화류　　② 1200kg의 볏짚류
③ 350kg의 나무껍질　　④ 1000kg의 넝마

해 설

400kg 이상의 나무껍질 및 대팻밥

답 ③

다음 중 특수가연물의 저장 및 취급의 기준으로 틀린 것은?

① 특수가연물을 저장 또는 취급하는 장소에는 품명・최대수량 및 안전관리자 성명을 기재하여 설치한다.
② 특수가연물을 품명별로 구분하여 쌓는다.
③ 방사능력 범위 내에 당해 특수가연물이 포함되도록 대형소화기를 설치하는 경우에는 쌓는 높이를 15m 이하로 한다.
④ 쌓는 부분의 바닥면적 사이는 1m 이상이 되도록 한다.

답 ①

「소방기본법령」상 수소가스를 넣는 기구에 대한 설명으로 옳지 않은 것은?

① 바람이 초속 6미터 이상 부는 때에는 띄워서는 아니 된다.
② 수소가스는 용량의 90% 이상을 유지하여야 한다.
③ 띄우는 각도는 지표면에 대하여 각도는 45도 이하를 유지한다.
④ 경마장에서 수소가스를 넣는 기구를 운반하거나 취급하여서는 안 된다.

해 설

수소가스를 넣는 기구
1. 집회장, 관람장, 전시장, 경마장에서 수소가스를 넣는 기구를 운반하거나 취급하여서는 아니 된다.
2. 수소가스는 용량의 90퍼센트 이상을 유지하여야 한다.
3. 띄우거나 머물게 하는 때에는 감시인을 두어야 한다. 단, 건축물 옥상에서 띄우거나 머물게 하는 경우에는 그러하지 아니하다.
4. 띄우는 각도는 지표면에 대하여 45도 이하로 유지하고 바람이 초속 7미터 이상 부는 때에는 띄워서는 아니 된다.

답 ①

다음 중 불을 사용하는 설비에 관하여 틀린 것은?

① 보일러와 벽・천장 사이 거리는 0.6m 이상으로 한다.
② 이동식 난로는 학원, 독서실, 박물관 및 미술관의 장소에는 사용하여서는 안 된다.
③ 열발생 조리기구는 반자 또는 선반으로부터 0.6m 이상으로 한다.
④ 액체연료를 사용하는 보일러를 설치하는 장소에는 환기구를 설치한다.

답 ④

시행령 [별표 1]

보일러 등의 위치·구조 및 관리와 화재예방을 위하여 불의 사용에 있어서 지켜야 하는 사항

종 류	내 용
보일러	1. 가연성 벽·바닥 또는 천장과 접촉하는 증기기관 또는 연통의 부분은 규조토·석면 등 난연성 단열재로 덮어씌워야 한다. 2. 경유·등유 등 액체연료를 사용하는 경우에는 다음 각목의 사항을 지켜야 한다. 가. 연료탱크는 보일러본체로부터 수평거리 1미터 이상의 간격을 두어 설치할 것 나. 연료탱크에는 화재 등 긴급상황이 발생하는 경우 연료를 차단할 수 있는 개폐밸브를 연료탱크로부터 0.5미터 이내에 설치할 것 다. 연료탱크 또는 연료를 공급하는 배관에는 여과장치를 설치할 것 라. 사용이 허용된 연료 외의 것을 사용하지 아니할 것 마. 연료탱크에는 불연재료(「건축법시행령」 제2조 제10호의 규정에 의한 것을 말한다. 이하 이 표에서 같다)로 된 받침대를 설치하여 연료탱크가 넘어지지 아니하도록 할 것 3. 기체연료를 사용하는 경우에는 다음 각목에 의한다. 가. 보일러를 설치하는 장소에는 환기구를 설치하는 등 가연성가스가 머무르지 아니하도록 할 것 나. 연료를 공급하는 배관은 금속관으로 할 것 다. 화재 등 긴급시 연료를 차단할 수 있는 개폐밸브를 연료용기 등으로부터 0.5미터 이내에 설치할 것 라. 보일러가 설치된 장소에는 가스누설경보기를 설치할 것 4. 보일러와 벽·천장 사이의 거리는 0.6미터 이상 되도록 하여야 한다. 5. 보일러를 실내에 설치하는 경우에는 콘크리트바닥 또는 금속외의 불연재료로 된 바닥 위에 설치하여야 한다.
난로	1. 연통은 천장으로부터 0.6미터 이상 떨어지고, 건물 밖으로 0.6미터 이상 나오게 설치하여야 한다. 2. 가연성 벽·바닥 또는 천장과 접촉하는 연통의 부분은 규조토·석면 등 난연성 단열재로 덮어씌워야 한다. 3. 이동식난로는 다음 각목의 장소에서 사용하여서는 아니된다. 다만, 난로가 쓰러지지 아니하도록 받침대를 두어 고정시키거나 쓰러지는 경우 즉시 소화되고 연료의 누출을 차단할 수 있는 장치가 부착된 경우에는 그러하지 아니하다. 가. 「다중이용업소의 안전관리에 관한 특별법」제2조 제1항 제1호의 규정에 의한 다중이용업소 나. 「학원의 설립·운영 및 과외교습에관한법률」 제2조 제1호의 규정에 의한 학원

<table>
<tr><td></td><td>다. 「학원의 설립・운영 및 과외교습에관한법률시행령」 제2조 제1항 제4호의 규정에 의한 독서실
라. 「공중위생관리법」 제2조 제1항 제2호・제3호 및 제6호의 규정에 의한 숙박업・목욕장업・세탁업의 영업장
마. 「의료법」 제3조 제2항의 규정에 의한 종합병원・병원・치과병원・한방병원・요양병원・의원・치과의원・한의원 및 조산원
바. 「식품위생법시행령」 제7조 제8호의 규정에 의한 휴게음식점・일반음식점・단란주점・유흥주점 및 제과점영업의 영업장
사. 「영화진흥법」 제2조 제13호의 규정에 의한 영화상영관
아. 「공연법」 제2조 제4호의 규정에 의한 공연장
자. 「박물관 및 미술관진흥법」 제2조 제1호 및 제2호의 규정에 의한 박물관 및 미술관
차. 「유통산업발전법」 제2조 제6호의 규정에 의한 상점가
카. 「건축법」 제20조의 규정에 의한 가설건축물
타. 역・터미널</td></tr>
<tr><td>건조설비</td><td>1. 건조설비와 벽・천장 사이의 거리는 0.5미터 이상 되도록 하여야 한다.
2. 건조물품이 열원과 직접 접촉하지 아니하도록 하여야 한다.
3. 실내에 설치하는 경우에 벽・천장 또는 바닥은 불연재료로 하여야 한다.</td></tr>
<tr><td>수소가스를 넣는 기구</td><td>1. 연통 그 밖의 화기를 사용하는 시설의 부근에서 띄우거나 머물게 하여서는 아니된다.
2. 건축물의 지붕에서 띄워서는 아니된다. 다만, 지붕이 불연재료로 된 평지붕으로서 그 넓이가 기구 지름의 2배 이상인 경우에는 그러하지 아니하다.
3. 다음 각목의 장소에서 운반하거나 취급하여서는 아니된다.
가. 공연장 : 극장・영화관・연예장・음악당・서커스장 그 밖의 이와 비슷한 것
나. 집회장 : 회의장・공회장・예식장 그 밖의 이와 비슷한 것
다. 관람장 : 운동경기관람장(운동시설에 해당하는 것을 제외한다)・경마장・자동차경주장 그 밖의 이와 비슷한 것
라. 전시장 : 박물관・미술관・과학관・기념관・산업전시장・박람회장 그 밖의 이와 비슷한 것
4. 수소가스를 넣거나 빼는 때에는 다음 각목의 사항을 지켜야 한다.
가. 통풍이 잘 되는 옥외의 장소에서 할 것
나. 조작자 외의 사람이 접근하지 아니하도록 할 것
다. 전기시설이 부착된 경우에는 전원을 차단하고 할 것
라. 마찰 또는 충격을 주는 행위를 하지 말 것
마. 수소가스를 넣을 때에는 기구 안에 수소가스 또는 공기를 제거한 후 감압기를 사용할 것
5. 수소가스는 용량의 90퍼센트 이상을 유지하여야 한다.</td></tr>
</table>

	6. 띄우거나 머물게 하는 때에는 감시인을 두어야 한다. 다만, 건축물 옥상에서 띄우거나 머물게 하는 경우에는 그러하지 아니하다. 7. 띄우는 각도는 지표면에 대하여 45도 이하로 유지하고 바람이 초속 7미터 이상 부는 때에는 띄워서는 아니된다.
전기시설	1. 전류가 통하는 전선에는 과전류차단기를 설치하여야 한다. 2. 전선 및 접속기구는 내열성이 있는 것으로 하여야 한다.
불꽃을 사용하는 용접·용단기구	용접 또는 용단 작업장에서는 다음 각 호의 사항을 지켜야 한다. 다만, 「산업안전보건법」 제23조의 적용을 받는 사업장의 경우에는 적용하지 아니한다. 1. 용접 또는 용단 작업자로부터 반경 5m 이내에 소화기를 갖추어 둘 것 2. 용접 또는 용단 작업장 주변 반경 10m 이내에는 가연물을 쌓아두거나 놓아두지 말 것. 다만, 가연물의 제거가 곤란하여 방지포 등으로 방호조치를 한 경우는 제외한다.
노·화덕 설비	1. 실내에 설치하는 경우에는 흙바닥 또는 금속 외의 불연재료로된 바닥이나 흙바닥에 설치하여야 한다. 2. 노 또는 화덕을 설치하는 장소의 벽·천장은 불연재료로 된것이어야 한다. 3. 노 또는 화덕의 주위에는 녹는 물질이 확산되지 아니하도록 높이 0.1미터 이상의 턱을 설치하여야 한다. 4. 시간당 열량이 30만 킬로칼로리 이상인 노를 설치하는 경우에는 다음 각목의 사항을 지켜야 한다. 가. 주요구조부(「건축법」 제2조 제6호의 규정에 의한 것을 말한다. 이하 이 표에서 같다)는 불연재료로 할 것 나. 창문과 출입구는 「건축법시행령」 제64조의 규정에 의한 갑종방화문 또는 을종방화문으로 설치할 것 다. 노 주위에는 1미터 이상 공간을 확보할 것
음식조리를 위하여 설치하는 설비	일반음식점에서 조리를 위하여 불을 사용하는 설비를 설치하는 경우에는 다음 각목의 사항을 지켜야 한다. 가. 주방설비에 부속된 배기닥트는 0.5밀리미터 이상의 아연도금강판 또는 이와 동등 이상의 내식성 불연재료로 설치할 것 나. 주방시설에는 동물 또는 식물의 기름을 제거할 수 있는 필터 등을 설치할 것 다. 열을 발생하는 조리기구는 반자 또는 선반으로부터 0.6미터 이상 떨어지게 할 것 라. 열을 발생하는 조리기구로부터 0.15미터 이내의 거리에 있는 가연성 주요구조부는 석면판 또는 단열성이 있는 불연재료로 덮어씌울 것

시행령 [별표 2]

특수가연물(제6조 관련)

품 명		수 량
면 화 류		200킬로그램 이상
나무껍질 및 대팻밥		400킬로그램 이상
넝마 및 종이부스러기		1,000킬로그램 이상
사류(絲類)		1,000킬로그램 이상
볏짚류		1,000킬로그램 이상
가연성고체류		3,000킬로그램 이상
석탄・목탄류		10,000킬로그램 이상
가연성액체류		2세제곱미터 이상
목재가공품 및 나무부스러기		10세제곱미터 이상
합성수지류	발포시킨 것	20세제곱미터 이상
	그 밖의 것	3,000킬로그램 이상

※ 비고

1. "면화류"라 함은 불연성 또는 난연성이 아닌 면상 또는 팽이모양의 섬유와 마사(麻絲) 원료를 말한다.
2. 넝마 및 종이부스러기는 불연성 또는 난연성이 아닌 것(동식물유가 깊이 스며들어 있는 옷감・종이 및 이들의 제품을 포함한다)에 한한다.
3. "사류"라 함은 불연성 또는 난연성이 아닌 실(실부스러기와 솜털을 포함한다)과 누에고치를 말한다.
4. "볏짚류"라 함은 마른 볏짚・마른 북데기와 이들의 제품 및 건초를 말한다.
5. "가연성고체류"라 함은 고체로서 다음 각목의 것을 말한다.
   가. 인화점이 섭씨 40도 이상 100도 미만인 것
   나. 인화점이 섭씨 100도 이상 200도 미만이고, 연소열량이 1그램당 8킬로칼로리 이상인 것
   다. 인화점이 섭씨 200도 이상이고 연소열량이 1그램당 8킬로칼로리 이상인 것으로서 융점이 100도 미만인 것
   라. 1기압과 섭씨 20도 초과 40도 이하에서 액상인 것으로서 인화점이 섭씨 70도 이상 섭씨 200도 미만이거나 나목 또는 다목에 해당하는 것
6. 석탄・목탄류에는 코크스, 석탄가루를 물에 갠 것, 조개탄, 연탄, 석유코크스, 활성탄 및 이와 유사한 것을 포함한다.
7. "가연성액체류"라 함은 다음 각목의 것을 말한다.
   가. 1기압과 섭씨 20도 이하에서 액상인 것으로서 가연성 액체량이 40중량퍼센트 이하이면서 인화점이 섭씨 40도 이상 섭씨 70도 미만이고 연소점이 섭씨 60도 이상인 물품
   나. 1기압과 섭씨 20도에서 액상인 것으로서 가연성 액체량이 40중량퍼센트 이하이고 인화점이 섭씨 70도 이상 섭씨 250도 미만인 물품
   다. 동물의 기름기와 살코기 또는 식물의 씨나 과일의 살로부터 추출한 것으로서 다음의 1에 해당하는 것
      (1) 1기압과 섭씨 20도에서 액상이고 인화점이 250도 미만인 것으로서 위험물안전관리법 제20조 제1항의 규정에 의한 용기기준과 수납・저장기준에 적합하고 용기외부에 물품명・수량 및 "화기엄금" 등의 표시를 한 것
      (2) 1기압과 섭씨 20도에서 액상이고 인화점이 섭씨 250도 이상인 것
8. "합성수지류"라 함은 불연성 또는 난연성이 아닌 고체의 합성수지제품, 합성수지반제품, 원료합성수지 및 합성수지 부스러기(불연성 또는 난연성이 아닌 고무제품, 고무반제품, 원료고무 및 고무 부스러기를 포함한다)를 말한다. 다만, 합성수지의 섬유・옷감・종이 및 실과 이들의 넝마와 부스러기를 제외한다.

04 소방활동

제16조 (소방활동)

① 소방청장, 소방본부장 또는 소방서장은 화재, 재난・재해, 그 밖의 위급한 상황이 발생하였을 때에는 소방대를 현장에 신속하게 출동시켜 화재진압과 인명구조・구급 등 소방에 필요한 활동을 하게 하여야 한다. 〈개정 2014.11.19., 2017.7.26.〉

② 누구든지 정당한 사유 없이 제1항에 따라 출동한 소방대의 화재진압 및 인명구조・구급 등 소방활동을 방해하여서는 아니 된다.

플러스 **해설**+

화재 및 재난이 발생하는 경우 신속히 출동하여 소방활동을 수행하도록 의무적 규정을 둠

확인 점검 문제

「소방기본법」상에서 소방활동 등의 설명으로 틀리는 것은?

① 소방대는 화재, 재난・재해, 그 밖의 위급한 상황이 발생한 현장에 신속하게 출동하기 위하여 긴급할 때에는 일반적인 통행에 쓰이지 아니하는 도로・빈터 또는 물위로 통행할 수 없다.

② 관계인은 소방대상물에 화재, 재난・재해, 그 밖의 위급한 상황이 발생한 경우에는 소방대가 현장에 도착할 때까지 경보를 울리거나 대피를 유도하는 등의 방법으로 사람을 구출하는 조치 또는 불을 끄거나 불이 번지지 아니하도록 필요한 조치를 하여야 한다.

③ 소방대장은 화재, 재난・재해, 그 밖의 위급한 상황이 발생한 현장에 소방활동구역을 정하여 소방활동에 필요한 사람으로서 대통령령으로 정하는 사람 외에는 그 구역에 출입하는 것을 제한할 수 있다.

④ 소방자동차가 화재진압 및 구조・구급 활동을 위하여 출동하거나 훈련을 위하여 필요할 때에는 사이렌을 사용할 수 있다.

답 ①

제16조의2 (소방지원활동)

① 소방청장・소방본부장 또는 소방서장은 공공의 안녕질서 유지 또는 복리증진을 위하여 필요한 경우 소방활동 외에 다음 각 호의 활동(이하 "소방지원활동"이라 한다)을 하게 할 수 있다. 〈개정 2013.3.23., 2014.11.19., 2017.7.26.〉

1. 산불에 대한 예방・진압 등 지원활동
2. 자연재해에 따른 급수・배수 및 제설 등 지원활동

3. 집회 · 공연 등 각종 행사 시 사고에 대비한 근접대기 등 지원활동
4. 화재, 재난 · 재해로 인한 피해복구 지원활동
5. 삭제 〈2015.7.24.〉
6. 그 밖에 행정안전부령으로 정하는 활동

② 소방지원활동은 제16조의 소방활동 수행에 지장을 주지 아니하는 범위에서 할 수 있다.

③ 유관기관 · 단체 등의 요청에 따른 소방지원활동에 드는 비용은 지원요청을 한 유관기관 · 단체 등에게 부담하게 할 수 있다. 다만, 부담금액 및 부담방법에 관하여는 지원요청을 한 유관기관 · 단체 등과 협의하여 결정한다.[시행일 : 2016.1.25.]

확인 점검 문제

소방지원활동 등에 대한 내용으로 틀린 것은?

① 유관기관 · 단체 등의 요청에 따른 소방지원활동에 드는 비용은 지원요청을 한 유관기관 · 단체 등에게 부담하게 할 수 있다.
② 소방지원활동은 소방활동 수행에 지장을 주지 아니하는 범위에서 할 수 있다.
③ 소방지원활동에는 단전사고 시 비상전원 또는 조명의 공급이 있다.
④ 화재 · 재난 · 재해로 인한 피해복구 지원활동을 할 수 있다.

답 ③

소방지원활동의 내용으로 옳지 않은 것은?

① 자연재해에 따른 급수 · 배수 및 제설 등 지원활동
② 집회 · 공연 등 각종 행사 시 사고에 대비한 근접대기 등 지원활동
③ 화재, 재난 · 재해로 인한 피해복구 지원활동
④ 화재, 재난 · 재해 그 밖의 위급한 상황에서의 구조 · 구급 지원활동

답 ④

제16조의3 (생활안전활동)

① 소방청장 · 소방본부장 또는 소방서장은 신고가 접수된 생활안전 및 위험제거 활동(화재, 재난 · 재해, 그 밖의 위급한 상황에 해당하는 것은 제외한다)에 대응하기 위하여 소방대를 출동시켜 다음 각 호의 활동(이하 "생활안전활동"이라 한다)을 하게 하여야 한다. 〈개정 2017. 7.26.〉
1. 붕괴, 낙하 등이 우려되는 고드름, 나무, 위험 구조물 등의 제거활동
2. 위해동물, 벌 등의 포획 및 퇴치 활동
3. 끼임, 고립 등에 따른 위험제거 및 구출 활동
4. 단전사고 시 비상전원 또는 조명의 공급
5. 그 밖에 방치하면 급박해질 우려가 있는 위험을 예방하기 위한 활동

② 누구든지 정당한 사유 없이 제1항에 따라 출동하는 소방대의 생활안전활동을 방해하여서는 아니 된다.

③ 삭제 〈2017.12.26.〉

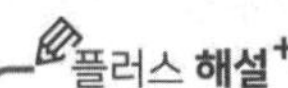

생활안전활동의 구체적인 사항을 법률에 명시함으로써 생활밀착형 소방서비스인 생활안전활동의 전문성과 책임성 제고

제16조의4 (소방자동차의 보험 가입 등)

① 시・도지사는 소방자동차의 공무상 운행 중 교통사고가 발생한 경우 그 운전자의 법률상 분쟁에 소요되는 비용을 지원할 수 있는 보험에 가입하여야 한다.

② 국가는 제1항에 따른 보험 가입비용의 일부를 지원할 수 있다.[본조신설 2016.1.27.]

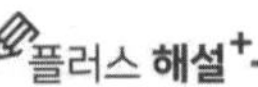

시・도지사가 소방자동차의 공무상 운행 중 교통사고로 인한 법률상 분쟁비용을 지원할 수 있는 보험에 가입하도록 하고, 국가가 그 가입비용 일부를 지원할 수 있도록 함.

제16조의5 (소방활동에 대한 면책)

소방공무원이 제16조제1항에 따른 소방활동으로 인하여 타인을 사상(死傷)에 이르게 한 경우 그 소방활동이 불가피하고 소방공무원에게 고의 또는 중대한 과실이 없는 때에는 그 정상을 참작하여 사상에 대한 형사책임을 감경하거나 면제할 수 있다.

[본조신설 2017.12.26.]

제16조의6 (소송지원)

소방청장, 소방본부장 또는 소방서장은 소방공무원이 제16조제1항에 따른 소방활동, 제16조의2제1항에 따른 소방지원활동, 제16조의3제1항에 따른 생활안전활동으로 인하여 민・형사상 책임과 관련된 소송을 수행할 경우 변호인 선임 등 소송수행에 필요한 지원을 할 수 있다.

[본조신설 2017.12.26.]

제17조 (소방교육・훈련)

① 소방청장, 소방본부장 또는 소방서장은 소방업무를 전문적이고 효과적으로 수행하기 위하여 소방대원에게 필요한 교육・훈련을 실시하여야 한다. 〈개정 2014.11.19., 2017.7.26.〉

② 소방청장, 소방본부장 또는 소방서장은 화재를 예방하고 화재 발생 시 인명과 재산피해를 최소화하기 위하여 다음 각 호에 해당하는 사람을 대상으로 행정안전부령으로 정하는 바에 따라 소방안전에 관한 교육과 훈련을 실시할 수 있다. 이 경우 소방청장, 소방본부장 또는 소방서장은 해당 어린이집・유치원・학교의 장과 교육일정 등에 관하여 협의하여야 한다. 〈개정 2011.6.7., 2013.3.23., 2014.11.19., 2017.7.26.〉

1. 「영유아보육법」 제2조에 따른 어린이집의 영유아
2. 「유아교육법」 제2조에 따른 유치원의 유아
3. 「초・중등교육법」 제2조에 따른 학교의 학생

③ 소방청장, 소방본부장 또는 소방서장은 국민의 안전의식을 높이기 위하여 화재 발생 시 피난 및 행동 방법 등을 홍보하여야 한다. 〈개정 2014.11.19., 2017.7.26.〉

④ 제1항에 따른 교육・훈련의 종류 및 대상자, 그 밖에 교육・훈련의 실시에 필요한 사항은 행정안전부령으로 정한다. 〈개정 2013.3.23., 2014.11.19., 2017.7.26.〉

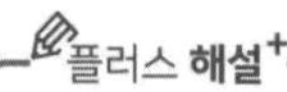

원활한 소방활동을 위하여 소방대원에게 주기적인 교육훈련을 실시함으로서 사고예방뿐 만아니라 신속한 소방활동으로 피해를 최소화시키기 위함.

제17조의2 (소방안전교육사)

① 소방청장은 제17조제2항에 따른 소방안전교육을 위하여 소방청장이 실시하는 시험에 합격한 사람에게 소방안전교육사 자격을 부여한다. 〈개정 2014.11.19., 2017.7.26.〉

② 소방안전교육사는 소방안전교육의 기획・진행・분석・평가 및 교수업무를 수행한다.

③ 제1항에 따른 소방안전교육사 시험의 응시자격, 시험방법, 시험과목, 시험위원, 그 밖에 소방안전교육사 시험의 실시에 필요한 사항은 대통령령으로 정한다.

④ 제1항에 따른 소방안전교육사 시험에 응시하려는 사람은 대통령령으로 정하는 바에 따라 수수료를 내야 한다.

시행령 제7조의2 (소방안전교육사의 응시자격)

법 제17조의2 제3항에 따른 소방안전교육사시험의 응시자격은 별표 2의2와 같다.
[전문개정 2016.6.30.]

시행령 제7조의3 (시험방법)

① 소방안전교육사시험은 제1차 시험 및 제2차 시험으로 구분하여 시행한다.

② 제1차 시험은 선택형을, 제2차 시험은 논술형을 원칙으로 한다. 다만, 제2차 시험에는 주관식 단답형 또는 기입형을 포함할 수 있다.

③ 제1차 시험에 합격한 사람에 대해서는 다음 회의 시험에 한정하여 제1차 시험을 면제한다.
[전문개정 2016.6.30.]

시행령 제7조의4 (시험과목)

① 소방안전교육사시험의 제1차 시험 및 제2차 시험 과목은 다음 각 호와 같다.
  1. 제1차 시험 : 소방학개론, 구급・응급처치론, 재난관리론 및 교육학개론 중 응시자가 선택하는 3과목
  2. 제2차 시험 : 국민안전교육 실무

② 제1항에 따른 시험 과목별 출제범위는 행정안전부령으로 정한다.
[전문개정 2016.6.30.]

시행령 제7조의5 (시험위원 등)

① 소방청장은 소방안전교육사시험 응시자격심사, 출제 및 채점을 위하여 다음 각 호의 어느 하나에 해당하는 사람을 응시자격심사위원 및 시험위원으로 임명 또는 위촉하여야 한다. 〈개정 2009.5.21., 2014.11.19., 2016.6.30., 2017.7.26.〉
  1. 소방 관련 학과, 교육학과 또는 응급구조학과 박사학위 취득자
  2. 「고등교육법」 제2조 제1호부터 제6호까지의 규정 중 어느 하나에 해당하는 학교에서 소방 관련 학과, 교육학과 또는 응급구조학과에서 조교수 이상으로 2년 이상 재직한 자
  3. 소방위 또는 지방소방위 이상의 소방공무원
  4. 소방안전교육사 자격을 취득한 자

② 제1항에 따른 응시자격심사위원 및 시험위원의 수는 다음 각 호와 같다. 〈개정 2009.5.21., 2016.6.30.〉
  1. 응시자격심사위원 : 3명
  2. 시험위원 중 출제위원 : 시험과목별 3명
  3. 시험위원 중 채점위원 : 5명
  4. 삭제 〈2016.6.30.〉

③ 제1항에 따라 응시자격심사위원 및 시험위원으로 임명 또는 위촉된 자는 소방청장이 정하는 시험문제 등의 작성시 유의사항 및 서약서 등에 따른 준수사항을 성실히 이행해야 한다.

④ 제1항에 따라 임명 또는 위촉된 응시자격심사위원 및 시험위원과 시험감독업무에 종사하는 자에 대하여는 예산의 범위에서 수당 및 여비를 지급할 수 있다.

시행령 제7조의6 (시험의 시행 및 공고)

① 소방안전교육사시험은 2년마다 1회 시행함을 원칙으로 하되, 소방청장이 필요하다고 인정하는 때에는 그 횟수를 증감할 수 있다.

② 소방청장은 소방안전교육사시험을 시행하려는 때에는 응시자격・시험과목・일시・장소 및 응시절차 등에 관하여 필요한 사항을 모든 응시 희망자가 알 수 있도록 소방안전교육사시험의 시행일 90일 전까지 1개 이상의 일간신문(「신문 등의 진흥에 관한 법률」 제9조 제1항 제9호에 따라 전국을 보급지역으로 등록한 일간신문으로서 같은 법 제2조 제1호 가목 또는 나목에 해당하는 것을 말한다. 이하 같다)・소방기관의 게시판 또는 인터넷 홈페이지 그 밖의 효과적인 방법에 따라 공고해야 한다.

시행령 제7조의7 (응시원서 제출 등)

① 소방안전교육사시험에 응시하려는 자는 행정안전부령으로 정하는 소방안전교육사시험응시원서를 소방청장에게 제출(정보통신망에 의한 제출을 포함한다. 이하 이 조에서 같다)하여야 한다. 〈개정 2008.12.31., 2013.3.23., 2014.11.19., 2016.6.30.〉

② 소방안전교육사시험에 응시하려는 자는 행정안전부령으로 정하는 제7조의2에 따른 응시자격에 관한 증명서류를 소방청장이 정하는 기간 내에 제출해야 한다.

③ 소방안전교육사시험에 응시하려는 자는 행정안전부령으로 정하는 응시수수료를 납부해야 한다.

④ 제3항에 따라 납부한 응시수수료는 다음 각 호의 어느 하나에 해당하는 경우에는 해당 금액을 반환하여야 한다.

1. 응시수수료를 과오납한 경우 : 과오납한 응시수수료 전액
2. 시험 시행기관의 귀책사유로 시험에 응시하지 못한 경우 : 납입한 응시수수료 전액
3. 시험시행일 20일 전까지 접수를 철회하는 경우 : 납입한 응시수수료 전액
4. 시험시행일 10일 전까지 접수를 철회하는 경우 : 납입한 응시수수료의 100분의 50

시행령 제7조의8 (시험의 합격자 결정 등)

① 제1차 시험은 매과목 100점을 만점으로 하여 매과목 40점 이상, 전과목 평균 60점 이상 득점한 자를 합격자로 한다.

② 제2차 시험은 100점을 만점으로 하되, 시험위원의 채점점수 중 최고점수와 최저점수를 제외한 점수의 평균이 60점 이상인 사람을 합격자로 한다. 〈개정 2016.6.30.〉

③ 소방청장은 제1항 및 제2항에 따라 소방안전교육사시험 합격자를 결정한 때에는 이를 일간신문·소방기관의 게시판 또는 인터넷 홈페이지 그 밖의 효과적인 방법에 따라 공고해야 한다. 〈개정 2009.5.21., 2014.11.19., 2016.6.30.〉

④ 소방청장은 제3항에 따른 시험합격자 공고일부터 1개월 이내에 행정안전부령으로 정하는 소방안전교육사증을 시험합격자에게 발급하며, 이를 소방안전교육사증 교부대장에 기재하고 관리하여야 한다. 〈개정 2008.12.31., 2009.5.21., 2013.3.23., 2014.11.19., 2016.6.30.〉

시행령 제7조의9

삭제 〈2016.6.30.〉

확인 점검 문제

다음 중 소방안전교육사에 관한 내용으로 틀린 것은?

① 시험위원의 수는 출제위원은 시험과목별 3명, 채점위원은 시험과목별 5명에 해당한다.

② 소방청장은 소방안전교육사시험을 시행하려는 때에는 응시자격·시험과목·일시·장소 및 응시절차 등에 관하여 필요한 사항을 모든 응시 희망자가 알 수 있도록 소방안전교육사시험의 90일 전까지 1개 이상의 일간신문·소방기관의 게시판 또는 인터넷 홈페이지, 그 밖의 효과적인 방법에 따라 공고해야 한다.

③ 소방청장은 소방안전교육사시험에서 부정행위를 한 자에 대하여는 그 시험을 무효로 하고, 그 처분이 있은 날부터 2년간 소방안전교육사 시험의 응시자격을 정지한다.

④ 소방청장은 소방안전교육사시험 응시자격 심사, 출제, 채점 및 실기·면접시험을 위하여 소방경 또는 지방소방경 이상의 소방공무원을 응시 자격심사위원 및 시험위원으로 임명 또는 위촉해야 한다.

답 ④

제17조의3 (소방안전교육사의 결격사유)

다음 각 호의 어느 하나에 해당하는 사람은 소방안전교육사가 될 수 없다.

1. 피성년후견인 또는 피한정후견인
2. 금고 이상의 실형을 선고받고 그 집행이 끝나거나(집행이 끝난 것으로 보는 경우를 포함한다) 집행이 면제된 날부터 2년이 지나지 아니한 사람
3. 금고 이상의 형의 집행유예를 선고받고 그 유예기간 중에 있는 사람
4. 법원의 판결 또는 다른 법률에 따라 자격이 정지되거나 상실된 사람

확인 점검 문제

다음 중 소방안전교육사의 결격사유가 아닌 것은?

① 금고 이상의 실형을 선고받고 그 집행이 면제된 날부터 2년이 경과한 사람

② 금고 이상의 형의 집행유예를 선고 받고 그 유예기간 중에 있는 사람

③ 법원의 판결 또는 다른 법률에 의하여 자격이 정지 또는 상실된 사람

④ 피성년후견인 또는 피한정후견인

답 ①

제17조의4 (부정행위자에 대한 조치)

① 소방청장은 제17조의2에 따른 소방안전교육사 시험에서 부정행위를 한 사람에 대하여는 해당 시험을 정지시키거나 무효로 처리한다. 〈개정 2017.7.26.〉

② 제1항에 따라 시험이 정지되거나 무효로 처리된 사람은 그 처분이 있은 날부터 2년간 소방안전교육사 시험에 응시하지 못한다.[본조신설 2016.1.27.]

제17조의5 (소방안전교육사의 배치)

① 제17조의2제1항에 따른 소방안전교육사를 소방청, 소방본부 또는 소방서, 그 밖에 대통령령으로 정하는 대상에 배치할 수 있다. 〈개정 2014.11.19., 2017.7.26.〉

② 제1항에 따른 소방안전교육사의 배치대상 및 배치기준, 그 밖에 필요한 사항은 대통령령으로 정한다.

시행령 제7조의10 (소방안전교육사의 배치대상)

법 제17조의5 제1항에서 "그 밖에 대통령령으로 정하는 대상"이란 다음 각 호의 어느 하나에 해당하는 기관이나 단체를 말한다. 〈개정 2008.12.3., 2012.7.10., 2016.6.30.〉

1. 법 제40조에 따라 설립된 한국소방안전협회
2. 「소방산업의 진흥에 관한 법률」 제14조에 따른 한국소방산업기술원

시행령 제7조의11 (소방안전교육사의 배치대상별 배치기준)

법 제17조의5 제2항에 따른 소방안전교육사의 배치대상별 배치기준은 별표 2의3과 같다. 〈개정 2016.6.30.〉

시행령 [별표 2의2]

소방안전교육사의 배치대상별 배치기준

배치대상	배치기준(단위 : 명)	비고
1. 소방청	2 이상	
2. 소방본부	2 이상	
3. 소방서	1 이상	
4. 한국소방안전원	본원 : 2 이상 시・도지부 : 1 이상	
5. 한국소방산업기술원	2 이상	

확인 점검 문제

다음 중 소방안전교육사 배치 인원으로 옳은 것은?

① 소방청 1인 이상
② 소방서 2인 이상
③ 한국소방안전원 지부 2인 이상
④ 한국소방산업기술원 2인 이상

답 ④

제18조 (소방신호)

화재예방, 소방활동 또는 소방훈련을 위하여 사용되는 소방신호의 종류와 방법은 행정안전부령으로 정한다. 〈개정 2013.3.23., 2014.11.19., 2017.7.26.〉

플러스 **해설⁺**

소방활동을 하는 소방대가 무선통신 등의 방법으로 지휘 또는 연락 등을 할 수 없는 경우에 대비하여 소방신호의 종류와 방법 등을 미리 규정하여 둠.

제19조 (화재 등의 통지)

① 화재 현장 또는 구조・구급이 필요한 사고 현장을 발견한 사람은 그 현장의 상황을 소방본부, 소방서 또는 관계 행정기관에 지체 없이 알려야 한다.

② 다음 각 호의 어느 하나에 해당하는 지역 또는 장소에서 화재로 오인할 만한 우려가 있는 불을 피우거나 연막(煙幕) 소독을 하려는 자는 시・도의 조례로 정하는 바에 따라 관할 소방본부장 또는 소방서장에게 신고하여야 한다.

1. 시장지역
2. 공장 · 창고가 밀집한 지역
3. 목조건물이 밀집한 지역
4. 위험물의 저장 및 처리시설이 밀집한 지역
5. 석유화학제품을 생산하는 공장이 있는 지역
6. 그 밖에 시 · 도의 조례로 정하는 지역 또는 장소

핵심 정리

화재등의 통지

1. 화재 등의 통지→ 화재, 재난현장을 발견한 사람이 소방관서에 통지해 줌으로써 피해 최소화
2. 허위 신고 : 200만원 이하의 과태료
3. 오인출동 방지 (연막소독 / 화재오인 우려 행위)
   - 통보대상 : 화재경계지구내 오인 화재
   - 미 통보 시 20만원 이하의 과태료(시 · 도 조례)

확인 점검 문제

다음 중 시 · 도 조례로 정하는 바에 따라 연막소독을 하려는 자가 관할 소방본부장 또는 소방서장에게 신고하지 않아도 되는 지역으로 옳은 것은?

① 석유화학제품을 생산하는 공장
② 소방시설, 소방용수시설 또는 소방출동로가 있는 지역
③ 위험물의 저장 및 처리시설이 밀집한 지역
④ 목조건물이 밀집한 지역 및 공장 · 창고가 밀집한 지역

답 ②

제20조 (관계인의 소방활동)

관계인은 소방대상물에 화재, 재난 · 재해, 그 밖의 위급한 상황이 발생한 경우에는 소방대가 현장에 도착할 때까지 경보를 울리거나 대피를 유도하는 등의 방법으로 사람을 구출하는 조치 또는 불을 끄거나 불이 번지지 아니하도록 필요한 조치를 하여야 한다.

플러스 **해설+**

관계인에게 소방대가 도착하기 전까지 소화 · 인명구조 및 연소방지 등의 의무를 규정함.

핵심 정리

관계인의 소방활동

- 인명구조, 소화, 연소 확대 방지
- 벌칙 : 100만원 이하의 벌금

확인 점검 문제

화재가 발생하는 경우 관계인으로서 하여야 하는 소방활동으로 옳지 않은 것은?

① 사람을 구출하는 조치를 취할 것

② 불을 끄거나 불이 번지지 아니하도록 할 것

③ 경보를 울릴 것

④ 소방활동구역을 설정할 것

답 ④

제21조 (소방자동차의 우선 통행 등)

① 모든 차와 사람은 소방자동차(지휘를 위한 자동차와 구조・구급차를 포함한다. 이하 같다)가 화재진압 및 구조・구급 활동을 위하여 출동을 할 때에는 이를 방해하여서는 아니 된다.

② 소방자동차가 화재진압 및 구조・구급 활동을 위하여 출동하거나 훈련을 위하여 필요할 때에는 사이렌을 사용할 수 있다. 〈개정 2017.12.26.〉

③ 모든 차와 사람은 소방자동차가 화재진압 및 구조・구급 활동을 위하여 제2항에 따라 사이렌을 사용하여 출동하는 경우에는 다음 각 호의 행위를 하여서는 아니 된다. 〈신설 2017.12.26.〉

1. 소방자동차에 진로를 양보하지 아니하는 행위
2. 소방자동차 앞에 끼어들거나 소방자동차를 가로막는 행위
3. 그 밖에 소방자동차의 출동에 지장을 주는 행위

④ 제3항의 경우를 제외하고 소방자동차의 우선 통행에 관하여는 「도로교통법」에서 정하는 바에 따른다. 〈신설 2017.12.26.〉

플러스 **해설**⁺

소방자동차를 사고현장에 신속하게 도착시키기 위하여 소방차량에 대한 우선통행 및 사이렌 사용을 도로교통법에서 정하여 그 긴급성을 확보함.

확인 점검 문제

소방활동을 위한 소방자동차의 출동 및 통행에 대하여 잘못 설명된 것은?

① 모든 차와 사람은 소방자동차가 화재진압 및 구조·구급 활동을 위하여 출동을 할 때에는 이를 방해하여서는 아니 된다.

② 소방자동차의 우선 통행에 관하여는 「도로교통법」에서 정하는 바에 따른다.

③ 소방대가 현장에 신속하게 출동하기 위하여 긴급할 때에는 일반적인 통행에 쓰이지 아니하는 도로·빈터 또는 물 위로 통행할 수 있다.

④ 소방자동차가 구조·구급 활동에 한하여 사이렌을 사용할 수 있다.

답 ④

제21조의2 (소방자동차 전용구역 등)

① 「건축법」 제2조제2항제2호에 따른 공동주택 중 대통령령으로 정하는 공동주택의 건축주는 제16조제1항에 따른 소방활동의 원활한 수행을 위하여 공동주택에 소방자동차 전용구역(이하 "전용구역"이라 한다)을 설치하여야 한다.

② 누구든지 전용구역에 차를 주차하거나 전용구역에의 진입을 가로막는 등의 방해행위를 하여서는 아니 된다.

③ 전용구역의 설치 기준·방법, 제2항에 따른 방해행위의 기준, 그 밖의 필요한 사항은 대통령령으로 정한다.

[본조신설 2018.2.9.][시행일 : 2018.8.10.]

시행령 제7조의12 (소방자동차 전용구역 설치 대상)

법 제21조의2제1항에서 "대통령령으로 정하는 공동주택"이란 다음 각 호의 주택을 말한다.

1. 「건축법 시행령」 별표 1 제2호가목의 아파트 중 세대수가 100세대 이상인 아파트
2. 「건축법 시행령」 별표 1 제2호라목의 기숙사 중 3층 이상의 기숙사

[본조신설 2018. 8. 7.]

시행령 제7조의13 (소방자동차 전용구역의 설치 기준·방법)

① 제7조의12에 따른 공동주택의 건축주는 소방자동차가 접근하기 쉽고 소방활동이 원활하게 수행될 수 있도록 각 동별 전면 또는 후면에 소방자동차 전용구역(이하 "전용구역"이라 한다)을 1개소 이상 설치하여야 한다. 다만, 하나의 전용구역에서 여러 동에 접근하여 소방활동이 가능한 경우로서 소방청장이 정하는 경우에는 각 동별로 설치하지 아니할 수 있다.

② 전용구역의 설치 방법은 별표 2의5와 같다.

[본조신설 2018. 8. 7.]

시행령 제7조의14 (전용구역 방해행위의 기준)

법 제21조의2제2항에 따른 방해행위의 기준은 다음 각 호와 같다.

1. 전용구역에 물건 등을 쌓거나 주차하는 행위
2. 전용구역의 앞면, 뒷면 또는 양 측면에 물건 등을 쌓거나 주차하는 행위. 다만, 「주차장법」 제19조에 따른 부설주차장의 주차구획 내에 주차하는 경우는 제외한다.
3. 전용구역 진입로에 물건 등을 쌓거나 주차하여 전용구역으로의 진입을 가로막는 행위
4. 전용구역 노면표지를 지우거나 훼손하는 행위
5. 그 밖의 방법으로 소방자동차가 전용구역에 주차하는 것을 방해하거나 전용구역으로 진입하는 것을 방해하는 행위

[본조신설 2018. 8. 7.]

제22조 (소방대의 긴급통행)

소방대는 화재, 재난・재해, 그 밖의 위급한 상황이 발생한 현장에 신속하게 출동하기 위하여 긴급할 때에는 일반적인 통행에 쓰이지 아니하는 도로・빈터 또는 물 위로 통행할 수 있다.

플러스 **해설+**

소방대의 현장 출동 시 공공용 도로 외에 사도 또는 사유지에 대한 점용을 허용하고 절차 없이 통행할 수 있는 강제처분권을 규정하여 개인재산 등에 대한 침해를 할 수 있는 법적근거를 마련함.

- 일반통행에 쓰이지 않는 도로 : 차량 등의 통행금지 도로, 가옥 부지 내의 도로, 개인주택의 전용도로
- 물위 : 호수, 양식장, 댐 등
- 빈터 : 개인 소유지로 공지되어 있는 것

확인 점검 문제

다음 중 소방대의 긴급통행으로 옳은 것은?

① 소방대는 화재, 재난・재해, 그 밖의 위급한 상황이 발생한 현장에 신속하게 출동하기 위하여 긴급할 때에는 일반적인 통행에 쓰이지 아니하는 도로・빈터 또는 물 위로 통행할 수 있다.

② 모든 차와 사람은 소방자동차(지휘를 위한 자동차와 구조・구급차를 포함한다.)가 화재진압 및 구조・구급 활동을 위하여 출동을 할 때에는 이를 방해하여서는 아니 된다.

③ 소방자동차의 우선 통행에 관하여는 도로교통법에서 정하는 바에 따른다.

④ 소방자동차가 화재진압 및 구조・구급 활동을 위하여 출동하거나 훈련을 위하여 필요할 때에는 사이렌을 사용할 수 있다.

답 ①

제23조 (소방활동구역의 설정)

① 소방대장은 화재, 재난・재해, 그 밖의 위급한 상황이 발생한 현장에 소방활동구역을 정하여 소방활동에 필요한 사람으로서 대통령령으로 정하는 사람 외에는 그 구역에 출입하는 것을 제한할 수 있다.

② 경찰공무원은 소방대가 제1항에 따른 소방활동구역에 있지 아니하거나 소방대장의 요청이 있을 때에는 제1항에 따른 조치를 할 수 있다.

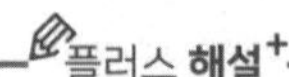

원활한 소화활동과 화재조사를 위하여 일정시간 동안 일정구역을 정함으로써 출입을 금지 또는 제한하기 위함.

시행령 제8조 (소방활동구역의 출입자)

법 제23조 제1항에서 "대통령령으로 정하는 사람"이란 다음 각 호의 사람을 말한다.

1. 소방활동구역 안에 있는 소방대상물의 소유자・관리자 또는 점유자
2. 전기・가스・수도・통신・교통의 업무에 종사하는 사람으로서 원활한 소방활동을 위하여 필요한 사람
3. 의사・간호사 그 밖의 구조・구급업무에 종사하는 사람
4. 취재인력 등 보도업무에 종사하는 사람
5. 수사업무에 종사하는 사람
6. 그 밖에 소방대장이 소방활동을 위하여 출입을 허가한 사람

핵심 정리

소방 활동구역의 설정

1. 설정권자 : 소방본부장, 소방서장, 소방대장
2. 출입가능자
   (1) 관계인
   (2) 전기, 가스, 수도, 통신, 교통업무에 종사하는 자
   (3) 의료인(의사, 간호사), 구조, 구급업무 종사자
   (4) 보도업무 종사자
   (5) 수사업무종사자
   (6) 소방대장이 출입을 허가 한자
3. 벌칙 : 200만원 이하의 과태료

확인 점검 문제

다음 중 소방활동구역을 출입할 수 있는 사람이 아닌 것은?

① 소방활동구역 내 소유자・관리자・점유자
② 전기, 통신, 가스, 수도, 교통업무에 종사한 자로서 원활한 소방활동을 위하여 필요한 자
③ 의사, 간호사
④ 의용소방대장이 정하는 자

답 ④

제24조 (소방활동 종사명령)

① 소방본부장, 소방서장 또는 소방대장은 화재, 재난・재해, 그 밖의 위급한 상황이 발생한 현장에서 소방활동을 위하여 필요할 때에는 그 관할구역에 사는 사람 또는 그 현장에 있는 사람으로 하여금 사람을 구출하는 일 또는 불을 끄거나 불이 번지지 아니하도록 하는 일을 하게 할 수 있다. 이 경우 소방본부장, 소방서장 또는 소방대장은 소방활동에 필요한 보호장구를 지급하는 등 안전을 위한 조치를 하여야 한다.

② 삭제 〈2017.12.26.〉

③ 제1항에 따른 명령에 따라 소방활동에 종사한 사람은 시・도지사로부터 소방활동의 비용을 지급받을 수 있다. 다만, 다음 각 호의 어느 하나에 해당하는 사람의 경우에는 그러하지 아니하다.

1. 소방대상물에 화재, 재난・재해, 그 밖의 위급한 상황이 발생한 경우 그 관계인
2. 고의 또는 과실로 화재 또는 구조・구급 활동이 필요한 상황을 발생시킨 사람
3. 화재 또는 구조・구급 현장에서 물건을 가져간 사람

플러스 해설+

현장의 여건에 따라 관설 소방력 만으로 한계가 있는 경우 소방활동에 종사할 것을 명령하는 규정

핵심 정리

소방활동 종사명령

1. 명령권자 : 소방본부장, 소방서장, 소방대장
2. 비용지급자 : 시・도지사
3. 비용지급 제외
   (1) 관계인
   (2) 고의, 과실로 화재 또는 구조, 구급활동을 발생시킨 자
   (3) 물건을 가져간 자

제25조 (강제처분 등)

① 소방본부장, 소방서장 또는 소방대장은 사람을 구출하거나 불이 번지는 것을 막기 위하여 필요할 때에는 화재가 발생하거나 불이 번질 우려가 있는 소방대상물 및 토지를 일시적으로 사용하거나 그 사용의 제한 또는 소방활동에 필요한 처분을 할 수 있다.

② 소방본부장, 소방서장 또는 소방대장은 사람을 구출하거나 불이 번지는 것을 막기 위하여 긴급하다고 인정할 때에는 제1항에 따른 소방대상물 또는 토지 외의 소방대상물과 토지에 대하여 제1항에 따른 처분을 할 수 있다.

③ 소방본부장, 소방서장 또는 소방대장은 소방활동을 위하여 긴급하게 출동할 때에는 소방자동차의 통행과 소방활동에 방해가 되는 주차 또는 정차된 차량 및 물건 등을 제거하거나 이동시킬 수 있다.

④ 소방본부장, 소방서장 또는 소방대장은 제3항에 따른 소방활동에 방해가 되는 주차 또는 정차된 차량의 제거나 이동을 위하여 관할 지방자치단체 등 관련 기관에 견인차량과 인력 등에 대한 지원을 요청할 수 있고, 요청을 받은 관련 기관의 장은 정당한 사유가 없으면 이에 협조하여야 한다. 〈신설 2018.3.27.〉

⑤ 시·도지사는 제4항에 따라 견인차량과 인력 등을 지원한 자에게 시·도의 조례로 정하는 바에 따라 비용을 지급할 수 있다. 〈신설 2018.3.27.〉

플러스 **해설+**

화재현장의 소방활동 또는 소방활동 상 출동하는 과정에서 소방대상물, 토지 및 주차 정차된 차량 등에 대한 타인의 재산권에 대한 침해 및 제한이 수반되어 법률적 근거를 마련함.

① 적합성의 원칙 : 행정상의 장애가 목전에 급박하여 조치가 필요할 것
② 필요성의 원칙·침해 최소의 원칙 : 목적달성을 위하여 관계자에게 가장 적게 부담을 주는 수단을 선택할 것
③ 보충성의 원칙 : 다른 수단으로는 행정목적을 달성할 수 없는 경우에 발동할 것
④ 비례의 원칙 : 행정상 즉시 강제와 행정목적 사이에 정당한 비례관계가 유지될 것

핵심 정리

강제처분 등

1. 처분권자 : 소방본부장, 소방서장, 소방대장
2. 손실보상 : 시, 도지사
3. 처분대상
   (1) 소방활동구역 내의 (소방대상물, 토지)
   (2) 출동 중의 (소방대상물, 토지, 주·정차 차량)

확인 점검 문제

다음 중 소방활동으로 인한 강제처분을 할 수 있는 사람이 아닌 것은?

① 소방본부장 ② 소방서장
③ 소방대장 ④ 시・도지사

답 ④

제26조 (피난명령)

① 소방본부장, 소방서장 또는 소방대장은 화재, 재난・재해, 그 밖의 위급한 상황이 발생하여 사람의 생명을 위험하게 할 것으로 인정할 때에는 일정한 구역을 지정하여 그 구역에 있는 사람에게 그 구역 밖으로 피난할 것을 명할 수 있다.

② 소방본부장, 소방서장 또는 소방대장은 제1항에 따른 명령을 할 때 필요하면 관할 경찰서장 또는 자치경찰단장에게 협조를 요청할 수 있다.

플러스 **해설**+

위급한 상황이 발생한 지역 내의 주민에 대한 안전 확보를 목적으로 함.

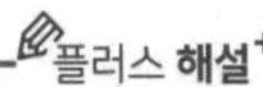

피난명령

1. 명령권자 : 소방본부장, 소방서장, 소방대장
2. 협조자 : 경찰서장, 자치경찰단장
3. 벌칙 : 100만원 이하의 벌금

제27조 (위험시설 등에 대한 긴급조치)

① 소방본부장, 소방서장 또는 소방대장은 화재 진압 등 소방활동을 위하여 필요할 때에는 소방용수 외에 댐・저수지 또는 수영장 등의 물을 사용하거나 수도(水道)의 개폐장치 등을 조작할 수 있다.

② 소방본부장, 소방서장 또는 소방대장은 화재 발생을 막거나 폭발 등으로 화재가 확대되는 것을 막기 위하여 가스・전기 또는 유류 등의 시설에 대하여 위험물질의 공급을 차단하는 등 필요한 조치를 할 수 있다.

③ 삭제 〈2017.12.26.〉

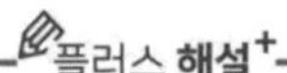

화재진압에 필요한 소방용수를 공급받아 원활한 소방활동을 할 수 있도록 하며, 폭발의 위험성이 큰 물질에 대하여 긴급조치권을 부여함으로써 대형재난을 사전에 예방하기 위함.

제28조 (소방용수시설 또는 비상소화장치의 사용금지 등)

누구든지 다음 각 호의 어느 하나에 해당하는 행위를 하여서는 아니 된다. 〈개정 2017.12.26.〉

1. 정당한 사유 없이 소방용수시설 또는 비상소화장치를 사용하는 행위
2. 정당한 사유 없이 손상・파괴, 철거 또는 그 밖의 방법으로 소방용수시설 또는 비상소화장치의 효용(效用)을 해치는 행위
3. 소방용수시설 또는 비상소화장치의 정당한 사용을 방해하는 행위

[전문개정 2011.5.30.][제목개정 2017.12.26.]

플러스 해설+

소방용수의 설치목적을 벗어난 행위에 대한 처벌규정을 두며 관리 유지를 강제하여 소방행정의 효율성을 높임.

- 정당한 사유
  ① 화재를 소화하기 위하여 사용
  ② 소방자동차에 소화수를 공급하기 위하여 사용
  ③ 소방용수시설의 점검, 정비 또는 보수를 위하여 사용

05 화재의 조사

제29조 (화재의 원인 및 피해 조사)

① 소방청장, 소방본부장 또는 소방서장은 화재가 발생하였을 때에는 화재의 원인 및 피해 등에 대한 조사(이하 "화재조사"라 한다)를 하여야 한다. 〈개정 2014.11.19., 2017.7.26.〉

② 제1항에 따른 화재조사의 방법 및 전담조사반의 운영과 화재조사자의 자격 등 화재조사에 필요한 사항은 행정안전부령으로 정한다. 〈개정 2013.3.23., 2014.11.19., 2017.7.26.〉

플러스 **해설+**

화재의 예방, 경계, 진압대책을 마련하는데 있어 참고 자료 제공 및 미래의 효율적인 소방업무 수행에 활용하기 위한 화재조사의 의무를 부여한 규정

• 조사의 목적 : 1. 화재에 대한 경각심을 높이고 유사화재의 재발방지
2. 예방행정의 자료로 활용
3. 진압대책의 자료로 활용
4. 통계자료로 활용

핵심 정리

화재의 조사(필요사항 : 행정안전부령)

1. 조사권자 : 소방청장, 소방본부장, 소방서장
2. 원인조사 : 발화원, 발견・통보, 초기소화, 상황(연소, 피난) 소방시설등
3. 피해 조사 : 인명, 재산, 수손

제30조 (출입・조사 등)

① 소방청장, 소방본부장 또는 소방서장은 화재조사를 하기 위하여 필요하면 관계인에게 보고 또는 자료 제출을 명하거나 관계 공무원으로 하여금 관계 장소에 출입하여 화재의 원인과 피해의 상황을 조사하거나 관계인에게 질문하게 할 수 있다. 〈개정 2014.11.19., 2017.7.26.〉

② 제1항에 따라 화재조사를 하는 관계 공무원은 그 권한을 표시하는 증표를 지니고 이를 관계인에게 보여 주어야 한다.

③ 제1항에 따라 화재조사를 하는 관계 공무원은 관계인의 정당한 업무를 방해하거나 화재조사를 수행하면서 알게 된 비밀을 다른 사람에게 누설하여서는 아니 된다.

플러스 해설+

출입 · 조사 : 행정기관이 소관 사무에 관한 법집행을 위하여 그 감독 하에 있는 관련 장소 등에 들어가는 경우임. (증표의 제시, 정당한 업무방해 금지, 비밀누설의 금지)

핵심 정리

출입, 조사 등

1. 조사권자의 작위
   (1) 보고, 자료제출 명령
   (2) 화재의 원인과 피해의 상황을 조사
   (3) 관계인에게 질문
2. 조사요원 → 증표제시
3. 관계공무원 비밀누설금지 및 정당한 업무방해 금지

확인 점검 문제

다음 중 화재조사자에 대하여 옳지 않은 것은?

① 소방청장 · 소방본부장 또는 소방서장은 화재조사전담부서에서 근무하는 자의 업무능력 향상을 위하여 국내 · 외의 소방 또는 안전에 관련된 전문기관에 위탁교육을 실시할 수 있다.
② 화재조사에 관한 시험에 합격한 자가 없는 경우에는 소방공무원 중 소방 · 건축 · 가스 · 전기 · 위험물분야 자격증을 취득한 자로 하여금 화재조사를 실시하도록 할 수 있다.
③ 소방청장은 화재조사에 관한 시험에 합격한 자에게 전문보수교육을 실시하여야 한다.
④ 화재조사에 있어서 안전관리자의 자격증이 있으면 경력이 없어도 가능하다.

답 ④

다음 중 화재조사에 관한 내용으로 틀린 것은?

① 소방청장, 소방본부장 또는 소방서장은 화재의 원인 및 피해 등에 대한 조사를 하여야 한다.
② 재산피해조사는 화재의 연소경로 및 확대원인 등에 해당된다.
③ 소방청, 시 · 도의 소방본부와 소방서에 화재조사를 전담하는 부서를 설치 · 운영한다.
④ 화재조사의 방법 및 전담조사반의 운영과 화재조사자의 자격 등 화재조사에 필요한 사항은 행정안전부령으로 정한다.

답 ②

제31조 (수사기관에 체포된 사람에 대한 조사)

소방청장, 소방본부장 또는 소방서장은 수사기관이 방화(放火) 또는 실화(失火)의 혐의가 있어서 이미 피의자를 체포하였거나 증거물을 압수하였을 때에 화재조사를 위하여 필요한 경우에는 수사에 지장을 주지 아니하는 범위에서 그 피의자 또는 압수된 증거물에 대한 조사를 할 수 있다. 이 경우 수사기관은 소방청장, 소방본부장 또는 소방서장의 신속한 화재조사를 위하여 특별한 사유가 없으면 조사에 협조하여야 한다. 〈개정 2014.11.19., 2017.7.26.〉

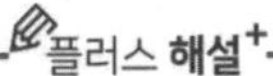

화재원인 등을 신속하고 정확하게 조사하기 위하여 수사기관에 체포된 피의자에 대한 조사권의 근거를 법률로 정함.

제32조 (소방공무원과 경찰공무원의 협력 등)

① 소방공무원과 국가경찰공무원은 화재조사를 할 때에 서로 협력하여야 한다.

② 소방본부장이나 소방서장은 화재조사 결과 방화 또는 실화의 혐의가 있다고 인정하면 지체 없이 관할 경찰서장에게 그 사실을 알리고 필요한 증거를 수집・보존하여 그 범죄수사에 협력하여야 한다.

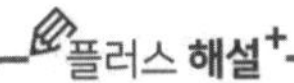

동일한 화재원인을 다른 관점에서 규명하는 것을 방지하고 방화 또는 실화로 인한 범죄수사를 신속히 하기 위하여 협력하도록 규정함.

제33조 (소방기관과 관계보험회사와의 협력)

소방본부, 소방서 등 소방기관과 관계 보험회사는 화재가 발생한 경우 그 원인 및 피해상황을 조사할 때 필요한 사항에 대하여 서로 협력하여야 한다.

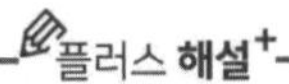

신속한 화재복구와 피해에 대한 보상을 함으로서 국민생활 안정에 기여하기 위함을 목적으로 함.

–관계보험회사 : 당해 화재로 인한 손실을 보전할 책임이 있는 보험회사를 말함.

CHAPTER

06 구조 및 구급

제34조 (구조대의 편성과 운영)

구조대 및 구급대의 편성과 운영에 관하여는 별도의 법률로 정한다.

제35조 (삭제)

제36조 (삭제)

CHAPTER

07 의용소방대

제37조 (의용소방대의 설치 등)

의용소방대의 설치 및 운영에 관하여는 별도의 법률로 정한다.[전문개정 2014.1.28.]

제38조 (삭제)

제39조 (삭제)

제39조의2 (삭제)

07-2 소방산업의 육성 · 진흥 및 지원 등

제39조의3 (국가의 책무)

국가는 소방산업(소방용 기계 · 기구의 제조, 연구 · 개발 및 판매 등에 관한 일련의 산업을 말한다. 이하 같다)의 육성 · 진흥을 위하여 필요한 계획의 수립 등 행정상 · 재정상의 지원시책을 마련하여야 한다.

제39조의4 (삭제)

제39조의5 (소방산업과 관련된 기술개발 등의 지원)

① 국가는 소방산업과 관련된 기술(이하 "소방기술"이라 한다)의 개발을 촉진하기 위하여 기술개발을 실시하는 자에게 그 기술개발에 드는 자금의 전부나 일부를 출연하거나 보조할 수 있다.

② 국가는 우수소방제품의 전시 · 홍보를 위하여 「대외무역법」 제4조 제2항에 따른 무역전시장 등을 설치한 자에게 다음 각 호에서 정한 범위에서 재정적인 지원을 할 수 있다.

1. 소방산업전시회 운영에 따른 경비의 일부
2. 소방산업전시회 관련 국외 홍보비
3. 소방산업전시회 기간 중 국외의 구매자 초청 경비

제39조의6 (소방기술의 연구 · 개발사업의 수행)

① 국가는 국민의 생명과 재산을 보호하기 위하여 다음 각 호의 어느 하나에 해당하는 기관이나 단체로 하여금 소방기술의 연구 · 개발사업을 수행하게 할 수 있다.

1. 국공립 연구기관
2. 「과학기술분야 정부출연연구기관 등의 설립 · 운영 및 육성에 관한 법률」에 따라 설립된 연구기관
3. 「특정연구기관 육성법」 제2조에 따른 특정연구기관
4. 「고등교육법」에 따른 대학 · 산업대학 · 전문대학 및 기술대학
5. 「민법」이나 다른 법률에 따라 설립된 소방기술 분야의 법인인 연구기관 또는 법인 부설 연구소
6. 「기초연구진흥 및 기술개발지원에 관한 법률」 제14조의2 제1항에 따라 인정받은 기업부설 연구소
7. 「소방산업의 진흥에 관한 법률」 제14조에 따른 한국소방산업기술원
8. 그 밖에 대통령령으로 정하는 소방에 관한 기술개발 및 연구를 수행하는 기관 · 협회

② 국가가 제1항에 따른 기관이나 단체로 하여금 소방기술의 연구・개발사업을 수행하게 하는 경우에는 필요한 경비를 지원하여야 한다.

제39조의7 (소방기술 및 소방산업의 국제화사업)

① 국가는 소방기술 및 소방산업의 국제경쟁력과 국제적 통용성을 높이는 데에 필요한 기반 조성을 촉진하기 위한 시책을 마련하여야 한다.

② 소방청장은 소방기술 및 소방산업의 국제경쟁력과 국제적 통용성을 높이기 위하여 다음 각 호의 사업을 추진하여야 한다. 〈개정 2014.11.19., 2017.7.26.〉

1. 소방기술 및 소방산업의 국제 협력을 위한 조사・연구
2. 소방기술 및 소방산업에 관한 국제 전시회, 국제 학술회의 개최 등 국제 교류
3. 소방기술 및 소방산업의 국외시장 개척
4. 그 밖에 소방기술 및 소방산업의 국제경쟁력과 국제적 통용성을 높이기 위하여 필요하다고 인정하는 사업

핵심 정리

소방산업

1. 육성, 진흥에 관한 지원 : 국가
2. 국제화 사업 추진자 : 소방청장

확인 점검 **문제**

소방산업과 관련된 기술의 개발 등에 대한 지원과 소방기술 및 소방산업의 국제경쟁력과 국제적 통용성을 높이는 데 필요한 기반조성을 촉진하기 위한 시책의 마련은 누가 하는가?

① 국가 ② 행정안전부장관

③ 소방청장 ④ 시・도지사

답 ①

CHAPTER 08 한국소방안전원

제40조 (한국소방안전원의 설립 등)

① 소방기술과 안전관리기술의 향상 및 홍보, 그 밖의 교육·훈련 등 행정기관이 위탁하는 업무의 수행과 소방 관계 종사자의 기술 향상을 위하여 한국소방안전원(이하 "안전원"이라 한다)을 소방청장의 인가를 받아 설립한다. 〈개정 2017.12.26.〉

② 제1항에 따라 설립되는 안전원은 법인으로 한다. 〈개정 2017.12.26.〉

③ 안전원에 관하여 이 법에 규정된 것을 제외하고는 「민법」 중 재단법인에 관한 규정을 준용한다. 〈개정 2017.12.26.〉

[전문개정 2011.5.30.][제목개정 2017.12.26.]

플러스 해설+

한국소방안전원은 법률에 의한 특수법인으로 소방기술과 소방안전관리 기술의 향상 및 홍보와 민·관의 소방발전이라는 설립근거와 업무의 기본적 사항을 규정함.

제40조의2 (교육계획의 수립 및 평가 등)

① 안전원의 장(이하 "안전원장"이라 한다)은 소방기술과 안전관리의 기술향상을 위하여 매년 교육 수요조사를 실시하여 교육계획을 수립하고 소방청장의 승인을 받아야 한다.

② 안전원장은 소방청장에게 해당 연도 교육결과를 평가·분석하여 보고하여야 하며, 소방청장은 교육평가 결과를 제1항의 교육계획에 반영하게 할 수 있다.

③ 안전원장은 제2항의 교육결과를 객관적이고 정밀하게 분석하기 위하여 필요한 경우 교육 관련 전문가로 구성된 위원회를 운영할 수 있다.

④ 제3항에 따른 위원회의 구성·운영에 필요한 사항은 대통령령으로 정한다.

[본조신설 2017.12.26.]

시행령 제9조 (교육평가심의위원회의 구성·운영)

① 안전원의 장(이하 "안전원장"이라 한다)은 법 제40조의2제3항에 따라 다음 각 호의 사항을 심의하기 위하여 교육평가심의위원회(이하 "평가위원회"라 한다)를 둔다.

1. 교육평가 및 운영에 관한 사항
2. 교육결과 분석 및 개선에 관한 사항
3. 다음 연도의 교육계획에 관한 사항

② 평가위원회는 위원장 1명을 포함하여 9명 이하의 위원으로 성별을 고려하여 구성한다.

③ 평가위원회의 위원장은 위원 중에서 호선(互選)한다.

④ 평가위원회의 위원은 다음 각 호의 어느 하나에 해당하는 사람 중에서 안전원장이 임명 또는 위촉한다.

1. 소방안전교육 업무 담당 소방공무원 중 소방청장이 추천하는 사람
2. 소방안전교육 전문가
3. 소방안전교육 수료자
4. 소방안전에 관한 학식과 경험이 풍부한 사람

⑤ 평가위원회에 참석한 위원에게는 예산의 범위에서 수당을 지급할 수 있다. 다만, 공무원인 위원이 소관 업무와 직접 관련되어 참석하는 경우에는 수당을 지급하지 아니한다.

⑥ 제1항부터 제5항까지에서 규정한 사항 외에 평가위원회의 운영 등에 필요한 사항은 안전원장이 정한다.

[본조신설 2018. 6. 26.]

제41조 (안전원의 업무)

안전원은 다음 각 호의 업무를 수행한다. 〈개정 2017.12.26.〉

1. 소방기술과 안전관리에 관한 교육 및 조사·연구
2. 소방기술과 안전관리에 관한 각종 간행물 발간
3. 화재 예방과 안전관리의식 고취를 위한 대국민 홍보
4. 소방업무에 관하여 행정기관이 위탁하는 업무
5. 소방안전에 관한 국제협력
6. 그 밖에 회원에 대한 기술지원 등 정관으로 정하는 사항

[전문개정 2011.5.30.][제목개정 2017.12.26.]

플러스 **해설**+

안전원의 설립목적 달성을 위한 업무범위를 구체적으로 규정함.

핵심 정리

한국소방안전원의 업무

1. 교육 및 조사, 연구
2. 간행물의 발간
3. 대국민 홍보
4. 행정기관 위탁 업무
5. 정관이 정하는 사항
6. 국제협력

확인 점검 문제

한국소방안전원의 업무에 관한 내용으로 옳지 않은 것은?

① 소방기술과 안전관리에 관한 교육 및 조사·연구
② 소방기술과 안전관리에 관한 각종 간행물 발간
③ 화재예방과 안전관리의식의 고취를 위한 대국민 홍보
④ 소방업무에 관하여 소방시설과 행정기관이 위탁하는 업무

답 ④

제42조 (회원의 관리)

안전원은 소방기술과 안전관리 역량의 향상을 위하여 다음 각 호의 사람을 회원으로 관리할 수 있다. 〈개정 2011.8.4., 2017.12.26.〉

1. 「화재예방, 소방시설 설치·유지 및 안전관리에 관한 법률」, 「소방시설공사업법」 또는 「위험물안전관리법」에 따라 등록을 하거나 허가를 받은 사람으로서 회원이 되려는 사람
2. 「화재예방, 소방시설 설치·유지 및 안전관리에 관한 법률」, 「소방시설공사업법」 또는 「위험물안전관리법」에 따라 소방안전관리자, 소방기술자 또는 위험물안전관리자로 선임되거나 채용된 사람으로서 회원이 되려는 사람
3. 그 밖에 소방 분야에 관심이 있거나 학식과 경험이 풍부한 사람으로서 회원이 되려는 사람

[전문개정 2011.5.30.][제목개정 2017.12.26.]

제43조 (안전원의 정관)

① 안전원의 정관에는 다음 각 호의 사항이 포함되어야 한다. 〈개정 2017.12.26.〉
  1. 목적
  2. 명칭
  3. 주된 사무소의 소재지
  4. 사업에 관한 사항
  5. 이사회에 관한 사항
  6. 회원과 임원 및 직원에 관한 사항
  7. 재정 및 회계에 관한 사항
  8. 정관의 변경에 관한 사항

② 안전원은 정관을 변경하려면 소방청장의 인가를 받아야 한다. 〈개정 2014.11.19., 2017.7.26., 2017.12.26.〉

[전문개정 2011.5.30.][제목개정 2017.12.26.]

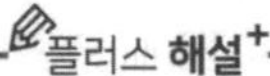

정관 : 회사 또는 법인의 자주적 법규. 실질적으로는 단체 또는 법인의 조직・활동을 정한 근본규칙을 뜻하고, 형식적으로는 그 근본규칙을 기재한 서면을 의미한다. 정관은 강행규정이나 사회질서에 반하지 않는 한 회사 또는 법인의 구성원 내지 기관을 구속한다. 주식회사의 이사가 정관에 위반한 행위를 한 때에는 회사에 대하여 손해배상책임을 진다.

확인 점검 문제

한국소방안전원의 정관에 기재하여야 하는 사항으로 틀리는 것은?

① 임원 및 직원에 관한 사항　　② 사업에 관한 사항

③ 사무소의 소재지　　④ 대표자

답 ④

제44조 (안전원의 운영 경비)

안전원의 운영 및 사업에 소요되는 경비는 다음 각 호의 재원으로 충당한다.

1. 제41조제1호 및 제4호의 업무 수행에 따른 수입금
2. 제42조에 따른 회원의 회비
3. 자산운영수익금
4. 그 밖의 부대수입

[전문개정 2017.12.26.]

제44조의2 (안전원의 임원)

① 안전원에 임원으로 원장 1명을 포함한 9명 이내의 이사와 1명의 감사를 둔다.

② 제1항에 따른 원장과 감사는 소방청장이 임명한다.

[본조신설 2017.12.26.]

제44조의3 (유사명칭의 사용금지)

이 법에 따른 안전원이 아닌 자는 한국소방안전원 또는 이와 유사한 명칭을 사용하지 못한다.

[본조신설 2017.12.26.]

제45조 (삭제)

제46조 (삭제)

제47조 (삭제)

보 칙

제48조 (감 독)

① 소방청장은 안전원의 업무를 감독한다. 〈개정 2005.8.4., 2008.6.5., 2014.11.19., 2017.7.26., 2017.12.26.〉

② 소방청장은 안전원에 대하여 업무・회계 및 재산에 관하여 필요한 사항을 보고하게 하거나, 소속 공무원으로 하여금 안전원의 장부・서류 및 그 밖의 물건을 검사하게 할 수 있다. 〈신설 2017.12.26.〉

③ 소방청장은 제2항에 따른 보고 또는 검사의 결과 필요하다고 인정되면 시정명령 등 필요한 조치를 할 수 있다. 〈신설 2017.12.26.〉

시행령 제10조 (감독 등)

① 법 제48조에 따라 소방청장은 안전원의 다음 각 호의 업무를 감독하여야 한다.

1. 총회 또는 이사회의 중요의결 사항
2. 회원의 가입・탈퇴 및 회비에 관한 사항
3. 사업계획 및 예산에 관한 사항
4. 기구 및 조직에 관한 사항
5. 그 밖에 소방청장이 위탁한 업무의 수행 또는 정관에서 정하고 있는 업무의 수행에 관한 사항

② 안전원의 사업계획 및 예산에 관하여는 소방청장의 승인을 얻어야 한다.

③ 소방청장은 안전원의 업무감독을 위하여 필요한 자료의 제출을 명하거나 「화재예방, 소방시설 설치・유지 및 안전관리에 관한 법률」 제45조, 「소방시설공사업법」 제33조 및 「위험물안전관리법」 제30조의 규정에 의하여 위탁된 업무와 관련된 규정의 개선을 명할 수 있다. 이 경우 안전원은 정당한 사유가 없는 한 이에 따라야 한다. 〈개정 2005.10.20., 2008.12.3., 2014.11.19., 2017.1.26.〉

시행령 제18조의2 (고유식별정보의 처리)

소방청장(해당 권한이 위임・위탁된 경우에는 그 권한을 위임・위탁받은 자를 포함한다)은 다음 각 호의 사무를 수행하기 위하여 불가피한 경우 「개인정보 보호법 시행령」 제19조 제1호 또는 제4호에 따른 주민등록번호 또는 외국인등록번호가 포함된 자료를 처리할 수 있다.

1. 법 제17조의2에 따른 소방안전교육사 자격시험 운영・관리에 관한 사무
2. 법 제17조의3에 따른 소방안전교육사의 결격사유 확인에 관한 사무

제49조 (권한의 위임)

소방청장은 이 법에 따른 권한의 일부를 대통령령으로 정하는 바에 따라 시・도지사, 소방본부장 또는 소방서장에게 위임할 수 있다. 〈개정 2014.11.19., 2017.7.26.〉

플러스 **해설**+

권한의 위임 : 행정관청이 그 권한의 일부를 다른 행정기관에 위양하는 것으로 권한의 위임을 받은 기관은 당해 행정관청의 보조기관 · 하급기관이 되는 것이 통례이다.

제49조의2 (손실보상)

① 소방청장 또는 시 · 도지사는 다음 각 호의 어느 하나에 해당하는 자에게 제3항의 손실보상심의위원회의 심사 · 의결에 따라 정당한 보상을 하여야 한다.

1. 제16조의3제1항에 따른 조치로 인하여 손실을 입은 자
2. 제24조제1항 전단에 따른 소방활동 종사로 인하여 사망하거나 부상을 입은 자
3. 제25조제2항 또는 제3항에 따른 처분으로 인하여 손실을 입은 자. 다만, 같은 조 제3항에 해당하는 경우로서 법령을 위반하여 소방자동차의 통행과 소방활동에 방해가 된 경우는 제외한다.
4. 제27조제1항 또는 제2항에 따른 조치로 인하여 손실을 입은 자
5. 그 밖에 소방기관 또는 소방대의 적법한 소방업무 또는 소방활동으로 인하여 손실을 입은 자

② 제1항에 따라 손실보상을 청구할 수 있는 권리는 손실이 있음을 안 날부터 3년, 손실이 발생한 날부터 5년간 행사하지 아니하면 시효의 완성으로 소멸한다.

③ 제1항에 따른 손실보상청구 사건을 심사 · 의결하기 위하여 손실보상심의위원회를 둔다.

④ 제1항에 따른 손실보상의 기준, 보상금액, 지급절차 및 방법, 제3항에 따른 손실보상심의위원회의 구성 및 운영, 그 밖에 필요한 사항은 대통령령으로 정한다.

[본조신설 2017.12.26.]

시행령 제11조 (손실보상의 기준 및 보상금액)

① 법 제49조의2제1항에 따라 같은 항 각 호(제2호는 제외한다)의 어느 하나에 해당하는 자에게 물건의 멸실 · 훼손으로 인한 손실보상을 하는 때에는 다음 각 호의 기준에 따른 금액으로 보상한다. 이 경우 영업자가 손실을 입은 물건의 수리나 교환으로 인하여 영업을 계속할 수 없는 때에는 영업을 계속할 수 없는 기간의 영업이익액에 상당하는 금액을 더하여 보상한다.

1. 손실을 입은 물건을 수리할 수 있는 때: 수리비에 상당하는 금액
2. 손실을 입은 물건을 수리할 수 없는 때: 손실을 입은 당시의 해당 물건의 교환가액

② 물건의 멸실 · 훼손으로 인한 손실 외의 재산상 손실에 대해서는 직무집행과 상당한 인과관계가 있는 범위에서 보상한다.

③ 법 제49조의2제1항제2호에 따른 사상자의 보상금액 등의 기준은 별표 2의4와 같다.

[본조신설 2018. 6. 26.]

시행령 제12조 (손실보상의 지급절차 및 방법)

① 법 제49조의2제1항에 따라 소방기관 또는 소방대의 적법한 소방업무 또는 소방활동으로 인하여 발생한 손실을 보상받으려는 자는 행정안전부령으로 정하는 보상금 지급 청구서에 손실내용과 손실금액을 증명할 수 있는 서류를 첨부하여 소방청장 또는 시·도지사(이하 "소방청장등"이라 한다)에게 제출하여야 한다. 이 경우 소방청장등은 손실보상금의 산정을 위하여 필요하면 손실보상을 청구한 자에게 증빙·보완 자료의 제출을 요구할 수 있다.

② 소방청장등은 제13조에 따른 손실보상심의위원회의 심사·의결을 거쳐 특별한 사유가 없으면 보상금 지급 청구서를 받은 날부터 60일 이내에 보상금 지급 여부 및 보상금액을 결정하여야 한다.

③ 소방청장등은 다음 각 호의 어느 하나에 해당하는 경우에는 그 청구를 각하(却下)하는 결정을 하여야 한다.

1. 청구인이 같은 청구 원인으로 보상금 청구를 하여 보상금 지급 여부 결정을 받은 경우. 다만, 기각 결정을 받은 청구인이 손실을 증명할 수 있는 새로운 증거가 발견되었음을 소명(疎明)하는 경우는 제외한다.
2. 손실보상 청구가 요건과 절차를 갖추지 못한 경우. 다만, 그 잘못된 부분을 시정할 수 있는 경우는 제외한다.

④ 소방청장등은 제2항 또는 제3항에 따른 결정일부터 10일 이내에 행정안전부령으로 정하는 바에 따라 결정 내용을 청구인에게 통지하고, 보상금을 지급하기로 결정한 경우에는 특별한 사유가 없으면 통지한 날부터 30일 이내에 보상금을 지급하여야 한다.

⑤ 소방청장등은 보상금을 지급받을 자가 지정하는 예금계좌(「우체국예금·보험에 관한 법률」에 따른 체신관서 또는 「은행법」에 따른 은행의 계좌를 말한다)에 입금하는 방법으로 보상금을 지급한다. 다만, 보상금을 지급받을 자가 체신관서 또는 은행이 없는 지역에 거주하는 등 부득이한 사유가 있는 경우에는 그 보상금을 지급받을 자의 신청에 따라 현금으로 지급할 수 있다.

⑥ 보상금은 일시불로 지급하되, 예산 부족 등의 사유로 일시불로 지급할 수 없는 특별한 사정이 있는 경우에는 청구인의 동의를 받아 분할하여 지급할 수 있다.

⑦ 제1항부터 제6항까지에서 규정한 사항 외에 보상금의 청구 및 지급에 필요한 사항은 소방청장이 정한다.

[본조신설 2018. 6. 26.]

시행령 제13조 (손실보상심의위원회의 설치 및 구성)

① 소방청장등은 법 제49조의2제3항에 따라 손실보상청구 사건을 심사・의결하기 위하여 각각 손실보상심의위원회(이하 "보상위원회"라 한다)를 둔다.

② 보상위원회는 위원장 1명을 포함하여 5명 이상 7명 이하의 위원으로 구성한다.

③ 보상위원회의 위원은 다음 각 호의 어느 하나에 해당하는 사람 중에서 소방청장등이 위촉하거나 임명한다. 이 경우 위원의 과반수는 성별을 고려하여 소방공무원이 아닌 사람으로 하여야 한다.

1. 소속 소방공무원
2. 판사・검사 또는 변호사로 5년 이상 근무한 사람
3. 「고등교육법」 제2조에 따른 학교에서 법학 또는 행정학을 가르치는 부교수 이상으로 5년 이상 재직한 사람
4. 「보험업법」 제186조에 따른 손해사정사
5. 소방안전 또는 의학 분야에 관한 학식과 경험이 풍부한 사람

④ 제3항에 따라 위촉되는 위원의 임기는 2년으로 하며, 한 차례만 연임할 수 있다.

⑤ 보상위원회의 사무를 처리하기 위하여 보상위원회에 간사 1명을 두되, 간사는 소속 소방공무원 중에서 소방청장등이 지명한다.

[본조신설 2018. 6. 26.]

시행령 제14조 (보상위원회의 위원장)

① 보상위원회의 위원장(이하 "보상위원장"이라 한다)은 위원 중에서 호선한다.

② 보상위원장은 보상위원회를 대표하며, 보상위원회의 업무를 총괄한다.

③ 보상위원장이 부득이한 사유로 직무를 수행할 수 없는 때에는 보상위원장이 미리 지명한 위원이 그 직무를 대행한다.

[본조신설 2018. 6. 26.]

시행령 제15조 (보상위원회의 운영)

① 보상위원장은 보상위원회의 회의를 소집하고, 그 의장이 된다.

② 보상위원회의 회의는 재적위원 과반수의 출석으로 개의(開議)하고, 출석위원 과반수의 찬성으로 의결한다.

③ 보상위원회는 심의를 위하여 필요한 경우에는 관계 공무원이나 관계 기관에 사실조사나 자료의 제출 등을 요구할 수 있으며, 관계 전문가에게 필요한 정보의 제공이나 의견의 진술 등을 요청할 수 있다.

[전문개정 2018. 6. 26.]

제49조의3 (벌칙 적용에서 공무원 의제)

제41조제4호에 따라 위탁받은 업무에 종사하는 안전원의 임직원은 「형법」 제129조부터 제132조까지를 적용할 때에는 공무원으로 본다.

[본조신설 2017.12.26.]

벌 칙

제50조 (벌 칙)

다음 각 호의 어느 하나에 해당하는 사람은 5년 이하의 징역 또는 5천만원 이하의 벌금에 처한다. 〈개정 2017.12.26., 2018.3.27.〉

1. 제16조제2항을 위반하여 다음 각 목의 어느 하나에 해당하는 행위를 한 사람
   가. 위력(威力)을 사용하여 출동한 소방대의 화재진압・인명구조 또는 구급활동을 방해하는 행위
   나. 소방대가 화재진압・인명구조 또는 구급활동을 위하여 현장에 출동하거나 현장에 출입하는 것을 고의로 방해하는 행위
   다. 출동한 소방대원에게 폭행 또는 협박을 행사하여 화재진압・인명구조 또는 구급활동을 방해하는 행위
   라. 출동한 소방대의 소방장비를 파손하거나 그 효용을 해하여 화재진압・인명구조 또는 구급활동을 방해하는 행위
2. 제21조제1항을 위반하여 소방자동차의 출동을 방해한 사람
3. 제24조제1항에 따른 사람을 구출하는 일 또는 불을 끄거나 불이 번지지 아니하도록 하는 일을 방해한 사람
4. 제28조를 위반하여 정당한 사유 없이 소방용수시설 또는 비상소화장치를 사용하거나 소방용수시설 또는 비상소화장치의 효용을 해치거나 그 정당한 사용을 방해한 사람

제51조 (벌 칙)

제25조제1항에 따른 처분을 방해한 자 또는 정당한 사유 없이 그 처분에 따르지 아니한 자는 3년 이하의 징역 또는 3천만원 이하의 벌금에 처한다. 〈개정 2018.3.27.〉

제52조 (벌 칙)

다음 각 호의 어느 하나에 해당하는 자는 300만원 이하의 벌금에 처한다.

1. 소방활동을 위하여 소방출동 중에 강제처분을 방해한 자 또는 정당한 사유 없이 그 처분에 따르지 아니한 자
2. 화재조사 시 관계인의 정당한 업무를 방해하거나 화재조사를 수행하면서 알게 된 비밀을 다른 사람에게 누설한 사람

제53조 (벌 칙)

다음 각 호의 어느 하나에 해당하는 자는 200만원 이하의 벌금에 처한다.

1. 화재예방조치 명령에 따르지 아니하거나 이를 방해한 자
2. 정당한 사유 없이 화재조사에 따른 관계 공무원의 출입 또는 조사를 거부・방해 또는 기피한 자

제54조 (벌 칙)

다음 각 호의 어느 하나에 해당하는 자는 100만원 이하의 벌금에 처한다. 〈개정 2011.8.4., 2015.7.24.〉

1. 제13조 제2항(화재경계지구의 소방특별조사)에 따른 화재경계지구 안의 소방대상물에 대한 소방특별조사를 거부・방해 또는 기피한 자

1의2. 제16조의3 제2항(소방대의 생활안전활동 방해 금지)을 위반하여 정당한 사유 없이 소방대의 생활안전활동을 방해한 자

2. 제20조(관계인의 소방활동)를 위반하여 정당한 사유 없이 소방대가 현장에 도착할 때까지 사람을 구출하는 조치 또는 불을 끄거나 불이 번지지 아니하도록 하는 조치를 하지 아니한 사람
3. 제26조 제1항(소방본부장, 소방서장, 소방대장의 피난명령)에 따른 피난 명령을 위반한 사람
4. 제27조 제1항을 위반하여 정당한 사유 없이 물의 사용이나 수도의 개폐장치의 사용 또는 조작을 하지 못하게 하거나 방해한 자
5. 제27조 제2항(유류, 가스, 전기의 위험시설에 대한 긴급조치)에 따른 조치를 정당한 사유 없이 방해한 자 [시행일 : 2016.1.25.]

플러스 **해설**+

- 징역 : 일정기간 교도소 내에 구치(拘置)하여 정역(定役)에 종사하게 하는 형벌
- 벌금 : 일정금액을 국가에 납부하게 하는 형벌
- 과태료 : 벌금이나 과료(科料)와 달리 형벌의 성질을 가지지 않는 법령위반에 대하여 과해지는 금전벌(金錢罰)
- 과료 : 범인으로부터 일정액의 금액을 징수하는 형벌

제55조 (양벌규정)

법인의 대표자나 법인 또는 개인의 대리인, 사용인, 그 밖의 종업원이 그 법인 또는 개인의 업무에 관하여 제50조(5년 이하의 징역 또는 3천만원 이하의 벌금)부터 제54조(100만원 이하의 벌금)까지의 어느 하나에 해당하는 위반행위를 하면 그 행위자를 벌하는 외에 그 법인 또는 개인에게도 해당 조문의 벌금형을 과(科)한다. 다만, 법인 또는 개인이 그 위반행위를 방지하기 위하여 해당 업무에 관하여 상당한 주의와 감독을 게을리하지 아니한 경우에는 그러하지 아니하다.

제56조 (과태료)

① 다음 각 호의 어느 하나에 해당하는 자에게는 200만원 이하의 과태료를 부과한다. 〈개정 2016.1.27., 2017.12.26.〉

1. 제13조제4항에 따른 소방용수시설, 소화기구 및 설비 등의 설치 명령을 위반한 자
2. 제15조제1항에 따른 불을 사용할 때 지켜야 하는 사항 및 같은 조 제2항에 따른 특수가연물의 저장 및 취급 기준을 위반한 자
3. 제19조제1항을 위반하여 화재 또는 구조·구급이 필요한 상황을 거짓으로 알린 사람

3의2. 제21조제3항을 위반하여 소방자동차의 출동에 지장을 준 자

4. 제23조제1항을 위반하여 소방활동구역을 출입한 사람
5. 제30조제1항에 따른 명령을 위반하여 보고 또는 자료 제출을 하지 아니하거나 거짓으로 보고 또는 자료 제출을 한 자
6. 제44조의3을 위반하여 한국소방안전원 또는 이와 유사한 명칭을 사용한 자

② 제21조의2제2항을 위반하여 전용구역에 차를 주차하거나 전용구역에의 진입을 가로막는 등의 방해행위를 한 자에게는 100만원 이하의 과태료를 부과한다. 〈신설 2018.2.9.〉

③ 제1항 및 제2항에 따른 과태료는 대통령령으로 정하는 바에 따라 관할 시·도지사, 소방본부장 또는 소방서장이 부과·징수한다. 〈개정 2018.2.9.〉

[전문개정 2011.5.30.][시행일 : 2018.8.10.]

제57조 (과태료)

① 제19조 제2항(화재 오인 우려 행위)에 따른 신고를 하지 아니하여 소방자동차를 출동하게 한 자에게는 20만원 이하의 과태료를 부과한다.

② 제1항에 따른 과태료는 조례로 정하는 바에 따라 관할 소방본부장 또는 소방서장이 부과·징수한다.

시행령 제19조 (과태료 부과기준)

법 제56조 제1항에 따른 과태료의 부과기준은 별표 3과 같다.

시행규칙 제15조 (과태료의 징수절차)

영 제19조 제4항의 규정에 의한 과태료의 징수절차에 관하여는 「국고금관리법시행규칙」을 준용한다. 이 경우 납입고지서에는 이의방법 및 이의기간 등을 함께 기재하여야 한다.

확인 점검 문제

다음 중 소방활동 등에 대하여 알맞은 것은?

① 소방활동 시 방해하면 5년 이하의 징역 또는 5천만원 이하의 벌금에 해당된다.
② 소방활동에 종사한 관계인은 시・도지사로부터 비용을 지급 받을 수 있다.
③ 소방서장은 인근 사람에게 인명구출, 화재진압, 화재조사 등의 종사를 명할 수 있다.
④ 관계인이 소방활동 업무에 종사하다가 사망하거나 부상을 입은 경우에는 시・도지사가 보상한다.

답 ④

5년 이하의 징역 또는 5천만원 이하의 벌금에 해당하지 않는 것은?

① 소방자동차 출동을 방해한 사람
② 사람 구출, 또는 불을 끄는 소화활동을 방해한 사람
③ 영업정지기간 중에 방염업 또는 관리업의 업무를 한 자
④ 정당한 사유 없이 소방용수시설을 사용하거나 효용을 해치거나 정당한 사용을 방해한 사람

답 ③

다음 중 「소방기본법」에서 벌칙에 따른 처벌에 관하여 성격이 다른 하나는?

① 화재 또는 구조・구급이 필요한 상황을 거짓으로 알린 사람
② 출동한 소방대원에게 폭행 또는 협박을 행사하여 화재진압・인명구조 또는 구급활동을 방해하는 행위
③ 위력(威力)을 사용하여 출동한 소방대의 화재진압・인명구조 또는 구급활동을 방해하는 행위
④ 소방대가 화재진압・인명구조 또는 구급활동을 위하여 현장에 출동하거나 현장에 출입하는 것을 고의로 방해하는 행위

답 ①

다음의 사항 중 가장 옳지 않은 것은?

① 정당한 사유 없이 화재의 예방조치 명령에 따르지 아니하거나 방해한 자는 200만원 이하의 벌금형이다.
② 소방자동차 출동을 방해한 자는 5년 이하의 징역 또는 3천만원 이하의 과료에 처한다.
③ 소방대가 도착할 때까지 관계인은 사람을 구출, 소화활동을 하여야 하며 가스, 전기, 유류시설 등의 차단과 같은 조치를 정당한 사유 없이 방해하여서는 아니 된다.
④ 종합정밀점검과 정기점검은 일반적으로 각각 연 1회 이상 하여야 한다.

답 ②

소방기본법 시행령 별표

[별표 1]

보일러 등의 위치 · 구조 및 관리와 화재예방을 위하여 불의 사용에 있어서 지켜야 하는 사항(제5조 관련)

종 류	내 용
보일러	1. 가연성 벽 · 바닥 또는 천장과 접촉하는 증기기관 또는 연통의 부분은 규조토 · 석면 등 난연성 단열재로 덮어씌워야 한다. 2. 경유 · 등유 등 액체연료를 사용하는 경우에는 다음 각목의 사항을 지켜야 한다. 가. 연료탱크는 보일러본체로부터 수평거리 1미터 이상의 간격을 두어 설치할 것 나. 연료탱크에는 화재 등 긴급상황이 발생하는 경우 연료를 차단할 수 있는 개폐밸브를 연료탱크로부터 0.5미터 이내에 설치할 것 다. 연료탱크 또는 연료를 공급하는 배관에는 여과장치를 설치할 것 라. 사용이 허용된 연료 외의 것을 사용하지 아니할 것 마. 연료탱크에는 불연재료(「건축법 시행령」 제2조 제10호의 규정에 의한 것을 말한다. 이하 이 표에서 같다)로 된 받침대를 설치하여 연료탱크가 넘어지지 아니하도록 할 것 3. 기체연료를 사용하는 경우에는 다음 각목에 의한다. 가. 보일러를 설치하는 장소에는 환기구를 설치하는 등 가연성가스가 머무르지 아니하도록 할 것 나. 연료를 공급하는 배관은 금속관으로 할 것 다. 화재 등 긴급시 연료를 차단할 수 있는 개폐밸브를 연료용기 등으로부터 0.5미터 이내에 설치할 것 라. 보일러가 설치된 장소에는 가스누설경보기를 설치할 것 4. 보일러와 벽 · 천장 사이의 거리는 0.6미터 이상 되도록 하여야 한다. 5. 보일러를 실내에 설치하는 경우에는 콘크리트바닥 또는 금속 외의 불연재료로 된 바닥 위에 설치하여야 한다.
난로	1. 연통은 천장으로부터 0.6미터 이상 떨어지고, 건물 밖으로 0.6미터 이상 나오게 설치하여야 한다. 2. 가연성 벽 · 바닥 또는 천장과 접촉하는 연통의 부분은 규조토 · 석면 등 난연성 단열재로 덮어씌워야 한다. 3. 이동식난로는 다음 각목의 장소에서 사용하여서는 아니된다. 다만, 난로가 쓰러지지 아니하도록 받침대를 두어 고정시키거나 쓰러지는 경우 즉시 소화되고 연료의 누출을 차단할 수 있는 장치가 부착된 경우에는 그러하지 아니하다.

	가. 「다중이용업소의 안전관리에 관한 특별법」 제2조 제1항 제1호에 따른 다중이용업의 영업소 나. 「학원의 설립·운영 및 과외교습에 관한 법률」 제2조 제1호의 규정에 의한 학원 다. 「학원의 설립·운영 및 과외교습에 관한 법률 시행령」 제2조 제1항 제4호의 규정에 의한 독서실 라. 「공중위생관리법」 제2조 제1항 제2호·제3호 및 제6호의 규정에 의한 숙박업·목욕장업·세탁업의 영업장 마. 「의료법」 제3조 제2항의 규정에 의한 종합병원·병원·치과병원·한방병원·요양병원·의원·치과의원·한의원 및 조산원 바. 「식품위생법 시행령」 제21조 제8호에 따른 휴게음식점영업, 일반음식점영업, 단란주점영업, 유흥주점영업 및 제과점영업의 영업장 사. 「영화 및 비디오물의 진흥에 관한 법률」 제2조 제10호에 따른 영화상영관 아. 「공연법」 제2조 제4호의 규정에 의한 공연장 자. 「박물관 및 미술관 진흥법」 제2조 제1호 및 제2호의 규정에 의한 박물관 및 미술관 차. 「유통산업발전법」 제2조 제6호의 규정에 의한 상점가 카. 「건축법」 제20조에 따른 가설건축물 타. 역·터미널
건조설비	1. 건조설비와 벽·천장 사이의 거리는 0.5미터 이상 되도록 하여야 한다. 2. 건조물품이 열원과 직접 접촉하지 아니하도록 하여야 한다. 3. 실내에 설치하는 경우에 벽·천장 또는 바닥은 불연재료로 하여야 한다.
수소가스를 넣는 기구	1. 연통 그 밖의 화기를 사용하는 시설의 부근에서 띄우거나 머물게 하여서는 아니된다. 2. 건축물의 지붕에서 띄워서는 아니된다. 다만, 지붕이 불연재료로 된 평지붕으로서 그 넓이가 기구 지름의 2배 이상인 경우에는 그러하지 아니하다. 3. 다음 각목의 장소에서 운반하거나 취급하여서는 아니된다. 가. 공연장 : 극장·영화관·연예장·음악당·서커스장 그 밖의 이와 비슷한 것 나. 집회장 : 회의장·공회장·예식장 그 밖의 이와 비슷한 것 다. 관람장 : 운동경기관람장(운동시설에 해당하는 것을 제외한다)·경마장·자동차경주장 그 밖의 이와 비슷한 것 라. 전시장 : 박물관·미술관·과학관·기념관·산업전시장·박람회장 그 밖의 이와 비슷한 것 4. 수소가스를 넣거나 빼는 때에는 다음 각목의 사항을 지켜야 한다. 가. 통풍이 잘 되는 옥외의 장소에서 할 것 나. 조작자 외의 사람이 접근하지 아니하도록 할 것 다. 전기시설이 부착된 경우에는 전원을 차단하고 할 것 라. 마찰 또는 충격을 주는 행위를 하지 말 것 마. 수소가스를 넣을 때에는 기구 안에 수소가스 또는 공기를 제거한 후 감압기를 사용할 것

	5. 수소가스는 용량의 90퍼센트 이상을 유지하여야 한다. 6. 띄우거나 머물게 하는 때에는 감시인을 두어야 한다. 다만, 건축물 옥상에서 띄우거나 머물게 하는 경우에는 그러하지 아니하다. 7. 띄우는 각도는 지표면에 대하여 45도 이하로 유지하고 바람이 초속 7미터 이상 부는 때에는 띄워서는 아니된다.
불꽃을 사용하는 용접·용단기구	용접 또는 용단 작업장에서는 다음 각 호의 사항을 지켜야 한다. 다만, 「산업안전보건법」 제23조의 적용을 받는 사업장의 경우에는 적용하지 아니한다. 1. 용접 또는 용단 작업자로부터 반경 5m 이내에 소화기를 갖추어 둘 것 2. 용접 또는 용단 작업장 주변 반경 10m 이내에는 가연물을 쌓아두거나 놓아두지 말 것. 다만, 가연물의 제거가 곤란하여 방지포 등으로 방호조치를 한 경우는 제외한다.
전기시설	1. 전류가 통하는 전선에는 과전류차단기를 설치하여야 한다. 2. 전선 및 접속기구는 내열성이 있는 것으로 하여야 한다.
노·화덕 설비	1. 실내에 설치하는 경우에는 흙바닥 또는 금속 외의 불연재료로 된 바닥이나 흙바닥에 설치하여야 한다. 2. 노 또는 화덕을 설치하는 장소의 벽·천장은 불연재료로 된 것이어야 한다. 3. 노 또는 화덕의 주위에는 녹는 물질이 확산되지 아니하도록 높이 0.1미터 이상의 턱을 설치하여야 한다. 4. 시간당 열량이 30만킬로칼로리 이상인 노를 설치하는 경우에는 다음 각목의 사항을 지켜야 한다. 가. 주요구조부(「건축법」 제2조 제1항 제7호에 따른 것을 말한다. 이하 이 표에서 같다)는 불연재료로 할 것 나. 창문과 출입구는 「건축법 시행령」 제64조의 규정에 의한 갑종방화문 또는 을종방화문으로 설치할 것 다. 노 주위에는 1미터 이상 공간을 확보할 것
음식조리를 위하여 설치하는 설비	일반음식점에서 조리를 위하여 불을 사용하는 설비를 설치하는 경우에는 다음 각목의 사항을 지켜야 한다. 가. 주방설비에 부속된 배기닥트는 0.5밀리미터 이상의 아연도금강판 또는 이와 동등 이상의 내식성 불연재료로 설치할 것 나. 주방시설에는 동물 또는 식물의 기름을 제거할 수 있는 필터 등을 설치할 것 다. 열을 발생하는 조리기구는 반자 또는 선반으로부터 0.6미터 이상 떨어지게 할 것 라. 열을 발생하는 조리기구로부터 0.15미터 이내의 거리에 있는 가연성 주요구조부는 석면판 또는 단열성이 있는 불연재료로 덮어 씌울 것

[별표 2]

특수가연물(제6조 관련)

품 명		수 량
면 화 류		200킬로그램 이상
나무껍질 및 대팻밥		400킬로그램 이상
넝마 및 종이부스러기		1,000킬로그램 이상
사류(絲類)		1,000킬로그램 이상
볏짚류		1,000킬로그램 이상
가연성고체류		3,000킬로그램 이상
석탄 · 목탄류		10,000킬로그램 이상
가연성액체류		2세제곱미터 이상
목재가공품 및 나무부스러기		10세제곱미터 이상
합성수지류	발포시킨 것	20세제곱미터 이상
	그 밖의 것	3,000킬로그램 이상

※ 비고

1. "면화류"라 함은 불연성 또는 난연성이 아닌 면상 또는 팽이모양의 섬유와 마사(麻絲) 원료를 말한다.
2. 넝마 및 종이부스러기는 불연성 또는 난연성이 아닌 것(동식물유가 깊이 스며들어 있는 옷감 · 종이 및 이들의 제품을 포함한다)에 한한다.
3. "사류"라 함은 불연성 또는 난연성이 아닌 실(실부스러기와 솜털을 포함한다)과 누에고치를 말한다.
4. "볏짚류"라 함은 마른 볏짚 · 마른 북더기와 이들의 제품 및 건초를 말한다.
5. "가연성고체류"라 함은 고체로서 다음 각목의 것을 말한다.
   가. 인화점이 섭씨 40도 이상 100도 미만인 것
   나. 인화점이 섭씨 100도 이상 200도 미만이고, 연소열량이 1그램당 8킬로칼로리 이상인 것
   다. 인화점이 섭씨 200도 이상이고 연소열량이 1그램당 8킬로칼로리 이상인 것으로서 융점이 100도 미만인 것
   라. 1기압과 섭씨 20도 초과 40도 이하에서 액상인 것으로서 인화점이 섭씨 70도 이상 섭씨 200도 미만이거나 나목 또는 다목에 해당하는 것
6. 석탄 · 목탄류에는 코크스, 석탄가루를 물에 갠 것, 조개탄, 연탄, 석유코크스, 활성탄 및 이와 유사한 것을 포함한다.
7. "가연성액체류"라 함은 다음 각목의 것을 말한다.
   가. 1기압과 섭씨 20도 이하에서 액상인 것으로서 가연성 액체량이 40중량퍼센트 이하이면서 인화점이 섭씨 40도 이상 섭씨 70도 미만이고 연소점이 섭씨 60도 이상인 물품
   나. 1기압과 섭씨 20도에서 액상인 것으로서 가연성 액체량이 40중량퍼센트 이하이고 인화점이 섭씨 70도 이상 섭씨 250도 미만인 물품
   다. 동물의 기름기와 살코기 또는 식물의 씨나 과일의 살로부터 추출한 것으로서 다음의 1에 해당하는 것
      (1) 1기압과 섭씨 20도에서 액상이고 인화점이 250도 미만인 것으로서 위험물안전관리법 제20조 제1항의 규정에 의한 용기기준과 수납 · 저장기준에 적합하고 용기외부에 물품명 · 수량 및 "화기엄금" 등의 표시를 한 것
      (2) 1기압과 섭씨 20도에서 액상이고 인화점이 섭씨 250도 이상인 것
8. "합성수지류"라 함은 불연성 또는 난연성이 아닌 고체의 합성수지제품, 합성수지반제품, 원료합성수지 및 합성수지 부스러기(불연성 또는 난연성이 아닌 고무제품, 고무반제품, 원료고무 및 고무 부스러기를 포함한다)를 말한다. 다만, 합성수지의 섬유 · 옷감 · 종이 및 실과 이들의 넝마와 부스러기를 제외한다.

[별표 2의2] <신설 2016. 6. 30.>

소방안전교육사시험의 응시자격(제7조의2 관련)

1. 「소방공무원법」 제2조에 따른 소방공무원으로 다음 각 목의 어느 하나에 해당하는 사람
   가. 소방공무원으로 3년 이상 근무한 경력이 있는 사람
   나. 중앙소방학교 또는 지방소방학교에서 2주 이상의 소방안전교육사 관련 전문교육과정을 이수한 사람
2. 「초·중등교육법」 제21조에 따라 교원의 자격을 취득한 사람
3. 「유아교육법」 제22조에 따라 교원의 자격을 취득한 사람
4. 「영유아보육법」 제21조에 따라 어린이집의 원장 또는 보육교사의 자격을 취득한 사람(보육교사 자격을 취득한 사람은 보육교사 자격을 취득한 후 3년 이상의 보육업무 경력이 있는 사람만 해당한다)
5. 다음 각 목의 어느 하나에 해당하는 기관에서 소방안전교육 관련 교과목(응급구조학과, 교육학과 또는 제15조 제2호에 따라 소방청장이 정하여 고시하는 소방 관련 학과에 개설된 전공과목을 말한다)을 총 6학점 이상 이수한 사람
   가. 「고등교육법」 제2조 제1호부터 제6호까지의 규정의 어느 하나에 해당하는 학교
   나. 「학점인정 등에 관한 법률」 제3조에 따라 학습과정의 평가인정을 받은 교육훈련기관
6. 「국가기술자격법」 제2조 제3호에 따른 국가기술자격의 직무분야 중 안전관리 분야(국가기술자격의 직무분야 및 국가기술자격의 종목 중 중직무분야의 안전관리를 말한다. 이하 같다)의 기술사 자격을 취득한 사람
7. 「화재예방, 소방시설 설치·유지 및 안전관리에 관한 법률」 제26조에 따른 소방시설관리사 자격을 취득한 사람
8. 「국가기술자격법」 제2조 제3호에 따른 국가기술자격의 직무분야 중 안전관리 분야의 기사 자격을 취득한 후 안전관리 분야에 1년 이상 종사한 사람
9. 「국가기술자격법」 제2조 제3호에 따른 국가기술자격의 직무분야 중 안전관리 분야의 산업기사 자격을 취득한 후 안전관리 분야에 3년 이상 종사한 사람
10. 「의료법」 제7조에 따라 간호사 면허를 취득한 후 간호업무 분야에 1년 이상 종사한 사람
11. 「응급의료에 관한 법률」 제36조 제2항에 따라 1급 응급구조사 자격을 취득한 후 응급의료 업무 분야에 1년 이상 종사한 사람
12. 「응급의료에 관한 법률」 제36조 제3항에 따라 2급 응급구조사 자격을 취득한 후 응급의료 업무 분야에 3년 이상 종사한 사람
13. 「화재예방, 소방시설 설치·유지 및 안전관리에 관한 법률 시행령」 제23조 제1항 각 호의 어느 하나에 해당하는 사람

14. 「화재예방, 소방시설 설치・유지 및 안전관리에 관한 법률 시행령」 제23조 제2항 각 호의 어느 하나에 해당하는 자격을 갖춘 후 소방안전관리대상물의 소방안전관리에 관한 실무경력이 1년 이상 있는 사람
15. 「화재예방, 소방시설 설치・유지 및 안전관리에 관한 법률 시행령」 제23조 제3항 각 호의 어느 하나에 해당하는 자격을 갖춘 후 소방안전관리대상물의 소방안전관리에 관한 실무경력이 3년 이상 있는 사람
16. 「의용소방대 설치 및 운영에 관한 법률」 제3조에 따라 의용소방대원으로 임명된 후 5년 이상 의용소방대 활동을 한 경력이 있는 사람

[별표 2의3]

소방안전교육사의 배치대상별 배치기준(제7조의11 관련)

배치대상	배치기준(단위 : 명)	비 고
1. 소방청	2 이상	
2. 소방본부	2 이상	
3. 소방서	1 이상	
4. 한국소방안전원	본원 : 2 이상 시・도지부 : 1 이상	
5. 한국소방산업기술원	2 이상	

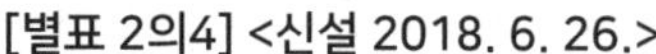

[별표 2의4] <신설 2018. 6. 26.>

소방활동 종사 사상자의 보상금액 등의 기준(제11조제3항 관련)

1. 사망자의 보상금액 기준

   「의사상자 등 예우 및 지원에 관한 법률 시행령」 제12조제1항에 따라 보건복지부장관이 결정하여 고시하는 보상금에 따른다.

2. 부상등급의 기준

   「의사상자 등 예우 및 지원에 관한 법률 시행령」 제2조 및 별표 1에 따른 부상범위 및 등급에 따른다.

3. 부상등급별 보상금액 기준

   「의사상자 등 예우 및 지원에 관한 법률 시행령」 제12조제2항 및 별표 2에 따른 의상자의 부상등급별 보상금에 따른다.

4. 보상금 지급순위의 기준

   「의사상자 등 예우 및 지원에 관한 법률」 제10조의 규정을 준용한다.

5. 보상금의 환수 기준

   「의사상자 등 예우 및 지원에 관한 법률」 제19조의 규정을 준용한다.

[별표 2의5] <신설 2018. 8. 7.>

전용구역의 설치 방법(제7조의13제2항 관련)

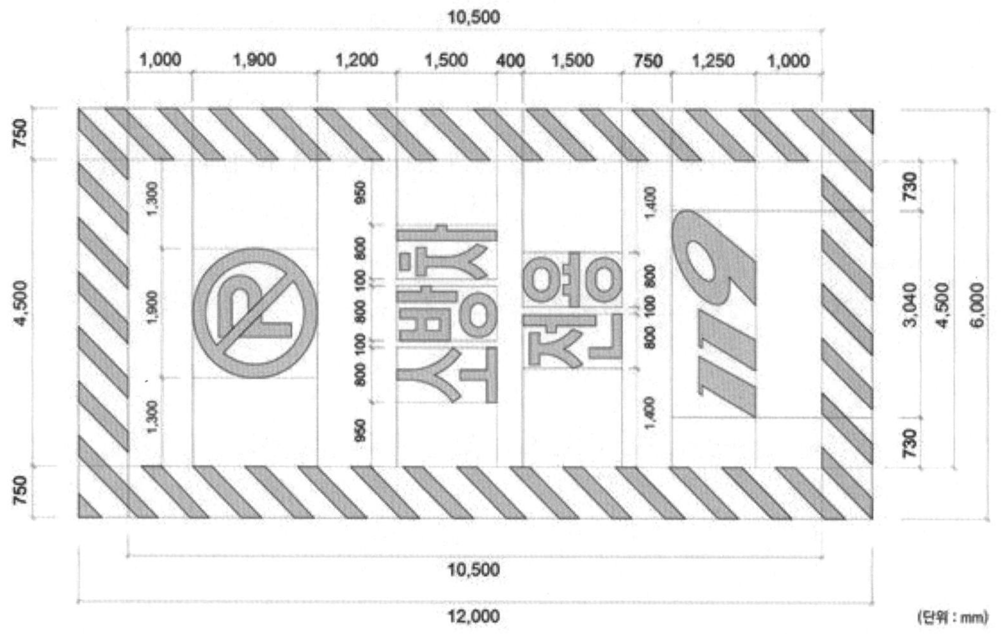

※ 비고

1. 전용구역 노면표지의 외곽선은 빗금무늬로 표시하되, 빗금은 두께를 30센티미터로 하여 50센티미터 간격으로 표시한다.
2. 전용구역 노면표지 도료의 색채는 황색을 기본으로 하되, 문자(P, 소방차 전용)는 백색으로 표시한다.

[별표 3]

과태료의 부과기준(제19조 관련)

1. 일반기준

가. 과태료 부과권자는 위반행위자가 다음 중 어느 하나에 해당하는 경우에는 제2호 각 목의 과태료 금액의 100분의 50의 범위에서 그 금액을 감경하여 부과할 수 있다. 다만, 감경할 사유가 여러 개 있는 경우라도 「질서위반행위규제법」 제18조에 따른 감경을 제외하고는 감경의 범위는 100분의 50을 넘을 수 없다.

1) 위반행위자가 「질서위반행위규제법 시행령」 제2조의2 제1항 각 호의 어느 하나에 해당하는 경우

2) 위반행위자가 화재 등 재난으로 재산에 현저한 손실이 발생한 경우 또는 사업의 부도·경매 또는 소송 계속 등 사업여건이 악화된 경우로서 과태료 부과권자가 자체위원회의 의결을 거쳐 감경하는 것이 타당하다고 인정하는 경우[위반행위자가 최근 1년 이내에 소방 관계 법령(「소방기본법」, 「소방시설설치유지 및 안전관리에 관한 법률」, 「소방시설공사업법」, 「위험물안전관리법」, 「다중이용업소의 안전관리에 관한 특별법」 및 그 하위법령을 말한다)을 2회 이상 위반한 자는 제외한다]

3) 위반행위자가 위반행위로 인한 결과를 시정하거나 해소한 경우

나. 위반행위의 횟수에 따른 과태료의 부과기준은 최근 1년간 같은 위반행위로 과태료를 부과받은 경우에 적용한다. 이 경우 위반행위에 대하여 과태료 부과처분을 한 날과 다시 같은 위반행위를 적발한 날을 기준으로 하여 위반횟수를 계산한다.

2. 개별기준

위반행위	근거 법조문	과태료 금액(만원)			
		1회	2회	3회	4회 이상
가. 법 제13조 제3항에 따른 소방용수시설·소화기구 및 설비 등의 설치명령을 위반한 경우	법 제56조 제1항	50	100	150	200
나. 법 제15조 제1항에 따른 불의 사용에 있어서 지켜야 하는 사항을 위반한 경우	법 제56조 제1항				
1) 위반행위로 인하여 화재가 발생한 경우		100	150	200	200
2) 위반행위로 인하여 화재가 발생하지 않은 경우		50	100	150	200
다. 법 제15조 제2항에 따른 특수가연물의 저장 및 취급의 기준을 위반한 경우	법 제56조 제1항	20	50	100	100

라. 법 제19조 제1항을 위반하여 화재 또는 구조·구급이 필요한 상황을 허위로 알린 경우	법 제56조 제1항	100	150	200	200
마. 법 제23조 제1항을 위반하여 소방활동구역을 출입한 경우	법 제56조 제1항	100			
바. 법 제30조 제1항에 따른 명령을 위반하여 보고 또는 자료제출을 하지 아니하거나 거짓으로 보고 또는 자료제출을 한 경우	법 제56조 제1항	50	100	150	200
사. 법 제36조 제1항을 위반하여 구조·구급의 지원요청에 따르지 아니한 경우	법 제56조 제1항	50	100	150	200

PART 01

단원별 기출문제

01 다음 중 괄호 안에 적합한 용어로 맞는 것은?

(　　)이란 건축물, 차량, 선박(「선박법」에 따른 선박으로서 항구에 매어둔 선박만 해당한다), 선박 건조 구조물, 산림, 그 밖의 인공 구조물 또는 물건을 말한다.

① 소방대상물
② 특정소방대상물
③ 방염대상물품
④ 특별안전관리대상물

02 다음 중 「소방기본법」의 제정 목적으로 맞지 않는 것은?

① 소방교육을 통한 국민의 안전의식을 높이기 위함이다.
② 화재를 예방, 경계하고 진압한다.
③ 공공의 안녕 및 질서유지와 복리증진에 이바지한다.
④ 국민의 생명, 신체 및 재산을 보호한다.

해 설

「소방기본법」의 목적

화재를 예방·경계하거나 진압하고 화재, 재난·재해, 그 밖의 위급한 상황에서의 구조·구급 활동 등을 통하여 국민의 생명·신체 및 재산을 보호함으로써 공공의 안녕 및 질서 유지와 복리증진에 이바지함을 목적으로 한다.

03 「소방기본법」에서 용어의 뜻으로 옳지 않은 것은?

① 관계인이란 소방대상물의 소유자·관리자 또는 점유자를 말한다.
② 소방대는 소방공무원만을 지칭한다.
③ 관계지역이란 소방대상물이 있는 장소 및 그 이웃지역으로서 화재의 예방·경계·진압, 구조·구급 등의 활동에 필요한 지역을 말한다.
④ 소방대장이란 소방본부장 또는 소방서장 등 화재, 재난·재해 그 밖의 위급한 상황이 발생한 현장에서 소방대를 지휘하는 자를 말한다.

정답 01. ① 02. ① 03. ②

해 설

"소방대"(消防隊)란

화재를 진압하고 화재, 재난·재해, 그 밖의 위급한 상황에서 구조·구급 활동 등을 하기 위하여 다음의 사람으로 구성된 조직체를 말한다.

가. 「소방공무원법」에 따른 소방공무원
나. 「의무소방대설치법」에 따라 임용된 의무소방원(義務消防員)
다. 의용소방대원(義勇消防隊員)

04 다음 중 「소방기본법」에서 정하고 있는 소방대상물로 틀리는 것은?

① 지방 공공기관의 청사
② 도로를 질주하는 차량
③ 항해중인 선박
④ 공항에 있는 비행기

해 설

선박은 항구에 매어둔 것에 한하여 소방대상물이다.

05 「소방기본법」상 용어의 정의에 대한 설명으로 옳지 않은 것은?

① "특정소방대상물"이란 건축물, 차량, 항구에 매어둔 선박, 선박 건조 구조물, 산림, 그 밖의 인공 구조물 또는 물건을 말한다.
② "관계인"이란 소방대상물의 소유자·관리자 또는 점유자를 말한다.
③ "소방본부장"이란 특별시·광역시·특별자치시·도 또는 특별자치도에서 화재의 예방·경계·진압·조사 및 구조·구급 등의 업무를 담당하는 부서의 장을 말한다.
④ "소방대장"이란 소방본부장 또는 소방서장 등 화재, 재난·재해, 그 밖의 위급한 상황이 발생한 현장에서 소방대를 지휘하는 사람을 말한다.

해 설

"소방대상물"이란 건축물, 차량, 선박(항구에 매어둔 선박만 해당), 선박 건조 구조물, 산림, 그 밖의 인공 구조물 또는 물건을 말한다.

"특정소방대상물"이란 소방시설을 설치하여야 하는 소방대상물로서 대통령령으로 정하는 것을 말한다.

정답 04. ③ 05. ①

06 소방대상물로 옳은 것을 고르시오.

a. 인공구조물	b. 건축물
c. 산림	d. 주행중인 차량
e. 운항중인 항공기	f. 항해 중인 선박

① a, b, c
② a, b, c, d
③ a, b, c, d, e
④ a, b, c, d, e, f

해 설

"소방대상물"이란

건축물, 차량, 선박(「선박법」에 따른 선박으로서 항구에 매어둔 선박만 해당), 선박건조구조물, 산림, 그 밖의 인공구조물 또는 물건을 말한다.

07 다음 중 관계인의 정의로서 옳지 않은 것은?

① 소유자
② 관리자
③ 신고자
④ 점유자

해 설

"관계인"이란

소방대상물의 소유자・관리자 또는 점유자를 말한다.

08 다음 중 소방본부장 또는 소방서장 업무가 아닌 것은?

① 화재에 관한 위험경보
② 화재의 예방조치
③ 소방업무 응원협약
④ 화재조사

해 설

소방업무의 응원협약은 이웃하는 시・도지사 상호간에 규약으로 체결

정답 06. ② 07. ③ 08. ③

09 다음 중 옳지 않은 것은?

① 관할구역 안에서 소방업무를 수행하는 소방서장은 관할지역의 시 · 군 · 구청장의 지휘를 받는다.

② 소방대에는 의용소방대를 포함한다.

③ 소방대장은 위급한 상황이 발생한 현장에서 필요한 때 그 현장에 있는 사람에게 위급한 사람을 구출하게 하는 일을 하게 할 수 있다.

④ 소방대장은 불이 번질 우려가 있는 소방대상물 및 토지의 일부를 소방활동에 필요한 경우 필요한 처분을 할 수 있다.

해 설

소방업무를 수행하는 소방본부장 또는 소방서장은 그 소재지를 관할하는 특별시장(특별자치시장) · 광역시장 · 도지사 또는 특별자치도지사(이하 "시 · 도지사"라 한다)의 지휘와 감독을 받는다.

10 다음 중 관할구역 안에서 소방업무를 수행하는 소방본부장 · 소방서장을 지휘 감독하는 권한이 없는 자는?

① 특별시장　② 광역시장

③ 도지사　④ 시장 · 군수 및 구청장

해 설

소방업무를 수행하는 소방본부장 또는 소방서장은 그 소재지를 관할하는 특별시장(특별자치시장) · 광역시장 · 도지사 또는 특별자치도지사(이하 "시 · 도지사"라 한다)의 지휘와 감독을 받는다.

11 소방박물관 등의 설립과 운영에 관하여 알맞은 것은?

소방의 역사와 안전문화를 발전시키고 국민의 안전의식을 높이기 위하여 [　　　　]은 소방박물관을, [　　　　]는 소방 체험관을 운영 할 수 있다.

① 소방청장 – 소방박물관, 시 · 도지사 – 소방체험관

② 시 · 도지사 – 소방박물관, 소방청장 – 소방체험관

③ 행정안전부장관 – 소방박물관, 시 · 도지사 – 소방체험관

④ 시 · 도지사 – 소방박물관, 행정안전부장관 – 소방체험관

정답 09. ① 10. ④ 11. ①

12 **소방청장은 화재, 재난 · 재해, 그 밖의 위급한 상황으로부터 국민의 생명 · 신체 및 재산을 보호하기 위하여 소방업무에 관한 종합업무에 관한 종합계획을 몇 년 마다 수립 · 시행하여야 하는가?**

① 1년 ② 3년
③ 5년 ④ 6년

해 설

소방청장은 화재, 재난 · 재해, 그 밖의 위급한 상황으로부터 국민의 생명 · 신체 및 재산을 보호하기 위하여 소방업무에 관한 종합계획을 5년마다 수립 · 시행하여야 하고, 이에 필요한 재원을 확보하도록 노력하여야 한다.

13 **소방청장은 소방장비의 구입 등 시 · 도의 소방업무에 필요한 경비의 일부를 보조하는 바 국고 대상사업의 범위로 옳지 않는 것은?**

① 소방전용 통신설비 및 전산설비
② 소방헬리콥터 및 소방정
③ 소화전방식의 소방용수시설
④ 소방관서용 청사의 건축

해 설

소화전은 소방용수시설로서 시 · 도지사가 설치하고 유지 및 관리를 하여야 한다.

14 **관할 지역의 특성을 고려하여 소방업무에 관한 종합계획의 시행에 필요한 세부계획을 매년 수립하고 이에 따른 소방업무를 성실히 수행하여야 하는 자는?**

① 소방서장 ② 국가
③ 시 · 도지사 ④ 소방청장

해 설

시 · 도지사는 관할 지역의 특성을 고려하여 소방업무에 관한 종합계획의 시행에 필요한 세부계획을 매년 수립하고 이에 따른 소방업무를 성실히 수행하여야 한다.

정답 12. ③ 13. ③ 14. ③

15 다음 ( ) 안에 내용을 순서대로 옳게 나열한 것은?

- 소방의 역사와 안전문화를 발전시키고 국민의 안전의식을 높이기 위하여 (　　)은(는) 소방박물관을, (　　)은(는) 소방체험관을 설립하여 운영할 수 있다.
- 국민의 안전의식과 화재에 대한 경각심을 높이고 안전문화를 정착시키기 위하여 매년 (　　)를(을) 소방의 날로 정하여 기념행사를 한다.

① 소방청장, 시 · 도지사, 11월 9일
② 시 · 도지사, 소방청장, 11월 9일
③ 소방청장, 시 · 도지사, 1월 9일
④ 소방청장, 소방본부장, 1월 9일

16 소방력의 기준과 소방장비 등의 국고보조에 관하여 옳지 않은 것은?

① 시 · 도지사는 소방력의 기준에 따라 관할구역의 소방력을 확충하기 위하여 필요한 계획을 수립하여 시행하여야 한다.
② 국가는 소방장비의 구입 등 시 · 도의 소방업무에 필요한 경비의 일부를 보조하며 국고보조에 따른 보조 대상사업의 범위와 기준보조율은 대통령령으로 정한다.
③ 국내조달품은 조달청에서 조사한 해외시장의 시가로 한다.
④ 국고보조에 따른 소방활동장비 및 설비의 종류와 규격은 행정안전부령으로 정한다.

해 설

1. 국내조달품 : 정부고시가격
2. 수입물품 : 조달청에서 조사한 해외시장의 시가
3. 정부고시가격 또는 조달청에서 조사한 해외시장의 시가가 없는 물품 : 2 이상의 공신력 있는 물가조사기관에서 조사한 가격의 평균가격

17 다음 중 바르게 설명한 것을 모두 고르시오.

a. 소방자동차 등 소방장비의 분류 및 표준화와 그 관리 등 필요한 사항은 따로 법률로 정한다.
b. 국고보조의 대상사업의 범위와 기준보조율은 대통령령으로 정한다.
c. 소방기관이 소방업무를 수행하는 데에 필요한 인력과 장비 등에 관한 기준은 시 · 도 조례로 정한다.

① a
② a, b
③ b, c
④ a, b, c

정답 15. ① 16. ③ 17. ②

해 설

소방기관이 소방업무를 수행하는 데에 필요한 인력과 장비 등[이하 "소방력(消防力)"이라 한다]에 관한 기준은 법률로 정한다.

18 다음 중 국고 보조대상 소방활동장비 및 설비의 기준이 아닌 것은?

① 소방관서용 청사의 건축
② 소방헬리콥터 및 소방정
③ 소방통신설비 및 전산설비
④ 방화복 등 소방활동에 필요한 소방장비

해 설

1. 소방활동장비 및 설비
   가. 소방자동차
   나. 소방헬리콥터 및 소방정
   다. 소방전용통신설비 및 전산설비
   라. 그 밖에 방화복 등 소방활동에 필요한 소방장비
2. 소방관서용 청사의 건축

19 다음 중 법률적 성격이 다른 하나는?

① 신속한 소방활동을 위한 정보를 수집・전파하기 위하여 119종합상황실의 설치・운영에 관한 기준
② 소방의 역사와 안전문화를 발전시키고 국민의 안전의식을 높이기 위하여 소방청장의 소방박물관 설립・운영에 관한 기준
③ 소방체험관의 설립과 운영에 필요한 사항
④ 국고보조대상 사업의 범위와 기준 보조율

해 설

1. 신속한 소방활동을 위한 정보를 수집・전파하기 위하여 119종합상황실의 설치・운영에 관한 기준은 행정안전부령으로 정한다.
2. 소방의 역사와 안전문화를 발전시키고 국민의 안전의식을 높이기 위하여 소방청장의 소방박물관 설립・운영에 관한 기준은 행정안전부령으로 정한다.
3. 소방 체험관의 설립과 운영에 필요한 사항은 행정안전부령으로 정함.
4. 국고보조대상 사업의 범위와 기준 보조율은 대통령령으로 정한다.

정답 18. ① 19. ④

20 소방용수시설을 설치하고 유지 및 관리는 누가 하여야 하는가?

① 소방서장 ② 소방본부장
③ 시・도지사 ④ 수도관리단장

해 설

시・도지사는 소방활동에 필요한 소화전(消火栓)・급수탑(給水塔)・저수조(貯水槽)(이하 "소방용수시설"이라 한다)를 설치하고 유지・관리하여야 한다. 다만, 「수도법」에 따라 소화전을 설치하는 일반수도사업자는 관할 소방서장과 사전협의를 거친 후 소화전을 설치하여야 하며, 설치 사실을 관할 소방서장에게 통지하고, 그 소화전을 유지・관리하여야 한다.

21 소방업무에 대하여 옳지 않은 것은?

① 소방활동에 종사한 사람은 시・도지사로부터 소방활동의 비용을 지급받을 수 있다.
② 시・도지사는 응원을 요청하는 경우 출동대상지역 및 규모와 소요경비의 부담 등을 화재 끝난 이후 이웃하는 시・도지사와 협의하여 정하여야 한다.
③ 소방본부장 또는 소방서장은 소방활동에 있어서 긴급한 때에는 이웃한 소방본부장 또는 소방서장에게 소방업무의 응원을 요청할 수 있다.
④ 시・도지사는 그 관할 구역 안에서 발생하는 화재, 재난・재해 그 밖의 위급한 상황에 있어서 필요한 소방업무를 성실히 수행하여야 한다.

해 설

시・도지사는 소방업무의 응원을 요청하는 경우를 대비하여 출동 대상지역 및 규모와 필요한 경비의 부담 등에 관하여 필요한 사항을 행정안전부령으로 정하는 바에 따라 이웃하는 시・도지사와 협의하여 미리 규약(規約)으로 정하여야 한다.

22 소방업무의 상호응원협정사항으로 옳지 않은 것은?

① 소방업무의 응원을 위하여 파견된 소방대원은 응원을 지원해준 소방본부장 또는 소방서장의 지휘에 따라야 한다.
② 소방본부장 또는 소방서장은 소방활동에 있어서 긴급한 때 이웃한 소방본부장 또는 소방서장에게 소방업무의 응원을 요청할 수 있다.
③ 시・도지사는 미리 규약으로 정하는 범위에 출동의 대상지역 및 규모와 소요경비의 부담을 포함한다.
④ 응원요청을 받은 소방본부장 또는 소방서장은 정당한 사유 없이 이를 거절하여서는 아니 된다.

해 설

소방업무의 응원을 위하여 파견된 소방대원은 응원을 요청한 소방본부장 또는 소방서장의 지휘에 따라야 한다.

정답 20. ③ 21. ② 22. ①

23 다음 중 소방력의 동원을 요청할 수 있는 자는?

① 시・도지사
② 소방본부장 또는 소방서장
③ 소방청장
④ 행정안전부장관

해 설

소방청장은 해당 시・도의 소방력만으로는 소방활동을 효율적으로 수행하기 어려운 화재, 재난・재해, 그 밖의 구조・구급이 필요한 상황이 발생하거나 특별히 국가적 차원에서 소방활동을 수행할 필요가 인정될 때에는 각 시・도지사에게 행정안전부령으로 정하는 바에 따라 소방력을 동원할 것을 요청할 수 있다.

24 화재예방 상 위험하다고 인정되는 행위를 하는 사람이나 소화활동에 지장이 있다고 인정되는 물건의 소유자・관리자 또는 점유자에 대하여 명령을 할 수 있는 자는?

① 소방서장
② 소방청장
③ 행정안전부장관
④ 시・도지사

해 설

소방본부장 또는 소방서장은 화재예방 상 위험하다고 인정되는 행위를 하는 사람이나 소화활동에 지장이 있다고 인정되는 물건의 소유자・관리자 또는 점유자에 대하여 명령을 할 수 있다.

1. 불장난, 모닥불, 흡연, 화기(火氣) 취급 그 밖에 화재예방 상 위험하다고 인정되는 행위의 금지 또는 제한
2. 타고남은 불 또는 화기(火氣)의 우려가 있는 재의 처리
3. 함부로 버려두거나 그냥 둔 위험물 그 밖에 불에 탈 수 있는 물건을 옮기거나 치우게 하는 등의 조치

25 화재의 예방조치 등에 대한 설명으로 옳지 않은 것은?

① 소방본부장이나 소방서장은 화재예방상 위험하다고 인정되는 위험물 또는 물건을 보관하는 경우에는 그 날부터 14일 동안 소방본부 또는 소방서의 게시판에 그 사실을 공고하여야 한다.
② 소방본부장 또는 소방서장은 보관기간이 종료되는 때에는 보관하고 있는 위험물 또는 물건을 매각하여야 한다.
③ 소방본부장 또는 소방서장은 보관하던 위험물 또는 물건을 매각한 경우에는 그날부터 7일 이내에 「국가재정법」에 의하여 세입조치를 하여야 한다.
④ 소방본부장 또는 소방서장은 매각되거나 폐기된 위험물 또는 물건의 소유자가 보상을 요구하는 경우에는 보상금액에 대하여 소유자와 협의를 거쳐 이를 보상하여야 한다.

정답 23. ③ 24. ① 25. ③

해 설

소방본부장 또는 소방서장은 보관하던 위험물 또는 물건을 매각한 경우에는 지체없이 「국가재정법」에 의하여 세입조치를 하여야 한다.

26 **시 · 도지사는 화재가 발생할 우려가 높거나 화재가 발생하는 경우 그로 인하여 피해가 클 것으로 예상되는 지역을 화재경계지구(火災警戒地區)로 지정할 수 있다. 다음 중 화재경계지구로 지정하지 않아도 되는 곳은?**

① 석유화학제품을 생산하는 공장이 있는 지역

② 소방시설 · 소방용수시설 또는 소방출동로가 없는 지역

③ 상가지역

④ 공장 · 창고가 밀집한 지역

해 설

화재경계지구

1. 시장지역
2. 공장 · 창고가 밀집한 지역
3. 목조건물이 밀집한 지역
4. 위험물의 저장 및 처리 시설이 밀집한 지역
5. 석유화학제품을 생산하는 공장이 있는 지역
6. 「산업입지 및 개발에 관한 법률」 에 따른 산업단지
7. 소방시설 · 소방용수시설 또는 소방출동로가 없는 지역

27 **「소방기본법」에서 정하고 있는 화재경계지구에 대한 사항으로 틀리는 것은?**

① 화재경계지구 안의 관계인은 대통령령으로 정하는 바에 따라 소방에 필요한 훈련 및 교육을 실시할 수 있다.

② 화재경계지구 안의 소방대상물의 위치 · 구조 및 설비 등에 대한 소방특별조사를 연 1회 이상 실시하여야 한다.

③ 시 · 도지사는 소방상 필요한 훈련 및 교육을 실시하고자 하는 때에는 화재경계지구 안의 관계인에게 훈련 또는 교육 10일 전까지 그 사실을 통보하여야 한다.

④ 화재경계지구 안의 관계인에 대하여 소방상 필요한 훈련 및 교육을 연 1회 이상 실시할 수 있다.

해 설

소방본부장 또는 소방서장은 소방상 필요한 훈련 및 교육을 실시하고자 하는 때에는 화재경계지구 안의 관계인에게 훈련 또는 교육 10일 전까지 그 사실을 통보하여야 한다.

정답 26. ③ 27. ③

28 **다음 중 화재경계지구 대상지역이 아닌 것은?**

① 공장이 밀집한 지역

② 목조건물이 밀집한 지역

③ 고층건축물이 밀집한 지역

④ 소방출동로가 없는 지역

해 설

1. 시장지역
2. 공장·창고가 밀집한 지역
3. 목조건물이 밀집한 지역
4. 위험물의 저장 및 처리시설이 밀집한 지역
5. 석유화학제품을 생산하는 공장이 있는 지역
6. 소방시설·소방용수시설 또는 소방출동로가 없는 지역
7. 소방본부장 또는 소방서장이 화재가 발생할 우려가 높거나 화재가 발생하는 경우 그로 인하여 피해가 클 것으로 인정하는 지역

29 **다음 중 이상기상의 예보 또는 특보 시 화재에 관한 경보를 발령하고 그에 따른 조치를 할 수 있는 자는?**

① 소방청장

② 기상청장

③ 소방대장

④ 소방본부장 또는 소방서장

해 설

소방본부장이나 소방서장은 「기상법」에 따른 이상기상(異常氣象)의 예보 또는 특보가 있을 때에는 화재에 관한 경보를 발령하고 그에 따른 조치를 할 수 있다.

30 **특수가연물에 대한 설명 중 옳은 것은?**

① 발전용 석탄·목탄류는 품명별로 쌓는다.

② 쌓는 부분의 바닥면적 사이는 1m 이하가 되도록 한다.

③ 쌓는 부분 바닥면적은 $50m^2$ 이하, 석탄·목탄류는 $200m^2$ 이하로 한다.

④ 발전용 석탄·목탄류에 살수설비를 설치하였을 경우에 쌓은 높이를 20m 이하로 한다.

정답 28. ③ 29. ④ 30. ③

해 설

1. 특수가연물을 저장 또는 취급하는 장소에는 품명・최대수량 및 화기취급의 금지표지를 설치할 것
2. 다음의 기준에 따라 쌓아 저장할 것. (석탄・목탄류를 발전(發電)용으로 저장하는 경우 제외)
   가. 품명별로 구분하여 쌓을 것
   나. 쌓는 높이는 10미터 이하가 되도록 하고, 쌓는 부분의 바닥면적은 50제곱미터(석탄・목탄류의 경우에는 200제곱미터) 이하가 되도록 할 것. 다만, 살수설비를 설치하거나, 방사능력 범위에 해당 특수가연물이 포함되도록 대형수동식소화기를 설치하는 경우에는 쌓는 높이를 15미터 이하, 쌓는 부분의 바닥면적을 200제곱미터(석탄・목탄류의 경우에는 300제곱미터) 이하로 할 수 있다.
   다. 쌓는 부분의 바닥면적 사이는 1미터 이상이 되도록 할 것

31 다음 중 특수가연물의 저장 및 취급의 기준으로 틀린 것은?

① 특수가연물을 저장 또는 취급하는 장소에는 품명・최대수량 및 안전관리자 성명을 기재하여 설치한다.

② 특수가연물을 품명별로 구분하여 쌓는다.

③ 방사능력 범위 내에 당해 특수가연물이 포함되도록 대형소화기를 설치하는 경우에는 쌓는 높이를 15m 이하로 한다.

④ 쌓는 부분의 바닥면적 사이는 1m 이상이 되도록 한다.

32 「소방기본법」에서 정하는 특수가연물의 저장 및 취급의 기준으로 옳은 것은?

① 특수가연물 중 면화류는 150 킬로그램 이상을 저장한다.

② 특수가연물을 저장 또는 취급하는 장소에는 화기취급의 금지표지만 설치한다.

③ 발전용 석탄・목탄을 제외한 나머지 물품들은 쌓는 부분의 바닥면적 사이를 1m 이상이 되도록 한다.

④ 쌓는 높이는 무조건 15m 이하로 하여야 한다.

해 설

특수가연물 저장・취급 기준

1. 특수가연물을 저장 또는 취급하는 장소에는 품명・최대수량 및 화기취급의 금지표지를 설치할 것
2. 다음의 기준에 따라 쌓아 저장할 것. 다만, 석탄・목탄류를 발전(發電)용으로 저장하는 경우에는 그러하지 아니하다.
   가. 품명별로 구분하여 쌓을 것
   나. 쌓는 높이는 10미터 이하가 되도록 하고, 쌓는 부분의 바닥면적은 50제곱미터(석탄・목탄류의 경우에는 200제곱미터) 이하가 되도록 할 것. 다만, 살수설비를 설치하거나, 방사능력 범위에 해당 특수가연물이 포함되도록 대형수동식소화기를 설치하는 경우에는 쌓는 높이를 15미터 이하, 쌓는 부분의 바닥면적을 200제곱미터(석탄・목탄류의 경우에는 300제곱미터) 이하로 할 수 있다.
   다. 쌓는 부분의 바닥면적 사이는 1미터 이상이 되도록 할 것

정답 31. ① 32. ③

33 다음은 특수가연물에 대한 설명이다. 옳지 않은 것은?

① 품명별로 구분하여 쌓을 것이며 바닥면적 사이는 1m 이상이 되도록 할 것
② 높이는 10m 이하가 되도록 한다.
③ 발전용의 석탄, 목탄의 바닥면적은 200m^2 이하가 되도록 할 것
④ 표지 기재사항은 품명, 최대수량, “화기취급금지”의 글씨를 기재한 표지를 설치할 것

34 특수가연물의 저장 및 취급기준이 아닌 것은?

① 석탄・목탄류를 발전용으로 저장하는 경우에는 200m^2 이하가 되도록 할 것
② 특수가연물을 저장 또는 취급하는 장소에는 품명, 최대수량 및 “화기취급 금지”의 표지를 설치할 것
③ 쌓는 부분의 바닥면적 사이는 1m 이상이 되도록 할 것
④ 품목별로 구분하여 쌓아 저장할 것

35 특수가연물의 저장 및 취급기준에 대한 설명으로 옳지 않은 것은?

① 특수가연물을 저장 또는 취급하는 장소에는 품명・최대수량 및 화기취급의 금지표지를 설치할 것
② 특수가연물을 쌓아 저장할 경우 품명별로 구분하여 쌓을 것
③ 쌓는 높이는 10미터 이하가 되도록 하고, 쌓는 부분의 바닥면적은 50제곱미터(석탄・목탄류의 경우에는 200제곱미터) 이하가 되도록 할 것.
④ 쌓는 부분의 바닥면적 사이는 1미터 이하가 되도록 할 것

해설

특수가연물 저장・취급 기준

1. 품명・최대수량 및 화기취급의 금지표지를 설치할 것
2. 다음의 기준에 따라 쌓아 저장할 것. 단, 석탄・목탄류를 발전(發電)용으로 저장하는 경우 제외
   가. 품명별로 구분하여 쌓을 것
   나. 쌓는 높이는 10미터 이하가 되도록 하고, 쌓는 부분의 바닥면적은 50제곱미터(석탄・목탄류의 경우에는 200제곱미터) 이하가 되도록 할 것. 다만, 살수설비를 설치하거나, 방사능력 범위에 해당 특수가연물이 포함되도록 대형수동식소화기를 설치하는 경우에는 쌓는 높이를 15미터 이하, 쌓는 부분의 바닥면적을 200제곱미터(석탄・목탄류의 경우에는 300제곱미터) 이하로 할 수 있다.
   다. 쌓는 부분의 바닥면적 사이는 1미터 이상이 되도록 할 것

정답 33. ③ 34. ① 35. ④

36 다음 중 불을 사용하는 설비에 관하여 틀린 것은?

① 보일러와 벽·천장 사이 거리는 0.6m 이상으로 한다.
② 이동식 난로는 학원, 독서실, 박물관 및 미술관의 장소에는 사용하여서는 안 된다.
③ 열발생 조리기구는 반자 또는 선반으로부터 0.6m 이상으로 한다.
④ 액체연료를 사용하는 보일러를 설치하는 장소에는 환기구를 설치한다.

해 설

기체연료를 사용하는 경우

가. 보일러를 설치하는 장소에는 환기구를 설치하는 등 가연성가스가 머무르지 아니하도록 할 것
나. 연료를 공급하는 배관은 금속관으로 할 것
다. 화재 등 긴급시 연료를 차단할 수 있는 개폐밸브를 연료용기 등으로부터 0.5미터 이내에 설치할 것
라. 보일러가 설치된 장소에는 가스누설경보기를 설치할 것

37 보일러의 기체연료를 사용하는 경우에 대하여 지켜야 하는 사항으로 바르지 않은 것은?

① 보일러를 설치하는 장소에는 환기구를 설치하는 등 가연성가스가 머무르지 아니하도록 한다.
② 화재 등 긴급 시 연료를 차단할 수 있는 개폐밸브를 연료용기 등으로부터 0.5m 이내에 설치한다.
③ 보일러가 설치된 장소에는 가스누설경보기를 설치한다.
④ 연료를 공급하는 배관은 금속관 또는 플라스틱합성관으로 한다.

38 불의 사용에 있어 지켜야할 사항 중 틀린 것은?

① 연료탱크는 보일러 본체로부터 수평거리 1m 이상의 간격을 유지할 것
② 건조설비와 벽·천장 사이의 거리는 0.6m 이상 유지할 것
③ 열 발생 조리 기구는 반자 또는 선반으로부터 0.6m 이상 유지할 것
④ 시간당 열량이 30만 킬로칼로리 이상인 노를 설치하는 경우 노 주위에는 1 미터 이상의 공간을 보유할 것

해 설

건조설비와 벽·천장 사이의 거리는 0.5m 이상 유지할 것

정답 36. ④ 37. ④ 38. ②

39 다음 중 불을 사용하는 설비의 관리기준 등의 설명으로 옳은 것은?

① 수소가스는 용량의 90퍼센트 이하를 유지하여야 한다.
② 보일러와 벽 · 천장 사이의 거리는 0.5미터 이상 되도록 하여야 한다.
③ 보일러의 연료탱크에는 화재 등 긴급 상황이 발생하는 경우 연료를 차단할 수 있는 개폐밸브를 연료탱크로부터 0.6미터 이내에 설치할 것
④ 노 또는 화덕의 주위에는 녹는 물질이 확산되지 아니하도록 높이 0.1미터 이상의 턱을 설치하여야 한다.

해 설

① 수소가스는 용량의 90퍼센트 이상을 유지하여야 한다.
② 보일러와 벽 · 천장 사이의 거리는 0.6미터 이상 되도록 하여야 한다.
③ 보일러의 연료탱크에는 화재 등 긴급상황이 발생하는 경우 연료를 차단할 수 있는 개폐밸브를 연료탱크로부터 0.5미터 이내에 설치할 것

40 불을 사용하는 설비 중 노 주위에 1미터 이상 공간을 확보하여야 하는 시간당 방출열량은?

① 5만 킬로칼로리 이상
② 10만 킬로칼로리 이상
③ 25만 킬로칼로리 이상
④ 30만 킬로칼로리 이상

해 설

시간당 열량이 30만 킬로칼로리 이상인 노를 설치하는 경우
가. 주요구조부는 불연재료로 할 것
나. 창문과 출입구는 갑종방화문 또는 을종방화문으로 설치할 것
다. 노 주위에는 1미터 이상 공간을 확보할 것

41 보일러, 난로, 건조설비, 가스 · 전기시설, 그 밖에 화재 발생 우려가 있는 설비 또는 기구 등의 위치 · 구조 및 관리와 화재 예방을 위하여 불을 사용할 때 지켜야 하는 사항은 무엇으로 정하는가?

① 행정안전부령
② 대통령령
③ 시 · 도의 조례
④ 시 · 도의 규칙

해 설

보일러, 난로, 건조설비, 가스 · 전기시설, 그 밖에 화재 발생 우려가 있는 설비 또는 기구 등의 위치 · 구조 및 관리와 화재 예방을 위하여 불을 사용할 때 지켜야 하는 사항은 대통령령으로 정한다.

정답 39. ④ 40. ④ 41. ②

42 「소방기본법」상에서 소방활동 등의 설명으로 틀리는 것은?

① 소방대는 화재, 재난·재해, 그 밖의 위급한 상황이 발생한 현장에 신속하게 출동하기 위하여 긴급할 때에는 일반적인 통행에 쓰이지 아니하는 도로·빈터 또는 물위로 통행할 수 없다.

② 관계인은 소방대상물에 화재, 재난·재해, 그 밖의 위급한 상황이 발생한 경우에는 소방대가 현장에 도착할 때까지 경보를 울리거나 대피를 유도하는 등의 방법으로 사람을 구출하는 조치 또는 불을 끄거나 불이 번지지 아니하도록 필요한 조치를 하여야 한다.

③ 소방대장은 화재, 재난·재해, 그 밖의 위급한 상황이 발생한 현장에 소방활동구역을 정하여 소방활동에 필요한 사람으로서 대통령령으로 정하는 사람 외에는 그 구역에 출입하는 것을 제한할 수 있다.

④ 소방자동차가 화재진압 및 구조·구급 활동을 위하여 출동하거나 훈련을 위하여 필요할 때에는 사이렌을 사용할 수 있다.

해 설

소방대는 화재, 재난·재해, 그 밖의 위급한 상황이 발생한 현장에 신속하게 출동하기 위하여 긴급할 때에는 일반적인 통행에 쓰이지 아니하는 도로·빈터 또는 물 위로 통행할 수 있다.

43 다음 소방지원활동의 내용 중 틀린 것은?

① 소방지원활동은 소방활동 수행에 지장을 주지 아니하는 범위에서 할 수 있다.

② 소방청장, 소방본부장 또는 소방서장은 공공의 안녕질서 유지 또는 복리증진을 위하여 필요한 경우 소방활동 외에 소방지원활동을 하게 할 수 있다.

③ 유관기관·단체 등의 요청에 따른 소방지원활동에 드는 비용은 지원요청을 한 유관기관·단체 등이 부담하게 할 수 있다.

④ 화재, 재난·재해, 그 밖의 위급한 상황에 해당되지 아니하는 것 중 신고 접수된 생활안전 및 위험제거 활동

해 설

생활안전활동

화재, 재난·재해, 그 밖의 위급한 상황에 해당되지 아니하는 것 중 신고 접수된 생활안전 및 위험제거 활동

정답 42. ① 43. ④

44 소방지원활동의 내용으로 옳지 않은 것은?

① 자연재해에 따른 급수·배수 및 제설 등 지원활동

② 집회·공연 등 각종 행사 시 사고에 대비한 근접대기 등 지원활동

③ 화재, 재난·재해로 인한 피해복구 지원활동

④ 화재, 재난·재해 그 밖의 위급한 상황에서의 구조·구급 지원활동

해 설

화재, 재난·재해 그 밖의 위급한 상황에서의 구조·구급활동은 소방활동에 속하는 소방사무이다.

소방지원활동

1. 산불에 대한 예방·진압 등 지원활동
2. 자연재해에 따른 급수·배수 및 제설 등 지원활동
3. 집회·공연 등 각종 행사 시 사고에 대비한 근접대기 등 지원활동
4. 화재, 재난·재해로 인한 피해복구 지원활동
5. 행정안전부령으로 정하는 활동

45 다음 중 소방안전교육사에 관한 내용으로 틀린 것은?

① 시험위원의 수는 출제위원은 시험과목별 3명, 채점위원은 5명에 해당한다.

② 소방청장은 소방안전교육사시험을 시행하려는 때에는 응시자격·시험과목·일시·장소 및 응시절차 등에 관하여 필요한 사항을 모든 응시 희망자가 알 수 있도록 소방안전교육사 시험의 90일 전까지 1개 이상의 일간신문·소방기관의 게시판 또는 인터넷 홈페이지, 그 밖의 효과적인 방법에 따라 공고해야 한다.

③ 소방청장은 소방안전교육사시험에서 부정행위를 한 자에 대하여는 그 시험을 무효로 하고, 그 처분이 있은 날부터 2년간 소방안전교육사 시험의 응시자격을 정지한다.

④ 소방청장은 소방안전교육사시험 응시자격 심사, 출제, 채점 및 실기·면접시험을 위하여 소방경 또는 지방소방경 이상의 소방공무원을 응시 자격심사위원 및 시험위원으로 임명 또는 위촉해야 한다.

해 설

시험위원

1. 소방안전 관련 학과·교육학과·심리학과 또는 응급처치학과 박사학위 취득자
2. 「고등교육법」에 해당하는 학교에서 소방안전 관련 학과·교육학과·심리학과 또는 응급처치학과 조교수 이상으로 2년 이상 재직한 자
3. 소방위 또는 지방소방위 이상의 소방공무원
4. 소방안전교육사 자격을 취득한 자

정답 44. ④ 45. ④

46 다음 중 소방청장이 실시하는 소방안전교육사의 1차 시험과목으로 틀리는 것은?

① 소방학개론　　② 재난관리론
③ 구급 · 응급처치론　　④ 교육학원론

해 설

1. 제1차 시험 : 소방학개론, 구급 · 응급처치론, 재난관리론 및 교육학개론 중 응시자가 선택하는 3과목
2. 제2차 시험 : 국민안전교육 실무

47 다음 중 소방안전교육사 배치 인원으로 옳은 것은?

① 소방청 1인 이상
② 소방서 2인 이상
③ 한국소방안전원 지부 2인 이상
④ 한국소방산업기술원 2인 이상

해 설

• 1인 이상 배치대상 : 소방서, 한국소방안전원의 지부
• 2인 이상 배치대상 : 소방청, 소방본부, 한국소방안전원의 본원, 한국소방산업기술원

48 다음 중 소방안전교육사의 배치대상별 배치기준으로 맞는 것은?

① 소방청 : 2 이상, 소방본부 : 1 이상
② 소방청 : 2 이상, 한국소방산업기술원 : 2 이상
③ 소방청 : 2 이상, 소방서 : 2 이상
④ 소방청 : 2 이상, 한국소방안전원(본원) : 1 이상

49 다음은 소방안전교육사 배치에 관한 설명이다. 다음 중 배치 기준으로 옳지 않은 것은?

① 소방서 – 2인 이상
② 소방청 – 2인 이상
③ 한국소방안전원(본원) – 2인 이상
④ 한국소방산업기술원 – 2인 이상

정답 46. ④ 47. ④ 48. ② 49. ①

50 다음 중 소방안전교육사의 결격사유가 아닌 것은?

① 금고 이상의 실형을 선고받고 그 집행이 면제된 날부터 2년이 경과한 사람

② 금고 이상의 형의 집행유예를 선고 받고 그 유예기간 중에 있는 사람

③ 법원의 판결 또는 다른 법률에 의하여 자격이 정지 또는 상실된 사람

④ 피성년후견인 또는 피한정후견인

해 설

소방안전교육사 결격사유

1. 피성년후견인 또는 피한정후견인
2. 금고 이상의 실형을 선고받고 그 집행이 끝나거나(집행이 끝난 것으로 보는 경우 포함) 집행이 면제된 날부터 2년이 지나지 아니한 사람
3. 금고 이상의 형의 집행유예를 선고받고 그 유예기간 중에 있는 사람
4. 법원의 판결 또는 다른 법률에 따라 자격이 정지되거나 상실된 사람

51 연막소독을 하려는 자가 시 · 도의 조례로 정하는 바에 따라 관할 소방본부장 또는 소방서장에게 신고하지 않아도 되는 지역은?

① 공장 · 창고가 밀집한 지역

② 아파트

③ 위험물의 저장 및 처리시설이 밀집한 지역

④ 목조건물이 밀집한 지역

해 설

화재로 오인할 만한 우려가 있는 불을 피우거나 연막(煙幕) 소독을 하려는 자는 시 · 도의 조례로 정하는 바에 따라 관할 소방본부장 또는 소방서장에게 신고한다.

1. 시장지역
2. 공장 · 창고가 밀집한 지역
3. 목조건물이 밀집한 지역
4. 위험물의 저장 및 처리시설이 밀집한 지역
5. 석유화학제품을 생산하는 공장이 있는 지역
6. 그 밖에 시 · 도의 조례로 정하는 지역 또는 장소

정답 50. ① 51. ②

52 **다음 중 시·도 조례로 정하는 바에 따라 연막소독을 하려는 자가 관할 소방본부장 또는 소방서장에게 신고하지 않아도 되는 지역으로 옳은 것은?**

① 석유화학제품을 생산하는 공장
② 소방시설, 소방용수시설 또는 소방출동로가 있는 지역
③ 위험물의 저장 및 처리시설이 밀집한 지역
④ 목조건물이 밀집한 지역 및 공장·창고가 밀집한 지역

해 설

소방시설, 소방용수시설 또는 소방출동로가 있는 지역은 연막소독 등과 같은 화재오인우려 행위 시 신고 대상이 아니다.

53 **다음 중 소방대의 긴급통행으로 옳은 것은?**

① 소방대는 화재, 재난·재해, 그 밖의 위급한 상황이 발생한 현장에 신속하게 출동하기 위하여 긴급할 때에는 일반적인 통행에 쓰이지 아니하는 도로·빈터 또는 물 위로 통행할 수 있다.
② 모든 차와 사람은 소방자동차(지휘를 위한 자동차와 구조·구급차를 포함한다.)가 화재진압 및 구조·구급 활동을 위하여 출동을 할 때에는 이를 방해하여서는 아니 된다.
③ 소방자동차의 우선 통행에 관하여는 도로교통법에서 정하는 바에 따른다.
④ 소방자동차가 화재진압 및 구조·구급 활동을 위하여 출동하거나 훈련을 위하여 필요할 때에는 사이렌을 사용할 수 있다.

해 설

- 긴급통행 : 소방대는 화재, 재난·재해, 그 밖의 위급한 상황이 발생한 현장에 신속하게 출동하기 위하여 긴급할 때에는 일반적인 통행에 쓰이지 아니하는 도로·빈터 또는 물 위로 통행할 수 있다.
- 우선통행 : ②, ③, ④

54 **소방활동을 위한 소방자동차의 출동 및 통행에 대하여 잘못 설명된 것은?**

① 모든 차와 사람은 소방자동차가 화재진압 및 구조·구급 활동을 위하여 출동을 할 때에는 이를 방해하여서는 아니 된다.
② 소방자동차의 우선 통행에 관하여는 「도로교통법」에서 정하는 바에 따른다.
③ 소방대가 현장에 신속하게 출동하기 위하여 긴급할 때에는 일반적인 통행에 쓰이지 아니하는 도로·빈터 또는 물 위로 통행할 수 있다.
④ 소방자동차가 구조·구급 활동에 한하여 사이렌을 사용할 수 있다.

정답 52. ② 53. ① 54. ④

해 설

소방자동차가 화재진압 및 구조・구급 활동을 위하여 출동하거나 훈련을 위하여 필요할 때에는 사이렌을 사용할 수 있다.

55 다음 중 소방활동구역을 출입할 수 있는 사람이 아닌 것은?

① 소방활동구역 내 소유자・관리자・점유자

② 전기, 통신, 가스, 수도, 교통업무에 종사한 자로서 원활한 소방활동을 위하여 필요한 자

③ 의사, 간호사

④ 의용소방대장이 정하는 자

해 설

소방활동구역의 출입자

1. 소방활동구역 안에 있는 소방대상물의 소유자・관리자 또는 점유자
2. 전기・가스・수도・통신・교통의 업무에 종사하는 사람으로서 원활한 소방활동을 위하여 필요한 사람
3. 의사・간호사 그 밖의 구조・구급업무에 종사하는 사람
4. 취재인력 등 보도업무에 종사하는 사람
5. 수사업무에 종사하는 사람
6. 소방대장이 소방활동을 위하여 출입을 허가한 사람

56 다음 중 소방활동구역 출입자가 아닌 것은?

① 취재인력 등 보도업무에 종사하는 자

② 경찰서장이 소방활동을 위하여 출입을 허가한 자

③ 통신・교통의 업무에 종사하는 자로서 원활한 소방활동을 위하여 필요한 자

④ 구조・구급 관련 단체에 종사하는 자

해 설

소방대장이 소방활동을 위하여 출입을 허가한 사람

정답 55. ④ 56. ②

57 화재가 발생하는 경우 관계인으로서 하여야하는 소방활동으로 옳지 않은 것은?

① 사람을 구출하는 조치를 취할 것
② 불을 끄거나 불이 번지지 아니하도록 할 것
③ 경보를 울릴 것
④ 소방활동구역을 설정할 것

해 설

소방활동구역의 설정권자는 소방본부장・소방서장 및 소방대장이다.

58 다음 중 소방활동으로 인한 강제처분을 할 수 있는 사람이 아닌 것은?

① 소방본부장
② 소방서장
③ 소방대장
④ 시・도지사

해 설

소방본부장, 소방서장 또는 소방대장은 사람을 구출하거나 불이 번지는 것을 막기 위하여 필요할 때에는 화재가 발생하거나 불이 번질 우려가 있는 소방대상물 및 토지를 일시적으로 사용하거나 그 사용의 제한 또는 소방활동에 필요한 처분을 할 수 있다.

59 소방대장이 할 수 있는 강제처분 및 위험시설 등에 대한 긴급조치에 관한 설명으로 맞는 것은?

① 화재진압을 위하여 필요한 때에는 소방용수 외에 댐 저수지등의 수문의 개폐장치를 조작 할 수 있다.
② 강제처분 등으로 인하여 손실을 받은 자가 있는 경우에는 소방청장 등이 그 손실을 보상한다.
③ 화재발생을 막거나 폭발 등으로 화재가 확대되는 것을 막기 위하여 가스, 전기 또는 유류 등의 시설에 대하여 위험물질의 공급을 차단하는 등 필요한 조치를 할 수 없다.
④ 주차 또는 정차된 차량이 법령을 위반하여 소방자동차의 통행과 소방활동에 방해가 된 경우에 강제처분으로 인한 손실을 보상한다.

해 설

긴급조치

1. 화재진압 등 소방활동을 위하여 필요할 때에는 소방용수 외에 댐・저수지 또는 수영장 등의 물을 사용하거나 수도(水道)의 개폐장치 등을 조작
2. 화재발생을 막거나 폭발 등으로 화재가 확대되는 것을 막기 위하여 가스・전기 또는 유류 등의 시설에 대하여 위험물질의 공급을 차단하는 등 필요한 조치

강제처분

1. 소방활동을 위하여 출동 시 소방대상물 및 토지의 일시 사용 및 제한・처분, 주차 및 정차된 차량, 물건 등의 제거 및 이동 (법령을 위반한 것을 제외하고 손실보상 할 것)
2. 소방활동구역에서의 소방대상물 및 토지의 일시 사용 및 제한, 소방활동에 필요한 처분(손실보상 하지 않음)

정답 57. ④ 58. ④ 59. ②

60 다음 중 화재조사 시 요구할 수 없는 것은?

① 압수 · 수사권
② 관계인에게 자료제출 명령권
③ 관계장소에 대한 출입 조사권
④ 관계인에게 보고 요구권

해 설

압수 · 수사권은 수사기관이 할 수 있다.

61 다음 「소방기본법」 중 출입 · 조사 등에 관한 내용이 아닌 것은?

① 관계인에 대한 질문
② 관계인에 대한 자료제출명령
③ 관계인에 대한 필요사항 요구
④ 관계인에 대한 압수 수사

해 설

출입, 조사

1. 소방청장, 소방본부장 또는 소방서장은 화재조사를 하기 위하여 필요하면 관계인에게 보고 또는 자료 제출을 명하거나 관계 공무원으로 하여금 관계 장소에 출입하여 화재의 원인과 피해의 상황을 조사하거나 관계인에게 질문하게 할 수 있다.
2. 화재조사를 하는 관계 공무원은 그 권한을 표시하는 증표를 지니고 이를 관계인에게 보여 주어야 한다.
3. 화재조사를 하는 관계 공무원은 관계인의 정당한 업무를 방해하거나 화재조사를 수행하면서 알게 된 비밀을 다른 사람에게 누설하여서는 아니 된다.

62 소방산업과 관련된 기술의 개발 등에 대한 지원과 소방기술 및 소방산업의 국제경쟁력과 국제적 통용성을 높이는 데 필요한 기반조성을 촉진하기 위한 시책의 마련은 누가 하는가?

① 국가
② 행정안전부장관
③ 소방청장
④ 시 · 도지사

해 설

1. 국가는 소방산업(소방용 기계 · 기구의 제조, 연구 · 개발 및 판매 등에 관한 일련의 산업)의 육성 · 진흥을 위하여 필요한 계획의 수립 등 행정상 · 재정상의 지원시책을 마련하여야 한다.
2. 국가는 소방기술 및 소방산업의 국제경쟁력과 국제적 통용성을 높이는 데에 필요한 기반 조성을 촉진하기 위한 시책을 마련하여야 한다.

정답 60. ① 61. ④ 62. ①

63 한국소방안전원의 정관에 기재하여야 하는 사항으로 틀리는 것은?

① 임원 및 직원에 관한 사항
② 목적
③ 사무소의 소재지
④ 대표자

해 설

한국소방안전원의 정관 기재 사항

1. 목적
2. 명칭
3. 주된 사무소의 소재지
4. 사업에 관한 사항
5. 이사회에 관한 사항
6. 회원과 임원 및 직원에 관한 사항
7. 재정 및 회계에 관한 사항
8. 정관의 변경에 관한 사항

64 다음 중 한국소방안전원의 업무로 옳은 것은?

① 소방장비의 개발, 이용촉진 및 유통활성화에 관한 사항
② 화재 예방과 안전관리의식 고취를 위한 대국민 홍보
③ 소방산업 진흥을 위하여 필요한 사항
④ 소방시설업의 기술발전과 소방기술의 진흥을 위한 조사 · 연구 · 분석 및 평가

해 설

안전원의 업무

1. 소방기술과 안전관리에 관한 교육 및 조사 · 연구
2. 소방기술과 안전관리에 관한 각종 간행물 발간
3. 화재 예방과 안전관리의식 고취를 위한 대국민 홍보
4. 소방업무에 관하여 행정기관이 위탁하는 업무
5. 국제경쟁력 향상

65 한국소방안전원의 업무에 관한 내용으로 옳지 않은 것은?

① 소방기술과 안전관리에 관한 교육 및 조사 · 연구
② 소방기술과 안전관리에 관한 각종 간행물 발간
③ 화재예방과 안전관리의식의 고취를 위한 대국민 홍보
④ 소방업무에 관하여 소방시설과 행정기관이 위탁하는 업무

정답 63. ④ 64. ② 65. ④

해 설

한국소방안전원의 업무

1. 소방기술과 안전관리에 관한 교육 및 조사・연구
2. 소방기술과 안전관리에 관한 각종 간행물 발간
3. 화재예방과 안전관리의식 고취를 위한 대국민 홍보
4. 소방업무에 관하여 행정기관이 위탁하는 업무
5. 국제경쟁력 향상

66 5년 이하의 징역 또는 5,000만원 이하의 벌금에 해당하지 않는 것은?

① 소방자동차 출동을 방해한 사람

② 사람 구출, 또는 불을 끄는 소화활동을 방해한 사람

③ 영업정지기간 중에 방염업 또는 관리업의 업무를 한 자

④ 정당한 사유 없이 소방용수시설을 사용하거나 효용을 해치거나 정당한 사용을 방해한 사람

해 설

5년 이하의 징역 또는 5천만원 이하의 벌금

1. 소방활동을 위반하여 다음의 어느 하나에 해당하는 행위를 한 사람
   가. 위력(威力)을 사용하여 출동한 소방대의 화재진압・인명구조 또는 구급활동을 방해하는 행위
   나. 소방대가 화재진압・인명구조 또는 구급활동을 위하여 현장에 출동하거나 현장에 출입하는 것을 고의로 방해하는 행위
   다. 출동한 소방대원에게 폭행 또는 협박을 행사하여 화재진압・인명구조 또는 구급활동을 방해하는 행위
   라. 출동한 소방대의 소방장비를 파손하거나 그 효용을 해하여 화재진압・인명구조 또는 구급활동을 방해하는 행위
2. 소방활동을 위한 소방자동차의 출동을 방해한 사람
3. 화재, 재난・재해 및 그 밖의 위급한 상황이 발생한 현장에서 사람을 구출하는 일 또는 불을 끄거나 불이 번지지 아니하도록 하는 일을 방해한 사람
4. 소방용수시설 및 비상소화장치의 사용금지를 위반한 경우

67 다음 중 「소방기본법」에서 벌칙에 따른 처벌에 관하여 성격이 다른 하나는?

① 화재 또는 구조・구급이 필요한 상황을 거짓으로 알린 사람

② 출동한 소방대원에게 폭행 또는 협박을 행사하여 화재진압・인명구조 또는 구급활동을 방해하는 행위

③ 위력(威力)을 사용하여 출동한 소방대의 화재진압・인명구조 또는 구급활동을 방해하는 행위

④ 소방대가 화재진압・인명구조 또는 구급활동을 위하여 현장에 출동하거나 현장에 출입하는 것을 고의로 방해하는 행위

정답 66. ③ 67. ①

해 설

화재 또는 구조·구급이 필요한 상황을 거짓으로 알린 사람은 200만원 이하의 과태료에 처한다.

68 다음의 사항 중 가장 옳지 않은 것은?

① 정당한 사유 없이 화재의 예방조치 명령에 따르지 아니하거나 방해한 자는 200만원 이하의 벌금형이다.

② 소방자동차 출동을 방해한 자는 5년 이하의 징역 또는 3천만원 이하의 과료에 처한다.

③ 소방대가 도착할 때까지 관계인은 사람을 구출, 소화활동을 하여야 하며 가스, 전기, 유류시설 등의 차단과 같은 조치를 정당한 사유 없이 방해하여서는 아니 된다.

④ 종합정밀점검과 정기점검은 일반적으로 각각 연 1회 이상 하여야 한다.

해 설

소방자동차 출동을 방해한 자는 5년 이하의 징역 또는 5천만원 이하의 벌금에 처한다.

69 다음 중 「소방기본법」에서 200만원 이하의 벌금에 해당하는 벌칙으로 옳은 것은?

① 정당한 사유 없이 화재예방 조치에 따른 명령에 따르지 아니하거나 이를 방해한 자

② 화재경계지구에서 소방특별조사를 한 결과 화제예방과 경계를 위하여 필요에 따른 소방용수시설, 소화기구 및 설비 등의 설치 명령을 위반한 자

③ 불을 사용할 때 지켜야 하는 사항 및 특수가연물의 저장 및 취급 기준을 위반한 자

④ 화재 또는 구조·구급이 필요한 상황을 거짓으로 알린 사람

해 설

200만원 이하의 벌금

1. 정당한 사유 없이 화재예방조치의 명령에 따르지 아니하거나 이를 방해한 자
2. 정당한 사유 없이 화재조사에 따른 관계 공무원의 출입 또는 조사를 거부·방해 또는 기피한 자

200만원 이하의 과태료 : ②, ③, ④

정답 68. ② 69. ①

70 화재 또는 구조 · 구급의 상황을 거짓으로 알린 자의 벌칙에 해당하는 것은?

① 100만원 이하의 과태료
② 200만원 이하의 벌금
③ 200만원 이하의 과태료
④ 300만원 이하의 벌금

해 설

200만원 이하의 과태료

1. 화재경계지구에서 소방특별조사 결과 소방용수시설, 소화기구 및 필요한설비 등의 설치 명령을 위반한 자
2. 불을 사용할 때 지켜야 하는 사항 및 특수가연물의 저장 및 취급 기준을 위반한 자
3. 화재 또는 구조 · 구급이 필요한 상황을 거짓으로 알린 사람
4. 소방활동구역을 출입한 사람
5. 화재조사에 따른 명령을 위반하여 보고 또는 자료 제출을 하지 아니하거나 거짓으로 보고 또는 자료 제출을 한 자

71 화재로 오인할 만한 우려가 있는 불을 피우거나 연막(煙幕) 소독을 하려고할 때 신고하지 않아 소방대가 출동한 경우 과태료를 부과하는 지역으로 틀리는 것은?

① 목조건물이 밀집한 지역
② 소방용수가 없는 지역
③ 시장지역
④ 시 · 도 조례로 정하는 지역

해 설

다음에 해당하는 지역 또는 장소에서 화재로 오인할 만한 우려가 있는 불을 피우거나 연막(煙幕) 소독을 하려는 자는 시 · 도의 조례로 정하는 바에 따라 관할 소방본부장 또는 소방서장에게 신고하여야 한다.

1. 시장지역
2. 공장 · 창고가 밀집한 지역
3. 목조건물이 밀집한 지역
4. 위험물의 저장 및 처리시설이 밀집한 지역
5. 석유화학제품을 생산하는 공장이 있는 지역
6. 시 · 도의 조례로 정하는 지역 또는 장소

72 다음 중 「소방기본법」에서 과태료를 부과할 수 있는 사람으로 틀리는 것은?

① 소방서장
② 소방본부장
③ 시 · 도지사
④ 소방청장

해 설

과태료는 대통령령으로 정하는 바에 따라 관할 시 · 도지사, 소방본부장 또는 소방서장이 부과 · 징수한다.

정답 70. ③ 71. ② 72. ④

소방
공무원

2

P/A/R/T

화재예방, 소방시설 설치 · 유지 및 안전관리에 관한 법률

제1장 총 칙

제2장 소방특별조사 등

제3장 소방시설의 설치 및 유지 · 관리 등

제4장 소방대상물의 안전관리

제5장 소방시설관리사 및 소방시설관리업

제6장 소방용품의 품질관리

제7장 보 칙

제8장 벌 칙

CHAPTER

01 총 칙

플러스 해설+

2014년 5월 28일 화재가 발생한 전라남도 장성 요양병원의 병실에는 화재진압에 필수적인 스프링클러가 설치되어 있지 아니하여 대규모 인명피해가 발생하는 것을 막지 못했음. 관련 법령에 따르면 요양병원의 병실에는 스프링클러 설치 의무가 없지만, 입원환자·이용형태가 유사한 노인요양원에는 스프링클러를 의무적으로 설치하도록 규정되어 있음.

이처럼 시설물마다 소방시설 설치 기준이 상이하고, 화재위험이 높거나 인명피해 가능성이 높은데도 오히려 소방시설 설치 기준이 낮은 것은 법령에 정한 기준에 화재위험 특성과 이용자 특성이 충분히 반영되지 아니하고 있기 때문임. 우리나라의 경우 건축물 및 시설물의 용도, 면적, 수용인원만을 고려하여 소방시설 설치기준을 마련하고 있으나, 미국 등 선진국의 경우는 이 외에도 나이, 피난속도 등 재실자 특성과 취침 여부 등 이용형태, 화기사용 여부 등 발화가능성을 포함한 이용자 및 화재위험 특성을 고려하여 소방시설 설치기준을 마련하고 있음.

한편, 화재안전에 관한 각종 사항들이 여러 법령에 흩어져 있어 법제도적으로 화재안전 관리가 체계적이고 일관되지 아니한 문제가 있음. 요양병원의 경우 현행법에는 소방시설 설치 및 유지에 관한 사항만 규정하고 있고, 화재와 직간접적으로 관련되는 다른 요소들, 예를 들어 피난로 등 건축구조에 관한 사항은 「건축법」, 요양병원의 허가·화재예방대책 등에 관한 사항은 「노인복지법」에 각각 규정하고 있어 화재예방 및 화재피해 저감에 필요한 사항을 체계적으로 규정하지 못하는 실정임.

이로 인해 관련 법령에 거동이 불편하고 인지력이 떨어져 자력 피난이 곤란한 노인환자들을 위한 피난로 설치기준과 야간 화재발생시 환자보호 대책 등에 대한 내용이 포함되어 있지 않는 등 법제도 전반적으로 시설물을 이용하는 이용자 및 화재위험 특성이 제대로 고려되지 않고 있음.

이에 법의 명칭과 목적을 개정하여 화재예방 및 피해저감 사항을 규정할 수 있도록 하고, 소방시설 설치기준에 이용자 및 화재위험 특성을 고려하도록 명시하는 등 현행법의 미비점을 개선·보완하여 화재 및 재난 그 밖의 위급한 상황으로부터 국민의 생명과 재산을 보호하려는 것임.

제1조 (목 적)

이 법은 화재와 재난·재해, 그 밖의 위급한 상황으로부터 국민의 생명·신체 및 재산을 보호하기 위하여 화재의 예방 및 안전관리에 관한 국가와 지방자치단체의 책무와 소방시설등의 설치·유지 및 소방대상물의 안전관리에 관하여 필요한 사항을 정함으로써 공공의 안전과 복리 증진에 이바지함을 목적으로 한다.

시행령 제1조 (목적)

이 영은 「화재예방·소방시설 설치유지 및 안전관리에 관한 법률」에서 위임된 사항과 그 시행에 관하여 필요한 사항을 규정함을 목적으로 한다.

플러스 **해설**+

소방시설 외에 화재예방 및 피해 저감을 위하여 필요한 사항을 이법에 규정할 수 있도록 법의 명칭을 「화재예방, 소방시설 설치・유지 및 안전관리에 관한 법률」로 변경하고 법의 목적도 변경함.

제2조 (정 의)

① 이 법에서 사용하는 용어의 뜻은 다음과 같다.

1. "소방시설"이란 소화설비, 경보설비, 피난구조설비, 소화용수설비, 그 밖에 소화활동설비로서 대통령령으로 정하는 것을 말한다.
2. "소방시설등"이란 소방시설과 비상구(非常口), 그 밖에 소방 관련 시설로서 대통령령으로 정하는 것을 말한다.
3. "특정소방대상물"이란 소방시설을 설치하여야 하는 소방대상물로서 대통령령으로 정하는 것을 말한다.
4. "소방용품"이란 소방시설등을 구성하거나 소방용으로 사용되는 제품 또는 기기로서 대통령령으로 정하는 것을 말한다.

② 이 법에서 사용하는 용어의 뜻은 제1항에서 규정하는 것을 제외하고는 「소방기본법」, 「소방시설공사업법」, 「위험물안전관리법」 및 「건축법」에서 정하는 바에 따른다.

시행령 제2조 (정의)

이 영에서 사용하는 용어의 정의는 다음과 같다.

1. "무창층(無窓層)"이라 함은 지상층 중 다음 "각 목"의 요건을 모두 갖춘 개구부(건축물에서 채광・환기・통풍 또는 출입 등을 위하여 만든 창・출입구 그 밖에 이와 비슷한 것을 말한다)의 면적의 합계가 당해 층의 바닥면적(「건축법시행령」 제119조 제1항 제3호의 규정에 의하여 산정된 면적을 말한다. 이하 같다)의 30분의 1 이하가 되는 층을 말한다.
   가. 개구부의 크기가 지름 50센티미터 이상의 원이 내접할 수 있을 것
   나. 해당 층의 바닥면으로부터 개구부 밑부분까지의 높이가 1.2미터 이내일 것
   다. 개구부는 도로 또는 차량이 진입할 수 있는 빈터를 향할 것
   라. 화재시 건축물로부터 쉽게 피난할 수 있도록 개구부에 창살 그 밖의 장애물이 설치되지 아니할 것
   마. 내부 또는 외부에서 쉽게 파괴 또는 개방할 수 있을 것
2. "피난층"이라 함은 곧바로 지상으로 갈 수 있는 출입구가 있는 층을 말한다.

시행령 제3조 (소방시설)

「화재예방, 소방시설 설치・유지 및 안전관리에 관한 법률」(이하 "법"이라 한다) 제2조 제1항 제1호에서 "대통령령으로 정하는 것"이란 별표 1의 설비를 말한다. 〈개정 2016.1.19.〉

시행령 제4조 (소방시설등)

법 제2조 제1항 제2호에서 "그 밖에 소방 관련 시설로서 대통령령으로 정하는 것"이란 방화문 및 방화셔터를 말한다.

시행령 제5조 (특정소방대상물)

법 제2조 제1항 제3호에서 "대통령령이 정하는 것"이라 함은 별표 2에 규정된 것을 말한다.

시행령 제6조

법 제2조 제1항 제4호에서 "대통령령으로 정하는 것"이란 별표 3과 같다.

핵심 정리

용어

1. 개구부 요건
   (1) 개구부의 크기가 지름 50cm 이상의 원이 내접
   (2) 바닥으로부터 개구부 밑부분까지의 높이가 1.2m 이내
   (3) 도로 또는 차량이 진입할 수 있는 빈터일 것
   (4) 개구부에 창살 그 밖의 장애물이 없을 것
   (5) 내부 또는 외부에서 쉽게 파괴 또는 개방

2. 피난층
   곧바로 지상으로 갈 수 있는 출입구가 있는 층

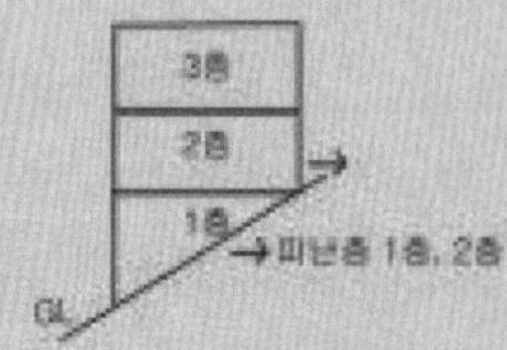

3. 실내 장식물
   (1) 종이류(두께 2mm 이상인 것)·합성수지류 또는 섬유류를 주원료로 한 물품
   (2) 합판, 목재
   (3) 칸막이, 간이 칸막이
   (4) 흡음재 또는 방음재(흡음·방음용 커텐류 포함)
   - 실내장식물 제외물품 : 가구류, 집기류, 너비 10cm 이하인 반자돌림대

확인 점검 문제

「화재예방, 소방시설 설치 · 유지 및 안전관리에 관한 법률」의 용어의 정의 중 맞는 것은?

① "소방시설"이란 소화설비, 경보설비, 피난설비, 소화용수설비, 그 밖에 소화활동설비로서 행정안전부령으로 정하는 것을 말한다.

② "소방시설등"이란 소방시설과 비상구, 그 밖에 소방 관련 시설로서 행정안전부령으로 정하는 것을 말한다.

③ "특정소방대상물"이란 소방시설을 설치하여야 하는 소방대상물로서 행정안전부령으로 정하는 것을 말한다.

④ "소방용품"이란 소방시설등을 구성하거나 소방용으로 사용되는 제품 또는 기기로서 대통령령으로 정하는 것을 말한다.

답 ④

제2조의2 (국가 및 지방자치단체의 책무)

① 국가는 화재로부터 국민의 생명과 재산을 보호할 수 있도록 종합적인 화재안전정책을 수립 · 시행하여야 한다.

② 지방자치단체는 국가의 화재안전정책에 맞추어 지역의 실정에 부합하는 화재안전정책을 수립 · 시행하여야 한다.

③ 국가와 지방자치단체가 제1항 및 제2항에 따른 화재안전정책을 수립 · 시행할 때에는 과학적 합리성, 일관성, 사전 예방의 원칙이 유지되도록 하되, 국민의 생명 · 신체 및 재산보호를 최우선적으로 고려하여야 한다.

플러스 **해설**+

화재안전에 관한 국가 및 지방자치단체의 책무 신설과 소방청장은 화재안전정책기본계획 및 시행계획을 수립 · 시행하도록 함.

제2조의3 (화재안전정책기본계획 등의 수립 · 시행)

① 국가는 화재안전 기반 확충을 위하여 화재안전정책에 관한 기본계획(이하 "기본계획"이라 한다)을 5년마다 수립 · 시행하여야 한다.

② 기본계획은 대통령령으로 정하는 바에 따라 소방청장이 관계 중앙행정기관의 장과 협의하여 수립한다. 〈개정 2017.7.26.〉

③ 기본계획에는 다음 각 호의 사항이 포함되어야 한다.

1. 화재안전정책의 기본목표 및 추진방향
2. 화재안전을 위한 법령 · 제도의 마련 등 기반 조성에 관한 사항
3. 화재예방을 위한 대국민 홍보 · 교육에 관한 사항

4. 화재안전 관련 기술의 개발・보급에 관한 사항
5. 화재안전분야 전문인력의 육성・지원 및 관리에 관한 사항
6. 화재안전분야 국제경쟁력 향상에 관한 사항
7. 그 밖에 대통령령으로 정하는 화재안전 개선에 필요한 사항

④ 소방청장은 기본계획을 시행하기 위하여 매년 시행계획을 수립・시행하여야 한다. 〈개정 2017.7.26.〉

⑤ 소방청장은 제1항 및 제4항에 따라 수립된 기본계획 및 시행계획을 관계 중앙행정기관의 장, 특별시장・광역시장・특별자치시장・도지사・특별자치도지사(이하 이 조에서 "시・도지사"라 한다)에게 통보한다. 〈개정 2017.7.26.〉

⑥ 제5항에 따라 기본계획과 시행계획을 통보받은 관계 중앙행정기관의 장 또는 시・도지사는 소관 사무의 특성을 반영한 세부 시행계획을 수립하여 시행하여야 하고, 시행결과를 소방청장에게 통보하여야 한다. 〈개정 2017.7.26.〉

⑦ 소방청장은 기본계획 및 시행계획을 수립하기 위하여 필요한 경우에는 관계 중앙행정기관의 장 또는 시・도지사에게 관련 자료의 제출을 요청할 수 있다. 이 경우 자료제출을 요청받은 관계 중앙행정기관의 장 또는 시・도지사는 특별한 사유가 없으면 이에 따라야 한다. 〈개정 2017.7.26.〉

⑧ 기본계획, 시행계획 및 세부시행계획 등의 수립・시행에 관하여 필요한 사항은 대통령령으로 정한다.

시행령 제6조의2 (화재안전정책기본계획의 협의 및 수립)

소방청장은 법 제2조의3에 따른 화재안전정책에 관한 기본계획(이하 "기본계획"이라 한다)을 계획 시행 전년도 8월 31일까지 관계 중앙행정기관의 장과 협의를 마친 후 계획 시행 전년도 9월 30일까지 수립하여야 한다. 〈개정 2017.7.26.〉

시행령 제6조의3 (기본계획의 내용)

법 제2조의3 제3항 제7호에서 "대통령령으로 정하는 화재안전 개선에 필요한 사항"이란 다음 각 호의 사항을 말한다.

1. 화재현황, 화재발생 및 화재안전정책의 여건 변화에 관한 사항
2. 소방시설의 설치・유지 및 화재안전기준의 개선에 관한 사항 [본조신설 2016.1.19.]

시행령 제6조의4 (화재안전정책시행계획의 수립・시행)

① 소방청장은 법 제2조의3제4항에 따라 기본계획을 시행하기 위한 시행계획(이하 "시행계획"이라 한다)을 계획 시행 전년도 10월 31일까지 수립하여야 한다. 〈개정 2017.7.26.〉

② 시행계획에는 다음 각 호의 사항이 포함되어야 한다. 〈개정 2017.7.26.〉
1. 기본계획의 시행을 위하여 필요한 사항
2. 그 밖에 화재안전과 관련하여 소방청장이 필요하다고 인정하는 사항

시행령 제6조의5 (화재안전정책 세부시행계획의 수립 · 시행)

① 관계 중앙행정기관의 장 또는 특별시장 · 광역시장 · 특별자치시장 · 도지사 · 특별자치도지사(이하 "시 · 도지사"라 한다)는 법 제2조의3 제6항에 따른 세부 시행계획(이하 "세부시행계획"이라 한다)을 계획 시행 전년도 12월 31일까지 수립하여야 한다.

② 세부시행계획에는 다음 각 호의 사항이 포함되어야 한다.

1. 기본계획 및 시행계획에 대한 관계 중앙행정기관 또는 특별시 · 광역시 · 특별자치시 · 도 · 특별자치도(이하 "시 · 도"라 한다)의 세부 집행계획
2. 그 밖에 화재안전과 관련하여 관계 중앙행정기관의 장 또는 시 · 도지사가 필요하다고 결정한 사항

[본조신설 2016.1.19.]

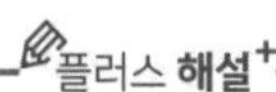

플러스 **해설+**

화재안전에 관한 국가 및 지방자치단체의 책무 신설과 소방청장은 화재안전정책기본계획 및 시행계획을 수립 · 시행하도록 함.

핵심 정리

화재안전정책

1. 기본계획 협의 및 수립자 : 소방청장
2. 시행계획 수립 · 시행자 : 소방청장
3. 세부 시행계획 수립 · 시행자 : 시 · 도지사, 중앙기관의 장

제3조 (다른 법률과의 관계)

특정소방대상물 가운데 「위험물 안전관리법」에 따른 위험물 제조소등의 안전관리와 위험물 제조소등에 설치하는 소방시설등의 설치기준에 관하여는 「위험물 안전관리법」에서 정하는 바에 따른다.

플러스 **해설+**

위험물 제조소등에 대한 검사 및 소방시설 설치는 일반 건축물과는 달리 적용하여야 하는 경우가 많아서 위험물 안전관리법에 별도로 규정하기 위함이다.

02 소방특별조사 등

제4조 (소방특별조사)

① 소방청장, 소방본부장 또는 소방서장은 관할구역에 있는 소방대상물, 관계 지역 또는 관계인에 대하여 소방시설등이 이 법 또는 소방 관계 법령에 적합하게 설치・유지・관리되고 있는지, 소방대상물에 화재, 재난・재해 등의 발생 위험이 있는지 등을 확인하기 위하여 관계 공무원으로 하여금 소방안전관리에 관한 특별조사(이하 "소방특별조사"라 한다)를 하게 할 수 있다. 다만, 개인의 주거에 대하여는 관계인의 승낙이 있거나 화재발생의 우려가 뚜렷하여 긴급한 필요가 있는 때에 한정한다. 〈개정 2014.11.19., 2017.7.26.〉

② 소방특별조사는 다음 각 호의 어느 하나에 해당하는 경우에 실시한다.

1. 관계인이 이 법 또는 다른 법령에 따라 실시하는 소방시설등, 방화시설, 피난시설 등에 대한 자체점검 등이 불성실하거나 불완전하다고 인정되는 경우
2. 「소방기본법」 제13조에 따른 화재경계지구에 대한 소방특별조사 등 다른 법률에서 소방특별조사를 실시하도록 한 경우
3. 국가적 행사 등 주요 행사가 개최되는 장소 및 그 주변의 관계 지역에 대하여 소방안전관리 실태를 점검할 필요가 있는 경우
4. 화재가 자주 발생하였거나 발생할 우려가 뚜렷한 곳에 대한 점검이 필요한 경우
5. 재난예측정보, 기상예보 등을 분석한 결과 소방대상물에 화재, 재난・재해의 발생 위험이 높다고 판단되는 경우
6. 제1호부터 제5호까지에서 규정한 경우 외에 화재, 재난・재해, 그 밖의 긴급한 상황이 발생할 경우 인명 또는 재산 피해의 우려가 현저하다고 판단되는 경우

③ 소방청장, 소방본부장 또는 소방서장은 객관적이고 공정한 기준에 따라 소방특별조사의 대상을 선정하여야 하며, 소방본부장은 소방특별조사의 대상을 객관적이고 공정하게 선정하기 위하여 필요하면 소방특별조사위원회를 구성하여 소방특별조사의 대상을 선정할 수 있다. 〈개정 2014.11.19., 2015.7.24.〉

④ 소방청장은 소방특별조사를 할 때 필요하면 대통령령으로 정하는 바에 따라 중앙소방특별조사단을 편성하여 운영할 수 있다. 〈신설 2015.7.24.〉

⑤ 소방청장은 중앙소방특별조사단의 업무수행을 위하여 필요하다고 인정하는 경우 관계 기관의 장에게 그 소속 공무원 또는 직원의 파견을 요청할 수 있다. 이 경우 공무원 또는 직원의 파견요청을 받은 관계 기관의 장은 특별한 사유가 없으면 이에 협조하여야 한다. 〈신설 2015.7.24., 2017.7.26.〉

⑥ 소방청장, 소방본부장 또는 소방서장은 소방특별조사를 실시하는 경우 다른 목적을 위하여 조사권을 남용하여서는 아니 된다. 〈개정 2014.11.19., 2015.7.24., 2017.7.26.〉

⑦ 소방특별조사의 세부 항목, 제3항에 따른 소방특별조사위원회의 구성·운영에 필요한 사항은 대통령령으로 정한다. 이 경우 소방특별조사의 세부 항목에는 소방시설등의 관리 상황 및 소방대상물의 화재 등의 발생 위험과 관련된 사항이 포함되어야 한다. 〈개정 2015.7.24, 2016.1.27.〉

시행령 제7조 (소방특별조사의 항목)

법 제4조에 따른 소방특별조사(이하 "소방특별조사"라 한다)는 다음 각 호의 세부 항목에 대하여 실시한다. 다만, 소방특별조사의 목적을 달성하기 위하여 필요한 경우에는 법 제9조에 따른 소방시설, 법 제10조에 따른 피난시설·방화구획·방화시설 및 법 제10조의2에 따른 임시소방시설의 설치·유지 및 관리에 관한 사항을 조사할 수 있다. 〈개정 2014.7.7., 2015.1.6., 2017.1.26.〉

1. 법 제20조 및 제24조에 따른 소방안전관리 업무 수행에 관한 사항
2. 법 제20조제6항제1호에 따라 작성한 소방계획서의 이행에 관한 사항
3. 법 제25조제1항에 따른 자체점검 및 정기적 점검 등에 관한 사항
4. 「소방기본법」 제12조에 따른 화재의 예방조치 등에 관한 사항
5. 「소방기본법」 제15조에 따른 불을 사용하는 설비 등의 관리와 특수가연물의 저장·취급에 관한 사항
6. 「다중이용업소의 안전관리에 관한 특별법」 제8조부터 제13조까지의 규정에 따른 안전관리에 관한 사항
7. 「위험물안전관리법」 제5조·제6조·제14조·제15조 및 제18조에 따른 안전관리에 관한 사항

시행령 제7조의2 (소방특별조사위원회의 구성 등)

① 법 제4조 제3항에 따른 소방특별조사위원회(이하 이 조 및 제7조의3부터 제7조의5까지에서 "위원회"라 한다)는 위원장 1명을 포함한 7명 이내의 위원으로 성별을 고려하여 구성하고, 위원장은 소방본부장이 된다. 〈개정 2013.1.9., 2014.11.19., 2016.1.19., 2017.1.26.〉

② 위원회의 위원은 다음 각 호의 어느 하나에 해당하는 사람 중에서 소방본부장이 임명하거나 위촉한다. 〈개정 2014.11.19., 2016.1.19.〉

1. 과장급 직위 이상의 소방공무원
2. 소방기술사
3. 소방시설관리사
4. 소방 관련 분야의 석사학위 이상을 취득한 사람
5. 소방 관련 법인 또는 단체에서 소방 관련 업무에 5년 이상 종사한 사람
6. 소방공무원 교육기관, 「고등교육법」 제2조의 학교 또는 연구소에서 소방과 관련한 교육 또는 연구에 5년 이상 종사한 사람

③ 위촉위원의 임기는 2년으로 하고, 한 차례만 연임할 수 있다.

④ 위원회에 출석한 위원에게는 예산의 범위에서 수당, 여비, 그 밖에 필요한 경비를 지급할 수 있다. 다만, 공무원인 위원이 그 소관 업무와 직접적으로 관련하여 위원회에 출석하는 경우는 그러하지 아니하다.

⑤ 삭제 〈2013.1.9.〉 [제목개정 2016.1.19.]

시행령 제7조의3 (위원의 제척 · 기피 · 회피)

① 위원회의 위원이 다음 각 호의 어느 하나에 해당하는 경우에는 위원회의 심의 · 의결에서 제척(除斥)된다.

1. 위원, 그 배우자나 배우자였던 사람 또는 위원의 친족이거나 친족이었던 사람이 다음 각 목의 어느 하나에 해당하는 경우
   가. 해당 안건의 소방대상물 등(이하 이 조에서 "소방대상물등"이라 한다)의 관계인이거나 그 관계인과 공동권리자 또는 공동의무자인 경우
   나. 소방대상물등의 설계, 공사, 감리 등을 수행한 경우
   다. 소방대상물등에 대하여 제7조 각 호의 업무를 수행한 경우 등 소방대상물등과 직접적인 이해관계가 있는 경우
2. 위원이 소방대상물등에 관하여 자문, 연구, 용역(하도급을 포함한다), 감정 또는 조사를 한 경우
3. 위원이 임원 또는 직원으로 재직하고 있거나 최근 3년 내에 재직하였던 기업 등이 소방대상물등에 관하여 자문, 연구, 용역(하도급을 포함한다), 감정 또는 조사를 한 경우

② 소방대상물등의 관계인은 위원에게 공정한 심의 · 의결을 기대하기 어려운 사정이 있는 경우에는 위원회에 기피(忌避) 신청을 할 수 있고, 위원회는 의결로 이를 결정한다. 이 경우 기피 신청의 대상인 위원은 그 의결에 참여하지 못한다.

③ 위원이 제1항 각 호에 따른 제척 사유에 해당하는 경우에는 스스로 해당 안건의 심의 · 의결에서 회피(回避)하여야 한다.

시행령 제7조의4 (위원의 해임 · 해촉)

소방본부장은 위원회의 위원이 다음 각 호의 어느 하나에 해당하는 경우에는 해당 위원을 해임하거나 해촉(解囑)할 수 있다. 〈개정 2014.11.19., 2016.1.19.〉

1. 심신장애로 인하여 직무를 수행할 수 없게 된 경우
2. 직무태만, 품위손상이나 그 밖의 사유로 위원으로 적합하지 아니하다고 인정된 경우
3. 제7조의3 제1항 각 호의 어느 하나에 해당함에도 불구하고 회피하지 아니한 경우
4. 직무와 관련된 비위사실이 있는 경우
5. 위원 스스로 직무를 수행하는 것이 곤란하다고 의사를 밝히는 경우

시행령 제7조의5 (운영 세칙)

제7조의2부터 제7조의4까지에서 규정한 사항 외에 위원회의 구성 및 운영에 필요한 사항은 소방청장이 정한다. 〈개정 2014.11.19., 2017.7.26.〉

시행령 제7조의6 (중앙소방특별조사단의 편성 · 운영)

① 법 제4조 제4항에 따른 중앙소방특별조사단(이하 "조사단"이라 한다)은 단장을 포함하여 21명 이내의 단원으로 성별을 고려하여 구성한다. 〈개정 2017.1.26.〉

② 조사단의 단원은 다음 각 호의 어느 하나에 해당하는 사람 중에서 소방청장이 임명 또는 위촉하고, 단장은 단원 중에서 소방청장이 임명 또는 위촉한다.

1. 소방공무원
2. 소방업무와 관련된 단체 또는 연구기관 등의 임직원

3. 소방 관련 분야에서 5년 이상 연구 또는 실무 경험이 풍부한 사람

[본조신설 2016.1.19.]

시행령 제8조 (소방특별조사의 연기)

① 법 제4조의3 제3항에서 "대통령령으로 정하는 사유"란 다음 각 호의 어느 하나에 해당하는 사유를 말한다.

1. 태풍, 홍수 등 재난(「재난 및 안전관리 기본법」 제3조 제1호에 해당하는 재난을 말한다)의 발생으로 소방대상물의 관리에 심각한 어려움이 있는 경우
2. 관계인이 질병, 장기출장 등으로 소방특별조사에 참여할 수 없는 경우
3. 권한 있는 기관에 자체점검 기록부, 교육훈련일지 등 소방특별조사에 필요한 장부・서류 등이 압수되거나 영치되어 있는 경우

② 법 제4조의3제3항에 따라 소방특별조사의 연기를 신청하려는 관계인은 행정안전부령으로 정하는 연기신청서에 연기의 사유 및 기간 등을 적어 소방청장, 소방본부장 또는 소방서장에게 제출하여야 한다. 〈개정 2013.3.23., 2014.11.19., 2017.7.26.〉

③ 소방청장, 소방본부장 또는 소방서장은 법 제4조의3제4항에 따라 소방특별조사의 연기를 승인한 경우라도 연기기간이 끝나기 전에 연기사유가 없어졌거나 긴급히 조사를 하여야 할 사유가 발생하였을 때에는 관계인에게 통보하고 소방특별조사를 할 수 있다. 〈개정 2014.11.19., 2017.7.26.〉

시행령 제9조 (소방특별조사의 방법)

① 소방청장, 소방본부장 또는 소방서장은 법 제4조의3제6항에 따라 소방특별조사를 위하여 필요하면 관계 공무원으로 하여금 다음 각 호의 행위를 하게 할 수 있다. 〈개정 2014.11.19., 2017.7.26.〉

1. 관계인에게 필요한 보고를 하도록 하거나 자료의 제출을 명하는 것
2. 소방대상물의 위치・구조・설비 또는 관리 상황을 조사하는 것
3. 소방대상물의 위치・구조・설비 또는 관리 상황에 대하여 관계인에게 질문하는 것

② 소방청장, 소방본부장 또는 소방서장은 필요하면 다음 각 호의 기관의 장과 합동조사반을 편성하여 소방특별조사를 할 수 있다. 〈개정 2014.11.19., 2017.7.26.〉

1. 관계 중앙행정기관 및 시(행정시를 포함한다)・군・자치구
2. 「소방기본법」 제40조에 따른 한국소방안전협회
3. 「소방산업의 진흥에 관한 법률」 제14조에 따른 한국소방산업기술원(이하 "기술원"이라 한다)
4. 「화재로 인한 재해보상과 보험가입에 관한 법률」 제11조에 따른 한국화재보험협회
5. 「고압가스 안전관리법」 제28조에 따른 한국가스안전공사
6. 「전기사업법」 제74조에 따른 한국전기안전공사
7. 그 밖에 소방청장이 정하여 고시한 소방 관련 단체

③ 제1항 및 제2항에서 규정한 사항 외에 소방특별조사계획의 수립 등 소방특별조사에 필요한 사항은 소방청장이 정한다. 〈개정 2014.11.19., 2017.7.26.〉

[전문개정 2012.9.14.]

플러스 해설+

화재예방과 진압대책을 마련하기 위하여 관계인에게 자료제출명령 또는 질문권, 소방대상물의 위치·구조 또는 관리상황을 조사하는 것은 국민의 권리를 제한하거나 명령의 수인 의무를 부과하는 것이 되므로 그 요건·절차 및 방법 등에 대하여 법률적 근거를 두는 것이다.

소방특별조사의 목적

소방대상물의 위치·구조·설비·용도 및 관리상황 등을 관계지역에 출입하여 화재발생 요인을 발견함으로서 조사에 의한 자료를 토대로 발견된 미비점 또는 불량사항에 대하여 시정 또는 보완하도록 하여 화재사고를 미연에 방지하고 화재발생 시 당해 소방대상물의 상황 및 상태에 맞는 소방력 투입으로 원활한 인명구조 및 인명대피 유도와 연소확대 방지 등 효율적인 소방활동을 전개하기 위함이다.

핵심 정리

소방특별조사

1. 조사권자 : 소방청장, 소방본부장, 소방서장
2. 소방특별조사 대상
   1) 자체점검 불성실, 불완전
   2) 화재경계지구
   3) 주요 행사가 개최되는 장소, 그 주변의 관계 지역
   4) 화재가 자주 발생하였거나 발생할 우려가 뚜렷한 곳
   5) 화재, 재난·재해의 발생 위험이 높다고 판단되는 경우
   6) 화재, 재난·재해, 그 밖의 긴급한 상황이 발생할 경우 인명 또는 재산 피해의 우려가 현저하다고 판단되는 경우
3. 조사시간 : 해가 뜬 후부터 해가 지기 전(주택 : 관계인 승낙)
4. 조사통보 : 조사 7일 전까지
5. 연기신청 : 조사 3일 전
6. 금지사항 : 정당한 업무방해, 비밀누설

확인 점검 문제

소방특별조사에 대하여 옳지 않은 것은?

① 관계인이 질병, 장기출장 등으로 소방특별조사를 참여할 수 없는 경우 소방청장, 소방본부장, 소방서장에게 연기 신청을 할 수 있다.

② 소방특별조사의 연기를 신청하려는 자는 소방특별조사 시작 5일 전까지 소방청장, 소방본부장, 소방서장에게 연기 신청할 수 있다.

③ 소방청장, 소방본부장, 소방서장은 7일 전까지 조사사유, 조사대상, 조사기간을 관계인에게 서면으로 알려야한다.

④ 소방특별조사에 소방기술사, 소방시설관리사, 전문지식을 갖춘 사람을 소방특별조사에 참여하게 할 수 있다.

답 ②

관할구역에 있는 소방대상물, 관계 지역 또는 관계인에 대하여 소방시설등이 적합하게 설치·유지·관리되고 있는지, 소방대상물에 화재, 재난·재해 등의 발생 위험이 있는지 등을 확인하기 위하여 관계 공무원으로 하여금 소방특별조사를 하게 할 수 있다. 소방특별조사의 설명으로 틀리는 것은?

① 소방특별조사 실시권자는 소방청장, 소방본부장 또는 소방서장이다.

② 개인의 주거에 대하여는 관계인의 승낙이 있거나 화재발생의 우려가 뚜렷하여 긴급한 필요가 있는 때에 한정한다.

③ 관계인이 소방시설등, 방화시설, 피난시설 등에 대한 자체점검 등이 불성실하거나 불완전하다고 인정되는 경우 소방특별조사를 연1회 이상 실시한다.

④ 소방본부장은 소방특별조사의 대상을 객관적이고 공정하게 선정하기 위하여 필요하면 소방특별조사 대상선정위원회를 구성하여 소방특별조사의 대상을 선정할 수 있다.

답 ③

제4조의2 (소방특별조사에 전문가 참여)

① 소방청장, 소방본부장 또는 소방서장은 필요하면 소방기술사, 소방시설관리사, 그 밖에 소방·방재 분야에 관한 전문지식을 갖춘 사람을 소방특별조사에 참여하게 할 수 있다. 〈개정 2014.11.19., 2017.7.26.〉

② 제1항에 따라 조사에 참여하는 외부 전문가에게는 예산의 범위에서 수당, 여비, 그 밖에 필요한 경비를 지급할 수 있다.

제4조의3 (소방특별조사의 방법·절차 등)

① 소방청장, 소방본부장 또는 소방서장은 소방특별조사를 하려면 7일 전에 관계인에게 조사대상, 조사기간 및 조사사유 등을 서면으로 알려야 한다. 다만, 다음 각 호의 어느 하나에 해당하는 경우에는 그러하지 아니하다. 〈개정 2014.11.19., 2017.7.26.〉

1. 화재, 재난·재해가 발생할 우려가 뚜렷하여 긴급하게 조사할 필요가 있는 경우
2. 소방특별조사의 실시를 사전에 통지하면 조사목적을 달성할 수 없다고 인정되는 경우

② 소방특별조사는 관계인의 승낙 없이 해가 뜨기 전이나 해가 진 뒤에 할 수 없다. 다만, 제1항 각 호의 어느 하나에 해당하는 경우에는 그러하지 아니하다.

③ 제1항에 따른 통지를 받은 관계인은 천재지변이나 그 밖에 대통령령으로 정하는 사유로 소방특별조사를 받기 곤란한 경우에는 소방특별조사를 통지한 소방청장, 소방본부장 또는 소방서장에게 대통령령으로 정하는 바에 따라 소방특별조사를 연기하여 줄 것을 신청할 수 있다. 〈개정 2014.11.19., 2017.7.26.〉

④ 제3항에 따라 연기신청을 받은 소방청장, 소방본부장 또는 소방서장은 연기신청 승인 여부를 결정하고 그 결과를 조사 개시 전까지 관계인에게 알려주어야 한다. 〈개정 2014.11.19., 2017.7.26.〉

⑤ 소방청장, 소방본부장 또는 소방서장은 소방특별조사를 마친 때에는 그 조사결과를 관계인에게 서면으로 통지하여야 한다. 〈개정 2014.11.19., 2017.7.26.〉

⑥ 제1항부터 제5항까지에서 규정한 사항 외에 소방특별조사의 방법 및 절차에 필요한 사항은 대통령령으로 정한다.

플러스 해설+

즉시강제 : 1. 목전에 급박한 장해를 제거할 필요가 있는 경우에 미리 의무를 명할 시간적 여유가 없는 경우
2. 사안의 성질 상 의무를 명하는 것에 의해서는 그 목적을 달성하기 어려운 경우
3. 직접 국민의 신체 또는 재산에 실력을 가하여 행정 상 필요한 상태를 실현하는 작용

제4조의4 (증표의 제시 및 비밀유지 의무 등)

① 소방특별조사 업무를 수행하는 관계 공무원 및 관계 전문가는 그 권한 또는 자격을 표시하는 증표를 지니고 이를 관계인에게 내보여야 한다.

② 소방특별조사 업무를 수행하는 관계 공무원 및 관계 전문가는 관계인의 정당한 업무를 방해하여서는 아니되며, 조사업무를 수행하면서 취득한 자료나 알게 된 비밀을 다른 자에게 제공 또는 누설하거나 목적 외의 용도로 사용하여서는 아니 된다.

플러스 해설+

조사 시 관계공무원의 의무
1. 권한을 표시하는 증표의 제시의무
2. 관계인의 정당한 업무방해 금지 의무
3. 업무상 알게된 비밀누설 금지 의무
4. 사전 통보 의무

제5조 (소방특별조사 결과에 따른 조치명령)

① 소방청장, 소방본부장 또는 소방서장은 소방특별조사 결과 소방대상물의 위치·구조·설비 또는 관리의 상황이 화재나 재난·재해 예방을 위하여 보완될 필요가 있거나 화재가 발생하면 인명 또는 재산의 피해가 클 것으로 예상되는 때에는 행정안전부령으로 정하는 바에 따라 관계인에게 그 소방대상물의 개수(改修)·이전·제거, 사용의 금지 또는 제한, 사용폐쇄, 공사의 정지 또는 중지, 그 밖의 필요한 조치를 명할 수 있다. 〈개정 2013.3.23., 2014.11.19., 2017.7.26.〉

② 소방청장, 소방본부장 또는 소방서장은 소방특별조사 결과 소방대상물이 법령을 위반하여 건축 또는 설비되었거나 소방시설등, 피난시설·방화구획, 방화시설 등이 법령에 적합하게 설치·유지·관리되고 있지 아니한 경우에는 관계인에게 제1항에 따른 조치를 명하거나 관계 행정기관의 장에게 필요한 조치를 하여 줄 것을 요청할 수 있다. 〈개정 2014.11.19., 2017.7.26.〉

③ 소방청장, 소방본부장 또는 소방서장은 관계인이 제1항 및 제2항에 따른 조치명령을 받고도 이를 이행하지 아니한 때에는 그 위반사실 등을 인터넷 등에 공개할 수 있다. 〈개정 2014.11.19., 2017.7.26.〉

④ 제3항에 따른 위반사실 등의 공개 절차, 공개 기간, 공개 방법 등 필요한 사항은 대통령령으로 정한다.

시행령 제10조 (조치명령 미이행 사실 등의 공개)

① 소방청장, 소방본부장 또는 소방서장은 법 제5조제3항에 따라 소방특별조사 결과에 따른 조치명령(이하 "조치명령"이라 한다)의 미이행 사실 등을 공개하려면 공개내용과 공개방법 등을 공개대상 소방대상물의 관계인에게 미리 알려야 한다. 〈개정 2014.11.19., 2017.7.26.〉

② 소방청장, 소방본부장 또는 소방서장은 조치명령 이행기간이 끝난 때부터 소방청, 소방본부 또는 소방서의 인터넷 홈페이지에 조치명령 미이행 소방대상물의 명칭, 주소, 대표자의 성명, 조치명령의 내용 및 미이행 횟수를 게재하고, 다음 각 호의 어느 하나에 해당하는 매체를 통하여 1회 이상 같은 내용을 알려야 한다. 〈개정 2014.11.19., 2017.7.26.〉

1. 관보 또는 해당 소방대상물이 있는 지방자치단체의 공보
2. 「신문 등의 진흥에 관한 법률」 제9조제1항제9호에 따라 전국 또는 해당 소방대상물이 있는 지역을 보급지역으로 등록한 같은 법 제2조제1호가목 또는 나목에 해당하는 일간신문
3. 유선방송
4. 반상회보
5. 해당 소방대상물이 있는 지방자치단체에서 지역 주민들에게 배포하는 소식지

③ 소방청장, 소방본부장 또는 소방서장은 소방대상물의 관계인이 조치명령을 이행하였을 때에는 즉시 제2항에 따른 공개내용을 해당 인터넷 홈페이지에서 삭제하여야 한다. 〈개정 2014.11.19., 2017.7.26.〉

④ 조치명령 미이행 사실 등의 공개가 제3자의 법익을 침해하는 경우에는 제3자와 관련된 사실을 제외하고 공개하여야 한다.

플러스 **해설**+

예방행정의 목적을 달성하기 위하여 조치명령의 권한을 부여함으로써 소방대상물에 내재하는 구체적인 화재 위험과 인명피해 발생위험을 배제하여 공익목적을 실현함이다.

핵심 정리

조치명령

• 개수 · 이전 · 제거 · 사용의 금지 또는 제한, 사용의 폐쇄, 공사의 정지 또는 중지

• 소방청장 · 소방본부장 · 소방서장 →(화재예방 / 피해우려) 조치명령

제6조 (손실보상)

소방청장, 특별시장・광역시장・특별자치시장・도지사 또는 특별자치도지사(이하 "시・도지사"라 한다)는 제5조제1항에 따른 명령으로 인하여 손실을 입은 자가 있는 경우에는 대통령령으로 정하는 바에 따라 보상하여야 한다. 〈개정 2014.1.7., 2014.11.19., 2017.7.26.〉

시행령 제11조 (손실보상)

① 법 제6조에 따라 시・도지사가 손실을 보상하는 경우에는 시가(時價)로 보상하여야 한다. 〈개정 2015.6.30., 2016.1.19.〉

② 제1항에 따른 손실 보상에 관하여는 시・도지사와 손실을 입은 자가 협의하여야 한다.

③ 제2항에 따른 보상금액에 관한 협의가 성립되지 아니한 경우에는 시・도지사는 그 보상금액을 지급하거나 공탁하고 이를 상대방에게 알려야 한다.

④ 제3항에 따른 보상금의 지급 또는 공탁의 통지에 불복하는 자는 지급 또는 공탁의 통지를 받은 날부터 30일 이내에 관할 토지수용위원회에 재결(裁決)을 신청할 수 있다.

플러스 해설+

1. 손실보상의 성격
   일반적으로 손실보상은 사유재산권을 보장하는 법질서 측면에서 적법한 공권력의 행사로 사유재산에 가하여진 특별한 희생에 대하여 전체의 부담으로 전보하는 것이 정의와 공평의 원칙에도 합당하고 국민의 법률생활의 안정에도 기여할 수 있다는 데 이론적 근거를 두고 있다.
2. 손실보상의 범위
   처분으로 인한 손실이란 명령 이행에 따라 상당 인과관계 범위 안에 있는 손실을 말한다. 즉 소방대상물의 개수비, 이전비, 철거비, 사용금지 또는 사용정지 기간 중 임대료 등이다.

핵심 정리

손실 보상

1. 손실보상 : 소방청장, 시・도지사
2. 손실보상 절차

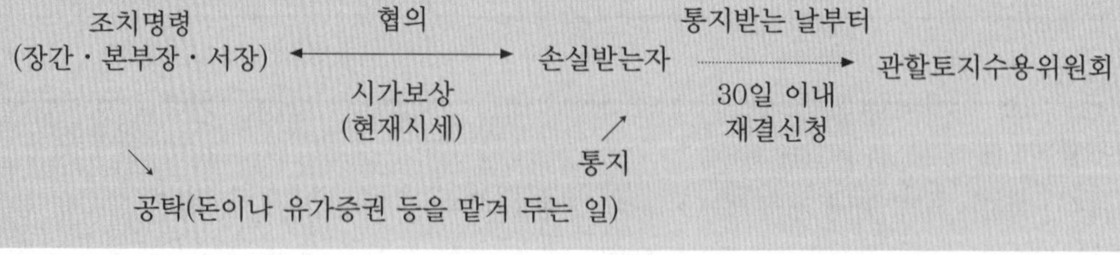

조치명령 (장간・본부장・서장) ←협의→ 손실받는자 ┈통지받는 날부터 30일 이내 재결신청┈▶ 관할토지수용위원회

시가보상 (현재시세)

조치명령 ↘ 공탁(돈이나 유가증권 등을 맡겨 두는 일) ↗ 통지 → 손실받는자

소방시설의 설치 및 유지 · 관리 등

제 1 절 건축허가등의 동의 등

제7조 (건축허가등의 동의)

① 건축물 등의 신축·증축·개축·재축(再築)·이전·용도변경 또는 대수선(大修繕)의 허가·협의 및 사용승인(「주택법」 제15조에 따른 승인 및 같은 법 제49조에 따른 사용검사, 「학교시설사업 촉진법」 제4조에 따른 승인 및 같은 법 제13조에 따른 사용승인을 포함하며, 이하 "건축허가등"이라 한다)의 권한이 있는 행정기관은 건축허가등을 할 때 미리 그 건축물 등의 시공지(施工地) 또는 소재지를 관할하는 소방본부장이나 소방서장의 동의를 받아야 한다. 〈개정 2014.1.7., 2016.1.19.〉

② 건축물 등의 대수선·증축·개축·재축 또는 용도변경의 신고를 수리(受理)할 권한이 있는 행정기관은 그 신고를 수리하면 그 건축물 등의 시공지 또는 소재지를 관할하는 소방본부장이나 소방서장에게 지체 없이 그 사실을 알려야 한다. 〈개정 2014.1.7.〉

③ 제1항에 따른 건축허가등의 권한이 있는 행정기관과 제2항에 따른 신고를 수리할 권한이 있는 행정기관은 제1항에 따라 건축허가등의 동의를 받거나 제2항에 따른 신고를 수리한 사실을 알릴 때 관할 소방본부장이나 소방서장에게 건축허가등을 하거나 신고를 수리할 때 건축허가등을 받으려는 자 또는 신고를 한 자가 제출한 설계도서 중 건축물의 내부구조를 알 수 있는 설계도면을 제출하여야 한다. 다만, 국가안보상 중요하거나 국가기밀에 속하는 건축물을 건축하는 경우로서 관계 법령에 따라 행정기관이 설계도면을 확보할 수 없는 경우에는 그러하지 아니하다. 〈신설 2018. 10. 16.〉

④ 소방본부장이나 소방서장은 제1항에 따른 동의를 요구받으면 그 건축물 등이 이 법 또는 이 법에 따른 명령을 따르고 있는지를 검토한 후 행정안전부령으로 정하는 기간 이내에 해당 행정기관에 동의 여부를 알려야 한다. 〈개정 2013.3.23., 2014.11.19., 2017.7.26.〉

⑤ 제1항에 따라 사용승인에 대한 동의를 할 때에는 「소방시설공사업법」 제14조제3항에 따른 소방시설공사의 완공검사증명서를 교부하는 것으로 동의를 갈음할 수 있다. 이 경우 제1항에 따른 건축허가등의 권한이 있는 행정기관은 소방시설공사의 완공검사증명서를 확인하여야 한다.

⑥ 제1항에 따른 건축허가등을 할 때에 소방본부장이나 소방서장의 동의를 받아야 하는 건축물 등의 범위는 대통령령으로 정한다.

⑦ 다른 법령에 따른 인가·허가 또는 신고 등(건축허가등과 제2항에 따른 신고는 제외하며, 이하 이 항에서 "인허가등"이라 한다)의 시설기준에 소방시설등의 설치·유지 등에 관한 사항이 포함되어 있는 경우 해당 인허가등의 권한이 있는 행정기관은 인허가등을 할 때 미리 그 시설의 소재지

를 관할하는 소방본부장이나 소방서장에게 그 시설이 이 법 또는 이 법에 따른 명령을 따르고 있는지를 확인하여 줄 것을 요청할 수 있다. 이 경우 요청을 받은 소방본부장 또는 소방서장은 행정안전부령으로 정하는 기간 이내에 확인 결과를 알려야 한다. 〈신설 2014.1.7., 2014.11.19., 2017.7.26.〉

시행령 제12조 (건축허가등의 동의대상물의 범위 등)

① 법 제7조제1항에 따라 건축허가등을 할 때 미리 소방본부장 또는 소방서장의 동의를 받아야 하는 건축물 등의 범위는 다음 각 호와 같다. 〈개정 2013.1.9., 2015.1.6., 2015.6.30., 2017.1.26., 2017.5.29., 2019.8.6.〉

1. 연면적(「건축법 시행령」 제119조제1항제4호에 따라 산정된 면적을 말한다. 이하 같다)이 400제곱미터 이상인 건축물. 다만, 다음 각 목의 어느 하나에 해당하는 시설은 해당 목에서 정한 기준 이상인 건축물로 한다.
   가. 「학교시설사업 촉진법」 제5조의2제1항에 따라 건축등을 하려는 학교시설: 100제곱미터
   나. 노유자시설(老幼者施設) 및 수련시설: 200제곱미터
   다. 「정신건강증진 및 정신질환자 복지서비스 지원에 관한 법률」 제3조제5호에 따른 정신의료기관(입원실이 없는 정신건강의학과 의원은 제외하며, 이하 "정신의료기관"이라 한다): 300제곱미터
   라. 「장애인복지법」 제58조제1항제4호에 따른 장애인 의료재활시설(이하 "의료재활시설"이라 한다): 300제곱미터

1의2. 층수(「건축법 시행령」 제119조제1항제9호에 따라 산정된 층수를 말한다. 이하 같다)가 6층 이상인 건축물

2. 차고 · 주차장 또는 주차용도로 사용되는 시설로서 다음 각 목의 어느 하나에 해당하는 것
   가. 차고 · 주차장으로 사용되는 바닥면적이 200제곱미터 이상인 층이 있는 건축물이나 주차시설
   나. 승강기 등 기계장치에 의한 주차시설로서 자동차 20대 이상을 주차할 수 있는 시설
3. 항공기격납고, 관망탑, 항공관제탑, 방송용 송수신탑
4. 지하층 또는 무창층이 있는 건축물로서 바닥면적이 150제곱미터(공연장의 경우에는 100제곱미터) 이상인 층이 있는 것
5. 별표 2의 특정소방대상물 중 위험물 저장 및 처리 시설, 지하구
6. 제1호에 해당하지 않는 노유자시설 중 다음 각 목의 어느 하나에 해당하는 시설. 다만, 나목부터 바목까지의 시설 중 「건축법 시행령」 별표 1의 단독주택 또는 공동주택에 설치되는 시설은 제외한다.
   가. 노인 관련 시설(「노인복지법」 제31조제3호 및 제5호에 따른 노인여가복지시설 및 노인보호전문기관은 제외한다)
   나. 「아동복지법」 제52조에 따른 아동복지시설(아동상담소, 아동전용시설 및 지역아동센터는 제외한다)
   다. 「장애인복지법」 제58조제1항제1호에 따른 장애인 거주시설

라. 정신질환자 관련 시설(「정신건강증진 및 정신질환자 복지서비스 지원에 관한 법률」 제27조제1항제2호에 따른 공동생활가정을 제외한 재활훈련시설과 같은 법 시행령 제16조제3호에 따른 종합시설 중 24시간 주거를 제공하지 아니하는 시설은 제외한다)

마. 별표 2 제9호마목에 따른 노숙인 관련 시설 중 노숙인자활시설, 노숙인재활시설 및 노숙인요양시설

바. 결핵환자나 한센인이 24시간 생활하는 노유자시설

7. 「의료법」 제3조제2항제3호라목에 따른 요양병원(이하 "요양병원"이라 한다). 다만, 정신의료기관 중 정신병원(이하 "정신병원"이라 한다)과 의료재활시설은 제외한다.

② 제1항에도 불구하고 다음 각 호의 어느 하나에 해당하는 특정소방대상물은 소방본부장 또는 소방서장의 건축허가등의 동의대상에서 제외된다. 〈개정 2014.7.7., 2017.1.26., 2018.6.26., 2019.8.6.〉

1. 별표 5에 따라 특정소방대상물에 설치되는 소화기구, 누전경보기, 피난기구, 방열복・방화복・공기호흡기 및 인공소생기, 유도등 또는 유도표지가 법 제9조제1항 전단에 따른 화재안전기준(이하 "화재안전기준"이라 한다)에 적합한 경우 그 특정소방대상물
2. 건축물의 증축 또는 용도변경으로 인하여 해당 특정소방대상물에 추가로 소방시설이 설치되지 아니하는 경우 그 특정소방대상물
3. 법 제9조의3제1항에 따라 성능위주설계를 한 특정소방대상물

③ 법 제7조제1항에 따라 건축허가등의 권한이 있는 행정기관은 건축허가등의 동의를 받으려는 경우에는 동의요구서에 행정안전부령으로 정하는 서류를 첨부하여 해당 건축물 등의 소재지를 관할하는 소방본부장 또는 소방서장에게 동의를 요구하여야 한다. 이 경우 동의 요구를 받은 소방본부장 또는 소방서장은 첨부서류가 미비한 경우에는 그 서류의 보완을 요구할 수 있다. 〈개정 2013.3.23., 2014.11.19., 2017.7.26.〉

[전문개정 2012. 9. 14.]

플러스 **해설**+

• 건축에 관한 용어

1. "신축"이란 건축물이 없는 대지(기존 건축물이 철거되거나 멸실된 대지를 포함한다)에 새로 건축물을 축조(築造)하는 것[부속건축물만 있는 대지에 새로 주된 건축물을 축조하는 것을 포함하되, 개축(改築) 또는 재축(再築)하는 것은 제외한다]을 말한다.
2. "증축"이란 기존 건축물이 있는 대지에서 건축물의 건축면적, 연면적, 층수 또는 높이를 늘리는 것을 말한다.
3. "개축"이란 기존 건축물의 전부 또는 일부[내력벽・기둥・보・지붕틀(제16호에 따른 한옥의 경우에는 지붕틀의 범위에서 서까래는 제외한다) 중 셋 이상이 포함되는 경우를 말한다]를 철거하고 그 대지에 종전과 같은 규모의 범위에서 건축물을 다시 축조하는 것을 말한다.
4. "재축"이란 건축물이 천재지변이나 그 밖의 재해(災害)로 멸실된 경우 그 대지에 종전과 같은 규모의 범위에서 다시 축조하는 것을 말한다.
5. "이전"이란 건축물의 주요구조부를 해체하지 아니하고 같은 대지의 다른 위치로 옮기는 것을 말한다.
6. "대수선"이란 건축물의 기둥, 보, 내력벽, 주계단 등의 구조나 외부 형태를 수선・변경하거나 증설하는 것을 말한다.

• 허가 동의 목적
건축물에 대한 소방안전을 확보하기 위함이다.
• 건축허가청
1. 건축법의 규정에 의한 허가의 권한을 가진 자 : 시장·군수·구청장
2. 주택법의 규정에 의한 허가의 권한을 가진 자 : 시·도지사 및 시장·군수·구청장
3. 학교시설사업촉진법의 규정에 의한 권한을 가진 자 : 교육부장관 및 교육감

핵심 정리

건축허가등의 동의

1. 동의 절차

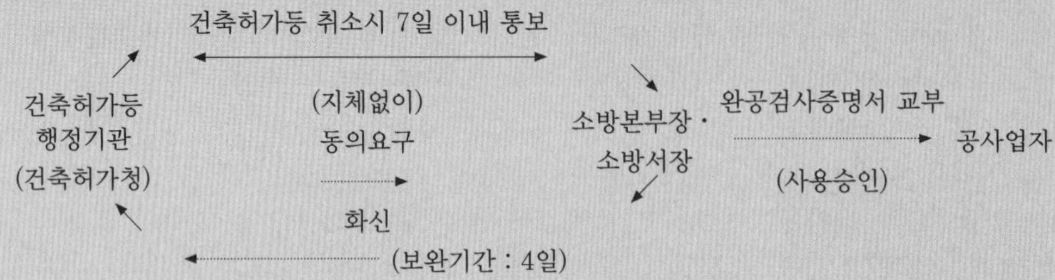

2. 건축허가 등의 동의 대상물의 범위
(1) 20대 이상 : 기계식 주차시설
(2) 100m^2 이상 : 학교시설, 공연장(지하층, 무창층)
(3) 150m^2 이상 : 지하층, 무창층이 있는 건축물
(4) 200m^2 이상 : 수련·노유자 시설, 차고·주차장
(5) 300m^2 이상 : 정신의료기관(입원실이 있는 경우), 장애인의료 재활시설
(6) 연면적 400m^2 이상
(7) 층수가 6층 이상인 건축물
(8) 항공기 격납고, 항공관제탑, 관망탑, 방송용 송·수신탑, 위험물 저장 및 처리시설, 지하구
(9) 노유자 생활시설, 요양병원

확인 점검 문제

다음 중 건축허가등의 동의로 옳은 것은?

① 정신의료기관(입원실 없는 정신건강의학과의원 제외) 200m^2 이상
② 지하층·무창층은 바닥면적 200m^2 이상(단, 공연장은 100m^2 이상)
③ 노유자시설·수련시설은 200m^2 이상
④ 차고·주차장은 바닥면적 150m^2 이상

답 ③

다음 중 건축허가등의 동의대상물 범위가 아닌 것은?

① 항공기격납고
② 차고, 주차장으로서 바닥면적 150m^2 이상인 층이 있는 경우
③ 노유자시설로서 연면적 200m^2 이상
④ 지하층이 있고 바닥면적 150m^2 이상인 층이 있는 경우

답 ②

제7조의2 (전산시스템 구축 및 운영)

① 소방청장, 소방본부장 또는 소방서장은 제7조 제3항에 따라 제출받은 설계도면의 체계적인 관리 및 공유를 위하여 전산시스템을 구축・운영하여야 한다.

② 소방청장, 소방본부장 또는 소방서장은 전산시스템의 구축・운영에 필요한 자료의 제출 또는 정보의 제공을 관계 행정기관의 장에게 요청할 수 있다. 이 경우 자료의 제출이나 정보의 제공을 요청받은 관계 행정기관의 장은 정당한 사유가 없으면 이에 따라야 한다.

[본조신설 2018. 10. 16.]

제8조 (주택에 설치하는 소방시설)

① 다음 각 호의 주택의 소유자는 대통령령으로 정하는 소방시설을 설치하여야 한다. 〈개정 2015.7.24.〉

1. 「건축법」 제2조 제2항 제1호의 단독주택
2. 「건축법」 제2조 제2항 제2호의 공동주택(아파트 및 기숙사는 제외한다)

② 국가 및 지방자치단체는 제1항에 따라 주택에 설치하여야 하는 소방시설(이하 "주택용 소방시설"이라 한다)의 설치 및 국민의 자율적인 안전관리를 촉진하기 위하여 필요한 시책을 마련하여야 한다. 〈개정 2015.7.24.〉

③ 주택용 소방시설의 설치기준 및 자율적인 안전관리 등에 관한 사항은 특별시・광역시・특별자치시・도 또는 특별자치도의 조례로 정한다. 〈개정 2014.1.7., 2015.7.24.〉

시행령 제13조 (주택용 소방시설)

법 제8조 제1항 각 호 외의 부분에서 "대통령령으로 정하는 소방시설"이란 소화기 및 단독경보형감지기를 말한다. [본조신설 2016.1.19.]

핵심 정리

주택에 설치하는 소방시설등

1. 소화기 및 단독경보형감지기를 설치
   - 「건축법」의 단독주택
   - 「건축법」의 공동주택(아파트 등 및 기숙사는 제외한다)
2. 소방시설의 설치기준 : 시・도 조례

확인 점검 문제

건축법에서 정하는 단독주택의 소유자는 소방시설 중 어떤 설비를 설치하여야 하는가?

① 소화기 ② 누전경보기
③ 비상경보설비 ④ 피난기구

정답 ①

제 2 절 특정소방대상물에 설치하는 소방시설등의 유지 · 관리 등

제9조 (특정소방대상물에 설치하는 소방시설의 유지 · 관리 등)

① 특정소방대상물의 관계인은 대통령령으로 정하는 소방시설을 소방청장이 정하여 고시하는 화재안전기준에 따라 설치 또는 유지 · 관리하여야 한다. 이 경우 「장애인 · 노인 · 임산부 등의 편의증진 보장에 관한 법률」 제2조제1호에 따른 장애인등이 사용하는 소방시설(경보설비 및 피난구조설비를 말한다)은 대통령령으로 정하는 바에 따라 장애인등에 적합하게 설치 또는 유지 · 관리하여야 한다. 〈개정 2014.1.7., 2014.11.19., 2015.1.20., 2016.1.27., 2017.7.26., 2018.3.27.〉

② 소방본부장이나 소방서장은 제1항에 따른 소방시설이 제1항의 화재안전기준에 따라 설치 또는 유지 · 관리되어 있지 아니할 때에는 해당 특정소방대상물의 관계인에게 필요한 조치를 명할 수 있다. 〈개정 2014.1.7.〉

③ 특정소방대상물의 관계인은 제1항에 따라 소방시설을 유지 · 관리할 때 소방시설의 기능과 성능에 지장을 줄 수 있는 폐쇄(잠금을 포함한다. 이하 같다) · 차단 등의 행위를 하여서는 아니 된다. 다만, 소방시설의 점검 · 정비를 위한 폐쇄 · 차단은 할 수 있다. 〈개정 2014.1.7.〉

[시행일 : 2017.1.28.]

플러스 **해설**+

1. 특정소방대상물의 관계인의 책임의식과 자율적 소방안전관리 체제를 정착시키고 소방시설이 적법하지 아니한 경우에는 시정 조치명령과 함께 벌칙 규정에 따라 입건 등의 조치를 취하게 함.
2. 건축물의 이용자 및 위험 특성을 소방시설의 설치기준에 반영하도록 함.
3. 「장애인 · 노인 · 임산부 등의 편의증진 보장에 관한 법률」에 따른 장애인등이 사용하는 경보설비 및 피난설비는 장애인등에 적합하게 설치 또는 유지 · 관리하도록 함.

시행령 제15조 (특정소방대상물의 규모 등에 따라 갖추어야 하는 소방시설등)

법 제9조 제1항 전단 및 제9조의4 제1항에 따라 특정소방대상물의 관계인이 특정소방대상물의 규모 · 용도 및 별표 4에 따라 산정된 수용 인원(이하 "수용인원"이라 한다) 등을 고려하여 갖추어야 하는 소방시설의 종류는 별표 5와 같다. 〈개정 2014.7.7., 2017.1.26.〉

핵심 정리

수용인원 산정 방법

1. 숙박시설이 있는 특정소방대상물
   (1) 침대가 있는 숙박시설 : 종사자수 + 침대의 수(2인용 침대는 2인으로 산정한다.)
   (2) 침대가 없는 숙박시설 : 종사자수 + $\frac{\text{바닥면적}}{3m^2}$

2. 1외의 특정소방대상물

(1) 강의실 · 교무실 · 상담실 · 실습실 · 휴게실 : $\frac{\text{바닥면적}}{1.9\text{m}^2}$

(2) 강당 · 문화집회시설 및 운동시설 : $\frac{\text{바닥면적}}{4.6\text{m}^2}$

긴 의자의 경우 : $\frac{\text{정면너비}}{0.45\text{m}^2}$

(3) 그 밖의 특정소방대상물 : $\frac{\text{바닥면적}}{3\text{m}^2}$

확인 점검 문제

「화재예방, 소방시설 설치 · 유지 및 안전관리에 관한 법률」에서 수용인원의 산정방법으로 옳지 않은 것은?

① 침대가 없는 숙박시설은 해당 특정소방대상물의 바닥면적의 합계를 3 제곱미터로 나누어 얻은 수
② 강의실 · 휴게실 등의 용도로 쓰이는 특정소방대상물은 해당 용도로 사용하는 바닥면적의 합계를 1.9제곱미터로 나누어 얻은 수
③ 강당, 종교시설은 해당 용도로 사용하는 바닥면적의 합계를 4.6 제곱미터로 나누어 얻은 수
④ 바닥면적을 산정하는 때에는 복도, 계단 및 화장실의 바닥면적을 포함하지 않는다. 계산 결과 소수점 이하의 수는 반올림한다.

답 ①

제9조의2 (소방시설의 내진설계 기준)

「지진 · 화산재해대책법」 제14조제1항 각 호의 시설 중 대통령령으로 정하는 특정소방대상물에 대통령령으로 정하는 소방시설을 설치하려는 자는 지진이 발생할 경우 소방시설이 정상적으로 작동될 수 있도록 소방청장이 정하는 내진설계기준에 맞게 소방시설을 설치하여야 한다. 〈개정 2014.11.19., 2015.7.24., 2017.7.26.〉

핵심 정리

소방시설 등의 내진설계

1. 옥내소화전설비
2. 스프링클러설비설비
3. 물분무등소화설비

시행령 제15조의2 (소방시설의 내진설계)

① 법 제9조의2에서 "대통령령으로 정하는 특정소방대상물"이란 「건축법」 제2조 제1항 제2호에 따른 건축물로서 「지진·화산재해대책법 시행령」 제10조 제1항 각 호에 해당하는 시설을 말한다.

② 법 제9조의2에서 "대통령령으로 정하는 소방시설"이란 소방시설 중 옥내소화전설비, 스프링클러설비, 물분무등소화설비를 말한다. [전문개정 2016.1.19.]

확인 점검 문제

특정소방대상물의 내진설계 대상으로 옳은 것은?

① 제연설비 ② 소화용수설비

③ 옥외소화설비 ④ 스프링클러설비

답 ④

특정소방대상물에 대통령령으로 정하는 소방시설을 설치하려는 자는 지진이 발생할 경우 소방시설이 정상적으로 작동될 수 있도록 소방청장이 정하는 내진설계기준에 맞게 소방시설을 설치하여야 한다. 다음 중 내진설계를 적용하여야 하는 소방시설의 종류로 틀리는 것은?

① 옥내소화전설비 ② 스프링클러설비

③ 물분무소화설비 ④ 분말자동소화장치

답 ④

제9조의3 (성능위주설계)

① 대통령령으로 정하는 특정소방대상물(신축하는 것만 해당한다)에 소방시설을 설치하려는 자는 그 용도, 위치, 구조, 수용 인원, 가연물(可燃物)의 종류 및 양 등을 고려하여 설계(이하 "성능위주설계"라 한다)하여야 한다.

② 성능위주설계의 기준과 그 밖에 필요한 사항은 소방청장이 정하여 고시한다. 〈개정 2017.7.26.〉

시행령 제15조의3 (성능위주설계를 하여야 하는 특정소방대상물의 범위)

법 제9조의3 제1항에서 "대통령령으로 정하는 특정소방대상물"이란 다음 각 호의 어느 하나에 해당하는 특정소방대상물(신축하는 것만 해당한다)을 말한다.

1. 연면적 20만제곱미터 이상인 특정소방대상물. 다만, 별표 2 제1호에 따른 공동주택 중 주택으로 쓰이는 층수가 5층 이상인 주택(이하 이 조에서 "아파트등"이라 한다)은 제외한다.
2. 다음 각 목의 어느 하나에 해당하는 특정소방대상물. 다만, 아파트등은 제외한다.
   가. 건축물의 높이가 100미터 이상인 특정소방대상물
   나. 지하층을 포함한 층수가 30층 이상인 특정소방대상물

3. 연면적 3만제곱미터 이상인 특정소방대상물로서 다음 각 목의 어느 하나에 해당하는 특정소방대상물
   가. 별표 2 제6호 나목의 철도 및 도시철도 시설
   나. 별표 2 제6호 다목의 공항시설
4. 하나의 건축물에 「영화 및 비디오물의 진흥에 관한 법률」 제2조 제10호에 따른 영화상영관이 10개 이상인 특정소방대상물

핵심 정리

성능위주 설계

설계대상 : 신축에 한함, 아파트 제외

1. 연면적 20만제곱미터 이상, 지하층을 포함한 층수가 30층 이상, 건축물의 높이가 100미터 이상
2. 연면적 3만제곱미터 이상인 철도·도시철도 시설 및 공항시설
3. 하나의 건축물에 영화상영관이 10개 이상

확인 점검 문제

성능위주의 설계를 해야 할 특정소방대상물의 범위 중 옳지 않은 것은?

① 연면적 20만제곱미터 이상인 특정소방대상물. 다만, 「소방시설 설치유지 및 안전관리에 관한 법률 시행령」의 아파트는 제외한다.
② 건축물의 높이가 100미터 이상이거나 지하층을 제외한 층수가 30층 이상인 특정소방대상물
③ 연면적 3만제곱미터 이상인 철도 및 도시철도 시설, 공항시설
④ 하나의 건축물에 영화상영관이 10개 이상인 특정소방대상물

답 ②

제9조의4 (특정소방대상물별로 설치하여야 하는 소방시설의 정비 등)

① 제9조제1항에 따라 대통령령으로 소방시설을 정할 때에는 특정소방대상물의 규모·용도 및 수용인원 등을 고려하여야 한다.

② 소방청장은 건축 환경 및 화재위험특성 변화사항을 효과적으로 반영할 수 있도록 제1항에 따른 소방시설 규정을 3년에 1회 이상 정비하여야 한다. 〈개정 2017.7.26.〉

③ 소방청장은 건축 환경 및 화재위험특성 변화 추세를 체계적으로 연구하여 제2항에 따른 정비를 위한 개선방안을 마련하여야 한다. 〈개정 2017.7.26.〉

④ 제3항에 따른 연구의 수행 등에 필요한 사항은 행정안전부령으로 정한다. 〈개정 2017.7.26.〉
[본조신설 2016.1.27.]

시행령 제39조의3 (규제의 재검토)

소방청장은 다음 각 호의 사항에 대하여 다음 각 호의 기준일을 기준으로 3년마다(매 3년이 되는 해의 기준일과 같은 날 전까지를 말한다) 그 타당성을 검토하여 개선 등의 조치를 하여야 한다. 〈개정 2014.7.7., 2014.11.19., 2015.1.6., 2015.6.30., 2017.1.26., 2017.7.26.〉

1. 제12조에 따른 건축허가등의 동의대상물의 범위 등: 2015년 1월 1일

1의2. 제15조 및 별표 5에 따른 특정소방대상물의 규모・용도 및 수용인원 등을 고려하여 갖추어야 하는 소방시설: 2014년 1월 1일

2. 제15조의2에 따른 내진설계기준을 맞추어야 하는 소방시설: 2014년 1월 1일

2의2. 제15조의5 및 별표 5의2에 따른 임시소방시설의 종류 및 설치기준 등: 2015년 1월 1일

2의3. 제15조의6에 따른 강화된 소방시설기준의 적용대상: 2015년 1월 1일

2의4. 제17조에 따른 특정소방대상물의 증축 또는 용도변경 시의 소방시설기준 적용의 특례: 2015년 1월 1일

3. 제19조에 따른 방염성능기준 이상의 실내장식물 등을 설치하여야 하는 특정소방대상물: 2014년 1월 1일

4. 제20조에 따른 방염대상물품 및 방염성능기준: 2014년 1월 1일

5. 삭제 〈2015.6.30.〉

5의2. 제22조에 따른 소방안전관리자를 두어야 하는 특정소방대상물 등: 2015년 1월 1일

5의3. 제22조의2에 따른 소방안전관리보조자를 두어야 하는 특정소방대상물 등: 2015년 1월 1일

5의4. 제23조에 따른 소방안전관리자 및 소방안전관리보조자의 선임대상자: 2015년 1월 1일

5의5. 제23조의2에 따른 소방안전관리 업무의 대행: 2015년 1월 1일

6. 삭제 〈2016.12.30.〉

7. 삭제 〈2016.12.30.〉

8. 삭제 〈2016.12.30.〉

9. 제40조 및 별표 10에 따른 과태료의 부과기준: 2015년 1월 1일

[본조신설 2013.12.30.]

플러스 **해설**+

특정소방대상물에 설치하여야 하는 소방시설의 기준이 건축 환경 및 화재위험특성 변화사항을 효과적으로 반영할 수 있도록 3년에 1회 이상 정비하도록 하고, 이를 위한 연구 업무를 화재안전 관련 전문 연구기관에 위탁할 수 있도록 함.

제9조의5 (소방용품의 내용연수 등)

① 특정소방대상물의 관계인은 내용연수가 경과한 소방용품을 교체하여야 한다. 이 경우 내용연수를 설정하여야 하는 소방용품의 종류 및 그 내용연수 연한에 필요한 사항은 대통령령으로 정한다.

② 제1항에도 불구하고 행정안전부령으로 정하는 절차 및 방법 등에 따라 소방용품의 성능을 확인받은 경우에는 그 사용기한을 연장할 수 있다. 〈개정 2017.7.26.〉

[본조신설 2016.1.27.]

시행령 제15조의4 (내용연수 설정 대상 소방용품)

① 법 제9조의5 제1항 후단에 따라 내용연수를 설정하여야 하는 소방용품은 분말형태의 소화약제를 사용하는 소화기로 한다.

② 제1항에 따른 소방용품의 내용연수는 10년으로 한다.

[본조신설 2017.1.26.]

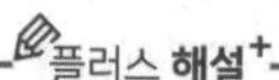

플러스 **해설**+

내용연수가 경과한 소방용품을 의무적으로 교체하되 성능을 확인받은 경우 사용기한을 연장할 수 있도록 함.

제10조 (피난시설, 방화구획 및 방화시설의 유지 · 관리)

① 특정소방대상물의 관계인은 「건축법」 제49조에 따른 피난시설, 방화구획(防火區劃) 및 같은 법 제50조부터 제53조까지의 규정에 따른 방화벽, 내부 마감재료 등(이하 "방화시설"이라 한다)에 대하여 다음 각 호의 행위를 하여서는 아니 된다.

1. 피난시설, 방화구획 및 방화시설을 폐쇄하거나 훼손하는 등의 행위
2. 피난시설, 방화구획 및 방화시설의 주위에 물건을 쌓아두거나 장애물을 설치하는 행위
3. 피난시설, 방화구획 및 방화시설의 용도에 장애를 주거나 「소방기본법」 제16조에 따른 소방활동에 지장을 주는 행위
4. 그 밖에 피난시설, 방화구획 및 방화시설을 변경하는 행위

② 소방본부장이나 소방서장은 특정소방대상물의 관계인이 제1항 각 호의 행위를 한 경우에는 피난시설, 방화구획 및 방화시설의 유지 · 관리를 위하여 필요한 조치를 명할 수 있다.

플러스 **해설**+

1. 피난시설
   건축법에 의한 계단(직통계단, 피난계단, 옥외피난계단), 복도, 출입구(비상구 포함), 옥상광장, 기타 피난시설, 피난과 소방상 필요한 통로
2. 방화구획
   연소가 확대되는 것을 방지하기 위하여 구획하는 것으로 층별 · 면적별 · 용도별 등의 방화구획이 있다.
3. 방화시설
   방화벽 및 방화문 등을 말한다.

제10조의2 (특정소방대상물의 공사 현장에 설치하는 임시소방시설의 유지 · 관리 등)

① 특정소방대상물의 건축 · 대수선 · 용도변경 또는 설치 등을 위한 공사를 시공하는 자(이하 이 조에서 "시공자"라 한다)는 공사 현장에서 인화성(引火性) 물품을 취급하는 작업 등 대통령령으로 정하는 작업(이하 이 조에서 "화재위험작업"이라 한다)을 하기 전에 설치 및 철거가 쉬운 화재대비시설(이하 이 조에서 "임시소방시설"이라 한다)을 설치하고 유지 · 관리하여야 한다.

② 제1항에도 불구하고 시공자가 화재위험작업 현장에 소방시설 중 임시소방시설과 기능 및 성능이 유사한 것으로서 대통령령으로 정하는 소방시설을 제9조 제1항 전단에 따른 화재안전기준에 맞게 설치하고 유지 · 관리하고 있는 경우에는 임시소방시설을 설치하고 유지 · 관리한 것으로 본다. 〈개정 2016.1.27.〉

③ 소방본부장 또는 소방서장은 제1항이나 제2항에 따라 임시소방시설 또는 소방시설이 설치 또는 유지 · 관리되지 아니할 때에는 해당 시공자에게 필요한 조치를 하도록 명할 수 있다.

④ 제1항에 따라 임시소방시설을 설치하여야 하는 공사의 종류와 규모, 임시소방시설의 종류 등에 관하여 필요한 사항은 대통령령으로 정하고, 임시소방시설의 설치 및 유지 · 관리 기준은 소방청장이 정하여 고시한다. 〈개정 2014.11.19., 2017.7.26.〉

[본조신설 2014.1.7.] [시행일:2015.1.8.] 제10조의2의 개정규정 중 임시소방시설의 유지 · 관리 등에 관한 규정

시행령 제15조의5 (임시소방시설의 종류 및 설치기준 등)

① 법 제10조의2제1항에서 "인화성(引火性) 물품을 취급하는 작업 등 대통령령으로 정하는 작업"이란 다음 각 호의 어느 하나에 해당하는 작업을 말한다. 〈개정 2017.7.26.〉

1. 인화성 · 가연성 · 폭발성 물질을 취급하거나 가연성 가스를 발생시키는 작업
2. 용접 · 용단 등 불꽃을 발생시키거나 화기를 취급하는 작업
3. 전열기구, 가열전선 등 열을 발생시키는 기구를 취급하는 작업
4. 소방청장이 정하여 고시하는 폭발성 부유분진을 발생시킬 수 있는 작업
5. 그 밖에 제1호부터 제4호까지와 비슷한 작업으로 소방청장이 정하여 고시하는 작업

② 법 제10조의2제1항에 따라 공사 현장에 설치하여야 하는 설치 및 철거가 쉬운 화재대비시설(이하 "임시소방시설"이라 한다)의 종류와 임시소방시설을 설치하여야 하는 공사의 종류 및 규모는 별표 5의2 제1호 및 제2호와 같다.

③ 법 제10조의2제2항에 따른 임시소방시설과 기능과 성능이 유사한 소방시설은 별표 5의2 제3호와 같다.

[본조신설 2015.1.6.]

핵심 정리

임시 소방시설

1. 임시소방시설의 종류
   가. 소화기
   나. 간이소화장치
   다. 비상경보장치
   라. 간이피난유도선
2. 설치·유지 및 관리자 : 시공자
3. 임시소방시설을 설치하여야 하는 공사의 종류와 규모
   가. 소화기 : 건축허가 동의를 받아야 하는 특정소방대상물의 건축·대수선·용도변경 또는 설치 등을 위한 공사
   나. 간이소화장치
      1) 연면적 3천m^2 이상
      2) 해당 층의 바닥면적이 600m^2 이상인 지하층, 무창층 및 4층 이상의 층
   다. 비상경보장치
      1) 연면적 400m^2 이상
      2) 해당 층의 바닥면적이 150m^2 이상인 지하층 또는 무창층
   라. 간이피난유도선 : 바닥면적이 150m^2 이상인 지하층 또는 무창층

확인 점검 문제

「화재예방, 소방시설 설치·유지 및 안전관리에 관한 법률」의 시행령 상 임시소방시설의 종류로 옳지 않은 것은?

① 소화기
② 스프링클러설비
③ 비상경보장치
④ 간이소화장치

답 ②

제11조 (소방시설기준 적용의 특례)

① 소방본부장이나 소방서장은 제9조제1항 전단에 따른 대통령령 또는 화재안전기준이 변경되어 그 기준이 강화되는 경우 기존의 특정소방대상물(건축물의 신축·개축·재축·이전 및 대수선 중인 특정소방대상물을 포함한다)의 소방시설에 대하여는 변경 전의 대통령령 또는 화재안전기준을 적용한다. 다만, 다음 각 호의 어느 하나에 해당하는 소방시설의 경우에는 대통령령 또는 화재안전기준의 변경으로 강화된 기준을 적용한다. 〈개정 2014.1.7., 2016.1.27., 2018.3.27.〉

1. 다음 소방시설 중 대통령령으로 정하는 것
   가. 소화기구
   나. 비상경보설비
   다. 자동화재속보설비
   라. 피난구조설비
2. 지하구 가운데 「국토의 계획 및 이용에 관한 법률」 제2조 제9호에 따른 공동구에 설치하여야 하는 소방시설
3. 노유자(老幼者)시설, 의료시설에 설치하여야 하는 소방시설 중 대통령령으로 정하는 것

플러스 **해설**+

• 법률 불소급의 원칙의 관계
제정되거나 개정된 법률이 그 시행 이전의 적법한 행위까지 소급하여 적용되지 않는다는 원칙 즉 법률불소급의 원칙이며 기득권의 보호와, 법적 생활의 안정 및 기존 법질서의 존중 그리고 법치주의의 요청에 의한 원리이다. 그러나 법률불소급의 원칙은 절대적인 것이 아니며 새로운 법률의 적용이 관계자에게 유리한 경우 또는 기득권을 어느 정도 침해하더라도 신법의 소급적용이 공익적 · 정책적 필요가 있는 때에는 벌률불소급의 원칙을 배제하는 경우도 있다. 그 예로 본조의 단서 규정에서 각호의 1에 해당하는 것 등이다.
이는 화재의 예방이라는 공공의 복리를 위하여 기존의 기득권자가 가지고 있는 법익을 과다하게 침해하지 않는 범위 내에서 소급적용할 수 있도록 한 특례이다.

② 소방본부장이나 소방서장은 특정소방대상물에 설치하여야 하는 소방시설 가운데 기능과 성능이 유사한 물 분무 소화설비, 간이 스프링클러 설비, 비상경보설비 및 비상방송설비 등의 소방시설의 경우에는 대통령령으로 정하는 바에 따라 유사한 소방시설의 설치를 면제할 수 있다.

플러스 **해설**+

• 기능과 성능이 유사한 소방시설 설치의 면제
면제라 함은 당연히 제외되는 것이 아니라 원칙적으로 설치하여야 하나 기능의 중복, 불필요한 재산권의 침해 등을 막기 위하여 법령에 의하여 설치하여야 하는 의무를 배제하는 것을 말한다.

③ 소방본부장이나 소방서장은 기존의 특정소방대상물이 증축되거나 용도변경되는 경우에는 대통령령으로 정하는 바에 따라 증축 또는 용도변경 당시의 소방시설의 설치에 관한 대통령령 또는 화재안전기준을 적용한다. 〈개정 2014.1.7.〉

④ 다음 각 호의 어느 하나에 해당하는 특정소방대상물 가운데 대통령령으로 정하는 특정소방대상물에는 제9조 제1항 전단에도 불구하고 대통령령으로 정하는 소방시설을 설치하지 아니할 수 있다. 〈개정 2016.1.27.〉
1. 화재 위험도가 낮은 특정소방대상물
2. 화재안전기준을 적용하기 어려운 특정소방대상물
3. 화재안전기준을 다르게 적용하여야 하는 특수한 용도 또는 구조를 가진 특정소방대상물
4. 「위험물 안전관리법」 제19조에 따른 자체소방대가 설치된 특정소방대상물

⑤ 제4항 각 호의 어느 하나에 해당하는 특정소방대상물에 구조 및 원리 등에서 공법이 특수한 설계로 인정된 소방시설을 설치하는 경우에는 제11조의2 제1항에 따른 중앙소방기술심의위원회의 심의를 거쳐 제9조 제1항 전단에 따른 화재안전기준을 적용하지 아니 할 수 있다. 〈신설 2014.12.30., 2016.1.27.〉 [시행일 : 2017.1.28.]

핵심 정리

소방시설기준 적용의 특례

1. 강화된 기준을 적용하는 경우
   (1) 소화기구 · 비상경보설비 · 자동화재속보설비 및 피난설비
   (2) 지하구 중 공동구
   (3) 의료시설, 노유자시설(간이 스프링클러 설비 및 자동화재탐지설비)
2. 특정소방대상물에 소방시설 설치의 면제 기준
   (1) 화재 위험도가 낮은 특정소방대상물(석재공장, 소방서, 119안전센터)
   (2) 화재안전기준을 적용하기 어려운 특정소방대상물(수영장, 양수장, 펄프작업장 등)
   (3) 화재안전기준을 다르게 적용하여야 하는 특수한 용도 또는 구조를 가진 특정소방대상물(원자력, 핵폐기물처리)
   (4) 「위험물 안전관리법」에 따른 자체소방대가 설치된 특정소방대상물

시행령 제15조의6 (강화된 소방시설 기준 적용 대상)

법 제11조 제1항 제3호에서 "대통령령으로 정하는 것"이란 다음 각 호의 어느 하나에 해당하는 설비를 말한다.

1. 노유자(老幼者)시설에 설치하는 간이스프링클러설비, 자동화재탐지설비 및 단독경보형감지기
2. 의료시설에 설치하는 스프링클러설비, 간이스프링클러설비, 자동화재탐지설비 및 자동화재속보설비

시행령 제16조 (유사한 소방시설의 설치면제의 기준)

법 제11조 제2항에 따라 소방본부장 또는 소방서장은 특정소방대상물에 설치하여야 하는 소방시설 가운데 기능과 성능이 유사한 소방시설의 설치를 면제하려는 경우에는 별표 6의 기준에 따른다.

시행령 제17조 (특정소방대상물의 증축 또는 용도변경시의 소방시설기준 적용의 특례)

① 법 제11조 제3항의 규정에 의하여 소방본부장 또는 소방서장은 특정소방대상물이 증축되는 경우에는 기존부분을 포함한 특정소방대상물의 전체에 대하여 증축 당시의 소방시설등의 설치에 관한 대통령령 또는 화재안전기준을 적용하여야 한다. 다만, 다음 각 호의 어느 하나에 해당하는 경우에는 기존부분에 대하여는 증축 당시의 소방시설등의 설치에 관한 대통령령 또는 화재안전기준을 적용하지 아니한다.

1. 기존부분과 증축부분이 내화구조로 된 바닥과 벽으로 구획된 경우
2. 기존부분과 증축부분이 「건축법 시행령」 제64조에 따른 갑종방화문(건설교통부장관이 정하는 기준에 적합한 자동방화샷다를 포함한다)으로 구획되어 있는 경우

3. 자동차생산 공장 등 화재위험이 낮은 특정소방대상물 내부에 연면적 33제곱미터 이하의 직원 휴게실을 증축하는 경우
4. 자동차생산 공장 등 화재위험이 낮은 특정소방대상물에 캐노피(3면 이상에 벽이 없는 구조의 캐노피를 말한다)를 설치하는 경우

② 법 제11조 제3항의 규정에 의하여 소방본부장 또는 소방서장은 특정소방대상물이 용도 변경되는 경우에는 용도변경되는 부분에 한하여 용도변경 당시의 소방시설등의 설치에 관한 대통령령 또는 화재안전기준을 적용한다. 다만, 다음 각호에 해당하는 경우에는 특정소방대상물 전체에 대하여 용도변경되기 전에 당해 특정소방대상물에 적용되던 소방시설등의 설치에 관한 대통령령 또는 화재안전기준을 적용한다.

1. 특정소방대상물의 구조・설비가 화재연소확대 요인이 적어지거나 피난 또는 화재진압활동이 쉬워지도록 변경되는 경우
2. 판매시설 및 운수시설과 공연장・집회장・관람장이 불특정다수인이 이용하지 아니하고 일정한 근무자가 이용하는 용도로 변경되는 경우
3. 용도변경으로 인하여 천장・바닥・벽 등에 고정되어 있는 가연성 물질의 양이 감소되는 경우
4. 「다중이용업소의 안전관리에 관한 특별법」에 따른 다중이용업소, 문화 및 집회시설, 종교시설, 판매시설, 운수시설, 의료시설, 노유자시설, 수련시설, 운동시설, 숙박시설, 위락시설, 창고시설 중 물류터미널, 위험물 저장 및 처리 시설 중 가스시설, 장례식장이 각각 이 호에 규정된 시설 외의 용도로 변경되는 경우

시행령 제18조 (소방시설을 설치하지 아니하는 특정소방대상물의 범위)

법 제11조 제4항의 규정에 의하여 특정소방대상물에 따라 소방시설을 설치하지 아니할 수 있는 특정소방대상물 및 소방시설의 범위는 별표 7과 같다.

확인 점검 문제

「화재예방, 소방시설 설치・유지 및 안전관리에 관한 법률」의 시행령에서 소방서장이 화재안전기준의 변경으로 강화된 기준을 적용하여야 하는 소방시설로 옳은 것을 모두 고르시오.

ㄱ. 소화기구
ㄴ. 비상경보설비
ㄷ. 자동화재탐지설비
ㄹ. 노유자시설에 설치하는 스프링클러설비 및 자동화재탐지설비
ㅁ. 의료시설에 설치하는 스프링클러설비, 간이스프링클러설비와 자동화재탐지설비, 자동화재속보설비

① ㄱ, ㄴ　　② ㄴ, ㄹ
③ ㄱ, ㄴ, ㅁ　　④ ㄷ, ㄹ, ㅁ

답 ③

소방시설기준 적용의 특례에서 대통령령 또는 화재안전기준이 변경되어 그 기준이 강화되는 경우 기존의 특정소방대상물의 소방시설에 대하여 강화된 변경기준을 적용하여야 하는 소방시설 및 특정소방대상물로 옳지 않은 것은?

① 교육연구시설에 설치하는 비상경보설비
② 노유자시설에 설치하는 스프링클러설비
③ 업무시설에 설치하는 자동화재속보설비
④ 근린생활시설에 설치하는 소화기구

답 ②

화재위험도가 낮은 특정소방대상물에 면제되는 소방시설로 옳은 것은?

① 옥외소화전, 연결살수설비
② 옥외소화전, 연결송수관설비
③ 연결살수설비, 자동화재탐지설비
④ 자동화재탐지설비, 비상방송설비

답 ①

제11조의2 (소방기술심의위원회)

① 다음 각 호의 사항을 심의하기 위하여 소방청에 중앙소방기술심의위원회(이하 "중앙위원회"라 한다)를 둔다.
  1. 화재안전기준에 관한 사항
  2. 소방시설의 구조 및 원리 등에서 공법이 특수한 설계 및 시공에 관한 사항
  3. 소방시설의 설계 및 공사감리의 방법에 관한 사항
  4. 소방시설공사의 하자를 판단하는 기준에 관한 사항
  5. 그 밖에 소방기술 등에 관하여 대통령령으로 정하는 사항

② 다음 각 호의 사항을 심의하기 위하여 특별시・광역시・특별자치시・도 및 특별자치도에 지방소방기술심의위원회(이하 "지방위원회"라 한다)를 둔다.
  1. 소방시설에 하자가 있는지의 판단에 관한 사항
  2. 그 밖에 소방기술 등에 관하여 대통령령으로 정하는 사항

③ 제1항과 제2항에 따른 중앙위원회 및 지방위원회의 구성・운영에 필요한 사항은 대통령령으로 정한다.

시행령 제18조의2 (소방기술심의위원회의 심의사항)

① 법 제11조의2제1항제5호에서 "대통령령으로 정하는 사항"이란 다음 각 호의 사항을 말한다. 〈개정 2017.7.26.〉

1. 연면적 10만제곱미터 이상의 특정소방대상물에 설치된 소방시설의 설계・시공・감리의 하자 유무에 관한 사항
2. 새로운 소방시설과 소방용품 등의 도입 여부에 관한 사항
3. 그 밖에 소방기술과 관련하여 소방청장이 심의에 부치는 사항

② 법 제11조의2 제2항 제2호에서 "대통령령으로 정하는 사항"이란 다음 각 호의 사항을 말한다.

1. 연면적 10만제곱미터 미만의 특정소방대상물에 설치된 소방시설의 설계・시공・감리의 하자 유무에 관한 사항
2. 소방본부장 또는 소방서장이 화재안전기준 또는 위험물 제조소등(「위험물 안전관리법」 제2조 제1항 제6호에 따른 제조소등을 말한다. 이하 같다)의 시설기준의 적용에 관하여 기술검토를 요청하는 사항
3. 그 밖에 소방기술과 관련하여 시・도지사가 심의에 부치는 사항

시행령 제18조의3 (소방기술심의위원회의 구성 등)

① 법 제11조의2 제1항에 따른 중앙소방기술심의위원회(이하 "중앙위원회"라 한다)는 위원장을 포함하여 60명 이내로 성별을 고려하여 구성한다. 〈개정 2017.1.26.〉

② 법 제11조의2 제2항에 따른 지방소방기술심의위원회(이하 "지방위원회"라 한다)는 위원장을 포함하여 5명 이상 9명 이하의 위원으로 구성한다.

③ 중앙위원회의 회의는 위원장이 회의마다 지정하는 13명으로 구성하고, 중앙위원회는 분야별 소위원회를 구성・운영할 수 있다.

시행령 제18조의4 (위원의 임명・위촉)

① 중앙위원회의 위원은 과장급 직위 이상의 소방공무원과 다음 각 호의 어느 하나에 해당하는 사람 중에서 소방청장이 임명하거나 성별을 고려하여 위촉한다. 〈개정 2017.7.26.〉

1. 소방기술사
2. 석사 이상의 소방 관련 학위를 소지한 사람
3. 소방시설관리사
4. 소방 관련 법인・단체에서 소방 관련 업무에 5년 이상 종사한 사람
5. 소방공무원 교육기관, 대학교 또는 연구소에서 소방과 관련된 교육이나 연구에 5년 이상 종사한 사람

② 지방위원회의 위원은 해당 특별시・광역시・특별자치시・도 및 특별자치도 소속 소방공무원과 제1항 각 호의 어느 하나에 해당하는 사람 중에서 시・도지사가 임명하거나 성별을 고려하여 위촉한다.

③ 중앙위원회의 위원장은 소방청장이 해당 위원 중에서 위촉하고, 지방위원회의 위원장은 시・도지사가 해당 위원 중에서 위촉한다. 〈개정 2017.7.26.〉

④ 중앙위원회 및 지방위원회의 위원 중 위촉위원의 임기는 2년으로 하되, 한 차례만 연임할 수 있다. 〈개정 2016.1.19.〉

시행령 제18조의5 (위원장 및 위원의 직무)

① 중앙위원회 및 지방위원회(이하 "위원회"라 한다)의 위원장(이하 "위원장"이라 한다)은 위원회의 회의를 소집하고 그 의장이 된다.

② 위원장이 부득이한 사유로 직무를 수행할 수 없을 때에는 위원장이 지정한 위원이 그 직무를 대리한다.

시행령 제18조의6 (위원의 제척 · 기피 · 회피)

① 위원회의 위원이 다음 각 호의 어느 하나에 해당하는 경우에는 위원회의 심의 · 의결에서 제척(除斥)된다.

1. 위원이나 그 배우자 또는 배우자였던 사람이 해당 안건의 당사자(당사자가 법인 · 단체 등인 경우에는 그 임원을 포함한다. 이하 이 호 및 제2호에서 같다)가 되거나 그 안건의 당사자와 공동권리자 또는 공동의무자인 경우
2. 위원이 해당 안건의 당사자와 친족인 경우
3. 위원이 해당 안건에 관하여 증언, 진술, 자문, 연구, 용역 또는 감정을 한 경우
4. 위원이나 위원이 속한 법인 · 단체 등이 해당 안건의 당사자의 대리인이거나 대리인이었던 경우

② 해당 안건의 당사자는 위원에게 공정한 심의 · 의결을 기대하기 어려운 사정이 있는 경우에는 위원회에 기피신청을 할 수 있고, 위원회는 의결로 이를 결정한다. 이 경우 기피신청의 대상인 위원은 그 의결에 참여하지 못한다.

③ 위원이 제1항 각 호에 따른 제척사유에 해당하는 경우에는 스스로 해당 안건의 심의 · 의결에서 회피(回避)하여야 한다.

[본조신설 2016.1.19.]

[종전 제18조의6은 제18조의8로 이동 〈2016.1.19.〉]

시행령 제18조의7 (위원의 해임 및 해촉)

소방청장 또는 시 · 도지사는 위원이 다음 각 호의 어느 하나에 해당하는 경우에는 해당 위원을 해임하거나 해촉(解囑)할 수 있다. 〈개정 2017.7.26.〉

1. 심신장애로 인하여 직무를 수행할 수 없게 된 경우
2. 직무와 관련된 비위사실이 있는 경우
3. 직무태만, 품위손상이나 그 밖의 사유로 인하여 위원으로 적합하지 아니하다고 인정되는 경우
4. 제18조의6제1항 각 호의 어느 하나에 해당하는 데에도 불구하고 회피하지 아니한 경우
5. 위원 스스로 직무를 수행하는 것이 곤란하다고 의사를 밝히는 경우 [본조신설 2016.1.19.]

시행령 제18조의8 (시설 등의 확인 및 의견청취)

소방청장 또는 시 · 도지사는 위원회의 원활한 운영을 위하여 필요하다고 인정하는 경우 위원회 위원으로 하여금 관련 시설 등을 확인하게 하거나 해당 분야의 전문가 또는 이해관계자 등으로부터 의견을 청취하게 할 수 있다. 〈개정 2017.7.26.〉

[본조신설 2015.6.30.]

시행령 제18조의9 (위원의 수당)

위원회의 위원에게는 예산의 범위에서 참석 및 조사·연구 수당을 지급할 수 있다.

시행령 제18조의10 (운영세칙)

이 영에서 정한 것 외에 위원회의 운영에 필요한 사항은 소방청장 또는 시·도지사가 정한다.

핵심 정리

소방기술심의위원회

1. 중앙소방기술심의위원회 : 소방청
   가. 심의 사항
      1) 화재안전기준
      2) 소방시설의 구조 및 원리 등에서 공법이 특수한 설계 및 시공
      3) 소방시설의 설계 및 공사감리의 방법
      4) 소방시설공사의 하자를 판단하는 기준
      5) 대통령령으로 정하는 사항(소방용품 도입, 연면적 10만 제곱미터 이상 하자)
2. 지방소방기술심의위원회 : 시·도
   1) 소방시설에 하자가 있는지의 판단에 관한 사항
   2) 대통령령으로 정하는 사항(연면적 10만 제곱미터 미만 하자)

확인 점검 문제

다음 중 중앙소방기술 심의위원회에서 심의하여야 하는 사항으로 틀리는 것은?

① 화재안전기준에 관한 사항

② 소방시설의 구조 및 원리 등에서 공법이 특수한 설계 및 시공에 관한 사항

③ 소방시설의 설계 및 공사감리의 방법에 관한 사항

④ 연면적 5만 제곱미터 이상의 특정소방대상물에 설치된 소방시설의 설계·시공·감리의 하자 유무에 관한 사항

답 ④

제 3 절 방염(防炎)

제12조 (소방대상물의 방염 등)

① 대통령령으로 정하는 특정소방대상물에 실내장식 등의 목적으로 설치 또는 부착하는 물품으로서 대통령령으로 정하는 물품(이하 "방염대상물품"이라 한다)은 방염성능기준 이상의 것으로 설치하여야 한다. 〈개정 2015.7.24.〉

② 소방본부장이나 소방서장은 방염대상물품이 제1항에 따른 방염성능기준에 미치지 못하거나 제13조 제1항에 따른 방염성능검사를 받지 아니한 것이면 소방대상물의 관계인에게 방염대상물품을 제거하도록 하거나 방염성능검사를 받도록 하는 등 필요한 조치를 명할 수 있다.

③ 제1항에 따른 방염성능기준은 대통령령으로 정한다.

플러스 **해설**+

• 방염

불꽃의 전파를 차단하거나 지연하는 것을 말하며 방염성능이라 함은 특정의 물품이 가지고 있는 방염능력을 말한다.

우리나라의 경우 1971년 대연각 호텔 화재사고를 계기로 1973년 2월 8일 방염규제를 시작하였다.

• 실내장식물

건축물 내부의 천장이나 벽에 붙이는(설치하는) 것으로서 다음 각 호의 어느 하나에 해당하는 것을 말한다. 다만, 가구류(옷장, 찬장, 식탁, 식탁용 의자, 사무용 책상, 사무용 의자 및 계산대, 그 밖에 이와 비슷한 것을 말한다)와 너비 10센티미터 이하인 반자돌림대 등과 「건축법」 제52조에 따른 내부 마감재료는 제외한다.

1. 종이류(두께 2밀리미터 이상인 것을 말한다) · 합성수지류 또는 섬유류를 주원료로 한 물품
2. 합판이나 목재
3. 실(室) 또는 공간을 구획하기 위하여 설치하는 칸막이 또는 간이 칸막이
4. 흡음(吸音)이나 방음(防音)을 위하여 설치하는 흡음재(흡음용 커튼을 포함한다) 또는 방음재(방음용 커튼을 포함한다)

핵심 정리

소방대상물의 방염 등

1. 방염대상 특정소방대상물
   (1) 근린생활시설 중 체력단련장, 공연장, 종교집회장
   (2) 옥내에 있는 문화 및 집회 시설, 운동시설(수영장 제외), 종교시설, 숙박시설, 방송통신시설 중 방송국 및 촬영소
   (3) 의료시설
   (4) 노유자시설, 숙박이 가능한 수련시설, 교육연구시설 중 합숙소
   (5) 다중이용업소
   (6) 층수가 11층 이상인 것(아파트 제외)

2. 방염대상물품

(1) 창문에 설치하는 커텐류(블라인드 포함)

(2) 카페트, 벽지류 (두께가 2mm 미만의 종이벽지류 제외)

(3) 전시용 · 무대용 합판 또는 섬유판

(4) 암막 · 무대막(스크린 포함)

(5) 실내 장식물(가구류, 집기류, 너비 10cm 이하인 반자돌림대 제외)

- 종이류(두께 2mm 이상인 것) · 합성수지류 또는 섬유류를 주원료로 한 물품
- 합판, 목재
- 칸막이
- 흡음재 또는 방음재(흡음 · 방음용 커텐류 포함)

(6) 소파 · 의자(섬유류, 합성수지류) : 단란주점영업, 유흥주점영업 및 노래연습장업

3. 방염성능기준

(1) 잔염시간 : 불꽃을 올리며 연소하는 상태가 그칠 때까지 시간은 20초 이내

(2) 잔신시간 : 불꽃을 올리지 아니하고 상태가 그칠 때까지 시간은 30초 이내

(3) 탄화면적 : $50cm^2$ 이내, 탄화길이 : 20cm 이내

(4) 접염횟수 : 3회 이상

(5) 최대연기밀도 : 400 이하

4. 방염 권장 물품(침구류 · 소파 · 의자) 및 특정소방대상물

• 다중이용업소 · 숙박 · 의료 또는 노유자시설, 장례식장

시행령 제19조 (방염성능기준 이상의 실내장식물 등을 설치하여야 하는 특정소방대상물)

법 제12조제1항에서 "대통령령으로 정하는 특정소방대상물"이란 다음 각 호의 어느 하나에 해당하는 것을 말한다. 〈개정 2011. 11. 23., 2012. 1. 31., 2013. 1. 9., 2015. 1. 6., 2019. 8. 6.〉

1. 근린생활시설 중 의원, 체력단련장, 공연장 및 종교집회장
2. 건축물의 옥내에 있는 시설로서 다음 각 목의 시설
   가. 문화 및 집회시설
   나. 종교시설
   다. 운동시설(수영장은 제외한다)
3. 의료시설
4. 교육연구시설 중 합숙소
5. 노유자시설
6. 숙박이 가능한 수련시설
7. 숙박시설
8. 방송통신시설 중 방송국 및 촬영소

9. 다중이용업소
10. 제1호부터 제9호까지의 시설에 해당하지 않는 것으로서 층수가 11층 이상인 것(아파트는 제외한다)

[전문개정 2011. 4. 6.]

시행령 제20조 (방염대상물품 및 방염성능기준)

① 법 제12조제1항에서 "대통령령으로 정하는 물품"이란 다음 각 호의 어느 하나에 해당하는 것을 말한다. 〈개정 2016. 1. 19., 2019. 8. 6.〉

1. 제조 또는 가공 공정에서 방염처리를 한 물품(합판·목재류의 경우에는 설치 현장에서 방염처리를 한 것을 포함한다)으로서 다음 각 목의 어느 하나에 해당하는 것
   가. 창문에 설치하는 커튼류(블라인드를 포함한다)
   나. 카펫, 두께가 2밀리미터 미만인 벽지류(종이벽지는 제외한다)
   다. 전시용 합판 또는 섬유판, 무대용 합판 또는 섬유판
   라. 암막·무대막(「영화 및 비디오물의 진흥에 관한 법률」 제2조제10호에 따른 영화상영관에 설치하는 스크린과 「다중이용업소의 안전관리에 관한 특별법 시행령」 제2조제7호의4에 따른 골프 연습장업에 설치하는 스크린을 포함한다)
   마. 섬유류 또는 합성수지류 등을 원료로 하여 제작된 소파·의자(「다중이용업소의 안전관리에 관한 특별법 시행령」 제2조제1호나목 및 같은 조 제6호에 따른 단란주점영업, 유흥주점영업 및 노래연습장업의 영업장에 설치하는 것만 해당한다)
2. 건축물 내부의 천장이나 벽에 부착하거나 설치하는 것으로서 다음 각 목의 어느 하나에 해당하는 것. 다만, 가구류(옷장, 찬장, 식탁, 식탁용 의자, 사무용 책상, 사무용 의자, 계산대 및 그 밖에 이와 비슷한 것을 말한다. 이하 이 조에서 같다)와 너비 10센티미터 이하인 반자돌림대 등과 「건축법」 제52조에 따른 내부마감재료는 제외한다.
   가. 종이류(두께 2밀리미터 이상인 것을 말한다)·합성수지류 또는 섬유류를 주원료로 한 물품
   나. 합판이나 목재
   다. 공간을 구획하기 위하여 설치하는 간이 칸막이(접이식 등 이동 가능한 벽체나 천장 또는 반자가 실내에 접하는 부분까지 구획하지 아니하는 벽체를 말한다)
   라. 흡음(吸音)이나 방음(防音)을 위하여 설치하는 흡음재(흡음용 커튼을 포함한다) 또는 방음재(방음용 커튼을 포함한다)

② 법 제12조제3항에 따른 방염성능기준은 다음 각 호의 기준에 따르되, 제1항에 따른 방염대상물품의 종류에 따른 구체적인 방염성능기준은 다음 각 호의 기준의 범위에서 소방청장이 정하여 고시하는 바에 따른다. 〈개정 2014. 11. 19., 2017. 7. 26.〉

1. 버너의 불꽃을 제거한 때부터 불꽃을 올리며 연소하는 상태가 그칠 때까지 시간은 20초 이내일 것
2. 버너의 불꽃을 제거한 때부터 불꽃을 올리지 아니하고 연소하는 상태가 그칠 때까지 시간은 30초 이내일 것
3. 탄화(炭化)한 면적은 50제곱센티미터 이내, 탄화한 길이는 20센티미터 이내일 것
4. 불꽃에 의하여 완전히 녹을 때까지 불꽃의 접촉 횟수는 3회 이상일 것

5. 소방청장이 정하여 고시한 방법으로 발연량(發煙量)을 측정하는 경우 최대연기밀도는 400 이하일 것

③ 소방본부장 또는 소방서장은 제1항에 따른 물품 외에 다음 각 호의 어느 하나에 해당하는 물품의 경우에는 방염처리된 물품을 사용하도록 권장할 수 있다. 〈개정 2019. 8. 6.〉

1. 다중이용업소, 의료시설, 노유자시설, 숙박시설 또는 장례식장에서 사용하는 침구류 · 소파 및 의자
2. 건축물 내부의 천장 또는 벽에 부착하거나 설치하는 가구류

[전문개정 2012. 9. 14.]

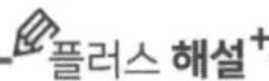
플러스 **해설⁺**

• 권장
행정지도의 일종으로 행정기관이 그 소관사무의 법위 안에서 일정한 행정목적을 실현하기 위하여 특정인에게 일정한 행위를 하게 하거나 하지 아니하도록 지도 · 권고하는 비권력적 행정작용이다.

확인 점검 문제

「화재예방, 소방시설 설치 · 유지 및 안전관리에 관한 법률」의 시행령에서 방염성능기준에 대한 설명이다. 빈칸에 알맞은 것을 고르시오.

ㄱ. 버너에 불꽃을 제거한 때부터 불꽃을 올리며 연소하는 상태가 그칠 때까지 시간은 (　　)초 이내
ㄴ. 버너에 불꽃을 제거한 때부터 불꽃을 올리지 아니하고 연소하는 상태가 그칠 때까지 시간은 (　　)초 이내
ㄷ. 탄화한 면적은 (　　)cm^2 이내, 탄화된 길이는 (　　)cm 이내
ㄹ. 불꽃에 의하여 완전히 녹을 때까지 불꽃의 접촉 횟수는 (　　)회 이상일 것
ㅁ. 소방청장이 정하여 고시하는 방법으로 발연량을 측정하는 경우 최대연기밀도는 (　　) 이하

① 30, 20, 20, 50, 3, 400
② 20, 30, 50, 20, 3, 400
③ 20, 30, 50, 50, 3, 400
④ 30, 20, 20, 50, 2, 300

답 ②

다음 중 방염성능기준으로 틀린 것은?

① 탄화한 면적 50cm^2 이내, 탄화한 길이 30cm 이내
② 버너의 불꽃을 제거한 때부터 불꽃을 올리지 아니하고 연소상태가 그칠 때까지 시간은 30초 이내
③ 버너의 불꽃을 제거한 때부터 불꽃을 올리고 연소상태가 그칠 때까지의 시간은 20초 이내
④ 불꽃에 의해 완전히 녹을 때까지 불꽃의 접촉횟수는 3회 이상

답 ①

방염성능기준 이상의 실내장식물 등을 설치하여야 하는 특정소방대상물이 아닌 것은?

① 요양병원 ② 종합병원
③ 연구소 실험실 ④ 다중이용업소

🔓 ③

다음 중 대통령령이 정하는 방염대상물품이 아닌 것은?

① 암막, 무대막 ② 커튼류(블라인드 포함)
③ 무대용 · 전시용 합판 및 섬유판 ④ 10cm 이하의 반자돌림대

🔓 ④

다음 중 방염성능기준에 관하여 맞는 것은?

① 버너의 불꽃을 제거한 때부터 불꽃을 올리며 연소하는 상태가 그칠 때까지 시간은 10초 이내일 것
② 버너의 불꽃을 제거한 때부터 불꽃을 올리지 아니하고 연소하는 상태가 그칠 때까지 시간은 30초 이내일 것
③ 탄화(炭火)한 면적은 $20cm^2$ 이내, 탄화한 길이는 50cm 이내일 것
④ 소방청장이 정하여 고시한 방법으로 발연량(發煙量)을 측정하는 경우 최대연기밀도는 700 이하일 것

🔓 ②

제13조 (방염성능의 검사)

① 제12조제1항에 따른 특정소방대상물에서 사용하는 방염대상물품은 소방청장(대통령령으로 정하는 방염대상물품의 경우에는 시 · 도지사를 말한다)이 실시하는 방염성능검사를 받은 것이어야 한다. 〈개정 2014.1.7., 2014.11.19., 2017.7.26.〉
② 제14조 제1항에 따라 방염처리업의 등록을 한 자는 제1항에 따른 방염성능검사를 할 때에 거짓 시료(試料)를 제출하여서는 아니 된다.
③ 제1항에 따른 방염성능검사의 방법과 검사 결과에 따른 합격 표시 등에 필요한 사항은 행정안전부령으로 정한다.

시행령 제20조의2 (시 · 도지사가 실시하는 방염성능검사)
법 제13조 제1항에서 "대통령령으로 정하는 방염대상물품"이란 제20조 제1항에 따른 방염대상물품 중 설치 현장에서 방염처리를 하는 합판 · 목재를 말한다.

제14조 (삭제)

제15조 (삭제)

제16조 (삭제)

제17조 (삭제)

제18조 (삭제)

제19조 (삭제)

CHAPTER

04 소방대상물의 안전관리

제20조 (특정소방대상물의 소방안전관리)

① 특정소방대상물의 관계인은 그 특정소방대상물에 대하여 제6항에 따른 소방안전관리 업무를 수행하여야 한다.

② 대통령령으로 정하는 특정소방대상물(이하 이 조에서 "소방안전관리대상물"이라 한다)의 관계인은 소방안전관리 업무를 수행하기 위하여 대통령령으로 정하는 자를 행정안전부령으로 정하는 바에 따라 소방안전관리자 및 소방안전관리보조자로 선임하여야 한다. 이 경우 소방안전관리보조자의 최소인원 기준 등 필요한 사항은 대통령령으로 정하고, 제4항・제5항 및 제7항은 소방안전관리보조자에 대하여 준용한다. 〈개정 2013.3.23., 2014.1.7., 2014.11.19., 2017.7.26.〉

③ 대통령령으로 정하는 소방안전관리대상물의 관계인은 제2항에도 불구하고 제29조제1항에 따른 소방시설관리업의 등록을 한 자(이하 "관리업자"라 한다)로 하여금 제1항에 따른 소방안전관리 업무 중 대통령령으로 정하는 업무를 대행하게 할 수 있으며, 이 경우 소방안전관리 업무를 대행하는 자를 감독할 수 있는 자를 소방안전관리자로 선임할 수 있다. 〈개정 2014.1.7., 2015.7.24.〉

1. 삭제 〈2015.7.24.〉
2. 삭제 〈2015.7.24.〉

④ 소방안전관리대상물의 관계인이 소방안전관리자를 선임한 경우에는 행정안전부령으로 정하는 바에 따라 선임한 날부터 14일 이내에 소방본부장이나 소방서장에게 신고하고, 소방안전관리대상물의 출입자가 쉽게 알 수 있도록 소방안전관리자의 성명과 그 밖에 행정안전부령으로 정하는 사항을 게시하여야 한다. 〈개정 2013.3.23., 2014.11.19., 2016.1.27., 2017.7.26.〉

⑤ 소방안전관리대상물의 관계인이 소방안전관리자를 해임한 경우에는 그 관계인 또는 해임된 소방안전관리자는 소방본부장이나 소방서장에게 그 사실을 알려 해임한 사실의 확인을 받을 수 있다.

⑥ 특정소방대상물(소방안전관리대상물은 제외한다)의 관계인과 소방안전관리대상물의 소방안전관리자의 업무는 다음 각 호와 같다. 다만, 제1호・제2호 및 제4호의 업무는 소방안전관리대상물의 경우에만 해당한다. 〈개정 2014.1.7., 2014.12.30.〉

1. 제21조의2에 따른 피난계획에 관한 사항과 대통령령으로 정하는 사항이 포함된 소방계획서의 작성 및 시행
2. 자위소방대(自衛消防隊) 및 초기대응체계의 구성・운영・교육
3. 제10조에 따른 피난시설, 방화구획 및 방화시설의 유지・관리

4. 제22조에 따른 소방훈련 및 교육
5. 소방시설이나 그 밖의 소방 관련 시설의 유지・관리
6. 화기(火氣) 취급의 감독
7. 그 밖에 소방안전관리에 필요한 업무

⑦ 소방안전관리대상물의 관계인은 소방안전관리자가 소방안전관리 업무를 성실하게 수행할 수 있도록 지도・감독하여야 한다.

⑧ 소방안전관리자는 인명과 재산을 보호하기 위하여 소방시설・피난시설・방화시설 및 방화구획 등이 법령에 위반된 것을 발견한 때에는 지체 없이 소방안전관리대상물의 관계인에게 소방대상물의 개수・이전・제거・수리 등 필요한 조치를 할 것을 요구하여야 하며, 관계인이 시정하지 아니하는 경우 소방본부장 또는 소방서장에게 그 사실을 알려야 한다. 이 경우 소방안전관리자는 공정하고 객관적으로 그 업무를 수행하여야 한다. 〈개정 2016.1.27.〉

⑨ 소방안전관리자로부터 제8항에 따른 조치요구 등을 받은 소방안전관리대상물의 관계인은 지체 없이 이에 따라야 하며 제8항에 따른 조치요구 등을 이유로 소방안전관리자를 해임하거나 보수(報酬)의 지급을 거부하는 등 불이익한 처우를 하여서는 아니 된다.

⑩ 제3항에 따라 소방안전관리 업무를 관리업자에게 대행하게 하는 경우의 대가(代價)는 「엔지니어링산업 진흥법」 제31조에 따른 엔지니어링사업의 대가 기준 가운데 행정안전부령으로 정하는 방식에 따라 산정한다. 〈신설 2014.1.7., 2014.11.19., 2017.7.26.〉

⑪ 제6항제2호에 따른 자위소방대와 초기대응체계의 구성, 운영 및 교육 등에 관하여 필요한 사항은 행정안전부령으로 정한다. 〈신설 2014.1.7., 2014.11.19., 2017.7.26.〉

⑫ 소방본부장 또는 소방서장은 제2항에 따른 소방안전관리자를 선임하지 아니한 소방안전관리대상물의 관계인에게 소방안전관리자를 선임하도록 명할 수 있다. 〈신설 2014.12.30.〉

⑬ 소방본부장 또는 소방서장은 제6항에 따른 업무를 다하지 아니하는 특정소방대상물의 관계인 또는 소방안전관리자에게 그 업무를 이행하도록 명할 수 있다. 〈신설 2014.12.30.〉[시행일 : 2015.1.8.] 제20조 제2항, 제20조 제6항의 개정규정 중 소방안전관리보조자 또는 초기대응체계에 관한 규정[시행일 : 2017.1.28.]

플러스 **해설**+

소방행정 수요의 급증, 철저한 예방과 긴급조치를 요구하는 화재의 특수성 그리고 관설 소방력의 한계성 등을 감안하여 일정규모 이상의 소방대상물에 대하여는 자격이 있는 소방안전관리자를 선임토록하고 그 소방안전관리자에게 자체 소방안전관리 업무에 필요한 의무를 부과하여 이행하게 함으로써 능동적이고 효율적인 관리능력을 배양시키고 관・민 합동의 소방안전 대책이 구축될 수 있도록 하는 효과를 얻기 위함이다.

핵심 정리

소방대상물의 안전관리

1. 소방안전관리

관계인 --선임(30일 이내)--> 소방안전관리자

14일 이내 신고 → 소방본부장 · 소방서장

2. 소방안전관리자의 업무

(1) 소방계획서의 작성, 시행

(2) 자위소방대의 조직, 초기대응체계(구축, 운영, 교육)

(3) 피난시설 및 방화시설의 유지 · 관리

(4) 소방훈련 및 교육

(5) 소방시설 그 밖의 소방관련시설의 유지관리

(6) 화기취급의 감독

3. 소방안전관리자를 두어야 하는 특정소방대상물

(1) 특급 소방안전관리 대상물

1) 연면적 : 20만m^2 이상(아파트 제외)

2) 지하층 포함 층수 : 30층 이상(아파트 제외)

3) 건축물의 높이 : 120m 이상(아파트 제외)

4) 아파트로서 지하층 제외층수 50층 이상 또는 높이 200m 이상

(2) 1급 소방안전관리 대상물

1) 연면적 15,000m^2 이상(아파트 제외)

2) 층수가 11층 이상(아파트 제외)

3) 아파트로서 지하층 제외층수 30층 이상 또는 높이 120m 이상

4) 가연성 가스 1천톤 이상 저장 · 취급 시설

(3) 2급 소방안전관리대상물

1) 스프링클러설비, 간이스프링클러설비, 물분무등소화설비(호스릴 제외)를 설치한 특정소방대상물

2) 옥내소화전설비를 설치한 특정소방대상물

3) 가연성 가스를 100톤 이상 1,000톤 미만 저장 · 취급하는 시설

4) 지하구

5) 공동주택

6) 문화재(목조건축물)

(4) 3급 소방안전관리대상물

1) 자동화재탐지설비를 설치한 특정소방대상물

4. 소방안전관리자 선임대상자

(1) 특급 소방안전관리자

1) 소방기술사, 소방시설관리사

2) 소방설비기사+5년 이상 실무경력(1급)

3) 소방설비산업기사+7년 이상 실무경력(1급)

4) 소방공무원+20년 이상 근무경력

(2) 1급 소방안전관리자

1) 소방자격증(기술사, 기사, 산업기사)

2) 산업안전기사・산업안전산업기사+2년 실무경력

3) 위험물자격증+위험물 안전관리자 선임

4) 소방공무원+7년 근무경력

5) 강습교육 면제자로서 시험합격

5. 소방안전관리자의 선임 신고 등

－30일 이내 소방안전관리자를 선임한 후 14일 이내 신고

(1) 신규선임 : 완공일

(2) 증축 또는 용도변경 : 증축공사의 완공일 또는 용도변경 사실을 건축물관리대장에 기재한 날

(3) 관계인의 권리를 취득한 경우 : 해당 권리를 취득한 날

(4) 공동소방안전관리 대상으로 지정한 날

(5) 소방안전관리자를 해임한 경우 : 소방안전관리자를 해임한 날

시행령 제22조 (소방안전관리자를 두어야 하는 특정소방대상물)

① 법 제20조 제2항에 따라 소방안전관리자를 선임하여야 하는 특정소방대상물(이하 "소방안전관리대상물"이라 한다)은 다음 각 호의 어느 하나에 해당하는 특정소방대상물로 한다. 다만, 「공공기관의 소방안전관리에 관한 규정」을 적용받는 특정소방대상물은 제외한다. 〈개정 2015.6.30., 2017.1.26.〉

1. 별표 2의 특정소방대상물 중 다음 각 목의 어느 하나에 해당하는 것으로서 동・식물원, 철강 등 불연성 물품을 저장・취급하는 창고, 위험물 저장 및 처리 시설 중 위험물 제조소등, 지하구를 제외한 것(이하 "특급 소방안전관리대상물"이라 한다)

가. 50층 이상(지하층은 제외한다)이거나 지상으로부터 높이가 200미터 이상인 아파트

나. 30층 이상(지하층을 포함한다)이거나 지상으로부터 높이가 120미터 이상인 특정소방대상물(아파트는 제외한다)

다. 나목에 해당하지 아니하는 특정소방대상물로서 연면적이 20만제곱미터 이상인 특정소방대상물(아파트는 제외한다)

2. 별표 2의 특정소방대상물 중 특급 소방안전관리대상물을 제외한 다음 각 목의 어느 하나에 해당하는 것으로서 동·식물원, 철강 등 불연성 물품을 저장·취급하는 창고, 위험물 저장 및 처리 시설 중 위험물 제조소등, 지하구를 제외한 것(이하 "1급 소방안전관리대상물"이라 한다)
   가. 30층 이상(지하층은 제외한다)이거나 지상으로부터 높이가 120미터 이상인 아파트
   나. 연면적 1만5천제곱미터 이상인 특정소방대상물(아파트는 제외한다)
   다. 나목에 해당하지 아니하는 특정소방대상물로서 층수가 11층 이상인 특정소방대상물(아파트는 제외한다)
   라. 가연성 가스를 1천톤 이상 저장·취급하는 시설
3. 별표 2의 특정소방대상물 중 특급 소방안전관리대상물 및 1급 소방안전관리대상물을 제외한 다음 각 목의 어느 하나에 해당하는 것(이하 "2급 소방안전관리대상물"이라 한다)
   가. 별표 5 제1호 다목부터 바목까지의 규정에 해당하는 특정소방대상물[호스릴(Hose Reel) 방식의 물분무등소화설비만을 설치한 경우는 제외한다]
   나. 삭제 〈2017.1.26.〉
   다. 가스 제조설비를 갖추고 도시가스사업의 허가를 받아야 하는 시설 또는 가연성 가스를 100톤 이상 1천톤 미만 저장·취급하는 시설
   라. 지하구
   마. 「공동주택관리법 시행령」 제2조 각 호의 어느 하나에 해당하는 공동주택
   바. 「문화재보호법」 제23조에 따라 보물 또는 국보로 지정된 목조건축물
4. 별표 2의 특정소방대상물 중 이 항 제1호부터 제3호까지에 해당하지 아니하는 특정소방대상물로서 별표 5 제2호 라목에 해당하는 특정소방대상물(이하 "3급 소방안전관리대상물"이라 한다)

② 제1항에도 불구하고 건축물대장의 건축물현황도에 표시된 대지경계선 안의 지역 또는 인접한 2개 이상의 대지에 제1항에 따라 소방안전관리자를 두어야 하는 특정소방대상물이 둘 이상 있고, 그 관리에 관한 권원(權原)을 가진 자가 동일인인 경우에는 이를 하나의 특정소방대상물로 보되, 그 특정소방대상물이 제1항 제1호부터 제4호까지의 규정 중 둘 이상에 해당하는 경우에는 그 중에서 급수가 높은 특정소방대상물로 본다. 〈개정 2017.1.26.〉

시행령 제22조의2 (소방안전관리보조자를 두어야 하는 특정소방대상물)

① 법 제20조 제2항에 따라 소방안전관리보조자를 선임하여야 하는 특정소방대상물은 제22조에 따라 소방안전관리자를 두어야 하는 특정소방대상물 중 다음 각 호의 어느 하나에 해당하는 특정소방대상물(이하 "보조자선임대상 특정소방대상물"이라 한다)로 한다. 다만, 제3호에 해당하는 특정소방대상물로서 해당 특정소방대상물이 소재하는 지역을 관할하는 소방서장이 야간이나 휴일에 해당 특정소방대상물이 이용되지 아니한다는 것을 확인한 경우에는 소방안전관리보조자를 선임하지 아니할 수 있다.
1. 「건축법 시행령」 별표 1 제2호 가목에 따른 아파트(300세대 이상인 아파트만 해당한다)
2. 제1호에 따른 아파트를 제외한 연면적이 1만5천제곱미터 이상인 특정소방대상물
3. 제1호 및 제2호에 따른 특정소방대상물을 제외한 특정소방대상물 중 다음 각 목의 어느 하나에 해당하는 특정소방대상물

가. 공동주택 중 기숙사

나. 의료시설

다. 노유자시설

라. 수련시설

마. 숙박시설(숙박시설로 사용되는 바닥면적의 합계가 1천500제곱미터 미만이고 관계인이 24시간 상시 근무하고 있는 숙박시설은 제외한다)

② 보조자선임대상 특정소방대상물의 관계인이 선임하여야 하는 소방안전관리보조자의 최소 선임기준은 다음 각 호와 같다.

1. 제1항 제1호의 경우 : 1명. 다만, 초과되는 300세대마다 1명 이상을 추가로 선임하여야 한다.
2. 제1항 제2호의 경우 : 1명. 다만, 초과되는 연면적 1만5천제곱미터마다 1명 이상을 추가로 선임하여야 한다.
3. 제1항 제3호의 경우 : 1명

시행령 제23조 (소방안전관리자 및 소방안전관리보조자의 선임대상자)

① 특급 소방안전관리대상물의 관계인은 다음 각 호의 어느 하나에 해당하는 사람 중에서 소방안전관리자를 선임하여야 한다. 〈개정 2014.11.19., 2015.1.6., 2017.1.26.〉

1. 소방기술사 또는 소방시설관리사의 자격이 있는 사람
2. 소방설비기사의 자격을 취득한 후 5년 이상 1급 소방안전관리대상물의 소방안전관리자로 근무한 실무경력(법 제20조 제3항에 따라 소방안전관리자로 선임되어 근무한 경력은 제외한다. 이하 이 조에서 같다)이 있는 사람
3. 소방설비산업기사의 자격을 취득한 후 7년 이상 1급 소방안전관리대상물의 소방안전관리자로 근무한 실무경력이 있는 사람
4. 소방공무원으로 20년 이상 근무한 경력이 있는 사람
5. 소방청장이 실시하는 특급 소방안전관리대상물의 소방안전관리에 관한 시험에 합격한 사람. 이 경우 해당 시험은 다음 각 목의 어느 하나에 해당하는 사람만 응시할 수 있다.

   가. 1급 소방안전관리대상물의 소방안전관리자로 5년(소방설비기사의 경우 2년, 소방설비산업기사의 경우 3년) 이상 근무한 실무경력이 있는 사람

   나. 1급 소방안전관리대상물의 소방안전관리자로 선임될 수 있는 자격이 있는 사람으로서 특급 또는 1급 소방안전관리대상물의 소방안전관리보조자로 7년 이상 근무한 실무경력이 있는 사람

   다. 소방공무원으로 10년 이상 근무한 경력이 있는 사람

   라. 「고등교육법」 제2조제1호부터 제6호까지의 어느 하나에 해당하는 학교(이하 "대학"이라 한다)에서 소방안전관리학과(소방청장이 정하여 고시하는 학과를 말한다. 이하 같다)를 전공하고 졸업한 사람(법령에 따라 이와 같은 수준의 학력이 있다고 인정되는 사람을 포함한다)으로서 해당 학과를 졸업한 후 2년 이상 1급 소방안전관리대상물의 소방안전관리자로 근무한 실무경력이 있는 사람
6. 삭제 〈2017.1.26.〉

② 1급 소방안전관리대상물의 관계인은 다음 각 호의 어느 하나에 해당하는 사람 중에서 소방안전관리

마. 다음 1)부터 3)까지의 어느 하나에 해당하는 사람으로서 해당 요건을 갖춘 후 3년 이상 1급 소방안전관리대상물의 소방안전관리자로 근무한 실무경력이 있는 사람

1) 대학에서 소방안전 관련 교과목(소방청장이 정하여 고시하는 교과목을 말한다. 이하 같다)을 12학점 이상 이수하고 졸업한 사람

2) 법령에 따라 1)에 해당하는 사람과 같은 수준의 학력이 있다고 인정되는 사람으로서 해당 학력 취득 과정에서 소방안전 관련 교과목을 12학점 이상 이수한 사람

3) 대학에서 소방안전 관련 학과(소방청장이 정하여 고시하는 학과를 말한다. 이하 같다)를 전공하고 졸업한 사람(법령에 따라 이와 같은 수준의 학력이 있다고 인정되는 사람을 포함한다)

바. 소방행정학(소방학 및 소방방재학을 포함한다) 또는 소방안전공학(소방방재공학 및 안전공학을 포함한다) 분야에서 석사학위 이상을 취득한 후 2년 이상 1급 소방안전관리대상물의 소방안전관리자로 근무한 실무경력이 있는 사람

사. 특급 소방안전관리대상물의 소방안전관리보조자로 10년 이상 근무한 실무경력이 있는 사람

아. 법 제41조제1항제3호 및 이 영 제38조에 따라 특급 소방안전관리대상물의 소방안전관리에 대한 강습교육을 수료한 사람

6. 삭제 〈2017. 1. 26.〉

② 1급 소방안전관리대상물의 관계인은 다음 각 호의 어느 하나에 해당하는 사람 중에서 소방안전관리자를 선임하여야 한다. 다만, 제4호부터 제6호까지에 해당하는 사람은 안전관리자로 선임된 해당 소방안전관리대상물의 소방안전관리자로만 선임할 수 있다. 〈개정 2013. 1. 9., 2014. 11. 19., 2015. 1. 6., 2015. 7. 24., 2017. 1. 26., 2017. 7. 26., 2017. 8. 16., 2018. 6. 26.〉

1. 소방설비기사 또는 소방설비산업기사의 자격이 있는 사람
2. 산업안전기사 또는 산업안전산업기사의 자격을 취득한 후 2년 이상 2급 소방안전관리대상물 또는 3급 소방안전관리대상물의 소방안전관리자로 근무한 실무경력이 있는 사람
3. 소방공무원으로 7년 이상 근무한 경력이 있는 사람
4. 위험물기능장・위험물산업기사 또는 위험물기능사 자격을 가진 사람으로서 「위험물안전관리법」 제15조 제1항에 따라 위험물안전관리자로 선임된 사람
5. 「고압가스 안전관리법」 제15조 제1항, 「액화석유가스의 안전관리 및 사업법」 제34조 제1항 또는 「도시가스사업법」 제29조 제1항에 따라 안전관리자로 선임된 사람
6. 「전기사업법」 제73조 제1항 및 제2항에 따라 전기안전관리자로 선임된 사람
7. 소방청장이 실시하는 1급 소방안전관리대상물의 소방안전관리에 관한 시험에 합격한 사람. 이 경우 해당 시험은 다음 각 목의 어느 하나에 해당하는 사람만 응시할 수 있다.

가. 「고등교육법」 제2조 제1호부터 제6호까지의 어느 하나에 해당하는 학교(이하 "대학"이라 한다)에서 소방안전관리학과를 전공하고 졸업한 사람으로서 2년 이상 2급 소방안전관리대상물 또는 3급 소방안전관리대상물의 소방안전관리자로 근무한 실무경력이 있는 사람

나. 다음 1)부터 3)까지의 어느 하나에 해당하는 사람으로서 3년 이상 2급 소방안전관리대상물 또는 3급 소방안전관리대상물의 소방안전관리자로 근무한 실무경력이 있는 사람

1) 대학에서 소방안전 관련 교과목(소방청장이 정하여 고시하는 교과목을 말한다. 이하 같다)을 12학점 이상 이수하고 졸업한 사람
2) 법령에 따라 1)에 해당하는 사람과 같은 수준의 학력이 있다고 인정되는 사람으로서 해당 학력 취득 과정에서 소방안전 관련 교과목을 12학점 이상 이수한 사람
3) 대학에서 소방안전 관련 학과(소방청장이 정하여 고시하는 학과를 말한다. 이하 같다)를 전공하고 졸업한 사람(법령에 따라 이와 같은 수준의 학력이 있다고 인정되는 사람을 포함한다)

다. 소방행정학(소방학, 소방방재학을 포함한다) 또는 소방안전공학(소방방재공학, 안전공학을 포함한다) 분야에서 석사학위 이상을 취득한 사람

라. 가목 및 나목에 해당하는 경우 외에 5년 이상 2급 소방안전관리대상물의 소방안전관리자로 근무한 실무경력이 있는 사람

마. 법 제41조 제1항 제3호 및 이 영 제38조에 따라 특급 소방안전관리대상물 또는 1급 소방안전관리대상물의 소방안전관리에 대한 강습교육을 수료한 사람

바. 「공공기관의 소방안전관리에 관한 규정」 제5조 제1항 제2호 나목에 따른 강습교육을 수료한 사람

사. 2급 소방안전관리대상물의 소방안전관리자로 선임될 수 있는 자격이 있는 사람으로서 특급 또는 1급 소방안전관리대상물의 소방안전관리보조자로 5년 이상 근무한 실무경력이 있는 사람

아. 2급 소방안전관리대상물의 소방안전관리자로 선임될 수 있는 자격이 있는 사람으로서 2급 소방안전관리대상물의 소방안전관리보조자로 7년 이상 근무한 실무경력(특급 또는 1급 소방안전관리대상물의 소방안전관리보조자로 근무한 5년 미만의 실무경력이 있는 경우에는 이를 포함하여 합산한다)이 있는 사람

8. 제1항에 따라 특급 소방안전관리대상물의 소방안전관리자 자격이 인정되는 사람

③ 2급 소방안전관리대상물의 관계인은 다음 각 호의 어느 하나에 해당하는 사람 중에서 소방안전관리자를 선임하여야 한다. 다만, 제3호에 해당하는 사람은 보안관리자 또는 보안감독자로 선임된 해당 소방안전관리대상물의 소방안전관리자로만 선임할 수 있다. 〈개정 2013.1.9., 2014.11.19., 2015.1.6., 2017.1.6., 2017.1.26.〉

1. 건축사 · 산업안전기사 · 산업안전산업기사 · 건축기사 · 건축산업기사 · 일반기계기사 · 전기기능장 · 전기기사 · 전기산업기사 · 전기공사기사 또는 전기공사산업기사 자격을 가진 사람
2. 위험물기능장 · 위험물산업기사 또는 위험물기능사 자격을 가진 사람
3. 광산보안기사 또는 광산보안산업기사 자격을 가진 사람으로서 「광산안전법」 제13조에 따라 광산안전관리직원(안전관리자 또는 안전감독자만 해당한다)으로 선임된 사람
4. 소방공무원으로 3년 이상 근무한 경력이 있는 사람
5. 소방청장이 실시하는 2급 소방안전관리대상물의 소방안전관리에 관한 시험에 합격한 사람. 이 경우 해당 시험은 다음 각 목의 어느 하나에 해당하는 사람만 응시할 수 있다.

가. 대학에서 소방안전관리학과를 전공하고 졸업한 사람

나. 다음 1)부터 3)까지의 어느 하나에 해당하는 사람

1) 대학에서 소방안전 관련 교과목을 6학점 이상 이수하고 졸업한 사람
2) 법령에 따라 1)에 해당하는 사람과 같은 수준의 학력이 있다고 인정되는 사람으로서 해당 학력 취득 과정에서 소방안전 관련 교과목을 6학점 이상 이수한 사람
3) 대학에서 소방안전 관련 학과를 전공하고 졸업한 사람(법령에 따라 이와 같은 수준의 학력이 있다고 인정되는 사람을 포함한다)

다. 소방본부 또는 소방서에서 1년 이상 화재진압 또는 그 보조 업무에 종사한 경력이 있는 사람
라. 의용소방대원으로 3년 이상 근무한 경력이 있는 사람
마. 군부대(주한 외국군부대를 포함한다) 및 의무소방대의 소방대원으로 1년 이상 근무한 경력이 있는 사람
바. 「위험물안전관리법」 제19조에 따른 자체소방대의 소방대원으로 3년 이상 근무한 경력이 있는 사람
사. 「대통령 등의 경호에 관한 법률」에 따른 경호공무원 또는 별정직공무원으로서 2년 이상 안전검측 업무에 종사한 경력이 있는 사람
아. 경찰공무원으로 3년 이상 근무한 경력이 있는 사람
자. 법 제41조 제1항 제3호 및 이 영 제38조에 따라 특급 소방안전관리대상물, 1급 소방안전관리대상물 또는 2급 소방안전관리대상물의 소방안전관리에 대한 강습교육을 수료한 사람
차. 제2항 제7호 바목에 해당하는 사람
카. 소방안전관리보조자로 선임될 수 있는 자격이 있는 사람으로서 특급 소방안전관리대상물, 1급 소방안전관리대상물, 2급 소방안전관리대상물 또는 3급 소방안전관리대상물의 소방안전관리보조자로 3년 이상 근무한 실무경력이 있는 사람
타. 3급 소방안전관리대상물의 소방안전관리자로 2년 이상 근무한 실무경력이 있는 사람

6. 제1항 및 제2항에 따라 특급 또는 1급 소방안전관리대상물의 소방안전관리자 자격이 인정되는 사람

④ 3급 소방안전관리대상물의 관계인은 다음 각 호의 어느 하나에 해당하는 사람 중에서 소방안전관리자를 선임하여야 한다. 〈신설 2017.1.26.〉

1. 소방공무원으로 1년 이상 근무한 경력이 있는 사람
2. 소방청장이 실시하는 3급 소방안전관리대상물의 소방안전관리에 관한 시험에 합격한 사람. 이 경우 해당 시험은 다음 각 목의 어느 하나에 해당하는 사람만 응시할 수 있다.

가. 의용소방대원으로 2년 이상 근무한 경력이 있는 사람
나. 「위험물안전관리법」 제19조에 따른 자체소방대의 소방대원으로 1년 이상 근무한 경력이 있는 사람
다. 「대통령 등의 경호에 관한 법률」에 따른 경호공무원 또는 별정직공무원으로 1년 이상 안전검측 업무에 종사한 경력이 있는 사람
라. 경찰공무원으로 2년 이상 근무한 경력이 있는 사람
마. 법 제41조 제1항 제3호 및 이 영 제38조에 따라 특급 소방안전관리대상물, 1급 소방안전관리대상물, 2급 소방안전관리대상물 또는 3급 소방안전관리대상물의 소방안전관리에 대한 강습교육을 수료한 사람
바. 제2항 제7호 바목에 해당하는 사람

사. 소방안전관리보조자로 선임될 수 있는 자격이 있는 사람으로서 특급 소방안전관리대상물, 1급 소방안전관리대상물, 2급 소방안전관리대상물 또는 3급 소방안전관리대상물의 소방안전관리보조자로 2년 이상 근무한 실무경력이 있는 사람

3. 제1항부터 제3항까지의 규정에 따라 특급 소방안전관리대상물, 1급 소방안전관리대상물 또는 2급 소방안전관리대상물의 소방안전관리자 자격이 인정되는 사람

⑤ 제22조의2 제1항에 따라 소방안전관리보조자를 선임하여야 하는 특정소방대상물의 관계인은 다음 각 호의 어느 하나에 해당하는 사람을 소방안전관리보조자로 선임하여야 한다. 〈신설 2015.1.6., 2015.6.30., 2017.1.26., 2017.7.26.〉

1. 제1항부터 제4항까지의 규정에 따라 특급 소방안전관리대상물, 1급 소방안전관리대상물, 2급 소방안전관리대상물 또는 3급 소방안전관리대상물의 소방안전관리자 자격이 있는 사람
2. 「국가기술자격법」 제9조 제1항 제1호에 따른 기술·기능 분야 국가기술자격 중에서 행정안전부령으로 정하는 국가기술자격이 있는 사람
3. 제2항 제7호 바목 또는 제4항 제2호 마목에 해당하는 사람
4. 소방안전관리대상물에서 소방안전 관련 업무에 2년 이상 근무한 경력이 있는 사람

⑥ 제1항 제5호, 제2항 제7호, 제3항 제5호 및 제4항 제2호에 따른 강습교육의 시간·기간·교과목 및 소방안전관리에 관한 시험 등에 관하여 필요한 사항은 행정안전부령으로 정한다. 〈개정 2013.3.23., 2014.11.19., 2015.1.6., 2017.1.26., 2017.7.26.〉

시행령 제23조의2 (소방안전관리 업무의 대행)

① 법 제20조 제3항에서 "대통령령으로 정하는 소방안전관리대상물"이란 제22조 제1항 제2호 다목 또는 같은 항 제3호·제4호에 해당하는 특정소방대상물을 말한다. 〈개정 2017.1.26.〉

② 법 제20조 제3항 각 호 외의 부분에서 "소방안전관리 업무 중 대통령령으로 정하는 업무"란 법 제20조 제6항 제3호 또는 제5호에 해당하는 업무를 말한다. [본조신설 2014.7.7.]

시행령 제24조 (소방안전관리대상물의 소방계획 작성 등)

① 법 제20조 제6항 제1호에 따른 소방계획서에는 다음 각 호의 사항이 포함되어야 한다. 〈개정 2017.1.26.〉

1. 소방안전관리대상물의 위치·구조·연면적·용도 및 수용인원 등 일반현황
2. 소방안전관리대상물에 설치한 소방시설 및 방화시설, 전기시설·가스시설 및 위험물시설의 현황
3. 화재예방을 위한 자체점검계획 및 진압대책
4. 소방시설·피난시설 및 방화시설의 점검·정비계획
5. 피난층 및 피난시설의 위치와 피난경로의 설정 등을 포함한 피난계획
6. 방화구획제연구획·건축물의 내부마감재료(불연재료·준불연재료 또는 난연재료로 사용된 것을 말한다) 및 방염물품의 사용 그 밖의 방화구조 및 설비의 유지·관리계획
7. 법 제22조의 규정에 의한 소방교육 및 훈련에 관한 계획
8. 법 제22조의 적용을 받는 특정소방대상물의 근무자 및 거주자의 자위소방대 조직과 대원의 임무에 관한 사항
9. 증축·개축·재축·이전·대수선 중인 특정소방대상물의 공사장의 소방안전관리에 관한 사항
10. 공동 및 분임소방안전관리에 관한 사항

11. 소화 및 연소방지에 관한 사항
12. 위험물의 저장・취급에 관한 사항(위험물안전관리법 제17조의 규정에 의한 예방규정을 정하는 제조소등을 제외한다)
13. 그 밖에 소방안전관리를 위하여 소방본부장 또는 소방서장이 소방대상물의 위치・구조・설비 또는 관리상황 등을 고려하여 소방안전관리상 필요하여 요청하는 사항

② 소방본부장 또는 소방서장은 제1항의 규정에 의한 특정소방대상물의 소방계획의 작성 및 실시에 관하여 지도・감독한다.

핵심 정리

소방안전관리보조자

1. 선임 : 30일 이내, 신고 : 14일 이내
2. 선임대상
   (1) 아파트(300세대 이상)
   (2) 연면적 1만5천 제곱미터 이상 특정소방대상물(아파트 제외)
   (3) (기숙사, 노유자, 수련, 의료, 숙박)시설

확인 점검 문제

1급 소방안전관리자를 두어야 하는 특정소방대상물로서 맞는 것은?

① 연면적 1만5천 제곱미터의 위락시설
② 공공건물
③ 지하구
④ 위험물제조소등

답 ①

특정소방대상물 중 특급 소방안전관리대상물의 기준으로 맞는 것은?(단, 아파트 제외)

① 지하층 포함 층수가 30층 이상
② 지하층 제외 층수가 30층 이상
③ 지하층 포함 층수가 50층 이상
④ 지하층 제외 층수가 50층 이상

답 ①

다음 중 1급 소방안전관리대상물의 소방안전관리에 관한 시험에 응시할 수 없는 사람은?

① 특급 소방안전관리대상물의 소방안전관리에 관한 강습교육을 수료한 후 2년이 경과하지 아니한 사람
② 1급 소방안전관리대상물의 소방안전관리에 관한 강습교육을 수료한 후 2년이 경과하지 아니한 사람
③ 소방행정학(소방학, 소방방재학을 포함한다) 분야에서 학사학위 이상을 취득한 사람
④ 소방안전공학(소방방재공학, 안전공학을 포함한다) 분야에서 석사학위 이상을 취득한 사람

답 ③

제20조의2 (소방안전 특별관리시설물의 안전관리)

① 소방청장은 화재 등 재난이 발생할 경우 사회・경제적으로 피해가 큰 다음 각 호의 시설(이하 이 조에서 "소방안전 특별관리시설물"이라 한다)에 대하여 소방안전 특별관리를 하여야 한다. 〈개정 2017.7.26., 2018.3.2.〉

1. 「공항시설법」 제2조제7호의 공항시설
2. 「철도산업발전기본법」 제3조제2호의 철도시설
3. 「도시철도법」 제2조제3호의 도시철도시설
4. 「항만법」 제2조제5호의 항만시설
5. 「문화재보호법」 제2조제2항의 지정문화재인 시설(시설이 아닌 지정문화재를 보호하거나 소장하고 있는 시설을 포함한다)
6. 「산업기술단지 지원에 관한 특례법」 제2조제1호의 산업기술단지
7. 「산업입지 및 개발에 관한 법률」 제2조제8호의 산업단지
8. 「초고층 및 지하연계 복합건축물 재난관리에 관한 특별법」 제2조제1호 및 제2호의 초고층 건축물 및 지하연계 복합건축물
9. 「영화 및 비디오물의 진흥에 관한 법률」 제2조제10호의 영화상영관 중 수용인원 1,000명 이상인 영화상영관
10. 전력용 및 통신용 지하구
11. 「한국석유공사법」 제10조제1항제3호의 석유비축시설
12. 「한국가스공사법」 제11조제1항제2호의 천연가스 인수기지 및 공급망
13. 「전통시장 및 상점가 육성을 위한 특별법」 제2조 제1호의 전통시장으로서 대통령령으로 정하는 전통시장
14. 그 밖에 대통령령으로 정하는 시설물

② 소방청장은 제1항에 따른 특별관리를 체계적이고 효율적으로 하기 위하여 시・도지사와 협의하여 소방안전 특별관리기본계획을 수립하여 시행하여야 한다. 〈개정 2017.7.26.〉

③ 시・도지사는 제2항에 따른 소방안전 특별관리기본계획에 저촉되지 아니하는 범위에서 관할 구역에 있는 소방안전 특별관리시설물의 안전관리에 적합한 소방안전 특별관리시행계획을 수립하여 시행하여야 한다.

④ 그 밖에 제2항 및 제3항에 따른 소방안전 특별관리기본계획 및 소방안전 특별관리시행계획의 수립・시행에 필요한 사항은 대통령령으로 정한다.

시행령 제24조의2 (소방안전 특별관리시설물)

① 법 제20조의2제1항제13호에서 "대통령령으로 정하는 전통시장"이란 점포가 500개 이상인 전통시장을 말한다. 〈신설 2018. 6. 26.〉

② 법 제20조의2제1항제14호에서 "대통령령으로 정하는 시설물"이란 「전기사업법」 제2조제4호에 따른 발전사업자가 가동 중인 발전소(발전원의 종류별로 「발전소주변지역 지원에 관한 법률 시행령」 제2조제2항에 따른 발전소는 제외한다)를 말한다. 〈개정 2018. 6. 26.〉

[본조신설 2017. 1. 26.]

시행령 제24조의3 (소방안전 특별관리기본계획 · 시행계획의 수립 · 시행)

① 소방청장은 법 제20조의2 제2항에 따른 소방안전 특별관리기본계획(이하 이 조에서 "특별관리기본계획"이라 한다)을 5년마다 수립 · 시행하여야 하고, 계획 시행 전년도 10월 31일까지 수립하여 시 · 도에 통보한다.

② 특별관리기본계획에는 다음 각 호의 사항이 포함되어야 한다.

1. 화재예방을 위한 중기 · 장기 안전관리정책
2. 화재예방을 위한 교육 · 홍보 및 점검 · 진단
3. 화재대응을 위한 훈련
4. 화재대응 및 사후조치에 관한 역할 및 公租체계
5. 그 밖에 화재 등의 안전관리를 위하여 필요한 사항

③ 시 · 도지사는 특별관리기본계획을 시행하기 위하여 매년 법 제20조의2 제3항에 따른 소방안전 특별관리시행계획(이하 이 조에서 "특별관리시행계획"이라 한다)을 계획 시행 전년도 12월 31일까지 수립하여 야 하고, 시행 결과를 계획 시행 다음 연도 1월 31일까지 소방청장에게 통보하여야 한다.

④ 특별관리시행계획에는 다음 각 호의 사항이 포함되어야 한다.

1. 특별관리기본계획의 집행을 위하여 필요한 사항
2. 시 · 도에서 화재 등의 안전관리를 위하여 필요한 사항

⑤ 소방청장 및 시 · 도지사는 특별관리기본계획 및 특별관리시행계획을 수립하는 경우 성별, 연령별, 재해약자(장애인 · 노인 · 임산부 · 영유아 · 어린이 등 이동이 어려운 사람을 말한다)별 화재 피해현황 및 실태 등에 관한 사항을 고려하여야 한다. 〈신설 2017.1.26., 2017.7.26.〉

플러스 **해설**+

소방안전 특별관리시설물을 규정하고, 소방청장과 시 · 도지사는 소방안전 특별관리기본계획과 소방안전 특별관리시행계획을 수립 · 시행토록 함.

핵심 정리

소방안전 특별관리시설물

1. 특별관리기본계획 수립, 시행 : 소방청장(5년마다)
2. 특별관리시행계획 수립, 시행 : 시 · 도지사(매년)
3. 대상
   (1) 운수시설 중(철도, 도시철도, 공항, 항만)시설
   (2) 초고층 건축물, 지하연계 복합건축물
   (3) 산업단지, 산업기술단지
   (4) 수용인원 1,000명 이상인 영화상영관
   (5) 문화재, 지하구
   (6) 석유비축시설, 천연가스 인수기지 및 공급망

확인 점검 문제

화재 등 재난이 발생할 경우 사회 · 경제적으로 피해가 큰 "소방안전 특별관리시설물"로 틀리는 것은?

① 하나의 건축물에 10개 이상인 영화상영관
② 천연가스 인수기지 및 공급망
③ 석유비축시설
④ 공항시설 및 항만시설

답 ①

제21조 (공동소방안전관리)

특정소방대상물의 관계인은 행정안전부령으로 정하는 바에 따라 대통령령으로 정하는 자를 공동소방안전관리자로 선임하여야 한다. 〈개정 2013.3.23., 2014.11.19., 2017.7.26.〉

1. 고층 건축물(지하층을 제외한 층수가 11층 이상인 건축물만 해당한다)
2. 지하가(지하의 인공구조물 안에 설치된 상점 및 사무실, 그 밖에 이와 비슷한 시설이 연속하여 지하도에 접하여 설치된 것과 그 지하도를 합한 것을 말한다)
3. 그 밖에 대통령령으로 정하는 특정소방대상물

플러스 **해설+**

하나의 대형 취약 건축물로서 그 관리의 권원이 분리되어 있는 것은 자체 소방안전관리 업무를 통할 지휘 또는 관리하기가 어렵기 때문에 대형 화재발생 우려가 높다고 할 수 있다. 이에 관리의 권원이 있는 자들로 하여금 자체 소방안전관리 업무에 필요한 "공동소방안전관리 규정"을 서로 협의하여 정하도록 한 것이다.

핵심 정리

공동소방안전관리(관리의 권원이 분리되어 있는 것 중)

공동소방안전관리 특정소방대상물

(1) 고층건축물(지하층을 제외한 층수가 11층 이상인 건축물에 한함)

(2) 지하가

(3) 복합건축물로서 연면적이 5,000m^2 이상 또는 5층 이상

(4) 도・소매시장

시행령 제24조의4 (공동 소방안전관리자)

법 제21조 각 호 외의 부분에서 "대통령령으로 정하는 자"란 제23조 제3항 각 호의 어느 하나에 해당하는 사람을 말한다.

[본조신설 2017.1.26.]

시행령 제25조 (공동 소방안전관리자 선임대상 특정소방대상물)

법 제21조 제3호에서 "대통령령이 정하는 특정소방대상물"이란 다음 각호의 어느 하나에 해당하는 특정소방대상물을 말한다.

1. 별표 2의 복합건축물로서 연면적이 5천제곱미터 이상인 것 또는 층수가 5층 이상인 것
2. 별표 2의 판매시설 중 도매시장 및 소매시장
3. 제22조 제1항의 규정에 의한 특정소방대상물 중 소방본부장 또는 서방서장이 지정하는 것

확인 점검 문제

「화재예방, 소방시설 설치・유지 및 안전관리에 관한 법률」상 공동 소방안전관리자 선임대상 특정 소방대상물로 옳지 않은 것은?

① 지하층을 제외한 층수가 13층인 건축물

② 지하가 (지하의 인공구조물 안에 설치된 상점 및 사무실 그 밖의 비슷한 시설이 연속하여 지하도에 접하여 설치된 것)

③ 복합건축물로서 연면적이 4,000제곱미터

④ 판매시설 중 도매시장 및 소매시장

답 ③

다음 중 공동소방안전관리를 하여야 하는 특정소방대상물로 옳지 않은 것은?

① 지하층을 제외한 11층 이상의 건축물 ② 지하가

③ 판매시설 중 도매시장 및 소매시장 ④ 복합건축물로서 연면적 3천m^2 이하인 것

답 ④

제21조의2 (피난계획의 수립 및 시행)

① 제20조 제2항에 따른 소방안전관리대상물의 관계인은 그 장소에 근무하거나 거주 또는 출입하는 사람들이 화재가 발생한 경우에 안전하게 피난할 수 있도록 피난계획을 수립하여 시행하여야 한다.

② 제1항의 피난계획에는 그 특정소방대상물의 구조, 피난시설 등을 고려하여 설정한 피난경로가 포함되어야 한다.

③ 제1항의 소방안전관리대상물의 관계인은 피난시설의 위치, 피난경로 또는 대피요령이 포함된 피난유도 안내정보를 근무자 또는 거주자에게 정기적으로 제공하여야 한다.

④ 제1항에 따른 피난계획의 수립・시행, 제3항에 따른 피난유도 안내정보 제공에 필요한 사항은 행정안전부령으로 정한다. 〈개정 2017.7.26.〉

제22조 (특정소방대상물의 근무자 및 거주자에 대한 소방훈련 등)

① 대통령령으로 정하는 특정소방대상물의 관계인은 그 장소에 상시 근무하거나 거주하는 사람에게 소화・통보・피난 등의 훈련(이하 "소방훈련"이라 한다)과 소방안전관리에 필요한 교육을 하여야 한다. 이 경우 피난훈련은 그 소방대상물에 출입하는 사람을 안전한 장소로 대피시키고 유도하는 훈련을 포함하여야 한다.

② 소방본부장이나 소방서장은 제1항에 따라 특정소방대상물의 관계인이 실시하는 소방훈련을 지도・감독할 수 있다.

③ 제1항에 따른 소방훈련과 교육의 횟수 및 방법 등에 관하여 필요한 사항은 행정안전부령으로 정한다. 〈개정 2013.3.23., 2014.11.19., 2017.7.26.〉

플러스 해설+

화재 발생 시 건축물에서의 인명 및 재산피해를 방지하기 위하여 특정소방대상물의 관계인은 상시근무자 또는 거주자를 대상으로 화재 시에 불을 끄는 요령, 화재발생 사실을 통보하는 방법, 피난을 위한 훈련 등을 정기적으로 실시하도록 관계인에게 직접 책임을 부여하였으며 소방본부장과 소방서장은 이를 지도・감독한다.

핵심 정리

특정소방대상물의 근무자 및 거주자에 대한 소방훈련 등

관계인 —(소방훈련・교육)→ 근무자・거주자

1. 소방훈련 : 소화, 통보, 피난
2. 횟수 : 연 1회 이상(다만, 소방서장이 필요하다고 인정하는 경우에는 2회 범위에서 추가 실시)
3. 제외대상 : 상시 근무하거나 거주하는 인원이 10인 이하 제외

시행령 제26조(근무자 및 거주자에게 소방교육·훈련을 실시하여야 하는 특정소방대상물)
법 제22조 제1항 전단에서 "대통령령이 정하는 특정소방대상물"이라 함은 제22조 제1항의 규정에 의한 특정소방대상물 중 상시 근무하거나 거주하는 인원(숙박시설의 경우에는 상시 근무하는 인원을 말한다)이 10인 이하인 특정소방대상물을 제외한 것을 말한다.

확인 점검 문제

특정소방대상물의 관계인은 소방교육 및 소방훈련 등을 실시하여야 한다. 다음 중 소방교육 및 훈련에 대한 내용으로 옳은 것은?

① 아파트로서 지하층을 제외한 층수가 11층 이상에 해당하는 경우에는 소방기관과 합동으로 소방훈련을 하게 할 수 있다.
② 특정소방대상물 중 상시 근무하거나 거주하는 인원(숙박시설의 경우에는 상시 근무하는 인원을 말한다)이 10명 이하인 특정소방대상물은 소방훈련과 교육을 실시하지 않을 수 있다.
③ 소방청장·소방본부장 및 소방서장은 특정소방대상물의 관계인이 실시하는 소방훈련을 지도·감독할 수 있다.
④ 소방훈련과 교육의 횟수 및 방법 등에 관하여 필요한 사항은 소방청장이 정한다.

답 ②

제23조(특정소방대상물의 관계인에 대한 소방안전교육)

① 소방본부장이나 소방서장은 제22조를 적용받지 아니하는 특정소방대상물의 관계인에 대하여 특정소방대상물의 화재 예방과 소방안전을 위하여 행정안전부령으로 정하는 바에 따라 소방안전교육을 하여야 한다.
② 제1항에 따른 교육대상자 및 특정소방대상물의 범위 등에 관하여 필요한 사항은 행정안전부령으로 정한다. 〈개정 2013.3.23., 2014.11.19., 2017.7.26.〉

제24조(공공기관 등의 소방안전관리)

① 국가, 지방자치단체, 국공립학교 등 대통령령으로 정하는 공공기관의 장은 소관 기관의 근무자 등의 생명·신체와 건축물·인공구조물 및 물품 등을 화재로부터 보호하기 위하여 화재 예방, 자위소방대의 조직 및 편성, 소방시설의 자체점검과 소방훈련 등의 소방안전관리를 하여야 한다.
② 제1항에 따른 공공기관에 대한 다음 각 호의 사항에 관하여는 제20조부터 제23조까지의 규정에도 불구하고 대통령령으로 정하는 바에 따른다.
1. 소방안전관리자의 자격, 책임 및 선임 등
2. 소방안전관리의 업무대행

3. 자위소방대의 구성, 운영 및 교육
4. 근무자 등에 대한 소방훈련 및 교육
5. 그 밖에 소방안전관리에 필요한 사항

플러스 **해설**+

공공시설을 화재로부터 보호하여 공공의 안녕과 질서유지를 위하여 일반 소방대상물과 달리 공공기관의 소방안전관리에 관한 규정을 별도로 규정한 것이다.

제25조 (소방시설등의 자체점검 등)

① 특정소방대상물의 관계인은 그 대상물에 설치되어 있는 소방시설등에 대하여 정기적으로 자체점검을 하거나 관리업자 또는 행정안전부령으로 정하는 기술자격자로 하여금 정기적으로 점검하게 하여야 한다. 〈개정 2013.3.23., 2014.11.19., 2017.7.26.〉

② 제1항에 따라 특정소방대상물의 관계인 등이 점검을 한 경우에는 관계인이 그 점검 결과를 행정안전부령으로 정하는 바에 따라 소방본부장이나 소방서장에게 보고하여야 한다. 〈개정 2013.3.23., 2014.11.19., 2016.1.27., 2017.7.26.〉

③ 제1항에 따른 점검의 구분과 그 대상, 점검인력의 배치기준 및 점검자의 자격, 점검 장비, 점검방법 및 횟수 등 필요한 사항은 행정안전부령으로 정한다. 〈개정 2013.3.23., 2014.11.19., 2017.7.26.〉

④ 제1항에 따라 관리업자나 기술자격자로 하여금 점검하게 하는 경우의 점검 대가는 「엔지니어링산업 진흥법」 제31조에 따른 엔지니어링사업의 대가의 기준 가운데 행정안전부령으로 정하는 방식에 따라 산정한다. 〈개정 2013.3.23., 2014.1.7., 2014.11.19., 2017.7.26.〉

플러스 **해설**+

관계인 스스로에 의한 자체점검을 강제함에 있어 일차적으로 모든 특정소방대상물의 관계인에게 자체점검을 의무화한 규정으로 일정규모 이상의 소방대상물에 대하여서는 일정한 자격과 기술을 가진 자격자로 하여금 정기점검을 실시하도록 하여야한다. 이는 관 주도의 소방행정의 한계를 극복하고 자율적인 소방안전관리능력을 제고함으로써 소방행정의 효율성을 기하고자 함이다.

핵심 정리

소방시설 등의 자체점검 등

1. 소방시설 등의 자체점검의 구분・대상・점검자의 자격・점검방법 및 점검 횟수
   (1) 점검구분
      1) 작동기능점검(인위적 조작으로 작동여부 점검)
      2) 종합정밀점검(화재안전기준에 적합 여부 점검)

(2) 대상

1) 종합정밀정검 : 스프링클러설비 또는 물분무등소화설비가 설치된

㉠ 연면적 5,000m^2 이상인 특정소방대상물(위험물 제조소등 제외)

㉡ 아파트 : 연면적이 5,000m^2 이상이고 층수가 11층 이상

㉢ 공공기관 : 연면적 1천 제곱미터 이상(옥내소화전, 자동화재탐지설비)

(3) 점검횟수

1) 작동기능점검

㉠ 횟수 : 연 1회 이상 실시

㉡ 시기

i) 종합정밀점검대상 : 종합정밀점검을 받은 달부터 6월이 되는 달에 실시

ii) 그 밖의 대상 : 연중실시

2) 종합정밀점검

㉠ 횟수 : 연 1회 이상 실시(특급소방안전관리대상물 : 반기별 1회 이상). 단, 신축 완공검사증명서 교부대상은 다음연도부터 실시

– 면제 : 소방청장이 소방안전관리가 우수하다고 인정한 특정소방대상물

– 면제기간 : 당해 년도 포함 3년의 범위

㉡ 시기 : 건축물 사용 승인일(건축물관리대장 또는 건축물의 등기부등본에 기재된 날)이 속하는 달까지 실시

(4) 점검결과보고서의 제출

1) 작동기능점검 : 30일 이내 소방본부장, 소방서장에게 제출, 2년간 자체 보관

2) 종합정밀점검 : 30일 이내 소방본부장, 소방서장에게 제출

2. 점검인력1단위 : 소방시설관리사 1명, 보조기술인력 2명

3. 점검한도면적

– 종합정밀점검 : 10,000m^2

– 작동기능점검 : 12,000m^2(소규모점검의 경우에는 3,500m^2)

4. 점검한도세대

– 종합정밀점검 : 300세대

– 작동기능점검 : 350세대(소규모점검의 경우에는 90세대)

확인 점검 문제

「화재예방, 소방시설 설치 · 유지 및 안전관리에 관한 법률」의 시행규칙 상 종합정밀점검 대상으로 옳은 것은?

① 스프링클러설비가 설치된 연면적 4천m^2인 특정소방대상물

② 연면적 5천m^2이고 7층인 아파트

③ 제연설비가 설치된 터널

④ 공공기관 중 연면적이 600m^2 이상이고 자동화재탐지설비가 설치된 것

답 ③

소방시설등의 자체점검 시 점검인력 배치기준에서 점검인력 1단위가 하루 동안 점검할 수 있는 작동기능점검의 점검한도면적으로 옳은 것은?

① 5,000m^2 ② 10,000m^2
③ 12,000m^2 ④ 15,000m^2

답 ③

소방시설등에 실시하는 자체점검에 대한 사항으로 틀리는 것은?

① 작동기능점검의 점검자는 해당 특정소방대상물의 소방안전관리자・소방시설관리업자 또는 소방시설공사업자이다.
② 종합정밀점검의 점검횟수는 연 1회 이상(특급소방안전관리대상물의 경우에는 반기에 1회 이상) 실시하여야 하며, 소방청장이 소방안전관리가 우수하다고 인정한 특정소방대상물에 대해서는 3년의 범위에서 소방청장이 고시하거나 정한 기간 동안 종합정밀점검을 면제할 수 있다.
③ 다중이용업인 안마시술소로서 연면적이 2,000m^2 이상인 것은 종합정밀점검 대상에 해당된다.
④ 공공기관 중 연면적이 1,000m^2 이상인 것으로서 옥내소화전설비 또는 자동화재탐지설비가 설치된 것은 종합정밀점검 대상에 해당된다.

답 ①

소방시설의 작동기능점검 및 종합정밀점검에 대하여 옳지 않은 것은?

① 작동기능점검의 점검횟수는 연 1회 이상 실시한다.
② 작동기능점검은 소방시설을 인위적으로 조작하여 정상적으로 작동하는지를 점검하는 것을 말한다.
③ 종합정밀점검은 특급소방안전관리대상물을 포함하여 연 2회 이상 실시한다.
④ 종합정밀점검은 소방시설의 작동기능점검을 포함하여 실시한다.

답 ③

제25조의2 (우수 소방대상물 관계인에 대한 포상등)

① 소방청장은 소방대상물의 자율적인 안전관리를 유도하기 위하여 안전관리 상태가 우수한 소방대상물을 선정하여 우수 소방대상물 표지를 발급하고, 소방대상물의 관계인을 포상할 수 있다. 〈개정 2014.11.19., 2017.7.26.〉
② 제1항에 따른 우수 소방대상물의 선정 방법, 평가 대상물의 범위 및 평가 절차 등 필요한 사항은 행정안전부령으로 정한다. 〈개정 2013.3.23., 2014.11.19., 2017.7.26.〉

05 소방시설관리사 및 소방시설관리업

제 1 절 소방시설관리사

제26조 (소방시설관리사)

① 소방시설관리사(이하 "관리사"라 한다)가 되려는 사람은 소방청장이 실시하는 관리사시험에 합격하여야 한다. 〈개정 2014.11.19., 2017.7.26.〉

② 제1항에 따른 관리사시험의 응시자격, 시험 방법, 시험 과목, 시험 위원, 그 밖에 관리사시험에 필요한 사항은 대통령령으로 정한다.

③ 소방기술사 등 대통령령으로 정하는 사람에 대하여는 제2항에 따른 관리사시험 과목 가운데 일부를 면제할 수 있다.

④ 소방청장은 제1항에 따른 관리사시험에 합격한 사람에게는 행정안전부령으로 정하는 바에 따라 소방시설관리사증을 발급하여야 한다. 〈개정 2014.11.19., 2015.7.24., 2017.7.26.〉

⑤ 제4항에 따라 소방시설관리사증을 발급받은 사람은 소방시설관리사증을 잃어버렸거나 못 쓰게 된 경우에는 행정안전부령으로 정하는 바에 따라 소방시설관리사증을 재발급받을 수 있다. 〈신설 2015.7.24., 2017.7.26.〉

⑥ 관리사는 제4항에 따라 받은 소방시설관리사증을 다른 자에게 빌려주어서는 아니 된다. 〈개정 2015.7.24.〉

⑦ 관리사는 동시에 둘 이상의 업체에 취업하여서는 아니 된다. 〈개정 2015.7.24.〉

⑧ 제25조 제1항에 따른 기술자격자 및 제29조 제2항에 따라 관리업의 기술 인력으로 등록된 관리사는 성실하게 자체점검 업무를 수행하여야 한다. 〈개정 2015.7.24.〉

플러스 해설+

소방시설관리사 제도는 소방시설 점검에 관한 전문기술을 가진자에게 자격을 부여하여 소방시설관리업에 종사할 수 있도록 한 규정으로 특정소방대상물에 설치된 소방시설을 내실 있게 관리하여 화재예방 및 화재 시 소방시설이 제 기능을 발휘할 수 있도록 하기 위하여 전문기술자 배출을 위한 자격제도이다.

시행령 제27조 (소방시설관리사 시험의 응시자격)

법 제26조 제2항에 따른 소방시설관리사시험(이하 "관리사시험"이라 한다)에 응시할 수 있는 사람은 다음 각 호와 같다. 〈개정 2014.11.19., 2016.6.30., 2017.1.26., 2017.7.26.〉

1. 소방기술사 · 위험물기능장 · 건축사 · 건축기계설비기술사 · 건축전기설비기술사 또는 공조냉동기계기술사

2. 소방설비기사 자격을 취득한 후 2년 이상 소방청장이 정하여 고시하는 소방에 관한 실무경력(이하 "소방실무경력"이라 한다)이 있는 사람
3. 소방설비산업기사 자격을 취득한 후 3년 이상 소방실무경력이 있는 사람
4. 「국가과학기술 경쟁력 강화를 위한 이공계지원 특별법」 제2조 제1호에 따른 이공계(이하 "이공계"라 한다) 분야를 전공한 사람으로서 다음 각 목의 어느 하나에 해당하는 사람
   가. 이공계 분야의 박사학위를 취득한 사람
   나. 이공계 분야의 석사학위를 취득한 후 2년 이상 소방실무경력이 있는 사람
   다. 이공계 분야의 학사학위를 취득한 후 3년 이상 소방실무경력이 있는 사람
5. 소방안전공학(소방방재공학, 안전공학을 포함한다) 분야를 전공한 후 다음 각 목의 어느 하나에 해당하는 사람
   가. 해당 분야의 석사학위 이상을 취득한 사람
   나. 2년 이상 소방실무경력이 있는 사람
6. 위험물산업기사 또는 위험물기능사 자격을 취득한 후 3년 이상 소방실무경력이 있는 사람
7. 소방공무원으로 5년 이상 근무한 경력이 있는 사람
8. 소방안전 관련 학과의 학사학위를 취득한 후 3년 이상 소방실무경력이 있는 사람
9. 산업안전기사 자격을 취득한 후 3년 이상 소방실무경력이 있는 사람
10. 다음 각 목의 어느 하나에 해당하는 사람
    가. 특급 소방안전관리대상물의 소방안전관리자로 2년 이상 근무한 실무경력이 있는 사람
    나. 1급 소방안전관리대상물의 소방안전관리자로 3년 이상 근무한 실무경력이 있는 사람
    다. 2급 소방안전관리대상물의 소방안전관리자로 5년 이상 근무한 실무경력이 있는 사람
    라. 3급 소방안전관리대상물의 소방안전관리자로 7년 이상 근무한 실무경력이 있는 사람
    마. 10년 이상 소방실무경력이 있는 사람

시행령 제28조 (시험의 시행방법)

① 관리사시험은 제1차시험과 제2차시험으로 구분하여 시행한다. 다만, 소방청장은 필요하다고 인정하는 경우에는 제1차시험과 제2차시험을 구분하되, 같은 날에 순서대로 시행할 수 있다. 〈개정 2014.11.19., 2017.7.26.〉

② 제1차시험은 선택형을, 제2차시험은 논문형을 원칙으로 하되, 제2차시험의 경우에는 기입형을 가미할 수 있다.

③ 제1차시험에 합격한 자에 대하여는 다음 회의 시험에 한하여 제1차시험을 면제한다. 다만, 제1차시험을 면제받고자 하는 당해 시험의 응시자격을 갖춘 경우에 한한다.

④ 제2차시험은 제1차시험에 합격한 자에 한하여 시행한다. 다만, 제1항 단서의 규정에 의하여 제1차시험과 제2차시험을 병행하여 시행하는 때에는 제1차시험에 불합격한 자의 제2차시험에 대하여는 이를 무효로 한다.

시행령 제29조 (시험과목)

관리사시험의 제1차시험 및 제2차시험 과목은 다음 각 호와 같다. 〈개정 2017.1.26.〉

1. 제1차시험
   가. 소방안전관리론(연소 및 소화, 화재예방관리, 건축물소방안전기준, 인원수용 및 피난계획에 관한 부분으로 한정한다) 및 화재역학[화재성상, 화재하중(火災荷重), 열전달, 화염 확산, 연소속도, 구획화재, 연소생성물 및 연기의 생성·이동에 관한 부분으로 한정한다]
   나. 소방수리학, 약제화학 및 소방전기(소방 관련 전기공사재료 및 전기제어에 관한 부분으로 한정한다)
   다. 다음의 소방 관련 법령
      1) 「소방기본법」, 같은 법 시행령 및 같은 법 시행규칙
      2) 「소방시설공사업법」, 같은 법 시행령 및 같은 법 시행규칙
      3) 「화재예방, 소방시설 설치·유지 및 안전관리에 관한 법률」, 같은 법 시행령 및 같은 법 시행규칙
      4) 「위험물안전관리법」, 같은 법 시행령 및 같은 법 시행규칙
      5) 「다중이용업소의 안전관리에 관한 특별법」, 같은 법 시행령 및 같은 법 시행규칙
   라. 위험물의 성상 및 시설기준
   마. 소방시설의 구조 원리(고장진단 및 정비를 포함한다)
2. 제2차시험
   가. 소방시설의 점검실무행정(점검절차 및 점검기구 사용법을 포함한다)
   나. 소방시설의 설계 및 시공

시행령 제30조 (시험위원)

① 소방청장은 법 제26조 제2항에 따라 관리사시험의 출제 및 채점을 위하여 다음 각 호의 어느 하나에 해당하는 사람 중에서 시험위원을 임명하거나 위촉하여야 한다. 〈개정 2014.11.19., 2017.1.26., 2017.7.26.〉
   1. 소방 관련 분야의 박사학위를 가진 사람
   2. 대학에서 소방안전 관련 학과 조교수 이상으로 2년 이상 재직한 사람
   3. 소방위 또는 지방소방위 이상의 소방공무원
   4. 소방시설관리사
   5. 소방기술사

② 제1항에 따른 시험위원의 수는 다음 각 호의 구분에 따른다. 〈개정 2017.1.26.〉
   1. 출제위원 : 시험 과목별 3명
   2. 채점위원 : 시험 과목별 5명 이내(제2차시험의 경우로 한정한다)

③ 제1항에 따라 시험위원으로 임명되거나 위촉된 사람은 소방청장이 정하는 시험문제 등의 출제 시 유의사항 및 서약서 등에 따른 준수사항을 성실히 이행하여야 한다. 〈개정 2014.11.19., 2017.1.26., 2017.7.26.〉

④ 제1항에 따라 임명되거나 위촉된 시험위원과 시험감독 업무에 종사하는 사람에게는 예산의 범위에서 수당과 여비를 지급할 수 있다. 〈개정 2017.1.26.〉

시행령 제31조 (시험과목의 일부면제)

① 법 제26조제3항에 따라 관리사시험의 제1차시험 과목 가운데 일부를 면제받을 수 있는 사람과 그 면제과목은 다음 각 호의 구분에 따른다. 다만, 제1호 및 제2호에 모두 해당하는 사람은 본인이 선택한 한 과목만 면제받을 수 있다. 〈개정 2014.11.19., 2017.7.26.〉

1. 소방기술사 자격을 취득한 후 15년 이상 소방실무경력이 있는 사람: 제29조제1호나목의 과목
2. 소방공무원으로 15년 이상 근무한 경력이 있는 사람으로서 5년 이상 소방청장이 정하여 고시하는 소방 관련 업무 경력이 있는 사람: 제29조제1호다목의 과목

② 법 제26조 제3항에 따라 관리사시험의 제2차시험 과목 가운데 일부를 면제받을 수 있는 사람과 그 면제과목은 다음 각 호의 구분에 따른다. 다만, 제1호 및 제2호에 모두 해당하는 사람은 본인이 선택한 한 과목만 면제받을 수 있다.

1. 제27조 제1호에 해당하는 사람 : 제29조 제2호 나목의 과목
2. 제27조 제7호에 해당하는 사람 : 제29조 제2호 가목의 과목

시행령 제32조 (시험의 시행 및 공고)

① 관리사시험은 1년마다 1회 시행하는 것을 원칙으로 하되, 소방청장이 필요하다고 인정하는 경우에는 그 횟수를 늘리거나 줄일 수 있다. 〈개정 2014.11.19., 2016.6.30., 2017.7.26.〉

② 소방청장은 관리사시험을 시행하려면 응시자격, 시험 과목, 일시 · 장소 및 응시절차 등에 관하여 필요한 사항을 모든 응시 희망자가 알 수 있도록 관리사시험 시행일 90일 전까지 소방청 홈페이지 등에 공고하여야 한다. 〈개정 2014.11.19., 2017.1.26., 2017.7.26.〉

시행령 제33조 (응시원서 제출 등)

① 관리사시험에 응시하려는 사람은 행정안전부령으로 정하는 관리사시험 응시원서를 소방청장에게 제출하여야 한다. 〈개정 2013. 3. 23., 2014. 11. 19., 2017. 7. 26.〉

② 제31조에 따라 시험 과목의 일부를 면제받으려는 사람은 제1항에 따른 응시원서에 그 뜻을 적어야 한다.

③ 관리사시험에 응시하는 사람은 제27조에 따른 응시자격에 관한 증명서류를 소방청장이 정하는 원서 접수기간 내에 제출하여야 하며, 증명서류는 해당 자격증(「국가기술자격법」에 따른 국가기술자격 취득자의 자격증은 제외한다) 사본과 행정안전부령으로 정하는 경력 · 재직증명원 또는 「소방시설공사업법 시행령」 제20조제4항에 따른 수탁기관이 발행하는 경력증명서로 한다. 다만, 국가 · 지방자치단체, 「공공기관의 운영에 관한 법률」 제4조에 따른 공공기관, 「지방공기업법」에 따른 지방공사 또는 지방공단이 증명하는 경력증명원은 해당 기관에서 정하는 서식에 따를 수 있다. 〈개정 2013. 3. 23., 2014. 11. 19., 2017. 7. 26., 2018. 6. 26., 2019. 8. 6.〉

④ 제1항에 따라 응시원서를 받은 소방청장은 「전자정부법」 제36조제1항에 따른 행정정보의 공동이용을 통하여 다음 각 호의 서류를 확인해야 한다. 다만, 응시자가 확인에 동의하지 않는 경우에는 그 사본을 첨부하게 해야 한다. 〈개정 2014. 11. 19., 2017. 7. 26., 2019. 8. 6.〉

1. 응시자의 해당 국가기술자격증
2. 국민연금가입자가입증명 또는 건강보험자격득실확인서

[전문개정 2012. 9. 14.]

시행령 제34조 (시험의 합격자 결정 등)

① 제1차시험에서는 과목당 100점을 만점으로 하여 모든 과목의 점수가 40점 이상이고, 전 과목 평균 점수가 60점 이상인 사람을 합격자로 한다.

② 제2차시험에서는 과목당 100점을 만점으로 하되, 시험위원의 채점점수 중 최고점수와 최저점수를 제외한 점수가 모든 과목에서 40점 이상, 전 과목에서 평균 60점 이상인 사람을 합격자로 한다.

③ 소방청장은 제1항과 제2항에 따라 관리사시험 합격자를 결정하였을 때에는 이를 소방청 홈페이지 등에 공고하여야 한다. 〈개정 2014.11.19., 2017.1.26., 2017.7.26.〉

④ 삭제 〈2016.1.19.〉

시행령 제35조 (삭제)

제26조의2 (부정행위자에 대한 제재)

소방청장은 시험에서 부정한 행위를 한 응시자에 대하여는 그 시험을 정지 또는 무효로 하고, 그 처분이 있은 날부터 2년간 시험 응시자격을 정지한다. 〈개정 2014.11.19., 2017.7.26.〉

제27조 (관리사의 결격사유)

다음 각 호의 어느 하나에 해당하는 사람은 관리사가 될 수 없다.

1. 피성년후견인
2. 이 법, 「소방기본법」, 「소방시설공사업법」 또는 「위험물 안전관리법」에 따른 금고 이상의 실형을 선고받고 그 집행이 끝나거나(집행이 끝난 것으로 보는 경우를 포함한다) 집행이 면제된 날부터 2년이 지나지 아니한 사람
3. 이 법, 「소방기본법」, 「소방시설공사업법」 또는 「위험물 안전관리법」에 따른 금고 이상의 형의 집행유예를 선고받고 그 유예기간 중에 있는 사람
4. 제28조에 따라 자격이 취소(제27조 제1호에 해당하여 자격이 취소된 경우는 제외한다)된 날부터 2년이 지나지 아니한 사람

플러스 **해설**+

• 결격사유

특정신분・자격 등을 취득하는데 해당되어서는 아니 되는 일정한 요건을 말하며 결격사유를 두는 이유는 특정한 신분 또는 자격 등을 가진 자들이 대부분 국민의 건강・안전 또는 재산에 중대한 영향을 미치는 전문기술적인 분야에 종사하고 있기 때문에 이러한 분야에 종사해서는 아니 되는 사람들을 원천적으로 배제하여 당해 분야에 종사하는 자의 자질을 일정수준 이상으로 유지함으로서 국민을 보호하려는 것이다.

1. 무능력자 : 피성년 후견인
2. 일정한 전과 사실이 있는 자
3. 자격취소 처분을 받은 자

• 피성년 후견인 : 질병, 장애, 노령 그 밖에 사유로 인한 정신적 제약으로 사무를 처리할 능력이 지속적으로 결여된 사람으로서 가정법원으로부터 성년 개시의 심판을 받은 사람

확인 점검 문제

다음 중 관리사 자격을 반드시 취소하지 않아도 되는 것은?

① 관리사증을 다른 자에게 빌려준 경우
② 거짓이나 그 밖의 부정 방법으로 시험에 합격한 경우
③ 소방시설 등의 자체점검을 하지 않은 경우
④ 동시에 둘 이상 업체에 취업한 경우

🔓 ③

제28조 (자격의 취소 · 정지)

소방청장은 관리사가 다음 각 호의 어느 하나에 해당할 때에는 행정안전부령으로 정하는 바에 따라 그 자격을 취소하거나 2년 이내의 기간을 정하여 그 자격의 정지를 명할 수 있다. 다만, 제1호, 제4호, 제5호 또는 제7호에 해당하면 그 자격을 취소하여야 한다. 〈개정 2013.3.23., 2014.1.7., 2014.11.19., 2015.7.24., 2017.7.26.〉

1. 거짓이나 그 밖의 부정한 방법으로 시험에 합격한 경우
2. 제20조제6항에 따른 소방안전관리 업무를 하지 아니하거나 거짓으로 한 경우
3. 제25조에 따른 점검을 하지 아니하거나 거짓으로 한 경우
4. 제26조제6항을 위반하여 소방시설관리사증을 다른 자에게 빌려준 경우
5. 제26조제7항을 위반하여 동시에 둘 이상의 업체에 취업한 경우
6. 제26조제8항을 위반하여 성실하게 자체점검 업무를 수행하지 아니한 경우
7. 제27조 각 호의 어느 하나에 따른 결격사유에 해당하게 된 경우
8. 삭제 〈2014.1.7.〉
9. 삭제 〈2014.1.7.〉

제 2 절 소방시설관리업

제29조 (소방시설관리업의 등록 등)

① 제20조에 따른 소방안전관리 업무의 대행 또는 소방시설등의 점검 및 유지·관리의 업을 하려는 자는 시·도지사에게 소방시설관리업(이하 "관리업"이라 한다)의 등록을 하여야 한다.

② 제1항에 따른 기술 인력, 장비 등 관리업의 등록기준에 관하여 필요한 사항은 대통령령으로 정한다.

③ 제1항에 따른 관리업의 등록신청과 등록증·등록수첩의 발급·재발급 신청, 그 밖에 관리업의 등록에 필요한 사항은 행정안전부령으로 정한다. 〈개정 2013.3.23., 2014.11.19., 2017.7.26.〉

플러스 **해설**+

- 특정소방대상물에 설치된 소방시설등은 화재 시 정상 작동되도록 평상 시 소방시설등에 대한 유지 및 관리에 만전을 기해야 한다. 따라서 소방시설등의 관리업을 하고자 하거나 소방안전관리 업무대행을 하고자 하는 자는 규정에 따른 기술인력 및 장비를 갖추고 등록을 하여야 한다.
- 등록 : 일정한 법률 사실이나 법률관계를 공증하기 위하여 행정관서나 공공기관 따위에 비치한 법정(法定)의 공부(公簿)에 기재하는 일.

핵심 정리

소방시설관리업의 등록 등

1. 소방시설관리업 등록 기준
   (1) 인력기준
      1) 주된 기술인력 : 소방시설관리사 1인 이상
      2) 보조 기술인력 : 2인 이상
         ㉠ 소방설비기사 또는 소방설비산업기사
         ㉡ 소방공무원으로 3년 이상 근무한 자(소방기술자수첩)
         ㉢ 소방관련학과를 졸업한 자(소방기술자수첩)
2. 등록권자 : 시·도지사

시행령 제36조 (소방시설관리업의 등록기준)

① 법 제29조 제2항에 따른 소방시설관리업의 등록기준은 별표 9와 같다.

② 시·도지사는 법 제29조 제1항에 따른 등록신청이 다음 각 호의 어느 하나에 해당하는 경우를 제외하고는 등록을 해 주어야 한다.

1. 제1항에 따른 등록기준에 적합하지 아니한 경우
2. 등록을 신청한 자가 법 제30조 각 호의 결격사유 중 어느 하나에 해당하는 경우
3. 그 밖에 이 법 또는 다른 법령에 따른 제한에 위배되는 경우

확인 점검 문제

「화재예방, 소방시설 설치 · 유지 및 안전관리에 관한 법률」에서 소방시설관리업의 업무내용이 아닌 것은?

① 소방시설의 설치 ② 소방시설의 점검
③ 소방시설의 관리 ④ 소방시설의 유지

답 ①

제30조 (등록의 결격사유)

다음 각 호의 어느 하나에 해당하는 자는 관리업의 등록을 할 수 없다.

1. 피성년후견인
2. 이 법, 「소방기본법」, 「소방시설공사업법」 또는 「위험물 안전관리법」에 따른 금고 이상의 실형을 선고받고 그 집행이 끝나거나(집행이 끝난 것으로 보는 경우를 포함한다) 집행이 면제된 날부터 2년이 지나지 아니한 사람
3. 이 법, 「소방기본법」, 「소방시설공사업법」 또는 「위험물 안전관리법」에 따른 금고 이상의 형의 집행유예를 선고받고 그 유예기간 중에 있는 사람
4. 제34조 제1항에 따라 관리업의 등록이 취소(제30조 제1호에 해당하여 등록이 취소된 경우는 제외한다)된 날부터 2년이 지나지 아니한 자
5. 임원 중에 제1호부터 제4호까지의 어느 하나에 해당하는 사람이 있는 법인

플러스 해설+

- 결격사유

특정신분 · 자격 등을 취득하는데 해당되어서는 아니 되는 일정한 요건을 말하며 결격사유를 두는 이유는 특정한 신분 또는 자격 등을 가진 자들이 대부분 국민의 건강 · 안전 또는 재산에 중대한 영향을 미치는 전문 기술적인 분야에 종사하고 있기 때문에 이러한 분야에 종사해서는 아니 되는 사람들을 원천적으로 배제하여 당해 분야에 종사하는 자의 자질을 일정수준 이상으로 유지함으로서 국민을 보호하려는 것이다.

1. 무능력자 : 피성년 후견인
2. 일정한 전과 사실이 있는 자
3. 소방관련법에 의한 처분을 받은 자
4. 임원 중 결격사유가 있는 법인

제31조 (등록사항의 변경 신고)

관리업자는 제29조에 따라 등록한 사항 중 행정안전부령으로 정하는 중요 사항이 변경되었을 때에는 행정안전부령으로 정하는 바에 따라 시 · 도지사에게 변경사항을 신고하여야 한다. 〈개정 2013.3.23., 2014.11.19., 2017.7.26.〉

플러스 해설+

기 등록한 소방시설관리업에 있어 중요 변경사항이 이법에서 정하는 등록기준에 적합한지 여부의 확인절차이며 또한 소방기관의 원활한 감독권 행사를 위한 것임

확인 점검 문제

소방시설관리업의 등록사항 중 변경신고 사항이 아닌 것은?

① 자본금 ② 기술인력
③ 대표자 ④ 상호(명칭)

답 ①

소방시설관리업의 중요변경사항 중 대표자 변경 시 제출하여야 할 서류로 옳은 것은?

① 소방시설관리업 등록증 및 등록수첩
② 소방시설관리업등록증 및 기술인력연명부
③ 소방시설관리업등록수첩 및 기술인력연명부
④ 소방시설관리업등록수첩 및 변경된 기술인력의 기술자격증

답 ①

제32조 (소방시설관리업자의 지위승계)

① 다음 각 호의 어느 하나에 해당하는 자는 관리업자의 지위를 승계한다.
1. 관리업자가 사망한 경우 그 상속인
2. 관리업자가 그 영업을 양도한 경우 그 양수인
3. 법인인 관리업자가 합병한 경우 합병 후 존속하는 법인이나 합병으로 설립되는 법인

② 「민사집행법」에 따른 경매, 「채무자 회생 및 파산에 관한 법률」에 따른 환가, 「국세징수법」, 「관세법」 또는 「지방세징수법」에 따른 압류재산의 매각과 그 밖에 이에 준하는 절차에 따라 관리업의 시설 및 장비의 전부를 인수한 자는 그 관리업자의 지위를 승계한다. 〈개정 2016.12.27.〉

③ 제1항이나 제2항에 따라 관리업자의 지위를 승계한 자는 행정안전부령으로 정하는 바에 따라 시・도지사에게 신고하여야 한다. 〈개정 2013.3.23., 2014.11.19., 2017.7.26.〉

④ 제1항이나 제2항에 따른 지위승계에 관하여는 제30조를 준용한다. 다만, 상속인이 제30조 각 호의 어느 하나에 해당하는 경우에는 상속받은 날부터 3개월 동안은 그러하지 아니하다.

플러스 **해설**+

- 지위승계의 원인
  1. 관리업자의 사망에 따라 상속한 때
  2. 관리업자의 영업의 양도로 인하여 영업을 양수한 때
  3. 관리업자의 합병 또는 합병에 의하여 설립된 법인인 때
  4. 경매, 환가, 압류재산의 매각으로 인하여 관리업시설의 전부를 인수한 때

제33조 (관리업의 운영)

① 관리업자는 관리업의 등록증이나 등록수첩을 다른 자에게 빌려주어서는 아니 된다.

② 관리업자는 다음 각 호의 어느 하나에 해당하면 제20조에 따라 소방안전관리 업무를 대행하게 하거나 제25조 제1항에 따라 소방시설등의 점검업무를 수행하게 한 특정소방대상물의 관계인에게 지체 없이 그 사실을 알려야 한다.

1. 제32조에 따라 관리업자의 지위를 승계한 경우
2. 제34조 제1항에 따라 관리업의 등록취소 또는 영업정지처분을 받은 경우
3. 휴업 또는 폐업을 한 경우

③ 관리업자는 제25조제1항에 따라 자체점검을 할 때에는 행정안전부령으로 정하는 바에 따라 기술인력을 참여시켜야 한다. 〈개정 2014.1.7., 2014.11.19., 2017.7.26.〉

제33조의2 (점검능력 평가 및 공시)

① 소방청장은 관계인 또는 건축주가 적정한 관리업자를 선정할 수 있도록 하기 위하여 관리업자의 신청이 있는 경우 해당 관리업자의 점검능력을 종합적으로 평가하여 공시할 수 있다. 〈개정 2014.11.19., 2017.7.26.〉

② 제1항에 따라 점검능력 평가를 신청하려는 관리업자는 소방시설등의 점검실적을 증명하는 서류 등 행정안전부령으로 정하는 서류를 소방청장에게 제출하여야 한다. 〈신설 2014.1.7., 2014.11.19., 2017.7.26.〉

③ 제1항에 따른 점검능력 평가 및 공시방법, 수수료 등 필요한 사항은 행정안전부령으로 정한다. 〈개정 2013.3.23., 2014.1.7., 2014.11.19., 2017.7.26.〉

④ 소방청장은 제1항에 따른 점검능력을 평가하기 위하여 관리업자의 기술인력 및 장비 보유현황, 점검실적, 행정처분이력 등 필요한 사항에 대하여 데이터베이스를 구축할 수 있다. 〈개정 2014.1.7., 2014.11.19., 2017.7.26.〉

[본조신설 2011.8.4.]

제33조의3 (점검 실명제)

① 관리업자가 소방시설등의 점검을 마친 경우 점검일시, 점검자, 점검업체 등 점검과 관련된 사항을 점검기록표에 기록하고 이를 해당 특정소방대상물에 부착하여야 한다.

② 제1항에 따른 점검기록표에 관한 사항은 행정안전부령으로 정한다. 〈개정 2013.3.23., 2014.11.19., 2017.7.26.〉

제34조 (등록의 취소와 영업정지 등)

① 시・도지사는 관리업자가 다음 각 호의 어느 하나에 해당할 때에는 행정안전부령으로 정하는 바에 따라 그 등록을 취소하거나 6개월 이내의 기간을 정하여 이의 시정이나 그 영업의 정지를 명할 수 있다. 다만, 제1호・제4호 또는 제7호에 해당할 때에는 등록을 취소하여야 한다. 〈개정 2013.3.23., 2014.1.7., 2014.11.19., 2016.1.27., 2017.7.26.〉

1. 거짓이나 그 밖의 부정한 방법으로 등록을 한 경우
2. 제25조제1항에 따른 점검을 하지 아니하거나 거짓으로 한 경우
3. 제29조제2항에 따른 등록기준에 미달하게 된 경우
4. 제30조 각 호의 어느 하나의 등록의 결격사유에 해당하게 된 경우. 다만, 제30조제5호에 해당하는 법인으로서 결격사유에 해당하게 된 날부터 2개월 이내에 그 임원을 결격사유가 없는 임원으로 바꾸어 선임한 경우는 제외한다.
5. 삭제 〈2014.1.7.〉
6. 삭제 〈2014.1.7.〉
7. 제33조제1항을 위반하여 다른 자에게 등록증이나 등록수첩을 빌려준 경우
8. 삭제 〈2014.1.7.〉
9. 삭제 〈2014.1.7.〉
10. 삭제 〈2014.1.7.〉

② 제32조에 따라 관리업자의 지위를 승계한 상속인이 제30조 각 호의 어느 하나에 해당하는 경우에는 상속을 개시한 날부터 6개월 동안은 제1항 제4호를 적용하지 아니한다.

[시행일 : 2017.1.28.]

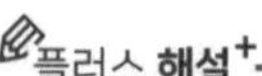

소방시설관리업을 운영하는 자가 그 자격을 상실하였거나 관리업의 등록기준에 미달된 때 또는 그 영업의 주체가 위법, 부당한 행위 및 의무를 위반한 경우에는 등록의 취소 또는 일정기간 그 영업을 정지시킴으로써 관리업자에게 간접적으로 규정준수를 강제하고 있다.

제35조 (과징금처분)

① 시 · 도지사는 제19조 제1항 또는 제34조 제1항에 따라 영업정지를 명하는 경우로서 그 영업정지가 국민에게 심한 불편을 주거나 그 밖에 공익을 해칠 우려가 있을 때에는 영업정지처분을 갈음하여 3천만원 이하의 과징금을 부과할 수 있다.

② 제1항에 따른 과징금을 부과하는 위반행위의 종류와 위반 정도 등에 따른 과징금의 금액, 그 밖의 필요한 사항은 행정안전부령으로 정한다. 〈개정 2013.3.23., 2014.11.19., 2017.7.26.〉

③ 시 · 도지사는 제1항에 따른 과징금을 내야 하는 자가 납부기한까지 내지 아니하면 지방세 체납처분의 예에 따라 징수한다.

플러스 해설+

- 영업정지 처분으로 업체의 존립이나 대외적인 신뢰도 추락 그리고 소방시설의 점검중단으로 인해 업체 및 관계인 모두에게 피해를 줄 우려가 있을 뿐 아니라 일반국민의 일상생활과도 밀접한 관계가 있는 것이므로 당해 사업자가 의무를 위반한 때라도 이행 확보를 위한 영업정지 처분을 한다는 것은 현실적으로 어려움이 따르는 일이다. 그리하여 공익을 침해하지 않으면서도 의무이행을 확보할 수 있는 수단으로 "과징금제도"를 도입한 것이다.
- 과징금이란 : 행정법상의 의무이행을 강제하기 위한 목적으로 의무위반자에 대하여 부과 · 징수하는 금전적 제제이다.

확인 점검 문제

소방시설관리업의 영업정지처분에 갈음하여 과징금은 얼마까지 부과할 수 있는가?

① 1천만원 ② 2천만원

③ 3천만원 ④ 4천만원

답 ③

소방용품의 품질관리

제36조 (소방용품의 형식승인 등)

① 대통령령으로 정하는 소방용품을 제조하거나 수입하려는 자는 소방청장의 형식승인을 받아야 한다. 다만, 연구개발 목적으로 제조하거나 수입하는 소방용품은 그러하지 아니하다. 〈개정 2014.1.7., 2014.11.19., 2017.7.26.〉

② 제1항에 따른 형식승인을 받으려는 자는 행정안전부령으로 정하는 기준에 따라 형식승인을 위한 시험시설을 갖추고 소방청장의 심사를 받아야 한다. 다만, 소방용품을 수입하는 자가 판매를 목적으로 하지 아니하고 자신의 건축물에 직접 설치하거나 사용하려는 경우 등 행정안전부령으로 정하는 경우에는 시험시설을 갖추지 아니할 수 있다. 〈개정 2013.3.23., 2014.1.7., 2014.11.19., 2017.7.26.〉

③ 제1항과 제2항에 따라 형식승인을 받은 자는 그 소방용품에 대하여 소방청장이 실시하는 제품검사를 받아야 한다. 〈개정 2014.11.19., 2017.7.26.〉

④ 제1항에 따른 형식승인의 방법・절차 등과 제3항에 따른 제품검사의 구분・방법・순서・합격표시 등에 관한 사항은 행정안전부령으로 정한다. 〈개정 2013.3.23., 2014.11.19., 2017.7.26.〉

⑤ 소방용품의 형상・구조・재질・성분・성능 등 (이하 "형상등"이라 한다)의 형식승인 및 제품검사의 기술기준 등에 관한 사항은 소방청장이 정하여 고시한다. 〈개정 2014.11.19., 2017.7.26.〉

⑥ 누구든지 다음 각 호의 어느 하나에 해당하는 소방용품을 판매하거나 판매 목적으로 진열하거나 소방시설공사에 사용할 수 없다.

1. 형식승인을 받지 아니한 것
2. 형상등을 임의로 변경한 것
3. 제품검사를 받지 아니하거나 합격표시를 하지 아니한 것

⑦ 소방청장은 제6항을 위반한 소방용품에 대하여는 그 제조자・수입자・판매자 또는 시공자에게 수거・폐기 또는 교체 등 행정안전부령으로 정하는 필요한 조치를 명할 수 있다. 〈개정 2013.3.23., 2014.11.19., 2017.7.26.〉

⑧ 소방청장은 소방용품의 작동기능, 제조방법, 부품 등이 제5항에 따라 소방청장이 고시하는 형식승인 및 제품검사의 기술기준에서 정하고 있는 방법이 아닌 새로운 기술이 적용된 제품의 경우에는 관련 전문가의 평가를 거쳐 행정안전부령으로 정하는 바에 따라 제4항에 따른 방법 및 절차와 다른 방법 및 절차로 형식승인을 할 수 있으며, 외국의 공인기관으로부터 인정받은 신기술 제품은 형식승인을 위한 시험 중 일부를 생략하여 형식승인을 할 수 있다. 〈개정 2013.3.23., 2014.11.19., 2017.7.26.〉

⑨ 다음 각 호의 어느 하나에 해당하는 소방용품의 형식승인 내용에 대하여 공인기관의 평가결과가 있는 경우 형식승인 및 제품검사 시험 중 일부만을 적용하여 형식승인 및 제품검사를 할 수 있다. 〈신설 2016.1.27., 2017.7.26.〉

1. 「군수품관리법」 제2조에 따른 군수품
2. 주한외국공관 또는 주한외국군 부대에서 사용되는 소방용품
3. 외국의 차관이나 국가 간의 협약 등에 의하여 건설되는 공사에 사용되는 소방용품으로서 사전에 합의된 것
4. 그 밖에 특수한 목적으로 사용되는 소방용품으로서 소방청장이 인정하는 것

⑩ 하나의 소방용품에 두 가지 이상의 형식승인 사항 또는 형식승인과 성능인증 사항이 결합된 경우에는 두 가지 이상의 형식승인 또는 형식승인과 성능인증 시험을 함께 실시하고 하나의 형식승인을 할 수 있다. 〈신설 2016.1.27.〉

⑪ 제9항 및 제10항에 따른 형식승인의 방법 및 절차 등에 관하여는 행정안전부령으로 정한다. 〈신설 2016.1.27., 2017.7.26.〉

[전문개정 2011.8.4.]

플러스 **해설**+

- 형식승인 : 소방용품의 설계에 대한 검사로서 제품이 생산되기 전에 그 견품이 각종 기준(형식승인 및 제품검사에 관한 기술기준)에 적합한가의 여부를 시험하여 이들 기준에 적합한 경우 한국소방산업기술원에서 그 적합성을 승인하는 것이다.
- 사전제품검사 : 제품출고 전에 개개의 소방용품의 형상등이 이미 형식승인을 얻은 소방용품의 형상등과 동일한가의 여부를 검사하는 것을 말한다.
- 사후제품검사 : 유통 중에 있는 제품에서 시험재료를 임의로 수거하여 이미 형식승인을 얻은 소방용품의 형상등과 동일한가의 여부를 검사하는 것을 말한다.

핵심 정리

소방용품의 형식승인 등

1. 형식승인자 : 소방청장
2. 변경승인자 : 소방청장
3. 성능인증자 : 소방청장
4. 우수품질인증자 : 소방청장
5. 제품검사자 : 소방청장
6. 판매, 진열, 공사에 사용할 수 없는 경우
   (1) 형식승인을 얻지 아니한 것
   (2) 형상들을 임의로 변경한 것
   (3) 사전제품검사를 받지 아니하거나 사후제품검사의 대상임을 표시하지 아니한 것

시행령 제37조 (형식승인대상 소방용품)

법 제36조 제1항 본문에서 "대통령령으로 정하는 소방용품"이란 별표 3 제1호[별표 1 제1호 나목2)에 따른 상업용 주방소화장치는 제외한다] 및 같은 표 제2호부터 제4호까지에 해당하는 소방용품을 말한다. 〈개정 2014.7.7., 2015.1.6., 2017.1.26.〉

확인 점검 문제

소방시설에 사용하고 있는 소방용품의 형식승인 등에 대한 설명으로 틀린 것은?

① 물분무헤드를 제조하려는 자는 소방청장의 형식승인을 받아야 한다.
② 소화설비에 필요한 가스관 선택밸브를 수입하고 제조하려는 자는 소방청장의 형식승인을 받아야 한다.
③ 소방청장은 한국소방산업기술원에 소방용품의 형식승인 및 성능인증 업무를 위탁할 수 있다.
④ 형식승인을 받지 아니한 소방용품은 판매하거나 판매 목적으로 진열할 수 없다.

답 ①

제37조 (형식승인의 변경)

① 제36조제1항 및 제10항에 따른 형식승인을 받은 자가 해당 소방용품에 대하여 형상등의 일부를 변경하려면 소방청장의 변경승인을 받아야 한다. 〈개정 2015.7.24., 2016.1.27., 2017.7.26.〉

② 제1항에 따른 변경승인의 대상・구분・방법 및 절차 등에 관하여 필요한 사항은 행정안전부령으로 정한다. 〈개정 2013.3.23., 2014.11.19., 2017.7.26.〉

[전문개정 2011.8.4.]

플러스 해설+

소방용품의 형식승인을 받은 사항을 변경한 경우 변경승인을 받도록 하여 무검정 소방용품의 유통을 사전에 막아 소방용품의 건전한 유통질서를 확립하고 불법으로 변경된 소방용품의 사용으로 인한 사고를 예방하기 위해 변경신고를 의무화 한 것이다.

제38조 (형식승인의 취소 등)

① 소방청장은 소방용품의 형식승인을 받았거나 제품검사를 받은 자가 다음 각 호의 어느 하나에 해당될 때에는 행정안전부령으로 정하는 바에 따라 그 형식승인을 취소하거나 6개월 이내의 기간을 정하여 제품검사의 중지를 명할 수 있다. 다만, 제1호・제3호 또는 제7호의 경우에는 형식승인을 취소하여야 한다. 〈개정 2013.3.23., 2014.1.7., 2014.11.19., 2016.1.27., 2017.7.26.〉

1. 거짓이나 그 밖의 부정한 방법으로 제36조제1항 및 제10항에 따른 형식승인을 받은 경우
2. 제36조제2항에 따른 시험시설의 시설기준에 미달되는 경우
3. 거짓이나 그 밖의 부정한 방법으로 제36조제3항에 따른 제품검사를 받은 경우
4. 제품검사 시 제36조제5항에 따른 기술기준에 미달되는 경우
5. 삭제 〈2014.1.7.〉
6. 삭제 〈2014.1.7.〉
7. 제37조에 따른 변경승인을 받지 아니하거나 거짓이나 그 밖의 부정한 방법으로 변경승인을 받은 경우
8. 삭제 〈2014.1.7.〉
9. 삭제 〈2014.1.7.〉

② 제1항에 따라 소방용품의 형식승인이 취소된 자는 그 취소된 날부터 2년 이내에는 형식승인이 취소된 동일 품목에 대하여 형식승인을 받을 수 없다. [시행일 : 2017.1.28.]

제39조 (소방용품의 성능인증 등)

① 소방청장은 제조자 또는 수입자 등의 요청이 있는 경우 소방용품에 대하여 성능인증을 할 수 있다. 〈개정 2014.11.19., 2017.7.26.〉

② 제1항에 따라 성능인증을 받은 자는 그 소방용품에 대하여 소방청장의 제품검사를 받아야 한다. 〈개정 2014.11.19., 2017.7.26.〉

③ 제1항에 따른 성능인증의 대상・신청・방법 및 성능인증서 발급에 관한 사항과 제2항에 따른 제품검사의 구분・대상・절차・방법・합격표시 및 수수료 등에 관한 사항은 행정안전부령으로 정한다. 〈개정 2013.3.23., 2014.1.7., 2014.11.19., 2017.7.26.〉

④ 제1항에 따른 성능인증 및 제2항에 따른 제품검사의 기술기준 등에 관한 사항은 소방청장이 정하여 고시한다. 〈개정 2014.11.19., 2017.7.26.〉

⑤ 제2항에 따른 제품검사에 합격하지 아니한 소방용품에는 성능인증을 받았다는 표시를 하거나 제품검사에 합격하였다는 표시를 하여서는 아니 되며, 제품검사를 받지 아니하거나 합격표시를 하지 아니한 소방용품을 판매 또는 판매 목적으로 진열하거나 소방시설공사에 사용하여서는 아니 된다. 〈개정 2014.1.7., 2015.7.24.〉

⑥ 하나의 소방용품에 성능인증 사항이 두 가지 이상 결합된 경우에는 해당 성능인증 시험을 모두 실시하고 하나의 성능인증을 할 수 있다. 〈신설 2016.1.27.〉

⑦ 제6항에 따른 성능인증의 방법 및 절차 등에 관하여는 행정안전부령으로 정한다. 〈신설 2016.1.27., 2017.7.26.〉

[전문개정 2011.8.4.]

제39조의2 (성능인증의 변경)

① 제39조제1항 및 제6항에 따른 성능인증을 받은 자가 해당 소방용품에 대하여 형상등의 일부를 변경하려면 소방청장의 변경인증을 받아야 한다. 〈개정 2016.1.27., 2017.7.26.〉

② 제1항에 따른 변경인증의 대상·구분·방법 및 절차 등에 필요한 사항은 행정안전부령으로 정한다. 〈개정 2017.7.26.〉

[본조신설 2015.7.24.]

제39조의3 (성능인증의 취소 등)

① 소방청장은 소방용품의 성능인증을 받았거나 제품검사를 받은 자가 다음 각 호의 어느 하나에 해당되는 때에는 행정안전부령으로 정하는 바에 따라 해당 소방용품의 성능인증을 취소하거나 6개월 이내의 기간을 정하여 해당 소방용품의 제품검사 중지를 명할 수 있다. 다만, 제1호·제2호 또는 제5호에 해당하는 경우에는 해당 소방용품의 성능인증을 취소하여야 한다. 〈개정 2017.7.26.〉

1. 거짓이나 그 밖의 부정한 방법으로 제39조제1항 및 제6항에 따른 성능인증을 받은 경우
2. 거짓이나 그 밖의 부정한 방법으로 제39조제2항에 따른 제품검사를 받은 경우
3. 제품검사 시 제39조제4항에 따른 기술기준에 미달되는 경우
4. 제39조제5항을 위반한 경우
5. 제39조의2에 따라 변경인증을 받지 아니하고 해당 소방용품에 대하여 형상 등의 일부를 변경하거나 거짓이나 그 밖의 부정한 방법으로 변경인증을 받은 경우

② 제1항에 따라 소방용품의 성능인증이 취소된 자는 그 취소된 날부터 2년 이내에 성능인증이 취소된 소방용품과 동일한 품목에 대하여는 성능인증을 받을 수 없다. [본조신설 2016.1.27.][시행일 : 2017.1.28.]

제40조 (우수품질제품에 대한 인증)

① 소방청장은 제36조에 따른 형식승인의 대상이 되는 소방용품 중 품질이 우수하다고 인정하는 소방용품에 대하여 인증(이하 "우수품질인증"이라 한다)을 할 수 있다. 〈개정 2014.11.19., 2017.7.26.〉

② 우수품질인증을 받으려는 자는 행정안전부령으로 정하는 바에 따라 소방청장에게 신청하여야 한다. 〈개정 2014.11.19., 2017.7.26.〉

③ 우수품질인증을 받은 소방용품에는 우수품질인증 표시를 할 수 있다.

④ 우수품질인증의 유효기간은 5년의 범위에서 행정안전부령으로 정한다. 〈개정 2014.11.19., 2017.7.26.〉

⑤ 소방청장은 다음 각 호의 어느 하나에 해당하는 경우에는 우수품질인증을 취소할 수 있다. 다만, 제1호에 해당하는 경우에는 우수품질인증을 취소하여야 한다. 〈개정 2014.11.19., 2017.7.26.〉

1. 거짓이나 그 밖의 부정한 방법으로 우수품질인증을 받은 경우
2. 우수품질인증을 받은 제품이 「발명진흥법」 제2조제4호에 따른 산업재산권 등 타인의 권리를 침해하였다고 판단되는 경우

⑥ 제1항부터 제5항까지에서 규정한 사항 외에 우수품질인증을 위한 기술기준, 제품의 품질관리 평가, 우수품질인증의 갱신, 수수료, 인증표시 등 우수품질인증에 관하여 필요한 사항은 행정안전부령으로 정한다. 〈개정 2014.11.19., 2016.1.27., 2017.7.26.〉

[전문개정 2014.1.7.]

제40조의2 (우수품질인증 소방용품에 대한 지원 등)

다음 각 호의 어느 하나에 해당하는 기관 및 단체는 건축물의 신축・증축 및 개축 등으로 소방용품을 변경 또는 신규 비치하여야 하는 경우 우수품질인증 소방용품을 우선 구매・사용하도록 노력하여야 한다.

1. 중앙행정기관
2. 지방자치단체
3. 「공공기관의 운영에 관한 법률」 제4조에 따른 공공기관
4. 그 밖에 대통령령으로 정하는 기관

[본조신설 2016.1.27.]

[시행일 : 2017.1.28.] 제40조의2

시행령 제37조의2 (우수품질인증 소방용품 우선 구매・사용 기관)

법 제40조의2 제4호에서 "대통령령으로 정하는 기관"이란 다음 각 호의 어느 하나에 해당하는 기관을 말한다.

1. 「지방공기업법」 제49조에 따라 설립된 지방공사 및 같은 법 제76조에 따라 설립된 지방공단
2. 「지방자치단체 출자・출연 기관의 운영에 관한 법률」 제2조에 따른 출자・출연기관

[본조신설 2017.1.26.]

제40조의3 (소방용품의 수집검사 등)

① 소방청장은 소방용품의 품질관리를 위하여 필요하다고 인정할 때에는 유통 중인 소방용품을 수집하여 검사할 수 있다. 〈개정 2014.11.19., 2017.7.26.〉

② 소방청장은 제1항에 따른 수집검사 결과 행정안전부령으로 정하는 중대한 결함이 있다고 인정되는 소방용품에 대하여는 그 제조자 및 수입자에게 행정안전부령으로 정하는 바에 따라 회수・교환・폐기 또는 판매중지를 명하고, 형식승인 또는 성능인증을 취소할 수 있다. 〈개정 2014.1.7., 2014.11.19., 2017.7.26.〉

③ 소방청장은 제2항에 따라 회수ㆍ교환ㆍ폐기 또는 판매중지를 명하거나 형식승인 또는 성능인증을 취소한 때에는 행정안전부령으로 정하는 바에 따라 그 사실을 소방청 홈페이지 등에 공표할 수 있다. 〈개정 2013.3.23., 2014.1.7., 2014.11.19., 2017.7.26.〉

[본조신설 2011.8.4.]

CHAPTER 07 보 칙

제41조 (소방안전관리자 등에 대한 교육)

① 다음 각 호의 어느 하나에 해당하는 자는 화재 예방 및 안전관리의 효율화, 새로운 기술의 보급과 안전의식의 향상을 위하여 행정안전부령으로 정하는 바에 따라 소방청장이 실시하는 강습 또는 실무 교육을 받아야 한다.

1. 제20조 제2항에 따라 선임된 소방안전관리자 및 소방안전관리보조자
2. 제20조 제3항에 따라 소방안전관리 업무를 대행하는 자 및 소방안전관리 업무를 대행하는 자를 감독하는 자
3. 소방안전관리자의 자격을 인정받으려는 자로서 대통령령으로 정하는 자

② 소방본부장이나 소방서장은 제1항제1호 또는 제2호에 따른 소방안전관리자나 소방안전관리 업무 대행자가 정하여진 교육을 받지 아니하면 교육을 받을 때까지 행정안전부령으로 정하는 바에 따라 그 소방안전관리자나 소방안전관리 업무 대행자에 대하여 제20조에 따른 소방안전관리 업무를 제한할 수 있다. 〈개정 2013.3.23., 2014.11.19., 2017.7.26.〉

[전문개정 2011.8.4.]

플러스 **해설**+

특정소방대상물의 소방안전관리를 담당하고 있는 소방안전관리자 등을 대상으로 정기교육을 실시하여 새로운 소방안전기술을 전달하고 안전의식을 높이기 위하여 교육을 의무화 한 것이며 소정의 교육을 받지 아니한 소방안전관리자에 대해서는 업무를 제한할 수 있도록 법률에 근거를 두고 있다.

시행령 제38조 (소방안전관리자의 자격을 인정받으려는 사람)

법 제41조 제1항 제3호에서 "대통령령으로 정하는 자"란 특급 소방안전관리대상물, 1급 소방안전관리대상물, 2급 소방안전관리대상물, 3급 소방안전관리대상물 또는 「공공기관의 소방안전관리에 관한 규정」 제2조에 따른 공공기관의 소방안전관리자가 되려는 사람을 말한다. 〈개정 2017.1.26.〉

확인 점검 문제

1급 소방안전관리자 강습과목으로 틀리는 것은?

① 「소방관계법령」

② 재난 관련 법령 및 안전관리

③ 화기취급감독(위험물 · 전기 · 가스 안전관리 등)

④ 구조 및 응급처치 이론 · 실습 · 평가

답 ②

소방안전관리자의 실무교육 등에 대하여 틀린 것은?

① 교육일정 등 교육에 필요한 계획을 수립하여 소방청장의 승인을 얻어 교육・실시 10일전까지 실무교육 대상자에게 통보하여야 한다.

② 안전원장은 소방안전관리자에 대한 실무교육을 2년마다 1회 이상 실시하여야 한다.

③ 소방본부장 또는 소방서장은 소방안전관리자 또는 소방안전관리 업무대행자가 실무교육을 받지 아니한 때에는 자격을 취소하여야 한다.

④ 소방본부장 또는 소방서장은 실무교육이 효율적으로 이루어질 수 있도록 소방안전관리자 선임 및 변동사항에 대하여 반기별로 안전원장에게 통보하여야 한다.

답 ③

제42조 (제품검사 전문기관의 지정 등)

① 소방청장은 제36조제3항 및 제39조제2항에 따른 제품검사를 전문적・효율적으로 실시하기 위하여 다음 각 호의 요건을 모두 갖춘 기관을 제품검사 전문기관(이하 "전문기관"이라 한다)으로 지정할 수 있다. 〈개정 2014.1.7., 2014.11.19., 2014.12.30., 2017.7.26.〉

1. 다음 각 목의 어느 하나에 해당하는 기관일 것
   가. 「과학기술분야 정부출연연구기관 등의 설립・운영 및 육성에 관한 법률」 제8조에 따라 설립된 연구기관
   나. 「공공기관의 운영에 관한 법률」 제4조에 따라 지정된 공공기관
   다. 소방용품의 시험・검사 및 연구를 주된 업무로 하는 비영리 법인
2. 「국가표준기본법」 제23조에 따라 인정을 받은 시험・검사기관일 것
3. 행정안전부령으로 정하는 검사인력 및 검사설비를 갖추고 있을 것
4. 기관의 대표자가 제27조제1호부터 제3호까지의 어느 하나에 해당하지 아니할 것
5. 제43조에 따라 전문기관의 지정이 취소된 경우에는 지정이 취소된 날부터 2년이 경과하였을 것

② 전문기관 지정의 방법 및 절차 등에 관하여 필요한 사항은 행정안전부령으로 정한다. 〈개정 2013.3.23., 2014.1.7., 2014.11.19., 2017.7.26.〉

③ 소방청장은 제1항에 따라 전문기관을 지정하는 경우에는 소방용품의 품질 향상, 제품검사의 기술개발 등에 드는 비용을 부담하게 하는 등 필요한 조건을 붙일 수 있다. 이 경우 그 조건은 공공의 이익을 증진하기 위하여 필요한 최소한도에 한정하여야 하며, 부당한 의무를 부과하여서는 아니 된다. 〈개정 2014.11.19., 2017.7.26.〉

④ 전문기관은 행정안전부령으로 정하는 바에 따라 제품검사 실시 현황을 소방청장에게 보고하여야 한다. 〈개정 2013.3.23., 2014.11.19., 2017.7.26.〉

⑤ 소방청장은 전문기관을 지정한 경우에는 행정안전부령으로 정하는 바에 따라 전문기관의 제품검사 업무에 대한 평가를 실시할 수 있으며, 제품검사를 받은 소방용품에 대하여 확인검사를 할 수 있다. 〈개정 2013.3.23., 2014.11.19., 2017.7.26.〉

⑥ 소방청장은 제5항에 따라 전문기관에 대한 평가를 실시하거나 확인검사를 실시한 때에는 그 평가결과 또는 확인검사결과를 행정안전부령으로 정하는 바에 따라 공표할 수 있다. 〈개정 2013.3.23., 2014.11.19., 2017.7.26.〉

⑦ 소방청장은 제5항에 따른 확인검사를 실시하는 때에는 행정안전부령으로 정하는 바에 따라 전문기관에 대하여 확인검사에 드는 비용을 부담하게 할 수 있다. 〈개정 2013.3.23., 2014.11.19., 2017.7.26.〉

[전문개정 2011.8.4.]

제43조 (지정기관의 지정취소 등)

소방청장은 전문기관이 다음 각 호의 어느 하나에 해당할 때에는 그 지정을 취소하거나 6개월 이내의 기간을 정하여 그 업무의 정지를 명할 수 있다. 다만, 제1호에 해당할 때에는 그 지정을 취소하여야 한다. 〈개정 2014.1.7., 2014.11.19., 2017.7.26.〉

1. 거짓이나 그 밖의 부정한 방법으로 지정을 받은 경우
2. 정당한 사유 없이 1년 이상 계속하여 제품검사 또는 실무교육 등 지정받은 업무를 수행하지 아니한 경우
3. 제42조제1항 각 호의 요건을 갖추지 못하거나 제42조제3항에 따른 조건을 위반한 때
4. 제46조제1항제7호에 따른 감독 결과 이 법이나 다른 법령을 위반하여 전문기관으로서의 업무를 수행하는 것이 부적당하다고 인정되는 경우

[전문개정 2011.8.4.]

제44조 (청 문)

소방청장 또는 시・도지사는 다음 각 호의 어느 하나에 해당하는 처분을 하려면 청문을 하여야 한다. 〈개정 2014.1.7., 2014.11.19., 2016.1.27.〉

1. 제28조에 따른 관리사 자격의 취소 및 정지
2. 제34조 제1항에 따른 관리업의 등록취소 및 영업정지
3. 제38조에 따른 소방용품의 형식승인 취소 및 제품검사 중지

3의2. 제39조의3에 따른 성능인증의 취소

4. 제40조 제5항에 따른 우수품질인증의 취소
5. 제43조에 따른 전문기관의 지정취소 및 업무정지

[시행일 : 2017.1.28.]

플러스 해설+

• 청문
행정청이 어떠한 처분을 하기에 앞서 당사자 등의 의견을 직접 듣고 증거를 조사하는 절차이다. 이는 행정처분 등을 함에 있어 관계인의 권익보호와 행정의 민주화, 처분의 객관성 및 공정성을 확보하는데 그 취지가 있다.

확인 점검 문제

「화재예방, 소방시설 설치 · 유지 및 안전관리에 관한 법률」에서 청문 실시권자가 다른 것은?

① 소방시설관리사 자격의 취소 및 정지
② 소방시설관리업의 등록취소 및 영업정지
③ 소방용품의 형식승인 취소 및 제품검사 중지
④ 제품검사 전문기관의 지정취소 및 업무정지

답 ②

제45조 (권한의 위임 · 위탁 등)

① 이 법에 따른 소방청장 또는 시 · 도지사의 권한은 그 일부를 대통령령으로 정하는 바에 따라 시 · 도지사, 소방본부장 또는 소방서장에게 위임할 수 있다. 〈개정 2014.11.19., 2017.7.26.〉

② 소방청장은 다음 각 호의 업무를 「소방산업의 진흥에 관한 법률」 제14조에 따른 한국소방산업기술원(이하 "기술원"이라 한다)에 위탁할 수 있다. 이 경우 소방청장은 기술원에 소방시설 및 소방용품에 관한 기술개발 · 연구 등에 필요한 경비의 일부를 보조할 수 있다. 〈개정 2014.11.19., 2015.7.24., 2016.1.27., 2017.7.26.〉

1. 제13조에 따른 방염성능검사 중 대통령령으로 정하는 검사
2. 제36조제1항 · 제2항 및 제8항부터 제10항까지에 따른 소방용품의 형식승인
3. 제37조에 따른 형식승인의 변경승인

3의2. 제38조제1항에 따른 형식승인의 취소

4. 제39조제1항 · 제6항에 따른 성능인증 및 제39조의3에 따른 성능인증의 취소
5. 제39조의2에 따른 성능인증의 변경인증
6. 제40조에 따른 우수품질인증 및 그 취소

③ 소방청장은 제41조에 따른 소방안전관리자 등에 대한 교육 업무를 「소방기본법」 제40조에 따른 한국소방안전원(이하 "안전원"이라 한다)에 위탁할 수 있다. 〈개정 2014.11.19., 2017.7.26., 2017.12.26.〉

④ 소방청장은 제36조제3항 및 제39조제2항에 따른 제품검사 업무를 기술원 또는 전문기관에 위탁할 수 있다. 〈개정 2014.11.19., 2017.7.26.〉

⑤ 제2항부터 제4항까지의 규정에 따라 위탁받은 업무를 수행하는 안전원, 기술원 및 전문기관이 갖추어야 하는 시설기준 등에 관하여 필요한 사항은 행정안전부령으로 정한다. 〈개정 2013.3.23., 2014.11.19., 2017.7.26., 2017.12.26.〉

⑥ 소방청장은 다음 각 호의 업무를 대통령령으로 정하는 바에 따라 소방기술과 관련된 법인 또는 단체에 위탁할 수 있다. 〈개정 2014.1.7., 2014.11.19., 2015.7.24., 2017.7.26.〉

1. 제26조제4항 및 제5항에 따른 소방시설관리사증의 발급·재발급에 관한 업무
2. 제33조의2제1항에 따른 점검능력 평가 및 공시에 관한 업무
3. 제33조의2제4항에 따른 데이터베이스 구축에 관한 업무

⑦ 소방청장은 제9조의4제3항에 따른 건축 환경 및 화재위험특성 변화 추세 연구에 관한 업무를 대통령령이 정하는 바에 따라 화재안전 관련 전문 연구기관에 위탁할 수 있다. 이 경우 소방청장은 연구에 필요한 경비를 지원할 수 있다. 〈개정 2016.1.27., 2017.7.26.〉

⑧ 제6항 및 제7항에 따라 위탁받은 업무에 종사하고 있거나 종사하였던 사람은 업무를 수행하면서 알게 된 비밀을 이 법에서 정한 목적 외의 용도로 사용하거나 다른 사람 또는 기관에 제공하거나 누설하여서는 아니 된다. 〈신설 2016.1.27.〉

[전문개정 2011.8.4.][시행일 : 2018.6.27.] 제45조

플러스 **해설**+

- 권한의 위임 : 행정관청이 그 권한의 일부를 다른 행정기관에 위양하는 것으로 권한의 위임을 받은 기관은 당해 행정관청의 보조기관·하급기관이 되는 것이 통례이다.
- 권한의 위탁 : 각종 법률에 규정된 행정기관의 사무 중 일부를 법인·단체 또는 그 기관이나 개인에게 맡겨 그의 명의와 책임으로 행사하도록 하는 것을 말한다. 위탁은 수탁자에게 어느 정도 자유재량의 여지가 있고 위탁을 한 자와의 사이에는 신탁관계가 성립되며 일반적으로 객관성과 경제적 능률성이 중시되는 분야 중 민간 전문지식 또는 기술을 활용할 필요가 있을 경우에 주로 위탁을 한다.

시행령 제39조 (권한의 위임·위탁 등)

① 법 제45조제1항에 따라 소방청장은 법 제36조제7항에 따른 소방용품에 대한 수거·폐기 또는 교체 등의 명령에 대한 권한을 시·도지사에게 위임한다. 〈개정 2015.1.6., 2017.7.26.〉

② 법 제45조제2항에 따라 소방청장은 다음 각 호의 업무를 기술원에 위탁한다. 〈개정 2017.1.26., 2017.7.26.〉

1. 법 제13조에 따른 방염성능검사 업무(합판·목재를 설치하는 현장에서 방염처리한 경우의 방염성능검사는 제외한다)
2. 법 제36조제1항·제2항 및 제8항부터 제10항까지의 규정에 따른 형식승인(시험시설의 심사를 포함한다)
3. 법 제37조에 따른 형식승인의 변경승인
4. 법 제38조제1항에 따른 형식승인의 취소(법 제44조제3호에 따른 청문을 포함한다)
5. 법 제39조제1항 및 제6항에 따른 성능인증

6. 법 제39조의2에 따른 성능인증의 변경인증
7. 법 제39조의3에 따른 성능인증의 취소(법 제44조제3호의2에 따른 청문을 포함한다)
8. 법 제40조에 따른 우수품질인증 및 그 취소(법 제44조제4호에 따른 청문을 포함한다)

③ 법 제45조제3항에 따라 소방청장은 법 제41조에 따른 소방안전관리에 대한 교육 업무를 「소방기본법」 제40조에 따른 한국소방안전원에 위탁한다. 〈개정 2014.11.19., 2017.7.26.〉

④ 법 제45조제4항에 따라 소방청장은 법 제36조제3항 및 제39조제2항에 따른 제품검사 업무를 기술원 또는 법 제42조에 따른 전문기관에 위탁한다. 〈개정 2014.11.19., 2017.7.26.〉

⑤ 소방청장은 법 제45조제6항에 따라 다음 각 호의 업무를 소방청장의 허가를 받아 설립한 소방기술과 관련된 법인 또는 단체 중에서 해당 업무를 처리하는 데 필요한 관련 인력과 장비를 갖춘 법인 또는 단체에 위탁한다. 이 경우 소방청장은 위탁받는 기관의 명칭·주소·대표자 및 위탁 업무의 내용을 고시하여야 한다. 〈개정 2014.11.19., 2016.1.19., 2017.7.26.〉

1. 법 제26조제4항 및 제5항에 따른 소방시설관리사증의 발급·재발급에 관한 업무
2. 법 제33조의2제1항에 따른 점검능력 평가 및 공시에 관한 업무
3. 법 제33조의2제4항에 따른 데이터베이스 구축에 관한 업무

제45조의2 (벌칙 적용 시의 공무원 의제)

제4조제3항에 따른 소방특별조사위원회의 위원 중 공무원이 아닌 사람, 제4조의2제1항에 따라 소방특별조사에 참여하는 전문가, 제45조제2항부터 제6항까지의 규정에 따라 위탁받은 업무를 수행하는 안전원·기술원 및 전문기관, 법인 또는 단체의 담당 임직원은 「형법」 제129조부터 제132조까지의 규정을 적용할 때에는 공무원으로 본다. 〈개정 2014.12.30., 2015.7.24., 2017.12.26.〉

[본조신설 2011.8.4.][시행일 : 2018.6.27.] 제45조의2

제46조 (감 독)

① 소방청장, 시·도지사, 소방본부장 또는 소방서장은 다음 각 호의 어느 하나에 해당하는 자, 사업체 또는 소방대상물 등의 감독을 위하여 필요하면 관계인에게 필요한 보고 또는 자료제출을 명할 수 있으며, 관계 공무원으로 하여금 소방대상물·사업소·사무소 또는 사업장에 출입하여 관계 서류·시설 및 제품 등을 검사하거나 관계인에게 질문하게 할 수 있다. 〈개정 2014.11.19., 2014.12.30., 2016.1.27., 2017.7.26.〉

1. 제29조제1항에 따른 관리업자
2. 제25조에 따라 관리업자가 점검한 특정소방대상물
3. 제26조에 따른 관리사
4. 제36조제1항부터 제3항까지 및 제10항의 규정에 따른 소방용품의 형식승인, 제품검사 및 시험시설의 심사를 받은 자
5. 제37조제1항에 따라 변경승인을 받은 자
6. 제39조제1항, 제2항 및 제6항에 따라 성능인증 및 제품검사를 받은 자

7. 제42조제1항에 따라 지정을 받은 전문기관
8. 소방용품을 판매하는 자

② 제1항에 따라 출입・검사 업무를 수행하는 관계 공무원은 그 권한을 표시하는 증표를 지니고 이를 관계인에게 내보여야 한다.

③ 제1항에 따라 출입・검사 업무를 수행하는 관계 공무원은 관계인의 정당한 업무를 방해하거나 출입・검사 업무를 수행하면서 알게 된 비밀을 다른 사람에게 누설하여서는 아니 된다.

제47조 (수수료 등)

다음 각 호의 어느 하나에 해당하는 자는 행정안전부령으로 정하는 수수료 또는 교육비를 내야 한다. 〈개정 2013.3.23., 2014.1.7., 2014.11.19., 2015.7.24., 2016.1.27., 2017.7.26.〉

1. 제13조에 따른 방염성능검사를 받으려는 자
2. 삭제 〈2014.12.30.〉
3. 삭제 〈2014.12.30.〉
4. 삭제 〈2014.12.30.〉
5. 제26조제1항에 따른 관리사시험에 응시하려는 사람

5의2. 제26조제4항 및 제5항에 따라 소방시설관리사증을 발급받거나 재발급받으려는 자

6. 제29조제1항에 따른 관리업의 등록을 하려는 자
7. 제29조제3항에 따라 관리업의 등록증이나 등록수첩을 재발급받으려는 자
8. 제32조제3항에 따라 관리업자의 지위승계를 신고하는 자
9. 제36조제1항 및 제10항에 따라 소방용품의 형식승인을 받으려는 자
10. 제36조제2항에 따라 시험시설의 심사를 받으려는 자
11. 제36조제3항에 따라 형식승인을 받은 소방용품의 제품검사를 받으려는 자
12. 제37조제1항에 따라 형식승인의 변경승인을 받으려는 자
13. 제39조제1항 및 제6항에 따라 소방용품의 성능인증을 받으려는 자
14. 제39조제2항에 따라 성능인증을 받은 소방용품의 제품검사를 받으려는 자
15. 제39조의2제1항에 따른 성능인증의 변경인증을 받으려는 자
16. 제40조제1항에 따른 우수품질인증을 받으려는 자
17. 제41조에 따라 강습교육이나 실무교육을 받으려는 자
18. 제42조에 따라 전문기관으로 지정을 받으려는 자

[전문개정 2011.8.4.]

플러스 **해설**+

- 수수료
  "국가 또는 공공단체인 행정주체가 행정업무를 행함에 있어 특정인을 위하여 각종 검사・허가・등록 등의 행정행위 그 역무에 대한 보상 또는 비용충당으로 부과하는 금전적요금"을 말한다.

제47조의2 (조치명령 등의 기간연장)

① 다음 각 호에 따른 조치명령·선임명령 또는 이행명령(이하 "조치명령 등"이라 한다)을 받은 관계인 등은 천재지변이나 그 밖에 대통령령으로 정하는 사유로 조치명령 등을 그 기간 내에 이행할 수 없는 경우에는 조치명령 등을 명령한 소방청장, 소방본부장 또는 소방서장에게 대통령령으로 정하는 바에 따라 조치명령 등을 연기하여 줄 것을 신청할 수 있다. 〈개정 2016.1.27., 2017.7.26.〉

1. 제5조제1항 및 제2항에 따른 소방대상물의 개수·이전·제거, 사용의 금지 또는 제한, 사용폐쇄, 공사의 정지 또는 중지, 그 밖의 필요한 조치명령
2. 제9조제2항에 따른 소방시설에 대한 조치명령
3. 제10조제2항에 따른 피난시설, 방화구획 및 방화시설에 대한 조치명령
4. 제12조제2항에 따른 방염성대상물품의 제거 또는 방염성능검사 조치명령
5. 제20조제12항에 따른 소방안전관리자 선임명령
6. 제20조제13항에 따른 소방안전관리업무 이행명령
7. 제36조제7항에 따른 형식승인을 받지 아니한 소방용품의 수거·폐기 또는 교체 등의 조치명령
8. 제40조의3제2항에 따른 중대한 결함이 있는 소방용품의 회수·교환·폐기 조치명령

② 제1항에 따라 연기신청을 받은 소방청장, 소방본부장 또는 소방서장은 연기신청 승인 여부를 결정하고 그 결과를 조치명령 등의 이행 기간 내에 관계인 등에게 알려주어야 한다. 〈개정 2017.7.26.〉

[본조신설 2014.12.30.]

시행령 제38조의2 (조치명령 등의 연기)

① 법 제47조의2 제1항 각 호 외의 부분에서 "그 밖에 대통령령으로 정하는 사유"란 다음 각 호의 어느 하나의 경우에 해당하는 사유를 말한다. 〈개정 2017.1.26.〉

1. 태풍, 홍수 등 재난(「재난 및 안전관리 기본법」 제3조 제1호에 해당하는 재난을 말한다)이 발생하여 법 제47조의2 각 호에 따른 조치명령·선임명령 또는 이행명령(이하 "조치명령 등"이라 한다)을 이행할 수 없는 경우
2. 관계인이 질병, 장기출장 등으로 조치명령 등을 이행할 수 없는 경우
3. 경매 또는 양도·양수 등의 사유로 소유권이 변동되어 조치명령기간에 시정이 불가능 한 경우
4. 시장·상가·복합건축물 등 다수의 관계인으로 구성되어 조치명령기간 내에 의견조정과 시정이 불가능하다고 인정할 만한 상당한 이유가 있는 경우

② 법 제47조의2제1항에 따라 조치명령 등의 연기를 신청하려는 관계인 등은 행정안전부령으로 정하는 연기신청서에 연기의 사유 및 기간 등을 적어 소방청장, 소방본부장 또는 소방서장에게 제출하여야 한다. 〈개정 2017.7.26.〉

③ 제2항에 따른 연기신청 및 연기신청서의 처리절차에 관하여 필요한 사항은 행정안전부령으로 정한다. 〈개정 2017.7.26.〉

제47조의3 (위반행위의 신고 및 신고포상금의 지급)

① 누구든지 소방본부장 또는 소방서장에게 다음 각 호의 어느 하나에 해당하는 행위를 한 자를 신고할 수 있다.

1. 제9조 제1항을 위반하여 소방시설을 설치 또는 유지·관리한 자
2. 제9조 제3항을 위반하여 폐쇄·차단 등의 행위를 한 자
3. 제10조 제1항 각 호의 어느 하나에 해당하는 행위를 한 자

② 소방본부장 또는 소방서장은 제1항에 따른 신고를 받은 경우 신고 내용을 확인하여 이를 신속하게 처리하고, 그 처리결과를 행정안전부령으로 정하는 방법 및 절차에 따라 신고자에게 통지하여야 한다. 〈신설 2018. 10. 16.〉

③ 소방본부장 또는 소방서장은 제1항에 따른 신고를 한 사람에게 예산의 범위에서 포상금을 지급할 수 있다. 〈개정 2018. 10. 16.〉

④ 제3항에 따른 신고포상금의 지급대상, 지급기준, 지급절차 등에 필요한 사항은 특별시·광역시·특별자치시·도 또는 특별자치도의 조례로 정한다. 〈개정 2018. 10. 16.〉

[본조신설 2016. 1. 27.]

[제목개정 2018. 10. 16.]

CHAPTER 08 벌 칙

제48조 (벌 칙)

① 제9조 제3항 본문을 위반하여 소방시설에 폐쇄・차단 등의 행위를 한 자는 5년 이하의 징역 또는 5천만원 이하의 벌금에 처한다. 〈개정 2014.1.7., 2016.1.27.〉

② 제1항의 죄를 범하여 사람을 상해에 이르게 한 때에는 7년 이하의 징역 또는 7천만원 이하의 벌금에 처하며, 사망에 이르게 한 때에는 10년 이하의 징역 또는 1억원 이하의 벌금에 처한다. 〈신설 2016.1.27.〉

[시행일 : 2017.1.28.]

제48조의2 (벌 칙)

다음 각 호의 어느 하나에 해당하는 자는 3년 이하의 징역 또는 3천만원 이하의 벌금에 처한다. 〈개정 2014.1.7., 2014.12.30., 2015.7.24., 2016.1.27.〉

1. 제5조 제1항・제2항, 제9조 제2항, 제10조 제2항, 제10조의2 제3항, 제12조 제2항, 제20조 제12항, 제20조 제13항, 제36조 제7항 또는 제40조의3 제2항에 따른 명령을 정당한 사유 없이 위반한 자
2. 제29조 제1항을 위반하여 관리업의 등록을 하지 아니하고 영업을 한 자
3. 제36조 제1항, 제2항 및 제10항을 위반하여 소방용품의 형식승인을 받지 아니하고 소방용품을 제조하거나 수입한 자
4. 제36조 제3항을 위반하여 제품검사를 받지 아니한 자
5. 제36조 제6항을 위반하여 같은 항 각 호의 어느 하나에 해당하는 소방용품을 판매・진열하거나 소방시설공사에 사용한 자
6. 제39조 제5항을 위반하여 제품검사를 받지 아니하거나 합격표시를 하지 아니한 소방용품을 판매・진열하거나 소방시설공사에 사용한 자
7. 거짓이나 그 밖의 부정한 방법으로 제42조 제1항에 따른 전문기관으로 지정을 받은 자

[시행일 : 2015.1.8.] 제48조의2 제1호의 개정규정 중 임시소방시설의 유지・관리 등에 관한 규정

[시행일 : 2017.1.28.]

제49조 (벌 칙)

다음 각 호의 어느 하나에 해당하는 자는 1년 이하의 징역 또는 1천만원 이하의 벌금에 처한다. 〈개정 2014.12.30., 2015.7.24., 2017.12.26.〉

1. 제4조의4제2항 또는 제46조제3항을 위반하여 관계인의 정당한 업무를 방해한 자, 조사·검사 업무를 수행하면서 알게 된 비밀을 제공 또는 누설하거나 목적 외의 용도로 사용한 자
2. 제33조제1항을 위반하여 관리업의 등록증이나 등록수첩을 다른 자에게 빌려준 자
3. 제34조제1항에 따라 영업정지처분을 받고 그 영업정지기간 중에 관리업의 업무를 한 자
4. 제25조제1항을 위반하여 소방시설등에 대한 자체점검을 하지 아니하거나 관리업자 등으로 하여금 정기적으로 점검하게 하지 아니한 자
5. 제26조제6항을 위반하여 소방시설관리사증을 다른 자에게 빌려주거나 같은 조 제7항을 위반하여 동시에 둘 이상의 업체에 취업한 사람
6. 제36조제3항에 따른 제품검사에 합격하지 아니한 제품에 합격표시를 하거나 합격표시를 위조 또는 변조하여 사용한 자
7. 제37조제1항을 위반하여 형식승인의 변경승인을 받지 아니한 자
8. 제39조제5항을 위반하여 제품검사에 합격하지 아니한 소방용품에 성능인증을 받았다는 표시 또는 제품검사에 합격하였다는 표시를 하거나 성능인증을 받았다는 표시 또는 제품검사에 합격하였다는 표시를 위조 또는 변조하여 사용한 자
9. 제39조의2제1항을 위반하여 성능인증의 변경인증을 받지 아니한 자
10. 제40조제1항에 따른 우수품질인증을 받지 아니한 제품에 우수품질인증 표시를 하거나 우수품질인증 표시를 위조하거나 변조하여 사용한 자

[전문개정 2011.8.4.][시행일 : 2018.6.27.] 제49조

제50조 (벌 칙)

다음 각 호의 어느 하나에 해당하는 자는 300만원 이하의 벌금에 처한다. 〈개정 2014.1.7., 2016.1.27.〉

1. 제4조제1항에 따른 소방특별조사를 정당한 사유 없이 거부·방해 또는 기피한 자
2. 삭제 〈2017.12.26.〉
3. 제13조를 위반하여 방염성능검사에 합격하지 아니한 물품에 합격표시를 하거나 합격표시를 위조하거나 변조하여 사용한 자
4. 제13조제2항을 위반하여 거짓 시료를 제출한 자
5. 제20조제2항을 위반하여 소방안전관리자 또는 소방안전관리보조자를 선임하지 아니한 자

5의2. 제21조를 위반하여 공동 소방안전관리자를 선임하지 아니한 자

6. 제20조제8항을 위반하여 소방시설·피난시설·방화시설 및 방화구획 등이 법령에 위반된 것을 발견하였음에도 필요한 조치를 할 것을 요구하지 아니한 소방안전관리자
7. 제20조제9항을 위반하여 소방안전관리자에게 불이익한 처우를 한 관계인
8. 제33조의3제1항을 위반하여 점검기록표를 거짓으로 작성하거나 해당 특정소방대상물에 부착하지 아니한 자

9. 삭제 〈2017.12.26.〉
9의2. 삭제 〈2017.12.26.〉
10. 삭제 〈2017.12.26.〉
11. 제45조제8항을 위반하여 업무를 수행하면서 알게 된 비밀을 이 법에서 정한 목적 외의 용도로 사용하거나 다른 사람 또는 기관에 제공하거나 누설한 사람

[전문개정 2011.8.4.]

[시행일 : 2015.1.8.] 제50조제5호의 개정규정 중 소방안전관리보조자 또는 초기대응체계에 관한 규정

[시행일 : 2018.6.27.] 제50조

제51조 (벌 칙)

삭제

제52조 (양벌규정)

법인의 대표자나 법인 또는 개인의 대리인, 사용인, 그 밖의 종업원이 그 법인 또는 개인의 업무에 관하여 제48조부터 제50조(300만원 이하의 벌금)까지의 어느 하나에 해당하는 위반행위를 하면 그 행위자를 벌하는 외에 그 법인 또는 개인에게도 해당 조문의 벌금형을 과(科)한다. 다만, 법인 또는 개인이 그 위반행위를 방지하기 위하여 해당 업무에 관하여 상당한 주의와 감독을 게을리 하지 아니한 경우에는 그러하지 아니하다.

제53조 (과태료)

① 다음 각 호의 어느 하나에 해당하는 자에게는 300만원 이하의 과태료를 부과한다. 〈신설 2016.1.27.〉
1. 제9조제1항 전단의 화재안전기준을 위반하여 소방시설을 설치 또는 유지·관리한 자
2. 제10조제1항을 위반하여 피난시설, 방화구획 또는 방화시설의 폐쇄·훼손·변경 등의 행위를 한 자

② 다음 각 호의 어느 하나에 해당하는 자에게는 200만원 이하의 과태료를 부과한다. 〈개정 2014.1.7., 2014.12.30., 2016.1.27.〉
1. 제12조제1항을 위반한 자
2. 삭제 〈2016.1.27.〉
3. 제20조제4항, 제31조 또는 제32조제3항에 따른 신고를 하지 아니한 자 또는 거짓으로 신고한 자
3의2. 삭제 〈2014.12.30.〉

4. 삭제 〈2014.12.30.〉
5. 제20조제1항을 위반하여 소방안전관리 업무를 수행하지 아니한 자
6. 제20조제6항에 따른 소방안전관리 업무를 하지 아니한 특정소방대상물의 관계인 또는 소방안전관리대상물의 소방안전관리자
7. 제20조제7항을 위반하여 지도와 감독을 하지 아니한 자

7의2. 제21조의2제3항을 위반하여 피난유도 안내정보를 제공하지 아니한 자

8. 제22조제1항을 위반하여 소방훈련 및 교육을 하지 아니한 자
9. 제24조제1항을 위반하여 소방안전관리 업무를 하지 아니한 자
10. 제25조제2항을 위반하여 소방시설등의 점검결과를 보고하지 아니한 자 또는 거짓으로 보고한 자
11. 제33조제2항을 위반하여 지위승계, 행정처분 또는 휴업・폐업의 사실을 특정소방대상물의 관계인에게 알리지 아니하거나 거짓으로 알린 관리업자
12. 제33조제3항을 위반하여 기술인력의 참여 없이 자체점검을 한 자

12의2. 제33조의2제2항에 따른 서류를 거짓으로 제출한 자

13. 제46조제1항에 따른 명령을 위반하여 보고 또는 자료제출을 하지 아니하거나 거짓으로 보고 또는 자료제출을 한 자 또는 정당한 사유 없이 관계 공무원의 출입 또는 조사・검사를 거부・방해 또는 기피한 자

③ 제41조제1항제1호 또는 제2호를 위반하여 실무 교육을 받지 아니한 소방안전관리자 및 소방안전관리보조자에게는 100만원 이하의 과태료를 부과한다. 〈신설 2018.3.2.〉

④ 제1항부터 제3항까지에 따른 과태료는 대통령령으로 정하는 바에 따라 소방청장, 관할 시・도지사, 소방본부장 또는 소방서장이 부과・징수한다. 〈개정 2014.1.7., 2014.11.19., 2016.1.27., 2017.7.26., 2018.3.2.〉

[전문개정 2011.8.4.][시행일 : 2018.9.3.] 제53조제3항, 제53조제4항

시행령 제40조 (과태료의 부과기준)

법 제53조제1항에 따른 과태료의 부과기준은 별표 10과 같다.

[전문개정 2012.9.14.]

플러스 **해설**+

- 징역 : 일정기간 교도소 내에 구치(拘置)하여 정역(定役)에 종사하게 하는 형벌
- 벌금 : 일정금액을 국가에 납부하게 하는 형벌
- 과태료 : 벌금이나 과료(科料)와 달리 형벌의 성질을 가지지 않는 법령위반에 대하여 과해지는 금전벌(金錢罰)
- 과료 : 범인으로부터 일정액의 금액을 징수하는 형벌

확인 점검 문제

다음 중 그 부과가 다른 벌칙은?

① 방염성능물품에 대한 조치명령을 위반한 자
② 피난 · 방화시설, 방화구획의 유지관리 조치 · 명령 위반자
③ 특정소방대상물의 소방시설이 화재안전기준에 따른 소방서장 등의 조치명령 위반자
④ 소방시설에 폐쇄 · 차단 등의 행위를 한 자

④

관리업의 등록증이나 등록수첩을 다른 자에게 빌려준 자의 벌칙으로 맞는 것은?

① 5년 이하의 징역 또는 5천만원 이하의 벌금에 처한다.
② 3년 이하의 징역 또는 3천만원 이하의 벌금에 처한다.
③ 1년 이하의 징역 또는 1천만원 이하의 벌금에 처한다.
④ 300만원 이하의 벌금에 처한다.

③

「화재예방, 소방시설 설치 · 유지 및 안전관리에 관한 법률」에서 과태료를 부과징수 할 수 없는 자는?

① 관할 시 · 도지사
② 소방청장
③ 소방본부장
④ 시장 · 군수 · 구청장

④

「화재예방, 소방시설 설치 · 유지 및 안전관리에 관한 법률」에서 과태료 처분 대상으로 옳지 않은 것은?

① 피난시설, 방화구획 또는 방화시설의 폐쇄 · 훼손 · 변경 등의 행위를 한 경우
② 방염성능기준 미만으로 방염처리한 경우
③ 특정소방대상물의 화재안전기준에 따른 설치 · 유지 · 관리를 위반한 경우
④ 정당한 사유 없이 소방공무원의 소방특별조사를 거부 · 방해 또는 기피한자

④

화재예방, 소방시설 설치·유지 및 안전관리법 시행령 별표

[별표 1]

소방시설

1. 소화설비 : 물 또는 그 밖의 소화약제를 사용하여 소화하는 기계·기구 또는 설비로서 다음 각 목의 것
   가. 소화기구
      1) 소화기
      2) 간이소화용구 : 에어로졸식 소화용구, 투척용 소화용구 및 소화약제 외의 것을 이용한 간이소화용구
      3) 자동확산소화기
   나. 자동소화장치
      1) 주거용 주방자동소화장치
      2) 상업용 주방자동소화장치
      3) 캐비닛형 자동소화장치
      4) 가스자동소화장치
      5) 분말자동소화장치
      6) 고체에어로졸자동소화장치
   다. 옥내소화전설비(호스릴옥내소화전설비를 포함한다)
   라. 스프링클러설비등
      1) 스프링클러설비
      2) 간이스프링클러설비(캐비닛형 간이스프링클러설비를 포함한다)
      3) 화재조기진압용 스프링클러설비
   마. 물분무등소화설비
      1) 물 분무 소화설비
      2) 미분무소화설비
      3) 포소화설비
      4) 이산화탄소소화설비
      5) 할론소화설비
      6) 할로겐화합물 및 불활성기체 소화설비
      7) 분말소화설비
      8) 강화액소화설비

9) 고체에어로졸소화설비

바. 옥외소화전설비

2. 경보설비 : 화재발생 사실을 통보하는 기계・기구 또는 설비로서 다음 각 목의 것

가. 단독경보형 감지기

나. 비상경보설비

1) 비상벨설비

2) 자동식사이렌설비

다. 시각경보기

라. 자동화재탐지설비

마. 비상방송설비

바. 자동화재속보설비

사. 통합감시시설

아. 누전경보기

자. 가스누설경보기

3. 피난구조설비 : 화재가 발생할 경우 피난하기 위하여 사용하는 기구 또는 설비로서 다음 각 목의 것

가. 피난기구

1) 피난사다리

2) 구조대

3) 완강기

4) 그 밖에 법 제9조 제1항에 따라 소방청장이 정하여 고시하는 화재안전기준(이하 "화재안전기준"이라 한다)으로 정하는 것

나. 인명구조기구

1) 방열복, 방화복(안전헬멧, 보호장갑 및 안전화를 포함한다)

2) 공기호흡기

3) 인공소생기

다. 유도등

1) 피난유도선

2) 피난구유도등

3) 통로유도등

4) 객석유도등

5) 유도표지

라. 비상조명등 및 휴대용비상조명등

4. 소화용수설비 : 화재를 진압하는 데 필요한 물을 공급하거나 저장하는 설비로서 다음 각 목의 것
   가. 상수도소화용수설비
   나. 소화수조・저수조, 그 밖의 소화용수설비
5. 소화활동설비 : 화재를 진압하거나 인명구조활동을 위하여 사용하는 설비로서 다음 각 목의 것
   가. 제연설비
   나. 연결송수관설비
   다. 연결살수설비
   라. 비상콘센트설비
   마. 무선통신보조설비
   바. 연소방지설비

[별표 2]

특정소방대상물(제5조 관련)

1. 공동주택

가. 아파트등 : 주택으로 쓰이는 층수가 5층 이상인 주택

나. 기숙사 : 학교 또는 공장 등에서 학생이나 종업원 등을 위하여 쓰는 것으로서 공동취사 등을 할 수 있는 구조를 갖추되, 독립된 주거의 형태를 갖추지 않은 것(「교육기본법」 제27조 제2항에 따른 학생복지주택을 포함한다)

2. 근린생활시설

가. 슈퍼마켓과 일용품(식품, 잡화, 의류, 완구, 서적, 건축자재, 의약품, 의료기기 등) 등의 소매점으로서 같은 건축물(하나의 대지에 두 동 이상의 건축물이 있는 경우에는 이를 같은 건축물로 본다. 이하 같다)에 해당 용도로 쓰는 바닥면적의 합계가 1천m^2 미만인 것

나. 휴게음식점, 제과점, 일반음식점, 기원(棋院), 노래연습장 및 단란주점으로서 같은 건축물에 해당 용도로 쓰는 바닥면적의 합계가 150m^2 미만인 것

다. 이용원, 미용원, 목욕장 및 세탁소(공장이 부설된 것과 「대기환경보전법」, 「물환경보전법」 또는 「소음 · 진동관리법」에 따른 배출시설의 설치허가 또는 신고의 대상이 되는 것은 제외한다)

라. 의원, 치과의원, 한의원, 침술원, 접골원(接骨院), 조산원(「모자보건법」 제2조 제11호에 따른 산후조리원을 포함한다) 및 안마원(「의료법」 제82조 제4항에 따른 안마시술소를 포함한다)

마. 탁구장, 테니스장, 체육도장, 체력단련장, 에어로빅장, 볼링장, 당구장, 실내낚시터, 골프연습장, 물놀이형 시설(「관광진흥법」 제33조에 따른 안전성검사의 대상이 되는 물놀이형 시설을 말한다. 이하 같다), 그 밖에 이와 비슷한 것으로서 같은 건축물에 해당 용도로 쓰는 바닥면적의 합계가 500m^2 미만인 것

바. 공연장(극장, 영화상영관, 연예장, 음악당, 서커스장, 「영화 및 비디오물의 진흥에 관한 법률」 제2조 제16호 가목에 따른 비디오물감상실업의 시설, 같은 호 나목에 따른 비디오물소극장업의 시설, 그 밖에 이와 비슷한 것을 말한다. 이하 같다) 또는 종교집회장[교회, 성당, 사찰, 기도원, 수도원, 수녀원, 제실(祭室), 사당, 그 밖에 이와 비슷한 것을 말한다. 이하 같다]으로서 같은 건축물에 해당 용도로 쓰는 바닥면적의 합계가 300m^2 미만인 것

사. 금융업소, 사무소, 부동산중개사무소, 결혼상담소 등 소개업소, 출판사, 서점, 그 밖에 이와 비슷한 것으로서 같은 건축물에 해당 용도로 쓰는 바닥면적의 합계가 500m^2 미만인 것

아. 제조업소, 수리점, 그 밖에 이와 비슷한 것으로서 같은 건축물에 해당 용도로 쓰는 바닥면적의 합계가 500m^2 미만이고, 「대기환경보전법」, 「물환경보전법」 또는 「소음 · 진동관리법」에 따른 배출시설의 설치허가 또는 신고의 대상이 아닌 것

자. 「게임산업진흥에 관한 법률」 제2조 제6호의2에 따른 청소년게임제공업 및 일반게임제공업의 시설, 같은 조 제7호에 따른 인터넷컴퓨터게임시설제공업의 시설 및 같은 조 제8호에 따른 복합유통게임제공업의 시설로서 같은 건축물에 해당 용도로 쓰는 바닥면적의 합계가 500m^2 미만인 것

차. 사진관, 표구점, 학원(같은 건축물에 해당 용도로 쓰는 바닥면적의 합계가 500m^2 미만인 것만 해당하며, 자동차학원 및 무도학원은 제외한다), 독서실, 고시원(「다중이용업소의 안전관리에 관한 특별법」에 따른 다중이용업 중 고시원업의 시설로서 독립된 주거의 형태를 갖추지 않은 것으로서 같은 건축물에 해당 용도로 쓰는 바닥면적의 합계가 500m^2 미만인 것을 말한다), 장의사, 동물병원, 총포판매사, 그 밖에 이와 비슷한 것

카. 의약품 판매소, 의료기기 판매소 및 자동차영업소로서 같은 건축물에 해당 용도로 쓰는 바닥면적의 합계가 1천m^2 미만인 것

타. 삭제 〈2013.1.9〉

3. 문화 및 집회시설

가. 공연장으로서 근린생활시설에 해당하지 않는 것

나. 집회장 : 예식장, 공회당, 회의장, 마권(馬券) 장외 발매소, 마권 전화투표소, 그 밖에 이와 비슷한 것으로서 근린생활시설에 해당하지 않는 것

다. 관람장 : 경마장, 경륜장, 경정장, 자동차 경기장, 그 밖에 이와 비슷한 것과 체육관 및 운동장으로서 관람석의 바닥면적의 합계가 1천m^2 이상인 것

라. 전시장 : 박물관, 미술관, 과학관, 문화관, 체험관, 기념관, 산업전시장, 박람회장, 견본주택, 그 밖에 이와 비슷한 것

마. 동·식물원 : 동물원, 식물원, 수족관, 그 밖에 이와 비슷한 것

4. 종교시설

가. 종교집회장으로서 근린생활시설에 해당하지 않는 것

나. 가목의 종교집회장에 설치하는 봉안당(奉安堂)

5. 판매시설

가. 도매시장 : 「농수산물 유통 및 가격안정에 관한 법률」 제2조 제2호에 따른 농수산물도매시장, 같은 조 제5호에 따른 농수산물공판장, 그 밖에 이와 비슷한 것(그 안에 있는 근린생활시설을 포함한다)

나. 소매시장 : 시장, 「유통산업발전법」 제2조 제3호에 따른 대규모점포, 그 밖에 이와 비슷한 것(그 안에 있는 근린생활시설을 포함한다)

다. 전통시장: 「전통시장 및 상점가 육성을 위한 특별법」 제2조제1호에 따른 전통시장(그 안에 있는 근린생활시설을 포함하며, 노점형시장은 제외한다)

라. 상점 : 다음의 어느 하나에 해당하는 것(그 안에 있는 근린생활시설을 포함한다)

1) 제2호 가목에 해당하는 용도로서 같은 건축물에 해당 용도로 쓰는 바닥면적 합계가 1천 m^2 이상인 것
2) 제2호 자목에 해당하는 용도로서 같은 건축물에 해당 용도로 쓰는 바닥면적 합계가 $500m^2$ 이상인 것

6. 운수시설

가. 여객자동차터미널
나. 철도 및 도시철도 시설(정비창 등 관련 시설을 포함한다)
다. 공항시설(항공관제탑을 포함한다)
라. 항만시설 및 종합여객시설

7. 의료시설

가. 병원 : 종합병원, 병원, 치과병원, 한방병원, 요양병원
나. 격리병원 : 전염병원, 마약진료소, 그 밖에 이와 비슷한 것
다. 정신의료기관
라. 「장애인복지법」 제58조 제1항 제4호에 따른 장애인 의료재활시설

8. 교육연구시설

가. 학교
1) 초등학교, 중학교, 고등학교, 특수학교, 그 밖에 이에 준하는 학교: 「학교시설사업 촉진법」 제2조제1호나목의 교사(校舍)(교실 · 도서실 등 교수 · 학습활동에 직접 또는 간접적으로 필요한 시설물을 말하되, 병설유치원으로 사용되는 부분은 제외한다. 이하 같다), 체육관, 「학교급식법」 제6조에 따른 급식시설, 합숙소(학교의 운동부, 기능선수 등이 집단으로 숙식하는 장소를 말한다. 이하 같다)
2) 대학, 대학교, 그 밖에 이에 준하는 각종 학교 : 교사 및 합숙소
나. 교육원(연수원, 그 밖에 이와 비슷한 것을 포함한다)
다. 직업훈련소
라. 학원(근린생활시설에 해당하는 것과 자동차운전학원 · 정비학원 및 무도학원은 제외한다)
마. 연구소(연구소에 준하는 시험소와 계량계측소를 포함한다)
바. 도서관

9. 노유자시설

가. 노인 관련 시설 : 「노인복지법」에 따른 노인주거복지시설, 노인의료복지시설, 노인여가복지시설, 주 · 야간보호서비스나 단기보호서비스를 제공하는 재가노인복지시설(「노인장기요양보험법」에 따른 재가장기요양기관을 포함한다), 노인보호전문기관, 그 밖에 이와 비슷한 것

나. 아동 관련 시설:「아동복지법」에 따른 아동복지시설,「영유아보육법」에 따른 어린이집,「유아교육법」에 따른 유치원[제8호가목1)에 따른 학교의 교사 중 병설유치원으로 사용되는 부분을 포함한다], 그 밖에 이와 비슷한 것

다. 장애인 관련 시설 :「장애인복지법」에 따른 장애인 거주시설, 장애인 지역사회재활시설(장애인 심부름센터, 수화통역센터, 점자도서 및 녹음서 출판시설 등 장애인이 직접 그 시설 자체를 이용하는 것을 주된 목적으로 하지 않는 시설은 제외한다), 장애인 직업재활시설, 그 밖에 이와 비슷한 것

라. 정신질환자 관련 시설 :「정신보건법」에 따른 정신질환자사회복귀시설(정신질환자생산품판매시설은 제외한다), 정신요양시설, 그 밖에 이와 비슷한 것

마. 노숙인 관련 시설 :「노숙인 등의 복지 및 자립지원에 관한 법률」 제2조 제2호에 따른 노숙인복지시설(노숙인일시보호시설, 노숙인자활시설, 노숙인재활시설, 노숙인요양시설 및 쪽방삼당소만 해당한다), 노숙인종합지원센터 및 그 밖에 이와 비슷한 것

바. 가목부터 마목까지에서 규정한 것 외에「사회복지사업법」에 따른 사회복지시설 중 결핵환자 또는 한센인 요양시설 등 다른 용도로 분류되지 않는 것

10. 수련시설

가. 생활권 수련시설 :「청소년활동 진흥법」에 따른 청소년수련관, 청소년문화의집, 청소년특화시설, 그 밖에 이와 비슷한 것

나. 자연권 수련시설 :「청소년활동 진흥법」에 따른 청소년수련원, 청소년야영장, 그 밖에 이와 비슷한 것

다.「청소년활동 진흥법」에 따른 유스호스텔

11. 운동시설

가. 탁구장, 체육도장, 테니스장, 체력단련장, 에어로빅장, 볼링장, 당구장, 실내낚시터, 골프연습장, 물놀이형 시설, 그 밖에 이와 비슷한 것으로서 근린생활시설에 해당하지 않는 것

나. 체육관으로서 관람석이 없거나 관람석의 바닥면적이 1천m^2 미만인 것

다. 운동장 : 육상장, 구기장, 볼링장, 수영장, 스케이트장, 롤러스케이트장, 승마장, 사격장, 궁도장, 골프장 등과 이에 딸린 건축물로서 관람석이 없거나 관람석의 바닥면적이 1천m^2 미만인 것

12. 업무시설

가. 공공업무시설 : 국가 또는 지방자치단체의 청사와 외국공관의 건축물로서 근린생활시설에 해당하지 않는 것

나. 일반업무시설 : 금융업소, 사무소, 신문사, 오피스텔(업무를 주로 하며, 분양하거나 임대하는 구획 중 일부의 구획에서 숙식을 할 수 있도록 한 건축물로서 국토해양부장관이 고시하는 기준에 적합한 것을 말한다), 그 밖에 이와 비슷한 것으로서 근린생활시설에 해당하지 않는 것

다. 주민자치센터(동사무소), 경찰서, 지구대, 파출소, 소방서, 119안전센터, 우체국, 보건소, 공공도서관, 국민건강보험공단, 그 밖에 이와 비슷한 용도로 사용하는 것
라. 마을회관, 마을공동작업소, 마을공동구판장, 그 밖에 이와 유사한 용도로 사용되는 것
마. 변전소, 양수장, 정수장, 대피소, 공중화장실, 그 밖에 이와 유사한 용도로 사용되는 것

13. 숙박시설

가. 일반형 숙박시설 : 「공중위생관리법 시행령」 제4조 제1호 가목에 따른 숙박업의 시설
나. 생활형 숙박시설 : 「공중위생관리법 시행령」 제4조 제1호 나목에 따른 숙박업의 시설
다. 고시원(근린생활시설에 해당하지 않는 것을 말한다)
라. 그 밖에 가목부터 다목까지의 시설과 비슷한 것

14. 위락시설

가. 단란주점으로서 근린생활시설에 해당하지 않는 것
나. 유흥주점, 그 밖에 이와 비슷한 것
다. 「관광진흥법」에 따른 유원시설업(遊園施設業)의 시설, 그 밖에 이와 비슷한 시설(근린생활시설에 해당하는 것은 제외한다)
라. 무도장 및 무도학원
마. 카지노영업소

15. 공장

물품의 제조·가공[세탁·염색·도장(塗裝)·표백·재봉·건조·인쇄 등을 포함한다] 또는 수리에 계속적으로 이용되는 건축물로서 근린생활시설, 위험물 저장 및 처리 시설, 항공기 및 자동차 관련 시설, 분뇨 및 쓰레기 처리시설, 묘지 관련 시설 등으로 따로 분류되지 않는 것

16. 창고시설(위험물 저장 및 처리 시설 또는 그 부속용도에 해당하는 것은 제외한다)

가. 창고(물품저장시설로서 냉장·냉동 창고를 포함한다)
나. 하역장
다. 「물류시설의 개발 및 운영에 관한 법률」에 따른 물류터미널
라. 「유통산업발전법」 제2조 제14호에 따른 집배송시설

17. 위험물 저장 및 처리 시설

가. 위험물 제조소등
나. 가스시설 : 산소 또는 가연성 가스를 제조·저장 또는 취급하는 시설 중 지상에 노출된 산소 또는 가연성 가스 탱크의 저장용량의 합계가 100톤 이상이거나 저장용량이 30톤 이상인 탱크가 있는 가스시설로서 다음의 어느 하나에 해당하는 것

1) 가스 제조시설
   가) 「고압가스 안전관리법」 제4조 제1항에 따른 고압가스의 제조허가를 받아야 하는 시설
   나) 「도시가스사업법」 제3조에 따른 도시가스사업허가를 받아야 하는 시설
2) 가스 저장시설
   가) 「고압가스 안전관리법」 제4조 제3항에 따른 고압가스 저장소의 설치허가를 받아야 하는 시설
   나) 「액화석유가스의 안전관리 및 사업법」 제6조 제1항에 따른 액화석유가스 저장소의 설치 허가를 받아야 하는 시설
3) 가스 취급시설
   「액화석유가스의 안전관리 및 사업법」 제3조에 따른 액화석유가스 충전사업 또는 액화석유가스 집단공급사업의 허가를 받아야 하는 시설

18. 항공기 및 자동차 관련 시설(건설기계 관련 시설을 포함한다)

가. 항공기격납고
나. 주차용 건축물, 차고 및 기계장치에 의한 주차시설
다. 세차장
라. 폐차장
마. 자동차 검사장
바. 자동차 매매장
사. 자동차 정비공장
아. 운전학원 · 정비학원
자. 다음의 건축물을 제외한 건축물의 내부(「건축법 시행령」 제119조 제1항 제3호 다목에 따른 필로티와 건축물 지하를 포함한다)에 설치된 주차장
   1) 「건축법 시행령」 별표 1 제1호에 따른 단독주택
   2) 「건축법 시행령」 별표 1 제2호에 따른 공동주택 중 50세대 미만인 연립주택 또는 50세대 미만인 다세대주택
차. 「여객자동차 운수사업법」, 「화물자동차 운수사업법」 및 「건설기계관리법」에 따른 차고 및 주기장(駐機場)

19. 동물 및 식물 관련 시설

가. 축사[부화장(孵化場)을 포함한다]
나. 가축시설 : 가축용 운동시설, 인공수정센터, 관리사(管理舍), 가축용 창고, 가축시장, 동물검역소, 실험동물 사육시설, 그 밖에 이와 비슷한 것

다. 도축장
라. 도계장
마. 작물 재배사(栽培舍)
바. 종묘배양시설
사. 화초 및 분재 등의 온실
아. 식물과 관련된 마목부터 사목까지의 시설과 비슷한 것(동・식물원은 제외한다)

20. 자원순환 관련 시설

가. 하수 등 처리시설
나. 고물상
다. 폐기물재활용시설
라. 폐기물처분시설
마. 폐기물감량화시설

21. 교정 및 군사시설

가. 보호감호소, 교도소, 구치소 및 그 지소
나. 보호관찰소, 갱생보호시설, 그 밖에 범죄자의 갱생・보호・교육・보건 등의 용도로 쓰는 시설
다. 치료감호시설
라. 소년원 및 소년분류심사원
마. 「출입국관리법」 제52조 제2항에 따른 보호시설
바. 「경찰관 직무집행법」 제9조에 따른 유치장
사. 국방・군사시설(「국방・군사시설 사업에 관한 법률」 제2조 제1호 가목부터 마목까지의 시설을 말한다)

22. 방송통신시설

가. 방송국(방송프로그램 제작시설 및 송신・수신・중계시설을 포함한다)
나. 전신전화국
다. 촬영소
라. 통신용 시설
마. 그 밖에 가목부터 라목까지의 시설과 비슷한 것

23. 발전시설

가. 원자력발전소
나. 화력발전소
다. 수력발전소(조력발전소를 포함한다)

라. 풍력발전소

마. 그 밖에 가목부터 라목까지의 시설과 비슷한 것(집단에너지 공급시설을 포함한다)

24. 묘지 관련 시설

가. 화장시설

나. 봉안당(제4호나목의 봉안당은 제외한다)

다. 묘지와 자연장지에 부수되는 건축물

라. 동물화장시설, 동물건조장(乾燥葬)시설 및 동물 전용의 납골시설

25. 관광 휴게시설

가. 야외음악당

나. 야외극장

다. 어린이회관

라. 관망탑

마. 휴게소

바. 공원・유원지 또는 관광지에 부수되는 건축물

26. 장례시설

가. 장례식장[의료시설의 부수시설(「의료법」 제36조제1호에 따른 의료기관의 종류에 따른 시설을 말한다)은 제외한다]

나. 동물 전용의 장례식장

27. 지하가

지하의 인공구조물 안에 설치되어 있는 상점, 사무실, 그 밖에 이와 비슷한 시설이 연속하여 지하도에 면하여 설치된 것과 그 지하도를 합한 것

가. 지하상가

나. 터널 : 차량(궤도차량용은 제외한다) 등의 통행을 목적으로 지하, 해저 또는 산을 뚫어서 만든 것

28. 지하구

가. 전력・통신용의 전선이나 가스・냉난방용의 배관 또는 이와 비슷한 것을 집합수용하기 위하여 설치한 지하 인공구조물로서 사람이 점검 또는 보수를 하기 위하여 출입이 가능한 것 중 폭 1.8m 이상이고 높이가 2m 이상이며 길이가 50m 이상(전력 또는 통신사업용인 것은 500m 이상)인 것

나. 「국토의 계획 및 이용에 관한 법률」 제2조 제9호에 따른 공동구

29. 문화재

「문화재보호법」에 따라 문화재로 지정된 건축물

30. 복합건축물

가. 하나의 건축물이 제1호부터 제27호까지의 것 중 둘 이상의 용도로 사용되는 것. 다만, 다음의 어느 하나에 해당하는 경우에는 복합건축물로 보지 않는다.

1) 관계 법령에서 주된 용도의 부수시설로서 그 설치를 의무화하고 있는 용도 또는 시설

2) 「주택법」 제21조 제1항 제2호 및 제3호에 따라 주택 안에 부대시설 또는 복리시설이 설치되는 특정소방대상물

3) 건축물의 주된 용도의 기능에 필수적인 용도로서 다음의 어느 하나에 해당하는 용도

가) 건축물의 설비, 대피 또는 위생을 위한 용도, 그 밖에 이와 비슷한 용도

나) 사무, 작업, 집회, 물품저장 또는 주차를 위한 용도, 그 밖에 이와 비슷한 용도

다) 구내식당, 구내세탁소, 구내운동시설 등 종업원후생복리시설(기숙사는 제외한다) 또는 구내소각시설의 용도, 그 밖에 이와 비슷한 용도

나. 하나의 건축물이 근린생활시설, 판매시설, 업무시설, 숙박시설 또는 위락시설의 용도와 주택의 용도로 함께 사용되는 것

※ 비고

1. 내화구조로 된 하나의 특정소방대상물이 개구부(건축물에서 채광・환기・통풍・출입 등을 위하여 만든 창이나 출입구를 말한다)가 없는 내화구조의 바닥과 벽으로 구획되어 있는 경우에는 그 구획된 부분을 각각 별개의 특정소방대상물로 본다.
2. 둘 이상의 특정소방대상물이 다음 각 목의 어느 하나에 해당되는 구조의 복도 또는 통로(이하 이 표에서 "연결통로"라 한다)로 연결된 경우에는 이를 하나의 소방대상물로 본다.

   가. 내화구조로 된 연결통로가 다음의 어느 하나에 해당되는 경우

   1) 벽이 없는 구조로서 그 길이가 6m 이하인 경우

   2) 벽이 있는 구조로서 그 길이가 10m 이하인 경우. 다만, 벽 높이가 바닥에서 천장까지의 높이의 2분의 1 이상인 경우에는 벽이 있는 구조로 보고, 벽 높이가 바닥에서 천장까지의 높이의 2분의 1 미만인 경우에는 벽이 없는 구조로 본다.

   나. 내화구조가 아닌 연결통로로 연결된 경우

   다. 컨베이어로 연결되거나 플랜트설비의 배관 등으로 연결되어 있는 경우

   라. 지하보도, 지하상가, 지하가로 연결된 경우

   마. 방화셔터 또는 갑종 방화문이 설치되지 않은 피트로 연결된 경우

   바. 지하구로 연결된 경우
3. 제2호에도 불구하고 연결통로 또는 지하구와 소방대상물의 양쪽에 다음 각 목의 어느 하나에 적합한 경우에는 각각 별개의 소방대상물로 본다.

   가. 화재 시 경보설비 또는 자동소화설비의 작동과 연동하여 자동으로 닫히는 방화셔터 또는 갑종 방화문이 설치된 경우

   나. 화재 시 자동으로 방수되는 방식의 드렌처설비 또는 개방형 스프링클러헤드가 설치된 경우
4. 위 제1호부터 제30호까지의 특정소방대상물의 지하층이 지하가와 연결되어 있는 경우 해당 지하층의 부분을 지하가로 본다. 다만, 다음 지하가와 연결되는 지하층에 지하층 또는 지하가에 설치된 방화문이 자동폐쇄장치・자동화재탐지설비 또는 자동소화설비와 연동하여 닫히는 구조이거나 그 윗부분에 드렌처설비가 설치된 경우에는 지하가로 보지 않는다.

[별표 3]

소방용품(제6조 관련)

1. 소화설비를 구성하는 제품 또는 기기

가. 별표 1 제1호 가목의 소화기구(소화약제 외의 것을 이용한 간이소화용구는 제외한다)

나. 별표 1 제1호 나목의 자동소화장치

다. 소화설비를 구성하는 소화전, 관창(管槍), 소방호스, 스프링클러헤드, 기동용 수압개폐장치, 유수제어밸브 및 가스관선택밸브

2. 경보설비를 구성하는 제품 또는 기기

가. 누전경보기 및 가스누설경보기

나. 경보설비를 구성하는 발신기, 수신기, 중계기, 감지기 및 음향장치(경종만 해당한다)

3. 피난구조설비를 구성하는 제품 또는 기기

가. 피난사다리, 구조대, 완강기(간이완강기 및 지지대를 포함한다)

나. 공기호흡기(충전기를 포함한다)

다. 피난구유도등, 통로유도등, 객석유도등 및 예비 전원이 내장된 비상조명등

4. 소화용으로 사용하는 제품 또는 기기

가. 소화약제(별표 1 제1호 나목2)와 3)의 자동소화장치와 같은 호 마목3)부터 8)까지의 소화설비용만 해당한다)

나. 방염제(방염액・방염도료 및 방염성물질을 말한다)

5. 그 밖에 행정안전부령으로 정하는 소방 관련 제품 또는 기기

[별표 4]

수용인원의 산정 방법(제15조 관련)

1. 숙박시설이 있는 특정소방대상물

가. 침대가 있는 숙박시설 : 해당 특정소방물의 종사자 수에 침대 수(2인용 침대는 2개로 산정한다)를 합한 수

나. 침대가 없는 숙박시설 : 해당 특정소방대상물의 종사자 수에 숙박시설 바닥면적의 합계를 $3m^2$로 나누어 얻은 수를 합한 수

2. 제1호 외의 특정소방대상물

가. 강의실・교무실・상담실・실습실・휴게실 용도로 쓰이는 특정소방대상물 : 해당 용도로 사용하는 바닥면적의 합계를 $1.9m^2$로 나누어 얻은 수

나. 강당, 문화 및 집회시설, 운동시설, 종교시설 : 해당 용도로 사용하는 바닥면적의 합계를 $4.6m^2$로 나누어 얻은 수(관람석이 있는 경우 고정식 의자를 설치한 부분은 그 부분의 의자 수로 하고, 긴 의자의 경우에는 의자의 정면너비를 0.45m로 나누어 얻은 수로 한다)

다. 그 밖의 특정소방대상물 : 해당 용도로 사용하는 바닥면적의 합계를 $3m^2$로 나누어 얻은 수

※ 비고

1. 위 표에서 바닥면적을 산정할 때에는 복도(「건축법 시행령」 제2조 제11호에 따른 준불연재료 이상의 것을 사용하여 바닥에서 천장까지 벽으로 구획한 것을 말한다), 계단 및 화장실의 바닥면적을 포함하지 않는다.
2. 계산 결과 소수점 이하의 수는 반올림한다.

[별표5]

특정소방대상물의 관계인이 특정소방대상물의 규모·용도 및 수용인원 등을 고려하여 갖추어야 하는 소방시설의 종류 (제15조 관련)

1. 소화설비

가. 화재안전기준에 따라 소화기구를 설치하여야 하는 특정소방대상물은 다음의 어느 하나와 같다.

1) 연면적 $33m^2$ 이상인 것. 다만, 노유자시설의 경우에는 투척용 소화용구 등을 화재안전기준에 따라 산정된 소화기 수량의 2분의 1 이상으로 설치할 수 있다.

2) 1)에 해당하지 않는 시설로서 지정문화재 및 가스시설

3) 터널

나. 자동소화장치를 설치하여야 하는 특정소방대상물은 다음의 어느 하나와 같다.

1) 주거용 주방자동소화장치를 설치하여야 하는 것 : 아파트등 및 30층 이상 오피스텔의 모든 층

2) 캐비닛형 자동소화장치, 가스자동소화장치, 분말자동소화장치 또는 고체에어로졸자동소화장치를 설치하여야 하는 것 : 화재안전기준에서 정하는 장소

다. 옥내소화전설비를 설치하여야 하는 특정소방대상물(위험물 저장 및 처리 시설 중 가스시설, 지하구 및 방재실 등에서 스프링클러설비 또는 물분무등소화설비를 원격으로 조정할 수 있는 업무시설 중 무인변전소는 제외한다)은 다음의 어느 하나와 같다.

1) 연면적 3천m^2 이상(지하가 중 터널은 제외한다)이거나 지하층·무창층(축사는 제외한다) 또는 층수가 4층 이상인 것 중 바닥면적이 $600m^2$ 이상인 층이 있는 것은 모든 층

2) 지하가 중 터널로서 다음에 해당하는 터널

가) 길이가 1천미터 이상인 터널

나) 예상교통량, 경사도 등 터널의 특성을 고려하여 행정안전부령으로 정하는 터널

3) 1)에 해당하지 않는 근린생활시설, 판매시설, 운수시설, 의료시설, 노유자시설, 업무시설, 숙박시설, 위락시설, 공장, 창고시설, 항공기 및 자동차 관련 시설, 교정 및 군사시설 중 국방·군사시설, 방송통신시설, 발전시설, 장례식장 또는 복합건축물로서 연면적 1천5백m^2 이상이거나 지하층·무창층 또는 층수가 4층 이상인 층 중 바닥면적이 $300m^2$ 이상인 층이 있는 것은 모든 층

4) 건축물의 옥상에 설치된 차고 또는 주차장으로서 차고 또는 주차의 용도로 사용되는 부분의 면적이 $200m^2$ 이상인 것

5) 1) 및 3)에 해당하지 않는 공장 또는 창고시설로서 「소방기본법 시행령」 별표 2에서 정하는 수량의 750배 이상의 특수가연물을 저장·취급하는 것

라. 스프링클러설비를 설치하여야 하는 특정소방대상물(위험물 저장 및 처리 시설 중 가스시설 또는 지하구는 제외한다)은 다음의 어느 하나와 같다.

1) 문화 및 집회시설(동・식물원은 제외한다), 종교시설(주요구조부가 목조인 것은 제외한다), 운동시설(물놀이형 시설은 제외한다)로서 다음의 어느 하나에 해당하는 경우에는 모든 층

가) 수용인원이 100명 이상인 것

나) 영화상영관의 용도로 쓰이는 층의 바닥면적이 지하층 또는 무창층인 경우에는 500m^2 이상, 그 밖의 층의 경우에는 1천m^2 이상인 것

다) 무대부가 지하층・무창층 또는 4층 이상의 층에 있는 경우에는 무대부의 면적이 300m^2 이상인 것

라) 무대부가 다) 외의 층에 있는 경우에는 무대부의 면적이 500m^2 이상인 것

2) 판매시설, 운수시설 및 창고시설(물류터미널에 한정한다)로서 바닥면적의 합계가 5천m^2 이상이거나 수용인원이 500명 이상인 경우에는 모든 층

3) 층수가 6층 이상인 특정소방대상물의 경우에는 모든 층. 다만, 주택 관련 법령에 따라 기존의 아파트등을 리모델링하는 경우로서 건축물의 연면적 및 층높이가 변경되지 않는 경우에는 해당 아파트등의 사용검사 당시의 소방시설 적용기준을 적용한다.

4) 다음의 어느 하나에 해당하는 용도로 사용되는 시설의 바닥면적의 합계가 600m^2 이상인 것은 모든 층

가) 의료시설 중 정신의료기관

나) 의료시설 중 종합병원, 병원, 치과병원, 한방병원 및 요양병원(정신병원은 제외한다)

다) 노유자시설

라) 숙박이 가능한 수련시설

5) 창고시설(물류터미널은 제외한다)로서 바닥면적 합계가 5천m^2 이상인 경우에는 모든 층

6) 천장 또는 반자(반자가 없는 경우에는 지붕의 옥내에 면하는 부분)의 높이가 10m를 넘는 랙식 창고(rack warehouse)(물건을 수납할 수 있는 선반이나 이와 비슷한 것을 갖춘 것을 말한다)로서 바닥면적의 합계가 1천5백m^2 이상인 것

7) 1)부터 6)까지의 특정소방대상물에 해당하지 않는 특정소방대상물의 지하층・무창층(축사는 제외한다) 또는 층수가 4층 이상인 층으로서 바닥면적이 1천m^2 이상인 층

8) 6)에 해당하지 않는 공장 또는 창고시설로서 다음의 어느 하나에 해당하는 시설

가) 「소방기본법 시행령」 별표 2에서 정하는 수량의 1천 배 이상의 특수가연물을 저장・취급하는 시설

나) 「원자력안전법 시행령」 제2조제1호에 따른 중・저준위방사성폐기물(이하 "중・저준위방사성폐기물"이라 한다)의 저장시설 중 소화수를 수집・처리하는 설비가 있는 저장시설

9) 지붕 또는 외벽이 불연재료가 아니거나 내화구조가 아닌 공장 또는 창고시설로서 다음의 어느 하나에 해당하는 것

가) 창고시설(물류터미널에 한정한다) 중 2)에 해당하지 않는 것으로서 바닥면적의 합계가 2천5백m^2 이상이거나 수용인원이 250명 이상인 것

나) 창고시설(물류터미널은 제외한다) 중 5)에 해당하지 않는 것으로서 바닥면적의 합계가 2천5백m^2 이상인 것

다) 랙식 창고시설 중 6)에 해당하지 않는 것으로서 바닥면적의 합계가 750m^2 이상인 것

라) 공장 또는 창고시설 중 7)에 해당하지 않는 것으로서 지하층・무창층 또는 층수가 4층 이상인 것 중 바닥면적이 500m^2 이상인 것

마) 공장 또는 창고시설 중 8)가)에 해당하지 않는 것으로서 「소방기본법 시행령」 별표 2에서 정하는 수량의 500배 이상의 특수가연물을 저장・취급하는 시설

10) 지하가(터널은 제외한다)로서 연면적 1천m^2 이상인 것

11) 기숙사(교육연구시설・수련시설 내에 있는 학생 수용을 위한 것을 말한다) 또는 복합건축물로서 연면적 5천m^2 이상인 경우에는 모든 층

12) 교정 및 군사시설 중 다음의 어느 하나에 해당하는 경우에는 해당 장소

가) 보호감호소, 교도소, 구치소 및 그 지소, 보호관찰소, 갱생보호시설, 치료감호시설, 소년원 및 소년분류심사원의 수용거실

나) 「출입국관리법」 제52조제2항에 따른 보호시설(외국인보호소의 경우에는 보호대상자의 생활공간으로 한정한다. 이하 같다)로 사용하는 부분. 다만, 보호시설이 임차건물에 있는 경우는 제외한다.

다) 「경찰관 직무집행법」 제9조에 따른 유치장

13) 1)부터 12)까지의 특정소방대상물에 부속된 보일러실 또는 연결통로 등

마. 간이스프링클러설비를 설치하여야 하는 특정소방대상물은 다음의 어느 하나와 같다.

1) 근린생활시설 중 다음의 어느 하나에 해당하는 것

가) 근린생활시설로 사용하는 부분의 바닥면적 합계가 1천m^2 이상인 것은 모든 층

나) 의원, 치과의원 및 한의원으로서 입원실이 있는 시설

2) 교육연구시설 내에 합숙소로서 연면적 100m^2 이상인 것

3) 의료시설 중 다음의 어느 하나에 해당하는 시설

가) 종합병원, 병원, 치과병원, 한방병원 및 요양병원(정신병원과 의료재활시설은 제외한다)으로 사용되는 바닥면적의 합계가 600m^2 미만인 시설

나) 정신의료기관 또는 의료재활시설로 사용되는 바닥면적의 합계가 300m^2 이상 600m^2 미만인 시설

다) 정신의료기관 또는 의료재활시설로 사용되는 바닥면적의 합계가 300m^2 미만이고,

창살(철재・플라스틱 또는 목재 등으로 사람의 탈출 등을 막기 위하여 설치한 것을 말하며, 화재 시 자동으로 열리는 구조로 되어 있는 창살은 제외한다)이 설치된 시설

4) 노유자시설로서 다음의 어느 하나에 해당하는 시설

가) 제12조제1항제6호 각 목에 따른 시설(제12조제1항제6호 나목부터 바목까지의 시설 중 단독주택 또는 공동주택에 설치되는 시설은 제외하며, 이하 "노유자 생활시설"이라 한다)

나) 가)에 해당하지 않는 노유자시설로 해당 시설로 사용하는 바닥면적의 합계가 300m^2 이상 600m^2 미만인 시설

다) 가)에 해당하지 않는 노유자시설로 해당 시설로 사용하는 바닥면적의 합계가 300m^2 미만이고, 창살(철재・플라스틱 또는 목재 등으로 사람의 탈출 등을 막기 위하여 설치한 것을 말하며, 화재 시 자동으로 열리는 구조로 되어 있는 창살은 제외한다)이 설치된 시설

5) 건물을 임차하여 「출입국관리법」 제52조제2항에 따른 보호시설로 사용하는 부분

6) 숙박시설 중 생활형 숙박시설로서 해당 용도로 사용되는 바닥면적의 합계가 600m^2 이상인 것

7) 복합건축물(별표 2 제30호나목의 복합건축물만 해당한다)로서 연면적 1천m^2 이상인 것은 모든 층

바. 물분무등소화설비를 설치하여야 하는 특정소방대상물(위험물 저장 및 처리 시설 중 가스시설 또는 지하구는 제외한다)은 다음의 어느 하나와 같다.

1) 항공기 및 자동차 관련 시설 중 항공기격납고

2) 차고, 주차용 건축물 또는 철골 조립식 주차시설. 이 경우 연면적 800m^2 이상인 것만 해당한다.

3) 건축물 내부에 설치된 차고 또는 주차장으로서 차고 또는 주차의 용도로 사용되는 부분의 바닥면적이 200m^2 이상인 층

4) 기계장치에 의한 주차시설을 이용하여 20대 이상의 차량을 주차할 수 있는 것

5) 특정소방대상물에 설치된 전기실・발전실・변전실(가연성 절연유를 사용하지 않는 변압기・전류차단기 등의 전기기기와 가연성 피복을 사용하지 않은 전선 및 케이블만을 설치한 전기실・발전실 및 변전실은 제외한다)・축전지실・통신기기실 또는 전산실, 그 밖에 이와 비슷한 것으로서 바닥면적이 300m^2 이상인 것[하나의 방화구획 내에 둘 이상의 실(室)이 설치되어 있는 경우에는 이를 하나의 실로 보아 바닥면적을 산정한다]. 다만, 내화구조로 된 공정제어실 내에 설치된 주조정실로서 양압시설이 설치되고 전기기기에 220볼트 이하인 저전압이 사용되며 종업원이 24시간 상주하는 곳은 제외한다.

6) 소화수를 수집・처리하는 설비가 설치되어 있지 않은 중・저준위방사성폐기물의 저장시설. 다만, 이 경우에는 이산화탄소소화설비, 할론소화설비 또는 할로겐화합물 및 불활성기체 소화설비를 설치하여야 한다.

7) 지하가 중 예상 교통량, 경사도 등 터널의 특성을 고려하여 행정안전부령으로 정하는 터널. 다만, 이 경우에는 물분무소화설비를 설치하여야 한다.

8) 「문화재보호법」 제2조 제2항 제1호 및 제2호에 따른 지정문화재 중 소방청장이 문화재청장과 협의하여 정하는 것

사. 옥외소화전설비를 설치하여야 하는 특정소방대상물(아파트등, 위험물 저장 및 처리 시설 중 가스시설, 지하구 또는 지하가 중 터널은 제외한다)은 다음의 어느 하나와 같다.

1) 지상 1층 및 2층의 바닥면적의 합계가 9천m^2 이상인 것. 이 경우 같은 구(區) 내의 둘 이상의 특정소방대상물이 행정안전부령으로 정하는 연소(延燒) 우려가 있는 구조인 경우에는 이를 하나의 특정소방대상물로 본다.

2) 「문화재보호법」 제23조에 따라 보물 또는 국보로 지정된 목조건축물

3) 1)에 해당하지 않는 공장 또는 창고시설로서 「소방기본법 시행령」 별표 2에서 정하는 수량의 750배 이상의 특수가연물을 저장・취급하는 것

2. 경보설비

가. 비상경보설비를 설치하여야 할 특정소방대상물(위험물 저장 및 처리 시설 중 가스시설 또는 지하구는 제외한다)은 다음의 어느 하나와 같다.

1) 연면적 400m^2(지하가 중 터널 또는 사람이 거주하지 않거나 벽이 없는 축사는 제외한다) 이상이거나 지하층 또는 무창층의 바닥면적이 150m^2(공연장의 경우 100m^2) 이상인 것

2) 지하가 중 터널로서 길이가 500m 이상인 것

3) 50명 이상의 근로자가 작업하는 옥내 작업장

나. 비상방송설비를 설치하여야 하는 특정소방대상물(위험물 저장 및 처리 시설 중 가스시설, 사람이 거주하지 않는 동물 및 식물 관련 시설, 지하가 중 터널, 축사 및 지하구는 제외한다)은 다음의 어느 하나와 같다.

1) 연면적 3천5백m^2 이상인 것

2) 지하층을 제외한 층수가 11층 이상인 것

3) 지하층의 층수가 3층 이상인 것

다. 누전경보기는 계약전류용량(같은 건축물에 계약 종류가 다른 전기가 공급되는 경우에는 그 중 최대계약전류용량을 말한다)이 100암페어를 초과하는 특정소방대상물(내화구조가 아닌 건축물로서 벽・바닥 또는 반자의 전부나 일부를 불연재료 또는 준불연재료가 아닌 재료에 철망을 넣어 만든 것만 해당한다)에 설치하여야 한다. 다만, 위험물 저장 및 처리 시설 중 가스시설, 지하가 중 터널 또는 지하구의 경우에는 그러하지 아니하다.

라. 자동화재탐지설비를 설치하여야 하는 특정소방대상물은 다음의 어느 하나와 같다.

1) 근린생활시설(목욕장은 제외한다), 의료시설(정신의료기관 또는 요양병원은 제외한다), 숙박시설, 위락시설, 장례식장 및 복합건축물로서 연면적 600m^2 이상인 것

2) 공동주택, 근린생활시설 중 목욕장, 문화 및 집회시설, 종교시설, 판매시설, 운수시설, 운동시설, 업무시설, 공장, 창고시설, 위험물 저장 및 처리 시설, 항공기 및 자동차 관련 시설, 교정 및 군사시설 중 국방・군사시설, 방송통신시설, 발전시설, 관광 휴게시설, 지하가(터널은 제외한다)로서 연면적 1천m^2 이상인 것

3) 교육연구시설(교육시설 내에 있는 기숙사 및 합숙소를 포함한다), 수련시설(수련시설 내에 있는 기숙사 및 합숙소를 포함하며, 숙박시설이 있는 수련시설은 제외한다), 동물 및 식물 관련 시설(기둥과 지붕만으로 구성되어 외부와 기류가 통하는 장소는 제외한다), 분뇨 및 쓰레기 처리시설, 교정 및 군사시설(국방・군사시설은 제외한다) 또는 묘지 관련 시설로서 연면적 2천m^2 이상인 것

4) 지하구

5) 지하가 중 터널로서 길이가 1천m 이상인 것

6) 노유자 생활시설

7) 6)에 해당하지 않는 노유자시설로서 연면적 400m^2 이상인 노유자시설 및 숙박시설이 있는 수련시설로서 수용인원 100명 이상인 것

8) 2)에 해당하지 않는 공장 및 창고시설로서 「소방기본법 시행령」 별표 2에서 정하는 수량의 500배 이상의 특수가연물을 저장・취급하는 것

9) 의료시설 중 정신의료기관 또는 요양병원으로서 다음의 어느 하나에 해당하는 시설

가) 요양병원(정신병원과 의료재활시설은 제외한다)

나) 정신의료기관 또는 의료재활시설로 사용되는 바닥면적의 합계가 300m^2 이상인 시설

다) 정신의료기관 또는 의료재활시설로 사용되는 바닥면적의 합계가 300m^2 미만이고, 창살(철재・플라스틱 또는 목재 등으로 사람의 탈출 등을 막기 위하여 설치한 것을 말하며, 화재 시 자동으로 열리는 구조로 되어 있는 창살은 제외한다)이 설치된 시설

10) 판매시설 중 전통시장

마. 자동화재속보설비를 설치하여야 하는 특정소방대상물은 다음의 어느 하나와 같다.

1) 업무시설, 공장, 창고시설, 교정 및 군사시설 중 국방・군사시설, 발전시설(사람이 근무하지 않는 시간에는 무인경비시스템으로 관리하는 시설만 해당한다)로서 바닥면적이 1천5백m^2 이상인 층이 있는 것. 다만, 사람이 24시간 상시 근무하고 있는 경우에는 자동화재속보설비를 설치하지 않을 수 있다.

2) 노유자 생활시설

3) 2)에 해당하지 않는 노유자시설로서 바닥면적이 500m^2 이상인 층이 있는 것. 다만, 사람이 24시간 상시 근무하고 있는 경우에는 자동화재속보설비를 설치하지 않을 수 있다.

4) 수련시설(숙박시설이 있는 건축물만 해당한다)로서 바닥면적이 500m^2 이상인 층이 있는 것. 다만, 사람이 24시간 상시 근무하고 있는 경우에는 자동화재속보설비를 설치하지 않을 수 있다.

5)「문화재보호법」제23조에 따라 보물 또는 국보로 지정된 목조건축물. 다만, 사람이 24시간 상시 근무하고 있는 경우에는 자동화재속보설비를 설치하지 않을 수 있다.

6) 근린생활시설 중 의원, 치과의원 및 한의원으로서 입원실이 있는 시설

7) 의료시설 중 다음의 어느 하나에 해당하는 것

가) 종합병원, 병원, 치과병원, 한방병원 및 요양병원(정신병원과 의료재활시설은 제외한다)

나) 정신병원 및 의료재활시설로 사용되는 바닥면적의 합계가 500m^2 이상인 층이 있는 것

8) 판매시설 중 전통시장

9) 1)부터 8)까지에 해당하지 않는 특정소방대상물 중 층수가 30층 이상인 것

바. 단독경보형 감지기를 설치하여야 하는 특정소방대상물은 다음의 어느 하나와 같다.

1) 연면적 1천m^2 미만의 아파트등

2) 연면적 1천m^2 미만의 기숙사

3) 교육연구시설 또는 수련시설 내에 있는 합숙소 또는 기숙사로서 연면적 2천m^2 미만인 것

4) 연면적 600m^2 미만의 숙박시설

5) 라목7)에 해당하지 않는 수련시설(숙박시설이 있는 것만 해당한다)

6) 연면적 400m^2 미만의 유치원

사. 시각경보기를 설치하여야 하는 특정소방대상물은 라목에 따라 자동화재탐지설비를 설치하여야 하는 특정소방대상물 중 다음의 어느 하나에 해당하는 것과 같다.

1) 근린생활시설, 문화 및 집회시설, 종교시설, 판매시설, 운수시설, 운동시설, 위락시설, 창고시설 중 물류터미널

2) 의료시설, 노유자시설, 업무시설, 숙박시설, 발전시설 및 장례식장

3) 교육연구시설 중 도서관, 방송통신시설 중 방송국

4) 지하가 중 지하상가

아. 가스누설경보기를 설치하여야 하는 특정소방대상물(가스시설이 설치된 경우만 해당한다)은 다음의 어느 하나와 같다.

1) 판매시설, 운수시설, 노유자시설, 숙박시설, 창고시설 중 물류터미널

2) 문화 및 집회시설, 종교시설, 의료시설, 수련시설, 운동시설, 장례식장

자. 통합감시시설을 설치하여야 하는 특정소방대상물은 지하구로 한다.

3. 피난구조설비

가. 피난기구는 특정소방대상물의 모든 층에 화재안전기준에 적합한 것으로 설치하여야 한다. 다만, 피난층, 지상 1층, 지상 2층(별표 2 제9호에 따른 노유자시설 중 피난층이 아닌 지상 1층과 피난층이 아닌 지상 2층은 제외한다) 및 층수가 11층 이상인 층과 위험물 저장 및 처리시설 중 가스시설, 지하가 중 터널 또는 지하구의 경우에는 그러하지 아니하다.

나. 인명구조기구를 설치하여야 하는 특정소방대상물은 다음의 어느 하나와 같다.
  1) 방열복 또는 방화복, 인공소생기 및 공기호흡기를 설치하여야 하는 특정소방대상물 : 지하층을 포함하는 층수가 7층 이상인 관광호텔
  2) 방열복 또는 방화복 및 공기호흡기를 설치하여야 하는 특정소방대상물 : 지하층을 포함하는 층수가 5층 이상인 병원
  3) 공기호흡기를 설치하여야 하는 특정소방대상물은 다음의 어느 하나와 같다.
    가) 수용인원 100명 이상인 문화 및 집회시설 중 영화상영관
    나) 판매시설 중 대규모점포
    다) 운수시설 중 지하역사
    라) 지하가 중 지하상가
    마) 제1호 바목 및 화재안전기준에 따라 이산화탄소소화설비를 설치하여야 하는 특정소방대상물

다. 유도등을 설치하여야 할 대상은 다음의 어느 하나와 같다.
  1) 피난구유도등, 통로유도등 및 유도표지는 별표 2의 특정소방대상물에 설치한다. 다만, 다음의 어느 하나에 해당하는 경우는 제외한다.
    가) 지하가 중 터널 및 지하구
    나) 별표 2 제19호에 따른 동물 및 식물 관련 시설 중 축사로서 가축을 직접 가두어 사육하는 부분
  2) 객석유도등은 다음의 어느 하나에 해당하는 특정소방대상물에 설치한다.
    가) 유흥주점영업시설(「식품위생법 시행령」 제21조 제8호 라목의 유흥주점영업 중 손님이 춤을 출 수 있는 무대가 설치된 카바레, 나이트클럽 또는 그 밖에 이와 비슷한 영업시설만 해당한다)
    나) 문화 및 집회시설
    다) 종교시설
    라) 운동시설

라. 비상조명등을 설치하여야 하는 특정소방대상물(창고시설 중 창고 및 하역장, 위험물 저장 및 처리 시설 중 가스시설은 제외한다)은 다음의 어느 하나와 같다.
  1) 지하층을 포함하는 층수가 5층 이상인 건축물로서 연면적 3천m^2 이상인 것
  2) 1)에 해당하지 않는 특정소방대상물로서 그 지하층 또는 무창층의 바닥면적이 450m^2 이상인 경우에는 그 지하층 또는 무창층
  3) 지하가 중 터널로서 그 길이가 500m 이상인 것

마. 휴대용 비상조명등을 설치하여야 하는 특정소방대상물은 다음의 어느 하나와 같다.
  1) 숙박시설
  2) 수용인원 100명 이상의 영화상영관, 판매시설 중 대규모점포, 철도 및 도시철도 시설 중 지하역사, 지하가 중 지하상가

4. 소화용수설비

상수도소화용수설비를 설치하여야 하는 특정소방대상물은 다음 각 목의 어느 하나와 같다. 다만, 상수도소화용수설비를 설치하여야 하는 특정소방대상물의 대지 경계선으로부터 180m 이내에 지름 75mm 이상인 상수도용 배수관이 설치되지 않은 지역의 경우에는 화재안전기준에 따른 소화수조 또는 저수조를 설치하여야 한다.

가. 연면적 5천m^2 이상인 것. 다만, 위험물 저장 및 처리 시설 중 가스시설, 지하가 중 터널 또는 지하구의 경우에는 그러하지 아니하다.

나. 가스시설로서 지상에 노출된 탱크의 저장용량의 합계가 100톤 이상인 것

5. 소화활동설비

가. 제연설비를 설치하여야 하는 특정소방대상물은 다음의 어느 하나와 같다.

1) 문화 및 집회시설, 종교시설, 운동시설로서 무대부의 바닥면적이 200m^2 이상 또는 문화 및 집회시설 중 영화상영관으로서 수용인원 100명 이상인 것

2) 지하층이나 무창층에 설치된 근린생활시설, 판매시설, 운수시설, 숙박시설, 위락시설, 의료시설, 노유자시설 또는 창고시설(물류터미널만 해당한다)로서 해당 용도로 사용되는 바닥면적의 합계가 1천m^2 이상인 층

3) 운수시설 중 시외버스정류장, 철도 및 도시철도 시설, 공항시설 및 항만시설의 대합실 또는 휴게시설로서 지하층 또는 무창층의 바닥면적이 1천m^2 이상인 것

4) 지하가(터널은 제외한다)로서 연면적 1천m^2 이상인 것

5) 지하가 중 예상 교통량, 경사도 등 터널의 특성을 고려하여 행정안전부령으로 정하는 터널

6) 특정소방대상물(갓복도형 아파트등는 제외한다)에 부설된 특별피난계단 또는 비상용 승강기의 승강장

나. 연결송수관설비를 설치하여야 하는 특정소방대상물(위험물 저장 및 처리 시설 중 가스시설 또는 지하구는 제외한다)은 다음의 어느 하나와 같다.

1) 층수가 5층 이상으로서 연면적 6천m^2 이상인 것

2) 1)에 해당하지 않는 특정소방대상물로서 지하층을 포함하는 층수가 7층 이상인 것

3) 1) 및 2)에 해당하지 않는 특정소방대상물로서 지하층의 층수가 3층 이상이고 지하층의 바닥면적의 합계가 1천m^2 이상인 것

4) 지하가 중 터널로서 길이가 1천m 이상인 것

다. 연결살수설비를 설치하여야 하는 특정소방대상물(지하구는 제외한다)은 다음의 어느 하나와 같다.

1) 판매시설, 운수시설, 창고시설 중 물류터미널로서 해당 용도로 사용되는 부분의 바닥면적의 합계가 1천m^2 이상인 것

2) 지하층(피난층으로 주된 출입구가 도로와 접한 경우는 제외한다)으로서 바닥면적의 합계가 150m^2 이상인 것. 다만, 「주택법 시행령」 제21조 제4항에 따른 국민주택규모 이하인 아파트등의 지하층(대피시설로 사용하는 것만 해당한다)과 교육연구시설 중 학교의 지하층의 경우에는 700m^2 이상인 것으로 한다.

3) 가스시설 중 지상에 노출된 탱크의 용량이 30톤 이상인 탱크시설

4) 1) 및 2)의 특정소방대상물에 부속된 연결통로

라. 비상콘센트설비를 설치하여야 하는 특정소방대상물(위험물 저장 및 처리 시설 중 가스시설 또는 지하구는 제외한다)은 다음의 어느 하나와 같다.

1) 층수가 11층 이상인 특정소방대상물의 경우에는 11층 이상의 층

2) 지하층의 층수가 3층 이상이고 지하층의 바닥면적의 합계가 1천m^2 이상인 것은 지하층의 모든 층

3) 지하가 중 터널로서 길이가 500m 이상인 것

마. 무선통신보조설비를 설치하여야 하는 특정소방대상물(위험물 저장 및 처리 시설 중 가스시설은 제외한다)은 다음의 어느 하나와 같다.

1) 지하가(터널은 제외한다)로서 연면적 1천m^2 이상인 것

2) 지하층의 바닥면적의 합계가 3천m^2 이상인 것 또는 지하층의 층수가 3층 이상이고 지하층의 바닥면적의 합계가 1천m^2 이상인 것은 지하층의 모든 층

3) 지하가 중 터널로서 길이가 500m 이상인 것

4) 「국토의 계획 및 이용에 관한 법률」 제2조 제9호에 따른 공동구

5) 층수가 30층 이상인 것으로서 16층 이상 부분의 모든 층

바. 연소방지설비는 지하구(전력 또는 통신사업용인 것만 해당한다)에 설치하여야 한다.

[별표 5의2]

임시소방시설의 종류와 설치기준 등(제15조의4 제2항 · 제3항 관련)

1. 임시소방시설의 종류

가. 소화기

나. 간이소화장치 : 물을 방사(放射)하여 화재를 진화할 수 있는 장치로서 소방청장이 정하는 성능을 갖추고 있을 것

다. 비상경보장치 : 화재가 발생한 경우 주변에 있는 작업자에게 화재사실을 알릴 수 있는 장치로서 소방청장이 정하는 성능을 갖추고 있을 것

라. 간이피난유도선 : 화재가 발생한 경우 피난구 방향을 안내할 수 있는 장치로서 소방청장이 정하는 성능을 갖추고 있을 것

2. 임시소방시설을 설치하여야 하는 공사의 종류와 규모

가. 소화기 : 제12조 제1항에 따라 건축허가등을 할 때 소방본부장 또는 소방서장의 동의를 받아야 하는 특정소방대상물의 건축 · 대수선 · 용도변경 또는 설치 등을 위한 공사 중 제15조의3 제1항 각 호에 따른 작업을 하는 현장(이하 "작업현장"이라 한다)에 설치한다.

나. 간이소화장치 : 다음의 어느 하나에 해당하는 공사의 작업현장에 설치한다.

1) 연면적 3천m^2 이상

2) 해당 층의 바닥면적이 600m^2 이상인 지하층, 무창층 및 4층 이상의 층

다. 비상경보장치 : 다음의 어느 하나에 해당하는 공사의 작업현장에 설치한다.

1) 연면적 400m^2 이상

2) 해당 층의 바닥면적이 150m^2 이상인 지하층 또는 무창층

라. 간이피난유도선 : 바닥면적이 150m^2 이상인 지하층 또는 무창층의 작업현장에 설치한다.

3. 임시소방시설과 기능 및 성능이 유사한 소방시설로서 임시소방시설을 설치한 것으로 보는 소방시설

가. 간이소화장치를 설치한 것으로 보는 소방시설 : 옥내소화전 및 소방청장이 정하여 고시하는 기준에 맞는 소화기

나. 비상경보장치를 설치한 것으로 보는 소방시설 : 비상방송설비 또는 자동화재탐지설비

다. 간이피난유도선을 설치한 것으로 보는 소방시설 : 피난유도선, 피난구유도등, 통로유도등 또는 비상조명등

[별표 6]

특정소방대상물의 소방시설 설치의 면제기준(제16조 관련)

설치가 면제되는 소방시설	설치면제 기준
1. 스프링클러설비	스프링클러설비를 설치하여야 하는 특정소방대상물에 물분무등소화설비를 화재안전기준에 적합하게 설치한 경우에는 그 설비의 유효범위(해당 소방시설이 화재를 감지·소화 또는 경보할 수 있는 부분을 말한다. 이하 같다)에서 설치가 면제된다.
2. 물분무등소화설비	물분무등소화설비를 설치하여야 하는 차고·주차장에 스프링클러설비를 화재안전기준에 적합하게 설치한 경우에는 그 설비의 유효범위에서 설치가 면제된다.
3. 간이스프링클러설비	간이스프링클러설비를 설치하여야 하는 특정소방대상물에 스프링클러설비, 물분무소화설비 또는 미분무소화설비를 화재안전기준에 적합하게 설치한 경우에는 그 설비의 유효범위에서 설치가 면제된다.
4. 비상경보설비 또는 단독경보형 감지기	비상경보설비 또는 단독경보형 감지기를 설치하여야 하는 특정소방대상물에 자동화재탐지설비를 화재안전기준에 적합하게 설치한 경우에는 그 설비의 유효범위에서 설치가 면제된다.
5. 비상경보설비	비상경보설비를 설치하여야 할 특정소방대상물에 단독경보형 감지기를 2개 이상의 단독경보형 감지기와 연동하여 설치하는 경우에는 그 설비의 유효범위에서 설치가 면제된다.
6. 비상방송설비	비상방송설비를 설치하여야 하는 특정소방대상물에 자동화재탐지설비 또는 비상경보설비와 같은 수준 이상의 음향을 발하는 장치를 부설한 방송설비를 화재안전기준에 적합하게 설치한 경우에는 그 설비의 유효범위에서 설치가 면제된다.
7. 피난설비	피난설비를 설치하여야 하는 특정소방대상물에 그 위치·구조 또는 설비의 상황에 따라 피난상 지장이 없다고 인정되는 경우에는 화재안전기준에서 정하는 바에 따라 설치가 면제된다.
8. 연결살수설비	가. 연결살수설비를 설치하여야 하는 특정소방대상물에 송수구를 부설한 스프링클러설비, 간이스프링클러설비, 물분무소화설비 또는 미분무소화설비를 화재안전기준에 적합하게 설치한 경우에는 그 설비의 유효범위에서 설치가 면제된다. 나. 가스 관계 법령에 따라 설치되는 물분무장치 등에 소방대가 사용할 수 있는 연결송수구가 설치되거나 물분무장치 등에 6시간 이상 공급할 수 있는 수원(水源)이 확보된 경우에는 설치가 면제된다.

9. 제연설비	가. 제연설비를 설치하여야 하는 특정소방대상물(별표 5 제5호 가목6)은 제외한다)에 다음의 어느 하나에 해당하는 설비를 설치한 경우에는 설치가 면제된다. 1) 공기조화설비를 화재안전기준의 제연설비기준에 적합하게 설치하고 공기조화설비가 화재 시 제연설비기능으로 자동전환되는 구조로 설치되어 있는 경우 2) 직접 외부 공기와 통하는 배출구의 면적의 합계가 해당 제연구역[제연경계(제연설비의 일부인 천장을 포함한다)에 의하여 구획된 건축물 내의 공간을 말한다] 바닥면적의 100분의 1 이상이고, 배출구부터 각 부분까지의 수평거리가 30m 이내이며, 공기유입구가 화재안전기준에 적합하게(외부 공기를 직접 자연 유입할 경우에 유입구의 크기는 배출구의 크기 이상이어야 한다) 설치되어 있는 경우 나. 별표 5 제5호 가목6)에 따라 제연설비를 설치하여야 하는 특정소방대상물 중 노대(露臺)와 연결된 특별피난계단 또는 노대가 설치된 비상용 승강기의 승강장에는 설치가 면제된다.
10. 비상조명등	비상조명등을 설치하여야 하는 특정소방대상물에 피난구유도등 또는 통로유도등을 화재안전기준에 적합하게 설치한 경우에는 그 유도등의 유효범위에서 설치가 면제된다.
11. 누전경보기	누전경보기를 설치하여야 하는 특정소방대상물 또는 그 부분에 아크경보기(옥내 배전선로의 단선이나 선로 손상 등으로 인하여 발생하는 아크를 감지하고 경보하는 장치를 말한다) 또는 전기 관련 법령에 따른 지락차단장치를 설치한 경우에는 그 설비의 유효범위에서 설치가 면제된다.
12. 무선통신보조설비	무선통신보조설비를 설치하여야 하는 특정소방대상물에 이동통신 구내 중계기 선로설비 또는 무선이동중계기(「전파법」 제58조의2에 따른 적합성평가를 받은 제품만 해당한다) 등을 화재안전기준의 무선통신보조설비기준에 적합하게 설치한 경우에는 설치가 면제된다.
13. 상수도소화용수 설비	가. 상수도소화용수설비를 설치하여야 하는 특정소방대상물의 각 부분으로부터 수평거리 140m 이내에 공공의 소방을 위한 소화전이 화재안전기준에 적합하게 설치되어 있는 경우에는 설치가 면제된다. 나. 소방본부장 또는 소방서장이 상수도소화용수설비의 설치가 곤란하다고 인정하는 경우로서 화재안전기준에 적합한 소화수조 또는 저수조가 설치되어 있거나 이를 설치하는 경우에는 그 설비의 유효범위에서 설치가 면제된다.
14. 연소방지설비	연소방지설비를 설치하여야 하는 특정소방대상물에 스프링클러설비, 물분무소화설비 또는 미분무소화설비를 화재안전기준에 적합하게 설치한 경우에는 그 설비의 유효범위에서 설치가 면제된다.
15. 연결송수관설비	연결송수관설비를 설치하여야 하는 소방대상물에 옥외에 연결송수구 및 옥내에 방수구가 부설된 옥내소화전설비, 스프링클러설비, 간이스프링클러설비 또는 연결살수설비를 화재안전기준에 적합하게 설치한 경우에는 그 설비의 유효범위에서 설치가 면제된다. 다만, 지표면에서 최상층 방수구의 높이가 70m 이상인 경우에는 설치하여야 한다.

16. 자동화재탐지설비	자동화재탐지설비의 기능(감지 · 수신 · 경보기능을 말한다)과 성능을 가진 스프링클러설비 또는 물분무등소화설비를 화재안전기준에 적합하게 설치한 경우에는 그 설비의 유효범위에서 설치가 면제된다.
17. 옥외소화전설비	옥외소화전설비를 설치하여야 하는 보물 또는 국보로 지정된 목조문화재에 상수도소화용수설비를 옥외소화전설비의 화재안전기준에서 정하는 방수압력 · 방수량 · 옥외소화전함 및 호스의 기준에 적합하게 설치한 경우에는 설치가 면제된다.
18. 옥내소화전	옥내소화전을 설치하여야 하는 장소에 호스릴 방식의 미분무소화설비를 화재안전기준에 적합하게 설치한 경우에는 그 설비의 유효범위에서 설치가 면제된다.
19. 자동소화장치	자동소화장치(주거용 주방자동소화장치는 제외한다)를 설치하여야 하는 특정소방대상물에 물분무등소화설비를 화재안전기준에 적합하게 설치한 경우에는 그 설비의 유효범위에서 설치가 면제된다.

[별표 7]

소방시설을 설치하지 아니할 수 있는 특정소방대상물 및 소방시설의 범위(제18조 관련)

구 분	특정소방대상물	소방시설
1. 화재 위험도가 낮은 특정소방대상물	석재, 불연성금속, 불연성 건축재료 등의 가공공장・기계조립공장・주물공장 또는 불연성 물품을 저장하는 창고	옥외소화전 및 연결살수설비
	「소방기본법」 제2조 제5호에 따른 소방대(消防隊)가 조직되어 24시간 근무하고 있는 청사 및 차고	옥내소화전설비, 스프링클러설비, 물분무등소화설비, 비상방송설비, 피난기구, 소화용수설비, 연결송수관설비, 연결살수설비
2. 화재안전기준을 적용하기 어려운 특정소방대상물	펄프공장의 작업장, 음료수 공장의 세정 또는 충전을 하는 작업장, 그 밖에 이와 비슷한 용도로 사용하는 것	스프링클러설비, 상수도소화용수설비 및 연결살수설비
	정수장, 수영장, 목욕장, 농예・축산・어류양식용 시설, 그 밖에 이와 비슷한 용도로 사용되는 것	자동화재탐지설비, 상수도소화용수설비 및 연결살수설비
3. 화재안전기준을 달리 적용하여야 하는 특수한 용도 또는 구조를 가진 특정소방대상물	원자력발전소, 핵폐기물처리시설	연결송수관설비 및 연결살수설비
4. 「위험물 안전관리법」 제19조에 따른 자체소방대가 설치된 특정소방대상물	자체소방대가 설치된 위험물 제조소등에 부속된 사무실	옥내소화전설비, 소화용수설비, 연결살수설비 및 연결송수관설비

[별표 8] 삭제

[별표 9]

소방시설관리업의 등록기준(제36조 제1항 관련)

1. 주된 기술인력 : 소방시설관리사 1명 이상
2. 보조 기술인력 : 다음의 어느 하나에 해당하는 사람 2명 이상. 다만, 나목부터 라목까지의 규정에 해당하는 사람은 「소방시설공사업법」 제28조 제2항에 따른 소방기술 인정 자격수첩을 발급받은 사람이어야 한다.
   가. 소방설비기사 또는 소방설비산업기사
   나. 소방공무원으로 3년 이상 근무한 사람
   다. 소방 관련 학과의 학사학위를 취득한 사람
   라. 행정안전부령으로 정하는 소방기술과 관련된 자격・경력 및 학력이 있는 사람

[별표 10]

과태료의 부과기준(제40조 관련)

1. 일반기준

가. 과태료 부과권자는 다음의 어느 하나에 해당하는 경우에는 제2호의 개별기준에 따른 과태료 금액의 2분의 1까지 그 금액을 줄여 부과할 수 있다. 다만, 과태료를 체납하고 있는 위반행위자에 대해서는 그러하지 아니하다.

1) 위반행위자가 「질서위반행위규제법 시행령」 제2조의2 제1항 각 호의 어느 하나에 해당하는 경우

2) 위반행위자가 처음 위반행위를 하는 경우로서 3년 이상 해당 업종을 모범적으로 영위한 사실이 인정되는 경우

3) 위반행위자가 화재 등 재난으로 재산에 현저한 손실을 입거나 사업 여건의 악화로 그 사업이 중대한 위기에 처하는 등 사정이 있는 경우

4) 위반행위가 사소한 부주의나 오류 등 과실로 인한 것으로 인정되는 경우

5) 위반행위자가 같은 위반행위로 다른 법률에 따라 과태료・벌금・영업정지 등의 처분을 받은 경우

6) 위반행위자가 위법행위로 인한 결과를 시정하거나 해소한 경우

7) 그 밖에 위반행위의 정도, 위반행위의 동기와 그 결과 등을 고려하여 과태료를 줄일 필요가 있다고 인정되는 경우

나. 위반행위의 횟수에 따른 과태료의 가중된 부과기준은 최근 1년간 같은 위반행위로 과태료 부과처분을 받은 경우에 적용한다. 이 경우 기간의 계산은 위반행위에 대하여 과태료 부과처분을 받은 날과 그 처분 후 다시 같은 위반행위를 하여 적발된 날을 기준으로 한다.

다. 나목에 따라 가중된 부과처분을 하는 경우 가중처분의 적용 차수는 그 위반행위 전 부과처분 차수(나목에 따른 기간 내에 과태료 부과처분이 둘 이상 있었던 경우에는 높은 차수를 말한다)의 다음 차수로 한다.

2. 개별기준

<table>
<tr><th rowspan="2">위반행위</th><th rowspan="2">근거 법조문</th><th colspan="3">과태료 금액
(단위 : 만원)</th></tr>
<tr><th>1차
위반</th><th>2차
위반</th><th>3차
이상
위반</th></tr>
<tr><td>가. 법 제9조 제1항 전단을 위반한 경우</td><td>법 제53조 제1항 제1호</td><td colspan="3"></td></tr>
<tr><td>1) 2) 및 3)의 규정을 제외하고 소방시설을 최근 1년 이내에 2회 이상 화재안전기준에 따라 관리·유지하지 않은 경우</td><td></td><td colspan="3">100</td></tr>
<tr><td>2) 소방시설을 다음에 해당하는 고장 상태 등으로 방치한 경우
가) 소화펌프를 고장 상태로 방치한 경우
나) 수신반 전원, 동력(감시)제어반 또는 소방시설용 비상전원을 차단하거나, 고장난 상태로 방치하거나, 임의로 조작하여 자동으로 작동이 되지 않도록 한 경우
다) 소방시설이 작동하는 경우 소화배관을 통하여 소화수가 방수되지 않는 상태 또는 소화약제가 방출되지 않는 상태로 방치한 경우</td><td></td><td colspan="3">200</td></tr>
<tr><td>3) 소방시설을 설치하지 않은 경우</td><td></td><td colspan="3">300</td></tr>
<tr><td>나. 법 제10조 제1항을 위반하여 피난시설, 방화구획 또는 방화시설을 폐쇄·훼손·변경하는 등의 행위를 한 경우</td><td>법 제53조 제1항 제2호</td><td>100</td><td>200</td><td>300</td></tr>
<tr><td>다. 법 제12조 제1항을 위반한 경우</td><td>법 제53조 제1항 제1호</td><td colspan="3">200</td></tr>
<tr><td>라. 법 제20조 제4항·제31조 또는 제32조 제3항에 따른 신고를 하지 않거나 거짓으로 신고한 경우</td><td>법 제53조 제1항 제3호</td><td colspan="3"></td></tr>
<tr><td>1) 지연신고기간이 1개월 미만인 경우</td><td></td><td colspan="3">30</td></tr>
<tr><td>2) 지연신고기간이 1개월 이상 3개월 미만인 경우</td><td></td><td colspan="3">50</td></tr>
<tr><td>3) 지연신고기간이 3개월 이상이거나 신고를 하지 않은 경우</td><td></td><td colspan="3">100</td></tr>
<tr><td>4) 거짓으로 신고한 경우</td><td></td><td colspan="3">200</td></tr>
<tr><td>마. 삭제 〈2015.6.30.〉</td><td></td><td colspan="3"></td></tr>
<tr><td>바. 삭제 〈2015.6.30.〉</td><td></td><td colspan="3"></td></tr>
</table>

사. 법 제20조 제1항을 위반하여 소방안전관리 업무를 수행하지 않은 경우	법 제53조 제1항 제5호	50	100	200
아. 특정소방대상물의 관계인 또는 소방안전관리대상물의 소방안전관리자가 법 제20조 제6항에 따른 소방안전관리 업무를 하지 않은 경우	법 제53조 제1항 제6호	50	100	200
자. 법 제20조 제7항을 위반하여 소방안전관리대상물의 관계인이 소방안전관리자에 대한 지도와 감독을 하지 않은 경우	법 제53조 제1항 제7호		200	
차. 법 제21조의2 제3항을 위반하여 피난유도 안내정보를 제공하지 아니한 경우	법 제53조 제1항 제7호의2	50	100	200
카. 법 제22조 제1항을 위반하여 소방훈련 및 교육을 하지 않은 경우	법 제53조 제1항 제8호	50	100	200
타. 법 제24조 제1항을 위반하여 소방안전관리 업무를 하지 않은 경우	법 제53조 제1항 제9호	50	100	200
파. 법 제25조 제2항을 위반하여 소방시설 등의 점검결과를 보고하지 않거나 거짓으로 보고한 경우	법 제53조 제1항 제10호			
1) 지연보고기간이 1개월 미만인 경우			30	
2) 지연보고기간이 1개월 이상 3개월 미만인 경우			50	
3) 지연보고기간이 3개월 이상 또는 보고하지 않은 경우			100	
4) 거짓으로 보고한 경우			200	
하. 관리업자가 법 제33조 제2항을 위반하여 지위승계, 행정처분 또는 휴업·폐업의 사실을 특정소방대상물의 관계인에게 알리지 않거나 거짓으로 알린 경우	법 제53조 제1항 제11호		200	
거. 관리업자가 법 제33조 제3항을 위반하여 기술인력의 참여 없이 자체점검을 실시한 경우	법 제53조 제1항 제12호		200	
너. 관리업자가 법 제33조의2 제2항에 따른 서류를 거짓으로 제출한 경우	법 제53조 제1항 제12호의2		200	
더. 법 제46조 제1항에 따른 명령을 위반하여 보고 또는 자료제출을 하지 않거나 거짓으로 보고 또는 자료제출을 한 경우 또는 정당한 사유 없이 관계 공무원의 출입 또는 조사·검사를 거부·방해 또는 기피한 경우	법 제53조 제1항 제13호	50	100	200

PART 02 단원별 기출문제

01 「화재예방, 소방시설 설치 · 유지 및 안전관리에 관한 법률」의 용어의 정의 중 맞는 것은?

① "소방시설"이란 소화설비, 경보설비, 피난설비, 소화용수설비, 그 밖에 소화활동설비로서 행정안전부령으로 정하는 것을 말한다.

② "소방시설등"이란 소방시설과 비상구, 그 밖에 소방 관련 시설로서 행정안전부령으로 정하는 것을 말한다.

③ "특정소방대상물"이란 소방시설을 설치하여야 하는 소방대상물로서 행정안전부령으로 정하는 것을 말한다.

④ "소방용품"이란 소방시설등을 구성하거나 소방용으로 사용되는 제품 또는 기기로서 대통령령으로 정하는 것을 말한다.

해 설

1. "소방시설"이란 소화설비, 경보설비, 피난설비, 소화용수설비, 그 밖에 소화활동설비로서 대통령령으로 정하는 것을 말한다.
2. "소방시설등"이란 소방시설과 비상구(非常口), 그 밖에 소방 관련 시설로서 대통령령으로 정하는 것을 말한다.
3. "특정소방대상물"이란 소방시설을 설치하여야 하는 소방대상물로서 대통령령으로 정하는 것을 말한다.

02 다음 중 무장층의 개구부에 대하여 적합하지 않은 것은?

① 내부 또는 외부에서 쉽게 부수거나 열수 있을 것

② 개구부는 도로 또는 차량이 진입할 수 있는 빈터를 향할 것

③ 개구부의 크기가 지름 50cm 이상의 원이 내접할 것

④ 바닥으로부터 개구부 상층까지 높이가 1.2m 이상일 것

해 설

"무창층"(無窓層)이란

지상층 중 다음의 요건을 모두 갖춘 개구부(채광 · 환기 · 통풍 또는 출입 등을 위하여 만든 창, 출입구)의 면적의 합계가 해당 층의 바닥면적의 30분의 1 이하가 되는 층

가. 크기는 지름 50센티미터 이상의 원이 내접(內接)할 수 있는 크기일 것
나. 해당 층의 바닥면으로부터 개구부 밑부분까지의 높이가 1.2미터 이내일 것
다. 도로 또는 차량이 진입할 수 있는 빈터를 향할 것
라. 화재 시 건축물로부터 쉽게 피난할 수 있도록 창살이나 그 밖의 장애물이 설치되지 아니할 것
마. 내부 또는 외부에서 쉽게 부수거나 열 수 있을 것

정답 01. ④ 02. ④

03 다음 중 소방용품이 아닌 것은?

① 관창

② 가스누설경보기 및 누전경보기

③ 음향장치(경종을 제외한다)

④ 공기호흡기(공기호흡기의 충전기를 포함한다)

해 설

소방용품

1. 소화설비를 구성하는 제품 또는 기기
   가. 소화기구(소화약제 외의 것을 이용한 간이소화용구는 제외한다)
   나. 소화설비를 구성하는 소화전, 관창(管槍), 소방호스, 스프링클러헤드, 기동용 수압개폐장치, 유수제어밸브 및 가스관선택밸브
2. 경보설비를 구성하는 제품 또는 기기
   가. 누전경보기 및 가스누설경보기
   나. 경보설비를 구성하는 발신기, 수신기, 중계기, 감지기 및 음향장치(경종만 해당)
3. 피난구조설비를 구성하는 제품 또는 기기
   가. 피난사다리, 구조대, 완강기(간이완강기 및 지지대 포함)
   나. 공기호흡기(충전기 포함)
   다. 유도등 및 예비 전원이 내장된 비상조명등
4. 소화용으로 사용하는 제품 또는 기기
   가. 소화약제(물을 제외한 소화설비용만 해당)
   나. 방염제(방염액・방염도료 및 방염성물질)
5. 행정안전부령으로 정하는 소방 관련 제품 또는 기기

04 다음 중 피난층에 대한 설명으로 옳은 것은?

① 곧바로 지상으로 갈수 있는 출입구가 있는 층을 말한다.

② 직접 1층으로 갈수 있는 출입구가 있는 층을 말한다.

③ 직접 1층으로 연결되어 피난할 수 있는 층을 말한다.

④ 엘리베이터를 통하여 갈수 있는 출입구가 있는 층을 말한다.

해 설

"피난층"이란 곧바로 지상으로 갈 수 있는 출입구가 있는 층을 말한다.

정답 03. ③ 04. ①

05 다음 중 소방시설 분류의 설명으로 옳지 않은 것은?

① 경보설비는 화재발생 사실을 통보하는 기계·기구 또는 설비를 말한다.

② 소화설비는 물 그 밖의 소화약제를 사용하여 소화하는 기계·기구 또는 방화설비를 말한다.

③ 소화용수설비는 화재를 진압하는데 필요한 물을 공급하거나 저장하는 설비를 말한다.

④ 소화활동설비는 화재를 진압하거나 인명구조활동을 위하여 사용하는 설비를 말한다.

해 설

소화설비 : 물 또는 그 밖의 소화약제를 사용하여 소화하는 기계·기구 또는 설비

06 다음 중 소방특별조사에 대하여 옳지 않은 것은?

① 소방특별조사의 실시목적은 소방시설, 방화·피난시설 등 자체점검 등이 불성실·불완전하다고 인정되는 경우이다.

② 관할구역의 소방대상물이나 관계지역에 대하여 시간에 구애 없이 소방특별조사를 할 수 있다.

③ 통보 없이 소방특별조사를 할 수 있는 경우는 화재, 재난·재해 발생우려가 뚜렷하여 긴급하게 조사할 필요가 있는 경우나 소방특별조사의 실시를 사전에 통지하면 조사목적을 달성할 수 없는 경우이다.

④ 소방청장, 소방본부장 또는 소방서장은 필요한 때 소방대상물이나 관계지역, 관계인에 대하여 관계공무원으로 하여금 소방특별조사를 하게 할 수 있다.

해 설

소방특별조사 대상

1. 관계인이 이 법 또는 다른 법령에 따라 실시하는 소방시설등, 방화시설, 피난시설 등에 대한 자체점검 등이 불성실하거나 불완전하다고 인정되는 경우
2. 「소방기본법」에 따른 화재경계지구에 대한 소방특별조사 등 다른 법률에서 소방특별조사를 실시하도록 한 경우
3. 국가적 행사 등 주요 행사가 개최되는 장소 및 그 주변의 관계 지역에 대하여 소방안전관리 실태를 점검할 필요가 있는 경우
4. 화재가 자주 발생하였거나 발생할 우려가 뚜렷한 곳에 대한 점검이 필요한 경우
5. 재난예측정보, 기상예보 등을 분석한 결과 소방대상물에 화재, 재난·재해의 발생 위험이 높다고 판단되는 경우
6. 화재, 재난·재해, 그 밖의 긴급한 상황이 발생할 경우 인명 또는 재산 피해의 우려가 현저하다고 판단되는 경우

정답 05. ② 06. ②

07 소방특별조사위원회의 위원장은 누구인가?

① 시・도지사　② 소방청장
③ 소방본부장　④ 소방서장

해 설

소방특별조사위원회는 위원장 1명을 포함한 7명 이내의 위원으로 구성하고, 위원장은 소방본부장이 된다.

08 다음 중 소방특별조사에 관하여 해당 사항이 아닌 것은?

① 특별조사를 위하여 소방본부장 또는 소방서장은 소방특별조사위원회를 구성할 수 있으며 인원은 위원장포함 5명 이내이다.
② 소방특별조사는 7일 전에 관계인에게 서면으로 알려야한다.
③ 화재경계지구 내의 소방특별조사는 연 1회 이상 실시하여야한다.
④ 소방청장, 소방본부장 또는 소방서장은 객관적이고 공정한 기준에 따라 소방특별 조사의 대상을 선정하여야한다.

해 설

소방특별조사위원회는 위원장 1명을 포함한 7명 이내의 위원으로 구성하고, 위원장은 소방청장 또는 소방본부장이 된다.

09 소방대상물에 대한 소방특별조사의 결과 그 위치, 구조, 설비, 관리의 상황에 관하여 화재예방을 위해 필요한 경우 등에 있어서 조치명령 권한을 가진 자는?

① 소방정책국장　② 대통령
③ 시・도지사　④ 소방본부장

해 설

소방청장, 소방본부장 또는 소방서장은 소방특별조사 결과 소방대상물의 위치・구조・설비 또는 관리의 상황이 화재나 재난・재해 예방을 위하여 보완될 필요가 있거나 화재가 발생하면 인명 또는 재산의 피해가 클 것으로 예상되는 때에는 행정안전부령으로 정하는 바에 따라 관계인에게 그 소방대상물의 개수(改修)・이전・제거, 사용의 금지 또는 제한, 사용폐쇄, 공사의 정지 또는 중지, 그 밖의 필요한 조치를 명할 수 있다.

정답 07. ③ 08. ① 09. ④

10 **소방특별조사의 방법 및 절차 등에 관한 사항으로 옳지 않은 것은?**

① 소방특별조사를 하려면 7일 전에 관계인에게 조사대상, 조사기간 및 조사사유 등을 서면으로 알려야 한다.

② 관계인이 질병, 장기출장 등으로 소방특별조사에 참여할 수 없는 경우에는 소방특별조사를 통지한 소방청장, 소방본부장 또는 소방서장에게 소방특별조사를 연기하여 줄 것을 신청할 수 있다.

③ 소방특별조사의 연기를 승인한 경우라도 연기기간이 끝나기 전에 연기사유가 없어지면 관계인에게 통보하고 소방특별조사를 할 수 있다.

④ 소방특별조사를 마친 때에는 그 조사결과를 관계인에게 구두 또는 서면으로 통지하여야 한다.

해 설

소방청장, 소방본부장 또는 소방서장은 소방특별조사를 마친 때에는 그 조사결과를 관계인에게 서면으로 통지하여야 한다.

11 **관할구역에 있는 소방대상물, 관계 지역 또는 관계인에 대하여 소방시설등이 적합하게 설치·유지·관리되고 있는지, 소방대상물에 화재, 재난·재해 등의 발생 위험이 있는지 등을 확인하기 위하여 관계 공무원으로 하여금 소방특별조사를 하게 할 수 있다. 소방특별조사의 설명으로 틀리는 것은?**

① 소방특별조사 실시권자는 소방청장, 소방본부장 또는 소방서장이다.

② 개인의 주거에 대하여는 관계인의 승낙이 있거나 화재발생의 우려가 뚜렷하여 긴급한 필요가 있는 때에 한정한다.

③ 관계인이 소방시설등, 방화시설, 피난시설 등에 대한 자체점검 등이 불성실하거나 불완전하다고 인정되는 경우 소방특별조사를 연1회 이상 실시한다.

④ 소방청장 또는 소방본부장은 소방특별조사의 대상을 객관적이고 공정하게 선정하기 위하여 필요하면 소방특별조사위원회를 구성하여 소방특별조사의 대상을 선정할 수 있다.

해 설

소방특별조사는 조사 대상에 해당하는 경우에 한하여 정기적으로 정하지 않고 실시할 수 있다.

정답 10. ④ 11. ③

12 다음 중 건축허가등의 동의대상물 범위가 아닌 것은?

① 항공기격납고
② 차고, 주차장 바닥면적 150m^2 이상인 층이 있는 경우
③ 노유자시설로서 연면적 200m^2 이상
④ 지하층이 있고 바닥면적 150m^2 이상인 층이 있는 경우

해 설

건축허가등을 할 때 미리 소방본부장 또는 소방서장의 동의를 받아야 하는 건축물 등의 범위

1. 연면적이 400제곱미터 이상인 건축물. 다만, 다음 각 목의 어느 하나에 해당하는 시설은 해당 목에서 정한 기준 이상인 건축물로 한다.
   가. 「학교시설사업 촉진법」에 따라 건축등을 하려는 학교시설 : 100제곱미터
   나. 노유자시설(老幼者施設) 및 수련시설 : 200제곱미터
   다. 「정신보건법」에 따른 정신의료기관(입원실이 없는 정신건강의학과 의원은 제외) 및 장애인의료재활시설 : 300제곱미터
2. 차고・주차장 또는 주차용도로 사용되는 시설로서 다음의 어느 하나에 해당하는 것
   가. 차고・주차장으로 사용되는 층 중 바닥면적이 200제곱미터 이상인 층이 있는 시설
   나. 승강기 등 기계장치에 의한 주차시설로서 자동차 20대 이상을 주차할 수 있는 시설
3. 항공기격납고, 관망탑, 항공관제탑, 방송용 송수신탑, 요양병원
4. 지하층 또는 무창층이 있는 건축물로서 바닥면적이 150제곱미터(공연장의 경우에는 100제곱미터) 이상인 층이 있는 것
5. 위험물 저장 및 처리 시설, 지하구
6. 노유자시설 중 다음의 어느 하나에 해당하는 시설.
   가. 노인 관련 시설
   나. 「아동복지법」 에 따른 아동복지시설
   다. 「장애인복지법」에 따른 장애인 거주시설
   라. 정신질환자 관련 시설
   마. 노숙인 관련 시설 중 노숙인자활시설, 노숙인재활시설 및 노숙인요양시설
   바. 결핵환자나 한센인이 24시간 생활하는 노유자시설
7. 층수가 6층 이상인 건축물

13 「건축법」에서 정하는 단독주택의 소유자는 소방시설 중 어떤 설비를 설치하여야 하는가?

① 소화기 ② 누전경보기
③ 비상경보설비 ④ 피난기구

해 설

주택의 소유자는 소방시설 중 소화기 및 단독경보형감지기를 설치하여야 한다.

정답 12. ② 13. ①

14 **특정소방대상물의 관계인이 소방시설을 설치할 때 적용의 대상으로 옳은 것은?**

① 층수, 면적, 용도

② 규모, 용도, 수용인원

③ 구조, 위치, 면적

④ 구조, 위치, 설비

해 설

특정소방대상물의 관계인은 대통령령으로 정하는 바에 따라 특정소방대상물의 규모·용도 및 수용 인원 등을 고려하여 갖추어야 하는 소방시설등을 소방청장이 정하여 고시하는 화재안전기준에 따라 설치 또는 유지·관리하여야 한다.

15 **「화재예방, 소방시설 설치·유지 및 안전관리에 관한 법률」에서 수용인원의 산정방법으로 옳지 않은 것은?**

① 침대가 없는 숙박시설은 해당 특정소방대상물의 바닥면적의 합계를 3제곱미터로 나누어 얻은 수

② 강의실·휴게실 등의 용도로 쓰이는 특정소방대상물은 해당 용도로 사용하는 바닥면적의 합계를 1.9제곱미터로 나누어 얻은 수

③ 강당, 종교시설은 해당 용도로 사용하는 바닥면적의 합계를 4.6제곱미터로 나누어 얻은 수

④ 바닥면적을 산정하는 때에는 복도, 계단 및 화장실의 바닥면적을 포함하지 않는다. 계산 결과 소수점 이하의 수는 반올림한다.

해 설

수용인원의 산정 방법

1. 숙박시설이 있는 특정소방대상물
   가. 침대가 있는 숙박시설 : 종사자 수에 침대 수(2인용 침대는 2개로 산정한다)를 합한 수
   나. 침대가 없는 숙박시설 : 종사자 수에 숙박시설 바닥면적의 합계를 $3m^2$로 나누어 얻은 수를 합한 수
2. 숙박시설 외의 특정소방대상물
   가. 강의실·교무실·상담실·실습실·휴게실 용도로 쓰이는 특정소방대상물 : 해당 용도로 사용하는 바닥면적의 합계를 $1.9m^2$로 나누어 얻은 수
   나. 강당, 문화 및 집회시설, 운동시설, 종교시설 : 해당 용도로 사용하는 바닥면적의 합계를 $4.6m^2$로 나누어 얻은 수(관람석이 있는 경우 고정식 의자를 설치한 부분은 그 부분의 의자 수로 하고, 긴 의자의 경우에는 의자의 정면 너비를 0.45m로 나누어 얻은 수로 한다)
   다. 그 밖의 특정소방대상물 : 해당 용도로 사용하는 바닥면적의 합계를 $3m^2$로 나누어 얻은 수

※ 비고

1. 위 표에서 바닥면적을 산정할 때에는 복도, 계단 및 화장실의 바닥면적을 포함하지 않는다.
2. 계산 결과 소수점 이하의 수는 반올림한다.

정답 14. ② 15. ①

16 **「화재예방, 소방시설 설치 · 유지 및 안전관리에 관한 법률」에서 수용인원을 산정하는 방법으로 옳지 않은 것은?**

① 침대가 없는 숙박시설 : 해당 특정소방대상물의 종사자 수에 숙박시설 바닥면적의 합계를 $3m^2$로 나누어 얻은 수를 합한 수

② 강의실 · 교무실 · 상담실 · 실습실 · 휴게실 용도로 쓰이는 특정소방대상물 : 해당 용도로 사용하는 바닥면적의 합계를 $1.9m^2$로 나누어 얻은 수

③ 바닥면적을 산정할 때에는 복도, 계단 및 화장실의 바닥면적을 포함하지 않는다.

④ 계산 결과 소수점 이하의 수는 삭제 한다.

해 설

수용인원 산정 시 계산 결과 소수점 이하의 수는 반올림 한다.

17 **특정소방대상물의 동물 및 식물 관련시설은 모두 몇 개인가?**

가. 동물원	나. 도계장	다. 식물원
라. 도축장	마. 수족관	바. 경마장

① 2개 ② 3개

③ 4개 ④ 5개

해 설

동물 및 식물 관련 시설

가. 축사[부화장(孵化場) 포함]

나. 가축시설 : 가축용 운동시설, 인공수정센터, 관리사(管理舍), 가축용 창고, 가축시장, 동물검역소, 실험동물 사육시설, 그 밖에 이와 비슷한 것

다. 도축장

라. 도계장

마. 작물 재배사(栽培舍)

바. 종묘배양시설

사. 화초 및 분재 등의 온실

아. 식물과 관련된 시설과 비슷한 것(동 · 식물원은 제외)

정답 16. ④ 17. ①

18 청소년게임제공업 및 일반게임제공업의 시설로서 같은 건축물에 해당 용도로 쓰는 바닥면적의 합계가 500m^2 이상인 것은 어떤 특정소방대상물에 해당되는가?

① 근린생활시설　　② 위락시설
③ 판매시설　　④ 업무시설

해 설

판매시설

1. 도매시장 : 농수산물도매시장, 농수산물공판장, 그 밖에 이와 비슷한 것(그 안에 있는 근린생활시설을 포함한다)
2. 소매시장 : 시장, 대규모점포, 그 밖에 이와 비슷한 것(그 안에 있는 근린생활시설을 포함한다)
3. 상점 : 다음의 어느 하나에 해당하는 것(그 안에 있는 근린생활시설을 포함한다)
   가. 슈퍼마켓과 일용품(식품, 잡화, 의류, 완구, 서적, 건축자재, 의약품, 의료기기 등) 등의 소매점으로서 같은 건축물(하나의 대지에 두 동 이상의 건축물이 있는 경우에는 이를 같은 건축물로 본다. 이하 같다)에 해당 용도로 쓰는 바닥면적의 합계가 1천m^2 이상인 것
   나. 청소년게임제공업 및 일반게임제공업의 시설, 인터넷컴퓨터게임시설제공업의 시설 및 복합유통게임제공업의 시설로서 같은 건축물에 해당 용도로 쓰는 바닥면적의 합계가 500m^2 이상인 것
4. 전통시장

19 다음 중 특정소방대상물의 분류에 대하여 옳은 것은?

① 항공기 및 자동차관련시설 – 항공기격납고, 폐차장, 자동차검사장
② 의료시설 – 치과병원, 유스호스텔, 종합병원, 요양병원, 마약진료소
③ 관광휴게시설 – 관망탑, 촬영소, 군휴양시설, 유원지 또는 관광지에 부수되는 건축물
④ 묘지관련시설 – 화장장, 봉안당(종교집회장 안에 설치된 봉안당 포함)

해 설

의료시설

가. 병원 : 종합병원, 병원, 치과병원, 한방병원, 요양병원
나. 격리병원 : 전염병원, 마약진료소, 그 밖에 이와 비슷한 것
다. 정신의료기관
라. 「장애인복지법」에 따른 장애인 의료재활시설

관광 휴게시설

가. 야외음악당　　나. 야외극장
다. 어린이회관　　라. 관망탑
마. 휴게소　　바. 공원・유원지 또는 관광지에 부수되는 건축물

묘지 관련 시설

가. 화장시설
나. 봉안당(종교시설의 봉안당은 제외한다)
다. 묘지와 자연장지에 부수되는 건축물
라. 동물화장시설, 동물건조장(乾燥葬)시설 및 동물 전용의 납골시설

정답 18. ③ 19. ①

20 「화재예방, 소방시설 설치 · 유지 및 안전관리에 관한 법률」에서 지하구 중 전력 또는 통신사업용인 것은 길이가 몇 미터 이상인가?

① 50 미터
② 500 미터
③ 1,000 미터
④ 1,500 미터

해 설

지하구

가. 전력 · 통신용의 전선이나 가스 · 냉난방용의 배관 또는 이와 비슷한 것을 집합수용하기 위하여 설치한 지하 인공구조물로서 사람이 점검 또는 보수를 하기 위하여 출입이 가능한 것 중 폭 1.8m 이상이고 높이가 2m 이상이며 길이가 50m 이상(전력 또는 통신사업용인 것은 500m 이상)인 것

나. 「국토의 계획 및 이용에 관한 법률」에 따른 공동구

21 다음 중 화재를 진압하거나 인명구조활동을 위하여 사용하는 설비의 종류로 알맞은 것은?

① 제연설비
② 옥내소화전설비
③ 통합감시시설
④ 인명구조기구

해 설

소화활동설비 : 화재를 진압하거나 인명구조활동을 위하여 사용하는 설비

가. 제연설비
나. 연결송수관설비
다. 연결살수설비
라. 비상콘센트설비
마. 무선통신보조설비
바. 연소방지설비

22 다음 중 「화재예방, 소방시설 설치 · 유지 및 안전관리에 관한 법률」에서 소방시설에 해당되지 않는 것은?

① 누전차단기
② 캐비닛형 자동소화장치
③ 연소방지설비
④ 통합감시시설

해 설

누전경보기는 소방시설이며, 누전차단기는 일반 전기설비이다.

정답 20. ② 21. ① 22. ①

23 다음 중 피난구조설비의 종류가 아닌 것은?

① 연소방지설비
② 방열복
③ 휴대용비상조명등
④ 공기안전매트

해설

피난구조설비 : 화재가 발생할 경우 피난하기 위하여 사용하는 기구 또는 설비

가. 미끄럼대, 피난사다리, 피난용트랩, 구조대, 완강기, 피난교, 피난밧줄, 공기안전매트, 다수인 피난장비, 그 밖의 피난기구
나. 방열복, 방화복(안전헬멧, 보호장갑 및 안전화를 포함한다)·공기호흡기 및 인공소생기
다. 피난유도선, 피난구유도등, 통로유도등, 객석유도등 및 유도표지
라. 비상조명등 및 휴대용비상조명등

24 다음 소방시설 중 소화설비가 아닌 것은?

① 옥내소화전설비
② 옥외소화전설비
③ 미분무소화설비
④ 상수도소화설비

해설

소화설비 : 물 또는 그 밖의 소화약제를 사용하여 소화하는 기계·기구 또는 설비

가. 소화기구
  1) 소화기
  2) 자동소화장치
    가) 주거용 주방 자동소화장치
    나) 상업용 주방 자동소화장치
    다) 캐비닛형 자동소화장치
    라) 가스자동소화장치
    마) 분말자동소화장치
    바) 고체에어로졸자동소화장치
    사) 자동확산소화장치
  3) 간이소화용구 : 에어로졸식 소화용구, 투척용 소화용구 및 소화약제 외의 것을 이용한 간이소화용구
나. 옥내소화전설비(호스릴옥내소화전설비 포함)
다. 스프링클러설비·간이스프링클러설비(캐비닛형 간이스프링클러설비 포함) 및 화재조기진압용 스프링클러설비
라. 물분무등소화설비
  1) 물 분무 소화설비
  2) 미분무소화설비
  3) 포소화설비
  4) 이산화탄소소화설비
  5) 할론소화설비
  6) 할로겐화합물 및 불활성기체소화설비
  7) 분말소화설비
  8) 강화액소화설비
마. 옥외소화전설비

정답 23. ① 24. ④

25 다음 중 소화설비에 해당하지 않은 것은?

① 고체에어로졸자동소화장치 ② 캐비닛형자동소화장치
③ 강화액소화설비 ④ 연소방지설비

해 설

연소방지설비는 소화활동설비에 해당한다.

26 다음 중 인명구조기구의 소방시설 적용기준으로 바른 것은?

① 지하층을 포함하는 층수가 7층 이상인 관광호텔 및 5층 이상인 병원
② 지하층을 제외하는 층수가 7층 이상인 병원 및 5층 이상인 관광호텔
③ 지하층을 제외하는 층수가 7층 이상인 관광호텔 및 5층 이상인 병원
④ 지하층을 포함하는 층수가 7층 이상인 병원 및 5층 이상인 관광호텔

해 설

인명구조기구는 지하층을 포함하는 층수가 7층 이상인 관광호텔 및 5층 이상인 병원에 설치하여야 한다. 다만, 병원의 경우에는 인공소생기를 설치하지 않을 수 있다.

27 다음 중 소화활동설비가 아닌 것은?

① 무선통신보조설비 ② 제연설비
③ 비상콘센트설비 ④ 통합감시시설

해 설

경보설비 : 화재발생 사실을 통보하는 기계・기구 또는 설비
가. 비상벨설비 및 자동식사이렌설비(이하 "비상경보설비"라 한다)
나. 단독경보형 감지기
다. 비상방송설비
라. 누전경보기
마. 자동화재탐지설비
바. 자동화재속보설비
사. 가스누설경보기
아. 통합감시시설
자. 시각경보기

정답 25. ④ 26. ① 27. ④

28 소방시설의 분류 중 그 설비의 관계가 옳지 않은 것은?

① 소화설비 – 소화기구
② 경보설비 – 시각경보기
③ 피난구조설비 – 제연설비
④ 소화활동설비 – 무선통신보조설비

해 설

소화활동설비 – 제연설비

29 「화재예방, 소방시설 설치 · 유지 및 안전관리에 관한 법률」에서 물분무등소화설비가 아닌 것은?

① 이산화탄소소화설비
② 미분무소화설비
③ 간이스프링클러설비
④ 할론소화설비

해 설

물분무등소화설비

1) 물분무소화설비
2) 미분무소화설비
3) 포소화설비
4) 이산화탄소소화설비
5) 할론소화설비
6) 할로겐화합물 및 불활성기체소화설비
7) 분말소화설비
8) 강화액소화설비

30 다음 소방시설 중 물분부등소화설비로 틀리는 것은?

① 분말소화설비
② 스프링클러소화설비
③ 이산화탄소소화설비
④ 강화액소화설비

해 설

물분무등소화설비

1) 물분무소화설비
2) 미분무소화설비
3) 포소화설비
4) 이산화탄소소화설비
5) 할로겐화합물소화설비

정답 28. ③ 29. ③ 30. ②

31 **다음 중 성능위주설계를 하여야 할 특정소방대상물이 아닌 것은? (단, 신축 건축물에 한한다.)**

① 아파트를 제외한 연면적 20만 제곱미터 이상인 특정소방대상물

② 하나의 건축물에 「영화 및 비디오물의 진흥에 관한 법률」에 따른 영화상영관이 10개 이상인 특정소방대상물

③ 아파트를 제외한 건축물의 높이가 100미터 이상인 특정소방대상물

④ 연면적 2만 제곱미터 이상인 「화재예방, 소방시설 설치·유지 및 안전관리에 관한 법률 시행령」의 철도시설 및 공항시설

해 설

성능위주 설계 대상 특정소방대상물

1. 연면적 20만 제곱미터 이상인 특정소방대상물. 단, 아파트는 제외한다.
2. 건축물의 높이가 100미터 이상인 특정소방대상물(지하층을 포함한 층수가 30층 이상인 특정소방대상물을 포함한다). 단, 아파트는 제외한다.
3. 연면적 3만 제곱미터 이상인 「화재예방, 소방시설 설치·유지 및 안전관리에 관한 법률 시행령」의 철도 및 도시철도 시설, 공항시설
4. 하나의 건축물에 「영화 및 비디오물의 진흥에 관한 법률」 영화상영관이 10개 이상인 특정소방대상물

32 **성능위주의 설계를 해야 할 특정소방대상물의 범위 중 옳지 않은 것은?**

① 연면적 20만 제곱미터 이상인 특정소방대상물. 다만, 「소방시설 설치유지 및 안전관리에 관한 법률 시행령」의 아파트는 제외한다.

② 건축물의 높이가 100미터 이상이거나 지하층을 제외한 층수가 30층 이상인 특정소방대상물

③ 연면적 3만제곱미터 이상인 철도 및 도시철도 시설, 같은 호 다목의 공항시설

④ 하나의 건축물에 영화상영관이 10개 이상인 특정소방대상물

해 설

성능위주 설계 대상 특정소방대상물

1. 연면적 20만 제곱미터 이상인 특정소방대상물. 단, 아파트 제외
2. 건축물의 높이가 100미터 이상인 특정소방대상물(지하층을 포함한 층수가 30층 이상인 특정소방대상물을 포함한다). 단, 아파트 제외
3. 연면적 3만 제곱미터 이상인 철도 및 도시철도 시설, 공항시설
4. 하나의 건축물에 영화상영관이 10개 이상인 특정소방대상물

정답 31. ④ 32. ②

33 **특정소방대상물 중 소방관서용 청사가 속하는 시설로 옳은 것은?**

① 근린생활시설 ② 교육연구시설
③ 운수시설 ④ 업무시설

34 **「화재예방, 소방시설 설치 · 유지 및 안전관리에 관한 법률」에서 대통령령으로 정하고 있는 특정소방대상물의 분류가 옳은 것은?**

① 자원순환 관련 시설 – 고물상 ② 의료시설 – 치과의원
③ 노유자시설 – 요양병원 ④ 위락시설 – 안마시술소

해 설

1. 의료시설
   가. 병원 : 종합병원, 병원, 치과병원, 한방병원, 요양병원
   나. 격리병원 : 전염병원, 마약진료소, 그 밖에 이와 비슷한 것
   다. 정신의료기관
   라. 「장애인복지법」에 따른 장애인 의료재활시설
2. 노유자시설
   가. 노인 관련 시설
   나. 아동 관련 시설
   다. 장애인 관련 시설
   라. 정신질환자 관련 시설
   마. 노숙인 관련 시설
   바. 「사회복지사업법」에 따른 사회복지시설 중 결핵환자 또는 한센인 요양시설 등 다른 용도로 분류되지 않는 것
3. 위락시설
   가. 단란주점(150 제곱미터 이상)으로서 근린생활시설에 해당하지 않는 것
   나. 유흥주점, 그 밖에 이와 비슷한 것
   다. 「관광진흥법」에 따른 유원시설업(遊園施設業)의 시설
   라. 무도장 및 무도학원
   마. 카지노영업소

35 **다음 중 특정소방대상물인 지하가 중에서 500m 터널에 적용하여야할 소방시설이 아닌 것은?**

① 자동화재탐지설비 ② 무선통신보조설비
③ 비상경보설비 ④ 비상조명등

해 설

자동화재탐지설비 : 지하가 중에서 1000m 터널

정답 33. ④ 34. ① 35. ①

36 다음 특정소방대상물 중 간이스프링클러소화설비를 설치하여야 하는 대상으로 틀리는 것은?

① 근린생활시설에 주택의 용도로 함께 사용하는 복합건축물로서 연면적 1,500m^2 이상인 것
② 노유자시설 중 노인관련시설로서 노인주거복지시설
③ 건물을 임차하여 보호시설로 사용하는 부분
④ 교육연구시설 내에 합숙소로서 연면적 100m^2 이상 인 것

해 설

간이스프링클러설비 설치 대상
근린생활시설에 주택의 용도로 함께 사용하는 복합건축물로서 연면적 1,000m^2 이상인 것은 모든 층

37 「화재예방, 소방시설 설치 · 유지 및 안전관리에 관한 법률」에서 특정소방대상물에 대한 설명으로 틀리는 것은?

① 근린생활시설 – 안마시술소
② 판매시설 – 마권 장외 발매소
③ 문화 및 집회시설 – 예식장
④ 노유자시설 – 장애인거주시설

해 설

1. 판매시설
   가. 도매시장 : 농수산물도매시장, 농수산물공판장
   나. 소매시장 : 시장, 「유통산업발전법」에 따른 대규모점포
   다. 상점
   라. 전통시장
2. 문화 및 집회시설
   가. 공연장(300 제곱미터 이상)으로서 근린생활시설에 해당하지 않는 것
   나. 집회장 : 예식장, 공회당, 회의장, 마권(馬券) 장외 발매소, 마권 전화투표소

38 다음 특정소방대상물 중 하나의 특정소방대상물로 볼 수 없는 경우에 해당하는 것은?

① 내화구조로 된 연결통로가 벽이 없는 구조로서 그 길이가 10m 이하인 경우
② 내화구조가 아닌 연결통로로 연결된 경우
③ 지하보도, 지하상가, 지하가로 연결된 경우
④ 방화셔터 또는 갑종 방화문이 설치되지 않은 피트로 연결된 경우

정답 36. ① 37. ② 38. ①

해 설

둘 이상의 특정소방대상물이 다음의 어느 하나에 해당되는 구조의 복도 또는 통로(이하 이 표에서 "연결통로"라 한다)로 연결된 경우에는 이를 하나의 소방대상물로 본다.

1. 내화구조로 된 연결통로가 벽이 없는 구조로서 그 길이가 6m 이하인 경우
2. 내화구조로 된 연결통로가 벽이 있는 구조로서 그 길이가 10m 이하인 경우

39 둘 이상의 특정소방대상물에 복도 또는 통로로 연결된 경우 하나의 소방대상물로 보지 아니하는 기준으로 옳은 것은?

① 방화셔터 또는 갑종 방화문이 설치되지 않은 피트로 연결된 경우

② 연결통로 양쪽에 화재 시 자동으로 방수되는 방식의 드렌처설비 또는 개방형 스프링클러헤드가 설치된 경우

③ 컨베이어로 연결되거나 플랜트설비의 배관 등으로 연결되어 있는 경우

④ 지하보도, 지하상가, 지하가로 연결된 경우

해 설

- 별개의 특정소방대상물로 보는 개념 : 상호간 방화구획 되어 있는 경우로서
  1. 내화구조 구획
  2. 개구부에 방화문 또는 방화셔터 설치
  3. 개구부에 드렌처설비 또는 개방형 스프링클러 설치
- 하나의 특정소방대상물로 보는 개념 : 상호간 방화구획 되어 있지 않는 경우

40 다음 소방시설 중 내진설계를 적용하여야하는 소방시설로 틀리는 것은?

① 옥내소화전설비

② 자동화재탐지설비

③ 물분무등소화설비

④ 스프링클러설비

해 설

내진설계 적용 소방시설

1. 옥내소화전설비
2. 스프링클러설비
3. 물분무등소화설비

정답 39. ② 40. ②

41 지하가 중 도로 터널에 설치하여야 하는 소방시설로 틀리는 것은?

① 모든 터널에 소화기를 설치하여야 한다.

② 자동화재탐지설비는 터널 길이 700m 이상에 설치하여야 한다.

③ 비상콘센트설비는 터널 길이 500m 이상에 설치하여야 한다.

④ 연결송수관설비는 터널 길이 1000m 이상에 설치하여야 한다.

해 설

• 자동화재탐지설비 : 터널 길이 1천 미터 이상에 설치
• 비상경보설비 : 터널 길이 5백 미터 이상에 설치

42 특정소방대상물에 대통령령으로 정하는 소방시설을 설치하려는 자는 지진이 발생할 경우 소방시설이 정상적으로 작동될 수 있도록 소방청장이 정하는 내진설계기준에 맞게 소방시설을 설치하여야 한다. 다음 중 내진설계를 적용하여야 하는 소방시설의 종류로 틀리는 것은?

① 스프링클러설비 ② 이산화탄소소화설비

③ 물분무소화설비 ④ 분말식자동소화장치

해 설

내진설계 대상 소방시설

1. 옥내소화전설비
2. 스프링클러설비
3. 물분무등설비

43 다음 설명 중 괄호 안에 들어 갈 내용으로 알맞은 것은?

> 소방본부장이나 소방서장은 기존의 특정소방대상물이 (　　)되거나, (　　)되는 경우에는 대통령령으로 정하는 바에 따라 (　　)또는 (　　) 당시의 소방시설등의 설치에 관한 대통령령 또는 화재안전기준을 적용한다.

① 신축, 증축 ② 증축, 개축

③ 신축, 용도변경 ④ 증축, 용도변경

해 설

소방본부장이나 소방서장은 기존의 특정소방대상물이 증축되거나 용도변경 되는 경우에는 대통령령으로 정하는 바에 따라 증축 또는 용도변경 당시의 소방시설등의 설치에 관한 대통령령 또는 화재안전기준을 적용한다.

정답 41. ② 42. ④ 43. ④

44 **다음 중 소방시설의 변경 시 기존의 특정소방대상물에 대하여 강화된 화재안전기준을 적용하는 것으로 틀리는 것은?**

① 소화기구
② 비상경보설비
③ 자동화재속보설비
④ 옥내소화전설비

해 설

강화된 대통령령 및 화재안전기준적용 대상(소비자피지노의)

1. 소화기구 · 비상경보설비 · 자동화재속보설비 및 피난설비
2. 지하구 가운데 「국토의 계획 및 이용에 관한 법률」에 따른 공동구에 설치하여야 하는 소방시설등
3. 노유자(老幼者)시설, 의료시설에 설치하여야 하는 소방시설등 중 대통령령으로 정하는 것

45 **소방시설기준 적용의 특례 중 대통령령 또는 화재안전기준의 변경으로 강화된 기준을 적용하는 것은?**

① 자동화재속보설비
② 자동화재탐지설비
③ 옥내소화전설비
④ 스프링클러설비

해 설

소화기구 · 비상경보설비 · 자동화재속보설비 및 피난설비

46 **소방시설기준 적용의 특례에서 대통령령 또는 화재안전기준이 변경되어 그 기준이 강화되는 경우 기존의 특정소방대상물의 소방시설에 대하여 강화된 변경기준을 적용하여야 하는 소방시설 및 특정소방대상물로 옳지 않은 것은?**

① 교육연구시설에 설치하는 비상경보설비
② 노유자시설에 설치하는 스프링클러설비
③ 업무시설에 설치하는 자동화재속보설비
④ 근린생활시설에 설치하는 소화기구

정답 44. ④ 45. ① 46. ②

해 설

대통령령 또는 화재안전기준의 변경으로 강화된 기준 적용 대상

1. 다음 소방시설 중 대통령령으로 정하는 것
   가. 소화기구
   나. 비상경보설비
   다. 자동화재속보설비
   라. 피난구조설비
2. 지하구 가운데 「국토의 계획 및 이용에 관한 법률」에 따른 공동구에 설치하여야 하는 소방시설
3. 노유자(老幼者)시설 : 자동화재탐지설비, 간이스프링클러설비 및 단독경보형감지기
   의료시설 : 간이스프링클러설비, 스프링클러설비, 자동화재탐지설비, 자동화재속보설비

47 화재위험도가 낮은 특정소방대상물에 면제되는 소방시설로 옳은 것은?

① 옥외소화전, 연결살수설비
② 옥외소화전, 연결송수관설비
③ 연결살수설비, 자동화재탐지설비
④ 자동화재탐지설비, 비상방송설비

해 설

구 분	특정소방대상물	소방시설
1. 화재 위험도가 낮은 특정소방대상물	석재, 불연성금속, 불연성 건축재료 등의 가공공장・기계조립공장・주물공장 또는 불연성 물품을 저장하는 창고	옥외소화전 및 연결살수설비
	「소방기본법」에 따른 소방대(消防隊)가 조직되어 24시간 근무하고 있는 청사 및 차고	옥내소화전설비, 스프링클러설비, 물분무등소화설비, 비상방송설비, 피난기구, 소화용수설비, 연결송수관설비, 연결살수설비

48 소방시설을 설치하지 아니할 수 있는 특정소방대상물 및 소방시설의 범위에 관한 규정으로 옳지 않은 것은?

① 주물공장은 옥외소화전 및 연결살수설비를 설치하지 아니할 수 있다.
② 펄프공장의 작업장은 화재 위험도가 낮은 특정소방대상물에 해당된다.
③ 정수장은 자동화재탐지설비를 설치하지 아니할 수 있다.
④ 원자력발전소는 연결송수관설비 및 연결살수설비를 설치하지 아니할 수 있다.

정답 47. ① 48. ②

해 설

소방시설을 설치하지 아니할 수 있는 특정소방대상물 및 소방시설의 범위

구 분	특정소방대상물	소방시설
1. 화재 위험도가 낮은 특정소방대상물	석재, 불연성금속, 불연성 건축재료 등의 가공공장・기계조립공장・주물공장 또는 불연성 물품을 저장하는 창고	옥외소화전 및 연결살수설비
	「소방기본법」에 따른 소방대(消防隊)가 조직되어 24시간 근무하고 있는 청사 및 차고	옥내소화전설비, 스프링클러설비, 물분무등소화설비, 비상방송설비, 피난기구, 소화용수설비, 연결송수관설비, 연결살수설비
2. 화재안전기준을 적용하기 어려운 특정소방대상물	펄프공장의 작업장, 음료수 공장의 세정 또는 충전을 하는 작업장, 그 밖에 이와 비슷한 용도로 사용하는 것	스프링클러설비, 상수도소화용수설비 및 연결살수설비
	정수장, 수영장, 목욕장, 농예・축산・어류양식용 시설, 그 밖에 이와 비슷한 용도로 사용되는 것	자동화재탐지설비, 상수도소화용수설비 및 연결살수설비
3. 화재안전기준을 달리 적용하여야 하는 특수한 용도 또는 구조를 가진 특정소방대상물	원자력발전소, 핵폐기물처리시설	연결송수관설비 및 연결살수설비
4. 「위험물 안전관리법」 제19조에 따른 자체소방대가 설치된 특정소방대상물	자체소방대가 설치된 위험물 제조소등에 부속된 사무실	옥내소화전설비, 소화용수설비, 연결살수설비 및 연결송수관설비

49 소방시설을 설치하지 아니할 수 있는 특정소방대상물이 아닌 것은?

① 화재연소 위험이 작은 특정소방대상물

② 화재안전기준을 적용하기 어려운 특정소방대상물

③ 위험물안전관리법 제19조의 규정에 의한 자체소방대가 설치된 특정소방대상물

④ 화재안전기준을 다르게 적용하여야 하는 특수한 용도 또는 구조를 가진 특정소방대상물

해 설

소방시설을 설치하지 아니할 수 있는 특정소방대상물

1. 화재 위험도가 낮은 특정소방대상물
2. 화재안전기준을 적용하기 어려운 특정소방대상물
3. 화재안전기준을 다르게 적용하여야 하는 특수한 용도 또는 구조를 가진 특정소방대상물
4. 「위험물 안전관리법」에 따른 자체소방대가 설치된 특정소방대상물

정답 49. ①

50 **「화재예방, 소방시설 설치 · 유지 및 안전관리에 관한 법률」에서 자동화재탐지설비를 면제할 수 있는 요건으로 틀리는 것은?**

① 준비작동식스프링클러설비를 화재안전기준에 적합하게 설치한 경우
② 습식스프링클러설비를 화재안전기준에 적합하게 설치한 경우
③ 이산화탄소소화설비를 화재안전기준에 적합하게 설치한 경우
④ 물분무소화설비를 화재안전기준에 적합하게 설치한 경우

해 설

자동화재탐지설비 면제

자동화재탐지설비의 기능(감지 · 수신 · 경보기능을 말한다)과 성능을 가진 스프링클러설비 및 물분무등소화설비를 화재안전기준에 적합하게 설치한 경우에는 그 설비의 유효범위에서 설치가 면제된다.

51 **「화재예방, 소방시설 설치 · 유지 및 안전관리에 관한 법률」에서 기능과 성능이 유사한 경우 소방시설의 설치를 면제할 수 있다. 다음 중 면제할 수 없는 소화설비는?**

① 스프링클러설비
② 옥내소화전설비
③ 소화기구 중 소화기
④ 물분무등소화설비

52 **방염성능기준 이상의 실내장식물 등을 설치하여야 하는 특정소방대상물이 아닌 것은?**

① 요양병원
② 종합병원
③ 연구소 실험실
④ 안마시술소

해 설

방염대상 특정소방대상물

1. 근린생활시설 중 (체력단련장, 공연장, 종교집회장), 숙박시설, 방송통신시설 중 방송국 및 촬영소
2. 건축물의 옥내에 있는 시설로서 다음의 시설
   가. 문화 및 집회시설
   나. 종교시설
   다. 운동시설(수영장 제외)
3. 의료시설, 노유자시설 및 숙박이 가능한 수련시설
4. 다중이용업의 영업장
5. 층수가 11층 이상인 것(아파트 제외)
6. 교육연구시설 중 합숙소

정답 50. ② 51. ③ 52. ③

53 다음 중 방염대상물품이 아닌 것을 고르시오.

① 커튼류(블라인드 포함)
② 계산대 · 책상
③ 암막 · 무대막
④ 전시용 합판 또는 섬유판

해 설

방염대상물품

1. 창문에 설치하는 커튼류(블라인드 포함)
2. 카펫, 두께가 2밀리미터 미만인 벽지류(종이벽지 제외)
3. 전시용 합판 또는 섬유판, 무대용 합판 또는 섬유판
4. 암막 · 무대막(영화상영관에 설치하는 스크린과 골프 연습장업에 설치하는 스크린 포함)
5. 섬유류 또는 합성수지류 등을 원료로 하여 제작된 소파 · 의자(단란주점영업, 유흥주점영업 및 노래연습장업의 영업장에 설치하는 것만 해당)

54 다음 중 대통령령이 정하는 방염대상물품이 아닌 것은?

① 암막, 무대막
② 커튼류(블라인드 포함)
③ 무대용 · 전시용 합판 및 섬유판
④ 10cm 이하의 반자돌림대

해 설

10cm 이하의 반자돌림대는 다중이용업의 실내장식물에 제외되므로 방염대상물품이 아님.

55 다음 중 「다중이용업소안전관리 특별법」으로 정하는 실내장식물이 아닌 것은?

① 공간을 구획하기 위하여 설치하는 간이칸막이
② 벽에 장식을 위한 합판 또는 목재
③ 방음을 위하여 설치하는 방음재
④ 벽의 장식을 위하여 부착한 2mm 미만의 종이벽지

해 설

2mm 미만의 종이벽지는 실내장식물에서 제외된다.

정답 53. ② 54. ④ 55. ④

56 **다음 중 방염성능기준에 관하여 맞는 것은?**

① 버너의 불꽃을 제거한 때부터 불꽃을 올리며 연소하는 상태가 그칠 때까지 시간은 10초 이내일 것

② 버너의 불꽃을 제거한 때부터 불꽃을 올리지 아니하고 연소하는 상태가 그칠 때까지 시간은 30초 이내일 것

③ 탄화(炭火)한 면적은 20cm^2 이내, 탄화한 길이는 50cm 이내일 것

④ 소방청장이 정하여 고시한 방법으로 발연량(發煙量)을 측정하는 경우 최대연기밀도는 700 이하일 것

해 설

방염성능기준

1. 버너의 불꽃을 제거한 때부터 불꽃을 올리며 연소하는 상태가 그칠 때까지 시간은 20초 이내일 것
2. 버너의 불꽃을 제거한 때부터 불꽃을 올리지 아니하고 연소하는 상태가 그칠 때까지 시간은 30초 이내일 것
3. 탄화(炭化)한 면적은 50제곱센티미터 이내, 탄화한 길이는 20센티미터 이내일 것
4. 불꽃에 의하여 완전히 녹을 때까지 불꽃의 접촉 횟수는 3회 이상일 것
5. 소방청장이 정하여 고시한 방법으로 발연량(發煙量)을 측정하는 경우 최대연기밀도는 400 이하일 것

57 **방염성능기준으로 옳지 않은 것은?**

① 탄화한 면적 50cm^2 이내, 탄화한 길이 20cm 이내로 한다.

② 불꽃에 의해 완전히 녹을 때 까지 불꽃접촉 횟수는 3회 이상

③ 버너의 불꽃을 올리고 연소상태가 그칠 때 까지 시간은 30초 이내

④ 발연량을 측정하는 경우 최대 연기밀도는 400 이하로 한다.

해 설

버너의 불꽃을 제거한 때부터 불꽃을 올리며 연소하는 상태가 그칠 때까지 시간은 20초 이내일 것

58 **관리업자의 지위를 승계한 자는 행정안전부령이 정하는 바에 따라 누구에게 신고하여야 하는가?**

① 14일 이내에 소방서장에게
② 14일 이내에 시 · 도지사에게
③ 30일 이내에 소방서장에게
④ 30일 이내에 시 · 도지사에게

해 설

관리업자의 지위를 승계한 자는 행정안전부령으로 정하는 바에 따라 그 지위를 승계한 날부터 30일 이내에 시 · 도지사에게 신고하여야 한다.

정답 56. ② 57. ③ 58. ④

59 다음 중 신고일이 틀린 것은?

① 소방안전관리자 선임 신고는 30일 이내에 하여야 한다.
② 소방시설업 지위승계 신고는 30일 이내에 하여야 한다.
③ 소방시설공사업 착공신고의 변경신고는 30일 이내에 하여야 한다.
④ 공사업자는 소방시설의 하자보수를 3일 이내에 하여야 한다.

해 설

- 특정소방대상물의 관계인은 소방안전관리자를 30일 이내에 선임하여야 한다.
- 소방안전관리대상물의 관계인이 소방안전관리자를 선임한 경우에는 행정안전부령으로 정하는 바에 따라 선임한 날부터 14일 이내에 소방본부장 또는 소방서장에게 신고하여야 한다.

60 1급 소방안전관리자를 두어야 하는 특정소방대상물로서 맞는 것은?

① 연면적 1만5천 제곱미터의 위락시설
② 공공건축물
③ 지하구
④ 위험물제조소등

해 설

"1급 소방안전관리대상물"(아파트 제외)

가. 30층 이상(지하층 제외)이거나 지상으로부터 높이가 120미터 이상인 아파트
나. 연면적 1만5천 제곱미터 이상인 특정소방대상물(아파트 제외)
다. 층수가 11층 이상인 특정소방대상물(아파트 제외)
라. 가연성 가스를 1천톤 이상 저장·취급하는 시설

61 특정소방대상물의 소방안전관리에 관한 것으로 옳은 것은?

① 관계인이 소방안전관리자를 선임한 경우 소방본부장 또는 소방서장에게 30일 이내에 신고한다.
② 연면적 8천m^2고 층수가 15층인 근린생활시설은 1급 소방안전관리대상물이다.
③ 소방설비기사는 1급 소방안전관리대상물 선임대상이지만 소방설비산업기사는 1급 소방안전관리대상물 선임 대상자가 될 수 없다.
④ 의용소방대는 1년 이상 근무 경력이 있으면 2급 소방안전관리자로 선임될 수 있다.

해 설

1. 관계인이 소방안전관리자를 선임한 경우 소방본부장 또는 소방서장에게 14일 이내에 신고한다.
2. 소방설비기사 또는 소방설비산업기사는 1급 소방안전관리대상물에 선임할 수 있다.
3. 의용소방대는 3년 이상 근무 경력이 있으면 2급 소방안전관리자로 선임될 수 있다.

정답 59. ① 60. ① 61. ②

62 1급 소방안전관리대상물에 두어야할 소방안전관리자의 선임대상자 자격에 해당하는 자는?

① 소방공무원으로 3년 이상 근무경력자
② 소방안전관련학과를 졸업하고 3년 이상 소방안전관리 2급 실무경력자
③ 소방안전관리학과를 졸업하고 2년 이상 소방안전관리 2급 실무경력자
④ 위험물분야 국가기술자격취득자로서 위험물안전관리자로 선임된 사람

해 설

1급 소방안전관리대상물의 소방안전관리자

1. 소방설비기사 또는 소방설비산업기사의 자격이 있는 사람
2. 산업안전기사 또는 산업안전산업기사의 자격을 취득한 후 2년 이상 2급 소방안전관리대상물의 소방안전관리자로 근무한 실무경력이 있는 사람
3. 소방공무원으로 7년 이상 근무한 경력이 있는 사람
4. 위험물기능장・위험물산업기사 또는 위험물기능사 자격을 가진 사람으로서 위험물안전관리자로 선임된 사람
5. 가스안전관리자로 선임된 사람
6. 전기안전관리자로 선임된 사람
7. 소방청장이 실시하는 1급 소방안전관리대상물의 소방안전관리에 관한 시험에 합격한 사람
   가. "대학"에서 소방안전관리학과를 전공하고 졸업한 사람으로서 2년 이상 2급 소방안전관리대상물의 소방안전관리자로 근무한 실무경력이 있는 사람
   나. 대학에서 소방안전 관련 교과목을 12학점 이상 이수하고 졸업하거나 소방안전 관련 학과를 전공하고 졸업한 사람으로서 3년 이상 2급 소방안전관리대상물의 소방안전관리자로 근무한 실무경력이 있는 사람
   다. 소방행정학 또는 소방안전공학 분야에서 석사학위 이상을 취득한 사람
   라. 5년 이상 2급 소방안전관리대상물의 소방안전관리자로 근무한 실무경력이 있는 사람
   마. 1급 소방안전관리대상물의 소방안전관리에 대한 강습교육을 수료한 사람
8. 특급 소방안전관리대상물의 소방안전관리자 자격이 인정되는 사람

63 특정소방대상물 중 특급 소방안전관리대상물의 기준으로 맞는 것은? (단, 아파트 제외)

① 지하층 포함 층수가 30층 이상
② 지하층 제외 층수가 30층 이상
③ 지하층 포함 층수가 50층 이상
④ 지하층 제외 층수가 50층 이상

해 설

특급소방안전관리대상물

가. 50층 이상(지하층 제외)이거나 지상으로부터 높이가 200미터 이상인 아파트
나. 30층 이상(지하층 포함)이거나 지상으로부터 높이가 120미터 이상인 특정소방대상물(아파트 제외)
다. 연면적이 20만제곱미터 이상인 특정소방대상물(아파트 제외)

정답 62. ④ 63. ①

64 특급 소방안전관리자로 선임할 수 있는 자격자로 틀리는 것은?

① 소방기술사 또는 소방시설관리사의 자격이 있는 사람

② 소방설비기사의 자격을 가지고 3년 이상 1급 이상 소방안전관리대상물의 소방안전관리자로 근무한 실무경력이 있는 사람

③ 소방공무원으로 20년 이상 근무한 경력이 있는 사람

④ 특급 소방안전관리대상물의 소방안전관리에 대한 강습교육을 수료하고 소방청장이 실시하는 특급 소방안전관리대상물의 소방안전관리에 관한 시험에 합격한 사람

해 설

소방설비기사의 자격을 가지고 5년 이상 1급 이상 소방안전관리대상물의 소방안전관리자로 근무한 실무경력이 있는 사람

65 특정소방대상물의 관계인은 소방교육 및 소방훈련 등을 실시하여야 한다. 다음 중 소방교육 및 훈련에 대한 내용으로 옳은 것은?

① 아파트로서 지하층 포함 층수가 11층 이상에 해당하는 경우에는 소방기관과 합동으로 소방훈련을 하게 할 수 있다.

② 특정소방대상물 중 상시 근무하거나 거주하는 인원(숙박시설의 경우에는 상시 근무하는 인원을 말한다)이 10명 이하인 특정소방대상물은 소방훈련과 교육을 실시하지 않을 수 있다.

③ 소방청장・소방본부장 및 소방서장은 특정소방대상물의 관계인이 실시하는 소방훈련을 지도・감독할 수 있다.

④ 소방훈련과 교육의 횟수 및 방법 등에 관하여 필요한 사항은 소방청장이 정한다.

해 설

소방훈련등

1. 소방서장은 특급 및 1급 소방안전관리대상물의 관계인으로 하여금 소방훈련을 소방기관과 합동으로 실시하게 할 수 있다.
2. 소방본부장이나 소방서장은 특정소방대상물의 관계인이 실시하는 소방훈련을 지도・감독할 수 있다.
3. 소방훈련과 교육의 횟수 및 방법 등에 관하여 필요한 사항은 행정안전부령으로 정한다.

정답 64. ② 65. ②

66 **특정소방대상물의 근무자, 거주자에 대한 소방훈련에 관한 설명으로 옳지 않은 것은?**

① 상시 근무하거나 거주하는 인원이 10명 이하인 특정소방대상물은 소방훈련 대상에 제외된다.

② 소방안전관리대상물의 관계인은 소방훈련 · 교육실시 결과를 기록부에 기재하고 2년간 보관 하여야한다.

③ 소방훈련과 교육은 원칙적으로 연2회 이상 실시한다.

④ 소방기관과 합동으로 소방훈련을 실시하게 할 수 있는 대상은 특급 및 1급 소방안전관리대상물이다.

해 설

소방훈련과 교육은 원칙적으로 연1회 이상 실시한다.

67 **소방청장이 실시하는 2급 소방안전관리대상물의 소방안전관리에 관한 시험에 합격한 사람으로서 선임할 수 있는 사람으로 옳은 것은?**

① 의용소방대원으로 3년 이상 근무한 경력이 있는 사람

② 경찰공무원으로 2년 이상 근무한 경력이 있는 사람

③ 소방본부 또는 소방서에서 6개월 이상 화재진압 또는 그 보조 업무에 종사한 경력이 있는 사람

④ 대학에서 소방안전관련 교과목을 5학점 이상 이수하고 졸업하거나 소방안전관련 학과를 전공하고 졸업한 사람

해 설

소방청장이 실시하는 2급 소방안전관리대상물의 소방안전관리에 관한 시험에 합격한 사람

가. 대학에서 소방안전관리학과를 전공하고 졸업한 사람

나. 대학에서 소방안전 관련 교과목을 6학점 이상 이수하고 졸업하거나 소방안전 관련 학과를 전공하고 졸업한 사람

다. 소방본부 또는 소방서에서 1년 이상 화재진압 또는 그 보조 업무에 종사한 경력이 있는 사람

라. 의용소방대원으로 3년 이상 근무한 경력이 있는 사람

마. 군부대(주한 외국군부대를 포함한다) 및 의무소방대의 소방대원으로 1년 이상 근무한 경력이 있는 사람

바. 「위험물 안전관리법」에 따른 자체소방대의 소방대원으로 3년 이상 근무한 경력이 있는 사람

사. 「대통령 등의 경호에 관한 법률」에 따른 경호공무원 또는 별정직공무원으로서 2년 이상 안전검측 업무에 종사한 경력이 있는 사람

아. 경찰공무원으로 3년 이상 근무한 경력이 있는 사람

자. 2급 소방안전관리대상물의 소방안전관리에 대한 강습교육을 수료한 사람

정답 66. ③ 67. ①

68 **다음 중 1급 소방안전관리대상물의 소방안전관리에 관한 시험에 응시할 수 없는 사람은?**

① 특급 소방안전관리대상물의 소방안전관리에 관한 강습교육을 수료한 후 2년이 경과하지 아니한 사람

② 1급 소방안전관리대상물의 소방안전관리에 관한 강습교육을 수료한 후 2년이 경과하지 아니한 사람

③ 소방행정학(소방학, 소방방재학을 포함한다) 분야에서 학사학위 이상을 취득한 사람

④ 소방안전공학(소방방재공학, 안전공학을 포함한다) 분야에서 석사학위 이상을 취득한 사람

해 설

1급 소방안전관리대상물의 소방안전관리에 관한 시험에 응시할 수 있는 사람

1. 특급 소방안전관리대상물의 소방안전관리에 관한 강습교육을 수료한 후 2년이 경과하지 아니한 사람
2. 1급 소방안전관리대상물의 소방안전관리에 관한 강습교육을 수료한 후 2년이 경과하지 아니한 사람
3. 소방청장이 실시하는 1급 소방안전관리대상물의 소방안전관리에 관한 시험에 합격한 사람
   가. 「고등교육법」의 어느 하나에 해당하는 "대학"에서 소방안전관리학과를 전공하고 졸업한 사람으로서 2년 이상 2급 소방안전관리대상물의 소방안전관리자로 근무한 실무경력이 있는 사람
   나. 대학에서 소방안전 관련 교과목을 12학점 이상 이수하고 졸업하거나 소방안전 관련 학과를 전공하고 졸업한 사람으로서 3년 이상 2급 소방안전관리대상물의 소방안전관리자로 근무한 실무경력이 있는 사람
   다. 소방행정학(소방학, 소방방재학을 포함한다) 또는 소방안전공학(소방방재공학, 안전공학을 포함한다) 분야에서 석사학위 이상을 취득한 사람
   라. 5년 이상 2급 소방안전관리대상물의 소방안전관리자로 근무한 실무경력이 있는 사람

69 **소방안전관리대상물의 소방계획서 작성에 관하여 옳지 않은 것은?**

① 화재예방을 위한 자체점검계획 및 진압대책

② 소방안전관리대상물의 위치 · 구조 · 연면적 · 용도 및 수용인원 등 일반현황

③ 피난시설의 규모와 피난 수용인원의 설정 등을 포함한 피난계획

④ 소방시설 · 피난시설 및 방화시설의 점검 · 정비계획

해 설

피난층 및 피난시설의 위치와 피난경로의 설정, 장애인 및 노약자의 피난계획 등을 포함한 피난계획

정답 68. ③ 69. ③

70 **화재 등 재난이 발생할 경우 사회 · 경제적으로 피해가 큰 "소방안전 특별관리 시설물"로 틀리는 것은?**

① 하나의 건축물에 10개 이상인 영화상영관

② 천연가스 인수기지 및 공급망

③ 석유비축시설

④ 공항시설 및 항만시설

해 설

"소방안전 특별관리시설물"

1. 공항시설
2. 철도시설
3. 도시철도시설
4. 항만시설
5. 지정문화재인 시설
6. 산업기술단지
7. 산업단지
8. 초고층 건축물 및 지하연계 복합건축물
9. 영화상영관 중 수용인원 1,000명 이상인 영화상영관
10. 전력용 및 통신용 지하구
11. 석유비축시설
12. 천연가스 인수기지 및 공급망
13. 점포가 500개 이상인 전통시장

71 **공동소방안전관리자 선임대상의 특정소방대상물 중 고층건축물에 해당하는 것은?**

① 지하층 제외한 7층 이상인 건축물

② 지하층 제외한 11층 이상인 건축물

③ 높이가 25m 이상인 건축물

④ 높이가 30m 이상인 건축물

72 **다음 중 공동소방안전관리 선임대상이 아닌 것은?**

① 복합건축물로서 연면적이 3천5백 제곱미터 이상인 것 또는 층수가 3층 이상인 것

② 지하가

③ 고층건축물(지하층 제외한 11층 이상의 건축물)

④ 도 · 소매시장 및 소방본부장 또는 소방서장이 지정하는 지역

해 설

공동 소방안전관리자 선임대상 특정소방대상물

1. 고층 건축물(지하층을 제외한 층수가 11층 이상인 건축물만 해당)
2. 지하가(지하의 인공구조물 안에 설치된 상점 및 사무실, 그 밖에 이와 비슷한 시설이 연속하여 지하도에 접하여 설치된 것과 그 지하도를 합한 것을 말한다)
3. 복합건축물로서 연면적이 5천 제곱미터 이상인 것 또는 층수가 5층 이상인 것
4. 판매시설 중 도매시장 및 소매시장
5. 특정소방대상물 중 소방본부장 또는 소방서장이 지정하는 것

정답 70. ① 71. ② 72. ①

73 다음 중 공동소방안전관리를 하여야 하는 특정소방대상물로 옳지 않은 것은?

① 지하층을 제외한 11층 이상의 건축물

② 지하가

③ 판매시설 중 도매시장 및 소매시장

④ 복합건축물로서 연면적 3천m^2 이하인 것

해 설

복합건축물로서 연면적이 5천 제곱미터 이상인 것 또는 층수가 5층 이상인 것

74 특정소방대상물의 관계인은 (　)이 정하는 바에 따라 (　)이 정하는 자를 공동소방안전관리자로 선임해야 한다. 순서에 맞는 것은?

① 행정안전부령, 대통령령

② 대통령령, 행정안전부령

③ 행정안전부령, 소방청장

④ 소방청장, 행정안전부령

해 설

그 관리의 권원(權原)이 분리되어 있는 것 가운데 소방본부장이나 소방서장이 지정하는 특정소방대상물의 관계인은 행정안전부령으로 정하는 바에 따라 대통령령으로 정하는 자를 공동 소방안전관리자로 선임하여야 한다.

75 소방시설등에 실시하는 자체점검에 대한 사항으로 틀리는 것은?

① 작동기능점검의 점검자는 해당 특정소방대상물의 소방안전관리자 · 소방시설관리업자 또는 소방시설공사업자이다.

② 종합정밀점검의 점검횟수는 연 1회 이상(특급소방안전관리대상물의 경우에는 반기에 1회 이상) 실시하여야 하며, 소방청장이 소방안전관리가 우수하다고 인정한 특정소방대상물에 대해서는 3년의 범위에서 소방청장이 고시하거나 정한 기간 동안 종합정밀점검을 면제할 수 있다.

③ 다중이용업인 안마시술소로서 연면적이 2,000m^2 이상인 것은 종합정밀점검 대상에 해당된다.

④ 공공기관 중 연면적이 1,000m^2 이상인 것으로서 옥내소화전설비 또는 자동화재탐지설비가 설치된 것은 종합정밀점검 대상에 해당된다.

해 설

작동기능점검은 해당 특정소방대상물의 관계인 · 소방안전관리자 또는 소방시설관리업자(소방시설관리사를 포함하여 등록된 기술인력을 말한다)가 점검할 수 있다.

정답 73. ④ 74. ① 75. ①

76 다음 중 관리사 자격을 반드시 취소하지 않아도 되는 것은?

① 관리사증을 다른 자에게 빌려준 경우
② 거짓이나 그 밖의 부정 방법으로 시험에 합격한 경우
③ 소방시설 등의 자체점검을 하지 않은 경우
④ 동시에 둘 이상 업체에 취업한 경우

해설

소방시설관리사 자격 취소

1. 거짓이나 그 밖의 부정한 방법으로 시험에 합격한 경우
2. 결격사유에 해당하게 된 경우
3. 소방시설관리사증을 다른 자에게 빌려준 경우
4. 동시에 둘 이상의 업체에 취업한 경우

77 「화재예방, 소방시설 설치 · 유지 및 안전관리에 관한 법률」에서 소방시설관리업의 업무내용이 아닌 것은?

① 소방시설의 설치
② 소방시설의 점검
③ 소방시설의 관리
④ 소방시설의 유지

해설

소방시설관리업 : 소방안전관리 업무의 대행 또는 소방시설의 점검 및 유지 · 관리를 하는 업

78 소방시설관리업의 중요변경사항 중 대표자 변경 시 제출하여야 할 서류로 옳은 것은?

① 소방시설관리업 등록증 및 등록수첩
② 소방시설관리업등록증 및 기술인력연명부
③ 소방시설관리업등록수첩 및 기술인력연명부
④ 소방시설관리업등록수첩 및 변경된 기술인력의 기술자격증

해설

1. 명칭 · 상호 또는 영업소소재지를 변경하는 경우 : 소방시설관리업등록증 및 등록수첩
2. 대표자를 변경하는 경우 : 소방시설관리업등록증 및 등록수첩
3. 기술인력을 변경하는 경우
   가. 소방시설관리업등록수첩
   나. 변경된 기술인력의 기술자격증(자격수첩)
   다. 기술인력연명부

정답 76. ③ 77. ① 78. ①

79 **소방시설관리업의 영업정지처분에 갈음하여 과징금은 얼마까지 부과할 수 있는가?**

① 1천만원 이하

② 2천만원 이하

③ 3천만원 이하

④ 4천만원 이하

해 설

시·도지사는 영업정지를 명하는 경우로서 그 영업정지가 국민에게 심한 불편을 주거나 그 밖에 공익을 해칠 우려가 있을 때에는 영업정지처분을 갈음하여 3천만원 이하의 과징금을 부과할 수 있다.

80 **소방용품 중에서 소방청장의 형식승인 대상 등으로 옳지 않은 것은?**

① 소화기구 중 소화약제 외의 것을 이용한 간이소화용구는 소방청장의 형식승인을 얻어야 한다.

② 소화약제의 형식승인을 얻고자 하는 자는 행정안전부령이 정하는 기준에 따라 형식승인을 위한 시험시설을 갖추고 소방청장의 심사를 받아야 한다.

③ 송수구의 형식승인을 얻은 자는 그 소방용품에 대하여 소방청장이 실시하는 제품검사를 받아야 한다.

④ 자동소화장치의 형상·구조·재질·성분·성능 등의 형식승인 및 제품검사의 기술기준 등에 관한 사항은 소방청장이 정하여 고시한다.

해 설

소화기구 중 소화약제 외의 것을 이용한 간이소화용구는 소방용품이 아니므로 소방청장의 형식승인 대상이 아니다.

81 **다음 중 소방용품에 대한 형식승인의 권한이 있는 자는?**

① 소방청장

② 시·도지사

③ 소방정책국장

④ 소방본부장·소방서장

해 설

대통령령으로 정하는 소방용품을 제조하거나 수입하려는 자는 소방청장의 형식승인을 받아야 한다.

정답 79. ③ 80. ① 81. ①

82 **누구든지 소방용품을 판매하거나 판매 목적으로 진열하거나 소방시설공사에 사용할 수 없는 경우에 해당하는 기준으로 틀리는 것은?**

① 시험시설을 갖추지 않은 것

② 형식승인을 받지 아니한 것

③ 제품검사를 받지 아니하거나 합격표시를 하지 아니한 것

④ 형상등을 임의로 변경한 것

해 설

누구든지 다음의 어느 하나에 해당하는 소방용품을 판매하거나 판매 목적으로 진열하거나 소방시설공사에 사용할 수 없다.

1. 형식승인을 받지 아니한 것
2. 형상등을 임의로 변경한 것
3. 제품검사를 받지 아니하거나 합격표시를 하지 아니한 것

83 **소방시설에 사용하고 있는 소방용품의 형식승인 등에 대한 설명으로 틀린 것은?**

① 물분무헤드를 제조하려는 자는 소방청장의 형식승인을 받아야 한다.

② 소화설비에 필요한 가스관 선택밸브를 수입하고 제조하려는 자는 소방청장의 형식승인을 받아야 한다.

③ 소방청장은 한국소방산업기술원에 소방용품의 형식승인 및 성능인증 업무를 위탁할 수 있다.

④ 형식승인을 받지 아니한 소방용품은 판매하거나 판매 목적으로 진열할 수 없다.

해 설

물분무헤드는 소방용품에 해당하지 않으므로 형식승인 대상에서 제외된다.

84 **다음 중 중앙소방기술 심의위원회에서 심의하여야 하는 사항으로 틀리는 것은?**

① 화재안전기준에 관한 사항

② 소방시설의 구조 및 원리 등에서 공법이 특수한 설계 및 시공에 관한 사항

③ 소방시설의 설계 및 공사감리의 방법에 관한 사항

④ 연면적 5만 제곱미터 이상의 특정소방대상물에 설치된 소방시설의 설계 · 시공 · 감리의 하자 유무에 관한 사항

정답 82. ① 83. ① 84. ④

해 설

중앙소방기술심의위원회 심의 사항

1. 화재안전기준에 관한 사항
2. 소방시설의 구조 및 원리 등에서 공법이 특수한 설계 및 시공에 관한 사항
3. 소방시설의 설계 및 공사감리의 방법에 관한 사항
4. 소방시설공사의 하자를 판단하는 기준에 관한 사항
5. 그 밖에 소방기술 등에 관하여 대통령령으로 정하는 사항
   가. 연면적 10만제곱미터 이상의 특정소방대상물에 설치된 소방시설의 설계 · 시공 · 감리의 하자 유무에 관한 사항
   나. 새로운 소방시설과 소방용품 등의 도입 여부에 관한 사항
   다. 그 밖에 소방기술과 관련하여 소방청장이 심의에 부치는 사항

85 「화재예방, 소방시설 설치 · 유지 및 안전관리에 관한 법률」에서 청문 실시권자가 다른 것은?

① 소방시설관리사 자격의 취소 및 정지

② 소방시설관리업의 등록취소 및 영업정지

③ 소방용품의 형식승인 취소 및 제품검사 중지

④ 제품검사 전문기관의 지정취소 및 업무정지

해 설

- 소방청장
  1. 소방시설관리사 자격의 취소 및 정지
  2. 소방용품의 형식승인 취소 및 제품검사 중지
  3. 우수품질인증의 취소
  4. 제품검사 전문기관의 지정취소 및 업무정지
- 시 · 도지사 : 소방시설관리업의 등록취소 및 영업정지

86 소방안전관리자의 실무교육 등에 대하여 틀린 것은?

① 교육일정 등 교육에 필요한 계획을 수립하여 소방청장의 승인을 얻어 교육 · 실시 30일 전까지 실무교육 대상자에게 통보하여야 한다.

② 안전원장은 소방안전관리자에 대한 실무교육을 2년마다 1회 이상 실시하여야 한다.

③ 소방본부장 또는 소방서장은 소방안전관리자 또는 소방안전관리 업무대행자가 실무교육을 받지 아니한 때에는 자격을 취소하여야 한다.

④ 소방본부장 또는 소방서장은 실무교육이 효율적으로 이루어질 수 있도록 소방안전관리자의 선임 신고를 받은 경우에는 신고일로부터 1개월 이내에 안전원장에게 통보하여야 한다.

정답 85. ② 86. ③

해 설

소방본부장이나 소방서장은 소방안전관리자나 소방안전관리 업무 대행자가 정하여진 교육을 받지 아니하면 교육을 받을 때까지 행정안전부령으로 정하는 바에 따라 그 소방안전관리자나 소방안전관리 업무 대행자에 대하여 소방안전관리 업무를 제한할 수 있다.

87 다음 중 그 부과가 다른 벌칙은?

① 방염성능물품에 대한 조치명령을 위반한 자

② 피난·방화시설, 방화구획의 유지관리 조치·명령 위반자

③ 특정소방대상물의 소방시설이 화재안전기준에 따른 소방서장 등의 조치명령 위반자

④ 소방시설에 폐쇄·차단 등의 행위를 한 자

해 설

5년 이하의 징역 또는 5천만원 이하의 벌금에 처한다.

• 소방시설에 폐쇄·차단 등의 행위를 한 자(단, 점검 정비 제외)

3년 이하의 징역 또는 3천만원 이하의 벌금에 처한다.

1. 특정소방대상물의 소방시설이 화재안전기준에 따른 명령을 정당한 사유 없이 위반한 자
2. 피난·방화시설, 방화구획의 유지관리에 따른 명령을 정당한 사유 없이 위반한 자
3. 방염성능물품에 대한 명령을 정당한 사유 없이 위반한 자
4. 소방용품의 형식승인, 제품검사를 받지 않았거나 변경승인을 위반한 것에 대하여 그 제조자·수입자·판매자 또는 시공자에게 수거·폐기 또는 교체 등에 따른 명령을 정당한 사유 없이 위반한 자
5. 방염업 또는 관리업의 등록을 하지 아니하고 영업을 한 자
6. 소방용품의 형식승인을 받지 아니하고 소방용품을 제조하거나 수입한 자
7. 제품검사를 받지 아니한 자
8. 거짓이나 그 밖의 부정한 방법으로 전문기관으로 지정을 받은 자

88 관리업의 등록을 하지 아니하고 영업을 한 자의 벌칙으로 맞는 것은?

① 5년 이하의 징역 또는 5천만원 이하의 벌금에 처한다.

② 3년 이하의 징역 또는 3천만원 이하의 벌금에 처한다.

③ 1년 이하의 징역 또는 1천만원 이하의 벌금에 처한다.

④ 300만원 이하의 벌금에 처한다.

정답 87. ④ 88. ②

해 설

3년 이하의 징역 또는 3천만원 이하의 벌금

1. 명령(소방시설의 유지관리, 피난시설・방화구획・방화시설, 방염, 형식승인 등)을 정당한 사유 없이 위반한 자
2. 관리업의 등록을 하지 아니하고 영업을 한 자
3. 소방용품의 형식승인을 받지 아니하고 소방용품을 제조하거나 수입한 자
4. 제품검사를 받지 아니한 자
5. 소방용품의 형식승인등을 위반하여 소방용품을 판매・진열하거나 소방시설공사에 사용한 자
6. 거짓이나 그 밖의 부정한 방법으로 전문기관으로 지정을 받은 자

89 관리업의 등록증이나 등록수첩을 다른 자에게 빌려준 자의 벌칙으로 맞는 것은?

① 5년 이하의 징역 또는 5천만원 이하의 벌금에 처한다.

② 3년 이하의 징역 또는 3천만원 이하의 벌금에 처한다.

③ 1년 이하의 징역 또는 1천만원 이하의 벌금에 처한다.

④ 300만원 이하의 벌금에 처한다.

해 설

1년 이하의 징역 또는 1천만원 이하의 벌금

1. 관리업의 등록증이나 등록수첩을 다른 자에게 빌려준 자
2. 영업정지처분을 받고 그 영업정지기간 중에 관리업의 업무를 한 자
3. 소방시설등에 대한 자체점검을 하지 아니하거나 관리업자 등으로 하여금 정기적으로 점검하게 하지 아니한 자
4. 소방시설관리사증을 다른 자에게 빌려주거나 동시에 둘 이상의 업체에 취업한 사람
5. 형식승인의 변경승인을 받지 아니한 자

90 소방특별조사를 정당한 사유 없이 거부・방해 또는 기피한 자의 벌칙으로 맞는 것은?

① 100만원 이하의 벌금에 처한다.

② 200만원 이하의 벌금에 처한다.

③ 200만원 이하의 과태료에 처한다.

④ 300만원 이하의 벌금에 처한다.

정답 89. ③ 90. ④

해 설

300만원 이하의 벌금

1. 소방특별조사를 정당한 사유 없이 거부·방해 또는 기피한 자
2. 관계인의 정당한 업무를 방해한 자, 조사·검사 업무를 수행하면서 알게 된 비밀을 제공 또는 누설하거나 목적 외의 용도로 사용한 자
3. 방염성능검사에 합격하지 아니한 물품에 합격표시를 하거나 합격표시를 위조하거나 변조하여 사용한 자
4. 거짓 시료를 제출한 자
5. 소방안전관리자를 선임하지 아니한 자
6. 소방시설·피난시설·방화시설 및 방화구획 등이 법령에 위반된 것을 발견하였음에도 필요한 조치를 할 것을 요구하지 아니한 소방안전관리자
7. 소방안전관리자에게 불이익한 처우를 한 관계인
8. 점검기록표를 거짓으로 작성하거나 해당 특정소방대상물에 부착하지 아니한 자

91 「화재예방, 소방시설 설치·유지 및 안전관리에 관한 법률」에서 과태료를 부과징수 할 수 없는 자는?

① 관할 시·도지사
② 소방청장
③ 소방본부장
④ 시장·군수·구청장

해 설

과태료는 대통령령으로 정하는 바에 따라 소방청장 및 관할 시·도지사, 소방본부장 또는 소방서장이 부과·징수한다.

92 「화재예방, 소방시설 설치·유지 및 안전관리에 관한 법률」에서 과태료 처분 대상으로 옳지 않은 것은?

① 피난시설, 방화구획 또는 방화시설의 폐쇄·훼손·변경 등의 행위를 한 경우
② 방염성능기준 미만으로 방염처리한 경우
③ 특정소방대상물의 화재안전기준에 따른 설치·유지·관리를 위반한 경우
④ 정당한 사유 없이 소방공무원의 소방특별조사를 거부·방해 또는 기피한 자

해 설

300만원 이하의 벌금

정당한 사유 없이 소방공무원의 소방특별조사를 거부·방해 또는 기피한 자

정답 91. ④ 92. ④

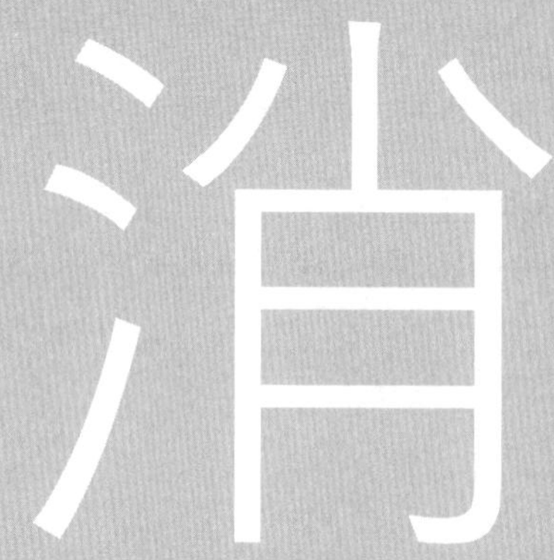

김진성쌤의

소방학과특채 관계법규

All in One

防

소방학과특채 관련법규 All in One

문제편

01
소방특채 기출문제분석

02
소방특채 적중예상문제

소방 특채시험을 위한 **최고의 수험서**

1 소방특채 기출문제분석

제1편 소방기본법

제2편 화재예방, 소방시설 설치 · 유지 및 안전관리에 관한 법률

CHAPTER 01 소방기본법

제1장 총칙

01 다음 중 소방기본법의 제정 목적으로 맞지 않는 것은?

① 소방교육을 통한 국민의 안전의식을 높이기 위함이다.
② 화재를 예방, 경계하고 진압한다.
③ 공공의 안녕 및 질서유지와 복리증진에 이바지한다.
④ 국민의 생명, 신체 및 재산을 보호한다.

해 설

화재를 예방·경계하거나 진압하고 화재, 재난·재해, 그 밖의 위급한 상황에서의 구조·구급 활동 등을 통하여 국민의 생명·신체 및 재산을 보호함으로써 공공의 안녕 및 질서 유지와 복리증진에 이바지함을 목적으로 한다.

02 다음 중 소방기본법의 목적에 해당하는 내용으로 옳지 않은 것은?

① 화재를 예방, 경계하거나 진압한다.
② 국민의 생명·신체 및 재산을 보호한다.
③ 공공의 보호와 안전을 하달한다.
④ 공공의 안녕 및 질서 유지와 복리증진에 이바지한다.

정답 01. ① 02. ③

03 「소방기본법」 상 규정하는 용어의 정의를 옳게 연결한 것은?

가. (ㄱ)이란 건축물, 차량, 선박(선박법 제1조의2 제1항에 따른 선박으로서 항구에 매어둔 선박만 해당한다), 선박 건조 구조물, 산림, 그 밖의 인공 구조물 또는 물건을 말한다.
나. (ㄴ)이란 소방대상물이 있는 장소 및 그 이웃지역으로서 화재의 예방 경계 진압 구조구급 등의 활동에 필요한 지역을 말한다.
다. (ㄷ)이란 소방대상물의 소유자 관리자 또는 점유자를 말한다.
라. (ㄹ)이란 특별시・광역시・특별자치시・도 또는 특별자치도 에서 화재의 예방・경계・진압・조사 및 구조・구급 등의 업무를 담당하는 부서의 장을 말한다.
마. (ㅁ)이란 화재를 진압하고 화재, 재난 재해, 그 밖의 위급한 상황에서 구조 구급 활동 등을 하기 위하여 소방공무원・의무소방원・의용소방대원으로 구성된 조직체를 말한다.
바. (ㅂ)이란 소방본부장 또는 소방서장 등 화재, 재난 재해, 그 밖의 위급한 상황이 발생한 현장에서 소방대를 지휘하는 사람을 말한다.

	ㄱ	ㄴ	ㄷ	ㄹ	ㅁ	ㅂ
①	소방대상물	관계지역	관계인	소방본부장	소방대	소방조장
②	방호대상물	경계지역	입회인	소방서장	지역대	소방대장
③	방호대상물	경계지역	입회인	소방서장	지역대	소방조장
④	소방대상물	관계지역	관계인	소방본부장	소방대	소방대장

해 설

1. "소방대상물"이란 건축물, 차량, 선박(「선박법」 제1조의2제1항에 따른 선박으로서 항구에 매어둔 선박만 해당한다), 선박 건조 구조물, 산림, 그 밖의 인공 구조물 또는 물건을 말한다.
2. "관계지역"이란 소방대상물이 있는 장소 및 그 이웃 지역으로서 화재의 예방・경계・진압, 구조・구급 등의 활동에 필요한 지역을 말한다.
3. "관계인"이란 소방대상물의 소유자・관리자 또는 점유자를 말한다.
4. "소방본부장"이란 특별시・광역시・특별자치시・도 또는 특별자치도에서 화재의 예방・경계・진압・조사 및 구조・구급 등의 업무를 담당하는 부서의 장을 말한다.
5. "소방대"(消防隊)란 화재를 진압하고 화재, 재난・재해, 그 밖의 위급한 상황에서 구조・구급 활동 등을 하기 위하여 다음의 사람으로 구성된 조직체를 말한다.
   가. 「소방공무원법」에 따른 소방공무원
   나. 「의무소방대설치법」 제3조에 따라 임용된 의무소방원(義務消防員)
   다. 「의용소방대 설치 및 운영에 관한 법률」에 따른 의용소방대원(義勇消防隊員)
6. "소방대장"(消防隊長)이란 소방본부장 또는 소방서장 등 화재, 재난・재해, 그 밖의 위급한 상황이 발생한 현장에서 소방대를 지휘하는 사람을 말한다.

정답 03. ④

04 「소방기본법」상 용어의 정의로 옳지 않은 것은?

① "소방대상물"이란 건축물, 차량, 선박(「선박법」 제1조 의2제1항에 따른 선박으로서 항구에 매어둔 선박만 해당한다), 선박 건조 구조물, 산림, 그 밖의 인공 구조물 또는 물건을 말한다.

② "관계지역"이란 소방대상물이 있는 장소 및 그 이웃 지역으로서 화재의 예방・경계・진압, 구조・구급 등의 활동에 필요한 지역을 말한다.

③ "소방본부장"이란 특별시・광역시・특별자치시・도 또는 특별자치도에서 화재의 예방・경계・진압・조사 및 구조・구급 등의 업무를 담당하는 부서의 장을 말한다.

④ "소방대"란 화재를 진압하고 화재, 재난・재해, 그 밖의 위급한 상황에서 구조・구급 활동 등을 하기 위하여 소방공무원, 의무소방원, 자위소방대원으로 구성된 조직체를 말한다.

해 설

"소방대"(消防隊)란

화재를 진압하고 화재, 재난・재해, 그 밖의 위급한 상황에서 구조・구급 활동 등을 하기 위하여 다음의 사람으로 구성된 조직체를 말한다.

가. 「소방공무원법」에 따른 소방공무원

나. 「의무소방대설치법」에 따라 임용된 의무소방원(義務消防員)

다. 의용소방대원(義勇消防隊員)

05 소방기본법에서 용어의 뜻을 옳지 않은 것은?

① 관계인이란 소방대상물의 소유자・관리자 또는 점유자를 말한다.

② 소방대는 소방공무원만을 지칭한다.

③ 관계지역이란 소방대상물이 있는 장소 및 그 이웃지역으로서 화재의 예방・경계・진압, 구조・구급 등의 활동에 필요한 지역을 말한다.

④ 소방대장이란 소방본부장 또는 소방서장 등 화재, 재난・재해 그 밖의 위급한 상황이 발생한 현장에서 소방대를 지휘하는 자를 말한다.

해 설

"소방대"(消防隊)란

화재를 진압하고 화재, 재난・재해, 그 밖의 위급한 상황에서 구조・구급 활동 등을 하기 위하여 다음의 사람으로 구성된 조직체를 말한다.

가. 「소방공무원법」에 따른 소방공무원

나. 「의무소방대설치법」에 따라 임용된 의무소방원(義務消防員)

다. 의용소방대원(義勇消防隊員)

정답 04. ④ 05. ②

06 「소방기본법」상 용어의 정의에 대한 설명으로 옳지 않은 것은?

① "특정소방대상물"이란 건축물, 차량, 항구에 매어둔 선박, 선박 건조 구조물, 산림, 그 밖의 인공 구조물 또는 물건을 말한다.

② "관계인"이란 소방대상물의 소유자 · 관리자 또는 점유자를 말한다.

③ "소방본부장"이란 특별시 · 광역시 · 특별자치시 · 도 또는 특별자치도에서 화재의 예방 · 경계 · 진압 · 조사 및 구조 · 구급 등의 업무를 담당하는 부서의 장을 말한다.

④ "소방대장"이란 소방본부장 또는 소방서장 등 화재, 재난 · 재해, 그 밖의 위급한 상황이 발생한 현장에서 소방대를 지휘하는 사람을 말한다.

해 설

"소방대상물"이란

건축물, 차량, 선박(항구에 매어둔 선박만 해당), 선박 건조 구조물, 산림, 그 밖의 인공 구조물 또는 물건을 말한다.

"특정소방대상물"이란

소방시설을 설치하여야 하는 소방대상물로서 대통령령으로 정하는 것을 말한다.

07 다음 중 괄호 안에 적합한 용어로 맞는 것은?

( )이란 건축물, 차량, 선박(「선박법」에 따른 선박으로서 항구에 매어둔 선박만 해당한다), 선박 건조 구조물, 산림, 그 밖의 인공 구조물 또는 물건을 말한다.

① 소방대상물

② 특정소방대상물

③ 방염대상물품

④ 특별안전관리대상물

08 다음 중 소방대를 구성하는 것이 아닌 것은?

① 소방공무원

② 의무소방원

③ 의용소방대원

④ 자위소방대원

정답 06. ① 07. ① 08. ④

09 소방대상물로 옳은 것을 고르시오.

a. 인공구조물	b. 건축물
c. 산림	d. 달리는 차량
e. 나는 항공기	f. 항해 중인 선박

① a, b, c ② a, b, c, d
③ a, b, c, d, e ④ a, b, c, d, e, f

해설

"소방대상물"이란

건축물, 차량, 선박(항구에 매어둔 선박만 해당), 선박 건조 구조물, 산림, 그 밖의 인공 구조물 또는 물건을 말한다.

10 다음 중 소방대상물이 아닌 것은?

① 건축물
② 항구에 매어진 선박
③ 운항 중인 항공기
④ 산림

11 다음 중 소방기본법에서 정하고 있는 용어의 뜻이 틀린 것은?

① 소방대상물이란 건축물, 차량, 선박(항구에 매어둔 선박), 선박건조구조물, 산림 그 밖의 인공구조물 또는 물건을 말한다.
② 관계인이란 소유자, 관리자 또는 점유자를 말한다.
③ 소방대장이란 소방본부장 또는 의용소방대장 등 화재, 재난, 재해 그 밖의 위급한 상황이 발생한 현장에서 소방대를 지휘하는 사람을 말한다.
④ "소방본부장"이란 특별시 · 광역시 도 또는 특별자치도(이하 "시 · 도"라 한다)에서 화재의 예방 · 경계 · 진압 · 조사 및 구조 · 구급 등의 업무를 담당하는 부서의 장을 말한다.

해설

소방대장이란

소방본부장 또는 소방서장 등 화재, 재난, 재해 그 밖의 위급한 상황이 발생한 현장에서 소방대를 지휘하는 사람을 말한다.

정답 09. ② 10. ③ 11. ③

12 다음 중 관계인의 정의로서 옳지 않은 것은?

① 소유자 ② 관리자
③ 신고자 ④ 점유자

해 설

"관계인"이란

소방대상물의 소유자·관리자 또는 점유자를 말한다.

13 소방대상물이 있는 장소 및 그 이웃지역으로서 화재의 예방·경계·진압, 구조·구급 등의 활동에 필요한 지역을 무엇이라 하는가?

① 관계지역 ② 소방지역
③ 방화지역 ④ 화재지역

해 설

"관계지역"이란

소방대상물이 있는 장소 및 그 이웃 지역으로서 화재의 예방·경계·진압, 구조·구급 등의 활동에 필요한 지역을 말한다.

14 다음 중 소방본부장 또는 소방서장 업무가 아닌 것은?

① 화재에 관한 위험경보 ② 화재의 예방조치
③ 소방응원협약 ④ 화재조사

15 다음 중 옳지 않은 것은?

① 관할구역 안에서 소방업무를 수행하는 소방서장은 관할지역의 시·군·구청장의 지휘를 받는다.
② 소방대에는 의용소방대를 포함한다.
③ 소방대장은 위급한 상황 발생한 현장에서 필요한 때 그 현장에 있는 사람에게 위급한 사람을 구출하게 하는 일을 하게 할 수 있다.
④ 소방대장은 불이 번질 우려가 있는 소방대상물 및 토지의 일부를 소방활동에 필요한 경우 필요한 처분을 할 수 있다.

정답 12. ③ 13. ① 14. ③ 15. ①

해 설

소방업무를 수행하는 소방본부장 또는 소방서장은 그 소재지를 관할하는 특별시장·광역시장·도지사 또는 특별자치도지사(이하 "시·도지사"라 한다)의 지휘와 감독을 받는다.

16 다음 중 관할구역 안에서 소방업무를 수행하는 소방본부장 ·소방서장을 지휘 감독하는 권한이 없는 자는?

① 특별시장

② 광역시장

③ 도지사

④ 시장·군수 및 구청장

해 설

소방업무를 수행하는 소방본부장 또는 소방서장은 그 소재지를 관할하는 시·도지사의 지휘와 감독을 받는다.

17 소방기본법에서 119종합상황실을 설치하여 운영하여야 한다. 다음 중 설치하지 않아도 되는 곳은?

① 소방청

② 소방본부

③ 소방서

④ 시·도

해 설

화재, 재난·재해, 그 밖에 구조·구급이 필요한 상황이 발생하였을 때에 신속한 소방활동을 위한 정보를 수집·전파하기 위하여 소방청장, 소방본부장 및 소방서장은 119종합상황실을 설치·운영하여야 한다.

18 소방활동 관련 화재현장에서의 피난 등을 체험할 수 있는 체험관을 설치해야 하는 사람은?

① 소방청장

② 소방본부장

③ 시·도지사

④ 소방서장

정답 16. ④ 17. ④ 18. ③

19 「소방기본법」상 소방박물관 등의 설립과 운영에 관한 설명이다. (　　) 안의 내용으로 옳은 것은?

> 소방의 역사와 안전문화를 발전시키고 국민의 안전 의식을 높이기 위하여 (가)은/는 소방박물관을, (나)은/는 소방체험관(화재 현장에서의 피난 등을 체험할 수 있는 체험관을 말한다)을 설립하여 운영할 수 있다.

	(가)	(나)
①	소방청장	시・도지사
②	소방청장	소방본부장
③	시・도지사	소방본부장
④	시・도지사	소방청장

해 설

1. 소방청장 - 소방박물관
2. 시・도지사 – 소방체험관

20 소방박물관 등의 설립과 운영에 관하여 알맞은 것은?

> 소방의 역사와 안전문화를 발전시키고 국민의 안전의식을 높이기 위하여 [　　　　] 은 소방 박물관을, [　　　　]는 소방 체험관을 운영 할 수 있다.

① 소방청장,– 소방박물관, 시・도지사– 소방체험관
② 시・도지사– 소방박물관, 소방청장,– 소방체험관
③ 국무총리–소방박물관, 시・도지사– 소방체험관
④ 시・도지사– 소방박물관, 국무총리– 소방체험관

정답 19. ① 20. ①

21 **소방박물관의 설립과 운영에 관하여 맞게 설명된 것은?**

① 소방의 역사와 안전문화를 발전시키고 국민의 안전의식을 높이기 위하여 시・도지사가 설립 운영한다.

② 소방박물관장 1인과 부관장 1인을 두되, 소방박물관장은 소방공무원 중에서 시・도지사가 임명한다.

③ 운영에 관한 중요한 사항을 심의하기 위하여 7인 이내의 위원으로 구성된 운영위원회를 둔다.

④ 소방박물관의 관광업무・조직・운영위원회의 구성 등에 관하여 필요한 사항은 시・도의 조례로 정한다.

해 설

소방의 역사와 안전문화를 발전시키고 국민의 안전의식을 높이기 위하여 소방청장이 설립 운영한다.
소방박물관장 1인과 부관장 1인을 두되, 소방박물관장은 소방공무원 중에서 소방청장이 임명한다.
소방박물관의 관광업무・조직・운영위원회의 구성 등에 관하여 필요한 사항은 행정안전부령으로 정한다.

22 **다음 중 소방박물관 및 소방체험관의 설립・운영자가 순서별로 맞는 것은?**

① 소방청장, 시・도지사

② 문화재청장, 시・도지사

③ 문화재청장, 소방청장

④ 시・도지사, 소방청장

23 **소방청장은 화재, 재난・재해, 그 밖의 위급한 상황으로부터 국민의 생명・신체 및 재산을 보호하기 위하여 소방업무에 관한 종합업무에 관한 종합계획을 몇 년 마다 수립・시행하여야 하는가?**

① 1년 ② 3년

③ 5년 ④ 6년

정답 21. ③ 22. ① 23. ③

24 **다음 중 소방청장이 소방업무에 관한 종합계획을 수립 · 시행하는 기간으로 맞는 것은?**

① 1년 ② 3년

③ 5년 ④ 7년

해 설

소방청장은 화재, 재난 · 재해, 그 밖의 위급한 상황으로부터 국민의 생명 · 신체 및 재산을 보호하기 위하여 소방업무에 관한 종합계획을 5년마다 수립 · 시행하여야 하고, 이에 필요한 재원을 확보하도록 노력하여야 한다.

25 **관할지역의 특성을 고려하여 소방업무에 관한 종합계획의 시행에 필요한 세부계획을 매년 수립하고 이에 따른 소방업무를 성실히 수행하여야 하는 자는?**

① 소방서장 ② 국가

③ 시 · 도지사 ④ 소방청장

해 설

시 · 도지사는 관할 지역의 특성을 고려하여 소방업무에 관한 종합계획의 시행에 필요한 세부계획을 매년 수립하고 이에 따른 소방업무를 성실히 수행하여야 한다.

26 **소방업무에 관한 종합계획 및 세부계획의 수립 · 시행에 대하여 틀린 것은?**

① 소방청장은 소방업무에 관한 종합계획을 관계 중앙행정기관의 장과의 협의를 거쳐 계획 시행 전년도 10월 31일까지 수립하여야 한다.

② 재난 · 재해 환경 변화에 따른 소방업무에 필요한 대응 체계는 종합계획 및 세부계획 수립 · 시행 시 필요한 사항이다.

③ 장애인, 노인, 임산부, 영유아 및 어린이 등 이동이 어려운 사람을 대상으로 한 소방활동에 필요한 조치는 종합계획 및 세부계획 수립 · 시행 시 필요한 사항이다.

④ 시 · 도지사와 시 · 군 · 구청장은 종합계획의 시행에 필요한 세부계획을 수립하여 소방청장에게 제출하여야 한다.

해 설

시 · 도지사는 종합계획의 시행에 필요한 세부계획을 계획 시행 전년도 12월 31일까지 수립하여 소방청장에게 제출하여야 한다.

정답 24. ③ 25. ③ 26. ④

27 다음 ( )안에 내용을 순서대로 옳게 나열한 것은?

> 소방의 역사와 안전문화를 발전시키고 국민의 안전의식을 높이기 위하여 ( )은(는) 소방박물관을, ( )은(는) 소방체험관을 설립하여 운영할 수 있다.
> 국민의 안전의식과 화재에 대한 경각심을 높이고 안전문화를 정착시키기 위하여 매년 ( )를(을) 소방의 날로 정하여 기념행사를 한다.

① 소방청장, 시・도지사, 11월 9일
② 시・도지사, 소방청장, 11월 9일
③ 소방청장, 시・도지사, 1월 9일
④ 소방청장, 소방본부장, 1월 9일

제2장 ▶ 소방장비 및 소방용수시설 등

28 「소방기본법」상 소방력의 기준 등에 관한 설명으로 옳은 것은?

① 소방업무를 수행하는 데에 필요한 소방력에 관한 기준은 대통령령으로 정한다.
② 소방청장은 소방력의 기준에 따라 관할구역의 소방력을 확충하기 위하여 필요한 계획을 수립하여 시행하여야 한다.
③ 소방자동차 등 소방장비의 분류・표준화와 그 관리 등에 필요한 사항은 따로 법률에서 정한다.
④ 국가는 소방장비의 구입 등 시・도의 소방업무에 필요한 경비의 일부를 보조하고, 보조 대상사업의 범위와 기준 보조율은 행정안전부령으로 정한다.

해 설

1. 소방업무를 수행하는 데에 필요한 소방력에 관한 기준은 행정안전부령으로 정한다.
2. 시・도지사는 소방력의 기준에 따라 관할구역의 소방력을 확충하기 위하여 필요한 계획을 수립하여 시행하여야 한다.
3. 국가는 소방장비의 구입 등 시・도의 소방업무에 필요한 경비의 일부를 보조하고, 보조 대상사업의 범위와 기준 보조율은 대통령령으로 정한다.

정답 27. ① 28. ③

29 소방력의 기준과 소방장비 등의 국고보조에 관하여 옳지 않은 것은?

① 시・도지사는 소방력의 기준에 따라 관할구역의 소방력을 확충하기 위하여 필요한 계획을 수립하여 시행하여야 한다.

② 국가는 소방장비의 구입 등 시・도의 소방업무에 필요한 경비의 일부를 보조하며 국고보조에 따른 보조 대상사업의 범위와 기준보조율은 대통령령으로 정한다.

③ 국내조달품은 조달청에서 조사한 해외시장의 시가로 한다.

④ 국고보조에 따른 소방활동장비 및 설비의 종류와 규격은 행정안전부령으로 정한다.

해 설

1. 국내조달품 : 정부고시가격
2. 수입물품 : 조달청에서 조사한 해외시장의 시가
3. 정부고시가격 또는 조달청에서 조사한 해외시장의 시가가 없는 물품 : 2 이상의 공신력 있는 물가조사기관에서 조한 가격의 평균가격

30 다음 중 바르게 설명한 것을 모두 고르시오.

a. 소방자동차 등 소방장비의 분류 및 표준화와 그 관리 등 필요한 사항은 행정안전부령으로 정한다.
b. 국고보조의 대상사업의 범위와 기준보조율은 대통령령으로 정한다.
c. 소방기관이 소방업무를 수행하는 데에 필요한 인력과 장비 등에 관한 기준은 시・도 조례로 정한다.

① a

② a, b

③ b, c

④ a, b, c

해 설

소방기관이 소방업무를 수행하는 데에 필요한 인력과 장비 등[이하 "소방력"(消防力)이라 한다]에 관한 기준은 행정안전부령으로 정한다.

정답 29. ③ 30. ②

31 **다음 중 소방력의 기준등에 관하여 틀리는 것은?**

① 소방력에 관한 기준은 행정안전부령으로 정한다.
② 국고보조의 대상 및 기준보조율은 대통령령으로 정한다.
③ 국고보조산정을 위한 기준가격은 행정안전부령으로 정한다.
④ 소방청장은 소방력의 기준에 따라 관할구역안의 소방력을 확충하기 위하여 필요한 계획을 수립하여 시행한다.

해 설

시・도지사는 소방력의 기준에 따라 관할구역의 소방력을 확충하기 위하여 필요한 계획을 수립하여 시행하여야 한다.

32 **소방력의 기준 및 소방장비의 국고보조에 대한 설명 중 옳은 것은?**

① 시・도지사는 관할구역의 소방력을 확충하기 위하여 필요한 계획을 수립하여 시행한다.
② 소방장비의 분류, 표준화와 그 관리 등에 필요한 사항은 대통령령으로 정한다.
③ 국고보조 대상사업과 기준보조율은 행정안전부령으로 정한다.
④ 소방활동장비 및 설비의 종류와 규격은 대통령령으로 정한다.

해 설

- 소방장비의 분류, 표준화와 그 관리 등에 필요한 사항은 행정안전부령으로 정한다.
- 국고보조 대상사업과 기준보조율은 대통령령으로 정한다.
- 소방활동장비 및 설비의 종류와 규격은 행정안전부령으로 정한다.

33 **다음 중 국고보조대상 중 소방활동장비의 기준이 아닌 것은?**

① 소방관서용 청사의 건축
② 소방헬리콥터 및 소방정
③ 소방통신설비 및 전산설비
④ 방화복 등 소방활동에 필요한 소방장비

정답 31. ④ 32. ① 33. ①

해 설

1. 국고보조 대상사업의 범위
   가. 소방자동차
   나. 소방헬리콥터 및 소방정
   다. 소방전용통신설비 및 전산설비
   라. 그 밖에 방화복 등 소방활동에 필요한 소방장비
2. 소방관서용 청사의 건축

34 다음 중 국고보조 대상사업의 범위로 틀린 것은?

① 소방관서용 청사의 건축
② 소방헬리콥터 및 소방정
③ 소방전용통신설비 및 전산설비
④ 특정소방대상물의 소방시설

해 설

국고보조 대상사업의 범위

1. 소방활동장비 및 설비
   가. 소방자동차
   나. 소방헬리콥터 및 소방정
   다. 소방전용통신설비 및 전산설비
   라. 그 밖에 방화복 등 소방활동에 필요한 소방장비
2. 소방관서용 청사의 건축

35 다음 중 법률적 성격이 다른 하나는?

① 신속한 소방활동을 위한 정보를 수집 · 전파하기 위하여 119종합상황실의 설치 · 운영에 관한 기준
② 소방의 역사와 안전문화를 발전시키고 국민의 안전의식을 높이기 위하여 소방청장의 소방박물관설립 · 운영에 관한 기준
③ 소방기관이 소방업무를 수행하는 데에 필요한 인력과 장비 등에 관한 기준
④ 국고보조대상 사업의 범위와 기준 보조율

해 설

① 신속한 소방활동을 위한 정보를 수집 · 전파하기 위하여 119종합상황실의 설치 · 운영에 관한 기준은 행정안전부령으로 정한다.
② 소방의 역사와 안전문화를 발전시키고 국민의 안전의식을 높이기 위하여 소방청장의 소방박물관 설립 · 운영에 관한 기준은 행정안전부령으로 정한다.
③ 소방기관이 소방업무를 수행하는 데에 필요한 인력과 장비 등에 관한 기준은 행정안전부령으로 정한다.
④ 국고보조대상 사업의 범위와 기준 보조율은 대통령령으로 정한다.

정답 34. ④ 35. ④

36 **다음 중 소방업무 및 소방활동 등에 대하여 알맞은 것은?**

① 소방활동을 방해하면 5년 이하의 징역 또는 5천만원 이하의 벌금에 해당된다.
② 소방활동에 종사한 관계인은 시・도지사로부터 비용을 지급 받을 수 있다.
③ 소방서장은 현장에 있는 사람에게 인명구출, 화재진압, 화재조사를 명할 수 있다.
④ 관계인이 소방활동 업무에 종사 하다가 사망하거나 부상을 입은 경우에는 시・도지사는 보상하지 않는다.

해 설

• 소방활동에 종사한 관계인은 시・도지사로부터 비용을 지급 받을 수 없다.
• 화재조사는 소방공무원만이 행하는 업무로서 종사명령의 대상이 아니다.
• 관계인이 소방활동 업무에 종사하다가 사망하거나 부상을 입은 경우에는 보상하여야한다.

37 **소방용수시설을 설치하고 유지 및 관리는 누가 하여야 하는가?**

① 소방서장
② 소방본부장
③ 시・도지사
④ 수도관리단장

해 설

시・도지사는 소방활동에 필요한 소화전(消火栓)・급수탑(給水塔)・저수조(貯水槽)(이하 "소방용수시설"이라 한다)를 설치하고 유지・관리하여야 한다. 다만, 「수도법」 제45조에 따라 소화전을 설치하는 일반수도사업자는 관할 소방서장과 사전협의를 거친 후 소화전을 설치하여야 하며, 설치 사실을 관할 소방서장에게 통지하고, 그 소화전을 유지・관리하여야 한다.

38 **소방활동에 필요한 소화전, 급수탑, 저수조를 설치・유지 및 관리하는 사람은?**

① 소방서장
② 소방청장
③ 시・도지사
④ 소방본부장

정답 36. ① 37. ③ 38. ③

39 소방업무에 대하여 옳지 않은 것은?

① 소방활동에 종사한 사람은 시・도지사로부터 소방활동의 비용을 지급받을 수 있다.

② 시・도지사는 응원을 요청하는 경우 출동대상지역 및 규모와 소요경비의 부담 등을 화재 끝난 이후 이웃하는 시・도지사와 협의하여 정하여야 한다.

③ 소방본부장 또는 소방서장은 소방활동에 있어서 긴급한 때에는 이웃한 소방본부장 또는 소방서장에게 소방업무의 응원을 요청할 수 있다.

④ 시・도지사는 그 관할 구역 안에서 발생하는 화재, 재난・재해 그 밖의 위급한 상황에 있어서 필요한 소방업무를 성실히 수행하여야 한다.

해 설

시・도지사는 소방업무의 응원을 요청하는 경우를 대비하여 출동 대상지역 및 규모와 필요한 경비의 부담 등에 관하여 필요한 사항을 행정안전부령으로 정하는 바에 따라 이웃하는 시・도지사와 협의하여 미리 규약(規約)으로 정하여야 한다.

40 소방업무의 상호응원협정사항으로 옳지 않은 것은?

① 소방업무의 응원을 위하여 파견된 소방대원은 응원을 지원해준 소방본부장 또는 소방서장의 지휘에 따라야 한다.

② 소방본부장 또는 소방서장은 소방활동에 있어서 긴급한 때 이웃한 소방본부장 또는 소방서장에게 소방업무의 응원을 요청할 수 있다.

③ 시・도지사는 미리 규약으로 정하는 범위에 출동의 대상지역 및 규모와 소요경비의 부담을 포함한다.

④ 응원요청을 받은 소방본부장 또는 소방서장은 정당한 사유 없이 이를 거절하여서는 안 된다.

해 설

소방업무의 응원을 위하여 파견된 소방대원은 응원을 요청한 소방본부장 또는 소방서장의 지휘에 따라야 한다.

41 다음 중 소방력의 동원을 요청할 수 있는 자는?

① 시・도지사 ② 소방본부장
③ 소방청장 ④ 소방서장

해 설

소방청장은 해당 시・도의 소방력만으로는 소방활동을 효율적으로 수행하기 어려운 화재, 재난・재해, 그 밖의 구조・구급이 필요한 상황이 발생하거나 특별히 국가적 차원에서 소방활동을 수행할 필요가 인정될 때에는 각 시・도지사에게 행정안전부령으로 정하는 바에 따라 소방력을 동원할 것을 요청할 수 있다.

정답 39. ② 40. ① 41. ③

42 다음 중 소방력의 동원에 대한 설명으로 틀리는 것은?

① 소방청장은 시・도지사에게 동원된 소방력을 화재, 재난・재해 등이 발생한 지역에 지원・파견하여 줄 것을 요청하거나 필요한 경우 직접 소방대를 편성하여 화재진압 및 인명구조 등 소방에 필요한 활동을 하게 할 수 있다.

② 소방활동을 수행하는 과정에서 발생하는 경비 부담에 관한 사항, 소방활동을 수행한 민간 소방 인력이 사망하거나 부상을 입었을 경우의 보상주체・보상기준 등에 관한 사항, 그 밖에 동원된 소방력의 운용과 관련하여 필요한 사항은 행정안전부령으로 정한다.

③ 동원된 민간 소방인력이 소방활동을 수행하다가 사망하거나 부상을 입은 경우 화재, 재난・재해 또는 그 밖의 구조 ・구급이 필요한 상황이 발생한 시 ・도가 해당 시 ・도의 조례로 정하는 바에 따라 보상한다.

④ 동원된 소방대원이 다른 시・도에 파견・지원되어 소방활동을 수행할 때에는 특별한 사정이 없으면 화재, 재난・재해 등이 발생한 지역을 관할하는 소방본부장 또는 소방서장의 지휘에 따라야 한다.

해 설

소방활동을 수행하는 과정에서 발생하는 경비 부담에 관한 사항, 소방활동을 수행한 민간 소방 인력이 사망하거나 부상을 입었을 경우의 보상주체・보상기준 등에 관한 사항, 그 밖에 동원된 소방력의 운용과 관련하여 필요한 사항은 대통령령으로 정한다.

제3장 화재의 예방과 경계(警戒)

43 「소방기본법」 상 화재의 예방조치 등에 대한 설명이다. ( ) 안의 내용으로 옳은 것은?

> 소방본부장이나 소방서장은 함부로 버려두거나 그냥 둔 위험물 또는 불에 탈 수 있는 물건을 보관하는 경우에는 위험물 또는 불에 탈 수 있는 물건을 보관하는 경우에는 그 날부터 ( )일 동안 소방본부 또는 소방서의 게시판에 그 사실을 공고하여야 한다.

① 7

② 10

③ 12

④ 14

정답 42. ② 43. ④

해 설

함부로 버려두거나 그냥 둔 위험물, 그 밖에 불에 탈 수 있는 물건을 옮기거나 치우게 하는 등의 조치

1. 소방본부장이나 소방서장은 그 위험물 또는 물건의 소유자・관리자 또는 점유자의 주소와 성명을 알 수 없어서 필요한 명령을 할 수 없을 때에는 소속 공무원으로 하여금 그 위험물 또는 물건을 옮기거나 치우게 할 수 있다.
2. 소방본부장이나 소방서장은 옮기거나 치운 위험물 또는 물건을 보관하여야 한다.
3. 소방본부장이나 소방서장은 위험물 또는 물건을 보관하는 경우에는 그 날부터 14일 동안 소방본부 또는 소방서의 게시판에 그 사실을 공고하여야 한다.
4. 소방본부장이나 소방서장이 보관하는 위험물 또는 물건의 보관기간 및 보관기간 경과 후 처리 등에 대하여는 대통령령으로 정한다.

44 **화재의 예방 상 위험하다고 인정되는 행위를 하는 사람이나 소화활동에 지장이 있다고 인정되는 물건의 소유자・관리자 또는 점유자에 대하여 명령을 할 수 있는 자는?**

① 소방서장
② 소방청장
③ 행정안전부장관
④ 시・도지사

해 설

소방본부장 또는 소방서장은 화재의 예방상 위험하다고 인정되는 행위를 하는 사람이나 소화활동에 지장이 있다고 인정되는 물건의 소유자・관리자 또는 점유자에 대하여 다음의 명령을 할 수 있다.

1. 불장난, 모닥불, 흡연, 화기(火氣) 취급, 풍등 등 그 밖에 화재예방상 위험하다고 인정되는 행위의 금지 또는 제한
2. 타고남은 불 또는 화기(火氣)의 우려가 있는 재의 처리
3. 함부로 버려두거나 그냥 둔 위험물 그 밖에 불에 탈 수 있는 물건을 옮기거나 치우게 하는 등의 조치

45 **다음 중 화재예방 상 옮기거나 치운 위험물 또는 물건을 보관한 경우 처리 사항으로 옳은 것은?**

① 위험물 또는 물건을 보관하는 경우에는 그 날부터 14일 동안 소방본부 또는 소방서의 게시판에 이를 공고하고, 보관기간은 공고하는 기간의 종료일 다음 날부터 7일로 한다.
② 위험물 또는 물건을 보관하는 경우에는 그 날부터 7일 동안 소방본부 또는 소방서의 게시판에 이를 공고하고, 보관기간은 공고하는 기간의 종료일 다음 날부터 14일로 한다.
③ 위험물 또는 물건을 보관하는 경우에는 그 날부터 14일 동안 소방본부 또는 소방서의 게시판에 이를 공고하고, 보관기간은 공고하는 기간의 종료일 다음 날부터 14일로 한다.
④ 위험물 또는 물건을 보관하는 경우에는 그 날부터 7일 동안 소방본부 또는 소방서의 게시판에 이를 공고하고, 보관기간은 공고하는 기간의 종료일 다음 날부터 7일로 한다.

해 설

게시판 공고기간 : 14일, 보관기간 : 공고하는 기간의 종료일 다음 날부터 7일

정답 44. ① 45. ①

46 다음 중 화재예방조치로 틀린 것은?

① 관계인이 없는 위험물 등을 보관할 때 7일간 소방본부 또는 소방서 게시판에 공고 한다.

② 위험물 또는 물건의 보관기관 및 보관기간 경과 후 처리 등은 대통령령으로 정한다.

③ 소방본부장, 소방서장은 매각되거나 폐기된 위험물을, 물건의 소유자가 보상을 요구하는 경우에는 보상금액에 대하여 소유자와 협의를 거쳐 이를 보상한다.

④ 불장난 · 모닥불 · 흡연 · 화기취급의 금지 및 제한은 화재예방조치대상이다.

해 설

관계인이 없는 위험물 등을 보관할 때 14일간 소방본부 또는 소방서 게시판에 공고한다.

47 화재의 예방조치 등에 대한 설명으로 옳지 않은 것은?

① 소방본부장이나 소방서장은 화재예방상 위험하다고 인정되는 위험물 또는 물건을 보관하는 경우에는 그 날부터 14일 동안 소방본부 또는 소방서의 게시판에 그 사실을 공고하여야 한다.

② 소방본부장 또는 소방서장은 보관기간이 종료되는 때에는 보관하고 있는 위험물 또는 물건을 매각하여야 한다.

③ 소방본부장 또는 소방서장은 보관하던 위험물 또는 물건을 매각한 경우에는 그날부터 7일 이내에 「국가재정법」에 의하여 세입조치를 하여야 한다.

④ 소방본부장 또는 소방서장은 매각되거나 폐기된 위험물 또는 물건의 소유자가 보상을 요구하는 경우에는 보상금액에 대하여 소유자와 협의를 거쳐 이를 보상하여야 한다.

해 설

소방본부장 또는 소방서장은 보관하던 위험물 또는 물건을 매각한 경우에는 지체 없이 「국가재정법」에 의하여 세입조치를 하여야 한다.

48 다음 중 화재경계지구 대상지역이 아닌 것은?

① 공장이 밀집한 지역

② 목조건물이 밀집한 지역

③ 고층건축물이 밀집한 지역

④ 소방출동로가 없는 지역

정답 46. ① 47. ③ 48. ③

해 설

화재경계지구

1. 시장지역
2. 공장・창고가 밀집한 지역
3. 목조건물이 밀집한 지역
4. 위험물의 저장 및 처리시설이 밀집한 지역
5. 석유화학제품을 생산하는 공장이 있는 지역
6. 소방시설・소방용수시설 또는 소방출동로가 없는 지역
7. 산업단지
8. 소방청장, 소방본부장 또는 소방서장이 지정할 필요가 있다고 인정되는 지역
9. 소방본부장 또는 소방서장이 화재가 발생할 우려가 높거나 화재가 발생하는 경우 그로 인하여 피해가 클 것으로 인정하는 지역

49 **「소방기본법 시행령」상 화재경계지구에 관한 설명으로 옳은 것은?**

① 소방청장, 소방본부장 또는 소방서장은 화재경계지구 안의 소방대상물의 위치・구조 및 설비 등에 대한 소방 특별조사를 연 1회 이상 실시하여야 한다.

② 소방본부장 또는 소방서장은 화재경계지구 안의 관계인에 대하여 소방상 필요한 훈련 및 교육을 연 1회 이상 실시할 수 있다.

③ 소방본부장 또는 소방서장은 소방상 필요한 훈련 및 교육을 실시하고자 하는 때에 화재경계지구 안의 관계인에게 훈련 또는 교육 30일 전까지 그 사실을 통보하여야 한다.

④ 소방청장은 화재경계지구의 지정현황 등을 화재경계지구 관리대장에 작성하고 관리하여야 한다.

해 설

1. 소방본부장 또는 소방서장은 화재경계지구 안의 소방대상물의 위치・구조 및 설비 등에 대한 소방 특별조사를 연 1회 이상 실시하여야 한다.
2. 소방본부장 또는 소방서장은 소방상 필요한 훈련 및 교육을 실시하고자 하는 때에 화재경계지구 안의 관계인에게 훈련 또는 교육 10일 전까지 그 사실을 통보하여야 한다.
3. 시・도지사는 화재경계지구의 지정현황 등을 화재경계지구 관리대장에 작성하고 관리하여야 한다.

정답 49. ②

50 다음 중 화재경계지구의 설명으로 틀리는 것은?

① 소방본부장 또는 소방서장은 대통령령이 정하는 바에 따라 소방특별조사를 하여야 한다.

② 소방시설·소방용수시설 또는 소방출동로가 없는 지역은 화재경계지구 대상지역으로 지정할 수 있다.

③ 화재경계지구 안의 소방대상물의 위치·구조 및 설비 등에 대한 소방특별조사를 연 1회 이상 실시하여야 한다.

④ 소방상 필요한 훈련 및 교육을 실시하고자 하는 때에는 화재경계지구 안의 관계인에게 훈련 또는 교육 20일 전까지 그 사실을 통보하여야 한다.

해 설

소방상 필요한 훈련 및 교육을 실시하고자 하는 때에는 화재경계지구 안의 관계인에게 훈련 또는 교육 10일 전까지 그 사실을 통보하여야 한다.

51 다음 중 화재경계지구 지정에 관한 것으로 옳지 않은 것은?

① 시·도지사가 화재경계지구를 지정 하지 않으면 소방청장이 지정할 수 있다.

② 소방본부장이나 소방서장은 화재경계지구 안의 소방대상물의 위치, 구조, 설비 등에 대하여 소방특별조사를 하여야 한다.

③ 소방본부장이나 소방서장은 화재경계지구 안의 관계인에 대하여 대통령령으로 정하는 바에 따라 훈련 및 교육을 실시 할 수 있다.

④ 시·도지사는 화재경계지구 지정 현황, 소방특별조사의 결과 등 화재경계지구에서의 화재 및 경계에 필요한 자료를 매년 작성·관리 하여야 한다.

해 설

시·도지사가 화재경계지구로 지정할 필요가 있는 지역을 화재경계지구로 지정하지 아니하는 경우 소방청장은 해당 시·도지사에게 해당 지역의 화재경계지구 지정을 요청할 수 있다.

52 시·도지사는 화재가 발생할 우려가 높거나 화재가 발생하는 경우 그로 인하여 피해가 클 것으로 예상되는 지역을 화재경계지구(火災警戒地區)로 지정할 수 있다. 다음 중 화재경계지구로 지정하지 않아도 되는 곳은?

① 석유화학제품을 생산하는 공장이 있는 지역

② 소방시설·소방용수시설 또는 소방출동로가 없는 지역

③ 상가지역

④ 공장·창고가 밀집한 지역

정답 50. ④ 51. ① 52. ③

해 설

화재경계지구

1. 시장지역
2. 공장・창고가 밀집한 지역
3. 목조건물이 밀집한 지역
4. 위험물의 저장 및 처리시설이 밀집한 지역
5. 석유화학제품을 생산하는 공장이 있는 지역
6. 소방시설・소방용수시설 또는 소방출동로가 없는 지역
7. 산업단지
8. 소방청장, 소방본부장 또는 소방서장이 지정할 필요가 있다고 인정되는 지역
9. 소방본부장 또는 소방서장이 화재가 발생할 우려가 높거나 화재가 발생하는 경우 그로 인하여 피해가 클 것으로 인정하는 지역

53 **「소방기본법」에서 정하고 있는 화재경계지구에 대한 사항으로 틀리는 것은?**

① 화재경계지구 안의 관계인은 대통령령으로 정하는 바에 따라 소방에 필요한 훈련 및 교육을 실시할 수 있다.

② 화재경계지구 안의 소방대상물의 위치・구조 및 설비 등에 대한 소방특별조사를 연 1회 이상 실시하여야 한다.

③ 시・도지사는 소방상 필요한 훈련 및 교육을 실시하고자 하는 때에는 화재경계지구 안의 관계인에게 훈련 또는 교육 10일 전까지 그 사실을 통보하여야 한다.

④ 화재경계지구 안의 관계인에 대하여 소방상 필요한 훈련 및 교육을 연 1회 이상 실시할 수 있다.

해 설

소방본부장 또는 소방서장은 소방상 필요한 훈련 및 교육을 실시하고자 하는 때에는 화재경계지구 안의 관계인에게 훈련 또는 교육 10일 전까지 그 사실을 통보하여야 한다.

54 **다음 중 이상기상의 예보 또는 특보 시 화재에 관한 경보를 발령하고 그에 따른 조치를 할 수 있는 자는?**

① 소방청장　　② 기상청장

③ 소방대장　　④ 소방본부장 또는 소방서장

해 설

소방본부장이나 소방서장은 「기상법」에 따른 이상기상(異常氣象)의 예보 또는 특보가 있을 때에는 화재에 관한 경보를 발령하고 그에 따른 조치를 할 수 있다.

정답 53. ③ 54. ④

55 「소방기본법 시행령」 상 규정하고 있는 특수가연물의 품명과 기준수량의 연결이 옳지 않은 것은?

① 면화류 ; 1,000kg 이상
② 사류 : 1,000kg 이상
③ 볏짚류 : 1,000kg 이상
④ 넝마 및 종이부스러기 : 1,000kg 이상

해 설

특수가연물(제6조관련)

품명		수량
면화류		200킬로그램 이상
나무껍질 및 대팻밥		400킬로그램 이상
넝마 및 종이부스러기		1,000킬로그램 이상
사류(絲類)		1,000킬로그램 이상
볏짚류		1,000킬로그램 이상
가연성고체류		3,000킬로그램 이상
석탄・목탄류		10,000킬로그램 이상
가연성액체류		2세제곱미터 이상
목재가공품 및 나무부스러기		10세제곱미터 이상
합성수지류	발포시킨 것	20세제곱미터 이상
	그 밖의 것	3,000킬로그램 이상

56 특수가연물에 대한 설명 중 옳은 것은?

① 발전용 석탄・목탄류는 품명별로 쌓는다.
② 쌓는 부분의 바닥면적 사이는 1m 이하가 되도록 한다.
③ 쌓는 부분 바닥면적은 $50m^2$ 이하, 석탄・목탄류는 $200m^2$ 이하로 한다.
④ 발전용의 석탄・목탄류에 살수설비를 설치하였을 경우에 쌓은 높이를 20m 이하로 한다.

해 설

1. 특수가연물을 저장 또는 취급하는 장소에는 품명・최대수량 및 화기취급의 금지표지를 설치할 것
2. 다음 각 목의 기준에 따라 쌓아 저장할 것. 다만, 석탄・목탄류를 발전(發電)용으로 저장하는 경우에는 그러하지 아니하다.
   가. 품명별로 구분하여 쌓을 것
   나. 쌓는 높이는 10미터 이하가 되도록 하고, 쌓는 부분의 바닥면적은 50제곱미터(석탄・목탄류의 경우에는 200제곱미터) 이하가 되도록 할 것.
   다만, 살수설비를 설치하거나, 방사능력 범위에 해당 특수가연물이 포함되도록 대형수동식소화기를 설치하는 경우에는 쌓는 높이를 15미터 이하, 쌓는 부분의 바닥면적을 200제곱미터(석탄・목탄류의 경우에는 300제곱미터) 이하로 할 수 있다.
   다. 쌓는 부분의 바닥면적 사이는 1미터 이상이 되도록 할 것

정답 55. ① 56. ③

57 다음 중 특수가연물의 저장 및 취급의 기준으로 틀린 것은?

① 특수가연물 저장 또는 취급하는 장소에는 품명·최대수량 및 안전관리자 성명을 기재하여 설치한다.
② 특수가연물을 품명별로 구분하여 쌓는다.
③ 방사능력 범위 내에 당해 특수가연물이 포함되도록 대형소화기를 설치하는 경우에는 쌓는 높이를 15m 이하로 한다.
④ 쌓는 부분의 바닥면적 사이는 1m 이상이 되도록 한다.

해 설

특수가연물을 저장 또는 취급하는 장소에는 품명·최대수량 및 화기취급의 금지표지를 설치할 것

58 다음은 특수가연물에 대한 설명이다 옳지 않은 것은?

① 품명별로 구분하여 쌓을 것이며 바닥면적 사이는 1m 이상이 되도록 할 것
② 높이는 10m 이하가 되도록 한다.
③ 발전용 석탄, 목탄의 바닥면적은 $200m^2$ 이하가 되도록 할 것
④ 표지 기재사항은 품명, 최대수량, "화기취급금지"의 글씨를 기재한 표지를 설치할 것

해 설

석탄·목탄류를 발전(發電)용으로 저장하는 경우에는 저장 및 취급기준에서 제외

59 특수가연물의 저장 및 취급기준이 아닌 것은?

① 석탄·목탄류를 발전용으로 저장하는 경우에는 $200m^2$ 이하가 되도록 할 것.
② 특수가연물을 저장 또는 취급하는 장소에는 품명, 최대수량 및 "화기취급 금지"의 표지를 설치할 것.
③ 쌓는 부분의 바닥면적 사이는 1m 이상이 되도록 할 것.
④ 품목별로 구분하여 쌓아 저장할 것.

해 설

석탄·목탄류를 발전(發電)용으로 저장하는 경우에는 저장 및 취급기준에서 제외

정답 57. ① 58. ③ 59. ①

60 **특수가연물의 저장 및 취급기준에 대한 설명으로 옳지 않은 것은?**

① 특수가연물을 저장 또는 취급하는 장소에는 품명 · 최대수량 및 화기취급의 금지표지를 설치할 것

② 특수가연물을 쌓아 저장할 경우 품명별로 구분하여 쌓을 것

③ 쌓는 높이는 10미터 이하가 되도록 하고, 쌓는 부분의 바닥면적은 50제곱미터(석탄 · 목탄류의 경우에는 200제곱미터) 이하가 되도록 할 것

④ 쌓는 부분의 바닥면적 사이는 1미터 이하가 되도록 할 것

해 설

특수가연물 저장 · 취급 기준

1. 품명 · 최대수량 및 화기취급의 금지표지를 설치할 것
2. 다음의 기준에 따라 쌓아 저장할 것. 단, 석탄 · 목탄류를 발전(發電)용으로 저장하는 경우 제외
   가. 품명별로 구분하여 쌓을 것
   나. 쌓는 높이는 10미터 이하가 되도록 하고, 쌓는 부분의 바닥면적은 50제곱미터(석탄 · 목탄류의 경우에는 200제곱미터) 이하가 되도록 할 것. 다만, 살수설비를 설치하거나, 방사능력 범위에 해당 특수가연물이 포함되도록 대형수동식소화기를 설치하는 경우에는 쌓는 높이를 15미터 이하, 쌓는 부분의 바닥면적을 200제곱미터(석탄 · 목탄류의 경우에는 300제곱미터) 이하로 할 수 있다.
   다. 쌓는 부분의 바닥면적 사이는 1미터 이상이 되도록 할 것

61 **「소방기본법 시행령」상 보일러 등의 위치 · 구조 및 관리와 화재예방을 위하여 불의 사용에 있어서 지켜야 하는 사항으로 옳지 않은 것은?**

① '보일러'와 벽 · 천장 사이의 거리는 0.6미터 이상 되도록 하여야 한다.

② '난로' 연통은 천장으로부터 0.6미터 이상 떨어지고, 건물 밖으로 0.6미터 이상 나오게 설치하여야 한다.

③ '건조설비'와 벽 · 천장 사이의 거리는 0.5미터 이상 되도록 하여야 한다.

④ '불꽃을 사용하는 용접 · 용단기구' 작업장에서는 용접 또는 용단 작업자로부터 반경 10미터 이내에 소화기를 갖추어야 한다.

해 설

불꽃을 사용하는 용접 · 용단기구

1. 용접 또는 용단 작업자로부터 반경 5m 이내에 소화기를 갖추어 둘 것
2. 용접 또는 용단 작업장 주변 반경 10m 이내에는 가연물을 쌓아두거나 놓아두지 말 것. 다만, 가연물의 제거가 곤란하여 방지포 등으로 방호조치를 한 경우는 제외한다.

정답 60. ④ 61. ④

62 「소방기본법 시행령」 상 보일러 등의 위치 · 구조 및 관리와 화재예방을 위하여 불의 사용에 있어서 지켜야 하는 사항 중 '난로'에 대한 설명이다. ( ) 안의 내용으로 옳게 연결된 것은?

연통은 천장으로부터 (ㄱ)m 이상 떨어지고, 건물 밖으로 (ㄴ)m 이상 나오게 설치하여야 한다.

	ㄱ	ㄴ
①	0.5	0.6
②	0.6	0.6
③	0.5	0.5
④	0.6	0.5

해설

난로

1. 연통은 천장으로부터 0.6미터 이상 떨어지고, 건물 밖으로 0.6미터 이상 나오게 설치하여야 한다.
2. 가연성 벽 · 바닥 또는 천장과 접촉하는 연통의 부분은 규조토 · 석면 등 난연성 단열재로 덮어씌워야 한다.

63 다음 중 불을 사용하는 설비에 관하여 틀린 것은?

① 보일러와 벽 · 천장 사이 거리는 0.6m 이상으로 한다.
② 이동식 난로는 학원, 독서실, 박물관 및 미술관의 장소에는 사용하여서는 안 된다.
③ 열발생 조리기구는 반자 또는 선반으로부터 0.6m 이상으로 한다.
④ 액체연료를 사용하는 보일러를 설치하는 장소에는 환기구를 설치한다.

해설

기체연료를 사용하는 경우

가. 보일러를 설치하는 장소에는 환기구를 설치하는 등 가연성가스가 머무르지 아니하도록 할 것
나. 연료를 공급하는 배관은 금속관으로 할 것
다. 화재 등 긴급 시 연료를 차단할 수 있는 개폐밸브를 연료용기 등으로부터 0.5미터 이내에 설치할 것
라. 보일러가 설치된 장소에는 가스누설경보기를 설치할 것

정답 62. ② 63. ④

64 보일러의 기체연료를 사용하는 경우에 대하여 지켜야 하는 사항으로 바르지 않은 것은?

① 보일러를 설치하는 장소에는 환기구를 설치하는 등 가연성가스가 머무르지 아니하도록 한다.
② 화재 등 긴급 시 연료를 차단할 수 있는 개폐밸브를 연료용기 등으로부터 0.5m 이내에 설치한다.
③ 보일러가 설치된 장소에는 가스누설경보기를 설치한다.
④ 연료를 공급하는 배관은 금속관 또는 플라스틱합성관으로 한다.

65 불의 사용에 있어 지켜야할 사항 중 틀린 것은?

① 연료탱크는 보일러 본체로부터 수평거리 1m 이상의 간격을 유지할 것
② 건조설비와 벽·천장 사이의 거리는 0.6m 이상 유지할 것
③ 열 발생 조리 기구는 반자 또는 선반으로부터 0.6m 이상 유지할 것
④ 시간당 열량이 30만 킬로칼로리 이상인 노를 설치하는 경우 노 주위에는 1 미터 이상의 공간을 보유할 것

해 설

건조설비와 벽·천장 사이의 거리는 0.5m 이상 유지할 것

66 다음 중 불을 사용하는 설비의 관리기준 등의 설명으로 옳은 것은?

① 수소가스는 용량의 90퍼센트 이하를 유지하여야 한다.
② 보일러와 벽·천장 사이의 거리는 0.5미터 이상 되도록 하여야 한다.
③ 보일러의 연료탱크에는 화재 등 긴급상황이 발생하는 경우 연료를 차단할 수 있는 개폐밸브를 연료탱크로부터 0.6미터 이내에 설치할 것
④ 노 또는 화덕의 주위에는 녹는 물질이 확산되지 아니하도록 높이 0.1미터 이상의 턱을 설치하여야 한다.

해 설

① 수소가스는 용량의 90퍼센트 이상을 유지하여야 한다.
② 보일러와 벽·천장 사이의 거리는 0.6미터 이상 되도록 하여야 한다.
③ 보일러의 연료탱크에는 화재 등 긴급상황이 발생하는 경우 연료를 차단할 수 있는 개폐밸브를 연료탱크로부터 0.5미터 이내에 설치할 것

정답 64. ④ 65. ② 66. ④

67 **불을 사용하는 설비 중 노 주위에 1미터 이상 공간을 확보하여야 하는 시간당 방출열량은?**

① 5만 킬로칼로리 이상
② 10만 킬로칼로리 이상
③ 25만 킬로칼로리 이상
④ 30만 킬로칼로리 이상

해 설

시간당 열량이 30만 킬로칼로리 이상인 노를 설치하는 경우
가. 주요구조부는 불연재료로 할 것
나. 창문과 출입구는 갑종방화문 또는 을종방화문으로 설치할 것
다. 노 주위에는 1미터 이상 공간을 확보할 것

68 **보일러, 난로, 건조설비, 가스・전기시설, 그 밖에 화재 발생 우려가 있는 설비 또는 기구 등의 위치・구조 및 관리와 화재 예방을 위하여 불을 사용할 때 지켜야 하는 사항은 무엇으로 정하는가?**

① 행정안전부령
② 대통령령
③ 시・도의 조례
④ 시・도의 규칙

해 설

보일러, 난로, 건조설비, 가스・전기시설, 그 밖에 화재 발생 우려가 있는 설비 또는 기구 등의 위치・구조 및 관리와 화재 예방을 위하여 불을 사용할 때 지켜야 하는 사항은 대통령령으로 정한다.

69 **불의 사용에 있어 지켜야할 사항 중 틀린 것은?**

① 연료탱크는 보일러 본체로부터 수평거리 1m 이상의 간격을 유지할 것
② 건조설비와 벽・천장 사이의 거리는 0.6m 이상 유지할 것
③ 열 발생 조리 기구는 반자 또는 선반으로부터 0.6m 이상 유지할 것
④ 시간당 열량이 30만 킬로칼로리 이상인 노를 설치하는 경우 노 주위에는 1 미터 이상의 공간을 보유할 것

해 설

건조설비와 벽・천장 사이의 거리는 0.5m 이상 유지할 것

정답 67. ④ 68. ② 69. ②

70 **다음 중 불을 사용하는 설비의 관리기준 등의 설명으로 옳은 것은?**

① 수소가스는 용량의 90퍼센트 이하를 유지하여야 한다.

② 보일러와 벽·천장 사이의 거리는 0.5미터 이상 되도록 하여야 한다.

③ 보일러의 연료탱크에는 화재 등 긴급상황이 발생하는 경우 연료를 차단할 수 있는 개폐밸브를 연료탱크로부터 0.6미터 이내에 설치할 것

④ 노 또는 화덕의 주위에는 녹는 물질이 확산되지 아니하도록 높이 0.1미터 이상의 턱을 설치하여야 한다.

해 설

- 수소가스는 용량의 90퍼센트 이상을 유지하여야 한다.
- 보일러와 벽·천장 사이의 거리는 0.6미터 이상 되도록 하여야 한다.
- 보일러의 연료탱크에는 화재 등 긴급상황이 발생하는 경우 연료를 차단할 수 있는 개폐밸브를 연료탱크로부터 0.5미터 이내에 설치할 것

제4장 소방활동 등

71 **소방기본법상에서 소방활동 등의 설명으로 틀리는 것은?**

① 소방대는 화재, 재난·재해, 그 밖의 위급한 상황이 발생한 현장에 신속하게 출동하기 위하여 긴급할 때에는 일반적인 통행에 쓰이지 아니하는 도로·빈터 또는 물 위로 통행할 수 없다.

② 관계인은 소방대상물에 화재, 재난·재해, 그 밖의 위급한 상황이 발생한 경우에는 소방대가 현장에 도착할 때까지 경보를 울리거나 대피를 유도하는 등의 방법으로 사람을 구출하는 조치 또는 불을 끄거나 불이 번지지 아니하도록 필요한 조치를 하여야 한다.

③ 소방대장은 화재, 재난 ·재해, 그 밖의 위급한 상황이 발생한 현장에 소방활동구역을 정하여 소방활동에 필요한 사람으로서 대통령령으로 정하는 사람 외에는 그 구역에 출입하는 것을 제한할 수 있다.

④ 소방자동차가 화재진압 및 구조·구급 활동을 위하여 출동하거나 훈련을 위하여 필요할 때에는 사이렌을 사용할 수 있다.

해 설

소방대는 화재, 재난·재해, 그 밖의 위급한 상황이 발생한 현장에 신속하게 출동하기 위하여 긴급할 때에는 일반적인 통행에 쓰이지 아니하는 도로·빈터 또는 물 위로 통행할 수 있다.

정답 70. ④ 71. ①

72 다음 중 소방활동의 설명으로 틀리는 것은?

① 사고현장을 발견한 사람은 그 현장의 상황을 소방본부·소방서 또는 관계행정기관에 지체 없이 알려야 한다.

② 관계인은 소방대가 현장에 도착할 때까지 소방활동을 하여야 한다.

③ 소방자동차가 화재진압 및 구조·구급활동을 마치고 소방서로 돌아올 때에는 사이렌을 사용할 수 있다.

④ 소방대는 신속하게 출동하기 위하여 긴급한 때에는 일반적인 통행에 쓰이지 아니하는 도로·빈터 또는 물위로 통행할 수 있다.

해 설

소방서로 돌아올 때에는 사이렌을 사용할 수 없다. 즉, 도로교통법을 준수하여야한다.

73 소방기본법 상 규정하는 소방지원활동과 생활안전활동을 옳게 연결한 것은?

가. 산불에 대한 예방 진압 등 지원활동
나. 자연재해에 따른 급수 배수 및 제설 등 지원활동
다. 집회 공연 등 각종 행사 시 사고에 대비한 근접대기 등 지원활동
라. 화재, 재난 재해로 인한 피해 복구 지원활동
마. 붕괴, 낙하 등이 우려되는 고드름. 나무, 위험 구조물 등의 제거활동
바. 위해동물, 벌 등의 포획 및 퇴치 활동
사. 끼임, 고립 등에 따른 위험제거 및 구출 활동
아. 단전사고 시 비상전원 또는 조명의 공급

	소방지원활동	생활안전활동
①	가–나–다–라	마–바–사–아
②	가–라–마–사	나–다–바–아
③	마–바–사–아	가–나–다–라
④	나–다–바–아	가–라–마–사

정답 72. ③ 73. ①

해 설

소방지원활동

1. 산불에 대한 예방 · 진압 등 지원활동
2. 자연재해에 따른 급수 · 배수 및 제설 등 지원활동
3. 집회 · 공연 등 각종 행사 시 사고에 대비한 근접대기 등 지원활동
4. 화재, 재난 · 재해로 인한 피해복구 지원활동
5. 행정안전부령으로 정하는 활동

생활안전활동

1. 붕괴, 낙하 등이 우려되는 고드름, 나무, 위험 구조물 등의 제거활동
2. 위해동물, 벌 등의 포획 및 퇴치 활동
3. 끼임, 고립 등에 따른 위험제거 및 구출 활동
4. 단전사고 시 비상전원 또는 조명의 공급
5. 방치하면 급박해질 우려가 있는 위험을 예방하기 위한 활동

74 다음 중 소방지원활동의 내용 중 틀린 것은?

① 소방지원활동은 소방활동 수행에 지장을 주지 아니하는 범위에서 할 수 있다.
② 소방청장, 소방본부장 또는 소방서장은 공공의 안녕질서 유지 또는 복리증진을 위하여 필요한 경우 소방활동 외에 소방지원활동을 하게 할 수 있다.
③ 유관기관 · 단체 등의 요청에 따른 소방지원활동에 드는 모든 비용은 지원요청을 한 유관기관 · 단체 등이 무료로 부담한다.
④ 화재, 재난 · 재해, 그 밖의 위급한 상황에 해당되지 아니하는 것 중 119에 접수된 생활안전 및 위험제거 활동을 포함한다.

해 설

유관기관 · 단체 등의 요청에 따른 소방지원활동에 드는 비용은 지원요청을 한 유관기관 · 단체 등에게 부담하게 할 수 있다. 다만, 부담금액 및 부담방법에 관하여는 지원요청을 한 유관기관 · 단체 등과 협의하여 결정한다.

75 소방지원활동 등에 대한 내용으로 틀린 것은?

① 유관기관 · 단체 등의 요청에 따른 소방지원활동에 드는 비용은 지원요청을 한 유관기관 · 단체 등에게 부담하게 할 수 있다.
② 소방지원활동은 소방활동 수행에 지장을 주지 아니하는 범위에서 할 수 있다.
③ 단전사고 시 비상전원 또는 조명의 공급도 소방지원활동에 해당한다..
④ 화재 · 재난 · 재해로 인한 피해복구 소방지원활동을 할 수 있다.

정답 74. ③ 75. ③

해 설

생활안전활동

1. 붕괴, 낙하 등이 우려되는 고드름, 나무, 위험 구조물 등의 제거활동
2. 위해동물, 벌 등의 포획 및 퇴치 활동
3. 끼임, 고립 등에 따른 위험제거 및 구출 활동
4. 단전사고 시 비상전원 또는 조명의 공급
5. 그 밖에 방치하면 급박해질 우려가 있는 위험을 예방하기 위한 활동

76 다음 중 소방지원활동이 아닌 것은?

① 단전사고 시 비상전원 조명의 공급 지원활동

② 산불에 대한 예방 진압 등 지원활동

③ 자연재해에 따른 급수 배수 제설 등 지원활동

④ 화재 재난 재해로 인한 피해복구 지원활동

해 설

생활안전활동

1. 붕괴, 낙하 등이 우려되는 고드름, 나무, 위험 구조물 등의 제거활동
2. 위해동물, 벌 등의 포획 및 퇴치 활동
3. 끼임, 고립 등에 따른 위험제거 및 구출 활동
4. 단전사고 시 비상전원 또는 조명의 공급
5. 그 밖에 방치하면 급박해질 우려가 있는 위험을 예방하기 위한 활동

77 다음 중 소방안전교육사에 관한 내용으로 틀린 것은?

① 시험위원의 수는 출제위원은 시험과목별 3명, 채점위원은 5명(제2차 시험의 경우를 말한다)에 해당한다.

② 소방청장은 소방안전교육사시험을 시행하려는 때에는 응시자격 · 시험과목 · 일시 · 장소 및 응시절차 등에 관하여 필요한 사항을 모든 응시 희망자가 알 수 있도록 소방안전교육사 시험의 90일 전까지 1개 이상의 일간신문 · 소방기관의 게시판 또는 인터넷 홈페이지, 그 밖의 효과적인 방법에 따라 공고 하여야한다.

③ 소방청장은 소방안전교육사시험에서 부정행위를 한 자에 대하여는 당해 시험을 무효로 하고, 그 처분이 있은 날부터 2년간 소방안전교육사 시험의 응시자격을 정지한다.

④ 소방청장은 소방안전교육사시험 응시자격 심사, 출제, 채점을 위하여 소방경 또는 지방소방경 이상의 소방공무원을 응시 자격심사위원 및 시험위원으로 임명 또는 위촉해야 한다.

정답 76. ① 77. ④

해 설

시험위원

1. 소방안전 관련 학과 · 교육학과 또는 응급구조학과 박사학위 취득자
2. 「고등교육법」의 규정 중 어느 하나에 해당하는 학교에서 소방안전 관련 학과 · 교육학과 또는 응급구조학과에서 조교수 이상으로 2년 이상 재직한 자
3. 소방위 또는 지방소방위 이상의 소방공무원
4. 소방안전교육사 자격을 취득한 자

78 다음 중 소방청장이 실시하는 소방안전교육사의 1차 시험과목으로 틀리는 것은?

① 소방학개론

② 재난관리론

③ 구급 · 응급처치론

④ 교육학원론

해 설

1. 제1차 시험(4과목 중 3과목 선택)
   가. 소방학개론
   나. 구급 · 응급처치론
   다. 재난관리론
   라. 교육학개론
2. 제2차 시험 : 국민안전교육실무

79 「소방기본법 시행령」상 소방안전교육사의 배치대상별 배치기준에 관한 설명이다. ( ) 안의 내용으로 옳은 것은?

> 소방안전교육사의 배치대상별 배치기준에 따르면 소방청 (가)명 이상, 소방본부 (나)명 이상, 소방서 (다)명 이상이다.

	(가)	(나)	(다)
①	1	1	1
②	1	2	2
③	2	1	2
④	2	2	1

정답 78. ④ 79. ④

해 설

소방안전교육사의 배치대상별 배치기준(제7조의11관련)

배치대상	배치기준(단위 : 명)	비고
1. 소방청	2 이상	
2. 소방본부	2 이상	
3. 소방서	1 이상	
4. 한국소방안전원	본원 : 2 이상 시・도지원 : 1 이상	
5. 한국소방산업기술원	2 이상	

80 **소방안전교육사의 배치대상 및 배치기준 그밖에 필요한 사항은 무엇으로 정하는가?**

① 대통령령
② 행정안전부령
③ 소방청장 고시
④ 시・도 조례

81 **다음 중 소방안전교육사의 결격사유가 아닌 것은?**

① 금고 이상의 실형을 선고받고 그 집행이 면제된 날부터 2년이 경과한 사람
② 금고 이상의 형의 집행유예를 선고 받고 그 유예기간 중에 있는 사람
③ 법원의 판결 또는 다른 법률에 의하여 자격이 정지 또는 상실된 사람
④ 피성년후견인 또는 피한정후견인

해 설

소방안전교육사 결격사유

1. 피성년후견인 또는 피한정후견인
2. 금고 이상의 실형을 선고받고 그 집행이 끝나거나(집행이 끝난 것으로 보는 경우를 포함한다) 집행이 면제된 날부터 2년이 지나지 아니한 사람
3. 금고 이상의 형의 집행유예를 선고받고 그 유예기간 중에 있는 사람
4. 법원의 판결 또는 다른 법률에 따라 자격이 정지되거나 상실된 사람

정답 80. ① 81. ①

82 다음 중 소방신호의 목적이 아닌 것은?

① 화재예방
② 소방활동
③ 소방안전관리
④ 소방훈련

83 연막소독을 하려는 자가 시 · 도의 조례로 정하는 바에 따라 관할 소방본부장 또는 소방서장에게 신고하지 않아도 되는 지역은?

① 공장 · 창고가 밀집한 지역
② 아파트
③ 위험물의 저장 및 처리시설이 밀집한 지역
④ 목조건물이 밀집한 지역

해 설

오인할 만한 우려가 있는 불을 피우거나 연막(煙幕) 소독을 하려는 자는 시 · 도의 조례로 정하는 바에 따라 관할 소방본부장 또는 소방서장에게 신고하여야 한다.

1. 시장지역
2. 공장 · 창고가 밀집한 지역
3. 목조건물이 밀집한 지역
4. 위험물의 저장 및 처리시설이 밀집한 지역
5. 석유화학제품을 생산하는 공장이 있는 지역
6. 그 밖에 시 · 도의 조례로 정하는 지역 또는 장소

84 화재로 오인될 우려가 있는 불을 피우거나 연막소독을 실시하고자 하는 경우 조치 사항으로 맞는 것은?

① 시 · 도 조례가 정하는 바에 따라 관할 소방본부장 또는 소방서장에게 신고한다.
② 대통령령이 정하는 바에 따라 관할 소방본부장 또는 소방서장에게 신고한다.
③ 행정안전부령이 정하는 바에 따라 관할 소방본부장 또는 소방서장에게 신고한다.
④ 시 · 도 조례가 정하는 바에 따라 시 · 도지사에게 신고한다.

해 설

화재경계지구에 해당하는 지역 또는 장소에서 화재로 오인할 만한 우려가 있는 불을 피우거나 연막(煙幕) 소독을 하려는 자는 시 · 도의 조례로 정하는 바에 따라 관할 소방본부장 또는 소방서장에게 신고하여야 한다.

정답 82. ③ 83. ② 84. ①

85 다음 중 소방대의 긴급통행으로 옳은 것은?

① 소방대는 화재, 재난·재해, 그 밖의 위급한 상황이 발생한 현장에 신속하게 출동하기 위하여 긴급할때에는 일반적인 통행에 쓰이지 아니하는 도로·빈터 또는 물 위로 통행할 수 있다.

② 모든 차와 사람은 소방자동차(지휘를 위한 자동차와 구조·구급차를 포함한다.)가 화재진압 및 구조·구급 활동을 위하여 출동을 할 때에는 이를 방해하여서는 아니 된다.

③ 소방자동차의 우선 통행에 관하여는 도로교통법에서 정하는 바에 따른다.

④ 소방자동차가 화재진압 및 구조·구급 활동을 위하여 출동하거나 훈련을 위하여 필요할 때에는 사이렌을 사용할 수 있다.

해 설

소방대는 화재, 재난·재해, 그 밖의 위급한 상황이 발생한 현장에 신속하게 출동하기 위하여 긴급할 때에는 일반적인 통행에 쓰이지 아니하는 도로·빈터 또는 물 위로 통행할 수 있다.

86 「소방기본법」 상 규정하고 있는 소방자동차의 우선 통행 등에 대한 설명으로 옳지 않은 것은?

① 모든 차와 사람은 소방자동차가 화재진압 및 구조 구급 활동을 위하여 출동을 할 때에는 이를 방해하여서는 아니 된다.

② 소방자동차의 우선통행에 관하여는 「자동차 관리법」에서 정하는 바에 따른다.

③ 소방자동차는 화재진압 및 구조 구급활동을 위하여 출동하거나 훈련을 위하여 필요할 때에는 사이렌을 사용할 수 있다.

④ 소방자동차의 화재진압 출동을 고의로 방해한 자는 5년이하의 징역 또는 5천만원 이하의 벌금에 처한다.

해 설

소방자동차의 우선통행에 관하여는 「도로교통법」에서 정하는 바에 따른다.

87 소방자동차의 우선통행에 관한 사항으로 다음 중 옳지 않은 것은?

① 소방자동차가 화재진압 및 구조·구급활동을 위하여 출동할 때는 사이렌을 사용할 수 있다.

② 소방자동차가 소방훈련을 위하여 필요한 때에는 사이렌을 사용할 수 있다.

③ 소방자동차의 우선통행에 관하여는 소방기본법이 정하는 바에 따른다.

④ 모든 차와 사람은 소방자동차가 화재진압 및 구조·구급활동을 위하여 출동할 때에는 이를 방해하여서는 아니 된다.

정답 85. ① 86. ② 87. ③

해 설

소방자동차의 우선통행에 관하여는 「도로교통법」이 정하는 바에 따른다.

88 「소방기본법 시행령」 상 규정하는 소방자동차 전용구역 방해 행위 기준으로 옳지 않은 것은?

① 전용구역에 물건 등을 쌓거나 주차하는 행위

② 주차장법 제19조에 따른 부설주차장의 주차구획 내에 주차하는 행위

③ 전용구역 진입로에 물건 등을 쌓거나 주차하여 전용구역으로의 진입을 가로막는 행위

④ 전용구역 노면표지를 지우거나 훼손하는 행위

해 설

전용구역 방해 행위의 기준

1. 전용구역에 물건 등을 쌓거나 주차하는 행위
2. 전용구역의 앞면, 뒷면 또는 양 측면에 물건 등을 쌓거나 주차하는 행위. 다만, 「주차장법」 제19조에 따른 부설주차장의 주차구획 내에 주차하는 경우는 제외한다.
3. 전용구역 진입로에 물건 등을 쌓거나 주차하여 전용구역으로의 진입을 가로막는 행위
4. 전용구역 노면표지를 지우거나 훼손하는 행위
5. 그 밖의 방법으로 소방자동차가 전용구역에 주차하는 것을 방해하거나 전용구역으로 진입하는 것을 방해하는 행위

89 「소방기본법」 및 같은 법 시행령 상 소방자동차 전용구역의 설치 등에 관한 설명으로 옳지 않은 것은?

① 세대수가 100세대 이상인 아파트에는 소방자동차 전용 구역을 설치하여야 한다.

② 소방본부장 또는 소방서장은 소방자동차가 접근하기 쉽고 소방활동이 원활하게 수행될 수 있도록 공동주택의 각 동별 전면 또는 후면에 소방자동차 전용구역을 1개소 이상 설치하여야 한다.

③ 전용구역 노면표지 도료의 색채는 황색을 기본으로 하되, 문자(P, 소방차 전용)는 백색으로 표시한다.

④ 소방자동차 전용구역에 차를 주차하거나 전용구역에의 진입을 가로막는 등의 방해행위를 한 자에게는 100만원 이하의 과태료를 부과한다.

해 설

소방자동차 전용구역의 설치 기준 · 방법

공동주택의 건축주는 소방자동차가 접근하기 쉽고 소방활동이 원활하게 수행될 수 있도록 각 동별 전면 또는 후면에 소방자동차 전용구역(이하 "전용구역"이라 한다)을 1개소 이상 설치하여야 한다. 다만, 하나의 전용구역에서 여러 동에 접근하여 소방활동이 가능한 경우로서 소방청장이 정하는 경우에는 각 동별로 설치하지 아니할 수 있다.

정답 88. ② 89. ②

90 다음 중 소방활동구역을 출입할 수 있는 사람이 아닌 것은?

① 소방활동구역 내 소유자 · 관리자 · 점유자

② 전기, 통신, 가스, 수도, 교통업무에 종사한 자로서 원활한 소방활동을 위하여 필요한 자

③ 의사, 간호사

④ 의용소방대장이 정하는 자

해 설

소방활동구역의 출입자

1. 소방활동구역 안에 있는 소방대상물의 소유자 · 관리자 또는 점유자
2. 전기 · 가스 · 수도 · 통신 · 교통의 업무에 종사하는 사람으로서 원활한 소방활동을 위하여 필요한 사람
3. 의사 · 간호사 그 밖의 구조 · 구급업무에 종사하는 사람
4. 취재인력 등 보도업무에 종사하는 사람
5. 수사업무에 종사하는 사람
6. 소방대장이 소방활동을 위하여 출입을 허가한 사람

91 「소방기본법 시행령」상 소방활동구역의 출입자로 옳지 않은 것은?

① 소방활동구역 안에 있는 소방대상물의 관계인

② 구조 · 구급업무에 종사하는 사람

③ 수사업무에 종사하는 사람

④ 시 · 도지사가 출입을 허가한 사람

해 설

소방활동구역의 출입자

1. 소방활동구역 안에 있는 소방대상물의 소유자 · 관리자 또는 점유자
2. 전기 · 가스 · 수도 · 통신 · 교통의 업무에 종사하는 사람으로서 원활한 소방활동을 위하여 필요한 사람
3. 의사 · 간호사 그 밖의 구조 · 구급업무에 종사하는 사람
4. 취재인력 등 보도업무에 종사하는 사람
5. 수사업무에 종사하는 사람
6. 소방대장이 소방활동을 위하여 출입을 허가한 사람

92 다음 중 소방활동구역 출입자가 아닌 것은?

① 취재인력 등 보도업무 종사하는 자

② 경찰서장이 소방활동을 위하여 출입을 허가한 자

③ 통신 · 교통의 업무에 종사하는 자로서 원활한 소방활동을 위하여 필요한 자

④ 구조 · 구급업무에 종사하는 자

정답 90. ④ 91. ④ 92. ②

해 설

소방대장이 소방활동을 위하여 출입을 허가한 사람

93 **다음 중 소방활동구역에 출입할 수 있는 사람이 아닌 것은?**

① 전기 · 가스 · 수도 · 교통 · 통신 및 기계 등의 업무에 종사하는 자
② 소방활동 구역 안의 관계인
③ 취재인력 등 보도업무에 종사하는 자
④ 소방대장이 소방활동을 위하여 출입을 허가한 자

해 설

전기 · 가스 · 수도 · 통신 · 교통의 업무에 종사하는 사람으로서 원활한 소방활동을 위하여 필요한 사람

94 **화재현장의 소방활동구역은 누가 설정하는가?**

① 소방대상물의 관계인
② 소방대장
③ 시 · 도지사
④ 시장 · 군수 또는 구청장

해 설

소방대장은 화재, 재난 · 재해, 그 밖의 위급한 상황이 발생한 현장에 소방활동구역을 정하여 소방활동에 필요한 사람으로서 대통령령으로 정하는 사람 외에는 그 구역에 출입하는 것을 제한할 수 있다.

95 **소방활동 종사명령으로 종사한자는 비용지급을 받을 수 있다. 다음 중 비용지급을 받을 수 있는 자는?**

① 고의로 인하여 화재 또는 구조· 구급활동이 필요한 상황을 발생시킨 사람
② 화재현장에서 물건을 가져간 사람
③ 실수로 인하여 화재 또는 구조· 구급활동이 필요한 상황을 발생시킨 사람
④ 관계지역에 있는 자로서 소방활동에 종사한 사람

해 설

소방활동 종사 후 비용을 지급 받을 수 없는 경우

1. 소방대상물에 화재, 재난 · 재해, 그 밖의 위급한 상황이 발생한 경우 그 관계인
2. 고의 또는 과실로 화재 또는 구조 · 구급 활동이 필요한 상황을 발생시킨 사람
3. 화재 또는 구조 · 구급 현장에서 물건을 가져간 사람

정답 93. ① 94. ② 95. ④

96 **다음 중 소방활동의 설명으로 맞는 것은?**

① 소방활동에 종사한자는 소방대장으로부터 소방활동의 비용을 지급받을 수 있다.

② 소방본부장 · 소방서장 또는 소방대장은 소방활동을 위하여 긴급하게 출동하는 때에는 소방자동차의 통행과 소방활동에 방해가 되는 주차 또는 정차된 차량 및 물건 등을 제거 또는 이동시킬 수 있다.

③ 소방본부장 · 소방서장 또는 소방대장은 규정에 따라 소방활동에 종사한 자가 이로 인하여 사망하거나 부상을 입은 경우에는 이를 보상하여야 한다.

④ 경찰공무원은 화재, 재난 · 재해 그 밖의 위급한 상황의 발생으로 인하여 사람의 생명에 위험이 미칠 것으로 인정하는 때에는 일정한 구역을 지정하여 그구역 안에 있는 사람에 대하여 그 구역 밖으로 피난할 것을 명할 수 있다.

해 설

- 소방활동에 종사한자는 시 · 도지사로 부터 소방활동의 비용을 지급받을 수 있다.
- 시 · 도지사는 규정에 따라 소방활동에 종사한 자가 이로 인하여 사망하거나 부상을 입은 경우에는 이를 보상하여야 한다.
- 소방대장, 소방본부장 · 소방서장은 화재, 재난 · 재해 그 밖의 위급한 상황의 발생으로 인하여 사람의 생명에 위험이 미칠 것으로 인정하는 때에는 일정한 구역을 지정하여 그 구역 안에 있는 사람에 대하여 그 구역 밖으로 피난할 것을 명할 수 있다.

97 **「소방기본법」 상 사람을 구출하거나 불이 번지는 것을 막기 위하여 필요한 때에는 강제처분 등을 할 수 있다. 이와 같은 권한을 가진 자로 옳지 않은 것은?**

① 행정안전부장관

② 소방본부장

③ 소방서장

④ 소방대장

해 설

강제처분 등

소방본부장, 소방서장 또는 소방대장은 사람을 구출하거나 불이 번지는 것을 막기 위하여 필요할 때에는 화재가 발생하거나 불이 번질 우려가 있는 소방대상물 및 토지를 일시적으로 사용하거나 그 사용의 제한 또는 소방활동에 필요한 처분을 할 수 있다.

정답 96. ② 97. ①

98 다음 중 강제처분에 대하여 옳은 것은?

① 소방본부장, 소방서장, 소방대장은 사람을 구출하거나 불이 번지는 것을 막기 위하여 필요할 때에는 불이 번질 우려가 있는 토지를 일시적으로 사용할 수 없다.

② 시·도지사는 법령을 위반하여 소방자동차의 통행과 소방활동에 방해가 된 경우도 보상하여야 한다.

③ 시·도지사는 강제처분으로 인하여 손실을 입은 자가 있는 경우에는 그 손실을 보상하여야 한다.

④ 소방본부장, 소방서장, 소방대장은 긴급한 경우 토지 외에는 소방활동에 필요한 처분을 할 수 없다.

해설

- 소방본부장, 소방서장, 소방대장은 사람을 구출하거나 불이 번지는 것을 막기 위하여 필요할 때에는 불이 번질 우려가 있는 토지를 일시적으로 사용할 수 있다.
- 시·도지사는 법령을 위반하여 소방자동차의 통행과 소방활동에 방해가 된 경우에는 보상하지 않는다.
- 소방본부장, 소방서장, 소방대장은 긴급한 경우 소방대상물 및 토지에 대하여 소방활동에 필요한 처분을 할 수 있다.

99 소방대장이 할 수 있는 강제처분 및 위험시설 등에 대한 긴급조치에 관한 설명으로 맞는 것은?

① 화재진압을 위하여 필요한 때에는 소방용수 외에 댐 저수지등의 수문의 개폐장치를 조작할 수 있다.

② 강제처분 등으로 인하여 손실을 받은 자가 있는 경우에는 그 손실을 보상한다.

③ 화재발생을 막거나 폭발 등으로 화재가 확대되는 것을 막기 위하여 가스, 전기 또는 유류 등의 시설에 대하여 위험물질의 공급을 차단하는 등 필요한 조치를 할 수 없다.

④ 주차 또는 정차된 차량이 법령을 위반하여 소방자동차의 통행과 소방활동에 방해가 된 경우에 강제처분으로 인한 손실을 보상한다

해설

1. 소방본부장, 소방서장 또는 소방대장은 화재 진압 등 소방활동을 위하여 필요할 때에는 소방용수 외에 댐·저수지 또는 수영장 등의 물을 사용하거나 수도(水道)의 개폐장치 등을 조작할 수 있다.
2. 소방본부장, 소방서장 또는 소방대장은 화재 발생을 막거나 폭발 등으로 화재가 확대되는 것을 막기 위하여 가스·전기 또는 유류 등의 시설에 대하여 위험물질의 공급을 차단하는 등 필요한 조치를 할 수 있다.
3. 소방활동을 위하여 긴급하게 출동할 때에는 소방자동차의 통행과 소방활동에 방해가 되는 주차 또는 정차된 차량 및 물건 등을 제거하거나 이동시킬 수 있다. 이러한 처분으로 인하여 손실을 입은 자가 있는 경우에는 그 손실을 보상하여야 한다. 다만, 법령을 위반하여 소방자동차의 통행과 소방활동에 방해가 된 경우에는 그러하지 아니하다.

정답 98. ③ 99. ②

100 **『소방기본법』에서 위험시설 등에 대한 긴급 조치를 할 수 있는 사람은?**

① 특별시장 및 광역시장

② 시장 · 군수 · 구청장

③ 자치경찰단장

④ 소방대장

해 설

- 소방본부장, 소방서장 또는 소방대장은 화재 진압 등 소방활동을 위하여 필요할 때에는 소방용수 외에 댐 · 저수지 또는 수영장 등의 물을 사용하거나 수도(水道)의 개폐장치 등을 조작할 수 있다.
- 소방본부장, 소방서장 또는 소방대장은 화재 발생을 막거나 폭발 등으로 화재가 확대되는 것을 막기 위하여 가스 · 전기 또는 유류 등의 시설에 대하여 위험물질의 공급을 차단하는 등 필요한 조치를 할 수 있다.

101 **소방활동으로 인한 강제처분의 권한이 있는 자로 맞는 것은?**

① 소방대장

② 특별시장

③ 광역시장

④ 도지사

해 설

소방본부장, 소방서장 또는 소방대장은 사람을 구출하거나 불이 번지는 것을 막기 위하여 필요할 때에는 화재가 발생하거나 불이 번질 우려가 있는 소방대상물 및 토지를 일시적으로 사용하거나 그 사용의 제한 또는 소방활동에 필요한 처분을 할 수 있다.

102 **소방본부장 · 소방서장 또는 소방대장이 구역 안에 있는 사람에 대하여 피난명령을 할 때에는 누구에게 협조를 구하여야 하는가?**

① 특별시장 및 광역시장

② 시장 · 군수

③ 경찰서장 및 자치경찰단장

④ 소방대상물의 관계인

해 설

소방본부장, 소방서장 또는 소방대장은 피난에 따른 명령을 할 때 필요하면 관할 경찰서장 또는 자치경찰단장에게 협조를 요청할 수 있다.

정답 100. ④ 101. ① 102. ③

제5장 화재의 조사

103 「소방기본법」 상 화재조사를 할 수 있는 권한을 가진 자로 옳은 것은?

① 행정안전부장관, 소방청장, 소방본부장

② 행정안전부장관, 소방본부장, 소방서장

③ 소방청장, 소방본부장, 소방서장

④ 소방청장, 경찰청장, 소방서장

해 설

화재의 원인 및 피해 조사

1. 소방청장, 소방본부장 또는 소방서장은 화재가 발생하였을 때에는 화재의 원인 및 피해 등에 대한 조사를 하여야 한다.
2. 화재조사의 방법 및 전담조사반의 운영과 화재조사자의 자격 등 화재조사에 필요한 사항은 행정안전부령으로 정한다.

104 다음 중 화재조사 시 요구할 수 없는 것은?

① 압수 · 수사권

② 관계인에게 자료제출 명령권

③ 관계장소에 대한 출입 조사권

④ 관계인에게 보고 요구권

해 설

압수 · 수사권은 수사기관이 할 수 있다.

105 다음 중 화재조사에 관한 내용으로 틀린 것은?

① 소방청장, 소방본부장 또는 소방서장은 화재의 원인 및 피해 등에 대한 조사를 하여야 한다.

② 주거시설에 대한 화재조사는 관계인의 승낙을 받아야한다.

③ 화재조사를 하는 관계공무원은 그 권한을 표시하는 증표를 지니고 이를 관계인에게 보여주어야한다.

④ 화재조사의 방법 및 전담조사반의 운영과 화재조사자의 자격 등 화재조사에 필요한 사항은 행정안전부령으로 정한다.

해 설

화재조사는 주거시설이라 하더라도 관계인의 승낙을 받을 필요가 없다.

정답 103. ③ 104. ① 105. ②

106 다음 중 소방기본법 중 출입 · 조사 등의 관한 내용이 아닌 것은?

① 관계인에 대한 질문

② 관계인에 대한 자료제출명령

③ 관계인에 대한 필요사항 요구

④ 관계인에 대한 압수 수사

해 설

출입, 조사

1. 소방청장, 소방본부장 또는 소방서장은 화재조사를 하기 위하여 필요하면 관계인에게 보고 또는 자료 제출을 명하거나 관계 공무원으로 하여금 관계 장소에 출입하여 화재의 원인과 피해의 상황을 조사하거나 관계인에게 질문하게 할 수 있다.
2. 화재조사를 하는 관계 공무원은 그 권한을 표시하는 증표를 지니고 이를 관계인에게 보여 주어야 한다.
3. 화재조사를 하는 관계 공무원은 관계인의 정당한 업무를 방해하거나 화재조사를 수행하면서 알게 된 비밀을 다른 사람에게 누설하여서는 아니 된다.

107 다음은 화재의 조사에 관한 사항이다. 옳지 아니한 것은?

① 소방본부장 또는 소방서장은 화재가 발생한 때에는 그 화재의 원인 및 피해 등에 대한 조사를 하여야 한다.

② 소방본부장 또는 소방서장은 관계 보험회사가 그 화재의 원인과 피해 상황을 조사 하고자 할 때에는 이를 허용하여야 한다.

③ 화재원인과 피해의 조사에 있어서는 소방공무원과 경찰공무원은 서로 협력하여야 한다.

④ 소방본부장 또는 소방서장은 화재조사를 한 후 방화 또는 실화의 혐의가 있다고 인정되는 때에는 지체 없이 소방청장에게 보고하여야 한다.

해 설

소방본부장이나 소방서장은 화재조사 결과 방화 또는 실화의 혐의가 있다고 인정하면 지체 없이 관할 경찰서장에게 그 사실을 알리고 필요한 증거를 수집 · 보존하여 그 범죄수사에 협력하여야 한다.

제7장 ▶ 의용소방대

정답 106. ④ 107. ④

제7장2 소방산업의 육성 · 진흥 및 지원 등

108 **소방산업과 관련된 기술의 개발 등에 대한 지원과 소방기술 및 소방산업의 국제경쟁력과 국제적 통용성을 높이는 데 필요한 기반조성을 촉진하기 위한 시책의 마련은 누가 하는가?**

① 국가
② 소방본부장
③ 소방청장
④ 시 · 도지사

해 설

1. 국가는 소방산업(소방용 기계 · 기구의 제조, 연구 · 개발 및 판매 등에 관한 일련의 산업을 말한다. 이하 같다)의 육성 · 진흥을 위하여 필요한 계획의 수립 등 행정상 · 재정상의 지원시책을 마련하여야 한다.
2. 국가는 소방기술 및 소방산업의 국제경쟁력과 국제적 통용성을 높이는 데에 필요한 기반 조성을 촉진하기 위한 시책을 마련하여야 한다.

109 **소방산업의 육성 · 진흥 및 지원 등에서 틀린 것은?**

① 국가는 소방산업의 육성 · 진흥을 위하여 필요한 계획의 수립 등 행정상 · 재정상의 지원시책을 마련하여야 한다.
② 국가는 소방산업과 관련된 기술의 개발을 촉진하기 위하여 기술개발을 실시하는 자에게 그 기술개발에 드는 자금의 전부를 출연하거나 보조할 수 있다.
③ 국가는 우수소방제품의 전시 · 홍보를 위하여 무역전시장 등을 설치한 자에게 정한 범위에서 재정적인 지원을 할 수 있다.
④ 국가는 국민의 생명과 재산을 보호하기 위하여 기관이나 단체로 하여금 소방기술의 연구 · 개발 사업을 수행하게 할 수 있다.

해 설

국가는 소방산업(소방용 기계 · 기구의 제조, 연구 · 개발 및 판매 등에 관한 일련의 산업을 말한다.)의 육성 · 진흥을 위하여 필요한 계획의 수립 등 행정상 · 재정상의 지원시책을 마련하여야 한다.

정답 108. ① 109. ④

제8장 한국소방안전원

110 **한국소방안전원의 업무에 관한 내용으로 옳지 않은 것은?**

① 소방기술과 안전관리에 관한 교육 및 조사 · 연구

② 소방기술과 안전관리에 관한 각종 간행물 발간

③ 화재예방과 안전관리의식의 고취를 위한 대국민 홍보

④ 소방업무에 관하여 소방시설과 행정기관이 위탁하는 업무

해 설

한국소방안전원의 업무

1. 소방기술과 안전관리에 관한 교육 및 조사 · 연구
2. 소방기술과 안전관리에 관한 각종 간행물 발간
3. 화재 예방과 안전관리의식 고취를 위한 대국민 홍보
4. 소방업무에 관하여 행정기관이 위탁하는 업무
5. 소방안전에 관한 국제협력
6. 회원에 대한 기술지원 등 정관으로 정하는 사항

111 **한국소방안전원의 정관을 변경하고자 하는 경우 취하여야 할 조치는?**

① 소방청장의 인가를 받아야한다.

② 소방청장의 승인을 받아야한다.

③ 소방청장에게 신고를 하여야한다.

④ 소방청장의 허가를 받아야한다.

해 설

인가 : 제3자의 법률행위를 보충하여 그 법률상 효력을 완성시켜 주는 행정행위

정답 110. ④ 111. ①

112 한국소방안전원의 사업계획 및 예산에 관하여 취하여야 할 조치는?

① 소방청장의 인가를 받아야 한다.
② 소방청장의 승인을 받아야 한다.
③ 소방청장에게 신고를 하여야 한다.
④ 소방청장의 허가를 받아야 한다.

해 설

승인 : 일반적으로 타인의 행위에 대하여 긍정적 의사를 표시하는 일.

113 다음 중 한국소방안전원에 대하여 옳지 않은 것은?

① 한국소방안전원은 법인으로 한다.
② 소방안전관리자 또는 소방기술자로 선임된 사람도 회원이 될 수 있다.
③ 안전원의 운영경비는 국가 보조금으로 충당한다.
④ 안전원이 정관을 변경하려면 소방청장의 인가를 받아야 한다.

해 설

안전원의 운영 경비는 회비와 사업 수입 등으로 충당한다.

114 한국소방안전원의 정관에 기재하여야 하는 사항으로 틀리는 것은?

① 회원과 임원 및 직원에 관한 사항
② 이사회에 관한 사항
③ 주된 사무소의 소재지
④ 대표자

해 설

안전원의 정관에 포함 사항

1. 목적
2. 명칭
3. 주된 사무소의 소재지
4. 사업에 관한 사항
5. 이사회에 관한 사항
6. 회원과 임원 및 직원에 관한 사항
7. 재정 및 회계에 관한 사항
8. 정관의 변경에 관한 사항

정답 112. ② 113. ③ 114. ④

115 **한국소방안전원의 감독기관으로 맞는 것은?**

① 소방청장

② 시・도지사

③ 시・도의 소방본부장

④ 행정안전부장관

해 설

소방청장은 한국소방안전원의 업무를 감독하여야 한다.

제9장 보칙

116 **「소방기본법」 및 같은 법 시행령 상 손실보상에 관한 내용 중 소방청장 또는 시・도지사가 '손실보상심의위원회'의 심사・의결에 따라 정당한 보상을 하여야 하는 대상으로 옳지 않은 것은?**

① 생활안전활동에 따른 조치로 인하여 손실을 입은 자

② 소방활동 종사 명령에 따른 소방활동 종사로 인하여 사망하거나 부상을 입은 자

③ 위험물 또는 물건의 보관기간 경과 후 매각이나 폐기로 손실을 입은 자

④ 소방기관 또는 소방대의 적법한 소방업무 또는 소방 활동으로 인하여 손실을 입은 자

해 설

손실보상

1. 손실보상자 : 소방청장 또는 시・도지사
2. 손실보상대상
   가. 생활안전활동에 따른 조치로 인하여 손실을 입은 자
   나. 소방활동 종사로 인하여 사망하거나 부상을 입은 자
   다. 출동 중 강제처분으로 인하여 손실을 입은 자. 다만, 법령을 위반하여 소방자동차의 통행과 소방활동에 방해가 된 경우는 제외한다.
   라. 위험시설등의 긴급조치로 인하여 손실을 입은 자
   마. 그 밖에 소방기관 또는 소방대의 적법한 소방업무 또는 소방활동으로 인하여 손실을 입은 자
3. 손실보상을 청구할 수 있는 권리는 손실이 있음을 안 날부터 3년, 손실이 발생한 날부터 5년간 행사하지 아니하면 시효의 완성으로 소멸한다.
4. 손실보상청구 사건을 심사・의결하기 위하여 손실보상심의위원회를 둔다.
5. 손실보상의 기준, 보상금액, 지급절차 및 방법, 손실보상심의위원회의 구성 및 운영, 그 밖에 필요한 사항은 대통령령으로 정한다.

정답 115. ① 116. ③

117 「소방기본법 시행령」 상 규정하고 있는 설명으로 ( ) 안에 들어갈 숫자를 옳게 연결한 것은?

가. 화재경계지구에서 소방본부장 또는 소방서장은 소방상 필요한 훈련 및 교육을 실시하고자 하는 때에는 화재경계지구 안의 관계인에게 훈련 또는 교육 (㉠)일 전까지 그 사실을 통보하여야 한다.

나. 특수가연물의 쌓는 높이는 (㉡)미터 이하가 되도록 하고, 쌓는 부분의 바닥면적은 50제곱미터(석탄 목탄류의 경우에는 200제곱미터) 이하가 되도록 할 것. 다만, 살수설비를 설치하고나, 방사능력 범위에 해당 특수가연물이 포함되도록 대형 수동식소화기를 설치하는 경우에는 쌓는 높이를 (㉢)미터 이하, 쌓는 부분의 바닥면적을 200제곱미터(석탄 목탄류 의 경우에는 300제곱미터) 이하로 할 수 있다.

다. 소방청장 등은 손실보상심의위원회의 심사 의결을 거쳐 특별한 사유가 없으면 보상금 지급 청구서를 받은 날부터 (㉣)일 이내에 보상금 지급 여부 및 보상금액을 결정하여야 한다.

라. 소방청장 등은 보상금 지급여부 및 보상금액 결정일 부터 (㉤)일 이내에 행정안전부령으로 정하는 바에 따라 결정 내용을 청구인에게 통지하고, 보상금을 지급하기로 결정한 경우에는 특별한 사유가 없으면 통지한 날부터 (㉥)일 이내에 보상금을 지급하여야 한다.

	㉠	㉡	㉢	㉣	㉤	㉥
①	7	7	14	0	15	30
②	7	10	15	60	15	20
③	10	7	14	40	10	20
④	10	10	15	60	10	30

해 설

손실보상의 지급절차 및 방법

1. 소방기관 또는 소방대의 적법한 소방업무 또는 소방활동으로 인하여 발생한 손실을 보상받으려는 자는 행정안전부령으로 정하는 보상금 지급 청구서에 손실내용과 손실금액을 증명할 수 있는 서류를 첨부하여 소방청장 또는 시・도지사에게 제출하여야 한다.
2. 소방청장등은 손실보상심의위원회의 심사・의결을 거쳐 특별한 사유가 없으면 보상금 지급 청구서를 받은 날부터 60일 이내에 보상금 지급 여부 및 보상금액을 결정하여야 한다.
3. 소방청장등은 결정일부터 10일 이내에 행정안전부령으로 정하는 바에 따라 결정 내용을 청구인에게 통지하고, 보상금을 지급하기로 결정한 경우에는 특별한 사유가 없으면 통지한 날부터 30일 이내에 보상금을 지급하여야 한다.

정답 117. ④

제10장 ▶ 벌칙

118 **5년 이하의 징역 또는 5,000만원 이하의 벌금에 해당하지 않는 것은?**

① 소방자동차 출동을 방해한 사람

② 사람을 구출 또는 불을 끄는 소화활동을 방해한 사람

③ 영업정지기간 중에 소방시설관리업의 업무를 한 자

④ 정당한 사유 없이 소방용수시설을 사용하거나 효용을 해하거나 사용을 방해한 사람

해 설

5년 이하의 징역 또는 5천만원 이하의 벌금

1. 소방지원활동을 위반하여 다음 각 목의 어느 하나에 해당하는 행위를 한 사람
   가. 위력(威力)을 사용하여 출동한 소방대의 화재진압・인명구조 또는 구급활동을 방해하는 행위
   나. 소방대가 화재진압・인명구조 또는 구급활동을 위하여 현장에 출동하거나 현장에 출입하는 것을 고의로 방해하는 행위
   다. 출동한 소방대원에게 폭행 또는 협박을 행사하여 화재진압・인명구조 또는 구급활동을 방해하는 행위
   라. 출동한 소방대의 소방장비를 파손하거나 그 효용을 해하여 화재진압・인명구조 또는 구급활동을 방해하는 행위
2. 소방활동을 위한 소방자동차의 출동을 방해한 사람
3. 화재, 재난・재해 및 그 밖의 위급한 상황이 발생한 현장에서 사람을 구출하는 일 또는 불을 끄거나 불이 번지지 아니하도록 하는 일을 방해한 사람
4. 소방용수시설의 사용금지를 위반하여 정당한 사유 없이 소방용수시설을 사용하거나 소방용수시설의 효용을 해치거나 그 정당한 사용을 방해한 사람

119 **「소방기본법」의 벌칙에서 5년 이하의 징역 또는 5,000만 원 이하의 벌금이 아닌 것은?**

① 정당한 사유 없이 소방대가 현장에 도착할 때까지 사람을 구출하는 조치 또는 불을 끄거나 불이 번지지 아니하도록 하는 조치를 하지 아니한 사람

② 위력을 사용하여 출동한 소방대의 화재진압・인명구조 또는 구급활동을 방해하는 행위

③ 사람을 구출하는 일 또는 불을 끄거나 불이 번지지 아니하도록 하는 일을 방해한 사람

④ 출동한 소방대원에게 폭행 또는 협박을 행사하여 화재진압・인명구조 또는 구급활동을 방해하는 행위

해 설

100만원 이하의 벌금

정당한 사유 없이 소방대가 현장에 도착할 때까지 사람을 구출하는 조치 또는 불을 끄거나 불이 번지지 아니하도록 하는 조치를 하지 아니한 사람

정답 118. ③ 119. ①

120 **다음의 사항 중 가장 옳지 않은 것은?**

① 정당한 사유 없이 화재의 예방조치 명령에 따르지 아니하거나 방해한 자의 벌칙은 200만원 이하의 벌금이다.

② 소방자동차 출동을 방해한 자는 5년 이하의 징역 또는 3천만원 이하의 과료에 처한다.

③ 소방대가 도착할 때까지 관계인은 사람을 구출, 소화활동을 하여야 한다.

④ 특정소방대상물의 관계인은 그 대상물에 설치되어 있는 소방시설등에 대하여 정기적으로 자체점검을 하여야 한다.

해 설

소방자동차 출동을 방해한 자는 5년 이하의 징역 또는 5천만원 이하의 벌금에 처한다.

121 **다음 중 소방기본법에서 200만원 이하의 벌금에 해당하는 벌칙으로 옳은 것은?**

① 정당한 사유 없이 화재예방 조치에 따른 명령에 따르지 아니하거나 이를 방해한 자

② 화재경계지구에서 소방특별조사를 한 결과 화제예방과 경계를 위하여 필요에 따른 소방용수시설, 소화기구 및 설비 등의 설치 명령을 위반한 자

③ 불을 사용할 때 지켜야 하는 사항 및 특수가연물의 저장 및 취급 기준을 위반한 자

④ 화재 또는 구조·구급이 필요한 상황을 거짓으로 알린 사람

해 설

200만원 이하의 벌금

1. 정당한 사유 없이 화재예방조치의 명령에 따르지 아니하거나 이를 방해한 자
2. 정당한 사유 없이 화재조사에 따른 관계 공무원의 출입 또는 조사를 거부·방해 또는 기피한 자

122 **다음 중 소방기본법에서 100만원 이하의 벌금에 해당하는 벌칙으로 옳은 것은?**

① 관계인이 정당한 사유 없이 소방대가 현장에 도착할 때까지 사람을 구출하는 조치 또는 불을 끄거나 불이 번지지 아니하도록 하는 조치를 하지 아니한 사람

② 정당한 사유 없이 화재예방조치의 명령에 따르지 아니하거나 이를 방해한 자

③ 불을 사용할 때 지켜야 하는 사항 및 특수가연물의 저장 및 취급 기준을 위반한 자

④ 화재조사에 따른 명령을 위반하여 보고 또는 자료 제출을 하지 아니하거나 거짓으로 보고 또는 자료제출을 한 자

정답 120. ② 121. ① 122. ①

해 설

100만원 이하의 벌금

1. 화재경계지구 안의 소방대상물에 대한 소방특별조사를 거부·방해 또는 기피한 자
2. 관계인이 정당한 사유 없이 소방대가 현장에 도착할 때까지 사람을 구출하는 조치 또는 불을 끄거나 불이 번지지 아니하도록 하는 조치를 하지 아니한 사람
3. 피난 명령을 위반한 사람
4. 정당한 사유 없이 물의 사용이나 수도의 개폐장치의 사용 또는 조작을 하지 못하게 하거나 방해한 자
5. 위험시설등에 대한 긴급조치에 따른 조치를 정당한 사유 없이 방해한 자
6. 생활안전활동을 방해한 사람

123 **화재 또는 구조·구급의 상황을 허위로 알린 자의 벌칙에 해당하는 것은?**

① 100만원 이하의 과태료　　② 200만원 이하의 벌금

③ 200만원 이하의 과태료　　④ 300만원 이하의 벌금

해 설

200만원 이하의 과태료

1. 화재경계지구에서 소방특별조사 결과 소방용수시설, 소화기구 및 필요한설비 등의 설치 명령을 위반한 자
2. 불을 사용할 때 지켜야 하는 사항 및 특수가연물의 저장 및 취급 기준을 위반한 자
3. 화재 또는 구조·구급이 필요한 상황을 거짓으로 알린 사람
4. 소방활동구역을 출입한 사람
5. 화재조사에 따른 명령을 위반하여 보고 또는 자료 제출을 하지 아니하거나 거짓으로 보고 또는 자료 제출을 한 자

124 **「소방기본법」상 과태료 부과대상으로 옳은 것은?**

① 화재 또는 구조·구급이 필요한 상황을 거짓으로 알린 사람

② 화재경계지구 안의 소방대상물에 대한 소방특별조사를 거부·방해 또는 기피한 자

③ 소방자동차가 화재진압 및 구조활동을 위하여 출동할 때, 소방자동차의 출동을 방해한 사람

④ 소방활동 종사명령에 따라 사람을 구출하는 일 또는 불을 끄거나 불이 번지지 아니하도록 하는 일을 방해한 사람

해 설

1. 100만원 이하의 벌금 : 화재경계지구 안의 소방대상물에 대한 소방특별조사를 거부·방해 또는 기피한 자
2. 5년이하의 징역 또는 5천만원이하의 벌금 : 소방자동차가 화재진압 및 구조활동을 위하여 출동할 때, 소방자동차의 출동을 방해한 사람
3. 5년이하의 징역 또는 5천만원이하의 벌금 : 소방활동 종사명령에 따라 사람을 구출하는 일 또는 불을 끄거나 불이 번지지 아니하도록 하는 일을 방해한 사람

정답 123. ③ 124. ①

125 **화재로 오인할 만한 우려가 있는 불을 피우거나 연막(煙幕) 소독을 하려고 할 때 신고하지 않아 소방대가 출동한 경우 과태료를 부과하는 지역으로 틀리는 것은?**

① 목조건물이 밀집한 지역

② 소방용수가 없는 지역

③ 시장지역

④ 시·도 조례로 정하는 지역

해 설

다음의 어느 하나에 해당하는 지역 또는 장소에서 화재로 오인할 만한 우려가 있는 불을 피우거나 연막(煙幕) 소독을 하려는 자는 시·도의 조례로 정하는 바에 따라 관할 소방본부장 또는 소방서장에게 신고하여야 한다.

1. 시장지역
2. 공장·창고가 밀집한 지역
3. 목조건물이 밀집한 지역
4. 위험물의 저장 및 처리시설이 밀집한 지역
5. 석유화학제품을 생산하는 공장이 있는 지역
6. 시·도의 조례로 정하는 지역 또는 장소

126 **다음 중 「소방기본법」에서 과태료를 부과할 수 있는 사람으로 틀리는 것은?**

① 소방서장

② 소방본부장

③ 시·도지사

④ 소방청장

해 설

과태료는 대통령령으로 정하는 바에 따라 관할 시·도지사, 소방본부장 또는 소방서장이 부과·징수한다.

정답 125. ② 126. ④

CHAPTER

02 화재예방, 소방시설 설치 · 유지 및 안전관리에 관한 법률

제1장 총칙

01 다음 ( )에 적합한 용어를 차례대로 옳게 나열한 것은?

> 「화재예방, 소방시설 설치 · 유지 및 안전관리에 관한 법률」은 화재와 재난 · 재해 그 밖의 위급한 상황으로부터 국민의 생명 · 신체 및 재산을 보호하기 위하여 소방시설의 설치 · ( ) 및 소방대상물의 ( )에 관하여 필요한 사항을 정함으로써 공공의 안전과 복리증진에 이바지함을 목적으로 한다.

① 유지, 안전관리 ② 관리, 안전관리

③ 보존, 관리 ④ 유지, 설치

해 설

소방시설 설치 유지 및 안전관리에 관한 법은 화재와 재난 · 재해 그 밖의 위급한 상황으로부터 국민의 생명 · 신체 및 재산을 보호하기 위하여 화재의 예방 및 안전관리에 관한 국가와 지방자치단체의 책무와 소방시설등의 설치 · 유지 및 소방대상물의 안전관리에 관하여 필요한 사항을 정함으로써 공공의 안전과 복리증진에 이바지함을 목적으로 한다.

02 「화재예방, 소방시설 설치 · 유지 및 안전관리에 관한 법률」의 용어의 뜻 중 맞는 것은?

① "소방시설"이란 소화설비, 경보설비, 피난설비, 소화용수설비, 그밖에 소화활동설비로서 행정안전부령으로 정하는 것을 말한다.

② "소방시설등"이란 소방시설과 비상구, 그 밖에 소방 관련 시설로서 행정안전부령으로 정하는 것을 말한다.

③ "특정소방대상물"이란 소방시설을 설치하여야 하는 소방대상물로서 행정안전부령으로 정하는 것을 말한다.

④ "소방용품"이란 소방시설등을 구성하거나 소방용으로 사용되는 제품 또는 기기로서 대통령령으로 정하는 것을 말한다.

정답 01. ① 02. ④

해 설

1. "소방시설"이란 소화설비, 경보설비, 피난설비, 소화용수설비, 그 밖에 소화활동설비로서 대통령령으로 정하는 것을 말한다.
2. "소방시설등"이란 소방시설과 비상구(非常口), 그 밖에 소방 관련 시설로서 대통령령으로 정하는 것을 말한다.
3. "특정소방대상물"이란 소방시설을 설치하여야 하는 소방대상물로서 대통령령으로 정하는 것을 말한다.

03 다음 중 무장층의 개구부에 대하여 적합하지 않은 것은?

① 내부 또는 외부에서 쉽게 부수거나 열 수 있을 것
② 개구부는 도로 또는 차량이 진입할 수 있는 빈터를 향할 것
③ 개구부의 크기가 지름 50cm 이상의 원이 내접할 것
④ 바닥면적으로부터 개구부 상층까지 높이가 1.2m 이상일 것

해 설

"무창층"(無窓層)이란 지상층 중 다음의 요건을 모두 갖춘 개구부의 면적의 합계가 해당 층의 바닥면적의 30분의 1 이하가 되는 층을 말한다.

가. 크기는 지름 50센티미터 이상의 원이 내접(內接)할 수 있는 크기일 것
나. 해당 층의 바닥면으로부터 개구부 밑부분까지의 높이가 1.2미터 이내일 것
다. 도로 또는 차량이 진입할 수 있는 빈터를 향할 것
라. 화재 시 건축물로부터 쉽게 피난할 수 있도록 창살이나 그 밖의 장애물이 설치되지 아니할 것
마. 내부 또는 외부에서 쉽게 부수거나 열 수 있을 것

04 다음 중 무창층이 되기 위한 요건으로 틀린 것은?

① 개구부 크기가 지름 50cm 이상의 원이 내접할 수 있을 것
② 내부 또는 외부에서 쉽게 부수거나 열수 있을 것
③ 개구부는 도로 또는 차량이 진입할 수 있는 빈터를 향할 것
④ 해당층의 바닥면적으로부터 개구부 밑부분 까지의 높이가 1.5m 이내일 것

해 설

해당 층의 바닥면으로부터 개구부 밑부분 까지의 높이가 1.2미터 이내일 것

정답 03. ④ 04. ④

05 「화재예방, 소방시설 설치 · 유지 및 안전관리에 관한 법률 시행령」상 무창층이 되기 위한 개구부의 요건 중 일부를 나타낸 것이다. (   ) 안의 내용으로 옳은 것은?

• 크기는 지름 (가)센티미터 이상의 원이 (나)할 수 있는 크기일 것
• 해당 층의 바닥면으로부터 개구부 (다)까지의 높이가 (라)미터 이내일 것

	(가)	(나)	(다)	(라)
①	50	내접	윗부분	1.2
②	50	내접	밑부분	1.2
③	50	외접	밑부분	1.5
④	60	내접	밑부분	1.2

해 설

가. 크기는 지름 50센티미터 이상의 원이 내접(內接)할 수 있는 크기일 것
나. 해당 층의 바닥면으로부터 개구부 밑부분 까지의 높이가 1.2미터 이내일 것
다. 도로 또는 차량이 진입할 수 있는 빈터를 향할 것
라. 화재 시 건축물로부터 쉽게 피난할 수 있도록 창살이나 그 밖의 장애물이 설치되지 아니할 것
마. 내부 또는 외부에서 쉽게 부수거나 열 수 있을 것

06 다음 중 소방용품이 아닌 것은?

① 주거용 주방자동소화장치
② 가스누설경보기 및 누전경보기
③ 음향장치(경종을 제외한다)
④ 공기호흡기(공기호흡기의 충전기를 포함한다)

정답 05. ② 06. ③

해 설

소방용품

1. 소화설비를 구성하는 제품 또는 기기
   가. 소화기구(소화약제 외의 것을 이용한 간이소화용구 제외)
   나. 자동소화장치
   다. 소화설비를 구성하는 소화전, 관창(菅槍), 소방호스, 스프링클러헤드, 기동용 수압개폐장치, 유수 제어밸브 및 가스관선택밸브
2. 경보설비를 구성하는 제품 또는 기기
   가. 누전경보기 및 가스누설경보기
   나. 경보설비를 구성하는 발신기, 수신기, 중계기, 감지기 및 음향장치(경종만 해당한다)
3. 피난구조설비를 구성하는 제품 또는 기기
   가. 피난사다리, 구조대, 완강기(간이완강기 및 지지대포함)
   나. 공기호흡기(충전기 포함)
   다. 유도등 및 예비 전원이 내장된 비상조명등
4. 소화용으로 사용하는 제품 또는 기기
   가. 소화약제(소화설비용만 해당 단, 물설비 제외)
   나. 방염제(방염액 · 방염도료 및 방염성물질을 말한다)
5. 행정안전부령으로 정하는 소방 관련 제품 또는 기기

07 다음 중 소방용품에 해당되지 아니한 것은?

① 가스누설경보기
② 방염제
③ 관창
④ 완강기(간이완강기 제외)

해 설

피난사다리, 구조대, 완강기(간이완강기 및 지지대 포함)

08 다음 중 소방청장의 형식 승인을 받아야 하는 소방용품이 아닌 것은?

① 기동용수압개폐장치
② 소화약제 외의 것을 이용한 간이소화용구
③ 소화약제의 간이소화용구
④ 가스관선택밸브

해 설

소방용품제외

소화약제 외의 것을 이용한 간이소화용구

정답 07. ④ 08. ②

09 다음 중 피난층에 대한 설명으로 옳은 것은?

① 곧바로 지상으로 갈수 있는 출입구가 있는 층을 말한다.
② 직접 1층으로 갈수 있는 출입구가 있는 층을 말한다.
③ 직접 1층으로 연결되어 피난할 수 있는 층을 말한다.
④ 엘리베이터를 통하여 갈수 있는 출입구가 있는 층을 말한다.

해 설

"피난층"이란 곧바로 지상으로 갈 수 있는 출입구가 있는 층을 말한다.

10 다음 중 소방시설 분류의 설명으로 옳지 않은 것은?

① 경보설비는 화재발생 사실을 통보하는 기계・기구 또는 설비를 말한다.
② 소화설비는 물 그 밖의 소화약제를 사용하여 소화하는 기계・기구 또는 방화설비를 말한다.
③ 소화용수설비는 화재를 진압하는데 필요한 물을 공급하거나 저장하는 설비를 말한다.
④ 소화활동설비는 화재를 진압하거나 인명구조활동을 위하여 사용하는 설비를 말한다.

해 설

소화설비

물 또는 그 밖의 소화약제를 사용하여 소화하는 기계・기구 또는 설비

제2장 소방특별조사 등

11 「화재예방, 소방시설 설치・유지 및 안전관리에 관한 법률 및 같은 법 시행령」 상 소방특별조사에 관한 설명으로 옳지 않은 것은?

① 개인의 주거에 대한 소방특별조사는 관계인의 승낙이 있거나 화재 발생의 우려가 뚜렷하여 긴급한 필요가 있는 때에 한정한다.
② 소방청장, 소방본부장 또는 소방서장은 소방특별조사를 하려면 7일 전에 관계인에게 조사대상, 조사기간 및 조사사유 등을 서면으로 알려야 한다.
③ 소방청장, 소방본부장 또는 소방서장은 소방특별조사의 대상을 객관적이고 공정하게 선정하기 위하여 필요하면 소방특별조사위원회를 구성하여 소방특별조사 대상을 선정 할 수 있다.
④ 소방특별조사위원회는 위원장 1명을 포함한 7명 이내의 위원으로 성별을 고려하여 구성한다.

정답 09. ① 10. ② 11. ③

해 설

소방본부장은 소방특별조사의 대상을 객관적이고 공정하게 선정하기 위하여 필요하면 소방특별조사위원회를 구성하여 소방특별조사 대상을 선정 할 수 있다.

12 「화재예방, 소방시설 설치 · 유지 및 안전관리에 관한 법률」 및 같은 법 시행령 상 소방특별조사에 관한 설명으로 옳지 않은 것은?

① 소방청장, 소방본부장 또는 소방서장은 관할구역에 있는 소방대상물, 관계 지역 또는 관계인에 대하여 소방시설 등이 이 법 또는 소방 관계 법령에 적합하게 설치 · 유지 · 관리되고 있는지, 소방대상물에 화재, 재난 · 재해 등의 발생 위험이 있는지 등을 확인하기 위하여 관계 공무원으로 하여금 소방특별조사를 하게 할 수 있다.

② 개인의 주거에 대하여는 관계인의 승낙이 있거나 화재 발생의 우려가 뚜렷하여 긴급한 필요가 있는 때에 한정 하여 소방특별조사를 실시할 수 있다.

③ 국가적 행사 등 주요 행사가 개최되는 장소 및 그 주변의 관계 지역에 대하여 소방안전관리 실태를 점검할 필요가 있는 경우 소방특별조사를 실시할 수 있다.

④ 소방특별조사위원회는 위원장 1명을 제외한 7명 이내의 위원으로 성별을 고려하여 구성한다.

해 설

소방특별조사위원회는 위원장 1명을 포함한 7명 이내의 위원으로 성별을 고려하여 구성한다.

13 다음 중 소방특별조사자가 아닌 것은?

① 소방청장

② 시 · 도지사

③ 소방본부장

④ 소방서장

해 설

소방청장, 소방본부장 또는 소방서장은 관할구역에 있는 소방대상물, 관계 지역 또는 관계인에 대하여 소방시설등이 이 법 또는 소방 관계 법령에 적합하게 설치 · 유지 · 관리되고 있는지, 소방대상물에 화재, 재난 · 재해 등의 발생 위험이 있는지 등을 확인하기 위하여 관계 공무원으로 하여금 소방안전관리에 관한 특별조사를 하게 할 수 있다. 다만, 개인의 주거에 대하여는 관계인의 승낙이 있거나 화재발생의 우려가 뚜렷하여 긴급한 필요가 있는 때에 한정한다.

정답 12. ④ 13. ②

14 다음 중 소방대상물이나 관계지역에 대하여 소방특별조사자로서 맞는 것은?

① 대통령　　② 시・도지사

③ 소방본부장　　④ 시장・군수・구청장

15 다음 중 소방특별조사에 대하여 옳지 않은 것은?

① 소방특별조사의 실시목적은 소방시설, 방화・피난시설 등 자체점검 등이 불성실・불완전하다고 인정되는 경우이다.

② 관할구역의 소방대상물이나 관계지역에 대하여 시간에 관계없이 소방특별조사를 할 수 있다.

③ 통보 없이 소방특별조사를 할 수 있는 경우는 화재, 재난 ・재해 발생우려가 뚜렷하여 긴급하게 조사할 필요가 있는 경우나 소방특별조사의 실시를 사전에 통지하면 조사목적을 달성할 수 없는 경우이다.

④ 소방청장, 소방본부장 또는 소방서장은 필요한 때 소방대상물이나 관계지역, 관계인에 대하여 관계공무원으로 하여금 소방특별조사를 하게 할 수 있다

해 설

소방특별조사 대상

1. 관계인이 이 법 또는 다른 법령에 따라 실시하는 소방시설등, 방화시설, 피난시설 등에 대한 자체점검 등이 불성실하거나 불완전하다고 인정되는 경우
2. 「소방기본법」에 따른 화재경계지구에 대한 소방특별조사 등 다른 법률에서 소방특별조사를 실시하도록 한 경우
3. 국가적 행사 등 주요 행사가 개최되는 장소 및 그 주변의 관계 지역에 대하여 소방안전관리 실태를 점검할 필요가 있는 경우
4. 화재가 자주 발생하였거나 발생할 우려가 뚜렷한 곳에 대한 점검이 필요한 경우
5. 재난예측정보, 기상예보 등을 분석한 결과 소방대상물에 화재, 재난・재해의 발생 위험이 높다고 판단되는 경우
6. 화재, 재난・재해, 그 밖의 긴급한 상황이 발생할 경우 인명 또는 재산 피해의 우려가 현저하다고 판단되는 경우

16 소방특별조사 실시 대상으로 틀리는 것은?

① 화재경계지구에 대한 소방특별조사 등 다른 법률에서 소방특별조사를 실시하도록 한 경우

② 국가적 행사 등 주요 행사가 개최되는 장소 및 그 주변의 관계 지역에 대하여 소방안전관리 실태를 점검할 필요가 있는 경우

③ 재난예측정보, 기상예보 등을 분석한 결과 소방대상물에 화재, 재난 ・재해의 발생 위험이 높다고 판단되는 경우

④ 관계인의 소방안전관리가 불성실한 경우

정답 14. ③ 15. ② 16. ④

17 다음 중 소방특별조사 시 전문가라고 할 수 있는 자는?

① 소방기술사 및 소방시설관리사
② 소방기술사 및 가스기술사
③ 소방기술사 및 건축설비기계기술사
④ 건축사 및 소방기술사

해 설

소방청장, 소방본부장 또는 소방서장은 필요하면 소방기술사, 소방시설관리사, 그 밖에 소방・방재 분야에 관한 전문지식을 갖춘 사람을 소방특별조사에 참여하게 할 수 있다.

18 소방특별조사위원회의 위원장은 누구인가?

① 시・도지사
② 소방본부장
③ 소방청장
④ 소방서장

해 설

소방특별조사위원회는 위원장 1명을 포함한 7명 이내의 위원으로 구성하고, 위원장은 소방본부장이 된다.

19 다음 중 소방특별조사에 관하여 해당 사항이 아닌 것은?

① 소방특별조사를 위하여 소방본부장 또는 소방서장은 소방특별조사위원회를 구성할 수 있으며 인원은 위원장포함 5명 이내이다.
② 소방특별조사는 7일 전에 관계인에게 서면으로 알려야 한다.
③ 화재경계지구 내의 소방특별조사는 연 1회 이상 실시하여야 한다.
④ 소방청장, 소방본부장 또는 소방서장은 객관적이고 공정한 기준에 따라 소방특별 조사의 대상을 선정하여야 한다.

해 설

소방특별조사위원회는 위원장 1명을 포함한 7명 이내의 위원으로 구성하고, 위원장은 소방본부장이 된다.

정답 17. ① 18. ② 19. ①

20 소방특별조사에 대하여 옳지 않은 것은?

① 관계인이 질병, 장기출장 등으로 소방특별조사를 참여할 수 없는 경우 소방청장, 소방본부장, 소방서장에게 연기 신청을 할 수 있다.

② 소방특별조사의 연기를 신청하려는 자는 소방특별조사 시작 5일전까지 소방청장, 소방본부장, 소방서장에게 연기 신청할 수 있다.

③ 소방청장, 소방본부장, 소방서장은 7일 전까지 조사사유, 조사대상, 조사기간을 관계인에게 서면으로 알려야한다.

④ 소방특별조사에 소방기술사, 소방시설관리사, 전문지식을 갖춘 사람을 소방특별조사에 참여하게 할 수 있다.

해 설

소방특별조사의 연기를 신청하려는 자는 소방특별조사 시작 3일전까지 소방청장, 소방본부장, 소방서장에게 연기 신청할 수 있다.

21 소방특별조사에 대하여 틀린 것은?

① 소방청장, 소방본부장, 소방서장은 5일전까지 조사사유, 조사대상, 조사기간 등을 관계인에게 서면으로 알려야 한다.

② 관계인이 이 법 또는 다른 법령에 따라 실시하는 소방시설 등, 방화시설, 피난시설 등에 대한 자체점검 등이 불성실하거나 불완전하다고 인정되는 경우 실시한다.

③ 소방본부장은 소방특별조사의 대상을 객관적이고 공정하게 선정하기 위하여 필요하면 소방특별조사위원회를 구성하여 소방특별조사의 대상을 선정할 수 있다.

④ 개인의 주거에 관하여는 관계인의 승낙이 있거나 화재발생의 우려가 뚜렷하여 긴급한 필요가 있는 때에 한정한다.

해 설

소방청장, 소방본부장 또는 소방서장은 소방특별조사를 하려면 7일 전에 관계인에게 조사대상, 조사기간 및 조사사유 등을 서면으로 알려야 한다. 다만, 다음의 어느 하나에 해당하는 경우에는 그러하지 아니하다.

1. 화재, 재난・재해가 발생할 우려가 뚜렷하여 긴급하게 조사할 필요가 있는 경우
2. 소방특별조사의 실시를 사전에 통지하면 조사목적을 달성할 수 없다고 인정되는 경우

정답 20. ② 21. ①

22 「화재예방, 소방시설 설치 · 유지 및 안전관리에 관한 법률」에서 소방특별조사위원회의 위원의 자격에 해당하지 않는 사람은?

① 소방기술사
② 소방시설관리사
③ 과장급 직위 이상의 소방공무원
④ 소방관련 법인 또는 단체에서 소방관련 업무에 3년 이상 종사한 사람

해 설

소방특별조사 위원회의 위원

1. 과장급 직위 이상의 소방공무원
2. 소방기술사
3. 소방시설관리사
4. 소방관련 석사 학위 이상을 취득한 사람
5. 소방관련 법인 또는 단체에서 소방 관련 업무에 5년 이상 종사한 사람
6. 소방공무원 교육기관, 대학 또는 연구소에서 소방과 관련한 교육 또는 연구에 5년 이상 종사한 사람

23 「화재예방, 소방시설 설치 · 유지 및 안전관리에 관한 법률」의 소방특별조사에서 조사의 세부항목, 소방특별조사위원회의 구성 및 운영에 필요한 사항은 무엇으로 정하는가?

① 법률로 정한다.
② 대통령령으로 정한다.
③ 행정안전부령으로 정한다.
④ 소방청장 고시로 정한다.

해 설

소방특별조사에서 조사에 대한 세부항목, 소방특별조사위원회의 구성 및 운영에 관하여 필요한 사항은 대통령령으로 정한다.

24 「화재예방, 소방시설 설치 · 유지 및 안전관리에 관한 법률」에서 소방특별조사위원회의 위원의 임기 및 위원수로 맞는 것은?

① 2년, 위원장포함 5명 이내
② 2년, 위원장포함 7명 이내
③ 3년, 위원장포함 5명 이내
④ 3년, 위원장포함 7명 이내

해 설

위원의 임기는 2년이며, 위원의 수는 위원장포함 7인 이내로 하며 소방청장 또는 소방본부장이 임명한다.

정답 22. ④ 23. ② 24. ②

25 **「화재예방, 소방시설 설치 · 유지 및 안전관리에 관한 법률」에서 소방특별조사위원회의 위원의 제척사유로 틀리는 것은?**

① 위원이 해당 안건의 소방대상물등의 관계인이거나 그 관계인과 공동권리자 또는 공동의무자인 경우

② 위원의 배우자가 소방대상물등의 설계, 공사, 감리 등을 수행한 경우

③ 위원의 친족이 소방대상물등에 대하여 건축허가등의 업무를 수행한 경우 등 소방대상물등과 직접적인 이해관계가 있는 경우

④ 위원이 소방대상물등에 관하여 자문, 연구, 용역(하도급을 포함한다), 감정 또는 조사와 같은 것 등에 관하여 관계성이 없는 경우

해 설

위원회의 위원이 다음에 해당하는 경우에는 위원회의 심의 · 의결에서 제척(除斥)된다.

1. 위원, 그 배우자나 배우자였던 사람 또는 위원의 친족이거나 친족이었던 사람이 다음에 해당하는 경우
   가. 해당 안건의 소방대상물 등(이하 이 조에서 "소방대상물등"이라 한다)의 관계인이거나 그 관계인과 공동권리자 또는 공동의무자인 경우
   나. 소방대상물등의 설계, 공사, 감리 등을 수행한 경우
   다. 소방대상물등에 대하여 제7조 각 호의 업무를 수행한 경우 등 소방대상물등과 직접적인 이해관계가 있는 경우
2. 위원이 소방대상물등에 관하여 자문, 연구, 용역(하도급을 포함한다), 감정 또는 조사를 한 경우
3. 위원이 임원 또는 직원으로 재직하고 있거나 최근 3년 내에 재직하였던 기업 등이 소방대상물등에 관하여 자문, 연구, 용역(하도급을 포함한다), 감정 또는 조사를 한 경우

26 **「화재예방, 소방시설 설치 · 유지 및 안전관리에 관한 법률」에서 소방특별조사위원회의 위원이 제척사유에 해당하는 경우 스스로 해당 안건의 심의 · 의결에서 취하여야할 조치는?**

① 심의 의결에서 기피하여야한다.
② 심의 의결에서 회피하여야한다.
③ 심의 의결에서 재심을 요청한다.
④ 위원회에 재심을 요청 하여야한다.

해 설

위원이 제척 사유에 해당하는 경우에는 스스로 해당 안건의 심의 · 의결에서 회피(回避)하여야 한다.

27 **소방대상물에 대한 소방특별조사의 결과 그 위치, 구조, 설비, 관리의 상황에 관하여 화재예방을 위해 필요한 경우 등에 있어서 소방특별조사 결과에 따른 조치명령 권한을 가진 자는?**

① 행정안전부장관
② 대통령
③ 시 · 도지사
④ 소방본부장

정답 25. ④ 26. ② 27. ④

해 설

소방청장, 소방본부장 또는 소방서장은 소방특별조사 결과 소방대상물의 위치·구조·설비 또는 관리의 상황이 화재나 재난·재해 예방을 위하여 보완될 필요가 있거나 화재가 발생하면 인명 또는 재산의 피해가 클 것으로 예상되는 때에는 행정안전부령으로 정하는 바에 따라 관계인에게 그 소방대상물의 개수(改修)·이전·제거, 사용의 금지 또는 제한, 사용폐쇄, 공사의 정지 또는 중지, 그 밖의 필요한 조치를 명할 수 있다.

28 **소방대상물의 소방특별조사 명령 등에 대한 내용 중 잘못된 것은?**

① 조치명령권자는 시·도지사이다.
② 조치명령의 요건은 소방대상물의 위치·구조 등에 관하여 화재예방 상 필요한 경우이다.
③ 명령의 내용은 소방대상물의 개수·이전·제거·사용의 금지 등이다.
④ 법령에 위반한 소방대상물의 개수명령 처분에 대한 손실의 보상은 하지 아니한다.

해 설

조치명령권자는 소방청장, 소방본부장 또는 소방서장이다.

29 **다음 중 소방특별조사로 인한 조치명령에 따른 손실보상권자는?**

① 소방청장, 및 시·도지사
② 국가
③ 시·도지사
④ 소방본부장 또는 소방서장

해 설

소방청장, 특별시장·광역시장·도지사 또는 특별자치도지사(이하 "시·도지사"라 한다)는 소방특별조사에 따른 명령으로 인하여 손실을 입은 자가 있는 경우에는 대통령령으로 정하는 바에 따라 보상하여야 한다.

30 **「화재예방, 소방시설 설치·유지 및 안전관리에 관한 법률」 및 같은 법 시행령 상 소방특별조사 결과에 따른 조치명령과 손실보상에 관한 설명으로 옳지 않은 것은?**

① 시·도지사가 손실을 보상하는 경우에는 원가로 보상 하여야 한다.
② 손실보상에 관하여는 시·도지사와 손실을 입은 자가 협의하여야 한다.
③ 보상금액에 관한 협의가 성립되지 아니한 경우에는 시· 도지사는 그 보상금액을 지급하거나 공탁하고 이를 상대방에게 알려야 한다.
④ 보상금의 지급 또는 공탁의 통지에 불복하는 자는 지급 또는 공탁의 통지를 받은 날부터 30일 이내에 관할 토지수용위원회에 재결을 신청할 수 있다.

정답 28. ① 29. ① 30. ①

해 설

소방청장 또는 시・도지사가 손실을 보상하는 경우에는 시가로 보상 하여야 한다.

제3장 소방시설의 설치 및 유지・관리 등

31 다음 중 건축허가등의 동의대상물 범위가 아닌 것은?

① 항공기격납고

② 차고, 주차장 바닥면적 $150m^2$ 이상인 층이 있는 경우

③ 노유자시설로서 연면적 $200m^2$ 이상

④ 지하층이 있고 바닥면적 $150m^2$ 이상인 층이 있는 경우

해 설

건축허가등을 할 때 미리 소방본부장 또는 소방서장의 동의를 받아야 하는 건축물 등의 범위

1. 연면적이 400제곱미터 이상인 건축물. 다만, 다음의 어느 하나에 해당하는 시설은 다음의 정한 기준 이상인 건축물
   가. 「학교시설사업 촉진법」에 따라 건축등을 하려는 학교시설: 100제곱미터
   나. 노유자시설(老幼者施設) 및 수련시설 : 200제곱미터
   다. 정신의료기관(입원실이 없는 정신건강의학과 의원은 제외), 요양병원 : 300제곱미터
2. 차고・주차장 또는 주차용도로 사용되는 시설로서 다음의 어느 하나에 해당하는 것
   가. 차고・주차장으로 사용되는 층 중 바닥면적이 200제곱미터 이상인 층이 있는 시설
   나. 승강기 등 기계장치에 의한 주차시설로서 자동차 20대 이상을 주차할 수 있는 시설
3. 항공기격납고, 관망탑, 항공관제탑, 방송용 송・수신탑
4. 지하층 또는 무창층이 있는 건축물로서 바닥면적이 150제곱미터(공연장의 경우 100제곱미터) 이상인 층이 있는 것
5. 위험물 저장 및 처리 시설, 지하구
6. 노유자시설 중 다음의 어느 하나에 해당하는 시설.
   가. 노인 관련 시설
   나. 「아동복지법」 에 따른 아동복지시설
   다. 「장애인복지법」에 따른 장애인 거주시설
   라. 정신질환자 관련 시설
   마. 노숙인 관련 시설 중 노숙인자활시설, 노숙인재활시설 및 노숙인요양시설
   바. 결핵환자나 한센인이 24시간 생활하는 노유자시설

정답 31. ②

32 「화재예방, 소방시설 설치 · 유지 및 안전관리에 관한 법률 시행령」상 건축허가등의 동의대상물의 범위에 해당되는 것으로 옳은 것은?

ㄱ. 항공기격납고, 관망탑, 방송용 송 · 수신탑
ㄴ. 「학교시설사업 촉진법」 제5조의2제1항에 따라 건축 등을 하려는 학교시설은 100제곱미터 이상인 건축물
ㄷ. 차고 · 주차장으로 사용되는 바닥면적이 150제곱미터 이상인 층이 있는 건축물이나 주차시설
ㄹ. 노유자시설 및 수련시설은 200제곱미터 이상인 건축물

① ㄱ, ㄴ ,ㄷ

② ㄱ, ㄴ, ㄹ

③ ㄱ, ㄷ, ㄹ

④ ㄴ, ㄷ, ㄹ

해 설

건축허가동의 대상

1. 연면적이 400제곱미터 이상인 건축물. 다만, 다음의 어느 하나에 해당하는 시설은 다음의 정한 기준 이상인 건축물
   가. 「학교시설사업 촉진법」에 따라 건축등을 하려는 학교시설: 100제곱미터
   나. 노유자시설(老幼者施設) 및 수련시설 : 200제곱미터
   다. 정신의료기관(입원실이 없는 정신건강의학과 의원은 제외), 요양병원 : 300제곱미터
2. 차고 · 주차장 또는 주차용도로 사용되는 시설로서 다음의 어느 하나에 해당하는 것
   가. 차고 · 주차장으로 사용되는 층 중 바닥면적이 200제곱미터 이상인 층이 있는 시설
   나. 승강기 등 기계장치에 의한 주차시설로서 자동차 20대 이상을 주차할 수 있는 시설
3. 항공기격납고, 관망탑, 항공관제탑, 방송용 송 · 수신탑
4. 지하층 또는 무창층이 있는 건축물로서 바닥면적이 150제곱미터(공연장의 경우 100제곱미터) 이상인 층이 있는 것
5. 위험물 저장 및 처리 시설, 지하구
6. 노유자시설 중 생활시설
7. 층수가 6층 이상인 건축물

33 다음 중 건축허가등의 동의대상으로 옳은 것은?

① 정신의료기관(입원실 없는 정신건강의학과의원 제외) 200m^2 이상

② 지하층 · 무창층 건물은 바닥면적 200m^2 이상(단, 공연장은 100m^{2}이상)

③ 노유자시설 · 수련시설은 200m^2 이상

④ 차고 · 주차장은 바닥면적 150m^2 이상

정답 32. ② 33. ③

해 설

- 정신의료기관(입원실 없는 정신건강의학과의원 제외) 300m^2 이상
- 지하층 · 무창층 건물은 바닥면적 150m^2 이상(단, 공연장은 100m^{2}이상)
- 차고 · 주차장은 바닥면적 200m^2 이상

34 **다음 중 건축허가등의 동의범위로 옳은 것은?**

① 노유자시설 및 수련시설의 경우에는 연면적 100m^2 이상인 건축물
② 차고 · 주차장으로 사용되는 층 중 바닥면적이 150m^2 이상인 층이 있는 시설
③ 지하층 또는 무창층이 있는 건축물로서 바닥면적이 150m^2 이상인 층이 있는 것
④ 승강기 등 기계장치에 의한 주차시설로서 자동차 10대 이상을 주차할 수 있는 시설

해 설

1. 노유자시설 및 수련시설의 경우에는 연면적 200m^2 이상인 건축물
2. 차고 · 주차장으로 사용되는 층 중 바닥면적이 250m^2 이상인 층이 있는 시설
3. 승강기 등 기계장치에 의한 주차시설로서 자동차20대 이상을 주차할 수 있는 시설

35 **다음 중 건축허가등의 동의대상물의 범위가 아닌 것은?**

① 연면적 400m^2(단, 학교 시설은 100m^2) 이상
② 승강기 등 주차시설로서 자동차 15대 이상 주차시설
③ 지하층 또는 무창층이 있는 건물로서 150m^2 이상
④ 항공기격납고, 항공관제탑, 방송용 송 · 수신탑

해 설

승강기 등 주차시설로서 자동차 20대 이상 주차시설

36 **건축물의 공사 시공지 또는 소재지를 관할하는 소방본부장 또는 소방서장의 동의를 받지 않고는 허가 할 수 없는 건축허가 동의 대상물은?**

① 지하층으로서 바닥 면적이 100[m^2] 인 것
② 공연장으로서 바닥 면적이 100[m^2] 인 것
③ 주차장으로서 바닥 면적이 100[m^2]인 것
④ 항공기격납고

정답 34. ③ 35. ② 36. ④

해 설

용도가 항공기격납고인 경우에는 반드시 건축허가동의 대상이다.

37 **건축물의 공사 시공지 또는 소재지를 관할하는 소방본부장 또는 소방서장의 동의 허가를 받지 않아도 되는 것은?**

① 차고 · 주차장으로 사용하는 층의 바닥면적이 $200m^2$ 이상인 층
② 주차시설로서 10대 이상 주차할 수 있는 것
③ 항공기격납고
④ 지하구

해 설

기계장치의 주차시설은 20대 이상 주차할 수 있는 것에 한하여 건축허가동의 대상이다.

38 **건축물의 연면적이 20만m^2인 경우 건축허가동의 기간으로 맞는 것은?**

① 3일 ② 7일
③ 10일 ④ 14일

해 설

특급소방안전관리대상물이란

가. 지하층포함 층수가 30층 이상인 것(아파트 제외)
나. 건물의 지상 높이가 120m 이상인 것(아파트 제외)
다. 연면적 20만 제곱미터 이상인 것(아파트 제외)
라. 아파트로서 층수가 50층 이상이거나 건물높이 200미터 이상
- 특급소방안전관리 대상물이 아닌 것 : 5일 이내
- 특급소방안전관리 대상물 : 10일 이내

39 **건축물의 연면적이 10만m^2인 경우 건축허가동의 기간으로 맞는 것은?**

① 3일 ② 5일
③ 7일 ④ 10일

정답 37. ② 38. ③ 39. ②

40 **화재예방 소방시설 설치 유지 및 안전관리에 관한 법률 및 같은 법 시행령 상 다음에서 설명하는 '대통령령으로 정하는 소방시설'로 옳은 것은?**

> 제8조(주택에 설치하는 소방시설) 다음 각 호의 주택의 소유자는 대통령령으로 정하는 소방시설을 설치하여야 한다.
> 1. 건축법 제2조제2항제1호의 단독주택
> 2. 건축법 제2조제2항제2호의 공동주택(아파트 및 기숙사는 제외한다)

① 소화기 및 시각경보기
② 소화기 및 간이소화용구
③ 소화기 및 자동확산소화기
④ 소화기 및 단독경보형감지기

해 설

주택용 소방시설

소화기 및 단독경보형감지기를 말한다.

41 **건축법에서 정하는 단독주택의 소유자는 소방시설 중 어떤 설비를 설치하여야 하는가?**

① 소화기
② 누전경보기
③ 비상경보설비
④ 피난기구

해 설

주택의 소유자는 소방시설 중 소화기 및 단독경보형감지기를 설치하여야 한다.

42 **건축법에서 정하는 공동주택의 소유자는 소방시설 중 어떤 설비를 설치하여야 하는가? (단, 아파트 및 기숙사를 제외한다.)**

① 유도등
② 유도표지
③ 인명구조기구
④ 단독경보형감지기

43 **『건축법』에서 정하는 단독주택의 소유자는 소방시설 중 어떤 설비를 설치하여야 하는가?**

① 소화기
② 누전경보기
③ 비상경보설비
④ 피난기구

정답 40. ④ 41. ① 42. ④ 43. ①

해 설

주택의 소유자는 소방시설 중 소화기구 및 단독경보형감지기를 설치하여야 한다.

44 **주택에 설치하는 소방시설의 설치기준에 관한 사항은 어떻게 정하는가?**

① 화재안전기준으로 정한다.
② 소방청장 고시로 정한다.
③ 시 · 도 조례로 정한다.
④ 시 · 도 규칙으로 정한다.

해 설

소화기구 및 단독경보형감지기 등 소방시설의 설치기준에 관한 사항은 시 · 도의 조례로 정한다.

45 **특정소방대상물의 관계인이 소방시설을 설치할 때 적용의 대상으로 옳은 것은?**

① 층수, 면적, 용도 등
② 규모, 용도, 수용인원 등
③ 구조, 위치, 면적 등
④ 구조, 위치, 설비 등

해 설

특정소방대상물의 관계인은 대통령령으로 정하는 바에 따라 특정소방대상물의 규모 · 용도 및 수용 인원 등을 고려하여 갖추어야 하는 소방시설등을 소방청장이 정하여 고시하는 화재안전기준에 따라 설치 또는 유지 · 관리하여야 한다.

46 **「화재예방, 소방시설 설치 · 유지 및 안전관리에 관한 법률」에서 수용인원의 산정방법으로 옳지 않은 것은?**

① 침대가 없는 숙박시설은 해당 특정소방대상물의 바닥면적의 합계를 3 제곱미터로 나누어 얻은 수
② 강의실 · 휴게실 등의 용도로 쓰이는 특정소방대상물은 해당 용도로 사용하는 바닥면적의 합계를 1.9제곱미터로 나누어 얻은 수
③ 강당, 종교시설은 해당 용도로 사용하는 바닥면적의 합계를 4.6 제곱미터로 나누어 얻은 수
④ 바닥면적을 산정하는 때에는 복도, 계단 및 화장실의 바닥면적을 포함하지 않는다. 계산 결과 소수점 이하의 수는 반올림한다.

정답 44. ③ 45. ② 46. ①

해 설

수용인원의 산정 방법

1. 숙박시설이 있는 특정소방대상물
   가. 침대가 있는 숙박시설: 종사자 수에 침대 수(2인용 침대는 2개로 산정한다)를 합한 수
   나. 침대가 없는 숙박시설: 종사자 수에 숙박시설 바닥면적의 합계를 $3m^2$로 나누어 얻은 수를 합한 수
2. 숙박시설 외의 특정소방대상물
   가. 강의실・교무실・상담실・실습실・휴게실 용도로 쓰이는 특정소방대상물: 해당 용도로 사용하는 바닥면적의 합계를 $1.9m^2$로 나누어 얻은 수
   나. 강당, 문화 및 집회시설, 운동시설, 종교시설: 해당 용도로 사용하는 바닥면적의 합계를 $4.6m^2$로 나누어 얻은 수(관람석이 있는 경우 고정식 의자를 설치한 부분은 그 부분의 의자 수로 하고, 긴 의자의 경우에는 의자의 정면 너비를 0.45m로 나누어 얻은 수로 한다)
   다. 그 밖의 특정소방대상물: 해당 용도로 사용하는 바닥면적의 합계를 $3m^2$로 나누어 얻은 수

비고

1. 위 표에서 바닥면적을 산정할 때에는 복도, 계단 및 화장실의 바닥면적을 포함하지 않는다.
2. 계산 결과 소수점 이하의 수는 반올림한다.

47 다음 중 특정소방대상물의 종류가 옳은 것은?

① 교육연구시설 : 도서관, 직업훈련소
② 의료시설 : 치과의원, 격리병원, 요양병원
③ 운수시설 : 자동차검사장, 여객자동차터미널
④ 묘지 관련 시설 : 장례식장, 봉안당

해 설

- 근린생활시설 : 치과의원
- 항공기 및 자동차관련시설 : 자동차검사장
- 장례시설 : 장례식장

48 특정소방대상물의 동물 및 식물 관련시설은 모두 몇 개인가?

가. 동물원	나. 도계장
다. 식물원	라. 도축장
마. 수족관	바. 경마장

① 2개 ② 3개
③ 4개 ④ 5개

정답 47. ① 48. ①

해 설

동물 및 식물 관련 시설

가. 축사[부화장(孵化場)을 포함]
나. 가축시설: 가축용 운동시설, 인공수정센터, 관리사(管理舍), 가축용 창고, 가축시장, 동물검역소, 실험동물 사육시설
다. 도축장
라. 도계장
마. 작물 재배사(栽培舍)
바. 종묘배양시설
사. 화초 및 분재 등의 온실
아. 식물과 관련된 시설과 비슷한 것(동・식물원은 제외)

49 다음 중 특정소방대상물의 분류에 대하여 옳은 것은?

① 항공기 및 자동차관련시설 – 항공기격납고, 폐차장, 자동차검사장
② 의료시설 – 치과병원, 유스호스텔, 종합병원, 요양병원, 마약진료소
③ 관광휴게시설 – 관망탑, 촬영소, 군휴양시설, 유원지 또는 관광지에 부수되는 건축물
④ 묘지관련시설 – 화장장, 봉안당(종교집회장 안에 설치된 봉안당 포함)

해 설

의료시설

가. 병원: 종합병원, 병원, 치과병원, 한방병원, 요양병원
나. 격리병원: 전염병원, 마약진료소
다. 정신의료기관
라. 「장애인복지법」에 따른 장애인 의료재활시설

관광 휴게시설

가. 야외음악당
나. 야외극장
다. 어린이회관
라. 관망탑
마. 휴게소
바. 공원・유원지 또는 관광지에 부수되는 건축물

묘지 관련 시설

가. 화장시설
나. 봉안당(종교시설의 봉안당은 종교시설)
다. 묘지와 자연장지에 부수되는 건축물

정답 49. ①

50 **화재예방, 소방시설 설치 · 유지 및 안전관리에 관한 법률에서 지하구 중 전력 또는 통신사업용인 것은 길이가 몇 미터 이상인가?**

① 50 미터　② 500 미터
③ 1,000 미터　④ 1,500 미터

해 설

지하구

가. 전력 · 통신용의 전선이나 가스 · 냉난방용의 배관 또는 이와 비슷한 것을 집합수용하기 위하여 설치한 지하 인공구조물로서 사람이 점검 또는 보수를 하기 위하여 출입이 가능한 것 중 폭 1.8m 이상이고 높이가 2m 이상이며 길이가 50m 이상(전력 또는 통신사업용인 것은 500m 이상)인 것

나. 「국토의 계획 및 이용에 관한 법률」에 따른 공동구

51 **「화재예방, 소방시설 설치 · 유지 및 안전관리에 관한 법률 시행령」상 특정소방대상물 중 지하구에 관한 설명이다. (　　) 안의 내용으로 옳은 것은?**

- 전력 · 통신용의 전선이나 가스 · 냉난방용의 배관 또는 이와 비슷한 것을 집합수용하기 위하여 설치한 지하 인공구조물로서 사람이 점검 또는 보수를 하기 위하여 출입이 가능한 것 중 폭 (가) 이상이고 높이가 (나) 이상이며 길이가 (다) 이상(전력 또는 통신사업용인 것은 (라) 이상)인 것
- 「국토의 계획 및 이용에 관한 법률」 제2조제9호에 따른 (마)

	(가)	(나)	(다)	(라)	(마)
①	1.5m	2m	50m	500m	공동구
②	1.5m	1.8m	30m	300m	지하가
③	1.8m	2m	50m	500m	공동구
④	1.8m	1.8m	50m	500m	지하가

해 설

지하구

- 전력 · 통신용의 전선이나 가스 · 냉난방용의 배관 또는 이와 비슷한 것을 집합수용하기 위하여 설치한 지하 인공구조물로서 사람이 점검 또는 보수를 하기 위하여 출입이 가능한 것 중 폭 1.8미터 이상이고 높이가 2미터 이상이며 길이가 50미터 이상(전력 또는 통신사업용인 것은 500미터 이상)인 것
- 「국토의 계획 및 이용에 관한 법률」 제2조제9호에 따른 공동구

정답 50. ② 51. ③

52 다음 중 제연설비의 설치기준으로 지하층이나 무창층에 설치된 근린생활시설, 판매시설, 운수시설, 숙박시설, 위락시설 또는 창고시설(물류터미널만 해당한다)로서 해당 용도로 사용되는 바닥면적의 합계는 얼마 이상인가?

① 1천m^2 이상
② 2천m^2 이상
③ 3천m^2 이상
④ 4천m^2 이상

해 설

제연설비를 설치하여야 하는 특정소방대상물

1. 문화 및 집회시설, 종교시설, 운동시설로서 무대부의 바닥면적이 200m^2 이상
2. 문화 및 집회시설 중 영화상영관으로서 수용인원 100명 이상인 것
3. 그 밖의 것 : 1000m^2 이상

53 다음 중 화재를 진압하거나 인명구조활동을 위하여 사용하는 설비의 종류로 알맞은 것은?

① 제연설비
② 옥내소화전설비
③ 통합감시시설
④ 인명구조기구

해 설

소화활동설비: 화재를 진압하거나 인명구조활동을 위하여 사용하는 설비
가. 제연설비
나. 연결송수관설비
다. 연결살수설비
라. 비상콘센트설비
마. 무선통신보조설비
바. 연소방지설비

54 다음 중 화재예방, 소방시설 설치 · 유지 및 안전관리에 관한 법률에서 소방시설에 해당되지 않는 것은?

① 누전차단기
② 캐비닛형 자동소화장치
③ 연소방지설비
④ 통합감시시설

해 설

누전경보기는 소방시설이며, 누전차단기는 일반 전기설비이다.

정답 52. ① 53. ① 54. ①

55 다음 중 소화설비에 해당하지 않은 것은?

① 고체에어로졸자동소화장치　　② 캐비닛형자동소화장치
③ 강화액소화설비　　④ 연소방지설비

해 설

연소방지설비는 소화활동설비에 해당한다.
소화설비 : 물 또는 그 밖의 소화약제를 사용하여 소화하는 기계・기구 또는 설비로서
가. 소화기구
  1) 소화기
  2) 간이소화용구 : 에어로졸식 소화용구, 투척용 소화용구 및 소화약제 외의 것을 이용한 간이소화용구
  3) 자동확산소화기
나. 자동소화장치
  1) 주거용 주방자동소화장치
  2) 상업용 주방자동소화장치
  3) 캐비닛형 자동소화장치
  4) 가스자동소화장치
  5) 분말자동소화장치
  6) 고체에어로졸자동소화장치
다. 옥내소화전설비(호스릴옥내소화전설비 포함)
라. 스프링클러설비등
  1) 스프링클러설비
  2) 간이스프링클러설비(캐비닛형 간이스프링클러설비 포함)
  3) 화재조기진압용 스프링클러설비
마. 물분무등소화설비
  1) 물 분무 소화설비
  2) 미분무소화설비
  3) 포소화설비
  4) 이산화탄소소화설비
  5) 할론소화설비
  6) 할로겐화합물 및 불활성기체소화설비
  7) 분말소화설비
  8) 강화액소화설비
바. 옥외소화전설비

56 다음 중 피난구조설비의 종류가 아닌 것은?

① 연소방지설비　　② 방열복
③ 휴대용비상조명등　　④ 공기안전매트

정답 55. ④ 56. ①

해 설

피난설비: 화재가 발생할 경우 피난하기 위하여 사용하는 기구 또는 설비

가. 피난사다리, 구조대, 완강기, 소방청장고시 피난기구

* 소방청장 고시 피난기구
피난교, 피난용트랩, 다수인 피난장비, 승강식피난기, 간이완강기, 공기안전매트, 미끄럼대.
• 승강식피난기 : 무동력 승강식 피난기

나. 방열복 · 공기호흡기 및 인공소생기(이하 "인명구조기구"라 한다)

다. 피난유도선, 유도등 및 유도표지

라. 비상조명등 및 휴대용비상조명등

57 다음 중 피난구조설비에 속하는 것은?

① 공기호흡기 ② 통합감시시설

③ 무선통신보조설비 ④ 연결살수설비

해 설

• 통합감시시설 : 경보설비
• 무선통신보조설비, 연결살수설비 : 소화활동설비

58 화재예방 소방시설 설치 유지 및 안전관리에 관한 법률 시행령 상 피난구조설비 중 인명구조기구로 옳지 않은 것은?

① 구조대 ② 방열복

③ 공기호흡기 ④ 인공소생기

해 설

인명구조기구

1. 방열복, 방화복(안전헬멧, 보호장갑 및 안전화를 포함한다)
2. 공기호흡기
3. 인공소생기

59 다음 소방시설 중 소화설비가 아닌 것은?

① 옥내소화전설비 ② 옥외소화전설비

③ 미분무소화설비 ④ 상수도소화설비

정답 57. ① 58. ① 59. ④

해 설

소화설비: 물 또는 그 밖의 소화약제를 사용하여 소화하는 기계・기구 또는 설비

가. 소화기구
  1) 소화기
  2) 간이소화용구(에어로졸식 소화용구, 투척용 소화용구 및 소화약제 외의 것을 이용한 간이소화용구)
  3) 자동확산소화기

나. 자동소화장치
  1) 주거용 주방 자동소화장치
  2) 상업용 주방 자동소화장치
  3) 캐비닛형 자동소화장치
  4) 가스자동소화장치
  5) 분말자동소화장치
  6) 고체에어로졸자동소화장치
  7) 간이소화용구

다. 옥내소화전설비(호스릴옥내소화전설비를 포함한다)

라. 스프링클러설비등
  1) 스프링클러설비
  2) 간이스프링클러설비(캐비닛형 간이스프링클러설비를 포함)
  3) 화재조기진압용 스프링클러설비

마. 물분무등소화설비
  1) 물 분무 소화설비
  2) 미분무소화설비
  3) 포소화설비
  4) 이산화탄소소화설비
  5) 할론소화설비
  6) 활로겐화합물 및 불활성기체소화설비
  7) 분말소화설비
  8) 강화액소화설비

바. 옥외소화전설비

60 **다음 중 연면적 1,000m^2 이상 지하가(터널 제외)에 설치해야할 소방시설 중 제외 시설은?**

① 무선통신보조설비 ② 제연설비
③ 연소방지설비 ④ 스프링클러설비

해 설

연소방지설비는 지하구(전력 또는 통신사업용인 것만 해당한다)에 설치하여야 한다.

정답 60. ③

61 다음 중 판매시설에 스프링클러설비를 하여야 하는 것은?

① 연면적 5천 제곱미터 이상 수용인원 300인 이상의 모든 층
② 바닥면적 5천 제곱미터 이상 수용인원 500인 이상의 모든 층
③ 연면적 1천 제곱미터 이상 수용인원 100인 이상의 모든 층
④ 바닥면적 1천 제곱미터 이상 수용인원 100인 이상의 모든 층

해 설

스프링클러설비를 설치하여야 하는 특정소방대상물(위험물 저장 및 처리 시설 중 가스시설 또는 지하구는 제외한다)

1) 문화 및 집회시설(동・식물원은 제외한다), 종교시설(주요구조부가 목조인 것은 제외한다), 운동시설(물놀이형 시설은 제외한다)로서 다음의 어느 하나에 해당하는 경우에는 모든 층
   가) 수용인원이 100명 이상인 것
   나) 영화상영관의 용도로 쓰이는 층의 바닥면적이 지하층 또는 무창층인 경우에는 500m^2 이상, 그 밖의 층의 경우에는 1천m^2 이상인 것
   다) 무대부가 지하층・무창층 또는 4층 이상의 층에 있는 경우에는 무대부의 면적이 300m^2 이상인 것
   라) 무대부가 다) 외의 층에 있는 경우에는 무대부의 면적이 500m^2 이상인 것
2) 판매시설, 운수시설 및 창고시설(물류터미널에 한정한다)로서 바닥면적의 합계가 5천m^2 이상이거나 수용인원이 500명 이상인 경우에는 모든 층
3) 층수가 11층 이상인 특정소방대상물의 경우에는 모든 층. (단, 2018.1.27.일 부터는 층수 6층으로 개정 강화됨)

62 「화재예방 소방시설 설치・유지 및 안전관리에 관한 법률 시행령」 상 물분무등소화설비를 설치하여야 하는 특정소방대상물로 옳지 않은 것은?

① 항공기격납고
② 연면적 600제곱미터 이상인 주차용 건축물
③ 특정소방대상물에 설치된 바닥면적 300제곱미터 이상인 전산실
④ 20대 이상의 차량을 주차할 수 있는 기계장치에 의한 주차시설

해 설

물분무등소화설비를 설치하여야 하는 특정소방대상물

1) 항공기격납고
2) 차고, 주차용 건축물 또는 철골 조립식 주차시설. 이 경우 연면적 800m^2 이상인 것만 해당한다.
3) 차고 또는 주차의 용도로 사용되는 부분의 바닥면적이 200m^2 이상인 층
4) 기계장치에 의한 주차시설을 이용하여 20대 이상의 차량을 주차할 수 있는 것
5) 전기실・발전실・변전실・축전지실・통신기기실 또는 전산실, 그 밖에 이와 비슷한 것으로서 바닥면적이 300m^2 이상인 것
6) 소화수를 수집・처리하는 설비가 설치되어 있지 않은 중・저준위방사성폐기물의 저장시설. 다만, 이 경우에는 이산화탄소소화설비, 할론소화설비 또는 할로겐화합물 및 불활성기체 소화설비를 설치하여야 한다.

정답 61. ② 62. ②

63 다음 중 인명구조기구의 소방시설 적용기준으로 바른 것은?

① 지하층을 포함하는 층수가 7층 이상인 관광호텔 및 5층 이상인 병원
② 지하층을 제외하는 층수가 7층 이상인 병원 및 5층 이상인 관광호텔
③ 지하층을 제외하는 층수가 7층 이상인 관광호텔 및 5층 이상인 병원
④ 지하층을 포함하는 층수가 7층 이상인 병원 및 5층 이상인 관광호텔

해 설

인명구조기구는 지하층을 포함하는 층수가 7층 이상인 관광호텔 및 5층 이상인 병원에 설치하여야 한다. 다만, 병원의 경우에는 인공소생기를 설치하지 않을 수 있다.

64 다음 중 소화활동설비가 아닌 것은?

① 무선통신보조설비 ② 제연설비
③ 비상콘센트설비 ④ 통합감시시설

해 설

경보설비 : 화재발생 사실을 통보하는 기계・기구 또는 설비
가. 비상벨설비 및 자동식사이렌설비(이하 "비상경보설비"라 한다)
나. 단독경보형 감지기
다. 비상방송설비
라. 누전경보기
마. 자동화재탐지설비 및 시각경보기
바. 자동화재속보설비
사. 가스누설경보기
아. 통합감시시설

65 소방시설의 분류 중 그 설비의 관계가 옳지 않은 것은?

① 소화설비- 소화기구 ② 경보설비- 시각경보기
③ 피난구조설비- 제연설비 ④ 소화활동설비 - 무선통신보조설비

해 설

소화활동설비 – 제연설비

정답 63. ① 64. ④ 65. ③

66 화재예방, 소방시설 설치 · 유지 및 안전관리에 관한 법률에서 물분무등소화설비가 아닌 것은?

① 이산화탄소소화설비
② 미분무소화설비
③ 간이스프링클러설비
④ 할로겐화합물소화설비

해 설

물분무등소화설비

1) 물분무소화설비
2) 미분무소화설비
3) 포소화설비
4) 이산화탄소소화설비
5) 할론소화설비
6) 활로겐화합물 및 불활성기체소화설비
7) 분말소화설비
8) 강화액소화설비

67 특정소방대상물 중 소방관서용 청사가 속하는 시설로 옳은 것은?

① 근린생활시설
② 교육연구시설
③ 운수시설
④ 업무시설

68 화재예방, 소방시설 설치 · 유지 및 안전관리에 관한 법률 시행령 상 특정소방대상물의 분류로 옳지 않은 것은?

① 근린생활시설- 한의원, 치과의원
② 문화 및 집회시설- 동물원, 식물원
③ 항공기 및 자동차 관련시설- 항공기격납고
④ 숙박시설- 청소년활동 진흥법에 따른 유스호스텔

해 설

1. 숙박시설
   가. 일반형 숙박시설: 취사를 할 수 없는 숙박업의 시설
   나. 생활형 숙박시설: 취사를 할 수 있는 숙박업의 시설
2. 수련시설
   가. 생활권 수련시설: 청소년수련관, 청소년문화의집, 청소년특화시설
   나. 자연권 수련시설: 청소년수련원, 청소년야영장
   다. 유스호스텔

정답 66. ③ 67. ④ 68. ④

69 **화재예방, 소방시설 설치 · 유지 및 안전관리 법률에서 대통령령으로 정하고 있는 특정소방대상물의 분류가 옳은 것은?**

① 자원순환관련시설 - 고물상
② 의료시설 – 치과의원
③ 노유자시설 - 요양병원
④ 위락시설 - 안마시술소

해 설

1. 의료시설
   가. 병원: 종합병원, 병원, 치과병원, 한방병원, 요양병원
   나. 격리병원: 전염병원, 마약진료소
   다. 정신의료기관
   라. 「장애인복지법」에 따른 장애인 의료재활시설
2. 노유자시설
   가. 노인 관련 시설:
   나. 아동 관련 시설:
   다. 장애인 관련 시설:
   라. 정신질환자 관련 시설:
   마. 노숙인 관련 시설:
   바. 「사회복지사업법」에 따른 사회복지시설 중 결핵환자 또는 한센인 요양시설 등 다른 용도로 분류되지 않는 것
3. 위락시설
   가. 단란주점으로서 근린생활시설에 해당하지 않는 것
   나. 유흥주점, 그 밖에 이와 비슷한 것
   다. 「관광진흥법」에 따른 유원시설업(遊園施設業)의 시설
   라. 무도장 및 무도학원
   마. 카지노영업소

70 **다음 중 특정소방대상물인 지하가 중에서 500m 터널에 적용하여야 할 소방시설이 아닌 것은?**

① 자동화재탐지설비
② 무선통신보조설비
③ 비상경보설비
④ 비상조명등

해 설

자동화재탐지설비 : 지하가 중에서 1000m 터널

71 **화재예방, 소방시설 설치 · 유지 및 안전관리에 관한 법률에서 특정소방대상에 대한 설명으로 틀리는 것은?**

① 근린생활시설 - 안마시술소
② 판매시설 – 마권 장외 발매소
③ 문화 및 집회시설 - 예식장
④ 노유자시설 - 장애인거주시설

정답 69. ① 70. ① 71. ②

해 설

1. 판매시설
   가. 도매시장: 농수산물도매시장, 농수산물공판장
   나. 소매시장: 시장, 「유통산업발전법」에 따른 대규모점포
   다. 상점:
2. 문화 및 집회시설
   가. 공연장으로서 근린생활시설에 해당하지 않는 것
   나. 집회장 : 예식장, 공회당, 회의장, 마권(馬券) 장외 발매소, 마권 전화투표소

72 **둘 이상의 특정소방대상물에 복도 또는 통로로 연결된 경우 하나의 특정소방대상물로 보지 아니하는 기준으로 옳은 것은?**

① 방화셔터 또는 갑종 방화문이 설치되지 않은 피트로 연결된 경우
② 연결통로 양쪽에 화재 시 자동으로 방수되는 방식의 드렌처설비 또는 개방형 스프링클러헤드가 설치된 경우
③ 컨베이어로 연결되거나 플랜트설비의 배관 등으로 연결되어 있는 경우
④ 지하보도, 지하상가, 지하가로 연결된 경우

해 설

▌별개의 특정소방대상물로 보는 개념 : 상호간 방화구획 되어 있는 경우로서 내화구조 구획

1. 개구부에 방화문 또는 방화셔터 설치
2. 개구부에 드렌처설비 또는 개방형 스프링클러 설치

하나의 특정소방대상물로 보는 개념 : 상호간 방화구획 되어 있지 않는 경우

▌별개의 특정소방대상물로 보는 경우

1. 내화구조로 된 하나의 특정소방대상물이 개구부가 없는 내화구조의 바닥과 벽으로 구획되어 있는 경우
2. 연결통로 또는 지하구와 소방대상물의 양쪽에 화재 시 경보설비 또는 자동소화설비의 작동과 연동하여 자동으로 닫히는 방화셔터 또는 갑종 방화문이 설치된 경우
3. 연결통로 또는 지하구와 소방대상물의 양쪽에 화재 시 자동으로 방수되는 방식의 드렌처설비 또는 개방형 스프링클러헤드가 설치된 경우
4. 특정소방대상물이 지하가와 연결되는 지하층에 지하층 또는 지하가에 설치된 방화문이 자동폐쇄장치・자동화재탐지설비 또는 자동소화설비와 연동하여 닫히는 구조이거나 그 윗부분에 드렌처설비가 설치된 경우

▌하나의 소방대상물로 보는 경우

1. 둘 이상의 특정소방대상물이 내화구조로 된 연결통로가 벽이 없는 구조로서 그 길이가 6m 이하인 경우
2. 둘 이상의 특정소방대상물이 내화구조로 된 연결통로가 벽이 있는 구조로서 그 길이가 10m 이하인 경우 단, 벽 높이가 바닥에서 천장까지의 높이의 2분의 1이상인 경우에는 벽이 있는 구조로 보고, 벽 높이가 바닥에서 천장까지의 높이의 2분의 1미만인 경우에는 벽이 없는 구조로 본다.
3. 내화구조가 아닌 연결통로로 연결된 경우
4. 컨베이어로 연결되거나 플랜트설비의 배관 등으로 연결되어 있는 경우
5. 지하보도, 지하상가, 지하가로 연결된 경우
6. 방화셔터 또는 갑종방화문이 설치되지 않은 피트로 연결된 경우
7. 지하구로 연결된 경우
8. 특정소방대상물의 지하층이 지하가와 연결되어 있는 경우

정답 72. ②

73 **다음 소방시설 중 내진설계를 적용하여야 하는 소방시설로 틀리는 것은?**

① 옥내소화전설비

② 제연설비

③ 스프링클러설비

④ 물분무등소화설비

해 설

내진설계 적용 대상

1. 옥내소화전설비
2. 스프링클러설비
3. 물분무등소화설비

74 **다음 중 내진설계 대상이 아닌 것은?**

① 옥내소화전

② 옥외소화전

③ 스프링클러설비

④ 물분무소화설비

해 설

내진설계 적용 소방시설

1. 옥내소화전설비
2. 스프링클러설비
3. 물분무등소화설비

75 **「화재예방, 소방시설 설치・유지 및 안전관리에 관한 법률 시행령」상 신축 건축물로서 성능위주설계를 해야 할 특정 소방대상물의 범위로 옳은 것은?**

① 연면적 10만제곱미터 이상인 특정소방대상물로서 기숙사

② 건축물의 높이가 100미터 이상인 특정소방대상물로서 아파트

③ 지하층을 포함한 층수가 20층 이상인 특정소방대상물 로서 복합건축물

④ 연면적 3만제곱미터 이상인 특정소방대상물로서 공항 시설

정답 73. ② 74. ② 75. ④

해 설

성능위주설계를 하여야 하는 특정소방대상물의 범위(신축하는 것만 해당)

1. 연면적 20만제곱미터 이상인 특정소방대상물. 다만, "아파트등"은 제외한다.
2. 다음의 어느 하나에 해당하는 특정소방대상물. 다만, 아파트등은 제외한다.
   가. 건축물의 높이가 100미터 이상인 특정소방대상물
   나. 지하층을 포함한 층수가 30층 이상인 특정소방대상물
3. 연면적 3만제곱미터 이상인 특정소방대상물로서 다음의 어느 하나에 해당하는 특정소방대상물
   가. 철도 및 도시철도 시설
   나. 공항시설
4. 하나의 건축물에 「영화 및 비디오물의 진흥에 관한 법률」에 따른 영화상영관이 10개 이상인 특정소방대상물

76 성능위주의 설계를 해야 할 특정소방대상물의 범위 중 옳지 않은 것은?

① 연면적 20만제곱미터 이상인 특정소방대상물. 다만, 「화재예방, 소방시설 설치 · 유지 및 안전관리에 관한 법률 시행령」의 아파트는 제외한다.

② 건축물의 높이가 100미터 이상이거나 지하층을 제외한 층수가 30층 이상인 특정소방대상물

③ 연면적 3만제곱미터 이상인 철도 및 도시철도 시설, 공항시설

④ 하나의 건축물에 영화상영관이 10개 이상인 특정소방대상물

해 설

지하층을 포함한 층수가 30층 이상인 특정소방대상물 단, 아파트 제외

77 「화재예방 소방시설 설치 · 유지 및 안전관리에 관한 법률 시행령」 상 분말형태의 소화약제를 사용하는 소화기의 내용연수로 옳은 것은?

① 10년　② 15년
③ 20년　④ 25년

해 설

내용연수 설정 대상 소방용품

1. 내용연수를 설정하여야 하는 소방용품은 분말형태의 소화약제를 사용하는 소화기로 한다.
2. 소방용품의 내용연수는 10년으로 한다.

정답 76. ② 77. ①

78 **소방시설, 피난시설, 방화구획 및 방화시설의 유지 · 관리를 하여야 하는 자는?**

① 산업안전관리자 ② 건축설비관리자
③ 소방시설관리사 ④ 관계인

해 설

특정소방대상물의 관계인은 「건축법」에 따른 피난시설, 방화구획(防火區劃) 및 규정에 따른 방화벽, 내부 마감재료 등(이하 "방화시설"이라 한다)에 대하여 유지 및 관리를 하여야 한다.

79 **「화재예방, 소방시설 설치 · 유지 및 안전관리에 관한 법률 시행령」 상 건축허가등의 동의대상물 중 화재위험작업 공사현장에 설치하여야 하는 임시소방시설의 종류와 설치기준으로 옳지 않은 것은?**

① 가연성 가스를 발생시키는 화재위험작업현장에는 소화기를 설치하여야 한다,
② 바닥면접 150제곱미터 이상인 지하층 또는 무창층의 화재위험작업현장에는 간이소화장치를 설치하여야 한다.
③ 바닥면적 150제곱미터 이상인 지하층 또는 무창층의 화재위험작업현장에는 비상경보장치를 설치하여야 한다.
④ 바닥면적 150제곱미터 이상인 지하층 또는 무창층의 화재위험작업현장에는 간이피난유도선을 설치하여야 한다.

해 설

간이소화장치 설치대상

1) 연면적 3천m^2 이상
2) 지하층, 무창층 또는 4층 이상의 층. 이 경우 해당 층의 바닥면적이 600m^2 이상인 경우만 해당한다.

80 **다음 중 임시소방시설이 아닌 것은?**

① 간이소화장치 ② 소화기
③ 비상경보장치 ④ 호스릴 옥내소화전

해 설

임시소방시설의 종류

1. 소화기
2. 간이소화장치 : 물을 방사(放射)하여 화재를 진화할 수 있는 장치로서 소방청장이 정하는 성능을 갖추고 있을 것
3. 비상경보장치 : 화재가 발생한 경우 주변에 있는 작업자에게 화재사실을 알릴 수 있는 장치로서 소방청장이 정하는 성능을 갖추고 있을 것
4. 간이피난유도선 : 화재가 발생한 경우 피난구 방향을 안내할 수 있는 장치로서 소방청장이 정하는 성능을 갖추고 있을 것

정답 78. ④ 79. ② 80. ④

81 다음 설명 중 괄호 안에 들어 갈 내용으로 알맞은 것은?

> 소방본부장이나 소방서장은 기존의 특정소방대상물이 (　　)되거나, (　　)되는 경우에는 대통령령으로 정하는 바에 따라 (　　)또는 (　　) 당시의 소방시설등의 설치에 관한 대통령령 또는 화재안전기준을 적용한다.

① 신축, 증축　　② 증축, 개축
③ 신축, 용도변경　　④ 증축, 용도변경

해 설

소방본부장이나 소방서장은 기존의 특정소방대상물이 증축되거나 용도변경되는 경우에는 대통령령으로 정하는 바에 따라 증축 또는 용도변경 당시의 소방시설등의 설치에 관한 대통령령 또는 화재안전기준을 적용한다.

82 다음 중 소방시설의 변경 시 기존의 특정소방대상물에 대하여 강화된 화재안전기준을 적용하는 것으로 틀리는 것은?

① 소화기구　　② 비상경보설비
③ 자동화재속보설비　　④ 옥내소화전설비

해 설

강화된 대통령령 및 화재안전기준적용 대상

1. 소화기구 · 비상경보설비 · 자동화재속보설비 및 피난설비
2. 지하구 가운데 「국토의 계획 및 이용에 관한 법률」에 따른 공동구에 설치하여야 하는 소방시설등
3. 노유자(老幼者)시설, 의료시설에 설치하여야 하는 소방시설등 중 대통령령으로 정하는 것

83 소방시설기준 적용의 특례 중 대통령령 또는 화재안전기준의 변경으로 강화된 기준을 적용하는 것은?

① 자동화재속보설비
② 자동화재탐지설비
③ 옥내소화전설비
④ 스프링클러설비

해 설

소화기구 · 비상경보설비 · 자동화재속보설비 및 피난구조설비

정답 81. ④ 82. ④ 83. ①

84 **「화재예방, 소방시설 설치 · 유지 및 안전관리에 관한 법률」 및 같은 법 시행령 상 노유자시설 및 의료시설의 경우 강화된 소방시설기준의 적용대상이다. 이에 해당하는 소방설비의 연결이 옳지 않은 것은?**

① 노유자시설에 설치하는 간이스프링클러설비

② 노유자시설에 설치하는 비상방송설비

③ 의료시설에 설치하는 스프링클러설비

④ 의료시설에 설치하는 자동화재탐지설비

해 설

강화된 소방시설기준의 적용대상

1. 노유자(老幼者)시설에 설치하는 간이스프링클러설비, 자동화재탐지설비 및 단독경보형 감지기
2. 의료시설에 설치하는 스프링클러설비, 간이스프링클러설비, 자동화재탐지설비 및 자동화재속보설비

85 **「화재예방, 소방시설 설치 · 유지 및 안전관리에 관한 법률 시행령」상 밑줄 친 각 호에 해당되지 않는 것은?**

> 소방본부장 또는 소방서장은 특정소방대상물이 증축 되는 경우에는 기존 부분을 포함한 특정소방대상물의 전체에 대하여 증축 당시의 소방시설의 설치에 관한 대통령령 또는 화재안전기준을 적용하여야 한다. 다만, 다음 각 호의 어느 하나에 해당하는 경우에는 기존 부분에 대해서는 증축 당시의 소방시설의 설치에 관한 대통령령 또는 화재안전기준을 적용하지 아니한다.

① 기존 부분과 증축 부분이 내화구조로 된 바닥과 벽으로 구획된 경우

② 기존 부분과 증축 부분이 「건축법 시행령」 제64조에 따른 갑종방화문(국토교통부장관이 정하는 기준에 적합 한 자동방화셔터를 포함한다)으로 구획되어 있는 경우

③ 자동차 생산공장 등 화재 위험이 낮은 특정소방대상물 내부에 연면적 100제곱미터 이하의 직원 휴게실을 증축하는 경우

④ 자동차 생산공장 등 화재 위험이 낮은 특정소방대상물에 캐노피(3면 이상에 벽이 없는 구조의 캐노피를 말한다)를 설치하는 경우

해 설

자동차 생산공장 등 화재 위험이 낮은 특정소방대상물 내부에 연면적 33제곱미터 이하의 직원 휴게실을 증축하는 경우

정답 84. ② 85. ③

86 소방시설을 설치하지 아니할 수 있는 특정소방대상물이 아닌 것은?

① 화재연소 위험이 작은 특정소방대상물

② 화재안전기준을 적용하기 어려운 특정소방대상물

③ 위험물안전관리법 제19조의 규정에 의한 자체소방대가 설치된 특정소방대상물

④ 화재안전기준을 다르게 적용하여야 하는 특수한 용도 또는 구조를 가진 특정소방대상물

해 설

소방시설을 설치하지 아니할 수 있는 특정소방대상물

1. 화재 위험도가 낮은 특정소방대상물
2. 화재안전기준을 적용하기 어려운 특정소방대상물
3. 화재안전기준을 다르게 적용하여야 하는 특수한 용도 또는 구조를 가진 특정소방대상물
4. 「위험물안전관리법」에 따른 자체소방대가 설치된 특정소방대상물

87 소방시설을 설치하지 아니할 수 있는 특정소방대상물 및 소방시설의 범위에 관한 규정으로 옳지 않은 것은?

① 주물공장은 옥외소화전 및 연결살수설비를 설치하지 아니할 수 있다.

② 펄프공장의 작업장은 화재 위험도가 낮은 특정소방대상물에 해당된다.

③ 정수장은 자동화재탐지설비를 설치하지 아니할 수 있다.

④ 원자력발전소는 연결송수관설비 및 연결살수설비를 설치하지 아니할 수 있다.

해 설

구분	특정소방대상물	소방시설
1. 화재 위험도가 낮은 특정소방대상물	석재, 불연성금속, 불연성 건축재료 등의 가공공장・기계조립공장・주물공장 또는 불연성 물품을 저장하는 창고	옥외소화전 및 연결살수설비
	「소방기본법」에 따른 소방대(消防隊)가 조직되어 24시간 근무하고 있는 청사 및 차고	옥내소화전설비, 스프링클러설비, 물분무등소화설비, 비상방송설비, 피난기구, 소화용수설비, 연결송수관설비, 연결살수설비
2. 화재안전기준을 적용하기 어려운 특정소방대상물	펄프공장의 작업장, 음료수 공장의 세정 또는 충전을 하는 작업장, 그 밖에 이와 비슷한 용도로 사용하는 것	스프링클러설비, 상수도소화용수설비 및 연결살수설비
	정수장, 수영장, 목욕장, 농예・축산・어류양식용 시설, 그 밖에 이와 비슷한 용도로 사용되는 것	자동화재탐지설비, 상수도소화용수설비 및 연결살수설비
3. 화재안전기준을 달리 적용하여야 하는 특수한 용도 또는 구조를 가진 특정소방대상물	원자력발전소, 핵폐기물처리시설	연결송수관설비 및 연결살수설비
4. 「위험물안전관리법」 제19조에 따른 자체소방대가 설치된 특정소방대상물	자체소방대가 설치된 위험물 제조소 등에 부속된 사무실	옥내소화전설비, 소화용수설비, 연결살수설비 및 연결송수관설비

정답 86. ① 87. ②

88 **화재예방, 소방시설 설치 유지 및 안전관리에 관한 법률 시행령 상 '유사한 소방시설의 설치 면제의 기준'에 대한 설명이다. ( )안의 내용으로 옳게 연결된 것은?**

> 간이스프링클러를 설치하여야 하는 특정소방대상물에 (ㄱ), (ㄴ), 또는 미분무소화설비를 화재안전기준에 적합하게 설치한 경우에는 그 설비의 유효범위에서 설치가 면제된다.

	ㄱ	ㄴ
①	스플링클러설비	옥내소화전설비
②	포소화설비	물분무소화설비
③	스프링클러설비	물분무소화설비
④	포소화설비	옥내소화전설비

해 설

면제 소방시설	설치면제 기준
간이스프링클러설비	간이스프링클러설비를 설치하여야 하는 특정소방대상물에 스프링클러설비, 물분무소화설비 또는 미분무소화설비를 화재안전기준에 적합하게 설치한 경우에는 그 설비의 유효범위에서 설치가 면제된다.

89 **화재예방, 소방시설 설치 ・유지 및 안전관리에 관한 법률에서 자동화재탐지설비를 면제할 수 있는 요건으로 올바른 것은?**

① 준비작동식스프링클러설비를 화재안전기준에 적합하게 설치한 경우
② 습식스프링클러설비를 화재안전기준에 적합하게 설치한 경우
③ 건식스프링클러설비를 화재안전기준에 적합하게 설치한 경우
④ 화재조기진압용스프링클러설비를 화재안전기준에 적합하게 설치한 경우

해 설

자동화재탐지설비 면제

자동화재탐지설비의 기능(감지・수신・경보기능을 말한다)과 성능을 가진 준비작동식 스프링클러설비를 화재안전기준에 적합하게 설치한 경우에는 그 설비의 유효범위에서 설치가 면제된다.

정답 88. ③ 89. ①

90 **화재예방, 소방시설 설치 · 유지 및 안전관리에 관한 법률에서 기능과 성능이 유사한 경우 소방시설의 설치를 면제 할 수 있다. 다음 중 면제할 수 없는 소화설비는?**

① 스프링클러설비

② 옥내소화전설비

③ 소화기구

④ 물분무등소화설비

91 **「화재예방, 소방시설 설치 · 유지 및 안전관리에 관한 법률 및 같은 법 시행령」상 중앙소방기술심의위원회의 심의사항에 관한 내용 중 옳지 않은 것은?**

① 화재안전기준, 공법이 특수한 설계 및 시공에 관한 사항

② 소방시설공사의 하자를 판단하는 기준에 관한 사항

③ 연면적 10만 제곱미터 이상의 특정소발대상물에 설치된 소방시설의 설계 · 시공 · 감리의 하자유무에 관한 사항

④ 소방본부장 또는 소방서장이 심의에 부치는 사항

해설

중앙소방기술심의위원회

1. 화재안전기준에 관한 사항
2. 소방시설의 구조 및 원리 등에서 공법이 특수한 설계 및 시공에 관한 사항
3. 소방시설의 설계 및 공사감리의 방법에 관한 사항
4. 소방시설공사의 하자를 판단하는 기준에 관한 사항
5. 연면적 10만제곱미터 이상의 특정소방대상물에 설치된 소방시설의 설계 · 시공 · 감리의 하자 유무에 관한 사항
6. 새로운 소방시설과 소방용품 등의 도입 여부에 관한 사항
7. 소방기술과 관련하여 소방청장이 심의에 부치는 사항

92 **다음 중 중앙소방기술심의위원회 내용으로 틀린 것은?**

① 화재안전기준에 관한 사항

② 소방시설의 구조 및 원리 등에서 공법이 특수한 설계 및 시공에 관한 사항

③ 소방시설의 설계 및 공사감리의 방법에 관한 사항

④ 소방시설에 하자가 있는지의 판단에 관한 사항

정답 90. ③ 91. ④ 92. ④

해 설

지방 소방기술 심의위원회 심의 사항

1. 소방시설에 하자가 있는지의 판단에 관한 사항
2. 소방기술 등에 관하여 대통령령으로 정하는 사항

대통령령으로 정하는 사항

1. 연면적 10만 제곱미터 미만의 특정소방대상물에 설치된 소방시설의 설계・시공・감리의 하자 유무에 관한 사항
2. 소방본부장 또는 소방서장이 화재안전기준 또는 위험물 제조소등의 시설기준의 적용에 관하여 기술검토를 요청하는 사항

93 **「화재예방, 소방시설 설치・유지 및 안전관리에 관한 법률」 및 같은 법 시행령 상 지방소방기술심의위원회의 심의사항 으로 옳은 것은?**

① 화재안전기준에 관한 사항

② 소방시설의 구조 및 원리 등에서 공법이 특수한 설계 및 시공에 관한 사항

③ 소방시설의 설계 및 공사감리의 방법에 관한 사항

④ 연면적 10만제곱미터 미만의 특정소방대상물에 설치된 소방시설의 설계・시공・감리의 하자 유무에 관한 사항

해 설

중앙소방기술심의위원회

1. 화재안전기준에 관한 사항
2. 소방시설의 구조 및 원리 등에서 공법이 특수한 설계 및 시공에 관한 사항
3. 소방시설의 설계 및 공사감리의 방법에 관한 사항
4. 소방시설공사의 하자를 판단하는 기준에 관한 사항
5. 연면적 10만제곱미터 이상의 특정소방대상물에 설치된 소방시설의 설계・시공・감리의 하자 유무에 관한 사항
6. 새로운 소방시설과 소방용품 등의 도입 여부에 관한 사항
7. 소방기술과 관련하여 소방청장이 심의에 부치는 사항

지방 소방기술 심의위원회 심의 사항

1. 소방시설에 하자가 있는지의 판단에 관한 사항
2. 연면적 10만 제곱미터 미만의 특정소방대상물에 설치된 소방시설의 설계・시공・감리의 하자 유무에 관한 사항
3. 소방본부장 또는 소방서장이 화재안전기준 또는 위험물 제조소등의 시설기준의 적용에 관하여 기술검토를 요청하는 사항

정답 93. ④

94 **「화재예방, 소방시설 설치·유지 및 안전관리에 관한 법률 및 같은 법 시행령」상 규정하고 있는 소방대상물의 방염에 대한 설명으로 옳지 않은 것은?**

① 건축법 시행령에 따라 산정한 층수가 11층 이상인 특정소방대상물(아파트는 제외)은 방염성능기준 이상의 실내장식물 등을 설치하여야 한다,

② 창문에 설치하는 커튼류(블라인드 포함)는 제조 또는 가공 공정에서 방염처리를 한 물품에 해당된다.

③ 방염성능검사 합격표시를 위조하거나 변조하여 사용한 자는 300만원 이하의 과태료에 처한다.

④ 대통령령에서 규정하는 방염성능기준 범위는 탄화한 면적의 경우 50제곱센티미터 이내, 탄화한 길이는 20cm 이내이다.

해 설

방염성능검사 합격표시를 위조하거나 변조하여 사용한 자는 300만원 이하의 벌금에 처한다.

95 **방염성능기준 이상의 실내장식물 등을 설치하여야 하는 특정소방대상물이 아닌 것은?**

① 방송국

② 종합병원

③ 연구소 실험실

④ 안마시술소

해 설

방염대상 특정소방대상물

1. 근린생활시설 중 체력단련장, 숙박시설, 방송통신시설 중 방송국 및 촬영소
2. 건축물의 옥내에 있는 시설로서 다음 각 목의 시설
   가. 문화 및 집회시설
   나. 종교시설
   다. 운동시설(수영장은 제외한다)
3. 의료시설 중 종합병원과 정신의료기관, 노유자시설 및 숙박이 가능한 수련시설
4. 「다중이용업소의 안전관리에 관한 특별법」에 따른 다중이용업의 영업장
5. 층수가 11층 이상인 것(아파트는 제외한다)
6. 교육연구시설 중 합숙소

정답 94. ③ 95. ③

96 다음 중 방염대상 특정소방대상물이 아닌 것은?

① 방송통신시설 중 방송국 및 촬영소

② 근린생활시설 중 체력단련장

③ 교육연구시설 중 합숙소

④ 옥외에 설치된 운동시설

해 설

방염대상 특정소방대상물

1. 근린생활시설 중 체력단련장, 숙박시설, 방송통신시설 중 방송국 및 촬영소
2. 건축물의 옥내에 있는 시설로서
   나. 종교시설
   다. 운동시설(수영장은 제외한다)
3. 의료시설 중 종합병원과 정신의료기관(입원실이 없는 정신건강의학과 의원은 제외한다), 노유자시설 및 숙박이 가능한 수련시설
4. 다중이용업의 영업장
5. 층수가 11층 이상인 것(아파트는 제외한다)
6. 교육연구시설 중 합숙소

97 방염성능기준 이상의 실내장식물 등을 설치하여야 하는 특정소방대상물이 아닌 것은?

① 문화 및 집회시설

② 종합병원

③ 노유자시설

④ 운동시설(수영장)

해 설

방염대상 특정소방대상물

1. 근린생활시설 중 체력단련장, 숙박시설, 방송통신시설 중 방송국 및 촬영소
2. 건축물의 옥내에 있는 시설로서
   가. 문화 및 집회시설
   나. 종교시설
   다. 운동시설(수영장은 제외)
3. 의료시설 중 종합병원과 정신의료기관, 노유자시설 및 숙박이 가능한 수련시설
4. 「다중이용업소의 안전관리에 관한 특별법」에 따른 다중이용업의 영업장
5. 층수가 11층 이상인 것(아파트는 제외)
6. 교육연구시설 중 합숙소

정답 96. ④ 97. ④

98 다음 중 방염대상물품이 아닌 것을 고르시오.

① 커튼류(블라인드 포함)
② 침구류・소파
③ 암막・무대막
④ 전시용 합판 또는 섬유판

해 설

방염대상물품

1. 창문에 설치하는 커튼류(블라인드를 포함한다)
2. 카펫, 두께가 2밀리미터 미만인 벽지류(종이벽지는 제외한다)
3. 전시용 합판 또는 섬유판, 무대용 합판 또는 섬유판
4. 암막・무대막(영화상영관에 설치하는 스크린과 골프 연습장업에 설치하는 스크린을 포함한다)
5. 섬유류 또는 합성수지류 등을 원료로 하여 제작된 소파・의자(단란주점영업, 유흥주점영업 및 노래연습장업의 영업장에 설치하는 것만 해당한다)

99 다음 중 대통령령이 정하는 방염대상물품이 아닌 것은?

① 암막, 무대막
② 커튼류(블라인드 포함)
③ 무대용・전시용 합판 및 섬유판
④ 10cm 이하의 반자돌림대

해 설

10cm 이하의 반자돌림대는 다중이용업의 실내장식물이 아니다.

100 방염대상물품 중 실내장식물로 맞는 것은?

① 실 또는 공간을 구획하기 위하여 설치하는 간이칸막이
② 침구류
③ 커튼류(블라인드 포함)
④ 소파 및 의자

해 설

실내장식물

건축물 내부의 천장이나 벽에 붙이는(설치하는) 것 다만, 가구류(옷장, 찬장, 식탁, 식탁용 의자, 사무용 책상, 사무용 의자 및 계산대, 그 밖에 이와 비슷한 것을 말한다)와 너비 10센티미터 이하인 반자돌림대 등과 내부마감재료는 제외한다.

1. 종이류(두께 2밀리미터 이상인 것을 말한다)・합성수지류 또는 섬유류를 주원료로 한 물품
2. 합판이나 목재
3. 실(室) 또는 공간을 구획하기 위하여 설치하는 칸막이 또는 간이 칸막이
4. 흡음(吸音)이나 방음(防音)을 위하여 설치하는 흡음재(흡음용 커튼을 포함한다) 또는 방음재(방음용 커튼을 포함한다)

정답 98. ② 99. ④ 100. ①

101 다음 중 실내장식물이 아닌 것은?

① 공간을 구획하기 위하여 설치하는 간이칸막이
② 벽에 장식을 위한 합판 또는 목재
③ 방음을 위하여 설치하는 방음재
④ 벽의 장식을 위하여 부착한 2mm 미만의 종이벽지

해 설

2mm 미만의 종이벽지는 실내장식물에서 제외된다.

102 다음 중 방염성능기준에 관하여 맞는 것은?

① 버너의 불꽃을 제거한 때부터 불꽃을 올리며 연소하는 상태가 그칠 때까지 시간은 10초 이내일 것
② 버너의 불꽃을 제거한 때부터 불꽃을 올리지 아니하고 연소하는 상태가 그칠 때까지 시간은 30초 이내일 것
③ 탄화(炭火)한 면적은 20cm^2 이내, 탄화한 길이는 50cm 이내일 것
④ 소방청장이 정하여 고시한 방법으로 발연량(發煙量)을 측정하는 경우 최대연기밀도는 700 이하일 것

해 설

방염성능기준

1. 버너의 불꽃을 제거한 때부터 불꽃을 올리며 연소하는 상태가 그칠 때까지 시간은 20초 이내일 것
2. 버너의 불꽃을 제거한 때부터 불꽃을 올리지 아니하고 연소하는 상태가 그칠 때까지 시간은 30초 이내일 것
3. 탄화(炭化)한 면적은 50제곱센티미터 이내, 탄화한 길이는 20센티미터 이내일 것
4. 불꽃에 의하여 완전히 녹을 때까지 불꽃의 접촉 횟수는 3회 이상일 것
5. 소방청장이 정하여 고시한 방법으로 발연량(發煙量)을 측정하는 경우 최대연기밀도는 400 이하일 것

103 방염성능 기준으로 옳지 않은 것은?

① 탄화한 면적 50㎠ 이내, 탄화한 길이 20cm 이내로 한다.
② 불꽃에 의해 완전히 녹을 때 까지 불꽃접촉 횟수는 3회 이상
③ 버너의 불꽃을 올리고 연소상태가 그칠 때 까지 30초 이내
④ 발연량을 측정하는 경우 최대 연기밀도는 400 이내로 한다.

해 설

버너의 불꽃을 제거한 때부터 불꽃을 올리며 연소하는 상태가 그칠 때까지 시간은 20초 이내일 것

정답 101. ④ 102. ② 103. ③

104 **다음 중 방염성능기준으로 틀린 것은?**

① 탄화한 면적 50㎠ 이내, 탄화한 길이 30㎝ 이내
② 버너의 불꽃을 제거한 때부터 불꽃을 올리지 아니하고 연소상태가 그칠 때까지 시간은 30초 이내
③ 버너의 불꽃을 제거한 때부터 불꽃을 올리고 연소상태가 그칠 때까지의 시간은 20초 이내
④ 불꽃에 의해 완전히 녹을 때까지 불꽃의 접촉횟수는 3회 이상

해 설

탄화한 길이 20㎝ 이내

제4장 소방대상물의 안전관리

105 **1급 소방안전관리자를 두어야 하는 특정소방대상물로서 맞는 것은?**

① 연면적 1만5천 제곱미터의 위락시설
② 공공건물
③ 지하구
④ 위험물제조소등

해 설

"1급 소방안전관리대상물"
가. 연면적 1만5천 제곱미터 이상인 것
나. 층수가 11층 이상인 것
다. 가연성 가스를 1천톤 이상 저장·취급하는 시설

106 **특정소방대상물의 소방안전관리에 관한 것으로 옳은 것은?**

① 관계인이 소방안전관리자를 선임한 경우 소방본부장 또는 소방서장에게 30일 이내에 신고한다.
② 연면적 8천m^2 이고 층수가 15층인 근린생활시설은 1급 소방안전관리대상물이다.
③ 소방설비기사는 1급 소방안전관리대상물 선임대상이지만 소방설비산업기사는 1급 소방안전관리대상물 선임 대상자가 될 수 없다.
④ 소방공무원은 1년 이상 근무경력이 있으면 2급 소방안전관리자로 선임될 수 있다.

정답 104. ① 105. ① 106. ②

해 설

1. 관계인이 소방안전관리자를 선임한 경우 소방본부장 또는 소방서장에게 14일 이내에 신고한다.
2. 소방설비기사 또는 소방설비산업기사는 1급 소방안전관리대상물에 선임할 수 있다.
3. 의용소방대는 3년 이상 근무 경력이 있으면 2급 소방안전관리자로 선임될 수 있다.

107 **1급 소방안전관리대상물에 두어야할 소방안전관리자의 선임대상자 자격에 해당하는 자는?**

① 소방공무원 3년 이상 경력자

② 소방안전관련학과를 졸업하고 3년 이상 소방안전관리 2급 실무경력자

③ 소방안전관리학과를 졸업하고 2년 이상 소방안전관리 2급 실무경력자

④ 위험물기능사 자격을 가진 사람으로 위험물안전관리자로 선임된 사람

해 설

1급 소방안전관리대상물의 소방안전관리자

1. 소방설비기사 또는 소방설비산업기사의 자격이 있는 사람
2. 산업안전기사 또는 산업안전산업기사의 자격을 취득한 후 2년 이상 2급 소방안전관리대상물의 소방안전관리자로 근무한 실무경력이 있는 사람
3. 소방공무원으로 7년 이상 근무한 경력이 있는 사람
4. 위험물기능장 · 위험물산업기사 또는 위험물기능사 자격을 가진 사람으로서 위험물안전관리자로 선임된 사람
5. 가스안전관리자로 선임된 사람
6. 전기안전관리자로 선임된 사람
7. 소방청장이 실시하는 1급 소방안전관리대상물의 소방안전관리에 관한 시험에 합격한 사람
   가. "대학"에서 소방안전관리학과를 전공하고 졸업한 사람으로서 2년 이상 2급 또는 3급 소방안전관리대상물의 소방안전관리자로 근무한 실무경력이 있는 사람
   나. 대학에서 소방안전 관련 교과목을 12학점 이상 이수하고 졸업하거나 소방안전 관련 학과를 전공하고 졸업한 사람으로서 3년 이상 2급 또는 3급 소방안전관리대상물의 소방안전관리자로 근무한 실무경력이 있는 사람
   다. 소방행정학 또는 소방안전공학 분야에서 석사학위 이상을 취득한 사람
   라. 5년 이상 2급 소방안전관리대상물의 소방안전관리자로 근무한 실무경력이 있는 사람
   마. 1급 소방안전관리대상물의 소방안전관리에 대한 강습교육을 수료한 사람
8. 특급 소방안전관리대상물의 소방안전관리자 자격이 인정되는 사람

108 **다음 중 1급 소방안전관리대상물의 소방안전관리에 관한 시험에 응시할 수 없는 사람은?**

① 특급 소방안전관리대상물의 소방안전관리에 관한 강습교육을 수료한 후 2년이 경과하지 아니한 사람

② 1급 소방안전관리대상물의 소방안전관리에 관한 강습교육을 수료한 후 2년이 경과하지 아니한 사람

③ 소방행정학(소방학, 소방방재학을 포함한다) 분야에서 학사학위 이상을 취득한 사람

④ 소방안전공학(소방방재공학, 안전공학을 포함한다) 분야에서 석사학위 이상을 취득한 사람

정답 107. ④ 108. ③

해 설

1급 소방안전관리대상물의 소방안전관리에 관한 시험에 응시할 수 있는 사람

1. 특급 소방안전관리대상물의 소방안전관리에 관한 강습교육을 수료한 후 2년이 경과하지 아니한 사람
2. 1급 소방안전관리대상물의 소방안전관리에 관한 강습교육을 수료한 후 2년이 경과하지 아니한 사람
3. 소방청장이 실시하는 1급 소방안전관리대상물의 소방안전관리에 관한 시험에 합격한 사람
   가. 「고등교육법」의 어느 하나에 해당하는 "대학"에서 소방안전관리학과를 전공하고 졸업한 사람으로서 2년 이상 2급 소방안전관리대상물의 소방안전관리자로 근무한 실무경력이 있는 사람
   나. 대학에서 소방안전 관련 교과목을 12학점 이상 이수하고 졸업하거나 소방안전 관련 학과를 전공하고 졸업한 사람으로서 3년 이상 2급 소방안전관리대상물의 소방안전관리자로 근무한 실무경력이 있는 사람
   다. 소방행정학(소방학, 소방방재학을 포함한다) 또는 소방안전공학(소방방재공학, 안전공학을 포함한다) 분야에서 석사학위 이상을 취득한 사람
   라. 5년 이상 2급 소방안전관리대상물의 소방안전관리자로 근무한 실무경력이 있는 사람

109 **특정소방대상물 중 특급 소방안전관리대상물의 기준으로 맞는 것은?(단, 아파트를 제외한다.)**

① 지하층 포함 층수가 30층 이상

② 지하층 제외 층수가 30층 이상

③ 지하층 포함 층수가 50층 이상

④ 지하층 제외 층수가 50층 이상

해 설

특급 소방안전관리대상물

가. 30층 이상(지하층을 포함)이거나 지상으로부터 높이가 120미터 이상인 특정소방대상물(단, 아파트 제외)

나. 연면적이 20만제곱미터 이상인 특정소방대상물(단, 아파트 제외)

다. 아파트로서 층수50층 이상 이거나 건물높이 200미터 이상

110 **특급 소방안전관리자로 선임할 수 있는 자격자로 틀리는 것은?**

① 소방기술사 또는 소방시설관리사의 자격이 있는 사람

② 소방설비기사의 자격을 가지고 5년 이상 2급 이상 소방안전관리대상물의 소방안전관리자로 근무한 실무경력이 있는 사람

③ 소방공무원으로 20년 이상 근무한 경력이 있는 사람

④ 특급 소방안전관리대상물의 소방안전관리에 대한 강습교육을 수료하고 소방청장이 실시하는 특급 소방안전관리대상물의 소방안전관리에 관한 시험에 합격한 사람

해 설

소방설비기사의 자격을 가지고 5년 이상 1급 이상 소방안전관리대상물의 소방안전관리자로 근무한 실무경력이 있는 사람

정답 109. ① 110. ②

111 소방안전관리보조자를 두어야 하는 특정소방대상물이 아닌 것은?

① 노유자시설 ② 수련시설

③ 아파트 300세대 ④ 연면적 1만 제곱미터 미만 특정소방대상물

해 설

소방안전관리보조자를 두어야 하는 특정소방대상물

1. 아파트(300세대 이상인 아파트만 해당한다)
2. 아파트를 제외한 연면적이 1만5천제곱미터 이상인 특정소방대상물
3. 1, 2에 따른 특정소방대상물을 제외한 특정소방대상물 중
   가. 공동주택 중 기숙사
   나. 의료시설
   다. 노유자시설
   라. 수련시설
   마. 숙박시설(숙박시설로 사용되는 바닥면적의 합계가 1천500제곱미터 미만이고 관계인이 24시간 상시 근무하고 있는 숙박시설은 제외한다)

112 화재 등 재난이 발생할 경우 사회・경제적으로 피해가 큰 "소방안전 특별관리시설물"로 틀리는 것은?

① 하나의 건축물에 10개 이상인 영화상영관

② 천연가스 인수기지 및 공급망

③ 석유비축시설

④ 공항시설 및 항만시설

해 설

소방안전 특별관리 시설물

1. 공항시설
2. 철도시설
3. 도시철도시설
4. 항만시설
5. 지정문화재인 시설
6. 산업기술단지
7. 산업단지
8. 초고층 건축물 및 지하연계 복합건축물
9. 영화상영관 중 수용인원 1,000명 이상인 영화상영관
10. 전력용 및 통신용 지하구
11. 석유비축시설
12. 천연가스 인수기지 및 공급망
13. 점포가 500개 이상인 전통시장

정답 111. ④ 112. ①

113 **소방안전관리대상물의 소방계획서 작성 및 시행에 관하여 옳지 않은 것은?**

① 화재예방을 위한 자체점검계획 및 진압대책

② 소방안전관리대상물의 위치 · 구조 · 연면적 · 용도 및 수용인원 등 일반현황

③ 피난시설의 규모와 피난 수용인원의 설정 등을 포함한 피난계획

④ 소방시설 · 피난시설 및 방화시설의 점검 · 정비계획

해 설

피난층 및 피난시설의 위치와 피난경로의 설정, 장애인 및 노약자의 피난계획 등을 포함한 피난계획

114 **건축물대장의 건물현황도에 표시된 대지경계선 안의 지역에 소방안전관리 등급적용에 관한 설명으로 가장 적합한 것은?**

① 관리에 관한 권원(權原)을 가진 자가 동일인인 경우로서 소방안전관리 등급이 다를 때에는 각각 따로 적용한다.

② 관리에 관한 권원(權原)을 가진 자가 동일인인 경우로서 소방안전관리대상물의 등급이 다를 때에는 높은 등급을 적용한다.

③ 관리에 관한 권원(權原)을 가진 자가 동일인인 경우로서 소방안전관리대상물의 등급이 다를 때에는 낮은 등급을 적용한다.

④ 관리에 관한 권원을 가진 자가 서로 다를 때에는 이를 하나의 특정소방대상물로 본다.

해 설

건축물대장의 건축물현황도에 표시된 대지경계선 안의 지역 또는 인접한 2개 이상의 대지에 소방안전관리자를 두어야 하는 특정소방대상물이 둘 이상 있고, 그 관리에 관한 권원(權原)을 가진 자가 동일인인 경우에는 이를 하나의 특정소방대상물로 보되, 그 특정소방대상물이 둘 이상에 해당하는 경우에는 그 중에서 급수가 높은 특정소방대상물로 본다.

115 **공동소방안전관리자 선임대상의 특정소방대상물 중 고층건축물에 해당하는 것은?**

① 지하층을 제외한 7층 이상인 건축물

② 지하층을 제외한 11층 이상인 건축물

③ 높이가 25m 이상인 건축물

④ 높이가 30m 이상인 건축물

정답 113. ③ 114. ② 115. ②

116 다음 중 공동소방안전관리 선임대상이 아닌 것은?

① 복합건축물로서 연면적이 3천5백 제곱미터 이상인 것

② 지하가

③ 고층건축물(지하층을 제외한 11층 이상의 건축물)

④ 도・소매시장 및 소방본부장 또는 소방서장이 지정하는 지역

해 설

공동 소방안전관리자 선임대상 특정소방대상물

1. 고층 건축물(지하층을 제외한 층수가 11층 이상인 건축물만 해당한다)
2. 지하가(지하의 인공구조물 안에 설치된 상점 및 사무실, 그 밖에 이와 비슷한 시설이 연속하여 지하도에 접하여 설치된 것과 그 지하도를 합한 것을 말한다)
3. 복합건축물로서 연면적이 5천 제곱미터 이상인 것 또는 층수가 5층 이상인 것
4. 판매시설 중 도매시장 및 소매시장
5. 특정소방대상물 중 소방본부장 또는 소방서장이 지정하는 것

117 특정소방대상물의 관계인은 (　)이 정하는 바에 따라 (　)이 정하는 자를 공동소방안전관리자로 선임해야 한다. 순서에 맞는 것은?

① 행정안전부령, 대통령령

② 대통령령, 행정안전부령

③ 행정안전부령, 소방청장

④ 소방청장, 행정안전부령

해 설

그 관리의 권원(權原)이 분리되어 있는 것 가운데 소방본부장이나 소방서장이 지정하는 특정소방대상물의 관계인은 행정안전부령으로 정하는 바에 따라 대통령령으로 정하는 자를 공동 소방안전관리자로 선임하여야 한다.

118 공동소방안전관리자를 선임해야 하는 특정소방대상물이 아닌 것은?

① 복합건축물로서 연면적이 5천m^2 이상인 것 또는 층수가 5층 이상인 특정소방대상물

② 지하가

③ 지하층을 포함한 11층 이상 특정소방대상물

④ 소방본부장 또는 소방서장이 지정하는 특정소방대상물

정답 116. ① 117. ① 118. ③

해 설

공동 소방안전관리자 선임대상 특정소방대상물

1. 고층 건축물(지하층을 제외한 층수가 11층 이상인 건축물만 해당한다)
2. 지하가(지하의 인공구조물 안에 설치된 상점 및 사무실, 그 밖에 이와 비슷한 시설이 연속하여 지하도에 접하여 설치된 것과 그 지하도를 합한 것을 말한다)
3. 복합건축물로서 연면적이 5천 제곱미터 이상인 것 또는 층수가 5층 이상인 것
4. 판매시설 중 도매시장 및 소매시장
5. 특정소방대상물 중 소방본부장 또는 소방서장이 지정하는 것

119 다음 중 특정소방대상물의 거주자 및 근무자에게 실시하는 소방훈련의 종류로 틀리는 것은?

① 비상훈련

② 통보훈련

③ 피난훈련

④ 소화훈련

해 설

대통령령으로 정하는 특정소방대상물의 관계인은 그 장소에 상시 근무하거나 거주하는 사람에게 소화・통보・피난 등의 훈련(이하 "소방훈련"이라 한다)과 소방안전관리에 필요한 교육을 하여야 한다. 이 경우 피난훈련은 그 소방대상물에 출입하는 사람을 안전한 장소로 대피시키고 유도하는 훈련을 포함하여야 한다.

120 특정소방대상물의 근무자 및 거주자에게 실시하는 소방훈련을 지도 및 감독할 수 있는 자는?

① 시・도지사

② 소방본부장 또는 소방서장

③ 소방청장

④ 행정안전부장관

해 설

소방본부장이나 소방서장은 특정소방대상물의 관계인이 실시하는 소방훈련을 지도・감독할 수 있다.

정답 119. ① 120. ②

제5장 소방시설관리사 및 소방시설관리업

121 **소방시설관리사의 자격시험을 실시하는 자는?**

① 시・도지사
② 소방본부장 또는 소방서장
③ 소방청장
④ 국가기술자격법에 의한 실시권자

해 설
소방시설관리사가 되려는 사람은 소방청장이 실시하는 관리사시험에 합격하여야 한다.

122 **소방시설관리사의 자격을 취소하여야 하는 사유로 틀리는 것은?**

① 소방시설관리사증을 다른 자에게 빌려준 경우
② 거짓이나 그 밖의 부정한 방법으로 시험에 합격한 경우
③ 점검을 하지 아니하거나 거짓으로 점검한 경우
④ 동시에 둘 이상의 업체에 취업한 경우

해 설
자격의 정지
1. 소방안전관리 업무를 하지 아니하거나 거짓으로 한 경우
2. 점검을 하지 아니하거나 거짓으로 한 경우
3. 성실하게 자체점검 업무를 수행하지 아니한 경우
4. 명령을 위반하여 보고 또는 자료제출을 하지 아니하거나 거짓으로 보고 또는 자료제출을 한 경우
5. 정당한 사유 없이 관계 공무원의 출입・검사 또는 조사를 거부・방해 또는 기피한 경우

123 **다음 중 관리사 자격을 반드시 취소하지 않아도 되는 것은?**

① 관리사증을 다른 자에게 빌려준 경우
② 거짓이나 그 밖의 부정 방법으로 시험에 합격한 경우
③ 소방시설 등의 자체점검을 하지 않은 경우
④ 둘 이상 업체에 취업한 경우

정답 121. ③ 122. ③ 123. ③

해 설

소방시설관리사 자격 취소

1. 거짓이나 그 밖의 부정한 방법으로 시험에 합격한 경우
2. 결격사유에 해당하게 된 경우
3. 소방시설관리사증을 다른 자에게 빌려준 경우
4. 동시에 둘 이상의 업체에 취업한 경우

124 「화재예방, 소방시설 설치 · 유지 및 안전관리에 관한 법률」에서 소방시설관리업의 업무내용이 아닌 것은?

① 소방시설의 설치 ② 소방시설의 점검
③ 소방시설의 관리 ④ 소방시설의 유지

해 설

소방안전관리 업무의 대행 또는 소방시설의 점검 및 유지 · 관리의 업을 하려는 자는 시 · 도지사에게 소방시설관리업의 등록을 하여야 한다.

125 소방시설관리업 등록기준으로 맞지 않는 것은?

① 등록기준에 관하여 필요한 사항은 대통령령으로 정한다.
② 주된 기술인력으로 소방시설관리사 1인 이상이다.
③ 보조기술인력은 2인 이상이다.
④ 소방시설별 점검 장비를 확보 하여야한다.

해 설

점검 장비는 등록기준에 해당하지 않는다.

126 다음은 소방시설관리업의 보조인력의 자격에 관한 설명이다. 틀린 것은?

① 소방공무원으로 3년 이상 근무한 경력이 있는 사람으로 소방기술자 인정자격수첩을 발급받은 사람
② 소방안전관련학과의 학사 학위를 취득한 사람으로 소방기술자 인정자격수첩을 발급 받은 사람
③ 소방설비기사 또는 소방설비산업기사
④ 소방기술사

정답 124. ① 125. ④ 126. ④

해 설

인력기준

가. 주된 기술인력: 소방시설관리사 1명 이상

나. 보조 기술인력: 다음의 어느 하나에 해당하는 사람 2명 이상.

1) 소방설비기사 또는 소방설비산업기사
2) 소방공무원으로 3년 이상 근무한 사람
3) 소방 관련 학과의 학사학위를 취득한 사람
4) 행정안전부령이 정하는 소방기술과 관련된 자격·경력 및 학력이 있는 사람

127 다음 중 시·도지사가 반드시 소방시설관리업의 등록을 취소하여야 하는 경우는?

① 점검을 행하지 아니하고도 점검을 행한 것처럼 관계인에게 통보한 때

② 등록기준에 미달하게 된 때

③ 등록증 또는 등록수첩을 빌려준 경우

④ 등록사항 변경신고를 하지 아니한 때

해 설

등록의 취소

1. 거짓이나 그 밖의 부정한 방법으로 등록을 한 경우
2. 등록의 결격사유에 해당하게 된 경우
3. 등록증이나 등록수첩을 빌려준 경우

영업의 정지

1. 자체점검을 하지 아니하거나 자체점검 결과를 거짓으로 보고한 경우
2. 등록기준에 미달하게 된 경우
3. 등록사항의 변경신고를 하지 아니하거나 거짓으로 신고한 경우
4. 지위승계신고를 하지 아니하거나 거짓으로 신고한 경우
5. 관계인에게 지위승계 등의 사실을 알리지 아니하거나 거짓으로 알린 경우
6. 감독에 따른 명령을 위반하여 보고 또는 자료제출을 하지 아니하거나 거짓으로 보고 또는 자료제출을 한 경우
7. 정당한 사유 없이 감독에 따른 관계 공무원의 출입 또는 검사·조사를 거부·방해 또는 기피한 경우

128 소방시설관리업의 등록한 사항 중 중요 사항이 변경되었을 때에는 누구에게 신고하여야 하는가?

① 시·도지사

② 소방청장

③ 소방본부장 또는 소방서장

④ 한국소방안전원장

정답 127. ③ 128. ①

129 「화재예방, 소방시설 설치 · 유지 및 안전관리에 관한 법률」에서 소방시설관리업의 점검능력 및 평가 공시자로 맞는 것은?

① 시 · 도지사
② 소방청장
③ 소방본부장 또는 소방서장
④ 한국소방안전원장

해 설

소방청장은 관계인 또는 건축주가 적정한 관리업자를 선정할 수 있도록 하기 위하여 관리업자의 신청이 있는 경우 해당 관리업자의 점검능력을 종합적으로 평가하여 공시할 수 있다.

130 소방시설관리업의 등록취소 사유에 해당하지 않는 것은?

① 거짓이나 그 밖의 부정한 방법으로 등록을 한 경우
② 등록의 결격사유에 해당하게 된 경우
③ 다른 자에게 등록증이나 등록수첩을 빌려준 경우
④ 점검을 하지 아니하거나 점검 결과를 거짓으로 보고한 경우

해 설

등록취소

1. 거짓이나 그 밖의 부정한 방법으로 등록을 한 경우
2. 등록의 결격사유에 해당하게 된 경우
3. 다른 자에게 등록증이나 등록수첩을 빌려준 경우

131 소방시설관리업의 영업정지처분에 갈음하여 과징금은 얼마까지 부과할 수 있는가?

① 1천만원
② 2천만원
③ 3천만원
④ 4천만원

해 설

시 · 도지사는 관리업의 영업정지를 명하는 경우로서 그 영업정지가 국민에게 심한 불편을 주거나 그 밖에 공익을 해칠 우려가 있을 때에는 영업정지처분을 갈음하여 3천만원 이하의 과징금을 부과할 수 있다.

정답 129. ② 130. ④ 131. ③

132 **다음 중 과징금을 부과하는 위반행위의 종류와 위반 정도 등에 따른 과징금의 금액, 그 밖의 필요한 사항을 정하고 있는 것은?**

① 법률 ② 대통령령
③ 행정안전부령 ④ 시 · 도 조례

해 설

과징금을 부과하는 위반행위의 종류와 위반 정도 등에 따른 과징금의 금액, 그 밖의 필요한 사항은 행정안전부령(시행규칙)으로 정한다.

제6장 소방용품의 품질관리

133 **소방용품에서 중에서 소방청장의 형식승인 대상 등으로 옳지 않은 것은?**

① 소화기구 중 소화약제 외의 것을 이용한 간이소화용구는 소방청장의 형식승인을 얻어야 한다.
② 소화약제의 형식승인을 얻고자 하는 자는 행정안전부령이 정하는 기준에 따라 형식승인을 위한 시험시설을 갖추고 소방청장의 심사를 받아야 한다.
③ 송수구의 형식승인을 얻은 자는 그 소방용품에 대하여 소방청장이 실시하는 제품검사를 받아야한다.
④ 자동소화장치의 형상 · 구조 · 재질 · 성분 · 성능 등의 형식승인 및 제품검사의 기술기준 등에 관한 사항은 소방청장이 정하여 고시한다.

해 설

소화기구 중 소화약제 외의 것을 이용한 간이소화용구는 소방용품이 아니므로 소방청장의 형식승인 대상이 아니다.

134 **다음 중 소방용품에 대한 형식승인의 권한이 있는 자는?**

① 소방청장
② 시 · 도지사
③ 행정안전부장관
④ 소방본부장 · 소방서장

정답 132. ③ 133. ① 134. ①

해 설

대통령령으로 정하는 소방용품을 제조하거나 수입하려는 자는 소방청장의 형식승인을 받아야 한다.

135 누구든지 소방용품을 판매하거나 판매 목적으로 진열하거나 소방시설공사에 사용할 수 없는 경우에 해당하는 기준으로 틀리는 것은?

① 시험시설을 갖추지 않은 것

② 형식승인을 받지 아니한 것

③ 제품검사를 받지 아니하거나 합격표시를 하지 아니한 것

④ 형상등을 임의로 변경한 것

해 설

누구든지 다음의 어느 하나에 해당하는 소방용품을 판매하거나 판매 목적으로 진열하거나 소방시설공사에 사용할 수 없다.

1. 형식승인을 받지 아니한 것
2. 형상등을 임의로 변경한 것
3. 제품검사를 받지 아니하거나 합격표시를 하지 아니한 것

136 다음 중 소방용품의 형식승인등에 대한 설명으로 틀린 것은?

① 소방용품을 제조하거나 수입하려는 자는 소방청장의 형식승인을 받아야 한다.

② 소방청장은 법을 위반한 소방용품에 대하여는 그 제조자・수입자・판매자 또는 시공자에게 수거・폐기 또는 교체 등 행정안전부령으로 정하는 필요한 조치를 명할 수 있다.

③ 형식승인을 받은 자는 그 소방용품에 대하여 소방청장이 실시하는 제품검사를 받아야 한다.

④ 형식승인의 방법・절차 등과 제품검사의 구분・방법・순서・합격표시 등에 관한 사항은 대통령령으로 정한다.

해 설

형식승인의 방법・절차 등과 제품검사의 구분・방법・순서・합격표시 등에 관한 사항은 행정안전부령으로 정한다.

정답 135. ① 136. ④

제7장 ▶ 보칙

137 **소방안전관리자의 실무교육 등에 대하여 틀린 것은?**

① 교육일정 등 교육에 필요한 계획을 수립하여 소방청장의 승인을 얻어 교육 · 실시 10일전까지 실무교육 대상자에게 통보하여야 한다.

② 협회장은 소방안전관리자에 대한 실무교육을 2년마다 1회 이상 실시하여야 한다.

③ 소방본부장 또는 소방서장은 소방안전관리자 또는 소방안전관리 업무대행자가 실무교육을 받지 아니 한 때에는 자격을 취소하여야 한다.

④ 소방본부장 또는 소방서장은 실무교육이 효율적으로 이루어질 수 있도록 소방안전관리자 선임 및 변동사항에 대하여 반기별로 협회장에게 통보하여야 한다.

해 설

소방본부장이나 소방서장은 소방안전관리자나 소방안전관리 업무 대행자가 정하여진 교육을 받지 아니하면 교육을 받을 때까지 행정안전부령으로 정하는 바에 따라 그 소방안전관리자나 소방안전관리 업무 대행자에 대하여 소방안전관리 업무를 제한할 수 있다.

138 **소방안전관리자 교육 중 실무교육 대상자가 아닌 것은?**

① 선임된 소방안전관리자

② 소방안전관리 업무를 대행하는 자

③ 소방안전관리 업무를 대행하는 자를 감독하는 자

④ 소방안전관리자의 자격을 인정받으려는 자

해 설

소방안전관리자의 자격을 인정받으려는 자는 강습교육대상이 된다.

139 **제품검사의 전문적 · 효율적인 실시를 위하여 제품검사를 전문적으로 수행하는 기관을 제품검사 전문기관으로 지정할 수 있다. 다음 중 지정권자가 옳은 것은?**

① 소방청장

② 시 · 도지사

③ 소방서장

④ 소방본부장

해 설

소방청장은 제품검사의 전문적 · 효율적인 실시를 위하여 제품검사를 전문적으로 수행하는 기관을 제품검사 전문기관으로 지정할 수 있다.

정답 137. ③ 138. ④ 139. ①

140 **시 · 도지사가 행정처분을 하려고 했을 때 청문을 하여야 하는 경우는?**

① 소방시설관리사의 자격취소 ② 소방시설관리업의 등록취소
③ 소방용품의 형식승인취소 ④ 소방용품 지정기관 지정취소

해 설

소방청장 또는 시 · 도지사는 다음의 어느 하나에 해당하는 처분을 하려면 청문을 하여야 한다.
1. 관리사 자격의 취소
2. 관리업의 등록취소
3. 소방용품의 형식승인취소
4. 전문기관의 지정취소

141 **「화재예방, 소방시설 설치 · 유지 및 안전관리에 관한 법률」에서 청문 실시권자가 다른 것은?**

① 소방시설관리사 자격의 취소 및 정지
② 소방시설관리업의 등록취소 및 영업정지
③ 소방용품의 형식승인 취소 및 제품검사 중지
④ 제품검사 전문기관의 지정취소 및 업무정지

해 설

소방청장의 청문권한
1. 소방시설관리사 자격의 취소 및 정지
2. 소방용품의 형식승인 취소 및 제품검사 중지
3. 우수품질인증의 취소
4. 제품검사 전문기관의 지정취소 및 업무정지

시 · 도지사의 청문권한
소방시설관리업의 등록취소 및 영업정지

142 **소방청장의 업무를 「소방산업의 진흥에 관한 법률」에 따른 한국소방산업기술원에만 위탁할 수 있는 것으로 틀리는 것은?**

① 소방용품의 형식승인 ② 형식승인의 변경승인
③ 소방용품의 제품검사 ④ 우수품질인증

해 설

소방청장의 업무를 한국소방산업기술원에 위탁할 수 있다.
1. 방염성능검사 중 대통령령으로 정하는 검사
2. 소방용품의 형식승인
3. 형식승인의 변경승인
4. 성능인증
5. 우수품질인증

정답 140. ② 141. ② 142. ③

제8장 ▶ 벌칙

143 다음 중 그 부과가 다른 벌칙은?

① 방염성능물품에 대한 조치명령을 위반한 자

② 피난・방화시설, 방화구획의 유지관리 조치・명령 위반자

③ 특정소방대상물의 소방시설이 화재안전기준에 따른 소방서장 등의 조치명령 위반자

④ 소방시설에 폐쇄・차단 등의 행위를 한 자

해설

5년 이하의 징역 또는 5천만원 이하의 벌금

– 소방시설에 폐쇄・차단 등의 행위를 한 자

3년 이하의 징역 또는 3천만원 이하의 벌금

1. 특정소방대상물의 소방시설이 화재안전기준에 따른 명령을 정당한 사유 없이 위반한 자
2. 피난・방화시설, 방화구획의 유지관리에 따른 명령을 정당한 사유 없이 위반한 자
3. 방염성능물품에 대한 명령을 정당한 사유 없이 위반한 자
4. 소방용품의 형식승인, 제품검사를 받지 않았거나 변경승인을 위반한 것에 대하여 그 제조자・수입자・판매자 또는 시공자에게 수거・폐기 또는 교체 등에 따른 명령을 정당한 사유 없이 위반한 자
5. 관리업의 등록을 하지 아니하고 영업을 한 자
6. 소방용품의 형식승인을 받지 아니하고 소방용품을 제조하거나 수입한 자
7. 제품검사를 받지 아니한 자
8. 거짓이나 그 밖의 부정한 방법으로 전문기관으로 지정을 받은 자

144 소방시설관리업의 등록을 하지 아니하고 영업을 한 자의 벌칙으로 맞는 것은?

① 5년 이하의 징역 또는 5천만원 이하의 벌금에 처한다.

② 3년 이하의 징역 또는 3천만원 이하의 벌금에 처한다.

③ 1년 이하의 징역 또는 1천만원 이하의 벌금에 처한다.

④ 300만원 이하의 벌금에 처한다.

해설

3년 이하의 징역 또는 3천만원 이하의 벌금

1. 명령(소방특별조사, 소방시설등의 유지관리, 피난시설・방화구획・방화시설, 방염, 형식승인 등)을 정당한 사유 없이 위반한 자
2. 관리업의 등록을 하지 아니하고 영업을 한 자
3. 소방용품의 형식승인을 받지 아니하고 소방용품을 제조하거나 수입한 자
4. 제품검사를 받지 아니한 자
5. 소방용품의 형식승인등을 위반하여 소방용품을 판매・진열하거나 소방시설공사에 사용한 자
6. 거짓이나 그 밖의 부정한 방법으로 전문기관으로 지정을 받은 자

정답 143. ④ 144. ②

145 **소방시설관리업의 등록증이나 등록수첩을 다른 자에게 빌려준 자의 벌칙으로 맞는 것은?**

① 5년 이하의 징역 또는 5천만원 이하의 벌금에 처한다.
② 3년 이하의 징역 또는 3천만원 이하의 벌금에 처한다.
③ 1년 이하의 징역 또는 1천만원 이하의 벌금에 처한다.
④ 300만원 이하의 벌금에 처한다.

해 설

1년 이하의 징역 또는 1천만원 이하의 벌금

1. 관리업의 등록증이나 등록수첩을 다른 자에게 빌려준 자
2. 영업정지처분을 받고 그 영업정지기간 중에 소방시설관리업의 업무를 한 자
3. 소방시설등에 대한 자체점검을 하지 아니하거나 관리업자 등으로 하여금 정기적으로 점검하게 하지 아니한 자
4. 소방시설관리사증을 다른 자에게 빌려주거나 동시에 둘 이상의 업체에 취업한 사람
5. 형식승인의 변경승인을 받지 아니한 자

146 **소방특별조사를 정당한 사유 없이 거부·방해 또는 기피한 자의 벌칙으로 맞는 것은?**

① 100만원 이하의 벌금에 처한다.
② 200만원 이하의 벌금에 처한다.
③ 200만원 이하의 과태료에 처한다.
④ 300만원 이하의 벌금에 처한다.

해 설

300만원 이하의 벌금

1. 소방특별조사를 정당한 사유 없이 거부·방해 또는 기피한 자
2. 관계인의 정당한 업무를 방해한 자, 조사·검사 업무를 수행하면서 알게 된 비밀을 제공 또는 누설하거나 목적 외의 용도로 사용한 자
3. 방염성능검사에 합격하지 아니한 물품에 합격표시를 하거나 합격표시를 위조하거나 변조하여 사용한 자
4. 거짓 시료를 제출한 자
5. 소방안전관리자를 선임하지 아니한 자
6. 소방시설·피난시설·방화시설 및 방화구획 등이 법령에 위반된 것을 발견하였음에도 필요한 조치를 할 것을 요구하지 아니한 소방안전관리자
7. 소방안전관리자에게 불이익한 처우를 한 관계인
8. 점검기록표를 거짓으로 작성하거나 해당 특정소방대상물에 부착하지 아니한 자
9. 제품검사에 합격하지 아니한 제품에 합격표시를 하거나 합격표시를 위조 또는 변조하여 사용한 자 또는 제품검사에 합격하지 아니한 제품이나 성능인증을 받지 아니한 제품에 합격표시·성능인증표시를 하거나 합격표시·성능인증표시를 위조 또는 변조하여 사용한 자
10. 우수품질인증을 받지 아니한 제품에 우수품질인증 표시를 하거나 우수품질인증 표시를 위조하거나 변조하여 사용한 자

정답 145. ③ 146. ④

147 **「화재예방, 소방시설 설치 · 유지 및 안전관리에 관한 법률」에서 과태료 해당사항 중 대통령령으로 부과징수 할 수 없는 자는?**

① 관할 시 · 도지사 ② 행정안전부장관
③ 소방본부장 ④ 소방청장

해 설

과태료는 대통령령으로 정하는 바에 따라 관할 시 · 도지사, 소방청장 및 소방본부장 또는 소방서장이 부과 · 징수한다.

148 **「화재예방, 소방시설 설치 · 유지 및 안전관리에 관한 법률」에서 과태료 처분 대상으로 옳지 않은 것은?**

① 피난시설, 방화구획 또는 방화시설의 폐쇄 · 훼손 · 변경 등의 행위를 한 경우
② 방염성능기준 미만으로 방염처리한 경우
③ 특정소방대상물의 화재안전기준에 따른 설치 · 유지 · 관리를 위반한 경우
④ 정당한 사유 없이 소방공무원의 소방특별조사를 거부 · 방해 또는 기피한자

해 설

300만원 이하의 벌금
정당한 사유 없이 소방공무원의 소방특별조사를 거부 · 방해 또는 기피한 자

149 **「화재예방, 소방시설 설치 · 유지 및 안전관리에 관한 법률」 상 과태료 부과대상으로 옳은 것은?**

① 소방시설 · 피난시설 등이 법령에 위반된 것을 발견하 였음에도 필요한 조치를 할 것을 요구하지 아니한 소방안전관리자
② 특정소방대상물에 소방안전관리자 또는 소방안전관리보조자를 선임하지 아니한 자
③ 특정소방대상물에 화재안전기준을 위반하여 소방시설을 설치 또는 유지 · 관리한 자
④ 방염성능검사에 합격하지 아니한 물품에 합격표시를 하거나 합격표시를 위조하거나 변조하여 사용한 자

해 설

300만원 이하의 벌금
1. 소방시설 · 피난시설 등이 법령에 위반된 것을 발견하 였음에도 필요한 조치를 할 것을 요구하지 아니한 소방안전관리자
2. 특정소방대상물에 소방안전관리자 또는 소방안전관리보조자를 선임하지 아니한 자
3. 방염성능검사에 합격하지 아니한 물품에 합격표시를 하거나 합격표시를 위조하거나 변조하여 사용한 자

정답 147. ② 148. ④ 149. ③

소방
공무원

2

소방특채 적중예상문제

제1편 소방기본법

제2편 화재예방, 소방시설 설치 · 유지 및 안전관리에 관한 법률

CHAPTER

01 소방기본법

01 **소방기본법의 목적에 대하여 옳게 설명한 것은?**

① 화재를 예방 · 경계 및 보호하여 국가의 안녕 질서 및 발전에 기여한다.

② 화재를 예방 · 경계 및 진압하여 국가의 발전에 기여한다.

③ 화재를 사전에 예방 · 경계 및 소화하여 인적 · 물적 재해 방지에 기여한다.

④ 화재를 예방 · 경계 하거나 진압하고 화재, 재난 · 재해 그 밖의 위급한 상황에서의 구조 · 구급활동 등을 통하여 국민의 생명 · 신체 및 재산을 보호한다.

해 설

소방기본법의 목적

화재를 예방 · 경계하거나 진압하고 화재, 재난 · 재해, 그 밖의 위급한 상황에서의 구조 · 구급 활동 등을 통하여 국민의 생명 · 신체 및 재산을 보호함으로써 공공의 안녕 및 질서 유지와 복리증진에 이바지함을 목적으로 한다.

02 **다음은 소방기본법의 목적을 기술한 것이다. (㉮), (㉯), (㉰)에 들어갈 내용으로 알맞은 것은?**

> "화재를 (㉮) · (㉯)하거나 (㉰)하고 화재, 재난 · 재해 그 밖의 위급한 상황에서의 구조 · 신체 및 재산을 보호함으로써 공공의 안녕질서 유지와 복리 증진에 이바지함을 목적으로 한다."

① ㉮ 예방, ㉯ 경계, ㉰ 복구

② ㉮ 경보, ㉯ 소화, ㉰ 복구

③ ㉮ 예방, ㉯ 경계, ㉰ 진압

④ ㉮ 경계, ㉯ 통제, ㉰ 진압

해 설

"화재를 예방 · 경계하거나 진압하고 화재, 재난 · 재해 그 밖의 위급한 상황에서의 구조 · 신체 및 재산을 보호함으로써 공공의 안녕질서 유지와 복리 증진에 이바지함을 목적으로 한다."

정답 01. ④ 02. ③

03 소방대상물에 대한 정의로서 옳은 것은?

① 건축물 · 차량 · 도시철도차량 · 선박(운항 중인 선박 포함.) · 선박건조구조물 · 산림 그 밖의 인공구조물 또는 물건을 말한다.
② 건축물 · 차량 · 선박(항구 안에 매어둔 선박에 한한다.) · 선박건조구조물 · 산림 그 밖의 인공구조물 또는 물건을 말한다.
③ 건축물 · 차량 · 선박(운항 중인 선박을 포함한다.) · 항공기 · 산림 그 밖의 인공구조물 또는 물건을 말한다.
④ 건축물 · 차량 · 선박(항구 안에 매어둔 선박에 한한다.) · 항공기 · 산림 그 밖의 인공구조물 또는 물건을 말한다.

해 설

"소방대상물"이란 건축물, 차량, 선박(「선박법」에 따른 선박으로서 항구에 매어둔 선박만 해당한다), 선박 건조 구조물, 산림, 그 밖의 인공 구조물 또는 물건을 말한다.

04 다음 중 소방기본법상의 소방대상물에 포함되지 않는 것은?

① 산림
② 운항중인 항공기
③ 항구에 정박 중인 선박
④ 선박건조구조물

해 설

항공기는 지면에 착륙된 것 만 소방대상물이다.

05 다음 중 「소방기본법」에서 정하고 있는 소방대상물로 틀리는 것은?

① 지방 공공기관의 청사
② 도로를 질주하는 차량
③ 항해중인 선박
④ 공항 활주로에 있는 비행기

해 설

선박은 항구에 매어둔 것에 한하여 소방대상물이다.

정답 03. ② 04. ② 05. ③

06 **소방대상물이 있는 장소 및 그 이웃지역으로서 화재의 예방 · 경계 · 진압, 구조 · 구급 등의 활동에 필요한 지역을 무엇이라 하는가?**

① 관계지역
② 소방지역
③ 방화지역
④ 화재지역

해 설

"관계지역"이란 소방대상물이 있는 장소 및 그 이웃 지역으로서 화재의 예방 · 경계 · 진압, 구조 · 구급 등의 활동에 필요한 지역을 말한다.

07 **관계지역에 대한 정의로서 옳은 것은?**

① 소방대상물이 있는 장소 또는 위험물이 있는 지역을 말한다.
② 소방대상물이 있는 장소 또는 그 이웃하는 지역을 말한다.
③ 소방대상물이 있는 장소 또는 그 이웃하는 지역으로서 화재의 예방 · 경계 · 진압, 구조 · 구급 등의 활동에 필요한 지역을 말한다.
④ 소방대상물이 있는 장소 및 위험물이 있는 지역으로서 소방상 필요한 지역을 말한다.

08 **소방기본법 상에서 소방대상물의 "관계인"의 정의로서 옳은 것은?**

① 소방 대상물을 소유한 사람
② 소방 대상물의 소유자 · 관리자 또는 점유자
③ 소방 대상물에 거주하는 사람
④ 소방 대상물을 점유하여 사용하는 사람

해 설

"관계인"이란 소방대상물의 소유자 · 관리자 또는 점유자를 말한다.

09 **소방대상물의 소유자, 관리자 또는 점유자를 무엇이라 하는가?**

① 소방인
② 관리인
③ 점유인
④ 관계인

정답 06. ① 07. ③ 08. ② 09. ④

10 **소방대라 함은 소방기구를 장비한 어떠한 사람으로 편성된 조직체를 말하는가?**

① 소방공무원 · 의무소방원 및 청원소방원
② 청원소방원 또는 의용소방대원
③ 소방공무원 · 의무소방원 및 자위소방대원
④ 소방공무원 · 의무소방원 및 의용소방대원

해 설

"소방대"(消防隊)란 화재를 진압하고 화재, 재난 · 재해, 그 밖의 위급한 상황에서 구조 · 구급 활동 등을 하기 위하여 다음의 사람으로 구성된 조직체

가. 소방공무원
나. 의무소방원(義務消防員)
다. 의용소방대원(義勇消防隊員)

11 **소방기본법에 규정된 소방업무를 수행하는 소방본부장 또는 소방서장을 지휘 감독하는 자는?**

① 시장 · 군수
② 시 · 도지사
③ 소방청장
④ 경찰서장

해 설

소방업무를 수행하는 소방본부장 또는 소방서장은 그 소재지를 관할하는 특별시장 · 광역시장 · 도지사 또는 특별자치도지사(이하 "시 · 도지사"라 한다)의 지휘와 감독을 받는다.

12 **다음 중 괄호 안에 적합한 용어로 맞는 것은?**

> ( )이란 건축물, 차량, 선박(「선박법」 에 따른 선박으로서 항구에 매어둔 선박만 해당한다), 선박 건조 구조물, 산림, 그 밖의 인공 구조물 또는 물건을 말한다.

① 소방대상물
② 특정소방대상물
③ 방염대상물품
④ 특별안전관리대상물

정답 10. ④ 11. ② 12. ①

13 **소방기본법에서 119종합상황실을 설치하여 운영하여야 한다. 다음 중 설치하지 않아도 되는 곳은?**

① 소방청 ② 소방본부
③ 소방서 ④ 시・도

해 설

화재, 재난・재해, 그 밖에 구조・구급이 필요한 상황이 발생하였을 때에 신속한 소방활동을 위한 정보를 수집・전파하기 위하여 소방청장, 소방본부장 및 소방서장은 119종합상황실을 설치・운영하여야 한다.

14 **119종합상황실에 대한 설명으로 틀리는 것은?**

① 119종합상황실은 소방활동을 위한 정보를 수집・전파하기 위하여 설치・운영한다.
② 119종합상황실의 설치・운영에 관하여 필요한 사항은 대통령령으로 정한다.
③ 119종합상황실은 소방청에 설치하여 운영한다.
④ 119종합상황실은 소방본부 또는 소방서에 설치하여 운영한다.

해 설

119종합상황실의 설치・운영에 관하여 필요한 사항은 행정안전부령으로 정한다.

15 **소방박물관의 설립과 운영에 관하여 틀린 것은?**

① 소방의 역사와 안전문화를 발전시키고 국민의 안전의식을 높이기 위하여 설립의 목적이 있다.
② 소방박물관의 설립과 운영에 관한 필요사항은 행정안전부령으로 정한다.
③ 소방청장이 설립하고 운영한다.
④ 시・도지사가 설립하여 운영하고 소방청장은 행정적, 재정적 지원을 한다.

해 설

소방박물관

설립 운영 : 소방청장

설립목적 : 소방의 역사와 안전문화를 발전시키고 국민의 안전의식을 높이기 위하여

필요사항 : 행정안전부령

정답 13. ④ 14. ② 15. ④

16 소방체험관의 설명으로 틀리는 것은?

① 시·도지사가 설치한다.
② 화재현장 등에서의 피난 등을 체험한다.
③ 설립과 운영은 시·도 조례로 정한다.
④ 체험관을 운영하가 위한 운영위원회를 둔다.

해 설

운영위원회를 설치하여 운영에 관한 중요사항을 심의하는 대상은 소방박물관이다.

17 관할지역의 특성을 고려하여 소방업무에 필요한 종합계획을 매년 수립하고 소방업무를 성실히 수행하여야 하는 자로 맞는 것은?

① 시·도지사
② 소방본부장, 소방서장
③ 소방청장
④ 국가

해 설

시·도지사는 관할지역의 특성을 고려하여 종합계획의 시행에 필요한 세부계획을 매년 수립하고 이에 따른 소방업무를 성실히 수행하여야 한다.

18 화재, 재난·재해, 그 밖의 위급한 상황으로부터 국민의 생명·신체 및 재산을 보호하기 위하여 소방업무에 관한 종합계획을 누가 몇 년마다 수립하여 시행하여야 하는가?

① 국가는 매년 수립하여 시행한다.
② 시·도지사는 매년 수립하여 시행한다.
③ 국가는 5년마다 수립하여 시행한다.
④ 소방청장은 5년마다 수립하여 시행한다.

해 설

소방청장은 화재, 재난·재해, 그 밖의 위급한 상황으로부터 국민의 생명·신체 및 재산을 보호하기 위하여 소방업무에 관한 종합계획을 5년마다 수립·시행하여야 하고, 이에 필요한 재원을 확보하도록 노력하여야 한다.

정답 16. ④ 17. ① 18. ④

19 **소방업무에 관한 종합계획 수립 시 포함사항으로 틀리는 것은?**

① 소방서비스의 질 향상을 위한 정책의 기본방향

② 소방업무에 필요한 기반조성

③ 화재안전을 위한 법령·제도의 마련

④ 소방전문인력 양성

해 설

소방업무에 관한 종합계획의 수립·시행 시 포함사항

1. 소방서비스의 질 향상을 위한 정책의 기본방향
2. 소방업무에 필요한 체계의 구축, 소방기술의 연구·개발 및 보급
3. 소방업무에 필요한 장비의 구비
4. 소방전문인력 양성
5. 소방업무에 필요한 기반조성
6. 소방업무의 교육 및 홍보(소방자동차의 우선 통행 등에 관한 홍보를 포함한다)
7. 소방업무의 효율적 수행을 위하여 필요한 사항으로서 대통령령으로 정하는 사항

20 **소방업무에 관한 세부계획은 누가 수립하고 시행하여야 하는가?**

① 국가 ② 소방청장

③ 시·도지사 ④ 중앙행정기관의 장

해 설

시·도지사는 관할 지역의 특성을 고려하여 종합계획의 시행에 필요한 세부계획을 매년 수립하여 소방청장에게 제출하여야 하며, 세부계획에 따른 소방업무를 성실히 수행하여야 한다.

21 **소방청장은 「소방기본법」에 따른 소방업무에 관한 종합계획을 관계 중앙행정기관의 장과의 협의를 거쳐 계획 시행 전년도 몇 월 며칠까지 수립하여야 하는가?**

① 전년도 3월 31일까지 ② 전년도 7월 31일까지

③ 전년도 10월 31일까지 ④ 전년도 12월 31일까지

해 설

소방청장은 「소방기본법」(이하 "법"이라 한다) 제6조 제1항에 따른 소방업무에 관한 종합계획을 관계 중앙행정기관의 장과의 협의를 거쳐 계획 시행 전년도 10월 31일까지 수립하여야 한다.

정답 19. ③ 20. ③ 21. ③

22 소방업무에 관한 종합계획 수립 시 포함사항 중 대통령령으로 정하는 사항으로 옳은 것은?

① 소방업무에 필요한 체계의 구축, 소방기술의 연구・개발 및 보급

② 소방업무에 필요한 장비의 구비

③ 소방업무에 필요한 기반조성

④ 장애인, 노인, 임산부, 영유아 및 어린이 등 이동이 어려운 사람을 대상으로 한 소방활동에 필요한 조치

해 설

종합계획 수립 시 "대통령령으로 정하는 사항"

1. 재난・재해 환경 변화에 따른 소방업무에 필요한 대응 체계 마련
2. 장애인, 노인, 임산부, 영유아 및 어린이 등 이동이 어려운 사람을 대상으로 한 소방활동에 필요한 조치

23 시・도지사는 종합계획의 시행에 필요한 세부계획을 계획 시행 전년도 몇 월 며칠까지 수립하여 소방청장에게 제출하여야 하는가?

① 전년도 3월 31일까지
② 전년도 7월 31일까지
③ 전년도 10월 31일까지
④ 전년도 12월 31일까지

해 설

시・도지사는 종합계획의 시행에 필요한 세부계획을 계획 시행 전년도 12월 31일까지 수립하여 소방청장에게 제출하여야 한다.

24 소방기본법 상 소방력을 확충하기 위하여 필요한 계획을 수립하여 시행하여야 하는 자는?

① 소방서장
② 소방청장
③ 시・도지사
④ 소방본부장

해 설

시・도지사는 소방력의 기준에 따라 관할구역의 소방력을 확충하기 위하여 필요한 계획을 수립하여 시행하여야 한다.

정답 22. ④ 23. ④ 24. ③

25 **소방기관이 소방업무를 수행하는데 필요한 인력과 장비 등에 관한 기준은 어느 것으로 정하는가?**

① 대통령령　　② 행정안전부령
③ 시・도의 조례　　④ 소방청장 고시

해 설

소방인력 장비기준 : 행정안전부령으로 정한다.

26 **다음 중 소방력의 기준등에 관하여 틀리는 것은?**

① 소방력에 관한 기준은 행정안전부령으로 정한다.
② 국고보조의 대상 및 기준은 대통령령으로 정한다.
③ 국고보조산정을 위한 기준가격은 행정안전부령으로 정한다.
④ 소방청장은 소방력의 기준에 따라 관할구역안의 소방력을 확충하기 위하여 필요한 계획을 수립하여 시행한다.

해 설

시・도지사는 소방력의 기준에 따라 관할구역의 소방력을 확충하기 위하여 필요한 계획을 수립하여 시행하여야 한다.

27 **국가는 소방장비의 구입 등 시・도의 소방업무에 필요한 경비의 일부를 보조하는 바 국고대상사업의 범위로 옳지 않는 것은?**

① 소방전용통신설비 및 전산설비　　② 소방헬리콥터 및 소방정
③ 소화전방식의 소방용수시설　　④ 소방관서용 청사의 건축

해 설

국고보조 대상사업의 범위

1. 소방활동장비와 설비의 구입 및 설치
   가. 소방자동차
   나. 소방헬리콥터 및 소방정
   다. 소방전용 통신설비 및 전산설비
   라. 그 밖에 방화복 등 소방활동에 필요한 소방장비
2. 소방관서용 청사의 건축

정답 25. ② 26. ④ 27. ③

28 **다음 중 국고보조 대상에 해당되지 않는 것은?**

① 소방헬리콥터 및 소방정
② 소방업무용의 집기류
③ 소방관서용 청사의 건축
④ 소방자동차

해 설

국고보조 대상사업의 범위

1. 소방활동장비와 설비의 구입 및 설치
   가. 소방자동차
   나. 소방헬리콥터 및 소방정
   다. 소방전용 통신설비 및 전산설비
   라. 그 밖에 방화복 등 소방활동에 필요한 소방장비
2. 소방관서용 청사의 건축

29 **국가가 시 · 도의 소방업무에 필요한 경비의 일부를 보조하는 국고보조의 대상이 아닌 것은?**

① 소방의(소방복장)
② 소방자동차
③ 소방관서용 청사의 건축
④ 소방헬리콥터

30 **국가가 시 · 도의 소방업무에 필요한 경비의 일부를 보조하는 국고보조 대상이 아닌 것은?**

① 소방용수시설
② 소방전용 통신설비
③ 소방자동차
④ 소방헬리콥터

해 설

소방용수시설의 설치자는 시 · 도지사이며 국고보조 지원대상이 아님

31 **다음 중 소방기본법 상 소방용수시설이 아닌 것은?**

① 저수조
② 급수탑
③ 소화전
④ 고가수조

해 설

소방용수시설이란 화재진압차량에 소화하기 위한 물을 급수하거나 저장하는 설비로서 그 종류에는 소화전(지상식, 지하식) · 급수탑 및 저수조 방식이 있다.

정답 28. ② 29. ① 30. ① 31. ④

32 **다음 중 소방기본법 상 소방용수시설의 설치권자로 맞는 것은?**

① 소방서장
② 소방청장
③ 시 · 도지사
④ 소방본부장

해 설

소방활동에 필요한 소방용수시설은 시 · 도지사가 설치하고 유지 · 관리 하여야 한다.

33 **비상소화장치의 설치대상 지역으로 옳은 것은?**

① 건축법에 따른 공동주택으로 아파트
② 건축법에 따른 공동주택으로 기숙사
③ 건축법에 따른 공동주택으로 연립주택
④ 소방기본법에 따른 화재경계지구

해 설

비상소화장치의 설치대상 지역

1. 화재경계지구
2. 시 · 도지사가 비상소화장치의 설치가 필요하다고 인정하는 지역

34 **소방기본법에서 소방업무의 응원요청 시 소방대의 지휘권을 갖는 자는?**

① 응원을 요청한 소방본부장 또는 소방서장
② 응원 요청에 응하는 소방본부장 또는 소방서장
③ 소방청장
④ 응원 요청에 응하는 시 · 도지사

해 설

지휘권은 응원을 요청한 소방본부장 또는 소방서장이 갖는다.

정답 32. ③ 33. ④ 34. ①

35 소방기본법에서 소방업무의 응원요청 시 소방응원에 소요되는 경비를 부담하여야 하는 자는?

① 응원을 요청한 소방본부장 또는 소방서장
② 응원 요청에 응하는 소방본부장 또는 소방서장
③ 응원을 요청한 시・도지사
④ 응원 요청에 응하는 시・도지사

해 설

소방업무의 응원을 요청하는 시・도지사는 소방응원에 소요되는 경비를 부담하여야 한다.

36 다음은 소방응원에 관한 사항이다. 옳지 아니한 것은?

① 소방본부장 또는 소방서장은 소방활동 상 긴급한 때에는 화재 현장에 이웃한 소방본부장 또는 소방서장에게 소방업무의 응원을 요청할 수가 있다.
② 소방업무의 응원을 요청 받은 소방본부장 또는 소방서장은 정당한 사유 없이 이를 거절할 수 없다.
③ 파견된 소방대원은 소방업무의 응원을 요청한 소방본부장 또는 소방서장의 지휘를 받아야 한다.
④ 소방업무의 응원을 요청하는 소방본부장 또는 소방서장은 소방응원에 소요되는 경비를 부담하여야 한다.

해 설

소방업무의 응원을 요청하는 시・도지사는 소방응원에 소요되는 경비를 부담하여야 한다.

37 소방력의 동원을 요청할 수 있는 자로 맞는 것은?

① 시・도의 소방서장
② 소방청장
③ 시・도지사
④ 시・도의 소방본부장 및 소방서장

해 설

소방청장은 해당 시・도의 소방력만으로는 소방활동을 효율적으로 수행하기 어려운 화재, 재난・재해, 그 밖의 구조・구급이 필요한 상황이 발생하거나 특별히 국가적 차원에서 소방활동을 수행할 필요가 인정될 때에는 각 시・도지사에게 행정안전부령으로 정하는 바에 따라 소방력을 동원할 것을 요청할 수 있다.

정답 35. ③ 36. ④ 37. ②

38 **소방기본법에서 소방력의 동원으로 동원된 소방대의 지휘권을 갖는 자는?**

① 동원이 필요한 지역의 소방본부장 또는 소방서장
② 동원 요청으로 동원된 시・도의 소방본부장 또는 소방서장
③ 소방청장
④ 동원이 필요한 지역의 시・도지사

해 설

지휘권은 동원이 필요한 지역의 소방본부장 또는 소방서장이 갖는다.

39 **소방기본법에서 동원된 소방대를 소방청장이 직접 편성하여 현장에서 소방활동을 하는 경우의 지휘권을 갖는 자는?**

① 동원을 요청한 소방본부장 또는 소방서장
② 동원을 지원한 소방본부장 또는 소방서장
③ 소방청장
④ 동원을 요청한 시・도지사

해 설

소방청장이 동원된 소방대를 직접 현장에서 소방활동을 하는 경우의 지휘권은 소방청장이 갖는다.

40 **소방기본법에서 동원된 소방대에 대한 경비부담은 누가하여야 하는가?**

① 동원을 요청한 지역의 소방본부장 또는 소방서장
② 동원에 응하는 지역의 시・도지사
③ 소방청장
④ 동원이 필요한 지역의 시・도지사

해 설

동원된 소방력의 소방활동 수행 과정에서 발생하는 경비는 화재, 재난・재해 또는 그 밖의 구조・구급이 필요한 상황이 발생한 시・도에서 부담하는 것을 원칙으로 한다.

정답 38. ① 39. ③ 40. ④

41 **소방본부장 또는 소방서장의 직무로서 옳은 것은?**

① 이상 기상의 예보 또는 특보가 있을지라도 화재 위험 경보를 발할 수 없다.

② 화재를 경계하기 위하여 필요한 때에는 기간을 정하여 일정한 구역 안에 있어서의 모닥불, 흡연 등 옥외의 화기 취급을 금지하거나 제한할 수 있다.

③ 화재의 위험 경보가 해제될 때까지 해당 구역 안에 상주하여야 한다.

④ 화재의 현장에 소방활동구역을 설정할 수 있으나 그 구역으로부터 퇴거를 명하거나 출입을 금지 또는 제한할 수는 없다.

42 **소방기본법에서 화재의 예방조치권자로 맞는 것은?**

① 소방본부장 또는 소방서장 ② 시 · 도지사

③ 소방청장 ④ 행정안전부장관

해 설

소방본부장이나 소방서장은 화재의 예방 상 위험하다고 인정되는 행위를 하는 사람이나 소화(消火) 활동에 지장이 있다고 인정되는 물건의 소유자 · 관리자 또는 점유자에게 조치명령을 할 수 있다.

43 **소방기본법에서 정하고 있는 화재의 예방조치 명령과 관계가 없는 것은?**

① 불장난 · 모닥불 · 흡연 및 화기 취급의 금지 또는 제한

② 타고남은 불 또는 화기의 우려가 있는 재의 처리

③ 함부로 버려두거나 그냥 둔 위험물 그 밖에 탈 수 있는 물건을 옮기거나 치우게 하는 등의 조치

④ 불이 번지는 것을 막기 위하여 불이 번질 우려가 있는 소방대상물의 사용 제한

해 설

강제처분 : 불이 번지는 것을 막기 위하여 불이 번질 우려가 있는 소방대상물의 사용 제한

44 **화재의 예방 조치 상 위험물 또는 물건을 보관하는 경우에는 그 날부터 며칠 동안 소방본부 또는 소방서의 게시판에 그 사실을 공고하여야 하는가?**

① 7일 ② 10일

③ 14일 ④ 30일

정답 41. ② 42. ① 43. ④ 44. ③

해 설

14일 동안 게시판에 공고하고 공고가 끝난 다음날부터 7일 동안 보관기간을 갖는다.

45 **화재의 예방 조치 상 위험물 또는 물건에 대한 게시판에 공고기간이 종료된 경우 이후에 취하여야할 조치는?**

① 공고기간 종료일로부터 7일간의 보관기간을 갖는다.
② 공고기간 종료일로부터 14일간의 보관기간을 갖는다.
③ 공고기간 종료일 다음날로부터 7일간의 보관기간을 갖는다.
④ 공고기간 종료일 다음날로부터 14일간의 보관기간을 갖는다.

해 설

보관기간 : 공고기간 종료일 다음날로부터 7일간

46 **화재의 예방조치 등에 대한 설명으로 옳지 않은 것은?**

① 소방본부장이나 소방서장은 화재예방상 위험하다고 인정되는 위험물 또는 물건을 보관하는 경우에는 그 날부터 14일 동안 소방본부 또는 소방서의 게시판에 그 사실을 공고하여야 한다.
② 소방본부장 또는 소방서장은 보관기간이 종료되는 때에는 보관하고 있는 위험물 또는 물건을 매각하여야 한다.
③ 소방본부장 또는 소방서장은 보관하던 위험물 또는 물건을 매각한 경우에는 그날부터 7일 이내에 「국가재정법」에 의하여 세입조치를 하여야 한다.
④ 소방본부장 또는 소방서장은 매각되거나 폐기된 위험물 또는 물건의 소유자가 보상을 요구하는 경우에는 보상금액에 대하여 소유자와 협의를 거쳐 이를 보상하여야 한다.

해 설

소방본부장 또는 소방서장은 보관하던 위험물 또는 물건을 매각한 경우에는 지체없이 「국가재정법」에 의하여 세입조치를 하여야 한다.

47 **화재경계지구의 지정은 누가 하는가?**

① 소방청장
② 시 · 도지사
③ 시장 · 군수
④ 소방본부장 또는 소방서장

정답 45. ③ 46. ③ 47. ②

해 설

시・도지사는 도시의 건물 밀집지역 등 화재가 발생할 우려가 높거나 화재가 발생하는 경우 그로 인하여 피해가 클 것으로 예상되는 일정한 구역을 화재경계지구(火災警戒地區)로 지정할 수 있다.

48 다음 중 화재경계지구의 설명으로 틀리는 것은?

① 시・도지사는 대통령령으로 정하는 바에 따라 화재경계지구의 지정 현황, 소방특별조사의 결과, 소방설비 설치 명령 현황, 소방교육의 현황 등이 포함된 화재경계지구에서의 화재예방 및 경계에 필요한 자료를 매년 작성・관리하여야 한다.

② 소방본부장이나 소방서장은 화재경계지구 안의 관계인에 대하여 대통령령으로 정하는 바에 따라 소방에 필요한 훈련 및 교육을 실시할 수 있다.

③ 시・도지사가 화재경계지구로 지정할 필요가 있는 지역을 화재경계지구로 지정하지 아니하는 경우 소방본부장 또는 소방서장은 해당 시・도지사에게 해당 지역의 화재경계지구 지정을 요청할 수 있다.

④ 시・도지사는 화재가 발생할 우려가 높거나 화재가 발생하는 경우 그로 인하여 피해가 클 것으로 예상되는 지역을 화재경계지구(火災警戒地區)로 지정할 수 있다.

해 설

화재경계지구

1. 지정권자 : 시・도지사(화재가 발생할 우려가 높거나 화재가 발생하는 경우 그로 인하여 피해가 클 것으로 예상되는 지역을 화재경계지구(火災警戒地區)로 지정)
2. 지정 요청권자 : 소방청장
3. 소방특별조사 실시권자 : 소방본부장, 소방서장
4. 소방특별조사 조치명령권자 : 소방본부장, 소방서장
5. 소방에 필요한 훈련 및 교육 실시권자 : 소방본부장, 소방서장
6. 화재예방 및 경계에 필요한 자료를 매년 작성・관리하는 자 : 시・도지사

49 다음 중 화재경계지구의 지정대상지역이 아닌 곳은?

① 시장지역

② 공장, 창고가 밀집한 지역

③ 주택이 밀집한 지역

④ 위험물의 저장 및 처리시설이 밀집한 지역

해 설

목조건물이 밀집한 지역

정답 48. ③ 49. ③

50 **화재경계지구의 지정대상 지역이 아닌 것은?**

① 시장지역
② 공장 · 창고가 밀집한 지역
③ 위험물의 저장 및 처리시설이 밀집한 지역
④ 소방출동로가 있는 지역

해설
소방출동로가 있는 지역은 화재경계지구 지정대상이 아니며, 소방출동로가 없는 지역이 화재경계지구 지정대상 이다.

51 **화재경계지구로 지정할 수 있는 지역이 아닌 것은?**

① 공장, 창고 등이 밀집한 지역
② 목조건물이 밀집한 지역
③ 소방출동로가 없는 지역
④ 고층건축물이 밀집한 지역

해설
고층건축물은 주요구조부를 화염전파가 되지 않도록 내화구조로 하여야 한다. 따라서 화재경계지구대상이 아니다.

52 **시 · 도지사는 화재가 발생할 우려가 높거나 화재가 발생하는 경우 그로 인하여 피해가 클 것으로 예상되는 지역을 화재경계지구(火災警戒地區)로 지정할 수 있다. 다음 중 화재경계지구로 지정하지 않아도 되는 곳은?**

① 석유화학제품을 생산하는 공장이 있는 지역
② 소방시설 · 소방용수시설 또는 소방출동로가 없는 지역
③ 상가지역
④ 공장 · 창고가 밀집한 지역

정답 50. ④ 51. ④ 52. ③

53 다음 중 화재경계지구의 설명으로 틀리는 것은?

① 소방본부장 또는 소방서장은 대통령령이 정하는 바에 따라 소방특별조사를 하여야 한다.
② 소방시설·소방용수시설 또는 소방출동로가 없는 지역은 화재경계지구 대상지역으로 지정할 수 있다.
③ 화재경계지구 안의 소방대상물의 위치·구조 및 설비 등에 대한 소방특별조사를 연 1회 이상 실시하여야 한다.
④ 소방상 필요한 훈련 및 교육을 실시하고자 하는 때에는 화재경계지구 안의 관계인에게 훈련 또는 교육 20일 전까지 그 사실을 통보하여야 한다.

해 설

소방상 필요한 훈련 및 교육을 실시하고자 하는 때에는 화재경계지구 안의 관계인에게 훈련 또는 교육 10일 전까지 그 사실을 통보하여야 한다.

54 「소방기본법」에서 정하고 있는 화재경계지구에 대한 사항으로 틀리는 것은?

① 화재경계지구 안의 관계인에 대하여 대통령령으로 정하는 바에 따라 소방에 필요한 훈련 및 교육을 실시할 수 있다.
② 화재경계지구 안의 소방대상물의 위치·구조 및 설비 등에 대한 소방특별조사를 연 1회 이상 실시하여야 한다.
③ 시·도지사는 소방상 필요한 훈련 및 교육을 실시하고자 하는 때에는 화재경계지구 안의 관계인에게 훈련 또는 교육 10일 전까지 그 사실을 통보하여야 한다.
④ 화재경계지구 안의 관계인에 대하여 소방상 필요한 훈련 및 교육을 연 1회 이상 실시할 수 있다.

해 설

소방본부장 또는 소방서장은 소방상 필요한 훈련 및 교육을 실시하고자 하는 때에는 화재경계지구 안의 관계인에게 훈련 또는 교육 10일 전까지 그 사실을 통보하여야 한다.

55 화재에 관한 위험경보를 발령 할 수 있는 사람은?

① 시·도지사 ② 소방본부장·소방서장
③ 기상청장 ④ 소방청장

해 설

소방본부장이나 소방서장은 「기상법」에 따른 이상기상(異常氣象)의 예보 또는 특보가 있을 때에는 화재에 관한 경보를 발령하고 그에 따른 조치를 할 수 있다.

정답 53. ④ 54. ③ 55. ②

56 불을 사용하는 설비의 관리와 지켜야 할 사항을 정하고 있는 것으로 맞는 것은?

① 시 · 도 조례
② 대통령령
③ 소방청장의 고시
④ 행정안전부령

해 설

보일러, 난로, 건조설비, 가스 · 전기시설, 그 밖에 화재 발생 우려가 있는 설비 또는 기구 등의 위치 · 구조 및 관리와 화재 예방을 위하여 불을 사용할 때 지켜야 하는 사항은 대통령령으로 정한다.

57 보일러, 난로, 건조설비, 가스 · 전기시설 그 밖에 화재발생의 우려가 있는 설비 또는 기구 등의 위치 · 구조 및 관리와 화재예방을 위하여 불의 사용에 있어서 지켜야 하는 사항을 정하고 있는 것은?

① 대통령령
② 소방청장 고시
③ 행정안전부령
④ 시 · 도 조례

해 설

불의 사용에 있어서 지켜야 할 사항은 대통령령으로 정하고, 불의 사용에 관한 세부관리기준은 시 · 도 조례로 정함

58 불을 사용하는 설비의 세부관리 기준을 정하고 있는 것으로 맞는 것은?

① 시 · 도 조례
② 대통령령
③ 소방청장의 고시
④ 행정안전부령

해 설

불을 사용하는 설비의 세부관리기준은 시 · 도의 조례로 정한다.

59 불을 사용하는 보일러 설치 시 연료탱크는 보일러본체로부터 몇 m 이상의 거리를 이격하여야 하며, 연료를 차단할 수 있는 개폐밸브는 연료탱크로부터 몇 m 이내에 설치하여야 하는가?

① 수평거리 1m, 0.5m
② 수평거리 1m, 1.0m
③ 보행거리 1m, 0.5m
④ 보행거리 1m, 1.0m

정답 56. ② 57. ① 58. ① 59. ①

60 **화재예방을 위하여 보일러는 벽 · 천장과 최소 몇 m 이상의 거리를 두고 설치하여야 하는가?**

① 0.5
② 0.6
③ 1
④ 1.5

해 설

보일러의 벽, 천장 : 0.6m 이상

61 **화재예방을 위하여 보일러의 연료개폐밸브는 최소 몇 m 이상의 거리를 두고 설치하여야 하는가?**

① 0.5
② 0.6
③ 1
④ 1.5

해 설

보일러의 연료개폐밸브 : 0.5m 이상

62 **보일러의 기체연료를 사용하는 경우에 대하여 지켜야 하는 사항으로 바르지 않은 것은?**

① 보일러를 설치하는 장소에는 환기구를 설치하는 등 가연성가스가 머무르지 아니하도록 한다.
② 화재 등 긴급 시 연료를 차단할 수 있는 개폐밸브를 연료용기 등으로부터 0.5m 이내에 설치한다.
③ 보일러가 설치된 장소에는 가스누설경보기를 설치한다.
④ 연료를 공급하는 배관은 합성수지관으로 한다.

해 설

연료를 공급하는 배관은 금속관으로 한다.

정답 60. ② 61. ① 62. ④

63 **화재예방을 위하여 난로 및 건조설비의 기준에서 지켜야 할 사항으로 틀리는 것은?**

① 연통은 천장으로부터 0.6미터 이상 떨어지고, 건물 밖으로 0.6미터 이상 나오게 설치하여야 한다.

② 가연성 벽・바닥 또는 천장과 접촉하는 연통의 부분은 규조토・석면 등 난연성 단열재로 덮어씌워야 한다.

③ 다중이용업의 영업소에는 이동식난로를 사용하여서는 아니된다.

④ 건조설비와 벽・천장 사이의 거리는 0.6미터 이상 되도록 하여야 한다.

해 설

건조설비와 벽・천장 사이의 거리는 0.5미터 이상 되도록 하여야 한다.

64 **화재예방을 위하여 음식조리를 위하여 설치하는 설비의 기준에서 지켜야 할 사항으로 틀리는 것은?**

① 주방설비에 부속된 배기닥트는 0.5밀리미터 이상의 아연도금강판으로 설치할 것

② 주방시설에는 동물 또는 식물의 기름을 제거할 수 있는 필터 등을 설치할 것

③ 열을 발생하는 조리기구는 반자 또는 선반으로부터 0.6미터 이상 떨어지게 할 것

④ 열을 발생하는 조리기구로부터 0.2미터 이내의 거리에 있는 가연성 주요구조부는 석면판 또는 단열성이 있는 불연재료로 덮어 씌울 것

해 설

열을 발생하는 조리기구로부터 0.15미터 이내의 거리에 있는 가연성 주요구조부는 석면판 또는 단열성이 있는 불연재료로 덮어 씌울 것

65 **화재예방을 위한 불의관리에서 노 주위에 1m 이상의 공간을 확보하여야 할 대상으로 맞는 것은?**

① 시간당 열량이 10만 킬로칼로리 이상인 노를 설치한 경우

② 시간당 열량이 20만 킬로칼로리 이상인 노를 설치한 경우

③ 시간당 열량이 30만 킬로칼로리 이상인 노를 설치한 경우

④ 시간당 열량이 50만 킬로칼로리 이상인 노를 설치한 경우

정답 63. ④ 64. ④ 65. ③

해 설

시간당 열량이 30만 킬로칼로리 이상인 노를 설치한 경우 지켜야 할 사항
1. 주요구조부는 불연재료로 할 것
2. 창문과 출입구는 갑종방화문으로 할 것
3. 1m 이상의 공간을 확보할 것

66 **불의 관리를 위한 용접 또는 용단 작업 시 소화기에 대한 설명으로 옳은 것은?**

① 작업자로부터 직경 5m 이내에 소화기를 설치할 것
② 작업자로부터 반경 5m 이내에 소화기를 설치할 것
③ 작업자로부터 직경 20m 이내에 소화기를 설치할 것
④ 작업자로부터 반경 20m 이내에 소화기를 설치할 것

해 설

불꽃을 사용한 용접, 용단 시
1. 소화기 : 작업자로부터 반경 5m 이내에 설치
2. 가연물 : 작업장 주변 반경 10m 이내에 두지 않을 것

67 **불의 관리를 위한 용접 또는 용단 작업 시 가연물을 쌓아두거나 놓아서는 아니되는 기준으로 옳은 것은?**

① 작업장 주변 직경 5m 이내에 소화기를 설치할 것
② 작업장 주변 반경 5m 이내에 소화기를 설치할 것
③ 작업장 주변 직경 10m 이내에 소화기를 설치할 것
④ 작업장 주변 반경 10m 이내에 소화기를 설치할 것

해 설

불꽃을 사용한 용접, 용단 시
1. 소화기 : 작업자로부터 반경 5m 이내에 설치
2. 가연물 : 작업장 주변 반경 10m 이내에 두지 않을 것

68 **특수가연물 중 비발포성 합성수지류의 수량으로 맞는 것은?**

① 500㎏ ② 1,000㎏
③ 3,000㎏ ④ 5,000㎏

정답 66. ② 67. ② 68. ③

해 설

특수가연물의 품명 및 수량

품명		수량
면화류		200킬로그램 이상
나무껍질 및 대팻밥		400킬로그램 이상
넝마 및 종이부스러기		1,000킬로그램 이상
사류(絲類)		1,000킬로그램 이상
볏짚류		1,000킬로그램 이상
가연성고체류		3,000킬로그램 이상
석탄·목탄류		10,000킬로그램 이상
가연성액체류		2세제곱미터 이상
목재가공품 및 나무부스러기		10세제곱미터 이상
합성수지류	발포시킨 것	20세제곱미터 이상
	그 밖의 것	3,000킬로그램 이상

69 특수가연물 중 석탄 및 목탄류의 수량으로 맞는 것은?

① 500kg 이상
② 1,000kg 이상
③ 3,000kg 이상
④ 1,0000kg 이상

70 특수가연물 중 가연성액체류의 수량으로 맞는 것은?

① 2㎥ 이상
② 10㎥ 이상
③ 20㎥ 이상
④ 30㎥ 이상

71 특수가연물 중 발포성 합성수지류의 수량으로 맞는 것은?

① 2㎥ 이상
② 10㎥ 이상
③ 20㎥ 이상
④ 10kg 이상

정답 69. ④ 70. ① 71. ③

72 **특수가연물 중 목재가공품 및 나무부스러기의 수량으로 맞는 것은?**

① 400kg 이상
② 10㎥ 이상
③ 1,000kg 이상
④ 20㎥ 이상

73 **다음 특수가연물 중 품명 및 수량이 틀리는 것은?**

번호	품명	수량
①	면 화 류	200킬로그램 이상
②	나무껍질 및 대팻밥	400킬로그램 이상
③	넝마 및 종이부스러기	3,000킬로그램 이상
④	볏짚류	1,000킬로그램 이상

해 설

1000킬로그램 이상 : 볏짚류, 사류, 넝마 및 종이부스러기

74 **특수가연물의 저장 및 취급의 기준으로 틀리는 것은? (단, 대형소화기 또는 살수설비가 없는 경우이다.)**

① 품명, 최대수량 및 화기취급의 금지표지를 설치할 것
② 쌓는 높이는 15미터 이하가 되도록 할 것
③ 쌓는 부분의 바닥면적 사이는 1미터 이상이 되도록 할 것
④ 하나의 장소에 물질별로 구분하여 쌓을 것

해 설

쌓는 높이는 10미터 이하가 되도록 하고, 쌓는 부분의 바닥면적은 50제곱미터 이하가 되도록 할 것.(단, 석탄류 및 목탄류는 200 제곱미터 이하)

정답 72. ② 73. ③ 74. ②

75 **특수가연물의 저장 및 취급기준에서 틀리는 것은?**

① 발전용도로 사용 시는 예외로 한다.
② 취급하는 장소에는 품명 · 최대수량 및 화기취급의 금지표지를 설치할 것
③ 저장 시 쌓는 높이는 20m 이하가 되도록 할 것
④ 저장 시 쌓는 부분의 바닥면적 사이는 1m 이상이 되도록 할 것

해 설

저장 시 쌓는 높이는 10m 이하가 되도록 할 것

76 **대형소화기 또는 살수설비가 설치되어있는 특수가연물을 저장 및 취급 시 기준으로 틀리는 것은?**

① 석탄 및 목탄류를 제외한 특수가연물의 쌓는 부분의 바닥면적은 200제곱미터 이하가 되도록 할 것
② 쌓는 높이는 15미터 이하가 되도록 할 것
③ 쌓는 부분의 바닥면적 사이는 1.5 미터 이상이 되도록 할 것
④ 석탄 및 목탄류는 쌓는 부분의 바닥면적을 300제곱미터 이하가 되도록 할 것

해 설

쌓는 부분의 바닥면적 사이는 1미터 이상이 되도록 할 것

77 **특수가연물 중 가연성고체류에 해당하지 않는 것은?**

① 인화점이 섭씨 40도 이상 100도 미만인 것
② 인화점이 섭씨 100도 이상 200도 미만이고, 연소열량이 1그램당 8킬로칼로리 이상인 것
③ 인화점이 섭씨 200도 이상이고 연소열량이 1그램당 8킬로칼로리 이상인 것으로서 융점이 150도 미만인 것
④ 1기압과 섭씨 20도 초과 40도 이하에서 액상인 것으로서 인화점이 섭씨 70도 이상 섭씨 200도 미만인 것

해 설

인화점이 섭씨 200도 이상이고 연소열량이 1그램당 8킬로칼로리 이상인 것으로서 융점이 100도 미만인 것

정답 75. ③ 76. ③ 77. ③

78 **특수가연물 중 가연성 액체류에 해당하지 않는 것은?**

① 1기압과 섭씨 20도 이하에서 액상인 것으로서 가연성 액체량이 40중량퍼센트 이하이면서 인화점이 섭씨 70도 이상 섭씨 100도 미만이고 연소점이 섭씨 100도 이상인 물품

② 1기압과 섭씨 20도에서 액상인 것으로서 가연성 액체량이 40중량퍼센트 이하이고 인화점이 섭씨 70도 이상 섭씨 250도 미만인 물품

③ 동물의 기름기와 살코기 또는 식물의 씨나 과일의 살로부터 추출한 것으로서 1기압과 섭씨 20도에서 액상이고 인화점이 250도 미만인 것으로 위험물안전관리법 운반기준에 적합하고 용기외부에 물품명, 수량 및 화기엄금의 표시를 한 것

④ 동물의 기름기와 살코기 또는 식물의 씨나 과일의 살로부터 추출한 것으로서 1기압과 섭씨 20도에서 액상이고 인화점이 섭씨 250도 이상인 것

해 설

가연성액체류

1기압과 섭씨 20도 이하에서 액상인 것으로서 가연성 액체량이 40중량퍼센트 이하이면서 인화점이 섭씨 40도 이상 섭씨 70도 미만이고 연소점이 섭씨 60도 이상인 물품

79 **「소방기본법」에서 정하고 있는 특수가연물의 성상으로 틀리는 것은?**

① "볏짚류"라 함은 마른 볏짚 · 마른 북데기와 이들의 제품 및 건초를 말한다.

② "석탄 · 목탄류"에는 코크스, 석탄가루를 물에 갠 것, 조개탄, 연탄, 석유코크스, 활성탄 및 이와 유사한 것을 포함한다.

③ "합성수지류"라 함은 불연성 또는 난연성이 아닌 고체의 합성수지제품, 합성수지반제품, 원료합성수지 및 합성수지 부스러기(불연성 또는 난연성이 아닌 고무제품, 고무반제품, 원료고무 및 고무 부스러기를 포함한다)를 말한다.

④ "면화류"라 함은 불연성 또는 난연성인 면상 또는 팽이모양의 섬유와 마사(麻絲) 원료를 말한다.

해 설

특수가연물

1. "면화류"라 함은 불연성 또는 난연성인₩이 아닌 면상 또는 팽이모양의 섬유와 마사(麻絲) 원료를 말한다.
2. "넝마 및 종이부스러기"는 불연성 또는 난연성이 아닌 것(동식물유가 깊이 스며들어 있는 옷감 · 종이 및 이들의 제품을 포함한다)에 한한다.
3. "사류"라 함은 불연성 또는 난연성이 아닌 실(실부스러기와 솜털을 포함한다)과 누에고치를 말한다.

정답 78. ① 79. ④

80 **소방활동구역에 출입할 수 있는 사람으로서 틀린 것은?**

① 소방활동구역 밖에 있는 소방 대상물의 관계인
② 의사·간호사 그 밖의 구급·구조 업무에 종사하는 사람
③ 보도업무에 종사하는 사람
④ 소방대장의 출입 허가를 받은 사람

해 설

소방활동구역 출입자

1. 소방활동구역 안에 있는 소방대상물의 소유자·관리자 또는 점유자
2. 전기·가스·수도·통신·교통의 업무에 종사하는 사람으로서 원활한 소방활동을 위하여 필요한 사람
3. 의사·간호사 그 밖의 구조·구급업무에 종사하는 사람
4. 취재인력 등 보도업무에 종사하는 사람
5. 수사업무에 종사하는 사람
6. 소방대장이 소방활동을 위하여 출입을 허가한 사람

81 **다음 중 소방활동구역에 출입할 수 없는 사람은?**

① 소방청장의 출입 허가를 받은 사람
② 구역 안에 있는 소방대상물의 관계인
③ 수사업무에 종사하는 사람
④ 의사·간호사 그 밖의 구조·구급업무에 종사하는 사람

해 설

소방본부장 , 소방서장 또는 소방대장의 출입 허가를 받은 사람

82 **다음 중 소방활동의 설명으로 틀리는 것은?**

① 사고현장을 발견한 사람은 그 현장의 상황을 소방본부·소방서 또는 관계행정기관에 지체 없이 알려야 한다.
② 관계인은 소방대가 현장에 도착할 때까지 소방활동을 하여야 한다.
③ 소방자동차가 화재진압 및 구조·구급활동을 마치고 소방서로 돌아올 때에는 사이렌을 사용할 수 있다.
④ 소방대는 신속하게 출동하기 위하여 긴급한 때에는 일반적인 통행에 쓰이지 아니하는 도로·빈터 또는 물위로 통행할 수 있다.

정답 80. ① 81. ① 82. ③

해 설

소방서로 돌아올 때에는 사이렌을 사용할 수 없다. 즉, 도로교통법을 준수하여야 한다.

83 다음 중 소방지원활동의 설명으로 틀리는 것은?

① 소방청장 · 소방본부장 또는 소방서장은 공공의 안녕질서 유지 또는 복리증진을 위하여 필요한 경우 소방지원활동을 하게 할 수 있다.

② 자연재해에 따른 급수 · 배수 및 제설 등 지원활동을 할 수 있다.

③ 집회 · 공연 등 각종 행사 시 사고에 대비한 근접대기 등 지원활동을 할 수 있다.

④ 법에서 정하는 지원활동 외에 대통령령으로 정하는 지원활동을 할 수 있다.

해 설

법에서 정하는 지원활동 외에 행정안전부령으로 정하는 지원활동을 할 수 있다.

84 소방지원활동의 내용으로 옳지 않은 것은?

① 자연재해에 따른 급수 · 배수 및 제설 등 지원활동

② 집회 · 공연 등 각종 행사 시 사고에 대비한 근접대기 등 지원활동

③ 화재, 재난 · 재해로 인한 피해복구 지원활동

④ 화재, 재난 · 재해 그 밖의 위급한 상황에서의 구조 · 구급 지원활동

85 다음 중 생활안전활동의 설명으로 틀리는 것은?

① 붕괴, 낙하 등이 우려되는 고드름, 나무, 위험 구조물 등의 제거활동

② 끼임, 고립 등에 따른 위험제거 및 구출 활동

③ 소방시설 오작동 신고에 따른 조치활동

④ 방치하면 급박해질 우려가 있는 위험을 예방하기 위한 활동

해 설

지원활동 : 소방시설 오작동 신고에 따른 조치활동

정답 83. ④ 84. ④ 85. ③

86 **소방자동차의 공무상 운행 중 교통사고가 발생한 경우 그 운전자의 법률상 분쟁에 소요되는 비용을 지원할 수 있는 보험에 가입하여야 하는 자로 옳은 것은?**

① 국가
② 소방청장
③ 소방본부장 또는 소방서장
④ 시・도지사

해 설

소방자동차의 보험 가입 등

1. 보험 가입 : 시・도지사
2. 보험 가입비용의 일부를 지원 : 국가

87 **소방공무원이 소방활동, 소방지원활동, 생활안전활동으로 인하여 민・형사상 책임과 관련된 소송을 수행할 경우 변호인 선임 등 소송수행에 필요한 지원을 할 수 있다. 소송지원을 하여야 하는 자로 틀리는 것은?**

① 소방서장
② 소방청장
③ 소방본부장
④ 시・도지사

해 설

소송지원

소방청장, 소방본부장 또는 소방서장은 소방공무원이 소방활동, 소방지원활동, 생활안전활동으로 인하여 민・형사상 책임과 관련된 소송을 수행할 경우 변호인 선임 등 소송수행에 필요한 지원을 할 수 있다.

88 **「소방기본법」에서 소방안전교육의 실시권자로 맞는 것은?**

① 소방청장, 소방본부장, 소방서장
② 관계인
③ 국가
④ 시・도지사

해 설

소방청장, 소방본부장 또는 소방서장은 화재를 예방하고 화재 발생 시 인명과 재산피해를 최소화하기 위하여 다음에 해당하는 사람을 대상으로 행정안전부령으로 정하는 바에 따라 소방안전에 관한 교육과 훈련을 실시할 수 있다. 이 경우 소방청장, 소방본부장 또는 소방서장은 해당 어린이집・유치원・학교의 장과 교육일정 등에 관하여 협의하여야 한다.

1. 「영유아보육법」에 따른 어린이집의 영유아
2. 「유아교육법」에 따른 유치원의 유아
3. 「초・중등교육법」에 따른 학교의 학생

정답 86. ④ 87. ④ 88. ①

89 **소방대원에게 실시하는 교육 · 훈련의 종류 및 대상자 그 밖의 교육 · 훈련 실시에 관하여 필요 사항을 정하고 있는 것은?**

① 행정안전부령　　② 대통령령
③ 시 · 도 조례　　④ 소방청장 고시

해 설
소방대원에게 실시하는 교육 · 훈련의 종류 및 대상자 그 밖의 교육 · 훈련 실시에 관하여 필요 사항은 행정안전부령으로 정한다.

90 **소방활동 상 필요한 소방교육훈련으로 틀리게 설명된 것은?**

① 소방교육 · 훈련의 종류 및 대상자 그 밖에 교육 · 훈련의 실시에 관하여 필요한 사항은 대통령령으로 정한다.
② 소방훈련의 대상은 소방대원이다.
③ 소방교육 · 훈련 실시권자는 소방청장, 소방본부장, 소방서장이다.
④ 소방교육 · 훈련의 목적은 소방업무를 전문적이고 효과적으로 수행하기 위함이다.

해 설
소방교육 · 훈련의 종류 및 대상자 그 밖에 교육 · 훈련의 실시에 관하여 필요한 사항은 행정안전부령으로 정한다.

91 **소방안전교육사가 되고자 하는 사람은 누가 실시하는 시험에 합격하여야 하는가?**

① 소방청장　　② 한국산업인력공단 이사장
③ 소방본부장　　④ 시 · 도지사

해 설
소방청장은 소방안전교육을 위하여 소방청장이 실시하는 시험에 합격한 사람에게 소방안전교육사 자격을 부여한다.

92 **소방안전교육사 시험의 응시자격으로 <u>틀리는</u> 것은?**

① 소방공무원으로 1년 이상 근무한 경력이 있는 사람
② 간호사면허를 취득한 후 간호업무분야에 1년 이상 종사한 사람
③ 1급 응급구조사 자격을 취득한 후 응급의료 업무분야에 1년 이상 종사한 사람
④ 의용소방대원으로 임명된 후 5년 이상 의용소방대 활동을 한 경력이 있는 사람

정답 89. ① 90. ① 91. ① 92. ①

해 설

1. 소방공무원으로
   가. 3년 이상
   나. 2주 이상 전문교육과정 이수
2. 간호사면허를 취득 + 1년 이상
3. 응급구조사 자격을 취득(1급 + 1년 이상, 2급 + 3년 이상)
4. 의용소방대원으로 임명된 후 + 5년 이상
5. 교원의 자격을 취득(유치원, 초등, 중등, 고등)
6. 어린이집 원장, 보육교사 자격 취득 후 + 3년 이상
7. 소방안전관련 교과목 6학점 이상 이수(교육, 응급구조, 소방관련 학과)
8. 안전관리 분야 기술사
9. 안전관리 분야 기사 + 1년 이상
10. 안전관리 분야 산업기사 + 3년 이상
11. 소방안전관리자(특급, 1급 + 1년 이상, 2급 + 3년 이상)

93 소방안전교육사의 응시자격 심사위원 및 시험위원 등으로 틀리는 것은?

① 소방 관련 학과, 교육학과 또는 응급구조학과 석사학위이상 취득자

② 소방안전 관련 학과·교육학과·심리학과 또는 응급처치학과 조교수 이상으로 2년 이상 재직한 자

③ 소방위 또는 지방소방위 이상의 소방공무원

④ 소방안전교육사 자격을 취득한 자

해 설

시험위원 등

1. 소방청장은 소방안전교육사시험 응시자격심사, 출제 및 채점을 위하여 응시자격심사위원 및 시험위원으로 임명 또는 위촉하여야 한다.
   가. 소방 관련 학과, 교육학과 또는 응급구조학과 박사학위 취득자
   나. 「고등교육법」에 해당하는 학교에서 소방 관련 학과, 교육학과 또는 응급구조학과에서 조교수 이상으로 2년 이상 재직한 자
   다. 소방위 또는 지방소방위 이상의 소방공무원
   라. 소방안전교육사 자격을 취득한 자
2. 응시자격심사위원 및 시험위원의 수
   가. 응시자격심사위원: 3명
   나. 시험위원 중 출제위원: 시험과목별 3명
   다. 시험위원 중 채점위원: 5명

정답 93. ①

94 **소방안전교육사의 배치대상 및 배치기준 그밖에 필요한 사항은 무엇으로 정하는가?**

① 대통령령　　② 행정안전부령
③ 소방청장 고시　　④ 시・도 조례

해 설

소방안전교육사의 배치대상 및 배치기준 그밖에 필요한 사항은 대통령령으로 정한다.

95 **소방안전교육사의 결격사유에 해당하지 않는 것은?**

① 피성년후견인
② 법원의 판결 또는 다른 법률에 따라 자격이 정지되거나 상실된 사람
③ 파산선고를 받고 복권되지 아니한 사람
④ 금고 이상의 형의 집행유예를 선고 받고 그 유예기간 중에 있는 사람

해 설

소방안전교육사 결격사유

1. 피성년후견인 또는 피한정후견인
2. 금고 이상의 실형을 선고받고 그 집행이 끝나거나(집행이 끝난 것으로 보는 경우를 포함한다) 집행이 면제된 날부터 2년이 지나지 아니한 사람
3. 금고 이상의 형의 집행유예를 선고받고 그 유예기간 중에 있는 사람
4. 법원의 판결 또는 다른 법률에 따라 자격이 정지되거나 상실된 사람

96 **소방서에는 소방안전교육사를 몇 명 이상 배치하여야 하는가?**

① 1명 이상　　② 2명 이상
③ 3명 이상　　④ 5명 이상

해 설

- 1인 이상 배치대상 : 소방서, 한국소방안전원의 지부
- 2인 이상 배치대상 : 소방청, 소방본부, 한국소방안전원의 본회, 한국소방산업기술원

97 **소방본부에는 소방안전교육사를 몇 명 이상 배치하여야 하는가?**

① 1명 이상　　② 2명 이상
③ 3명 이상　　④ 5명 이상

정답 94. ① 95. ③ 96. ① 97. ②

해 설

- 1인 이상 배치대상 : 소방서, 한국소방안전원의 지부
- 2인 이상 배치대상 : 소방청, 소방본부, 한국소방안전원의 본회, 한국소방산업기술원

98 다음 중 소방신호의 목적이 아닌 것은?

① 화재예방 ② 소방활동
③ 시설 보수 ④ 소방훈련

99 화재예방, 소방활동 또는 소방훈련을 위하여 사용되는 소방신호의 종류와 방법은 무엇으로 정하는가?

① 「소방기본법」 시행령 ② 「소방기본법」 시행규칙
③ 시 · 도 조례 ④ 시 · 도 자치규정

해 설

소방신호의 종류와 방법
「소방기본법」 행정안전부령(시행규칙)으로 정함.

100 화재로 오인될 우려가 있는 불을 피우거나 연막소독을 실시하고자 하는 경우 조치 사항으로 맞는 것은?

① 시 · 도 조례가 정하는 바에 따라 관할 소방본부장 또는 소방서장에게 신고한다.
② 대통령령이 정하는 바에 따라 관할 소방본부장 또는 소방서장에게 신고한다.
③ 행정안전부령이 정하는 바에 따라 관할 소방본부장 또는 소방서장에게 신고한다.
④ 시 · 도 조례가 정하는 바에 따라 시 · 도지사에게 신고한다.

해 설

화재경계지구에 해당하는 지역 또는 장소에서 화재로 오인할 만한 우려가 있는 불을 피우거나 연막(煙幕) 소독을 하려는 자는 시 · 도의 조례로 정하는 바에 따라 관할 소방본부장 또는 소방서장에게 신고하여야 한다.

정답 98. ③ 99. ② 100. ①

101 **다음 중 시·도 조례로 정하는 바에 따라 연막소독을 하려는 자가 관할 소방본부장 또는 소방서장에게 신고하지 않아도 되는 지역으로 옳은 것은?**

① 석유화학제품을 생산하는 공장
② 소방시설, 소방용수시설 또는 소방출동로가 있는 지역
③ 위험물의 저장 및 처리시설이 밀집한 지역
④ 목조건물이 밀집한 지역 및 공장·창고가 밀집한 지역

해 설

화재로 오인할 만한 우려가 있는 불을 피우거나 연막(煙幕) 소독을 하려는 자는 시·도의 조례로 정하는 바에 따라 관할 소방본부장 또는 소방서장에게 신고하여야 한다.

1. 시장지역
2. 공장·창고가 밀집한 지역
3. 목조건물이 밀집한 지역
4. 위험물의 저장 및 처리시설이 밀집한 지역
5. 석유화학제품을 생산하는 공장이 있는 지역
6. 시·도의 조례로 정하는 지역 또는 장소

102 **소방자동차의 우선통행에 관한 사항이다. 옳지 아니한 것은?**

① 소방자동차가 화재 현장으로 출동하는 때에는 모든 차와 사람은 통로를 양보하여야 한다.
② 소방자동차의 우선 통행에 관하여는 도로교통법이 정하는 바에 의한다.
③ 소방자동차가 화재 현장에 출동하거나 훈련을 위하여 필요한 때에는 사이렌을 사용할 수 있다.
④ 소방자동차가 소방용수를 확보할 때에는 사이렌을 사용할 수 있다.

해 설

사이렌 사용은 출동 시와 훈련 시에만 사용할 수 있다.

103 **소방자동차의 우선통행에 관한 사항으로 다음 중 옳지 않은 것은?**

① 소방자동차가 화재진압 및 구조·구급활동을 위하여 출동할 때는 사이렌을 사용할 수 있다.
② 소방자동차가 소방훈련을 위하여 필요한 때에는 사이렌을 사용할 수 있다.
③ 소방자동차의 우선통행에 관하여는 「소방기본법」이 정하는 바에 따른다.
④ 모든 차와 사람은 소방자동차가 화재진압 및 구조·구급활동을 위하여 출동할 때에는 이를 방해하여서는 아니 된다.

해 설

소방자동차의 우선통행에 관하여는 「도로교통법」이 정하는 바에 따른다.

정답 101. ② 102. ④ 103. ③

104 아파트로서 소방자동차 전용구역 설치 대상 기준으로 옳은 것은?

① 세대수가 100세대 이상인 아파트

② 세대수가 200세대 이상인 아파트

③ 세대수가 300세대 이상인 아파트

④ 세대수가 500세대 이상인 아파트

해 설

소방자동차 전용구역 설치 대상

1. 아파트 중 세대수가 100세대 이상인 아파트
2. 기숙사 중 3층 이상의 기숙사

105 소방자동차 전용구역 설치기준으로 틀리는 것은?

① 전용구역 노면표지의 외곽선은 빗금무늬로 표시하되, 빗금은 두께를 30센티미터로 하여 50센티미터 간격으로 표시한다.

② 전용구역 노면표지 도료의 색채는 황색으로 표시한다.

③ 전용구역 문자(P, 소방차 전용)는 백색으로 표시한다.

④ 소방자동차 전용구역 설치기준은 행정안전부령으로 정한다.

해 설

1. 전용구역 노면표지의 외곽선은 빗금무늬로 표시하되, 빗금은 두께를 30센티미터로 하여 50센티미터 간격으로 표시한다.
2. 전용구역 노면표지 도료의 색채는 황색을 기본으로 하되, 문자(P, 소방차 전용)는 백색으로 표시한다.

106 화재 현장의 소방활동구역은 누가 설정하는가?

① 소방대상물의 관계인　　② 소방대장

③ 시・도지사　　④ 소방청장

해 설

소방대장은 화재, 재난・재해, 그 밖의 위급한 상황이 발생한 현장에 소방활동구역을 정하여 소방활동에 필요한 사람으로서 대통령령으로 정하는 사람 외에는 그 구역에 출입하는 것을 제한할 수 있다.

정답 104. ① 105. ④ 106. ②

107 **소방활동 종사명령으로 종사한 자는 비용지급을 받을 수 있다. 다음 중 비용지급을 받을 수 있는 자는?**

① 고의로 인하여 화재 또는 구조 · 구급활동이 필요한 상황을 발생시킨 사람
② 화재현장에서 물건을 가져간 사람
③ 실수로 인하여 화재 또는 구조 · 구급활동이 필요한 상황을 발생시킨 사람
④ 관계지역에 있는 자로서 소방활동에 종사한 사람

해 설

소방활동 종사 후 비용을 지급 받을 수 없는 경우

1. 소방대상물에 화재, 재난 · 재해, 그 밖의 위급한 상황이 발생한 경우 그 관계인
2. 고의 또는 과실로 화재 또는 구조 · 구급 활동이 필요한 상황을 발생시킨 사람
3. 화재 또는 구조 · 구급 현장에서 물건을 가져간 사람

108 **다음 중 소방활동의 설명으로 맞는 것은?**

① 소방활동에 종사한 자는 소방대장으로부터 소방활동의 비용을 지급받을 수 있다.
② 소방본부장 · 소방서장 또는 소방대장은 소방활동을 위하여 긴급하게 출동하는 때에는 소방자동차의 통행과 소방활동에 방해가 되는 주차 또는 정차된 차량 및 물건 등을 제거 또는 이동시킬 수 있다.
③ 소방본부장 · 소방서장 또는 소방대장은 규정에 따라 소방활동에 종사한 자가 이로 인하여 사망하거나 부상을 입은 경우에는 이를 보상하여야 한다.
④ 경찰공무원은 화재, 재난 · 재해 그 밖의 위급한 상황의 발생으로 인하여 사람의 생명에 위험이 미칠 것으로 인정하는 때에는 일정한 구역을 지정하여 그 구역 안에 있는 사람에 대하여 그 구역 밖으로 피난할 것을 명할 수 있다.

해 설

- 소방활동에 종사한 자는 시 · 도지사로 부터 소방활동의 비용을 지급받을 수 있다.
- 시 · 도지사는 규정에 따라 소방활동에 종사한 자가 이로 인하여 사망하거나 부상을 입은 경우에는 이를 보상하여야 한다.
- 소방대장, 소방본부장 · 소방서장은 화재, 재난 · 재해 그 밖의 위급한 상황의 발생으로 인하여 사람의 생명에 위험이 미칠 것으로 인정하는 때에는 일정한 구역을 지정하여 그 구역 안에 있는 사람에 대하여 그 구역 밖으로 피난할 것을 명할 수 있다.

정답 107. ④ 108. ②

109 **소방활동으로 인한 강제처분의 권한이 있는 자로 맞는 것은?**

① 소방본부장 또는 소방서장 ② 소방청장
③ 한국소방안전원장 ④ 시 · 도지사

해 설
소방본부장, 소방서장 또는 소방대장은 사람을 구출하거나 불이 번지는 것을 막기 위하여 필요할 때에는 화재가 발생하거나 불이 번질 우려가 있는 소방대상물 및 토지를 일시적으로 사용하거나 그 사용의 제한 또는 소방활동에 필요한 처분을 할 수 있다.

110 **다음 중 소방활동으로 인한 강제처분을 할 수 있는 사람이 아닌 것은?**

① 소방본부장 ② 소방서장
③ 소방대장 ④ 시 · 도지사

111 **소방본부장 · 소방서장 또는 소방대장이 구역 안에 있는 사람에 대하여 피난명령을 할 때에는 누구에게 협조를 구하여야 하는가?**

① 특별시장 및 광역시장 ② 시장 · 군수
③ 관할 경찰서장 또는 자치경찰단장 ④ 소방대상물의 관계인

해 설
소방본부장, 소방서장 또는 소방대장은 피난에 따른 명령을 할 때 필요하면 관할 경찰서장 또는 자치경찰단장에게 협조를 요청할 수 있다.

112 **소방기본법에서 위험시설 등에 대한 긴급 조치를 할 수 있는 사람은?**

① 시 · 도지사 ② 소방청장
③ 자치경찰단장 ④ 소방대장

해 설
- 소방본부장, 소방서장 또는 소방대장은 화재 진압 등 소방활동을 위하여 필요할 때에는 소방용수 외에 댐 · 저수지 또는 수영장 등의 물을 사용하거나 수도(水道)의 개폐장치 등을 조작할 수 있다.
- 소방본부장, 소방서장 또는 소방대장은 화재 발생을 막거나 폭발 등으로 화재가 확대되는 것을 막기 위하여 가스 · 전기 또는 유류 등의 시설에 대하여 위험물질의 공급을 차단하는 등 필요한 조치를 할 수 있다.

정답 109. ① 110. ④ 111. ③ 112. ④

113 **소방기본법에서 위험시설 등에 대한 긴급 조치로 인하여 손실을 입은 자에게 누가 어떠한 조치를 하여야하는가?**

① 시 · 도의 소방본부장이 보상하여야 한다.

② 시 · 도의 소방서장이 보상하여야 한다.

③ 시 · 도의 시 · 도지사가 보상하여야 한다.

④ 관계인에 대한 보상의무는 없다.

해 설

시 · 도지사는 긴급조치로 인하여 손실을 입은 자가 있으면 그 손실을 보상하여야 한다.

114 **화재조사 전담반을 운영하여야 하는 곳으로 틀리는 것은?**

① 시 · 도　　② 소방청

③ 소방본부　　④ 소방서

해 설

- 소방청장, 소방본부장 또는 소방서장은 화재가 발생하였을 때에는 화재조사를 하여야 한다.
- 화재조사의 방법 및 전담조사반의 운영과 화재조사자의 자격 등 화재조사에 필요한 사항은 행정안전부령으로 정한다.

115 **화재조사의 방법 및 전담조사반의 운영과 화재조사자의 자격 등 화재조사에 필요한 사항은 무엇으로 정하는가?**

① 법률　　② 시행령

③ 행정안전부령　　④ 시 · 도 조례

해 설

화재조사의 방법 및 전담조사반의 운영과 화재조사자의 자격 등 화재조사에 필요한 사항은 행정안전부령으로 정한다.

정답 113. ③ 114. ① 115. ③

116 다음은 화재의 조사에 관한 사항이다. 옳지 아니한 것은?

① 소방본부장 또는 소방서장은 화재가 발생한 때에는 그 화재의 원인 및 피해 등에 대한 조사를 하여야 한다.

② 소방본부장 또는 소방서장은 관계 보험회사가 그 화재의 원인과 피해 상황을 조사 하고자 할 때에는 이를 허용하여야 한다.

③ 화재원인과 피해의 조사에 있어서는 소방공무원과 경찰공무원은 서로 협력하여야 한다.

④ 소방본부장 또는 소방서장은 화재조사를 한 후 방화 또는 실화의 혐의가 있다고 인정되는 때에는 압수·수사를 하여야 한다.

해 설

소방본부장이나 소방서장은 화재조사 결과 방화 또는 실화의 혐의가 있다고 인정하면 지체 없이 관할 경찰서장에게 그 사실을 알리고 필요한 증거를 수집·보존하여 그 범죄수사에 협력하여야 한다.

117 다음 중 화재조사의 방법에 대한 설명으로 틀리는 것은?

① 소방청 및 소방본부와 소방서에 화재조사를 전담하는 부서를 설치·운영한다.

② 화재조사를 하는 관계공무원은 관계인의 정당한 업무를 방해하거나 화재조사를 수행하면서 알게 된 비밀을 다른 사람에게 누설하여서는 아니 된다.

③ 시·도지사가 실시하는 화재조사에 관한 시험에 합격한 자로 하여금 화재조사를 실시하도록 하여야 한다.

④ 화재조사를 하기 위하여 필요하면 관계인에게 보고 또는 자료 제출을 명하거나 관계 공무원으로 하여금 관계 장소에 출입하여 화재의 원인과 피해의 상황을 조사하거나 관계인에게 질문하게 할 수 있다.

해 설

소방청장이 실시하는 화재조사에 관한 시험에 합격한 자로 하여금 화재조사를 실시하도록 하여야 한다.

118 한국소방안전원의 업무로서 옳지 아니한 것은?

① 소방기술과 안전관리에 관한 조사 연구 및 교육

② 화재예방과 안전관리의식의 고취를 위한 대국민 홍보

③ 소방기술과 안전관리에 의한 각종 간행물의 발간

④ 소방기술자 인정자격수첩 발급

정답 116. ④ 117. ③ 118. ④

해 설

소방기술자 인정자격수첩의 발급은 소방시설업자협회에서 발급한다.

한국소방안전원의 업무

1. 소방기술과 안전관리에 관한 교육 및 조사 · 연구
2. 소방기술과 안전관리에 관한 각종 간행물 발간
3. 화재 예방과 안전관리의식 고취를 위한 대국민 홍보
4. 소방업무에 관하여 행정기관이 위탁하는 업무
5. 소방안전에 관한 국제협력
6. 회원에 대한 기술지원 등 정관으로 정하는 사항

119 **소방기술과 안전관리의 기술향상을 위하여 매년 교육 수요조사를 실시하여 교육계획을 수립하고 소방청장의 승인을 받아야 하는 자로 옳은 것은?**

① 한국소방안전원장

② 한국소방산업기술원

③ 국가

④ 소방본부장 및 소방서장

해 설

교육계획의 수립 및 평가 등

1. 안전원의 장(이하 "안전원장"이라 한다)은 소방기술과 안전관리의 기술향상을 위하여 매년 교육 수요조사를 실시하여 교육계획을 수립하고 소방청장의 승인을 받아야 한다.
2. 안전원장은 소방청장에게 해당 연도 교육결과를 평가 · 분석하여 보고하여야 하며, 소방청장은 교육평가 결과를 교육계획에 반영하게 할 수 있다.
3. 안전원장은 교육결과를 객관적이고 정밀하게 분석하기 위하여 필요한 경우 교육 관련 전문가로 구성된 위원회를 운영할 수 있다.
4. 교육평가위원회의 구성 · 운영에 필요한 사항은 대통령령으로 정한다.

120 **교육평가심의위원회의 위원의 자격으로 틀리는 것은?**

① 소방안전교육 업무 담당 소방공무원 중 시 · 도의 소방본부장이 추천하는 사람

② 소방안전교육 전문가

③ 소방안전교육 수료자

④ 소방안전에 관한 학식과 경험이 풍부한 사람

정답 119. ① 120. ①

해 설

교육평가심의위원회의 구성 · 운영

1. 안전원의 장(이하 "안전원장"이라 한다)은 법 제40조의2제3항에 따라 다음 각 호의 사항을 심의하기 위하여 교육평가심의위원회(이하 "평가위원회"라 한다)를 둔다.
2. 평가위원회는 위원장 1명을 포함하여 9명 이하의 위원으로 성별을 고려하여 구성한다.
3. 평가위원회의 위원장은 위원 중에서 호선(互選)한다.
4. 평가위원회의 위원은 다음 각 호의 어느 하나에 해당하는 사람 중에서 안전원장이 임명 또는 위촉한다.
   가. 소방안전교육 업무 담당 소방공무원 중 소방청장이 추천하는 사람
   나. 소방안전교육 전문가
   다. 소방안전교육 수료자
   라. 소방안전에 관한 학식과 경험이 풍부한 사람
5. 평가위원회에 참석한 위원에게는 예산의 범위에서 수당을 지급할 수 있다. 다만, 공무원인 위원이 소관 업무와 직접 관련되어 참석하는 경우에는 수당을 지급하지 아니한다.
6. 평가위원회의 운영 등에 필요한 사항은 안전원장이 정한다.

121 한국소방안전원의 정관에 기재하여야 하는 사항으로 틀리는 것은?

① 회원과 임원 및 직원에 관한 사항　② 이사회에 관한 사항
③ 주된 사무소의 소재지　④ 대표자

해 설

안전원의 정관 포함 사항

1. 목적
2. 명칭
3. 주된 사무소의 소재지
4. 사업에 관한 사항
5. 이사회에 관한 사항
6. 회원과 임원 및 직원에 관한 사항
7. 재정 및 회계에 관한 사항
8. 정관의 변경에 관한 사항

122 한국소방안전원의 정관을 변경하고자 하는 경우 취하여야 할 조치는?

① 소방청장의 인가를 받아야 한다.
② 소방청장의 승인을 받아야 한다.
③ 소방청장에게 신고를 하여야 한다.
④ 소방청장의 허가를 받아야 한다.

해 설

인가 : 제3자의 법률행위를 보충하여 그 법률상 효력을 완성시켜 주는 행정행위

정답 121. ④ 122. ①

123 **한국소방안전원의 사업계획 및 예산에 관하여 취하여야 할 조치는?**

① 소방청장의 인가를 받아야 한다.

② 소방청장의 승인을 받아야 한다.

③ 소방청장에게 신고를 하여야 한다.

④ 소방청장의 허가를 받아야 한다.

해 설

• 승인 : 일반적으로 타인의 행위에 대하여 긍정적 의사를 표시하는 일
• 인가 : 제3자의 법률행위를 보충하여 그 법률상 효력을 완성시켜 주는 행정행위
• 허가 : 법령에 의하여 일반적으로 금지되어 있는 행위를 특정의 경우에 특정인에 대하여 해제하는 행정처분

124 **한국소방안전원의 감독기관으로 맞는 것은?**

① 소방청장　　② 시・도지사

③ 소방본부장　　④ 소방서장

해 설

한국소방안전원은 소방청장의 교육 위탁업무를 주요 사업으로 하고 있는 관계로 소방청장은 한국소방안전원의 업무를 감독하여야 한다.

125 **손실보상심의위원회의 심사・의결에 따라 정당한 손실보상을 하여야 하는 자로 옳은 것은?**

① 소방청장　　② 행정안전부장관

③ 소방본부장　　④ 소방서장

해 설

손실보상

1. 소방청장 또는 시・도지사는 손실보상심의위원회의 심사・의결에 따라 정당한 보상을 하여야 한다.
   가. 생활안전활동 상 조치로 인하여 손실을 입은 자
   나. 소방활동 종사로 인하여 사망하거나 부상을 입은 자
   다. 강제처분으로 인하여 손실을 입은 자. 다만, 법령을 위반하여 소방자동차의 통행과 소방활동에 방해가 된 경우는 제외한다.
   라. 위험시설 등의 긴급조치로 인하여 손실을 입은 자
   마. 소방기관 또는 소방대의 적법한 소방업무 또는 소방활동으로 인하여 손실을 입은 자
2. 손실보상을 청구할 수 있는 권리는 손실이 있음을 안 날부터 3년, 손실이 발생한 날부터 5년간 행사하지 아니하면 시효의 완성으로 소멸한다.
3. 손실보상청구 사건을 심사・의결하기 위하여 손실보상심의위원회를 둔다.
4. 손실보상의 기준, 보상금액, 지급절차 및 방법, 제3항에 따른 손실보상심의위원회의 구성 및 운영, 그 밖에 필요한 사항은 대통령령으로 정한다.

정답 123. ② 124. ① 125. ①

126 손실보상심의위원회의 설치 및 구성에 관하여 틀리는 것은?

① 소방청장등은 손실보상청구 사건을 심사·의결하기 위하여 각각 손실보상심의위원회를 둔다.

② 보상위원회는 위원장 1명을 포함하여 9명 이하의 위원으로 구성한다.

③ 위촉되는 위원의 임기는 2년으로 하며, 한 차례만 연임할 수 있다.

④ 보상위원회의 사무를 처리하기 위하여 보상위원회에 간사 1명을 두되, 간사는 소속 소방공무원 중에서 소방청장등이 지명한다.

해 설

손실보상심의위원회의 설치 및 구성

1. 소방청장등은 손실보상청구 사건을 심사·의결하기 위하여 각각 손실보상심의위원회(이하 "보상위원회"라 한다)를 둔다.
2. 보상위원회는 위원장 1명을 포함하여 5명 이상 7명 이하의 위원으로 구성한다.
3. 보상위원회의 위원은 소방청장등이 위촉하거나 임명한다. 이 경우 위원의 과반수는 성별을 고려하여 소방공무원이 아닌 사람으로 하여야 한다.
   가. 소속 소방공무원
   나. 판사·검사 또는 변호사로 5년 이상 근무한 사람
   다.「고등교육법」 법학 또는 행정학을 가르치는 부교수 이상으로 5년 이상 재직한 사람
   라.「보험업법」에 따른 손해사정사
   마. 소방안전 또는 의학 분야에 관한 학식과 경험이 풍부한 사람
4. 위촉되는 위원의 임기는 2년으로 하며, 한 차례만 연임할 수 있다.
5. 보상위원회의 사무를 처리하기 위하여 보상위원회에 간사 1명을 두되, 간사는 소속 소방공무원 중에서 소방청장등이 지명한다.

127 손실보상심의위원회의 위원의 자격으로 틀리는 것은?

① 판사·검사 또는 변호사로 5년 이상 근무한 사람

②「고등교육법」 법학 또는 경제학을 가르치는 조교수 이상으로 5년 이상 재직한 사람

③「보험업법」에 따른 손해사정사

④ 의학 분야에 관한 학식과 경험이 풍부한 사람

해 설

보상위원회의 위원

소방청장등이 위촉하거나 임명한다. 이 경우 위원의 과반수는 성별을 고려하여 소방공무원이 아닌 사람으로 하여야 한다.

가. 소속 소방공무원
나. 판사·검사 또는 변호사로 5년 이상 근무한 사람
다.「고등교육법」 법학 또는 행정학을 가르치는 부교수 이상으로 5년 이상 재직한 사람
라.「보험업법」에 따른 손해사정사
마. 소방안전 또는 의학 분야에 관한 학식과 경험이 풍부한 사람

정답 126. ② 127. ②

128 **위력을 사용하여 출동한 소방대의 화재진압 및 인명구조 또는 구급활동을 방해하는 행위를 한 자의 벌칙으로 맞는 것은?**

① 5년 이하의 징역 또는 5천만원 이하의 벌금

② 3년 이하의 징역 또는 3천만원 이하의 벌금

③ 1년 이하의 징역 또는 1천만원 이하의 벌금

④ 300만원 이하의 벌금

해 설

5년 이하의 징역 또는 5천만원 이하의 벌금

1. 소방활동을 위반하여 다음에 해당하는 행위를 한 사람
   가. 위력(威力)을 사용하여 출동한 소방대의 화재진압・인명구조 또는 구급활동을 방해하는 행위
   나. 소방대가 화재진압・인명구조 또는 구급활동을 위하여 현장에 출동하거나 현장에 출입하는 것을 고의로 방해하는 행위
   다. 출동한 소방대원에게 폭행 또는 협박을 행사하여 화재진압・인명구조 또는 구급활동을 방해하는 행위
   라. 출동한 소방대의 소방장비를 파손하거나 그 효용을 해하여 화재진압・인명구조 또는 구급활동을 방해하는 행위
2. 소방자동차의 출동을 방해한 사람
3. 사람을 구출하는 일 또는 불을 끄거나 불이 번지지 아니하도록 하는 일을 방해한 사람
4. 정당한 사유 없이 소방용수시설 또는 비상소화장치를 사용하거나 소방용수시설 또는 비상소화장치의 효용을 해치거나 그 정당한 사용을 방해한 사람

129 **소방활동을 위하여 출동한 소방대원에게 폭행 또는 협박을 행사하여 화재진압 및 인명구조 또는 구급활동을 방해하는 행위를 한 자의 벌칙으로 맞는 것은?**

① 5년 이하의 징역 또는 5천만원 이하의 벌금

② 3년 이하의 징역 또는 3천만원 이하의 벌금

③ 1년 이하의 징역 또는 1천만원 이하의 벌금

④ 300만원 이하의 벌금

130 **소방활동을 위하여 출동한 소방대의 소방장비를 파손하거나 그 효용을 해하여 화재진압 및 인명구조 또는 구급활동을 방해하는 행위를 한 자의 벌칙으로 맞는 것은?**

① 5년 이하의 징역 또는 5천만원 이하의 벌금

② 3년 이하의 징역 또는 3천만원 이하의 벌금

③ 1년 이하의 징역 또는 1천만원 이하의 벌금

④ 300만원 이하의 벌금

정답 128. ① 129. ① 130. ①

131 소방활동구역에서의 소방활동 상 소방대상물 및 토지에 대한 강제처분을 방해한 자의 벌칙으로 맞는 것은?

① 5년 이하의 징역 또는 5천만원 이하의 벌금
② 3년 이하의 징역 또는 3천만원 이하의 벌금
③ 1년 이하의 징역 또는 1천만원 이하의 벌금
④ 100만원 이하의 벌금

132 화재조사 시 관계인의 정당한 업무를 방해한 자의 벌칙으로 맞는 것은?

① 100만원 이하의 벌금 ② 200만원 이하의 과태료
③ 200만원 이하의 벌금 ④ 300만원 이하의 벌금

133 화재조사 시 관계공무원의 출입 또는 조사를 거부 · 방해 또는 기피한 자의 벌칙으로 맞는 것은?

① 100만원 이하의 벌금 ② 200만원 이하의 과태료
③ 200만원 이하의 벌금 ④ 300만원 이하의 벌금

134 「소방기본법」상 화재경계지구 안의 소방대상물에 대한 소방특별조사를 거부 · 방해 또는 기피한 자의 벌칙으로 맞는 것은?

① 100만원 이하의 벌금 ② 200만원 이하의 과태료
③ 200만원 이하의 벌금 ④ 300만원 이하의 벌금

135 특수가연물의 저장 및 취급의 기준을 위반한 경우 1차 부과되는 과태료의 금액으로 맞는 것은?

① 20만원 ② 50만원
③ 100만원 ④ 200만원

정답 131. ② 132. ④ 133. ③ 134. ① 135. ①

해 설

위반행위	과태료 금액(만원)			
	1회	2회	3회	4회 이상
소방용수시설・소화기구 및 설비 등의 설치명령을 위반한 경우	50	100	150	200
불의 사용에 있어서 지켜야 하는 사항을 위반한 경우				
1) 위반행위로 인하여 화재가 발생한 경우	100	150	200	200
2) 위반행위로 인하여 화재가 발생하지 않은 경우	50	100	150	200
특수가연물의 저장 및 취급의 기준을 위반한 경우	20	50	100	100
화재 또는 구조・구급이 필요한 상황을 허위로 알린 경우	100	150	200	200
모든 차와 사람은 소방자동차가 화재진압 및 구조・구급 활동을 위하여 사이렌을 사용하여 출동하는 경우 위반하여 소방자동차의 출동에 지장을 준 경우	100			
전용구역에 차를 주차하거나 전용구역에의 진입을 가로막는 등의 방해행위를 한 경우	50	100	100	100
소방활동구역 출입을 위반한 경우	100			
화재조사 명령을 위반하여 보고 또는 자료제출을 하지 아니하거나 거짓으로 보고 또는 자료 제출을 한 경우	50	100	150	200
한국소방안전원 또는 이와 유사한 명칭을 사용한 경우	200			

136 **화재 또는 구조・구급이 필요한 상황을 허위로 알린 경우 1차 부과되는 과태료의 금액으로 맞는 것은?**

① 20만원　　② 50만원
③ 100만원　　④ 200만원

해 설

위반행위	과태료 금액(만원)			
	1회	2회	3회	4회 이상
화재 또는 구조・구급이 필요한 상황을 허위로 알린 경우	100	150	200	200

137 **불의 사용에 있어 지켜야할 사항을 위반하여 화재가 발생한 경우 1차 부과되는 과태료의 금액으로 맞는 것은?**

① 20만원　　② 50만원
③ 100만원　　④ 200만원

정답 136. ③ 137. ③

해 설

위반행위	과태료 금액(만원)			
	1회	2회	3회	4회 이상
불의 사용에 있어서 지켜야 하는 사항을 위반한 경우				
1) 위반행위로 인하여 화재가 발생한 경우	100	150	200	200
2) 위반행위로 인하여 화재가 발생하지 않은 경우	50	100	150	200

138 **소방기본법에서 소방활동구역의 출입이 허용되지 않은 자가 소방활동구역을 출입한 경우의 벌칙으로 맞는 것은?**

① 200만원 이하의 벌금
② 100만원 이하의 벌금
③ 50만원의 과태료
④ 100만원의 과태료

해 설

위반행위	과태료 금액(만원)			
	1회	2회	3회	4회 이상
소방활동구역을 위반하여 출입한 경우	100			

139 **과태료를 감경할 수 있는 대상으로 틀리는 것은?**

① 위반 행위자가 화재등 재난으로 재산에 현저한 손실이 발생한 경우
② 위반 행위자가 사업의 부도, 경매 또는 소송의 계속 등 사업여건이 악화된 경우
③ 위반 행위자가 위반행위로 인한 결과를 시정하거나 해소한 경우
④ 위반 행위자가 최근 1년 이내에 소방관계법령 및 그 하위법령을 2회 이내 위반한 경우

해 설

위반 행위자가 최근 1년 이내에 소방관계법령 및 그 하위법령을 1회 위반한 경우에는 감경 받을 수 있다.

정답 138. ④ 139. ④

140 **과태료 부과 시 과태료를 감경하여 부과할 수 있다. 최대 몇 분의 몇을 감경할 수 있는가?**

① 10/100 ② 30/100
③ 50/100 ④ 70/100

해 설

과태료 부과권자는 과태료 금액의 100분의 50의 범위에서 그 금액을 감경하여 부과할 수 있다. 다만, 감경할 사유가 여러 개 있는 경우라도 「질서위반행위규제법」 에 따른 감경을 제외하고는 감경의 범위는 100분의 50을 넘을 수 없다.

141 **화재로 오인될 우려가 있는 불을 피우거나 연막소독을 실시할 때 화재통지를 하지 않아 소방자동차가 출동한 경우 벌칙으로 맞는 것은?**

① 과태료 10만원 이하 ② 과태료 20만원 이하
③ 과태료 30만원 이하 ④ 과태료 50만원 이하

정답 140. ③ 141. ②

화재예방, 소방시설 설치 · 유지 및 안전관리에 관한 법률

01 다음 중 「화재예방, 소방시설 설치 · 유지 및 안전관리에 관한법률」의 제정목적으로 틀리는 것은?

① 화재의 예방 및 안전관리에 관한 국가와 지방자치단체의 책무를 정함
② 소방시설등의 설치 · 유지에 관하여 필요한 사항을 정함
③ 소방대상물의 안전관리에 관하여 필요한 사항을 정함
④ 소방기술을 진흥시켜 화재로부터 공공의 안전 확보를 정함

해 설

1. 「화재예방, 소방시설 설치 · 유지 및 안전관리에 관한법률」의 제정 목적
   화재와 재난 · 재해, 그 밖의 위급한 상황으로부터 국민의 생명 · 신체 및 재산을 보호하기 위하여 화재의 예방 및 안전관리에 관한 국가와 지방자치단체의 책무와 소방시설등의 설치 · 유지 및 소방대상물의 안전관리에 관하여 필요한 사항을 정함으로써 공공의 안전과 복리 증진에 이바지함을 목적으로 한다.
2. 소방시설공사업법의 제정목적
   소방시설공사 및 소방기술의 관리에 필요한 사항을 규정함으로써 소방시설업을 건전하게 발전시키고 소방기술을 진흥시켜 화재로부터 공공의 안전을 확보하고 국민경제에 이바지함을 목적으로 한다.

02 소방시설에 대한 정의로서 옳은 것은?

① 대통령령이 정하는 소화설비 · 경보설비 · 피난구조설비 · 소화용수설비 및 연소방지설비를 말한다.
② 행정안전부령이 정하는 소화설비 · 경보설비 · 피난구조설비 · 소화용수설비 그 밖의 소화활동설비를 말한다.
③ 행정안전부령이 정하는 소화설비 · 경보설비 · 피난구조설비 · 소화용수설비 그 밖의 연소방지설비를 말한다.
④ 대통령령이 정하는 소화설비 · 경보설비 · 피난구조설비 · 소화용수설비 그 밖의 소화활동설비를 말한다.

해 설

소방시설이란 대통령령이 정하는 소화설비 · 경보설비 · 피난구조설비 · 소화용수설비 그 밖의 소화활동설비를 말한다.

정답 01. ④ 02. ④

03 **소방시설등을 구성하거나 소방용으로 사용되는 제품 또는 기기로서 대통령령으로 정하는 것을 무엇이라 하는가?**

① 소방용품 ② 소방용 기계
③ 소방용 기구 ④ 소화기구

해 설

소방용품 : 소방시설등을 구성하거나 소방용으로 사용되는 제품 또는 기기로서 대통령령으로 정하는 것
1. 소화설비를 구성하는 제품 또는 기기
   가. 소화기구(소화약제 외의 것을 이용한 간이소화용구는 제외)
   나. 자동소화장치
   다. 소화설비를 구성하는 소화전, 관창(菅槍), 소방호스, 스프링클러헤드, 기동용 수압개폐장치, 유수제어밸브 및 가스관 선택밸브
2. 경보설비를 구성하는 제품 또는 기기
   가. 누전경보기 및 가스누설경보기
   나. 경보설비를 구성하는 발신기, 수신기, 중계기, 감지기 및 음향장치(경종만 해당)
3. 피난구조설비를 구성하는 제품 또는 기기
   가. 피난사다리, 구조대, 완강기(간이완강기 및 지지대 포함)
   나. 공기호흡기(충전기 포함)
   다. 유도등 및 예비 전원이 내장된 비상조명등
4. 소화용으로 사용하는 제품 또는 기기
   가. 소화약제(소화설비용으로 한정)
   나. 방염제(방염액・방염도료 및 방염성물질을 말함)

04 **다음 중 소방용품이 아닌 것은?**

① 비상조명등 ② 완강기의 지지대
③ 공기호흡기의 충전기 ④ 가스누설경보기

해 설

예비 전원이 내장된 비상조명등에 한하여 소방용품이다.

05 **다음 중 소방용품이 아닌 것은?**

① 소화약제 외의 것을 이용한 간이소화용구
② 방염제
③ 스프링클러헤드 및 가스관선택밸브
④ 가스누설경보기 및 누전경보기

정답 03. ① 04. ① 05. ①

해 설

소방용품 : 소화기구(소화약제 외의 것을 이용한 간이소화용구는 제외)

06 무창층이라 함은 소화활동상 유효한 개구부의 면적이 그 층의 바닥 면적의 얼마 이하가 되는 층을 말하는가?

① 1/20 ② 1/30
③ 1/40 ④ 1/50

해 설

무창층 : 지상층 중 시행령에서 정하는 개구부 면적의 합계가 바닥면적의 1/30 이하가 되는 층

07 무창층에 설치하는 개구부 요건으로 맞는 것은?

① 개구부의 크기가 지름 60센티미터 이상의 원이 내접할 수 있을 것
② 바닥면으로부터 개구부 밑부분 까지의 높이가 1.2미터 이내일 것
③ 개구부에 창살등과 같은 장애물이 설치되어 있을 것
④ 내부 또는 외부에서 쉽게 부술 수 없는 구조일 것

해 설

- 개구부의 크기가 지름 50센티미터 이상의 원이 내접할 수 있을 것
- 개구부에 창살등과 같은 장애물이 설치되어 있지 않을 것
- 내부 또는 외부에서 쉽게 부술 수 있는 구조일 것

08 무창층에 설치하는 개구부 요건으로 틀리는 것은?

① 개구부의 크기가 지름 50센티미터 이상의 원이 내접할 수 있을 것
② 바닥면 으로부터 개구부 상단까지의 높이가 1.2미터 이내일 것
③ 개구부에 창살등과 같은 장애물이 설치되어 있지 않을 것
④ 도로 또는 빈터를 향할 것

해 설

바닥면으로부터 개구부 밑부분 까지의 높이가 1.2미터 이내일 것

정답 06. ② 07. ② 08. ②

09 피난층에 대한 용어로서 옳은 것은?

① 지상층 중 피난 또는 소화 활동상 유효한 개구부의 면적이 그 층의 바닥 면적의 1/30 이하가 되는 층
② 피난교를 통하여 지상에 통할 수 있는 출입구가 있는 층
③ 곧바로 지상으로 갈 수 있는 출입구가 있는 층
④ 내화구조로서 소화 활동상 유효한 개구부가 있는 층

해 설

피난층이란 곧바로 지상으로 갈 수 있는 출입구가 있는 층을 말한다.

10 다음 중 용어의 정의가 법률적 성격이 다른 것으로 옳은 것은?

① 특정소방대상물 ② 소방시설
③ 무창층 ④ 소방용품

해 설

▌법률로 정하는 용어

1. 특정소방대상물
2. 소방시설
3. 소방용품

▌시행령에서 정하는 용어

피난층
무창층

11 다음 중 소방관계법령상 비상구에 대한 설명으로 맞는 것은?

① 평상시 건물 밖으로 나갈 수 있는 출입문을 말한다.
② 비상시 건물 내부에서 지상으로 피난할 수 있는 탈출구를 말한다.
③ 화재발생 등 비상시에 건축물 또는 공작물의 내부로부터 지상 또는 그 밖에 안전한 곳으로 피난할 수 있는 가로 75cm 이상, 세로 150cm 이상 크기의 출입구를 말한다.
④ 화재 등 비상시에 건물 또는 구조물의 내부로부터 지하층 또는 직상층으로 피난할 수 있는 출입구를 말한다.

해 설

비상시에 건축물 또는 공작물의 내부로부터 지상 또는 그 밖에 안전한 곳으로 피난할 수 있는 가로 75cm 이상, 세로 150cm 이상 크기의 출입구

정답 09. ③ 10. ③ 11. ③

12 소방관계법령상 지하가의 설명으로 틀리는 것은?

① 지하의 공작물 안에 설치되어 있는 점포 · 사무실 등의 시설로서 연속하여 지하도에 면하여 설치된 것과 지하도를 합한 것

② 지하상가

③ 지하 · 해저 또는 산을 뚫어서 차량 등의 통행을 목적으로 만든 것

④ 지하 · 해저 또는 산을 뚫은 궤도차량의 통행을 목적으로 만든 것

해 설

지하가

지하의 인공구조물 안에 설치되어 있는 상점, 사무실, 그 밖에 이와 비슷한 시설이 연속하여 지하도에 면하여 설치된 것과 그 지하도를 합한 것

가. 지하상가

나. 터널: 차량(궤도차량용은 제외한다) 등의 통행을 목적으로 지하, 해저 또는 산을 뚫어서 만든 것

13 아파트등은 주택으로 쓰이는 층수가 몇 개 층 이상인 주택을 말하는가?

① 5개 층 이상
② 6개 층 이상
③ 10개 층 이상
④ 11개 층 이상

해 설

아파트등 : 주택으로 쓰이는 층수가 5개 층 이상인 주택

14 학교 또는 공장 등에서 학생이나 종업원 등을 위하여 쓰는 것으로서 공동취사 등을 할 수 있는 구조를 갖추되, 독립된 주거의 형태를 갖추지 않은 특정소방대상물의 명칭은?

① 다세대주택
② 기숙사
③ 아파트등
④ 다가구주택

해 설

공동주택

가. 아파트등: 주택으로 쓰이는 층수가 5층 이상인 주택

나. 기숙사: 학교 또는 공장 등에서 학생이나 종업원 등을 위하여 쓰는 것으로서 공동취사 등을 할 수 있는 구조를 갖추되, 독립된 주거의 형태를 갖추지 않은 것(「교육기본법」에 따른 학생복지주택을 포함한다)

정답 12. ④ 13. ① 14. ②

15 소매점이 근린생활시설인 경우로 옳은 것은?

① 같은 건축물에 해당 용도로 쓰는 바닥면적의 합계가 $300m^2$ 미만인 것
② 같은 건축물에 해당 용도로 쓰는 바닥면적의 합계가 $500m^2$ 미만인 것
③ 같은 건축물에 해당 용도로 쓰는 바닥면적의 합계가 $600m^2$ 미만인 것
④ 같은 건축물에 해당 용도로 쓰는 바닥면적의 합계가 $1000m^2$ 미만인 것

해 설

근린생활시설 : 소매점으로 $1000m^2$ 미만
판매시설 : 소매점으로 $1000m^2$ 이상

16 다음 중 근린생활시설에 해당하는 것은?

① 제조업소, 수리점, 그 밖에 이와 비슷한 것으로서 같은 건축물에 해당 용도로 쓰는 바닥면적의 합계가 $500m^2$인 것
② 종교집회장으로서 같은 건축물에 해당 용도로 쓰는 바닥면적의 합계가 $300m^2$인 것
③ 의약품 판매소, 의료기기 판매소 및 자동차영업소로서 같은 건축물에 해당 용도로 쓰는 바닥면적의 합계가 $500m^2$인 것
④ 일용품 등의 소매점으로서 같은 건축물에 해당 용도로 쓰는 바닥면적의 합계가 1천m^2인 것

해 설

근린생활시설

1. 제조업소, 수리점, 그 밖에 이와 비슷한 것으로서 같은 건축물에 해당 용도로 쓰는 바닥면적의 합계가 $500m^2$ 미만이고, 「대기환경보전법」, 「수질 및 수생태계 보전에 관한 법률」 또는 「소음・진동관리법」에 따른 배출시설의 설치허가 또는 신고의 대상이 아닌 것
2. 종교집회장[교회, 성당, 사찰, 기도원, 수도원, 수녀원, 제실(祭室), 사당, 그 밖에 이와 비슷한 것을 말한다. 이하 같다]으로서 같은 건축물에 해당 용도로 쓰는 바닥면적의 합계가 $300m^2$ 미만인 것
3. 의약품 판매소, 의료기기 판매소 및 자동차영업소로서 같은 건축물에 해당 용도로 쓰는 바닥면적의 합계가 1천m^2 미만인 것
4. 일용품 등의 소매점으로서 같은 건축물(하나의 대지에 두 동 이상의 건축물이 있는 경우에는 이를 같은 건축물로 본다. 이하 같다)에 해당 용도로 쓰는 바닥면적의 합계가 1천m^2 미만인 것

17 단란주점으로서 같은 건축물에 해당 용도로 쓰는 바닥면적의 합계가 $200m^2$인 경우 특정소방대상물의 종류로 옳은 것은?

① 근린생활시설 ② 문화 및 집회시설
③ 관광휴게시설 ④ 위락시설

정답 15. ④ 16. ③ 17. ④

해 설

150제곱미터 미만 : 근린생활시설
150제곱미터 이상 : 위락시설

18 **금융업소로서 같은 건축물에 해당 용도로 쓰는 바닥면적의 합계가 800m^2 인 특정소방대상물로 옳은 것은?**

① 근린생활시설　　② 업무시설
③ 판매시설　　④ 수련시설

해 설

- 500제곱미터 미만 : 근린생활시설
- 500제곱미터 이상 : 업무시설

19 **다음 특정소방대상물 중 근린생활시설에 해당하지 않는 것은?**

① 같은 건축물에 해당 용도로 쓰는 바닥면적의 합계가 500m^2 미만인 공연장
② 같은 건축물에 해당 용도로 쓰는 바닥면적의 합계가 500m^2 미만인 제조업소
③ 같은 건축물에 해당 용도로 쓰는 바닥면적의 합계가 500m^2 미만인 일반게임제공업
④ 같은 건축물에 해당 용도로 쓰는 바닥면적의 합계가 500m^2 미만인 학원

해 설

같은 건축물에 해당 용도로 쓰는 바닥면적의 합계가 300m^2 미만인 공연장

20 **다음 특정소방대상물 중 복합건축물이 아닌 것은?**

① 하나의 건축물에 근린생활시설과 업무시설이 있는 경우
② 하나의 건축물에 공동주택과 법의 의무로 되어있는 주차장이 있는 경우
③ 하나의 건축물에 근린생활시설과 주택이 있는 경우
④ 하나의 건축물에 판매시설과 위락시설이 있는 경우

해 설

주된 용도 외에 의무 또는 필수용도의 경우는 복합건축물이 아니다.

정답 18. ② 19. ① 20. ②

21 문화 및 집회시설 중 관람장에 해당되지 않는 것은?

① 경마장 ② 자동차경기장

③ 마권 장외 발매소 ④ 경정장

해 설

집회장 : 예식장, 공회당, 회의장, 마권(馬券) 장외 발매소, 마권 전화투표소

관람장 : 경마장, 경륜장, 경정장, 자동차 경기장

22 특정소방대상물 중 묘지관련시설에 해당되는 것은?

① 장례식장 ② 묘지와 자연장지에 부수되는 건축물

③ 요양병원 ④ 종교집회장에 설치하는 봉안당

해 설

종교시설

1. 종교집회장으로서 근린생활시설에 해당하지 않는 것
2. 종교집회장에 설치하는 봉안당(奉安堂)

묘지 관련 시설

1. 화장시설
2. 봉안당(종교집회장의 봉안당은 제외한다)
3. 묘지와 자연장지에 부수되는 건축물
4. 동물화장시설, 동물건조장(乾燥葬)시설 및 동물 전용의 납골시설

23 특정소방대상물 중 교육연구시설에 해당되지 않는 것은?

① 학교 ② 학원

③ 직업훈련소 ④ 자동차운전학원

해 설

교육연구시설

1. 학교
   1) 초등학교, 중학교, 고등학교, 특수학교, 그 밖에 이에 준하는 학교(병설유치원으로 사용되는 부분은 제외)
   2) 대학, 대학교, 그 밖에 이에 준하는 각종 학교:
2. 교육원(연수원, 그 밖에 이와 비슷한 것을 포함한다)
3. 직업훈련소
4. 학원(근린생활시설에 해당하는 것과 자동차운전학원 · 정비학원 및 무도학원은 제외한다)
5. 연구소(연구소에 준하는 시험소와 계량계측소를 포함한다)
6. 도서관

정답 21. ③ 22. ② 23. ④

24 특정소방대상물 중 교육연구시설에 해당되지 않는 것은?

① 대학 ② 도서관
③ 교육원 ④ 독서실

해 설

독서실은 근린생활시설이다.

25 특정소방대상물 중 숙박시설에 해당되지 않는 것은?

① 유스호스텔 ② 여인숙
③ 호텔 ④ 모텔

해 설

숙박시설

1. 일반형숙박시설: 취사를 할 수 없는 숙박시설
2. 생활형숙박시설: 취사를 할 수 있는 숙박시설

수련시설 : 유스호스텔

26 특정소방대상물 중 수련시설에 해당되지 않는 것은?

① 유스호스텔 ② 휴양콘도미니엄
③ 청소년문화의집 ④ 청소년야영장

해 설

수련시설

1. 생활권 수련시설: 청소년수련관, 청소년문화의집, 청소년특화시설
2. 자연권 수련시설: 청소년수련원, 청소년야영장
3. 유스호스텔

27 특정소방대상물 중 운수시설에 해당되지 않는 것은?

① 항공기격납고 ② 여객자동차터미널
③ 도시철도 시설 ④ 공항시설

정답 24. ④ 25. ① 26. ② 27. ①

해 설

운수시설

1. 여객자동차터미널
2. 철도 및 도시철도 시설(정비창 등 관련 시설을 포함)
3. 공항시설(항공관제탑 포함)
4. 항만시설 및 종합여객시설

28 어린이회관이 속하는 특정소방대상물의 시설에 맞는 것은?

① 근린생활시설 ② 문화 및 집회시설
③ 수련시설 ④ 관광휴게시설

해 설

관광 휴게시설

1. 야외음악당
2. 야외극장
3. 어린이회관
4. 관망탑

29 특정소방대상물인 의료시설 중 병원에 해당되지 않는 것은?

① 치과병원 ② 요양병원
③ 한방병원 ④ 정신의료기관

해 설

의료시설

1. 병원 : 종합병원, 병원, 치과병원, 한방병원, 요양병원
2. 격리병원 : 전염병원, 마약진료소
3. 정신의료기관
4. 장애인의료재활시설

30 특정소방대상물인 문화 및 집회시설 중 동 · 식물원에 해당되지 않는 것은?

① 동물원 ② 식물원
③ 수족관 ④ 인공수정센터

정답 28. ④ 29. ④ 30. ④

해 설

동물 및 식물 관련 시설

1. 축사[부화장(孵化場)을 포함]
2. 가축시설 : 가축용 운동시설, 인공수정센터, 관리사(管理舍), 가축용 창고, 가축시장, 동물검역소, 실험동물 사육시설
3. 도축장
4. 도계장
5. 작물 재배사(栽培舍)
6. 종묘배양시설
7. 화초 및 분재 등의 온실

31 특정소방대상물인 동물 및 식물관련시설에 해당되지 않는 것은?

① 동물원 ② 도축장

③ 도계장 ④ 인공수정센터

해 설

문화 및 집회시설

1. 공연장
2. 집회장 : 예식장, 공회당, 회의장, 마권(馬券) 장외 발매소, 마권 전화투표소
3. 관람장 : 경마장, 경륜장, 경정장, 자동차 경기장, 체육관 및 운동장으로서 관람석의 바닥면적의 합계가 1천m^2 이상인 것
4. 전시장: 박물관, 미술관, 과학관, 문화관, 체험관, 기념관, 산업전시장, 박람회장
5. 동・식물원: 동물원, 식물원, 수족관

32 국가는 화재안전 기반 확충을 위하여 화재안전정책에 관한 기본계획을 5년마다 수립・시행하여야 한다. 화재안전정책에 관한 기본계획에 포함하여야 할 사항으로 틀리는 것은?

① 화재안전을 위한 법령・제도의 마련 등 기반 조성에 관한 사항

② 화재안전 관련 기술의 개발・보급에 관한 사항

③ 소방업무에 관한 전문인력에 관한 사항

④ 화재안전분야 국제경쟁력 향상에 관한 사항

해 설

소방업무에 관한 것은 화재안전정책 상 포함사항이 아니다.

정답 31. ① 32. ③

33 다음 중 소방특별조사권자가 아닌 것은?

① 시 · 도지사 ② 소방청장
③ 소방본부장 ④ 소방서장

해 설

소방청장, 소방본부장 또는 소방서장은 관할구역에 있는 소방대상물, 관계 지역 또는 관계인에 대하여 소방시설등이 소방 관계 법령에 적합하게 설치 · 유지 · 관리되고 있는지, 소방대상물에 화재, 재난 · 재해 등의 발생 위험이 있는지 등을 확인하기 위하여 관계 공무원으로 하여금 소방특별조사를 하게 할 수 있다. 다만, 개인의 주거에 대하여는 관계인의 승낙이 있거나 화재발생의 우려가 뚜렷하여 긴급한 필요가 있는 때에 한정한다.

34 소방특별조사 실시 대상으로 틀리는 것은?

① 화재경계지구에 대한 소방특별조사 등 다른 법률에서 소방특별조사를 실시하도록 한 경우
② 국가적 행사 등 주요 행사가 개최되는 장소 및 그 주변의 관계 지역에 대하여 소방안전관리 실태를 점검할 필요가 있는 경우
③ 재난예측정보, 기상예보 등을 분석한 결과 소방대상물에 화재, 재난 · 재해의 발생 위험이 높다고 판단되는 경우
④ 관계인의 소방안전관리가 불성실한 경우

해 설

소방특별조사 실시 대상

1. 관계인이 소방시설등, 방화시설, 피난시설 등에 대한 자체점검 등이 불성실하거나 불완전하다고 인정되는 경우
2. 화재경계지구에 대한 소방특별조사
3. 국가적 행사 등 주요 행사가 개최되는 장소 및 그 주변의 관계 지역
4. 화재가 자주 발생하였거나 발생할 우려가 뚜렷한 곳에 대한 점검이 필요한 경우
5. 재난예측정보, 기상예보 등을 분석한 결과 소방대상물에 화재, 재난 · 재해의 발생 위험이 높다고 판단되는 경우
6. 화재, 재난 · 재해, 그 밖의 긴급한 상황이 발생할 경우 인명 또는 재산 피해의 우려가 현저하다고 판단되는 경우

정답 33. ① 34. ④

35 **관할구역에 있는 소방대상물, 관계 지역 또는 관계인에 대하여 소방시설등이 적합하게 설치 · 유지 · 관리되고 있는지, 소방대상물에 화재, 재난 · 재해 등의 발생 위험이 있는지 등을 확인하기 위하여 관계 공무원으로 하여금 소방특별조사를 하게 할 수 있다. 소방특별조사의 설명으로 틀리는 것은?**

① 소방특별조사 실시권자는 소방청장, 소방본부장 또는 소방서장이다.

② 개인의 주거에 대하여는 관계인의 승낙이 있거나 화재발생의 우려가 뚜렷하여 긴급한 필요가 있는 때에 한정한다.

③ 관계인이 소방시설등, 방화시설, 피난시설 등에 대한 자체점검 등이 불성실하거나 불완전하다고 인정되는 경우 소방특별조사를 연1회 이상 실시한다.

④ 소방청장 또는 소방본부장은 소방특별조사의 대상을 객관적이고 공정하게 선정하기 위하여 필요하면 소방특별조사위원회를 구성하여 소방특별조사의 대상을 선정할 수 있다.

해 설

소방기본법 상 화재경계지구에서의 소방특별조사에 한정하여 연 1회 이상 실시한다.

36 **소방대상물의 소방특별조사 명령 등에 대한 내용 중 잘못된 것은?**

① 조치명령권자는 시 · 도지사이다.

② 조치명령의 요건은 소방대상물의 위치 · 구조 등에 관하여 화재예방 상 필요한 경우이다.

③ 명령의 내용은 소방대상물의 개수 · 이전 · 제거 · 사용의 금지 등이다.

④ 법령에 위반한 소방대상물의 개수 · 명령 · 처분에 대한 손실의보상은 하지 아니한다.

해 설

조치명령권자는 소방청장, 소방본부장 또는 소방서장이다.

37 **소방대상물의 소방특별조사에서 전문가를 참여시킬 수 있다. 여기서 전문가에 해당하지 않는 것은?**

① 소방기술사 자격을 취득한 사람

② 소방시설관리사 자격을 취득한 사람

③ 위험물기능장 자격을 취득한 사람

④ 소방 · 방재 분야에 관한 전문지식을 갖춘 사람

정답 35. ③ 36. ① 37. ③

해 설

소방청장, 소방본부장 또는 소방서장은 필요하면 소방기술사, 소방시설관리사, 그 밖에 소방・방재 분야에 관한 전문지식을 갖춘 사람을 소방특별조사에 참여하게 할 수 있다.

38 **소방특별조사 시 전문가란 어떤 자격을 갖춘 자를 말하는가?**

① 소방설비 산업기사

② 소방설비기사

③ 위험물 기능장

④ 소방기술사

해 설

소방특별조사의 전문가 :

소방청장, 소방본부장 또는 소방서장은 필요하면 소방기술사, 소방시설관리사, 그 밖에 소방・방재 분야에 관한 전문지식을 갖춘 사람

39 **「화재예방, 소방시설 설치・유지 및 안전관리에 관한 법률」에서 소방특별조사위원회의 위원의 자격에 해당하지 않는 사람은?**

① 소방기술사

② 소방시설관리사

③ 과장급 직위 이상의 소방공무원

④ 소방관련 법인 또는 단체에서 소방 관련 업무에 3년 이상 종사한 사람

해 설

소방특별조사 위원회의 위원

1. 과장급 직위 이상의 소방공무원
2. 소방기술사
3. 소방시설관리사
4. 소방 관련 석사 학위 이상을 취득한 사람
5. 소방 관련 법인 또는 단체에서 소방 관련 업무에 5년 이상 종사한 사람
6. 소방공무원 교육기관, 대학 또는 연구소에서 소방과 관련한 교육 또는 연구에 5년 이상 종사한 사람

정답 38. ④ 39. ④

40 **중앙소방특별조사단의 편성 및 운영에 대한 내용으로 틀리는 것은?**

① 중앙소방특별조사단은 단장을 포함하여 21명 이내의 단원으로 구성한다.

② 조사단의 단원은 소방청장이 임명 또는 위촉하고, 단장은 단원 중에서 소방청장이 임명 또는 위촉한다.

③ 소방위 또는 지방소방위 이상의 소방공무원을 단원으로 위촉한다.

④ 소방청장은 소방특별조사를 할 때 필요하면 대통령령으로 정하는 바에 따라 중앙소방특별조사단을 편성하여 운영할 수 있다.

해 설

조사단의 단원 자격

1. 소방공무원
2. 소방업무와 관련된 단체 또는 연구기관 등의 임직원
3. 소방 관련 분야에서 5년 이상 연구 또는 실무 경험이 풍부한 사람

41 **「화재예방, 소방시설 설치 · 유지 및 안전관리에 관한 법률」의 소방특별조사에서 조사에 대한 세부항목 소방특별조사위원회의 구성 및 운영에 필요한 사항은 무엇으로 정하는가?**

① 법률로 정한다.

② 대통령령으로 정한다.

③ 행정안전부령으로 정한다.

④ 소방청장고시로 정한다.

해 설

소방특별조사에서 조사에 대한 세부항목 소방특별조사위원회의 구성 및 운영에 필요한 사항은 대통령령으로 정한다.

42 **「화재예방, 소방시설 설치 · 유지 및 안전관리에 관한 법률」에서 소방특별조사위원회의 위원의 임기 및 위원수로 맞는 것은?**

① 2년, 위원장포함 5명 이내

② 2년, 위원장포함 7명 이내

③ 3년, 위원장포함 5명 이내

④ 3년, 위원장포함 7명 이내

해 설

위원의 임기는 2년이며, 위원의 수는 위원장 포함 7명 이내로 하며 소방본부장이 임명한다.

정답 40. ③ 41. ② 42. ②

43 **「화재예방, 소방시설 설치 · 유지 및 안전관리에 관한 법률」에서 소방특별조사위원회의 위원의 제척사유로 틀리는 것은?**

① 위원이 해당 안건의 소방대상물등의 관계인이거나 그 관계인과 공동권리자 또는 공동의무자인 경우

② 위원의 배우자가 소방대상물등의 설계, 공사, 감리 등을 수행한 경우

③ 위원의 친족이 소방대상물등에 대하여 건축허가등의 업무를 수행한 경우 등 소방대상물등과 직접적인 이해관계가 있는 경우

④ 위원이 소방대상물등에 관하여 자문, 연구, 용역(하도급을 포함한다), 감정 또는 조사와 같은 것 등에 관하여 관계성이 없는 경우

해 설

위원회의 위원이 다음 각 호의 어느 하나에 해당하는 경우에는 위원회의 심의 · 의결에서 제척(除斥)된다.

1. 위원, 그 배우자나 배우자였던 사람 또는 위원의 친족이거나 친족이었던 사람이 다음 각 목의 어느 하나에 해당하는 경우
   가. 해당 안건의 소방대상물 등(이하 이 조에서 "소방대상물등"이라 한다)의 관계인이거나 그 관계인과 공동권리자 또는 공동의무자인 경우
   나. 소방대상물등의 설계, 공사, 감리 등을 수행한 경우
   다. 소방대상물등에 대하여 소방대상물등과 직접적인 이해관계가 있는 경우
2. 위원이 소방대상물등에 관하여 자문, 연구, 용역(하도급을 포함한다), 감정 또는 조사를 한 경우
3. 위원이 임원 또는 직원으로 재직하고 있거나 최근 3년 내에 재직하였던 기업 등이 소방대상물등에 관하여 자문, 연구, 용역(하도급을 포함한다), 감정 또는 조사를 한 경우

44 **「화재예방, 소방시설 설치 · 유지 및 안전관리에 관한 법률」에서 소방특별조사위원회의 위원이 제척사유에 해당하는 경우 스스로 해당 안건의 심의 · 의결에서 취하여야할 조치는?**

① 심의 의결에서 기피하여야한다.

② 심의 의결에서 회피하여야한다.

③ 심의 의결에서 재심을 요청한다.

④ 위원회에 재심을 요청 하여야한다.

해 설

위원이 제척 사유에 해당하는 경우에는 스스로 해당 안건의 심의 · 의결에서 회피(回避)하여야 한다.

정답 43. ④ 44. ②

45 소방특별조사위원회의 위원을 해임하거나 해촉의 사유로 옳지 않은 것은?

① 심신장애로 인하여 직무를 수행할 수 없게 된 경우

② 직무태만, 품위손상이나 그 밖의 사유로 위원으로 적합하지 아니하다고 인정된 경우

③ 위원 스스로 직무를 수행하는 것이 곤란하다고 의사를 밝히는 경우

④ 직무상 알게된 비밀을 누설한 경우

해 설

위원의 해임 · 해촉

소방본부장은 위원회의 위원이 다음의 어느 하나에 해당하는 경우에는 해당 위원을 해임하거나 해촉(解囑)할 수 있다.

1. 심신장애로 인하여 직무를 수행할 수 없게 된 경우
2. 직무태만, 품위손상이나 그 밖의 사유로 위원으로 적합하지 아니하다고 인정된 경우
3. 제척에 해당함에도 불구하고 회피하지 아니한 경우
4. 직무와 관련된 비위사실이 있는 경우
5. 위원 스스로 직무를 수행하는 것이 곤란하다고 의사를 밝히는 경우

46 소방특별조사를 하려면 며칠 전에 관계인에게 조사대상, 조사기간 및 조사사유 등을 서면으로 알려야 하는가?

① 1일

② 3일

③ 7일

④ 10일

해 설

소방청장, 소방본부장 또는 소방서장은 소방특별조사를 하려면 7일 전에 관계인에게 조사대상, 조사기간 및 조사사유 등을 서면으로 알려야 한다.

47 소방특별조사 시 관계인의 승낙 없이 해가 뜨기 전이나 해가 진 뒤에 할 수 있는 경우에 해당하지 않는 것은 ?

① 화재가 발생할 우려가 뚜렷하여 긴급하게 조사할 필요가 있는 경우

② 재난이 발생할 우려가 뚜렷하여 긴급하게 조사할 필요가 있는 경우

③ 재해가 발생할 우려가 뚜렷하여 긴급하게 조사할 필요가 있는 경우

④ 근무자가 있는 경우

정답 45. ④ 46. ③ 47. ④

해 설

소방특별조사는 관계인의 승낙 없이 해가 뜨기 전이나 해가 진 뒤에 할 수 없다.
단, 예외 사항
1. 화재, 재난・재해가 발생할 우려가 뚜렷하여 긴급하게 조사할 필요가 있는 경우
2. 소방특별조사의 실시를 사전에 통지하면 조사목적을 달성할 수 없다고 인정되는 경우

48 **소방본부장 또는 소방서장이 화재의 예방 또는 진압대책을 위하여 소방대상물의 소방특별조사를 명할 때에 관계인의 승낙이 필요한 곳은?**

① 음식점　　② 기숙사
③ 의료원　　④ 개인주택

해 설

개인주택 등과 같은 주거시설은 관계인의 승낙이 필요함.

49 **소방특별조사에 따른 소방대상물의 개수・이전・제거・사용의 금지 또는 제한 등에 대한 명령을 할 수 없는 사람은?**

① 소방본부장　　② 소방서장
③ 시・도지사　　④ 소방청장

해 설

소방대상물의 개수・이전・제거・사용의 금지 또는 제한 등에 대한 명령은 소방특별조사 조치명령이며 명령권자는 소방청장, 소방본부장 또는 소방서장이다.

50 **소방대상물의 소방특별조사 조치명령 등에 의한 처분으로 인하여 손실을 받은 사람에 대해서는 누가 보상을 하는가?**

① 소방본부장 또는 소방서장
② 시장・군수・구청장
③ 소방청장 및 시・도지사
④ 소방청장

해 설

손실보상은 소방청장 및 시・도지사이다.

정답 48. ④ 49. ③ 50. ③

51 **다음 중 소방특별조사 시 조치명령으로 관계인이 손실을 입은 경우에는 손실보상을 하여야한다. 손실보상에 대한 설명으로 옳지 않은 것은?**

① 시・도지사가 손실을 보상하는 경우에는 시가(時價)로 보상하여야 한다.

② 손실 보상에 관하여는 시・도지사와 손실을 입은 자가 합의하여야 한다.

③ 보상금액에 관한 협의가 성립되지 아니한 경우에는 시・도지사는 그 보상금액을 지급하거나 공탁하고 이를 상대방에게 알려야 한다.

④ 보상금의 지급 또는 공탁의 통지에 불복하는 자는 지급 또는 공탁의 통지를 받은 날부터 30일 이내에 관할 토지수용위원회에 재결(裁決)을 신청할 수 있다.

해 설

(손실 보상)

손실 보상에 관하여는 시・도지사와 손실을 입은 자가 협의하여야 한다.

52 **소방대상물의 소방특별조사 조치명령으로 인하여 손실을 받은 사람이 있는 경우 시・도지사가 조치하여야 할 사항 중 맞는 것은?**

① 손실을 받은 사람이 있는 경우에는 무조건 보상하여야 한다.

② 시・도 예산의 범위 내에서 보상하여야 한다.

③ 법령에 위반하여 건축 또는 설비된 소방대상물을 제외하고 명령 처분으로 인하여 손실을 받은 자가 있는 경우에는 대통령령이 정하는 바에 따라 보상하여야 한다.

④ 소송제기에 의하여 법원의 결정에 따라야 한다.

해 설

소방청장, 시・도지사는 조치명령에 따른 명령으로 인하여 손실을 입은 자가 있는 경우에는 대통령령으로 정하는 바에 따라 보상하여야 한다.

53 **특정소방대상물의 공사 현장에서 화재위험작업을 할 때 설치하는 임시소방시설의 유지・관리를 하여야 하는 자로 옳은 것은?**

① 관계인　　② 발주자

③ 건축주　　④ 시공자

해 설

특정소방대상물의 건축・대수선・용도변경 또는 설치 등을 위한 공사를 시공하는 자는 공사 현장에서 인화성(引火性) 물품을 취급하는 "화재위험작업"을 하기 전에 "임시소방시설"을 설치하고 유지・관리하여야 한다.

정답 51. ② 52. ③ 53. ④

54 **특정소방대상물의 공사 현장에서 화재위험작업을 할 때 설치하는 임시소방시설의 종류로 틀리는 것은?**

① 비상경보설비 ② 소화기
③ 간이소화장치 ④ 간이피난유도선

해 설

임시소방시설의 종류

1. 소화기
2. 간이소화장치: 물을 방사(放射)하여 화재를 진화할 수 있는 장치
3. 비상경보장치: 화재가 발생한 경우 주변에 있는 작업자에게 화재사실을 알릴 수 있는 장치
4. 간이피난유도선: 화재가 발생한 경우 피난구 방향을 안내할 수 있는 장치

55 **특정소방대상물의 공사 현장에서 화재위험작업을 할 때 설치하는 임시소방시설을 설치하여야 하는 공사의 종류와 규모로 틀리는 것은?**

① 소화기는 건축허가등을 할 때 소방본부장 또는 소방서장의 동의를 받아야 하는 특정소방대상물의 건축・대수선・용도변경 또는 설치 등을 위한 공사 중 "화재위험 작업현장"에 설치한다.
② 간이소화장치는 연면적 1천m^2 이상의 "화재위험 작업현장"에 설치한다.
③ 간이피난유도선은 바닥면적이 150m^2 이상인 지하층 또는 무창층의 "화재위험 작업현장"에 설치한다.
④ 비상경보장치는 연면적 400m^2 이상의 "화재위험 작업현장"에 설치한다.

해 설

간이소화장치 설치 작업현장

1. 연면적 3천m^2 이상
2. 해당 층의 바닥면적이 600m^2 이상인 지하층, 무창층 및 4층 이상의 층

56 **특정소방대상물의 공사 현장에서 화재위험작업을 할 때 설치하는 임시소방시설과 기능 및 성능이 유사한 소방시설로서 임시소방시설을 설치한 것으로 보는 소방시설의 종류가 틀리는 것은?**

① 옥내소화전설비가 설치된 경우 간이소화장치를 설치한 것으로 본다.
② 비상경보설비가 설치된 경우 비상경보장치를 설치한 것으로 본다.
③ 피난구유도등이 설치된 경우 간이피난유도선을 설치한 것으로 본다.
④ 소방청장이 정하여 고시하는 기준에 맞는 소화기가 설치된 경우 간이소화장치를 설치한 것으로 본다.

정답 54. ① 55. ② 56. ②

해 설

임시소방시설을 설치한 것으로 보는 소방시설

1. 간이소화장치를 설치한 것으로 보는 소방시설 : 옥내소화전 및 소방청장이 정하여 고시하는 기준에 맞는 소화기
2. 비상경보장치를 설치한 것으로 보는 소방시설 : 비상방송설비 또는 자동화재탐지설비
3. 간이피난유도선을 설치한 것으로 보는 소방시설 : 피난유도선, 피난구유도등, 통로유도등 또는 비상조명등

57 특정소방대상물의 공사 현장에서 화재위험작업을 할 때 설치하는 임시소방시설과 기능 및 성능이 유사한 소방시설을 설치하였음에도 임시소방시설의 설치를 면제할 수 없는 소방시설로 옳은 것은?

① 비상경보장치 ② 간이소화장치
③ 소화기 ④ 간이피난유도선

58 다음 ( )에 맞는 적합한 내용을 순서대로 옳게 나타낸 것은?

> 임시소방시설을 설치하여야 하는 공사의 종류와 규모, 임시소방시설의 종류 등에 관하여 필요한 사항은 ( )으로 정하고, 임시소방시설의 설치 및 유지·관리 기준은 ( )이 정하여 고시한다.

① 대통령령, 대통령령 ② 대통령령, 행정안전부령
③ 행정안전부령, 행정안전부령 ④ 대통령령, 소방청장

해 설

임시소방시설을 설치하여야 하는 공사의 종류와 규모, 임시소방시설의 종류 등에 관하여 필요한 사항은 대통령령으로 정하고, 임시소방시설의 설치 및 유지·관리 기준은 소방청장이 정하여 고시한다.

59 특정소방대상물의 공사 현장에 임시소방시설을 설치하여야 하는 화재위험작업으로 옳지 않은 것은?

① 지연성 가스를 발생시키는 작업
② 용접·용단 등 불꽃을 발생시키거나 화기를 취급하는 작업
③ 가열전선 등 열을 발생시키는 기구를 취급하는 작업
④ 폭발성 부유분진을 발생시킬 수 있는 작업

정답 57. ③ 58. ④ 59. ①

해 설

화재위험 작업

1. 인화성・가연성・폭발성 물질을 취급하거나 가연성 가스를 발생시키는 작업
2. 용접・용단 등 불꽃을 발생시키거나 화기를 취급하는 작업
3. 전열기구, 가열전선 등 열을 발생시키는 기구를 취급하는 작업
4. 소방청장이 정하여 고시하는 폭발성 부유분진을 발생시킬 수 있는 작업

60 다음 용도의 건축물 중 소방서장이 행하는 건축허가 동의대상물이 아닌 것은?

① 연면적이 $300m^2$ 이상

② 위험물 제조소등

③ 지하층 또는 무창층의 공연장의 경우에는 바닥면적 $100m^2$ 이상

④ 노유자생활시설

해 설

건축허가등을 할 때 미리 소방본부장 또는 소방서장의 동의를 받아야 하는 건축물 등의 범위

1. 연면적이 400제곱미터 이상인 건축물. 다만, 다음의 어느 하나에 해당하는 시설은 다음에서 정한 기준 이상인 건축물로 한다.
   가. 학교시설: 100제곱미터
   나. 노유자시설(老幼者施設) 및 수련시설: 200제곱미터
   다. 정신의료기관(입원실이 없는 정신건강의학과 의원은 제외): 300제곱미터
   라. 장애인의료재활시설 : 300제곱미터
2. 차고・주차장 또는 주차용도로 사용되는 시설로서 다음의 어느 하나에 해당하는 것
   가. 차고・주차장으로 사용되는 층 중 바닥면적이 200제곱미터 이상인 층이 있는 시설
   나. 승강기 등 기계장치에 의한 주차시설로서 자동차 20대 이상을 주차할 수 있는 시설
3. 항공기격납고, 관망탑, 항공관제탑, 방송용 송・수신탑
4. 지하층 또는 무창층이 있는 건축물로서 바닥면적이 150제곱미터(공연장의 경우에는 100제곱미터) 이상인 층이 있는 것
5. 위험물 저장 및 처리 시설, 지하구, 요양병원
6. 노유자시설 중 생활시설

61 정신의료기관의 건축허가동의 대상물로 맞는 것은?

① 연면적 $100m^2$ 이상

② 연면적 $150m^2$ 이상

③ 연면적 $200m^2$ 이상

④ 연면적 $300m^2$ 이상

정답 60. ① 61. ④

해 설

1. 연면적이 400제곱미터 이상인 건축물. 다만, 다음의 어느 하나에 해당하는 시설은 다음에서 정한 기준 이상인 건축물로 한다.
   가. 학교시설: 100제곱미터
   나. 노유자시설(老幼者施設) 및 수련시설: 200제곱미터
   다. 정신의료기관(입원실이 없는 정신건강의학과 의원은 제외): 300제곱미터
   라. 장애인의료재활시설 : 300제곱미터

62 다음 중 건축허가 동의대상으로 옳은 것은?

① 층수가 6층 이상인 건축물
② 층수가 10층 이상인 건축물
③ 층수가 11층 이상인 건축물
④ 지하층 포함 층수가 11층 이상인 건축물

해 설

층수(「건축법 시행령」 제119조제1항제9호에 따라 산정된 층수를 말한다.)가 6층 이상인 건축물

63 다음 중 건축허가 동의 시 연면적에 관계없이 동의해야 할 대상으로 맞는 것은?

① 노인주거복지시설
② 노인여가복지시설
③ 아동상담소
④ 아동전용시설

64 건축허가 등의 동의대상물이 아닌 것은?

① 바닥면적 200[m^2]인 주차장
② 연면적 300[m^2]인 교회
③ 항공기격납고
④ 기계장치에 의한 주차시설로 자동차 20대를 주차할 수 있는 시설

해 설

교회는 연면적 400[m^2] 이상이 건축허가 동의 대상이다.

정답 62. ① 63. ① 64. ②

65 **건축물의 공사 시공지 또는 소재지를 관할하는 소방본부장 또는 소방서장의 동의를 받지 않고는 허가 할 수 없는 건축 허가동의 대상물은?**

① 지하층으로서 바닥 면적이 100[m^2]인 것
② 공연장으로서 바닥 면적이 80[m^2]인 것
③ 주차장으로서 바닥 면적이 100[m^2]인 것
④ 항공기격납고

해 설
용도가 항공기격납고인 경우에는 반드시 건축허가동의 대상이다.

66 **건축물의 공사 시공지 또는 소재지를 관할하는 소방본부장 또는 소방서장의 동의 허가를 받지 않아도 되는 것은?**

① 차고・주차장으로 사용하는 층의 바닥면적이 200m^2인 층
② 주차시설로서 10대를 주차할 수 있는 것
③ 항공기격납고
④ 지하구

해 설
기계장치의 주차시설은 20대 이상 주차할 수 있는 것에 한하여 건축허가동의 대상이다.

67 **다음 중 관할 소방본부장 또는 소방서장의 건축허가 동의를 얻지 아니하고 건축허가의 권한을 가진 행정기관이 건축허가를 할 수 있는 경우로 맞는 것은?**

① 증축 또는 개축으로 인하여 피난구조설비가 증설되는 특정소방대상물
② 정신의료기관으로 300m^2 이상인 건축물
③ 연면적이 400m^2 이상인 건축물
④ 항공기 격납고

해 설
소화기구 및 피난구조설비는 건축허가동의 대상에서 제외된다.

정답 65. ④ 66. ② 67. ①

68 다음 중 건축물의 사용승인에 대한 건축허가동의로 갈음할 수 있는 것은?

① 건축허가서
② 시공신고서
③ 소방시설공사의 완공검사증명서
④ 관할소방서 담당자의 현장 확인 결과보고서

69 다음 중 건축허가등의 동의대상에서 동의대상으로 옳은 것은?

① 특정소방대상물에 설치되는 소화기구를 설치하는 경우
② 특정소방대상물에 설치되는 누전경보기를 설치하는 경우
③ 특정소방대상물에 설치되는 비상경보설비를 설치하는 경우
④ 특정소방대상물에 설치되는 피난기구를 설치하는 경우

해 설

건축허가 동의대상에서 제외 :
특정소방대상물에 설치되는 소화기구, 누전경보기, 피난기구, 방열복・공기호흡기 및 인공소생기(이하 "인명구조기구"라 한다), 유도등 또는 유도표지가 화재안전기준에 적합한 경우 그 특정소방대상물

70 건축허가의 권한이 있는 행정기관이 건축허가 동의를 하는 경우에 대한 설명으로 맞는 것은?

① 증축의 신고를 수리할 권한이 있는 행정기관은 그 신고의 수리를 한 때에는 그 건축물 등의 공사 시공지를 관할하는 소방본부장 또는 소방서장에게 7일 이내에 그 사실을 알려야 한다.
② 지하층 또는 무창층이 있는 건축물로서 공연장의 경우에는 바닥면적이 100제곱미터 이상인 층이 있는 경우 동의 대상이다.
③ 소방시설공사업 등록증과 기술인력 자의 기술자격증이 필요하다.
④ 건축허가등의 동의를 요구한 건축허가청 등이 그 건축허가등을 취소한 때에는 취소한 날로부터 지체 없이 그 사실을 소방본부장 또는 소방서장에게 통보하여야 한다.

해 설

- 증축의 신고를 수리할 권한이 있는 행정기관은 그 신고의 수리를 한 때에는 그 건축물 등의 공사 시공지를 관할하는 소방본부장 또는 소방서장에게 지체없이 그 사실을 알려야 한다.
- 소방시설설계업 등록증과 기술인력 자의 기술자격증이 필요하다.
- 건축허가등의 동의를 요구한 건축허가청 등이 그 건축허가등을 취소한 때에는 취소한 날로부터 7일 이내에 그 사실을 소방본부장 또는 소방서장에게 통보하여야 한다.

정답 68. ③ 69. ③ 70. ②

71 **건축법에서 정하는 단독주택의 소유주는 소방시설 중 어떤 설비를 설치하여야 하는가?**

① 소화기　② 누전경보기
③ 비상경보설비　④ 피난기구

해 설
주택의 소유주는 소방시설 중 소화기 및 단독경보형감지기를 설치하여야 한다.

72 **건축법에서 정하는 공동주택의 소유자는 소방시설 중 어떤 설비를 설치하여야 하는가? (단, 아파트 및 기숙사를 제외한다.)**

① 유도등
② 유도표지
③ 인명구조기구
④ 단독경보형감지기

73 **주택에 설치하는 소방시설의 설치기준에 관한 사항은 어떻게 정하는가?**

① 화재안전기준으로 정한다.
② 소방청장 고시로 정한다.
③ 시 · 도 조례로 정한다.
④ 시 · 도 규칙으로 정한다.

해 설
소화기 및 단독경보형감지기 등 소방시설의 설치기준에 관한 사항은 시 · 도의 조례로 정한다.

74 **특정소방대상물의 소방시설을 적용하는 기준으로 틀리는 것은?**

① 용도　② 수용인원
③ 규모　④ 층수

해 설
소방시설을 정할 때에는 특정소방대상물의 규모 · 용도 및 수용인원 등을 고려하여야 한다.

정답 71. ① 72. ④ 73. ③ 74. ④

75 다음 괄호 안에 들어가야 할 적합한 말을 고르시오?

> 특정소방대상물의 관계인은 특정소방대상물의 ( )・( ) 및 ( )등을 고려하여 대통령령이 정하는 소방시설등을 ( )이 정하여 고시하는 ( )에 따라 설치하고 유지하도록 한다.

① 위치, 구조, 설비, 행정안전부령, 기술기준
② 층수, 연면적, 용도, 행정안전부령, 고시
③ 형태, 건축재료, 수용인원, 행정안전부령, 화재예방, 소방시설 설치・유지 및 안전관리에 관한 법률시행령
④ 규모, 용도, 수용인원, 소방청장, 화재안전기준

76 특정소방대상물에 소방시설을 설치하여야 할 의무가 있는 사람은?

① 관할 소방서장 ② 소방안전관리자
③ 시・도지사 ④ 관계인

해 설

특정소방대상물의 관계인은 대통령령으로 정하는 바에 따라 특정소방대상물의 규모・용도 및 수용 인원 등을 고려하여 갖추어야 하는 소방시설등을 소방청장이 정하여 고시하는 화재안전기준에 따라 설치 또는 유지・관리하여야 한다.

77 특정소방대상물에 설치된 소방시설의 전부 또는 일부를 철거하고 대지에 종전과 같은 규모의 범위에서 건축물을 다시 축조하는 것을 무엇이라고 하는가?

① 이전 ② 정비
③ 개설 ④ 개축

해 설

용어의 정의

- "증축"이란 기존 건축물이 있는 대지에서 건축물의 건축면적, 연면적, 층수 또는 높이를 늘리는 것을 말한다.
- "개축"이란 기존 건축물의 전부 또는 일부 (내력벽・기둥・보・지붕틀 중 셋 이상이 포함되는 경우를 말한다) 를 철거하고 그 대지에 종전과 같은 규모의 범위에서 건축물을 다시 축조하는 것을 말한다.
- "재축" 이란 건축물이 천재지변이나 그 밖의 재해로 멸실된 경우 그 대지에 종전과 같은 규모의 범위에서 다시 축조하는 것을 말한다.
- "이전" 이란 건축물의 주요구조부를 해체하지 아니하고 같은 대지의 다른 위치로 옮기는 것을 말한다.

정답 75. ④ 76. ④ 77. ④

78 특정소방대상물의 수용인원 산정방법 중 잘못된 것은?

① 침대가 없는 숙박시설은 당해 특정소방대상물의 종사자의 수에 숙박시설의 바닥면적의 합계를 3m^{2}로 나누어 얻은 수를 합한 수로 한다.

② 강의실로 쓰이는 특정소방대상물은 당해 용도로 사용하는 바닥면적의 합계를 1.9m^{2}로 나누어 얻은 수로 한다.

③ 강당・문화 및 집회시설 또는 운동시설은 당해 용도로 사용하는 바닥면적의 합계를 4.5m^{2}로 나누어 얻은 수로 한다.

④ 백화점은 당해 용도로 사용하는 바닥면적의 합계를 3m^{2}로 나누어 얻은 수로 한다.

해 설

수용인원 산정방법

1. 숙박시설이 있는 특정소방대상물
   가. 침대가 있는 숙박시설: 해당 특정소방물의 종사자 수에 침대 수(2인용 침대는 2개로 산정한다)를 합한 수
   나. 침대가 없는 숙박시설: 해당 특정소방대상물의 종사자 수에 숙박시설 바닥면적의 합계를 3m^{2}로 나누어 얻은 수를 합한 수
2. 숙박시설 외의 특정소방대상물
   가. 강의실・교무실・상담실・실습실・휴게실 용도로 쓰이는 특정소방대상물: 해당 용도로 사용하는 바닥면적의 합계를 1.9m^{2}로 나누어 얻은 수
   나. 강당, 문화 및 집회시설, 운동시설, 종교시설: 해당 용도로 사용하는 바닥면적의 합계를 4.6m^{2}로 나누어 얻은 수(관람석이 있는 경우 고정식 의자를 설치한 부분은 그 부분의 의자 수로 하고, 긴 의자의 경우에는 의자의 정면 너비를 0.45m로 나누어 얻은 수로 한다)
   다. 그 밖의 특정소방대상물: 해당 용도로 사용하는 바닥면적의 합계를 3m^{2}로 나누어 얻은 수

79 다음 중 소방시설 분류의 설명으로 옳지 않은 것은?

① 경보설비는 화재발생 사실을 통보하는 기계・기구 또는 설비를 말한다.

② 소화설비는 물 그 밖의 소화약제를 사용하여 소화하는 기계・기구 및 방화설비를 말한다.

③ 소화용수설비는 화재를 진압하는데 필요한 물을 공급하거나 저장하는 설비를 말한다.

④ 소화활동설비는 화재를 진압하거나 인명구조활동을 위하여 사용하는 설비를 말한다.

해 설

소화설비: 물 또는 그 밖의 소화약제를 사용하여 소화하는 기계・기구 또는 설비

정답 78. ③ 79. ②

80 다음 중 소화기구에 해당하지 않는 것은?

① 소화기
② 소화약제 외의 것을 이용한 간이소화용구
③ 에어로졸식 소화용구
④ 강화액소화장치

해 설

소화기구

1) 소화기
2) 간이소화용구: 에어로졸식 소화용구, 투척용 소화용구 및 소화약제 외의 것을 이용한 간이소화용구
3) 자동확산소화기

자동소화장치

1) 주거용 주방자동소화장치
2) 상업용 주방자동소화장치
3) 캐비닛형 자동소화장치
4) 가스자동소화장치
5) 분말자동소화장치
6) 고체에어로졸자동소화장치

81 다음 소화설비 중 소화기구에 속하는 것으로 틀리는 것은?

① 소화기
② 고체에어로졸 소화용구
③ 투척용 소화용구
④ 자동확산소화기

해 설

간이소화용구 : 에어로졸식 소화용구
자동소화장치 : 고체에어로졸 자동소화장치

82 주거용 주방 자동소화장치를 설치하여야하는 특정소방대상물로 옳은 것은?

① 지하층 포함 층수가 30층 이상인 오피스텔
② 아파트 등
③ 11층 이상인 특정소방대상물
④ 연면적 1천 제곱미터 이상인 특정소방대상물

해 설

주거용 주방 자동소화장치 설치대상

1. 아파트 등
2. 층수가 30층 이상인 오피스텔

정답 80. ④ 81. ② 82. ②

83 **「원자력안전법 시행령」에 따른 중·저준위방사성폐기물의 저장시설 중 소화수를 수집·처리하는 설비가 있는 저장시설에 소화설비를 설치하려고 한다. 소화설비의 종류로 옳은 것은?**

① 이산화탄소 소화설비 ② 포소화설비
③ 스프링클러 소화설비 ④ 분말소화설비

해 설

- 소화수를 수집·처리하는 설비가 있는 저장시설 : 스프링클러 소화설비
- 소화수를 수집·처리하는 설비가 없는 저장시설 : 이산화탄소소화설비, 할로겐화합물소화설비 또는 청정소화약제 소화설비

84 **문화 및 집회시설(동·식물원 제외), 종교시설(주요구조부가 목조인 것 제외), 운동시설(물놀이형 시설 제외)에 스프링클러소화설비를 설치하려고 한다. 수용인원이 몇 명 이상인 경우 당해 소화설비를 설치하여야 하는가?**

① 수용인원 100명 이상 ② 수용인원 300명 이상
③ 수용인원 500명 이상 ④ 수용인원 1000명 이상

85 **물분무등소화설비를 설치하여야 하는 특정소방대상물로 틀리는 것은?**

① 항공관제탑
② 주차용 건축물로서 연면적 800m^2 이상인 것
③ 건축물 내부에 설치된 차고 또는 주차장으로서 차고 또는 주차의 용도로 사용되는 부분의 바닥면적의 합계가 200m^2 이상인 것
④ 특정소방대상물에 설치된 전기실·발전실·변전실·축전지실·통신기기실 또는 전산실, 그 밖에 이와 비슷한 것으로서 바닥면적이 300m^2 이상인 것

해 설

물분무등소화설비 설치대상

1) 항공기 및 자동차 관련 시설 중 항공기격납고
2) 주차용 건축물로서 연면적 800m^2 이상인 것
3) 건축물 내부에 설치된 차고 또는 주차장으로서 차고 또는 주차의 용도로 사용되는 부분의 바닥면적의 합계가 200m^2 이상인 것
4) 기계식 주차장치를 이용하여 20대 이상의 차량을 주차할 수 있는 것
5) 특정소방대상물에 설치된 전기실·발전실·변전실·축전지실·통신기기실 또는 전산실, 그 밖에 이와 비슷한 것으로서 바닥면적이 300m^2 이상인 것
6) 소화수를 수집·처리하는 설비가 설치되어 있지 않은 중·저준위방사성폐기물의 저장시설. 단, 이 경우에는 이산화탄소소화설비, 할론소화설비 또는 할로겐화합물 및 불활성기체소화설비를 설치하여야 한다.

정답 83. ③ 84. ① 85. ①

86 다음 중 물분무등소화설비에 해당하지 않는 것은?

① 스프링클러소화설비 ② 미분무소화설비
③ 이산화탄소소화설비 ④ 분말소화설비

해 설

물분무등소화설비

1) 물 분무 소화설비
2) 미분무소화설비
3) 포소화설비
4) 이산화탄소소화설비
5) 할론소화설비
6) 할로겐화합물 및 불활성기체 소화설비
7) 분말소화설비
8) 강화액소화설비

87 다음 중 경보설비에 해당하지 않는 것은?

① 단독경보형감지기 ② 자동화재탐지설비
③ 누전차단기 ④ 통합감시시설

해 설

경보설비: 화재발생 사실을 통보하는 기계 · 기구 또는 설비로서

1. 비상벨설비 및 자동식사이렌설비(이하 "비상경보설비"라 한다)
2. 단독경보형 감지기
3. 비상방송설비
4. 누전경보기
5. 자동화재탐지설비
6. 시각경보기
7. 자동화재속보설비
8. 가스누설경보기
9. 통합감시시설

88 소방시설 중 통합감시시설을 설치하여야 하는 특정소방대상물로 옳은 것은?

① 지하가 ② 판매시설 중 도매시장
③ 지하구 ④ 문화 및 집회시설

해 설

통합감시시설을 설치하여야 하는 특정소방대상물 : 지하구

정답 86. ① 87. ③ 88. ③

89 **화재를 진압하거나 인명구조활동을 위하여 사용하는 설비의 용어로 맞는 것은?**

① 소화활동설비

② 소화설비

③ 피난구조설비

④ 소화용수설비

해 설

소화활동설비: 화재를 진압하거나 인명구조활동을 위하여 사용하는 설비로서

가. 제연설비

나. 연결송수관설비

다. 연결살수설비

라. 비상콘센트설비

마. 무선통신보조설비

바. 연소방지설비

90 **화재를 진압하는데 필요한 물을 공급하거나 저장하는 설비의 용어로 맞는 것은?**

① 소화활동설비

② 소화설비

③ 피난구조설비

④ 소화용수설비

해 설

소화용수설비: 화재를 진압하는 데 필요한 물을 공급하거나 저장하는 설비로서

가. 상수도소화용수설비

나. 소화수조・저수조, 그 밖의 소화용수설비

91 **「화재예방, 소방시설 설치・유지 및 안전관리에 관한 법률」에서 피난기구의 종류로 틀리는 것은?**

① 공기안전매트

② 다수인 피난장비

③ 공기호흡기

④ 구조대

정답 89. ① 90. ④ 91. ③

해 설

피난구조설비 : 화재가 발생할 경우 피난하기 위하여 사용하는 기구 또는 설비로서 다음 각 목의 것

가. 피난기구
  1) 피난사다리
  2) 구조대
  3) 완강기
  4) 그 밖에 소방청장이 정하여 고시하는 화재안전기준으로 정하는 것

나. 인명구조기구
  1) 방열복, 방화복(안전헬멧, 보호장갑 및 안전화를 포함한다)
  2) 공기호흡기
  3) 인공소생기

다. 유도등
  1) 피난유도선
  2) 피난구유도등
  3) 통로유도등
  4) 객석유도등
  5) 유도표지

라. 비상조명등 및 휴대용비상조명등

92 다음 중 피난기구의 종류로 틀리는 것은?

① 미끄럼대 ② 피난용트랩
③ 피난교 ④ 피난밧줄

해 설

법률로 정하는 것 : 피난사다리, 구조대, 완강기

화재안전기준으로 정하는 것 : 피난교, 피난용트랩, 다수인피난장비, 승강식피난기, 미끄럼대, 간이완강기, 공기안전매트, 하향식 피난구용 내림식사다리, 피난용트랩

93 다음 중 피난기구를 설치하여야 하는 것으로 옳은 것은?

① 10층 ② 피난층
③ 가스시설 ④ 지하구

해 설

피난기구 설치 제외

1. 피난층, 지상 1층, 지상 2층(단, 노유자시설로서 피난층 외의 지상1층 및 지상2층은 설치)
2. 층수가 11층 이상인 층
3. 위험물 저장 및 처리시설 중 가스시설
4. 지하가 중 터널 또는 지하구

정답 92. ④ 93. ①

94 다음 중 인명구조기구의 종류로 틀리는 것은?

① 인공소생기 ② 다수인 피난장비
③ 공기호흡기 ④ 방열복

해설

인명구조기구

1) 방열복, 방화복(안전헬멧, 보호장갑 및 안전화를 포함한다)
2) 공기호흡기
3) 인공소생기

95 다음 중 소화활동설비로 틀리는 것은?

① 제연설비
② 저수조 소화용수설비
③ 연소방지설비
④ 무선통신보조설비

해설

소화활동설비

가. 제연설비
나. 연결송수관설비
다. 연결살수설비
라. 비상콘센트설비
마. 무선통신보조설비
바. 연소방지설비

96 지하가 중 도로 터널의 길이가 500m인 경우 설치하여야 하는 소방시설로 옳은 것은?

① 소화기
② 자동화재탐지설비
③ 옥내소화전설비
④ 연결송수관설비

해설

터널 길이 1천 미터 이상에 설치하여야 하는 소방시설

- 자동화재탐지설비
- 옥내소화전설비
- 연결송수관설비

정답 94. ② 95. ② 96. ①

97 **내진설계 적용대상이 아닌 소방시설은?**

① 옥내소화전설비
② 옥외소화전설비
③ 스프링클러설비
④ 물분무등소화설비

해 설

내진설계 대상 : 소화설비로서
1. 옥내소화전설비
2. 스프링클러설비
3. 물분무등소화설비

98 **「지진・화산재해대책법」의 시설 중 대통령령으로 정하는 특정소방대상물에 대통령령으로 정하는 소방시설을 설치하려는 자는 지진이 발생할 경우 소방시설이 정상적으로 작동될 수 있도록 소방청장이 정하는 내진설계기준에 맞게 소방시설을 설치하여야 한다. 다음 중 대통령령으로 정하는 내진설계대상 소방시설로 옳은 것은?**

① 상수도소화용수설비
② 제연설비
③ 비상콘센트설비
④ 옥내소화전설비

해 설

내진설계 대상 소방시설
1. 옥내소화전설비
2. 스프링클러설비
3. 물분무등소화설비

99 **특정소방대상물에 대통령령으로 정하는 소방시설을 설치하려는 자는 지진이 발생할 경우 소방시설이 정상적으로 작동될 수 있도록 소방청장이 정하는 내진설계기준에 맞게 소방시설을 설치하여야 한다. 다음 중 내진설계를 적용하여야 하는 소방시설의 종류로 틀리는 것은?**

① 옥내소화전설비
② 스프링클러설비
③ 물분무소화설비
④ 분말자동소화장치

정답 97. ② 98. ④ 99. ④

100 **성능위주의 설계를 해야 할 특정소방대상물의 범위 중 옳지 않은 것은?**

① 연면적 20만제곱미터 이상인 특정소방대상물. 다만, 「소방시설 설치유지 및 안전관리에 관한 법률 시행령」의 아파트는 제외한다.

② 건축물의 높이가 100미터 이상이거나 지하층을 제외한 층수가 30층 이상인 특정소방대상물

③ 연면적 3만제곱미터 이상인 철도 및 도시철도 시설, 공항시설

④ 하나의 건축물에 영화상영관이 10개 이상인 특정소방대상물

해 설

성능위주설계를 하여야 하는 특정소방대상물의 범위(신축하는 것만 해당한다)

1. 연면적 20만제곱미터 이상인 특정소방대상물. 다만, 아파트등은 제외한다.
2. 다음에 해당하는 특정소방대상물. 다만, 아파트등은 제외한다.
   가. 건축물의 높이가 100미터 이상인 특정소방대상물
   나. 지하층을 포함한 층수가 30층 이상인 특정소방대상물
3. 연면적 3만제곱미터 이상인 특정소방대상물로서 다음에 해당하는 특정소방대상물
   가. 철도 및 도시철도 시설
   나. 공항시설
4. 하나의 건축물에 「영화 및 비디오물의 진흥에 관한 법률」 영화상영관이 10개 이상인 특정소방대상물

101 **성능위주의 설계를 해야 할 특정소방대상물의 범위 중 옳지 않은 것은?**

① 아파트를 제외한 연면적 40만 제곱미터인 특정소방대상물.

② 아파트를 제외한 건축물의 높이가 120미터인 특정소방대상물

③ 연면적 5만 제곱미터인 공항시설

④ 하나의 건축물에 수용인원이 1천명인 영화상영관

해 설

성능위주설계를 하여야 하는 특정소방대상물의 범위(신축하는 것만 해당한다)

1. 연면적 20만제곱미터 이상인 특정소방대상물. 다만, 아파트등은 제외한다.
2. 다음에 해당하는 특정소방대상물. 다만, 아파트등은 제외한다.
   가. 건축물의 높이가 100미터 이상인 특정소방대상물
   나. 지하층을 포함한 층수가 30층 이상인 특정소방대상물
3. 연면적 3만제곱미터 이상인 특정소방대상물로서 다음에 해당하는 특정소방대상물
   가. 철도 및 도시철도 시설
   나. 공항시설
4. 하나의 건축물에 「영화 및 비디오물의 진흥에 관한 법률」 영화상영관이 10개 이상인 특정소방대상물

정답 100. ② 101. ④

102 **건축 환경 및 화재위험특성 변화사항을 효과적으로 반영할 수 있도록 특정소방대상물별로 소방시설 규정을 정비하여야 한다. 정비를 하여야하는 자로 옳은 것은?**

① 시・도지사　　② 국가
③ 관계인　　④ 소방청장

해 설

소방청장은 건축 환경 및 화재위험특성 변화사항을 효과적으로 반영할 수 있도록 소방시설 규정을 3년에 1회 이상 정비하여야 한다.

103 **소방청장은 건축 환경 및 화재위험특성 변화사항을 효과적으로 반영할 수 있도록 소방시설 규정을 정비하여야 한다. 소방시설 정비 규정으로 옳은 것은?**

① 1년 1회 이상
② 2년 1회 이상
③ 3년 1회 이상
④ 5년 1회 이상

해 설

소방청장은 건축 환경 및 화재위험특성 변화사항을 효과적으로 반영할 수 있도록 소방시설 규정을 3년에 1회 이상 정비하여야 한다.

104 **대통령령 또는 화재안전기준의 변경으로 그 기준이 강화되는 경우 기존의 특정소방대상물의 소방시설등에 대하여는 변경전의 대통령령 또는 화재안전기준을 적용하는데 강화된 기준을 적용하는 것으로 옳은 것은?**

① 공동구에 설치하여야 하는 소방시설
② 자동화재탐지설비
③ 제연설비
④ 무선통신보조설비

해 설

소급법 적용기준

- 소화기구, 비상경보설비, 자동화재속보설비, 피난구조설비
- 지하구 가운데 국토이용법에 의한 공동구
- 의료시설, 노유자시설

정답 102. ④ 103. ③ 104. ①

105 **대통령령 또는 화재안전기준의 변경으로 그 기준이 강화되는 경우 기존의 특정소방대상물의 소방시설등에 대하여는 변경전의 대통령령 또는 화재안전기준을 적용하는데, 강화된 기준을 적용하는 것으로 옳은 특정소방대상물은?**

① 위락시설　　② 업무시설
③ 운동시설　　④ 의료시설

해 설

소급법 적용기준

- 소화기구, 비상경보설비, 자동화재속보설비, 피난구조설비
- 지하구 가운데 국토이용법에 의한 공동구
- 의료시설, 노유자시설

106 **소방시설기준 적용의 특례에서 대통령령 또는 화재안전기준이 변경되어 그 기준이 강화되는 경우 기존의 특정소방대상물의 소방시설에 대하여 강화된 변경기준을 적용하여야 하는 소방시설 및 특정소방대상물로 옳지 않은 것은?**

① 교육연구시설에 설치하는 비상경보설비
② 노유자시설에 설치하는 스프링클러설비
③ 업무시설에 설치하는 자동화재속보설비
④ 근린생활시설에 설치하는 소화기구

107 **기존의 특정소방대상물이 증축 · 용도 변경되는 경우 소방시설 적용기준은?**

① 건축허가 당시의 소방관계법령을 적용한다.
② 관할 소방서장의 건축허가등의 동의일을 기준하여 소방관계법령을 적용한다.
③ 증축 또는 용도변경 당시의 소방시설등의 설치에 관한 대통령령 또는 화재안전기준을 적용한다.
④ 소방시설 완공검사증명서 교부 당시의 소방관계법령을 적용한다.

해 설

소방본부장이나 소방서장은 기존의 특정소방대상물이 증축되거나 용도변경되는 경우에는 대통령령으로 정하는 바에 따라 증축 또는 용도변경 당시의 소방시설등의 설치에 관한 대통령령 또는 화재안전기준을 적용한다.

정답 105. ④ 106. ② 107. ③

108 **소방시설 적용 특례로서 대통령령 또는 화재안전기준이 변경되어 그 기준이 강화되는 경우 기존의 특정소방대상물 중 강화기준을 적용하여야 할 소방시설로 틀리는 것은?**

① 소화기구 ② 비상방송설비
③ 비상경보설비 ④ 지하공동구

해 설

소급법 적용기준

- 소화기구, 비상경보설비, 자동화재속보설비, 피난구조설비
- 지하구 가운데 국토이용법에 의한 공동구
- 의료시설, 노유자시설

109 **소방시설 적용 특례로서 대통령령 또는 화재안전기준이 변경되어 그 기준이 강화되는 경우 기존의 특정소방대상물 중 강화기준을 적용하여야 할 소방시설로 틀리는 것은?**

① 소화기구 ② 자동화재속보설비
③ 옥내소화전설비 ④ 피난구조설비

110 **소방시설 적용 특례로서 대통령령 또는 화재안전기준이 변경되어 그 기준이 강화되는 경우 기존의 특정소방대상물 중 강화기준을 적용하여야 할 소방시설로 맞는 것은?**

① 노유자시설에 설치하여야 하는 소방시설등 중 대통령령으로 정하는 것
② 교육연구시설에 설치하여야 하는 소방시설등 중 대통령령으로 정하는 것
③ 수련시설에 설치하여야 하는 소방시설등 중 대통령령으로 정하는 것
④ 근린생활시설에 설치하여야 하는 소방시설등 중 대통령령으로 정하는 것

111 **소방시설 적용 특례로서 대통령령 또는 화재안전기준이 변경되어 그 기준이 강화되는 경우 기존의 특정소방대상물 중 강화기준을 적용하여야 할 소방시설로 맞는 것은?**

① 의료시설에 설치하여야 하는 소방시설등 중 대통령령으로 정하는 것
② 공동주택에 설치하여야 하는 소방시설등 중 대통령령으로 정하는 것
③ 운동시설에 설치하여야 하는 소방시설등 중 대통령령으로 정하는 것
④ 교육연구시설에 설치하여야 하는 소방시설등 중 대통령령으로 정하는 것

정답 108. ② 109. ③ 110. ① 111. ①

112 **소방시설기준 적용 특례 규정(강화된 기준적용)에서 노유자시설에 적용하는 소방시설 중 대통령령으로 정하는 설비로 맞는 것은?**

① 소화기구

② 피난기구

③ 유도등 및 유도표지

④ 간이스프링클러설비

해 설

노유자시설에 설치하는 간이스프링클러설비 및 자동화재탐지설비, 단독경보형감지기를 말한다.

113 **소방시설기준 적용 특례 규정(강화된 기준적용)에서 노유자시설에 적용하는 소방시설 중 대통령령으로 정하는 설비로 맞는 것은?**

① 비상경보설비

② 비상방송설비

③ 자동화재탐지설비

④ 피난기구

해 설

노유자시설에 설치하는 간이스프링클러설비 및 자동화재탐지설비, 단독경보형감지기를 말한다.

114 **소방시설기준 적용 특례 규정에서 소방시설을 설치하지 아니할 수 있는 것으로 틀리는 것은?**

① 화재 위험도가 낮은 특정소방대상물

② 화재안전기준을 적용하기 어려운 특정소방대상물

③ 자체소방대가 설치된 특정소방대상물

④ 재난 및 재해가 발생하기 어려운 지역에 설치된 특정소방대상물

해 설

소방시설을 설치하지 아니할 수 있는 특정소방대상물

1. 화재 위험도가 낮은 특정소방대상물
2. 화재안전기준을 적용하기 어려운 특정소방대상물
3. 화재안전기준을 다르게 적용하여야 하는 특수한 용도 또는 구조를 가진 특정소방대상물
4. 「위험물 안전관리법」에 따른 자체소방대가 설치된 특정소방대상물

정답 112. ④ 113. ③ 114. ④

115 **화재위험도가 낮은 석재, 불연성금속, 불연성 건축재료 등의 가공공장 · 기계조립공장 · 주물공장 또는 불연성 물품을 저장하는 창고의 특정소방대상물에 면제 되는 소방시설로 옳은 것은?**

① 옥외소화전, 연결살수설비

② 옥외소화전, 연결송수관설비

③ 연결살수설비, 자동화재탐지설비

④ 자동화재탐지설비, 비상방송설비

해 설

소방시설을 설치하지 아니할 수 있는 특정소방대상물 및 소방시설의 범위

구분	특정소방대상물	소방시설
화재 위험도가 낮은 특정소방대상물	석재, 불연성금속, 불연성 건축재료 등의 가공공장 · 기계조립공장 · 주물공장 또는 불연성 물품을 저장하는 창고	옥외소화전 및 연결살수설비
	「소방기본법」 제2조제5호에 따른 소방대(消防隊)가 조직되어 24시간 근무하고 있는 청사 및 차고	옥내소화전설비, 스프링클러설비, 물분무등소화설비, 비상방송설비, 피난기구, 소화용수설비, 연결송수관설비, 연결살수설비

116 **소방시설기준 적용 특례 규정에서 증축으로 보는 경우로 맞는 것은?**

① 화재위험이 낮은 특정소방대상물 내부에 연면적 66제곱미터 이하의 직원휴게실을 증축하는 경우

② 기존부분과 증축부분이 갑종방화문으로 구획되어 있는 경우

③ 기존부분과 증축부분이 자동방화샷다로 구획되어 있는 경우

④ 기존부분과 증축부분이 내화구조로 된 바닥과 벽으로 구획된 경우

해 설

자동차 생산공장 등 화재 위험이 낮은 특정소방대상물 내부에 연면적 33제곱미터 이하의 직원 휴게실을 증축하는 경우에는 증축으로 보지 않는다.

117 **소방시설기준 적용 특례 규정에서 용도변경으로 보는 경우로 맞는 것은?**

① 특정소방대상물의 구조 · 설비가 화재연소확대 요인이 적어지는 경우

② 근린생활시설이 판매시설로 변경되는 경우

③ 특정소방대상물의 구조 · 설비가 피난이 쉬워지도록 변경되는 경우

④ 특정소방대상물의 구조 · 설비가 화재진압활동이 쉬워지도록 변경되는 경우

정답 115. ① 116. ① 117. ②

해 설

아래의 용도외의 용도로 변경되는 경우에는 용도변경으로 보지 않는다.

다중이용업소, 문화 및 집회시설, 종교시설, 판매시설, 운수시설, 의료시설, 노유자시설, 수련시설, 운동시설, 숙박시설, 위락시설, 창고시설 중 물류터미널, 위험물 저장 및 처리 시설 중 가스시설, 장례식장

118 **특정소방대상물에 설치하여야 하는 소방시설 가운데 기능과 성능이 유사한 경우 시설의 설치를 면제 할 수 있다. 다음 중 면제 하여서는 아니 되는 소방시설의 종류는?**

① 소화기구　　② 스프링클러소화설비

③ 옥내소화전설비　　④ 포소화설비

119 **건축법에서 정하는 단독주택 및 공동주택(아파트 및 기숙사 제외)의 소유자는 소방시설 중 어떤 설비를 설치하여야 하는가?**

① 소화기 및 단독경보형감지기

② 소화기구 및 단독경보형감지기

③ 소화기 및 호스릴방식의 소화전설비

④ 소화기구 및 유도표지

해 설

주택에 설치하는 소방시설

1. 설치자 : 주택의 소유자
2. 국가 및 지방자치단체는 주택에 설치하여야 하는 소방시설의 설치 및 국민의 자율적인 안전관리를 촉진하기 위하여 필요한 시책을 마련하여야 한다.
3. 주택용 소방시설의 설치기준 및 자율적인 안전관리 등에 관한 사항은 시 · 도 의 조례로 정한다.
4. 주택용 소방시설 : 소화기 및 단독경보형감지기

120 **다음 중 중앙소방기술 심의위원회에서 심의하여야 하는 사항으로 틀리는 것은?**

① 화재안전기준에 관한 사항

② 소방시설의 구조 및 원리 등에서 공법이 특수한 설계 및 시공에 관한 사항

③ 소방시설의 설계 및 공사감리의 방법에 관한 사항

④ 연면적 5만 제곱미터 이상의 특정소방대상물에 설치된 소방시설의 설계 · 시공 · 감리의 하자 유무에 관한 사항

정답 118. ① 119. ① 120. ④

해 설

중앙 소방기술 심의위원회 심의 사항

1. 화재안전기준에 관한 사항
2. 소방시설의 구조 및 원리 등에서 공법이 특수한 설계 및 시공에 관한 사항
3. 소방시설의 설계 및 공사감리의 방법에 관한 사항
4. 소방시설공사의 하자를 판단하는 기준에 관한 사항
5. 그 밖에 소방기술 등에 관하여 대통령령으로 정하는 사항
   가. 연면적 10만제곱미터 이상의 특정소방대상물에 설치된 소방시설의 설계・시공・감리의 하자 유무에 관한 사항
   나. 새로운 소방시설과 소방용품 등의 도입 여부에 관한 사항
   다. 그 밖에 소방기술과 관련하여 소방청장이 심의에 부치는 사항

121 다음 중 방염대상 특정소방대상물이 아닌 것은?

① 방송통신시설 중 방송국 및 촬영소
② 근린생활시설 중 체력단련장
③ 숙박시설
④ 옥외에 설치된 문화 및 집회시설

해 설

방염대상 특정소방대상물

1. 근린생활시설 중 의원, 체력단련장, 공연장 및 종교집회장
2. 건축물의 옥내에 있는 시설로서 다음 각 목의 시설
   가. 문화 및 집회시설
   나. 종교시설
   다. 운동시설(수영장은 제외한다)
3. 의료시설
4. 교육연구시설 중 합숙소
5. 노유자시설
6. 숙박이 가능한 수련시설
7. 숙박시설
8. 방송통신시설 중 방송국 및 촬영소
9. 다중이용업소
10. 제1호부터 제9호까지의 시설에 해당하지 않는 것으로서 층수가 11층 이상인 것(아파트는 제외한다)

122 다음 근린생활시설 중 방염성능기준 이상으로 방염을 하여야하는 특정소방대상물로 옳지 않은 것은?

① 금융업소 ② 의원
③ 체력단련장 ④ 공연장

정답 121. ④ 122. ①

해 설

방염대상 특정소방대상물

근린생활시설 중 의원, 체력단련장, 공연장 및 종교집회장

123 다음 중 실내장식물이 아닌 것은?

① 공간을 구획하기 위하여 설치하는 간이칸막이

② 벽에 장식을 위한 합판 또는 목재

③ 방음을 위하여 설치하는 방음재

④ 벽의 장식을 위하여 부착한 2mm 미만의 종이벽지

해 설

2mm 미만의 종비벽지는 실내장식물에서 제외된다.

124 다음 중 방염대상 물품이 아닌 것은?

① 영화상영관 및 실내골프연습장의 스크린

② 전시용 및 무대용 합판 · 섬유판

③ 침구류 및 소파 · 의자

④ 노래연습장, 단란주점 및 유흥주점에 섬유류 소재로 설치한 소파 및 의자

해 설

침구류 및 소파 · 의자는 방염권장 대상물품이다.

125 방염성능기준의 설명이 틀리는 것은?

① 버너의 불꽃을 제거한 때부터 불꽃을 올리며 연소하는 상태가 그칠 때까지 시간은 20초 이내

② 탄화의 길이는 20㎝ 이내

③ 불꽃에 의하여 완전히 녹을 때까지 불꽃의 접촉횟수는 3회 이상

④ 발연량을 측정하는 경우 최대연기밀도는 400 이상

정답 123. ④ 124. ③ 125. ④

해 설

방염성능기준

1. 버너의 불꽃을 제거한 때부터 불꽃을 올리며 연소하는 상태가 그칠 때까지 시간은 20초 이내일 것
2. 버너의 불꽃을 제거한 때부터 불꽃을 올리지 아니하고 연소하는 상태가 그칠 때까지 시간은 30초 이내일 것
3. 탄화(炭化)한 면적은 50제곱센티미터 이내, 탄화한 길이는 20센티미터 이내일 것
4. 불꽃에 의하여 완전히 녹을 때까지 불꽃의 접촉 횟수는 3회 이상일 것
5. 발연량(發煙量)을 측정하는 경우 최대연기밀도는 400 이하일 것

126 관할 소방서장이 방염처리 제품을 사용하도록 권장할 수 있는 것으로 틀린 것은?

① 숙박시설에서 사용하는 침구류
② 의료시설에서 사용하는 의자
③ 업무시설에서 사용하는 소파
④ 노유자시설에서 사용하는 의자

해 설

방염처리된 제품 사용 권장 대상

소방본부장 또는 소방서장은 다중이용업소・의료시설・노유자시설・숙박시설 또는 장례식장에서 사용하는 침구류・소파 및 의자에 대하여 방염처리가 필요하다고 인정되는 경우

127 건축물대장의 건물현황도에 표시된 대지경계선 안의 지역에 소방안전관리 등급적용에 관한 설명으로 가장 적합한 것은?

① 관리에 관한 권원(權原)을 가진 자가 동일인인 경우로서 소방안전관리 등급이 다를 때에는 각각 따로 적용한다.
② 관리에 관한 권원(權原)을 가진 자가 동일인인 경우로서 소방안전관리대상물의 등급이 다를 때에는 높은 등급을 적용한다.
③ 관리에 관한 권원(權原)을 가진 자가 동일인인 경우로서 소방안전관리대상물의 등급이 다를 때에는 낮은 등급을 적용한다.
④ 관리에 관한 권원을 가진 자가 서로 다를 때에는 이를 하나의 특정소방대상물로 본다.

해 설

건축물대장의 건축물현황도에 표시된 대지경계선 안의 지역 또는 인접한 2개 이상의 대지에 소방안전관리자를 두어야 하는 특정소방대상물이 둘 이상 있고, 그 관리에 관한 권원(權原)을 가진 자가 동일인인 경우에는 이를 하나의 특정소방대상물로 보되, 그 특정소방대상물이 둘 이상에 해당하는 경우에는 그 중에서 급수가 높은 특정소방대상물로 본다.

정답 126. ③ 127. ②

128 **특정소방대상물의 관계인 및 소방안전관리자의 업무와 관계가 없는 것은?**

① 특정소방대상물 대한 소방계획서의 작성 및 시행

② 자위 소방대의 조직

③ 소화 · 통보 · 구급 및 구조 훈련 등의 실시

④ 화기 취급의 감독

해 설

소방안전관리자의 업무

1. 소방계획서의 작성 및 시행
2. 자위소방대(自衛消防隊) 및 초기대응체계의 구성 · 운영 · 교육
3. 피난시설, 방화구획 및 방화시설의 유지 · 관리
4. 소방훈련 및 교육
5. 소방시설이나 그 밖의 소방 관련 시설의 유지 · 관리
6. 화기(火氣) 취급의 감독

129 **소방안전관리자의 업무가 아닌 것은?**

① 소방시설 그 밖의 소방관련 시설의 유지관리

② 위험물의 취급 및 관리

③ 소화, 통보, 피난 등의 훈련 및 교육

④ 화기취급의 감독

해 설

위험물취급 및 관리는 위험물안전관리자의 업무이다.

130 **다음의 소방계획을 작성하는데 있어서 소방계획에 포함되지 않는 내용은?**

① 화재예방을 위한 자체점검계획 및 진압대책

② 소방시설 · 피난시설 및 방화시설의 점검 및 정비계획

③ 수용인원 등의 일반현황

④ 소방시설의 설치 계획표

정답 128. ③ 129. ② 130. ④

해 설

소방계획서의 포함 사항

1. 소방안전관리대상물의 위치 · 구조 · 연면적 · 용도 및 수용인원 등 일반 현황
2. 소방안전관리대상물에 설치한 소방시설 · 방화시설(防火施設), 전기시설 · 가스시설 및 위험물시설의 현황
3. 화재 예방을 위한 자체점검계획 및 진압대책
4. 소방시설 · 피난시설 및 방화시설의 점검 · 정비계획
5. 피난층 및 피난시설의 위치와 피난경로의 설정, 장애인 및 노약자의 피난계획 등을 포함한 피난계획
6. 방화구획, 제연구획, 건축물의 내부 마감재료 및 방염물품의 사용현황과 그 밖의 방화구조 및 설비의 유지 · 관리계획
7. 소방훈련 및 교육에 관한 계획
8. 특정소방대상물의 근무자 및 거주자의 자위소방대 조직과 대원의 임무에 관한 사항
9. 증축 · 개축 · 재축 · 이전 · 대수선 중인 특정소방대상물의 공사장 소방안전관리에 관한 사항
10. 공동 및 분임 소방안전관리에 관한 사항
11. 소화와 연소 방지에 관한 사항
12. 위험물의 저장 · 취급에 관한 사항
13. 소방안전관리를 위하여 소방본부장 또는 소방서장이 소방안전관리대상물의 위치 · 구조 · 설비 또는 관리 상황 등을 고려하여 소방안전관리에 필요하여 요청하는 사항

131 특정소방대상물에 대한 소방안전관리자로 선임된 자의 업무는?

① 자체 소방신호의 제정

② 소방대의 구성

③ 피난시설 · 방화구획 및 방화시설의 유지관리

④ 화기취급의 보조

해 설

소방안전관리자의 업무 : 소방계획서의 작성 및 시행, 자위소방대 및 초기대응체계, 화기취급의 감독, 소방시설등의 유지 관리

132 특정소방대상물의 소방계획서의 작성 및 실시에 관하여 지도 · 감독권자로 맞는 것은?

① 소방본부장 · 소방서장

② 시 · 도지사

③ 관계인

④ 소방청장

해 설

소방계획서 작성에 관한 지도 감독권자는 소방본부장 · 소방서장이다.

정답 131. ③ 132. ①

133 아파트로서 특급 소방안전관리대상물에 해당하는 기준으로 옳은 것은?

① 지하층 포함 층수가 30층 이상인 것
② 지하층 제외 층수가 30층 이상인 것
③ 지하층 포함 층수가 50층 이상인 것
④ 지하층 제외 층수가 50층 이상인 것

해 설

특급 소방안전관리대상물(아파트)
50층 이상(지하층은 제외한다)이거나 지상으로부터 높이가 200미터 이상인 것

134 특정소방대상물 중 특급 소방안전관리대상물의 기준으로 맞는 것은?(단, 아파트를 제외한다.)

① 지하층 포함 층수가 30층 이상
② 지하층 제외 층수가 30층 이상
③ 지하층 포함 층수가 50층 이상
④ 지하층 제외 층수가 50층 이상

해 설

특급 소방안전관리대상물
가. 50층 이상(지하층은 제외한다)이거나 지상으로부터 높이가 200미터 이상인 아파트
나. 30층 이상(지하층을 포함한다)이거나 지상으로부터 높이가 120미터 이상인 특정소방대상물(아파트는 제외한다)
다. 특정소방대상물로서 연면적이 20만제곱미터 이상인 특정소방대상물(아파트는 제외한다)

135 특정소방대상물(아파트 제외) 건축물의 높이가 특급 소방안전관리대상물에 해당되는 것은?

① 건축물의 지상 높이가 100미터
② 건축물의 지하층 및 지상층의 합산 높이가 100미터
③ 건축물의 지상 높이가 120미터
④ 건축물의 지하층 및 지상층의 합산 높이가 120미터

해 설

가. 50층 이상(지하층은 제외한다)이거나 지상으로부터 높이가 200미터 이상인 아파트
나. 30층 이상(지하층을 포함한다)이거나 지상으로부터 높이가 120미터 이상인 특정소방대상물(아파트는 제외한다)

정답 133. ④ 134. ① 135. ③

136 **특정소방대상물(아파트 제외) 중 건축물의 연면적이 특급 소방안전관리대상물에 해당되는 것은?**

① 5만 제곱미터 이상인 특정소방대상물
② 10만 제곱미터 이상인 특정소방대상물
③ 15만 제곱미터 이상인 특정소방대상물
④ 20만 제곱미터 이상인 특정소방대상물

해 설
특정소방대상물로서 연면적이 20만 제곱미터 이상인 특정소방대상물(아파트는 제외한다)

137 **특정소방대상물 중 1급 소방안전관리대상물로 틀리는 것은?**

① 연면적 1만5천 제곱미터인 철강 등 불연성물품을 취급하는 공장
② 층수가 11층인 아파트
③ 가연성 가스를 1천톤 저장・취급하는 시설
④ 층수가 20층인 업무용 빌딩

해 설
1급 소방안전관리대상물
가. 30층 이상(지하층은 제외한다)이거나 지상으로부터 높이가 120미터 이상인 아파트
나. 연면적 1만5천제곱미터 이상인 특정소방대상물(아파트는 제외한다)
다. 층수가 11층 이상인 특정소방대상물(아파트는 제외한다)
라. 가연성 가스를 1천톤 이상 저장・취급하는 시설

138 **가연성가스를 몇 톤 이상 저장, 취급하는 경우 2급 소방안전관리 대상물이 되는가?**

① 100톤 이상 1000톤 미만
② 500톤 이상 1000톤 미만
③ 1000톤 이상
④ 1500톤 이상

정답 136. ④ 137. ② 138. ①

해설

2급 소방안전관리대상물

1. 옥내소화전설비, 스프링클러소화설비, 물분무등소화설비 특정소방대상물[호스릴(Hose Reel) 방식의 물분무등소화설비만을 설치한 경우는 제외한다]
2. 가스 제조설비를 갖추고 도시가스사업의 허가를 받아야 하는 시설 또는 가연성 가스를 100톤 이상 1천톤 미만 저장·취급하는 시설
3. 지하구
4. 공동주택
5. 보물 또는 국보로 지정된 목조건축물

139 국보 또는 보물로 지정된 목조건축물은 몇 급 소방안전관리대상물에 해당하는가?

① 특급 소방안전관리대상물
② 1급 소방안전관리대상물
③ 2급 소방안전관리대상물
④ 3급 소방안전관리대상물

140 다음 중 3급소방안전관리대상물에 해당하는 것은?

① 특정소방대상물 중 근린생활시설에 자동화재탐지설비가 설치된 것
② 특정소방대상물 중 근린생활시설에 비상경보설비가 설치된 것
③ 특정소방대상물 중 업무시설에 자동화재탐지설비가 설치된 것
④ 특정소방대상물 중 업무시설에 비상방송설비가 설치된 것

해설

자동화재탐지설비가 설치된 특정소방대상물(단, 공동주택, 근린생활시설, 문화 및 집회시설을 제외)

141 특급 소방안전관리자로 선임할 수 있는 자격자로 틀리는 것은?

① 소방기술사 또는 소방시설관리사의 자격이 있는 사람
② 소방설비기사의 자격을 가지고 5년 이상 2급 이상 소방안전관리대상물의 소방안전관리자로 근무한 실무경력이 있는 사람
③ 소방공무원으로 20년 이상 근무한 경력이 있는 사람
④ 특급 소방안전관리대상물의 소방안전관리에 대한 강습교육을 수료하고 소방청장이 실시하는 특급 소방안전관리대상물의 소방안전관리에 관한 시험에 합격한 사람

해설

소방설비기사의 자격을 가지고 5년 이상 1급 이상 소방안전관리대상물의 소방안전관리자로 근무한 실무경력이 있는 사람

정답 139. ③ 140. ③ 141. ②

142 1급 소방안전관리자로 선임할 수 있는 자격자로 틀리는 것은?

① 소방설비기사의 자격이 있는 사람

② 산업안전기사 또는 산업안전산업기사의 자격을 취득한 후 2년 이상 2급 소방안전관리대상물의 소방안전관리자로 근무한 실무경력이 있는 사람

③ 소방공무원으로 5년 이상 근무한 경력이 있는 사람

④ 소방설비산업기사의 자격이 있는 사람

해 설

소방공무원으로 7년 이상 근무한 경력이 있는 사람

143 2급 소방안전관리자로 선임할 수 있는 자격증으로 틀리는 것은?

① 건축기사
② 공조냉동기계기사
③ 전기기능장
④ 광산보안기사

해 설

2급 소방안전관리대상물 선임 자격증

1. 소방기술사, 소방설비기사 또는 소방설비산업기사의 자격이 있는 사람
2. 소방시설관리사의 자격이 있는 사람
2. 산업안전기사 또는 산업안전산업기사의 자격을 취득한 후 2년 이상
3. 건축사 · 산업안전기사 · 산업안전산업기사 · 건축기사 · 건축산업기사 · 일반기계기사 · 전기기능장 · 전기기사 · 전기산업기사 · 전기공사기사 또는 전기공사산업기사 자격을 가진 사람
4. 위험물기능장 · 위험물산업기사 또는 위험물기능사 자격을 가진 사람
5. 광산보안기사 또는 광산보안산업기사 자격을 가진 사람으로서 광산보안관리직원(보안관리자 또는 보안감독자만 해당한다)으로 선임된 사람

144 소방안전관리보조자를 선임하여야 하는 특정소방대상물로 틀리는 것은?

① 아파트를 제외한 연면적이 1만5천 제곱미터 이상인 특정소방대상물

② 200세대의 아파트

③ 야간이나 휴일에 사용하는 노유자시설

④ 야간이나 휴일에 사용하는 숙박시설로 사용되는 바닥면적의 합계가 1천500제곱미터 이상의 것

정답 142. ③ 143. ② 144. ②

해 설

보조자선임대상 특정소방대상물

1. 아파트(300세대 이상인 아파트만 해당)
2. 아파트를 제외한 연면적이 1만5천제곱미터 이상인 특정소방대상물
3. 특정소방대상물 중 다음의 어느 하나에 해당하는 특정소방대상물(단, 관할하는 소방서장이 야간이나 휴일에 해당 특정소방대상물이 이용되지 아니한다는 것을 확인한 경우에는 선임제외)
   가. 공동주택 중 기숙사
   나. 의료시설
   다. 노유자시설
   라. 수련시설
   마. 숙박시설(숙박시설로 사용되는 바닥면적의 합계가 1천500제곱미터 미만이고 관계인이 24시간 상시 근무하고 있는 숙박시설은 제외)

145 다음 중 소방안전관리보조자의 선임자격으로 옳지 않는 것은?

① 소방설비산업기사 자격이 있는 사람

② 소방안전관리 강습교육을 수료한 사람

③ 소방안전관리대상물에서 소방안전 관련 업무에 3년 이상 근무한 경력이 있는 사람

④ 산업안전산업기사 자격이 있는 사람

해 설

소방안전관리보조자 선임 자격

1. 특급, 1급 또는 2급 소방안전관리대상물의 소방안전관리자 자격이 있는 사람
2. 「국가기술자격법」에 따른 기술・기능 분야 국가기술자격 중에서 행정안전부령으로 정하는 국가기술자격이 있는 사람
3. 소방안전관리 강습교육을 수료한 사람
4. 소방안전관리대상물에서 소방안전 관련 업무에 5년 이상 근무한 경력이 있는 사람

146 다음 중 1급 소방안전관리대상물의 소방안전관리에 관한 시험에 응시할 수 없는 사람은?

① 특급 소방안전관리대상물의 소방안전관리에 관한 강습교육을 수료한 후 2년이 경과하지 아니한 사람

② 1급 소방안전관리대상물의 소방안전관리에 관한 강습교육을 수료한 후 2년이 경과하지 아니한 사람

③ 소방행정학(소방학, 소방방재학을 포함한다) 분야에서 학사학위 이상을 취득한 사람

④ 소방안전공학(소방방재공학, 안전공학을 포함한다) 분야에서 석사학위 이상을 취득한 사람

정답 145. ③ 146. ③

해 설

소방행정학(소방학, 소방방재학을 포함한다) 또는 소방안전공학(소방방재공학, 안전공학을 포함한다) 분야에서 석사학위 이상을 취득한 사람

147 **소방안전관리자의 선임 사유가 발생한 경우 처리 규정으로 옳은 것은?**

① 관계인은 10일 이내에 선임하고 선임한날부터 14일 이내에 신고하여야 한다.

② 관계인은 14일 이내에 선임하고 선임한날부터 30일 이내에 신고하여야 한다.

③ 관계인은 30일 이내에 선임하고 선임한날부터 14일 이내에 신고하여야 한다.

④ 관계인은 30일 이내에 선임하고 선임한날부터 7일 이내에 신고하여야 한다.

해 설

관계인은 30일 이내에 선임하고 선임한날부터 14일 이내에 신고하여야 한다.

148 **소방안전관리자의 선임 후 신고 사항으로 옳은 것은?**

① 한국소방안전원장에게 14일 이내로 신고하여야 한다.

② 소방서장에게 14일 이내로 신고하여야 한다.

③ 소방청장에게 14일 이내로 신고하여야 한다.

④ 소방시설업자협회장에게 14일 이내로 신고하여야 한다.

해 설

소방본부장 또는 소방서장에게 선임한 날부터 14일 이내에 신고하여야 한다.

149 **화재 등 재난이 발생할 경우 사회 · 경제적으로 피해가 큰 "소방안전 특별관리시설물"로 틀리는 것은?**

① 하나의 건축물에 10개 이상인 영화상영관

② 천연가스 인수기지 및 공급망

③ 석유비축시설

④ 공항시설 및 항만시설

정답 147. ③ 148. ② 149. ①

해 설

소방안전 특별관리시설물의 안전관리

1. 관리자 : 소방청장
2. 특별관리 대상
   가. 공항시설
   나. 철도시설
   다. 도시철도시설
   라. 항만시설
   마. 지정문화재인 시설
   바. 산업기술단지
   사. 산업단지
   아. 초고층 건축물 및 지하연계 복합건축물
   자. 영화상영관 중 수용인원 1,000명 이상인 영화상영관
   차. 전력용 및 통신용 지하구
   카. 석유비축시설
   타. 천연가스 인수기지 및 공급망
   파. 점포가 500개 이상인 전통시장
   하. 발전사업자가 가동 중인 발전소

150 **특정소방대상물 중 공동소방안전관리 대상으로 지정할 수 있는 자로 맞는 것은?**

① 시 · 도지사 ② 소방본부장 또는 소방서장
③ 소방청장 ④ 한국소방안전원장

해 설

특정소방대상물로서 그 관리의 권원(權原)이 분리되어 있는 것 가운데 소방본부장이나 소방서장이 지정한다.

151 **공동 소방안전관리자를 선임해야할 특정소방대상물로 틀리는 것은?**

① 판매시설 중 도매시장 및 소매시장
② 복합건축물의 층수가 5층 이상인 것
③ 지하층을 포함한 층수가 11층 이상인 고층건축물
④ 지하가

해 설

11층(지하층을 제외한 층수이다.) 이상인 고층건축물

정답 150. ② 151. ③

152 다음 중 공동소방안전관리를 하여야 하는 특정소방대상물로 옳지 않은 것은?

① 지하층을 제외한 11층 이상의 건축물

② 지하가

③ 판매시설 중 도매시장 및 소매시장

④ 복합건축물로서 연면적 3천m^2 이하인 것

해 설

공동 소방안전관리

특정소방대상물로서 그 관리의 권원(權原)이 분리되어 있는 것 가운데 소방본부장이나 소방서장이 지정하는 특정소방대상물

1. 고층 건축물(지하층을 제외한 층수가 11층 이상인 건축물만 해당한다)
2. 지하가(지하의 인공구조물 안에 설치된 상점 및 사무실, 그 밖에 이와 비슷한 시설이 연속하여 지하도에 접하여 설치된 것과 그 지하도를 합한 것을 말한다)
3. 그 밖에 대통령령으로 정하는 특정소방대상물
   가. 복합건축물로서 연면적이 5천제곱미터 이상인 것 또는 층수가 5층 이상인 것
   나. 판매시설 중 도매시장 및 소매시장
   다. 특정소방대상물 중 소방본부장 또는 소방서장이 지정하는 것

153 복합건축물로서 공동 소방안전관리자를 선임해야 할 특정소방대상물로 맞는 것은?

① 연면적 1천 제곱미터 이상인 것

② 연면적 3천 제곱미터 이상인 것

③ 연면적 5천 제곱미터 이상인 것

④ 연면적 1만 제곱미터 이상인 것

해 설

복합건축물로서 연면적이 5천 제곱미터 이상인 것 또는 층수가 5층 이상인 것

154 공동소방안전관리자의 선임대상자로 옳은 것은?

① 소방안전관리자 강습교육을 수료한 자

② 1급이상 소방안전관리대상물에 선임자격이 있는 자

③ 2급이상 소방안전관리대상물에 선임자격이 있는 자

④ 3급이상 소방안전관리대상물에 선임자격이 있는 자

정답 152. ④ 153. ③ 154. ③

해 설

공동소방안전관리자는 2급 이상의 선임자격이 있는 자를 선임대상으로 한다.

155 **특정소방대상물의 근무자 및 거주자에게 실시하는 소방훈련의 종류로 틀리는 것은?**

① 소화훈련 ② 통보훈련
③ 피난훈련 ④ 구조훈련

해 설

특정소방대상물의 관계인은 그 장소에 상시 근무하거나 거주하는 사람에게 소화 · 통보 · 피난 등의 훈련("소방훈련" 이라 한다)과 소방안전관리에 필요한 교육을 하여야 한다. 이 경우 피난훈련은 그 소방대상물에 출입하는 사람을 안전한 장소로 대피시키고 유도하는 훈련을 포함하여야 한다.

156 **특정소방대상물의 근무자 및 거주자에게 실시하는 소방훈련을 지도 및 감독 할 수 있는 자는?**

① 시 · 도지사
② 소방본부장 또는 소방서장
③ 소방청장
④ 관계인

해 설

소방본부장이나 소방서장은 특정소방대상물의 관계인이 실시하는 소방훈련을 지도 · 감독할 수 있다.

157 **특정소방대상물의 근무자 및 거주자에게 실시하는 소방훈련은 몇 명 이상인 경우 소방훈련 대상이 되는가?**

① 근무자 및 거주자가 10인 이상
② 근무자 및 거주자가 11인 이상
③ 근무자 및 거주자가 20인 이상
④ 근무자 및 거주자가 21인 이상

해 설

소방훈련 제외 대상

특정소방대상물 중 상시 근무하거나 거주하는 인원(숙박시설의 경우에는 상시 근무하는 인원을 말한다)이 10명 이하인 특정소방대상물을 제외한 것을 말한다.

정답 155. ④ 156. ② 157. ②

158 **특정소방대상물의 관계인은 소방교육 및 소방훈련 등을 실시하여야 한다. 다음 중 소방교육 및 훈련에 대한 내용으로 옳은 것은?**

① 2급 소방안전관리대상물에 해당하는 경우에는 소방기관과 합동으로 소방훈련을 하게 할 수 있다.

② 특정소방대상물 중 상시 근무하거나 거주하는 인원(숙박시설의 경우에는 상시 근무하는 인원을 말한다)이 10명 이하인 특정소방대상물은 소방훈련과 교육을 실시하지 않을 수 있다.

③ 소방청장·소방본부장 및 소방서장은 특정소방대상물의 관계인이 실시하는 소방훈련을 지도·감독할 수 있다.

④ 소방훈련과 교육의 횟수 및 방법 등에 관하여 필요한 사항은 소방청장이 정한다.

해 설

소방훈련등

1. 소방서장은 특급 및 1급 소방안전관리대상물의 관계인으로 하여금 소방훈련을 소방기관과 합동으로 실시하게 할 수 있다.
2. 소방본부장이나 소방서장은 특정소방대상물의 관계인이 실시하는 소방훈련을 지도·감독할 수 있다.
3. 소방훈련과 교육의 횟수 및 방법 등에 관하여 필요한 사항은 행정안전부령으로 정한다.

159 **소방안전관리대상물에 속하지 않는 특정소방대상물의 관계인에게 실시하는 소방안전교육 실시 자로 맞는 것은?**

① 시·도지사　　② 소방본부장 또는 소방서장

③ 소방청장　　④ 시장·군수·구청장

해 설

소방본부장이나 소방서장은 급수를 적용받지 아니하는 특정소방대상물의 관계인에 대하여 특정소방대상물의 화재 예방과 소방안전을 위하여 행정안전부령으로 정하는 바에 따라 소방안전교육을 하여야 한다.

160 **공공기관의 소방안전관리는 누가하여야 하는가?**

① 시·도지사　　② 소방본부장 또는 소방서장

③ 소방청장　　④ 기관의 장

해 설

국가, 지방자치단체, 국공립학교 등 대통령령으로 정하는 공공기관의 장은 소관 기관의 근무자 등의 생명·신체와 건축물·인공구조물 및 물품 등을 화재로부터 보호하기 위하여 화재 예방, 자위소방대의 조직 및 편성, 소방시설의 자체점검과 소방훈련 등의 소방안전관리를 하여야 한다.

정답 158. ② 159. ② 160. ④

161 **자체점검의 구분과 그 대상, 점검인력의 배치기준 및 점검자의 자격, 점검 장비, 점검 방법 및 횟수 등 필요한 사항은 무엇으로 정하는가?**

① 소방청장 고시
② 대통령령
③ 행정안전부령
④ 소방청장 규정

해 설

점검의 구분과 그 대상, 점검인력의 배치기준 및 점검자의 자격, 점검 장비, 점검 방법 및 횟수 등 필요한 사항은 행정안전부령으로 정한다.

162 **소방시설관리사의 자격시험을 실시하는 자는?**

① 시・도지사
② 소방본부장 또는 소방서장
③ 소방청장
④ 국가기술자격법에 의한 실시권자

해 설

소방시설관리사가 되려는 사람은 소방청장이 실시하는 관리사 시험에 합격하여야 한다.

163 **소방시설관리사의 자격을 취소하여야하는 사유로 틀리는 것은?**

① 소방시설관리사증을 다른 자에게 빌려준 경우
② 거짓이나 그 밖의 부정한 방법으로 시험에 합격한 경우
③ 점검을 하지 아니하거나 거짓으로 점검한 경우
④ 동시에 둘 이상의 업체에 취업한 경우

해 설

자격의 정지

1. 소방안전관리 업무를 하지 아니하거나 거짓으로 한 경우
2. 점검을 하지 아니하거나 거짓으로 한 경우
3. 성실하게 자체점검 업무를 수행하지 아니한 경우
4. 명령을 위반하여 보고 또는 자료제출을 하지 아니하거나 거짓으로 보고 또는 자료제출을 한 경우
5. 정당한 사유 없이 관계 공무원의 출입・검사 또는 조사를 거부・방해 또는 기피한 경우

정답 161. ③ 162. ③ 163. ③

164 **다음 중 소방시설관리사 자격 취소사유에 해당하는 것은?**

① 동시에 둘 이상의 업체에 취업한 경우
② 소방안전관리 업무를 하지 아니하거나 거짓으로 한 경우
③ 성실하게 자체점검 업무를 수행하지 아니한 경우
④ 점검을 하지 아니하거나 거짓으로 한 경우

해설

자격의 취소

1. 거짓 그 밖의 부정한 방법으로 시험에 합격한 경우
2. 결격사유에 해당하게 된 경우
3. 소방시설관리사증을 다른 자에게 빌려준 경우
4. 동시에 둘 이상의 업체에 취업한 경우

165 **소방시설관리업을 하기 위한 행정처리 규정으로 맞는 것은?**

① 시・도지사에게 등록한다.
② 시・도지사에게 신고한다.
③ 시・도지사에게 허가를 받는다.
④ 소방청장에게 등록한다.

해설

소방안전관리 업무의 대행 또는 소방시설등의 점검 및 유지・관리의 업을 하려는 자는 시・도지사에게 소방시설관리업의 등록을 하여야 한다.

166 **「화재예방, 소방시설 설치・유지 및 안전관리에 관한 법률」에서 소방시설관리업의 등록기준 등에 관한 사항으로 틀리는 것은?**

① 「화재예방, 소방시설 설치・유지 및 안전관리에 관한 법률」 또는 다른 법령에 따른 제한에 위반되는 경우에는 등록을 하여서는 아니 된다.
② 소방시설관리업은 소방안전관리 업무의 대행 또는 소방시설등의 점검 및 유지・관리의 업을 하는 것을 말한다.
③ 주된 기술인력은: 소방기술사 1명 이상을 말한다.
④ 보조 기술인력은 2명 이상으로 하되 소방설비기사 또는 소방설비산업기사는 보조기술인력의 자격이 된다.

정답 164. ① 165. ① 166. ③

해 설

소방시설관리업의 등록기준

1. 주된 기술인력: 소방시설관리사 1명 이상
2. 보조 기술인력: 2명 이상.
   가. 소방설비기사 또는 소방설비산업기사
   나. 소방공무원으로 3년 이상 근무한 사람으로 소방기술 인정 자격수첩을 발급받은 사람
   다. 소방 관련 학과의 학사학위를 취득한 사람으로 소방기술 인정 자격수첩을 발급받은 사람
   라. 행정안전부령으로 정하는 소방기술과 관련된 자격·경력 및 학력이 있는 사람으로 소방기술 인정 자격수첩을 발급받은 사람

167 **시·도지사에게 소방시설관리업을 등록한 사항 중 중요사항 변경이 있는 때의 행정처리 규정으로 옳은 것은?**

① 행정안전부령이 정하는 바에 따라 시·도지사에게 신고한다.

② 대통령령이 정하는 바에 따라 시·도지사에게 신고한다.

③ 행정안전부령이 정하는 바에 따라 시·도지사에게 재 등록 한다.

④ 대통령령이 정하는 바에 따라 시·도지사에게 재 등록 한다.

해 설

행정안전부령이 정하는 바에 따라 시·도지사에게 신고한다.
관리업자는 등록한 사항 중 행정안전부령으로 정하는 중요 사항이 변경되었을 때에는 행정안전부령으로 정하는 바에 따라 시·도지사에게 변경사항을 신고하여야 한다.

168 **소방시설관리업 등록기준으로 옳은 것은?**

① 주된 기술인력으로 소방기술사 1인 이상

② 주된 기술인력으로 소방시설관리사 1인 이상

③ 보조기술인력으로 1인 이상

④ 소방시설별 점검 장비 확보

해 설

소방기술사는 소방시설관리업의 기술인력에 해당하지 않는다.

정답 167. ① 168. ②

169 다음 중 시·도지사가 반드시 소방시설관리업 등록을 취소하여야 하는 경우는?

① 점검을 행하지 아니하고도 점검을 행한 것처럼 관계인에게 통보한 때

② 등록기준에 미달하게 된 때

③ 등록증 또는 등록수첩을 빌려준 경우

④ 등록사항 변경신고를 하지 아니한 때

해 설

▎등록의 취소

1. 거짓이나 그 밖의 부정한 방법으로 등록을 한 경우
2. 등록의 결격사유에 해당하게 된 경우(단, 결격사유에 해당하는 임원을 2월 이내 교체시 제외)
3. 등록증이나 등록수첩을 빌려준 경우

▎영업의 정지

1. 자체점검을 하지 아니하거나 자체점검 결과를 거짓으로 보고한 경우
2. 등록기준에 미달하게 된 경우

170 다음 중 소방시설관리업의 등록취소 사유에 해당하지 않는 것은?

① 거짓이나 그 밖의 부정한 방법으로 등록을 한 경우

② 영업정지 기간 중에 영업행위를 한 경우

③ 다른 자에게 등록증이나 등록수첩을 빌려준 경우

④ 등록의 결격사유에 해당하게 된 경우

171 다음은 소방시설관리업의 보조인력의 자격에 관한 설명이다. 틀린 것은?

① 소방공무원으로 3년 이상 근무한 경력이 있는 사람으로 소방기술자 인정 자격수첩을 발급받은 사람

② 소방관련 학과의 전문학사를 취득한 사람으로 소방기술자 인정 자격수첩을 발급 받은 사람

③ 소방설비기사 또는 소방설비산업기사

④ 행정안전부령으로 정하는 소방기술과 관련된 자격·경력 및 학력이 있는 사람으로 소방기술 인정 자격수첩을 발급받은 사람

정답 169. ③ 170. ② 171. ②

해 설

인력기준

소방시설관리업의 등록기준

1. 주된 기술인력: 소방시설관리사 1명 이상
2. 보조 기술인력: 2명 이상.
   가. 소방설비기사 또는 소방설비산업기사
   나. 소방공무원으로 3년 이상 근무한 사람으로 소방기술 인정 자격수첩을 발급받은 사람
   다. 소방관련 학과의 학사학위를 취득한 사람으로 소방기술 인정 자격수첩을 발급받은 사람
   라. 행정안전부령으로 정하는 소방기술과 관련된 자격·경력 및 학력이 있는 사람으로 소방기술 인정 자격수첩을 발급받은 사람

172 소방시설관리업의 점검능력평가 및 공시자로 맞는 것은?

① 한국소방산업기술원장

② 소방청장

③ 소방본부장 또는 소방서장

④ 시·도지사

해 설

소방청장은 관계인 또는 건축주가 적정한 관리업자를 선정할 수 있도록 하기 위하여 관리업자의 신청이 있는 경우 해당 관리업자의 점검능력을 종합적으로 평가하여 공시할 수 있다.

173 다음 중 과징금을 부과하는 자로 맞는 것은?

① 소방서장 ② 소방청장

③ 소방시설업자협회장 ④ 시·도지사

해 설

시·도지사는 관리업의 영업정지를 명하는 경우로서 그 영업정지가 국민에게 심한 불편을 주거나 그 밖에 공익을 해칠 우려가 있을 때에는 영업정지처분을 갈음하여 3천만원 이하의 과징금을 부과할 수 있다.

174 다음 중 소방시설관리업의 영업정지에 갈음하여 시·도지사가 부과하는 과징금의 최대금액은?

① 1천만원 ② 3천만원

③ 1억원 ④ 2억원

정답 172. ② 173. ④ 174. ②

175 **다음 중 과징금을 부과하는 위반행위의 종류와 위반 정도 등에 따른 과징금의 금액, 그 밖의 필요한 사항을 정하고 있는 것은?**

① 법률
② 대통령령
③ 행정안전부령
④ 시 · 도 조례

해 설

과징금을 부과하는 위반행위의 종류와 위반 정도 등에 따른 과징금의 금액, 그 밖의 필요한 사항은 행정안전부령(시행규칙)으로 정한다.

176 **다음 중 소방용품을 제조하거나 수입하려는 자는 누구의 형식승인을 받아야 하는가?**

① 소방청장
② 행정안전부장관
③ 시 · 도지사
④ 소방본부장 또는 소방서장

해 설

소방용품을 제조하거나 수입하려는 자는 소방청장의 형식승인을 받아야 한다.

177 **다음 중 소방용품의 형식승인등에 대한 설명으로 틀린 것은?**

① 소방용품을 제조하거나 수입하려는 자는 소방청장의 형식승인을 받아야 한다.
② 소방청장은 법을 위반한 소방용품에 대하여는 그 제조자 · 수입자 · 판매자 또는 시공자에게 수거 · 폐기 또는 교체 등 행정안전부령으로 정하는 필요한 조치를 명할 수 있다.
③ 형식승인을 받은 자는 그 소방용품에 대하여 소방청장이 실시하는 제품검사를 받아야 한다.
④ 형식승인의 방법 · 절차 등과 제품검사의 구분 · 방법 · 순서 · 합격표시 등에 관한 사항은 대통령령으로 정한다.

해 설

형식승인의 방법 · 절차 등과 제품검사의 구분 · 방법 · 순서 · 합격표시 등에 관한 사항은 행정안전부령으로 정한다.

정답 175. ③ 176. ① 177. ④

178 **소방시설에 사용하고 있는 소방용품의 형식승인 등에 대한 설명으로 틀린 것은?**

① 소방용품을 수입하려는 자는 소방청장의 형식승인을 받지 않아도 된다.
② 소화설비에 필요한 가스관 선택밸브를 수입하고 제조하려는 자는 소방청장의 형식승인을 받아야 한다.
③ 소방청장은 한국소방산업기술원에 소방용품의 형식승인 및 성능인증 업무를 위탁할 수 있다.
④ 형식승인을 받지 아니한 소방용품은 판매하거나 판매 목적으로 진열할 수 없다.

해 설

소방용품을 제조 또는 수입하려는 자는 소방청장의 형식승인을 받아야 한다.

179 **소방시설에 사용하고 있는 소방용품의 형식승인 등에 대한 설명으로 틀린 것은?**

① 비상조명등을 제조하려는 자는 소방청장의 형식승인을 받아야 한다.
② 소화설비에 필요한 가스관 선택밸브를 수입하고 제조하려는 자는 소방청장의 형식승인을 받아야 한다.
③ 소방청장은 한국소방산업기술원에 소방용품의 형식승인 및 성능인증 업무를 위탁할 수 있다.
④ 형식승인을 받지 아니한 소방용품은 판매하거나 판매 목적으로 진열할 수 없다.

해 설

소방용품으로서의 비상조명등은 예비전원을 내장하고 있는 것에 한한다.

180 **다음 중 소방용품의 형식승인의 내용이 변경이 있는 경우 처리절차는?**

① 소방청장의 변경승인을 받아야 한다.
② 행정안전부장관의 변경승인을 받아야 한다.
③ 시 · 도지사의 변경승인을 받아야 한다.
④ 소방본부장 또는 소방서장의 변경승인을 받아야 한다.

해 설

형식승인의 내용 또는 행정안전부령으로 정하는 사항을 변경하려면 소방청장의 변경승인을 받아야 한다.

정답 178. ① 179. ① 180. ①

181 **우수품질제품에 대한 우수품질의 인증 유효기간으로 옳은 것은?**

① 1년 ② 3년
③ 5년 ④ 10년

해 설
우수품질인증의 유효기간은 5년의 범위에서 행정안전부령으로 정한다.

182 **소방안전관리자 교육 중 실무교육 대상자가 아닌 것은?**

① 소방안전관리자로 선임된 자
② 소방안전관리 업무를 대행하는 자
③ 소방안전관리 업무를 대행하는 자를 감독하는 자
④ 소방안전관리자의 자격을 인정받으려는 자

해 설
소방안전관리자의 자격을 인정받으려는 자는 강습교육대상이다.

183 **다음 중 소방용품의 제품검사 전문기관은 누가 지정하는가?**

① 소방청장
② 행정안전부장관
③ 시 · 도지사
④ 소방본부장 또는 소방서장

해 설
소방청장은 제품검사의 전문적 · 효율적인 실시를 위하여 제품검사를 전문적으로 수행하는 기관을 제품검사 전문기관으로 지정할 수 있다.

184 **다음 중 청문권자가 다른 것은?**

① 소방시설관리사 자격의 취소
② 소방시설관리업의 등록취소
③ 소방용품의 형식승인취소
④ 제품검사 전문기관의 지정취소

정답 181. ③ 182. ④ 183. ① 184. ②

해 설

소방시설관리업의 등록취소 관련 청문권자는 시・도지사이다.

185 **「화재예방, 소방시설 설치・유지 및 안전관리에 관한 법률」에서 청문 실시권자가 다른 것은?**

① 소방시설관리사 자격의 취소 및 정지

② 소방시설관리업의 등록취소 및 영업정지

③ 소방용품의 형식승인 취소 및 제품검사 중지

④ 제품검사 전문기관의 지정취소 및 업무정지

해 설

▌청문권자(소방청장)

1. 소방시설관리사 자격의 취소 및 정지
2. 소방용품의 형식승인 취소 및 제품검사 중지
3. 제품검사 전문기관의 지정취소 및 업무정지

▌청문권자(시・도지사)

소방시설관리업의 등록취소 및 영업정지

186 **특정소방대상물의 관계인이 소방시설등을 유지・관리할 때 소방시설등의 기능과 성능에 지장을 줄 수 있는 폐쇄, 차단 등의 행위를 한 경우의 벌칙으로 맞는 것은?**

① 5년 이하의 징역 또는 5천만원 이하의 벌금에 처한다.

② 3년 이하의 징역 또는 3천만원 이하의 벌금에 처한다.

③ 1년 이하의 징역 또는 1천만원 이하의 벌금에 처한다.

④ 300만원 이하의 벌금에 처한다.

187 **관리업의 등록을 하지 아니하고 영업을 한 자의 벌칙으로 맞는 것은?**

① 5년 이하의 징역 또는 5천만원 이하의 벌금에 처한다.

② 3년 이하의 징역 또는 3천만원 이하의 벌금에 처한다.

③ 1년 이하의 징역 또는 1천만원 이하의 벌금에 처한다.

④ 300만원 이하의 벌금에 처한다.

정답 185. ② 186. ① 187. ②

해 설

3년 이하의 징역 또는3천만원 이하의 벌금

1. 명령(소방시설등의 유지관리, 피난시설・방화구획・방화시설, 방염, 형식승인등)을 정당한 사유 없이 위반한 자
2. 관리업의 등록을 하지 아니하고 영업을 한 자
3. 소방용품의 형식승인을 받지 아니하고 소방용품을 제조하거나 수입한 자
4. 제품검사를 받지 아니한 자
5. 소방용품의 형식승인등을 위반하여 소방용품을 판매・진열하거나 소방시설공사에 사용한 자
6. 거짓이나 그 밖의 부정한 방법으로 전문기관으로 지정을 받은 자

188 **소방청장의 제품검사를 받지 아니한 자의 벌칙으로 맞는 것은?**

① 5년 이하의 징역 또는 5천만원 이하의 벌금에 처한다.
② 3년 이하의 징역 또는 3천만원 이하의 벌금에 처한다.
③ 1년 이하의 징역 또는 1천만원 이하의 벌금에 처한다.
④ 300만원 이하의 벌금에 처한다.

189 **관리업의 등록증이나 등록수첩을 다른 자에게 빌려준 자의 벌칙으로 맞는 것은?**

① 5년 이하의 징역 또는 5천만원 이하의 벌금에 처한다.
② 3년 이하의 징역 또는 3천만원 이하의 벌금에 처한다.
③ 1년 이하의 징역 또는 1천만원 이하의 벌금에 처한다.
④ 300만원 이하의 벌금에 처한다.

해 설

1년 이하의 징역 또는 1천만원 이하의 벌금

1. 관계인의 정당한 업무를 방해한 자, 조사・검사 업무를 수행하면서 알게 된 비밀을 제공 또는 누설하거나 목적 외의 용도로 사용한 자
2. 관리업의 등록증이나 등록수첩을 다른 자에게 빌려준 자
3. 영업정지처분을 받고 그 영업정지기간 중에 관리업의 업무를 한 자
4. 소방시설등에 대한 자체점검을 하지 아니하거나 관리업자 등으로 하여금 정기적으로 점검하게 하지 아니한 자
5. 소방시설관리사증을 다른 자에게 빌려주거나 같은 조 제7항을 위반하여 동시에 둘 이상의 업체에 취업한 사람
6. 제품검사에 합격하지 아니한 제품에 합격표시를 하거나 합격표시를 위조 또는 변조하여 사용한 자
7. 형식승인의 변경승인을 받지 아니한 자
8. 제품검사에 합격하지 아니한 소방용품에 성능인증을 받았다는 표시 또는 제품검사에 합격하였다는 표시를 하거나 성능인증을 받았다는 표시 또는 제품검사에 합격하였다는 표시를 위조 또는 변조하여 사용한 자
9. 성능인증의 변경인증을 받지 아니한 자
10. 우수품질인증을 받지 아니한 제품에 우수품질인증 표시를 하거나 우수품질인증 표시를 위조하거나 변조하여 사용한 자

정답 188. ② 189. ③

190 **소방특별조사 결과에 따른 조치명령을 위반한 자의 벌칙으로 맞는 것은?**

① 5년 이하의 징역 또는 5천만원 이하의 벌금에 처한다.
② 3년 이하의 징역 또는 3천만원 이하의 벌금에 처한다.
③ 1년 이하의 징역 또는 1천만원 이하의 벌금에 처한다.
④ 300만원 이하의 벌금에 처한다.

191 **소방시설등에 대한 자체점검을 하지 아니하거나 관리업자 등으로 하여금 정기적으로 점검하게 하지 아니한 자의 벌칙으로 맞는 것은?**

① 5년 이하의 징역 또는 5천만원 이하의 벌금에 처한다.
② 3년 이하의 징역 또는 3천만원 이하의 벌금에 처한다.
③ 1년 이하의 징역 또는 1천만원 이하의 벌금에 처한다.
④ 300만원 이하의 벌금에 처한다.

192 **소방특별조사를 정당한 사유 없이 거부 · 방해 또는 기피한 자의 벌칙으로 맞는 것은?**

① 100만원 이하의 벌금에 처한다.
② 200만원 이하의 벌금에 처한다.
③ 200만원 이하의 과태료에 처한다.
④ 300만원 이하의 벌금에 처한다.

해 설

300만원 이하의 벌금

1. 소방특별조사를 정당한 사유 없이 거부 · 방해 또는 기피한 자
2. 방염성능검사에 합격하지 아니한 물품에 합격표시를 하거나 합격표시를 위조하거나 변조하여 사용한 자
3. 방염의 거짓 시료를 제출한 자
4. 소방안전관리자 또는 소방안전관리보조자를 선임하지 아니한 자
5. 공동 소방안전관리자를 선임하지 아니한 자
6. 소방시설 · 피난시설 · 방화시설 및 방화구획 등이 법령에 위반된 것을 발견하였음에도 필요한 조치를 할 것을 요구하지 아니한 소방안전관리자
7. 소방안전관리자에게 불이익한 처우를 한 관계인
8. 점검기록표를 거짓으로 작성하거나 해당 특정소방대상물에 부착하지 아니한 자
9. 위탁받은 업무에 종사하고 있거나 종사하였던 사람이 업무를 수행하면서 알게 된 비밀을 이 법에서 정한 목적 외의 용도로 사용하거나 다른 사람 또는 기관에 제공하거나 누설한 사람

정답 190. ② 191. ③ 192. ④

193 **방염성능검사에 합격하지 아니한 물품에 합격표시를 하거나 합격표시를 위조하거나 변조하여 사용한 자의 벌칙으로 맞는 것은?**

① 100만원 이하의 벌금에 처한다.
② 200만원 이하의 벌금에 처한다.
③ 200만원 이하의 과태료에 처한다.
④ 300만원 이하의 벌금에 처한다.

194 **소방안전관리자를 선임하지 아니한 자의 벌칙으로 맞는 것은?**

① 100만원 이하의 벌금에 처한다.
② 200만원 이하의 벌금에 처한다.
③ 200만원 이하의 과태료에 처한다.
④ 300만원 이하의 벌금에 처한다.

195 **화재예방, 소방시설 설치 · 유지 및 안전관리에 관한 법률에서 정하는 벌칙의 내용으로 틀리는 것은?**

① 100만원 이하의 벌금
② 300만원 이하의 벌금
③ 1년 이하의 징역 또는 1천만원 이하의 벌금
④ 5년 이하의 징역 또는 5천만원 이하의 벌금

196 **피난시설, 방화구획 또는 방화시설의 폐쇄 · 훼손 · 변경 등의 행위를 한 자의 벌칙으로 맞는 것은?**

① 100만원 이하의 벌금에 처한다.
② 200만원 이하의 벌금에 처한다.
③ 200만원 이하의 과태료에 처한다.
④ 300만원 이하의 과태료에 처한다.

정답 193. ④ 194. ④ 195. ① 196. ④

197 **소방시설관리사의 참여 없이 자체점검을 한 자의 벌칙으로 맞는 것은?**

① 100만원 이하의 벌금
② 200만원 이하의 벌금
③ 300만원 이하의 벌금
④ 200만원 이하의 과태료

해 설

과태료 부과대상이며 과태료금액은 200만원 이하이다.

정답 197. ④

消

김진성쌤의

소방학과특채 관계법규

All in One

防

김진성쌤의

소방학과특채 관계법규 All in One

초판 1쇄 발행 2020년 5월 12일

지은이 김진성
펴낸곳 해커스패스
펴낸이 박규명

주소 서울특별시 강남구 강남대로 428 해커스공무원
고객센터 02-598-5000
교재 관련 문의 gosi@hackerspass.com
해커스공무원 사이트(gosi.Hackers.com) 교재 Q&A 게시판
학원 강의 및 동영상강의 fire.Hackers.com

ISBN 979-11-6454-384-7 (13360)
Serial Number 01-01-01

消

김진성쌤의

소방학과특채 관계법규

All in One

防